1년 1독 성경 읽기
꿀송이 보약큐티

1년 1독 성경 읽기

꿀송이 보약큐티

• **초판 1쇄 인쇄** 2021년 12월 8일
• **초판 1쇄 발행** 2021년 12월 15일

• **지은이** 노록수
• **펴낸이** 조유선
• **펴낸곳** 누가출판사
• **등록번호** 제315-2013-000030호
• **등록일자** 2013. 5. 7.
• **주소** 서울특별시 공항대로 59다길 276 (염창동)
• **전화** 02-826-8802 **팩스** 02-6455-8805
• **이메일** sunvision1@hanmail.net

• **정가** 45,000원
• ISBN 979-11-85677-72-9 03230

1년 1독 성경 읽기

꿀송이 보약큐티

노록수 지음

요즘은 유튜브 시대라 필자도 "노록수 선교사의 꿀송이 보약큐티"라는 유튜브 채널을 만들어 3년 전부터 매일 영상을 올리고 있다. 아무리 몸이 아프고 먼 여행 스케줄이 있어도 이 일은 하루도 거르지 않고 성경묵상을 유튜브에 올린다. 그렇게 충성하도록 이끌어 주신 성령님께 모든 감사와 영광을 돌린다.

이 일을 섬기면서 가장 기쁘고 보람 있었던 순간은 유튜브를 통해 함께 1년 1독 성경 읽기에 동참하면서 자신의 영혼이 너무나 큰 은혜를 입었다는 인사를 받았을 때이다. 그분들 때문에 항상 사명감이 불타오른다.

출판사 누가

1 · 년 · 1 · 독 · 성 · 경 · 읽 · 기

이 책의 사용법

1. 먼저 하나님께 나의 눈을 열어 주의 기이한 법을 오늘도 깨닫게 해 달라고 기도한다.

2. 매일 이 책과 성경을 함께 지참하여 경건일기처럼 기록하는 습관을 가진다.

3. 먼저 그날의 묵상자료를 참고삼아 읽는다.

4. 유튜브 "노록수 선교사 꿀송이 보약큐티"에 나오는 그날의 말씀 나눔을 시청한다.

5. 말씀을 배우는 중 새롭게 깨달은 것이나 항상 기억하고 싶은 중요한 포인트가 있으면 이 경건노트에 기록한다.

6. 개인적으로 그날의 주어진 분량의 성경을 읽고 묵상한다.

7. 마지막으로 그날의 말씀에 근거하여 자신의 기도문을 작성해 보고 소리 내어 읽으며 기도한다.

주님을 사랑하는데 성경을 소홀이 할 사람은 아무도 없다. 경건 생활의 주 재료는 기도와 예배와 말씀이기 때문이다.

미국의 위대한 전도자 디엘 무디는 내가 성경을 가까이하면 죄가 내게서 멀어지고 죄가 내게 가까이 오면 성경이 내게서 멀어진다고 하였다. 그래서 무디는 항상 어디를 가든지 새벽에 일어나 혼자 성경공부를 하는 것이 습관화되었다고 한다.

오늘날 교회를 오래 다니면서도 1년에 성경 1독도 못하는 교인들이 부지기수다. 그래서 나는 아프리카의 무명의 선교사에 불과하지만 누구나 1년에 성경 1독을 할 수 있도록 안내자가 되기로 결심했다. 남부 아프리카에서 교회 개척과 목회자 훈련 사역들을 27년 동안 섬기면서 나의 청춘이 후딱 지나갔다. 선교사가 선교는 안하고 무슨 성경읽기 운동이냐고 의아해하실 분들도 계시겠지만 성경을 연구하고 성경을 사랑하는 것이 결코 선교와 무관한 것이 아니다. 내 영혼이 강건해야 선교 사역도 힘차게 할 것이 아닌가?

요즘은 유튜브 시대라 필자도 "노록수 선교사의 꿀송이 보약큐티"라는 유튜브 채널을 만들어 3년 전부터 매일 영상을 올리고 있다. 아무리 몸이 아프고 먼 여행 스케줄이 있어도 이 일은 하루도 거르지 않고 성경묵상을 유튜브에 올린다. 그렇게 충성하도록 이끌어 주신 성령님께 모든 감사와 영광을 돌린다.

이 일을 섬기면서 가장 기쁘고 보람 있었던 순간은 유튜브를 통해 함께 1년 1독 성경 읽기에 동참하면서 자신의 영혼이 너무나 큰 은혜를 입었다는 인사를 받았을 때이다. 그분들 때문에 항상 사명감이 불타오른다.

그래서 4천여 명의 열렬 꿀송이 보약큐티 구독자들을 위해 작은 선물을 준비한 것이 바로 이 책이다. 부산에 사시는 어떤 집사님은 날마다 필자가 쓴 꿀송이 보약큐티 책을 먼저 읽고 유튜브를 시청하고 그 날의 정해진 성경을 읽고 묵상하는데 너무너무 큰 축복을 누리고 있다고 하시며 가까운 지인들에게 열심으로 꿀송이 보약큐티를 권한다고 전해오셨다.

이 책의 내용은 나 혼자만의 독창적인 묵상 내용도 있지만 내가 흠모하고 존경하는 동서고금의 많은 성경교사들과 탁월한 설교자들에게 배워서 나눈 것들도 함께 뒤섞여 있다.

혹 필드에서 현지인의 영성관리를 위해 영어로 된 본 책의 내용을 원하시는 선교사님들이 계셔서 필자의 전화 번호 010-7393-1397로 문자나 카톡을 보내주시면 이메일로 영어 원고를 보내드릴려고 준비하고 있다.

이 책은 1년에서 보름 정도 빠르게 성경 1독을 마치는 과정으로 꾸며져 있다. 그 이유는 연말 연시를 맞이하여 새해를 준비하고 약간의 방학 기간을 갖기 위함이다.

항상 내 곁에서 나를 도와주고 기도해 주는 아내 김은해 선교사와 하나님이 내게 주신 15명의 자녀들에게 이 자리를 빌려 고마움과 사랑을 전하고 싶다.

2022년의 새해를 바라보며,
남아공과 레소토의 국경타운 픽스버그에서 저자 노록수

1월 1일

1년 1독 성경 읽기 꿀송이 보약큐티

창세기 1장~3장

| 묵 상 자 료 |

1. 창조의 하나님(창 1장)

창세기 1장은 모든 우주의 삼라만상과 모든 생명체가 다 삼위일체 하나님에 의하여 창조되었다고 선포하고 있다. 먼저 스케치를 하듯이 밑그림을 그리시고는 그 후에 세밀하게 채워 넣으셨다. 하나님의 창조사역은 웅대하셨고 동시에 세밀하셨다. 6일 동안의 천지창조의 하일라이트는 마지막 날 만드신 인간창조이다. 하나님께서 다른 동식물들은 각각 그 종류대로 만드셨지만 인간은 인간의 종류대로 만드시지 않고 하나님의 형상대로 만드셨다. 그래서 인간에게는 비록 타락으로 인하여 많이 약화되기는 했지만 그래도 하나님의 형상의 모습들을 간직하고 있다. 하나님이 영(Sprit)이시기에 하나님의 형상을 따라 지음 받은 인간은 영적인 존재이다. 원숭이가 아무리 영리해도 무당 원숭이는 없다. 왜냐면 오직 인간만이 영적인 활동을 하기 때문이다. 또한 인간은 하나님을 닮아 지정의를 갖추고 있으며 인격적이며 창조적인 사고를 하는 존재이다. 그리고 하나님은 사랑이신지라 그 형상을 닮은 인간은 본능적인 애정 말고도 좀더 숭고한 사랑을 할 줄 아는 존재이다.

창세기 1장을 읽으며 우리는 하나님의 축복선언을 접하게 된다.

> "하나님이 그들에게 복을 주시며 그들에게 이르시되 생육하고 번성하여 땅에 충만하라, 땅을 정복하라, 바다의 고기와 공중의 새와 땅에 움직이는 모든 생물을 다스리라 하시니라" 창 1:28

하나님이 인간을 창조해 놓고 인간에게 제일 먼저 하신 행위는 '축복선언'이었다. 하나님이 인간을 축복하시면서 "생육하고 번성하라"고 하셨다. 이 말은 축복의 증거로 자녀를 낳으라는 것이며 축복을 다음 세대로 이양하라는 말씀이다. 거기에 더하여 "땅에 충만하고 땅을 정복하라"고 하셨다. 이것은 단순히 우리가 축복을 받는데 초점을 둔 말씀이 아니다. 축복을 받아서 그 축복으로 이 땅을 또한 채우고 다스리고 축복하라는 것이다. 축복을 받아 그 복을 온 세상에 나누는 삶은 아브라함에게도 동일하게 말씀하셨다.

> "내가 너로 큰 민족을 이루고 네게 복을 주어 네 이름을 창대케 하리니 너는 복의 근원이 될지라" 창 12:2

하나님이 우리를 왜 이 세상에 태어나게 하셨는가? 우리가 이 땅에 사는 동안 사명이 있기 때문이다. 그것은 축복을 이 땅에 남기고 가는 것이다. 이동원 목사님은 이것을 "하나님의 선교적 기대"라고 표현하셨다. 하나님의 축복을 나누도록 인간을 사용하고자 하는 하나님의 기대는 결코 철회된 적이 없다. 하나님이 타락한 인간을 책망하시고 징계하셨지만 축복에 대한 선교적 기대는 포기하지 않으셨다. 타락 후에 기록된 창세기 5:2을 읽어 보자.

> "남자와 여자를 창조하셨고 그들이 창조되던 날에 하나님이 그들에게 복을 주시고 그들의 이름을 사람이라 일컬으셨더라" 창 5:2

이와 같은 진리는 노아 홍수 심판 후에도 동일하게 성경에 나타난다. 하나님이 홍수로 인류를 다 쓸어버리시고 난 후 노아와 그 가족들에게 무엇이라고 말씀하셨는가를 상고해 보라.

> "하나님이 노아와 그 아들들에게 복을 주시며 그들에게 이르시되 생육하고 번성하여 땅에 충만하라" 창 9:1

하나님의 한결같은 동일한 소원이 반복해서 성경에 나타나고 있는 것을 우리가 확인할 수 있다. 우리는 저주받기 위해서 태어난 인생이 아니라 축복받기 위해서 태어난 인생이다. 거기에 더 나아가 그 받은 축복을 이웃에게 나누도록 사명을 받았다. 후일 이 세상을 떠나 하나님 앞에 설 때에 하나님은 내가 얼마나 하나님께 받은 복으로 세상에 축복을 남겼는가를 계산하셔서 상주실 것이다. 아멘.

2. 선악과(창 2장)

"아담과 하와가 선악과를 따 먹을 줄 알면서 하나님께서는 왜 선악과를 만들어 놓았을까?"

이 질문에 답하기 전 먼저 생각해 봐야 할 것이 있다. 그것은 "선악과란 무엇인가?"라는 질문이다. 선악과는 선악을 알게 하는 나무의 열매지만 거기에는 보다 더 깊은 뜻이 있다. 그것은 선악과는 하나님과 인간 사이에 세워진 하나의 법이요, 언약이라는 것이다. 하나님이 하나님 되심과 인간이 인간됨을 구분하는 법이다. 예컨대, 복잡한 도시에 교통법규가 없다면 어떻게 되겠는가? 아마 교통 사고와 인명 사고가 많이 나서 극도로 혼란에 빠질 것이다. 이러한 혼돈을 피하려면 반드시 법이 있어야 하고, 일정한 질서가 있어야 한다.

하나님께서는 에덴동산을 만드신 후에 아담에게 통치권을 주셨다. 아담은 모든 것을 관리할 수 있는 권한을 가지고 있었다. 이로써 인간과 만물의 관계는 확정되었다. 문제는 하나님과 아담의 관계이다. 아담이 언제나 자신이 하나님의 피조물임을 되새기고, 하나님이 그의 하나님 되심을 알 수 있는 방법은 무엇이겠는가? 그것이 바로 선악과이다.

아담은 선악과를 볼 때마다 "아! 나는 하나님께서 창조하신 인간이구나! 내 위에는 하나님이 계시는구나! 나는 하나님의 말씀에 순종해야 돼! 그래서, 나는 하나님과 깊이 사귀고 하나님을 의존하면서 살아야 하는 존재구나"라는 사실을 알고 되새길 수 있었던 것이다. 하나님이 하나님 되시고 인간이 인간 됨을 알게 하고, 창조질서를 유지하기 위해서 반드시 선악과라는 법이 있어야만 했다. 그러한 이유로 하나님께서는 선악과를 만드셨고 그것을 먹지 말라 하셨고, 먹으면 정녕 죽으리라 경고까지 하신 것이다.

그렇다면 선악과를 따먹었다는 것이 무엇을 의미할까? 왜 그것이 죄가 되며 인류에게 죽음과 고통을 가져왔는가? 아담과 하와가 선악과를 먹었다는 것은 단순히 과일 하나를 먹은 것이 아니다. 그것은 하나님의 말씀에 대한 불순종이요 언약을 깨트린 것이며 법을 위반한 것이다. 선악과 사건 때문에 인간과 하나님 사이의 친밀한 관계가 깨어지고 말았다. 하나님과 항상 교제하면서 하나님과 붙어 있도록 창조된 인간이 하나님과 분리되고 불행을 자초하는 독립을 선언한 사건이 바로 선악과를 따먹은 사건이다.

하나님과의 친밀한 교제 속에 살아갈 때 인간은 영생을 누릴 수 있었지만 선악과 사건 때문에 인간은 하나님과 분리되었으며 이로 인해 하나님이 경고하신대로 영적 죽음, 육체적 죽음, 그리고 영원한 지옥의 심판이 오게 되었다. 선악과를 따 먹으면 정녕 죽으리라는 하나님의 말씀은 사실이었고 결코 죽지 않으리라는 마귀의 속삭임은 새빨간 거짓말이었다.

'하나님 없이 내가 주인 되어 내 마음대로 살겠다'는 것이 바로 영적 죽음이고 죄의 뿌리이며, 선악과 사건의 본질이다.

그렇다면 예수 믿는다는 것은 무엇을 의미하는가? 내가 하나님과 상관없이 살아온 죄인임을 깨닫고 그 죄를 회개하며 예수 십자가의 공로를 의지해서 예수님을 나의 주, 나의 하나님으로 모셔 들이는 것을 의미한다. 다시 말해, '내 인생에 하나님이 필요합니다. 주님이 주인이십니다!'라고 선언하는 것이다. 새 해도 변함없이 우리는 예수님을 주인 삼고 그를 의지하면서 하루하루 걸어가는 우리가 되어 보자. 아멘.

오늘의 본문 성경을 읽으시고 깨달은 점이나 기억하고 싶은 점 혹은 기도문을 기록합니다.

1월 2일

1년 1독 성경 읽기 꿀송이 보약큐티

창세기 4장~6장

| 묵 상 자 료 |

1. 가인과 아벨의 제사(창 4:3~5)

왜 하나님은 가인의 제사는 안 받으시고 동생 아벨의 제사는 열납하셨을까? 어떤 사람들은 가인은 곡식으로 제사를 드리고 아벨은 피가 있는 양으로 제사를 드렸기 때문이라고 생각하지만 그 이유 때문이라고 생각하는 것은 성경적인 근거가 없다. 왜냐하면 제사법에는 짐승의 피를 흘리고 제사하는 번제나 속죄제도 있지만 곡식으로 드리는 소제도 있기 때문이다. 가인의 직업은 농사하는 것이었기에 그가 자신이 수고한 농산물로 제물을 삼아 여호와께 제사 드린 것은 문제가 된다고 할 수 없다. 그렇다면 무엇이 문제였을까? 창세기 4:4 말씀을 자세히 읽어 보면 아벨은 양의 첫 새끼와 그 기름으로 드렸더니… 라고 되어 있는데 여기에 단서가 있다. 첫 새끼와 그 기름으로 드렸다는 것은 하나님이 기뻐하실 것이 무엇인지 파악하고 아벨은 정성을 다하여 하나님을 예배했다는 것을 미루어 짐작케 한다. 그러나 가인은 자신이 지은 농산물의 첫 소산을 여호와께 드리지도 않았고 또 좋은 것으로 가지고 나아와 정성껏 하나님께 바치지도 않았던 것이다. 이는 하나님께서 불평하는 가인에게 "네가 선을 행하면 어찌 낯을 들지 못하겠느냐?"고 꾸중하신(창 4:7) 대목을 보면 알 수 있다. 하나님은 억지로나 인색함으로 드리는 것을 싫어하신다. 아벨처럼 가장 좋은 것을 드리되 감사함으로 즐겁게 드려야 한다.

2. 살인의 추억(창 4:23~24)

창세기 4:20 이하에는 살인자 라멕이 자기 아내들에게 고백하는 무서운 살인고백이 있다. 최초의 살인자 가인의 후손에서 더 큰 살인자 라멕이 나왔다. 반면에 창세기 5:21에는 하나님과 동행하다가 죽음을 보지 않고 세상을 떠난 에녹이라는 위대한 신앙의 사람에게서 지상에서 가장 장수한 사람인 므두셀라가 나왔다. 에녹은 하나님과 동행하다가 아예 죽음을 보지 않고 하늘나라로 갔고 그의 아들 므두셀라는 969세라는 인간 세상에서의 최장수 기록을 세웠다. 한국 속담에 왕대 밭에 왕대 나고 졸대 밭에 졸대 난다는 말이 있다. 질투심에 사로잡혀 동생을 죽이고 인류 최초의 살인자가 된 가인에게서 무서운 싸이코 패스 라멕이라는 후손이 나와 더 많은 사람을 해쳤다. 라멕의 살해 동기는 자신의 상처 때문이었다고 한다. 자신의 상처 때문에 사람을 죽였고 자신의 상한 감정 때문에 소년을 죽였다고 했다. 얼마 전 부산에서 묻지마 살인사건이 발생했는데 밤중에 길 가던 청년이 근처 집에서 부부의 웃음소리가 크게 들려 그 집에 들어가 그 부부를 칼로 살해한 충격적인 사건이다. 경찰 조사 과정에서 그 살인자는 자신은 분노에 가득 차 세상을 불태워 버리고 싶었는데 느닷없이 큰 웃음소리가 나 화를 참지 못하고 그들을 죽였다는 것이다. 안타깝게도 그 젊은 부부는 T.V에서 방송되는 코메디 프로를 보며 즐거운 시간을 갖고 있었다. 가인의 후손 같은 우리네 죄인들은 마음의 내적 상처를 치유하지 않으면 남을 해치거나 거꾸로 우울증에 빠져 세상을 등지고 자살하기 쉽다. 십자가에 달려 우리를 위해 상처를 입고 피 흘려 죽어 주신 주님에게 나의 상처를 보여드리고 나를 치유해 주시기를 기도해야 한다. 이 상처를 안고 사는 사람들은 항상 숨겨진 지뢰와 같아서 언제 폭발할 지 모른다. 오, 주여, 나를 치료해 주소서. 아멘.

3. 창세기 6:2에 쓰여 있는 하나님의 아들들과 사람의 딸들은 누구인가?

혹자는 여기의 하나님의 아들들을 천사들이라고 해석하여(소돔성을 방문한 천사들처럼) 천사들이 인간들과 결혼하여 네피림 큰 용사들을 낳았다고 주장하는 자들도 있지만 그런 주장들은 성경을 신화화하는 잘못을 저지르기 쉬워 조심해야 하고, 가장 일반적인 해석은 여기의 하나님의 아들들은 셋의 경건한 후손들을 말하고 사람의 딸들은 가인의 후손들 중 아리따운 여자들을 말하는데 외모를 보고 신앙을 무시한 채 결혼하였던 당시의 죄악상을 적나라하게 드러내는 노아 홍수 심판전의 육체적이고 정욕적인 타락한 모습이라고 보는 견해가 건전하다.

오늘의 본문 성경을 읽으시고 깨달은 점이나 기억하고 싶은 점 혹은 기도문을 기록합니다.

1월 3일

1년 1독 성경 읽기 꿀송이 보약큐티

창세기 7장~9장

| 묵상자료 |

1. 방주로 들어가라! (창 7장)

노아는 방주를 지으라는 하나님의 말씀을 듣고 120년 동안 신실하게 믿음으로 방주를 지었다. 누가 들어도 상식적이고 합리적인 일은 행하기에 어렵지 않다. 그러나 이상한 모양의 방주를 120년 동안 짓고 있는 노아를 그 시대 어느 누구도 이해할 수 없었다.

이처럼 기독교의 믿음은 합리적이지 않을 수도 있다. 그러나 눈에 보이지 않고 귀에 들리지 않고 손에 잡히지 않고 상식으로 이해되지 않아도 하나님의 말씀이기 때문에 행하는 것이 믿음이다. 우리가 자주 듣는 전도의 말 중에 '예수 믿으면 구원받는다'는 소식이 있다. 이 말은 성령의 도움이 없이는 이해되지 않는 말이다. 2천 년 전에 죽은 어느 한 청년의 이름을 믿으면 구원받는다는 말은 상식에 맞지 않는 말이다. 그러나 분명히 그를 믿는 자는 구원을 얻는다. 하나님을 본 사람은 없지만 그 아들 예수님을 믿는 것이 바로 구원의 길이다.

방주를 다 지은 노아에게 하나님은 "너와 네 집은 방주 안으로 들어가라"고 말씀하셨다. 방주 안으로 들어가는 것이 복이다. 인류에게 심판이 임할 때에는 방주에 들어가야만 생존할 수 있다. 드디어 노아는 자기가 지은 방주 안으로 들어갔다. 그리하여 하나님이 온 세상을 물로 심판하실 때 노아라는 사람을 택하여 인류의 씨를 남기시고 구원의 역사를 이루셨다. 이제 곧 불의 심판이 올 것이다. 그때 하나님은 예수 그리스도를 믿고 의롭다함을 받은 사람이 된 하나님의 자녀들을 구원해 주신다고 약속하셨다. 노아와 그 가정이 구원을 받았던 것처럼 누구든지 예수 그리스도의 이름을 부르는 자는 자신도 구원받을 뿐만 아니라 그 가족도 구원받게 하는 데 쓰임 받는다.

2. 땅이 있을 동안에는…

"땅이 있을 동안에는 심음과 거둠과 추위와 더위와 여름과 겨울과 낮과 밤이 쉬지 아니하리라" 창 8:22

우리가 땅에 거하는 동안에는 심느라 정신없이 일해야 한다. 그렇지 않으면 열매도 보지 못하는 가난 속에서 고생할 것이며 거둠의 시간이 오면 또한 땀 흘려서 거둬야 한다. 수고하지 않고 저절로 곡식이 내 창고에 들어와 쌓이지 않기 때문이다.

추위가 오면 추위 때문에 두꺼운 옷을 입고 몸을 오그라뜨리며 고생할 것이고 더위가 오면 그 더위 때문에 덥다 덥다 하면서 시원한 것을 찾아 헤맬 것이다. 낮 동안에는 빛 가운데 있을 수 있지만 밤이 오면 어둠 속에 있어야 한다. 잠시 쉬는 시간도 없이 땅은 계속해서 심기와 거두기를, 추위와 더위를, 여름과 겨울을, 낮과 밤을 계속하여 돌릴 것이고 우리 역시 그 영향권 안에 있어야만 한다.

좋은 나라로 이민 간다고 부러워할 것도 아니고 한국에 산다고 마냥 좋은 것도 아니다. 어디에 살던지 인간에게는 추위와 더위가 있기 때문이다. 문제는 환경에 일희일비 하는 인생살이가 아니라 예수 안에서 믿음으로 살아가는 영적인 재미를 아는 자가 하늘의 능력으로 지상의 애환을 극복하는 지혜자이다.

방주에서 1년 이상을 긴장하며 지내다가 자기를 기억하시고 권념하신 하나님의 은총으로 물이 빠지고 마침내 다시 지상에 발을 디딘 노아는 맨 먼저 정결한 짐승으로 하나님께 번제를 드렸고 하나님은 그 노아의 제사를 향기롭게 흠향하셨다.

오! 주님 어디에 살던지 어떤 상황이던지 남을 부러워하지 말고 주를 생각하고 주 안에서 주님 때문에 기뻐하는 믿음의 삶을 살게 해 주소서… 아멘.

오늘의 본문 성경을 읽으시고 깨달은 점이나 기억하고 싶은 점 혹은 기도문을 기록합니다.

1월 4일

1년 1독 성경 읽기 꿀송이 보약큐티

창세기 10장~12장

| 묵 상 자 료 |

1. 너는 복이 될지라(창 12:2)

그 무서운 홍수 심판이 지나가고서도 인간은 여전히 죄성을 가진 악한 자들인지라 세월이 지나니 이전과 다를 것이 없었다. 함의 후손 중 니무롯이 나오고 그들은 시날 평지에 바벨탑을 쌓으며 사람들을 충동질하여 하나님을 거역하고 자신들의 이름을 내기에 바빴다. 하나님은 그들을 강제로 흩으시려고 언어를 혼잡게 하여 흩어질 수밖에 없도록 만드셨다. 그리고 하나님의 율법을 받고 하나님만을 섬기는 한 제사장 나라를 세우시고자 아브라함을 택하셨다. 우리는 성경을 읽어 가면서 끊임없이 나타나는 악한 자들의 무리와 가끔씩 보이는 경건한 하나님의 사람들의 모습을 교차해서 발견하게 된다.

악이 넘실 거리는 이 세상의 한가운데에서 그래도 하나님을 찾고 하나님의 이름을 부르는 소수의 사람들을 끊임없이 발굴하시는 하나님의 불굴의 의지를 보게 된다. 하나님은 아브라함에게서 이스라엘 나라를 미리 보셨다. 그리고 그 나라에 독생자 예수님을 보내시어 악한 세상을 구원하실 원대한 구속사의 그림을 그리고 계셨다. 마귀는 인간들을 보며 어떻게 미혹하고 죽이고 멸망하게 할까를 밤낮 연구하지만 하나님은 이 불쌍한 죄인들을 어떻게 구원할까를 생각하시고 더 풍성한 생명을 공급하실 계획에 몰두하신다. 아브라함에게 너는 복이 될지라!! 선언하신 하나님을 찬양하고 그분께 영광을 돌리자. 아브라함에게 임한 복은 다음의 4가지 특징이 있다.

1) 아브라함에게 주신 복은 말씀에 순종할 때 주어지는 복이었다.

창세기 12:4에 '이에 아브라함이 여호와의 말씀을 따라 갔고'라고 되어 있다. 아무리 하나님이 복을 마련해 놓으시고 너는 그 복을 누리라고 하셔도 우리가 말씀에 순종하지 않으면 그 복은 우리의 것이 되지 못한다. 우리는 아브라함의 영적인 후손들이다. 우리에게도 그 복의 원리는 동일하다. 오늘날 우리가 하나님의 말씀을 져버리고 말씀에 순종하지 않으면 예비된 복은 더 이상 나의 것이 될 수 없다.

2) 아브라함의 복은 처음에는 미약하나 나중은 심히 창대한 복이었다.

항상 기독교의 복의 원리는 동일하다. 천국은 마치 겨자씨와 같아서 처음에는 지극히 작게 보이지만 나중에는 커다란 나무로 자라나 새가 깃들게 된다. 누룩처럼 부풀어 오르는 것이 기독교의 복이다. 아브라함에게 네 후손이 큰 민족이 되리라고 선언하셨을 때 사실 아브라함에게는 자식이 단 한 명도 없었다. 오직 말씀만 있었고 실체는 아직 없었다. 그러나 결국 세월이 흐르고 보니 그 말씀은 실상이 되어 현실로 드러났다. 그러므로 우리는 하나님을 믿는 우리 주변의 형제나 자매가 지금 초라해 보인다고 무시하면 안 된다. 언젠가 때가 이르면 우리의 상상을 초월하는 하나님의 큰 축복의 거목이 될 수도 있기 때문이다.

3) 아브라함의 복은 타인에게 영향을 미치는 복이었다.

그를 축복하는 자는 덩달아 축복을 받게 되고 그를 저주하는 자는 저주를 받게 된다. 이 사실을 우리는 명심해야 한다. 하나님이 주목하는 자를 우리도 주목해야 하고 하나님의 눈이 머무는 곳에 우리의 눈도 머물러야 한다. 오늘날 하나님의 눈이 가장 많이 향하는 곳은 교회이다. 왜냐하면 교회는 그리스도의 몸이기 때문이다(엡 1:23). 그러므로 복 받기를 원하는 자는 교회를 축복하고 교회를 사랑해야 한다. 교회를 해롭게 하는 자는 차라리 연자맷돌을 목에 매고 바다에 빠지는 것이 나을 것이다.

4) 아브라함의 복은 인간의 허물에도 불구하고 끝까지 돌보시는 하나님의 복이었다.

창세기 12장에 아브람이 약속의 땅을 떠나 애굽으로 내려간 사실과 애굽왕에게 거짓말을 한 죄를 지었음에도 심판은커녕 오히려 복을 주시는 하나님을 우리는 목도하게 된다. 이 사실은 거짓말을 정당화하거나 위기에 처하면 거짓말을 해도 된다는 걸 교훈하기 위해 쓰여진 것이 아니다(그것은 다른 성경 본문에서 철저히 금하고 있는 가르침이다).

그것보다는 아브람이 절대적으로 의로워서 하나님이 그를 쓰신 것이 아니라 그의 연약함에도 불구하고 하나님의 자비와 긍휼로 자기 백성을 돌보신다는 은혜의 하나님을 부각시키기 위한 본문이 창세기 12장의 기사이다. 그리고 이런 형편없는 사람을 위대한 믿음의 조상으로 인내심을 갖고 키워가시는 하나님의 사랑의 열심과 조련술을 보아야 한다. 아브람이나 우리나 별반 다를 바 없는 죄악 된 우리들인데 버리지 않고 훈련시켜 쓰시는 하나님의 열심이 얼마나 감사한가? 이것이 아브라함에게 임한 하나님의 복이었다.

아브라함은 얼마나 복된 사람인지 신약 성경을 열자 마자 그의 이름이 맨 먼저 등장할 정도이다. '아브라함과 다윗의 자손 예수 그리스도의 세계라.' 이것이 신약의 시작이다. 하나님이 너는 복이 될지어다!라고 선포한 그 사람의 복이 얼마나 크고 놀라운가! 아멘.

오늘의 본문 성경을 읽으시고 깨달은 점이나 기억하고 싶은 점 혹은 기도문을 기록합니다.

1월 5일

1년 1독 성경 읽기 꿀송이 보약큐티

창세기 13장~15장

| 묵 상 자 료 |

1. 선택

창세기 13장을 읽어보면 인생의 중요한 순간순간마다 아브라함과 그 조카 롯이 무엇을 선택하는 지가 나타난다. 아브라함은 부친을 여의고 앞길이 막막한 인생의 순간에 하나님의 말씀을 만났다. 그리고 그 말씀을 따라 순종하여 자신의 살 곳을 선택하여 나아갔다. 롯은 역시 아버지를 일찍 여의고 처음에는 삼촌 아브라함을 따라 살다가 인생의 결정적인 순간에 소돔성이 가까운 요단 들을 선택하여 나아갔다. 롯의 선택은 하나님의 말씀이 전혀 고려되지 않은 그야말로 내 눈에 좋은 대로의 선택이었다. 또한 롯의 선택의 기준은 말씀이나 은혜생활이 아니라 사업에 도움이 되고 문화생활에 도움이 되는 것이었다. 그는 그가 원하는 대로 많은 재산을 얻었고 결국 대도시 소돔성에 정착하여 문화생활을 누리며 살았지만 은혜로운 삶은 없었다. 창세기 13장 안에는 둘 다 '장막을 옮겨'라는 똑 같은 언급이 나오지만 롯이 장막을 옮긴 곳은 소돔, 고모라였고(창 13:12) 아브라함이 옮긴 곳은 헤브론 상수리나무 수풀이었는데 거기서 여호와를 위하여 제단을 쌓았다고 했다(창 13:18). 롯은 소돔성 도시에 살면서 죄악 된 세상의 영향을 받으며 의로운 심정을 많이 상하고 살았다. 신앙 양심이 괴로웠다는 것이다. 돈은 많았지만 심령이 편하지 않았다. 아브라함은 문화생활은 못했지만 늘 제단을 쌓으며 여호와의 이름을 불렀고 주가 주시는 힘으로 세상을 살았다. 나중 세월이 흐르고 보니 이 두 사람의 선택의 결과는 판이하게 달랐다. 롯은 전쟁에 휘말려 온 가족이 포로가 되어 노예가 될 처지에 빠졌고 평생 모아 놓은 재산도 모두 잃었다. 삼촌 아브라함이 사병을 이끌고 가서 구해주지 않았더라면 그의 생명도 장담할 수 없었다.

오늘을 사는 우리 각자도 수없는 선택을 하며 인생을 살아 가고 있다. 영혼에 도움이 되기 위하여 세상 것을 손해 보는 선택을 하고 사는 사람들도 있고 신앙이야 어떻든지 돈이 최고야 하며 정신없이 물질만 추구하며 살아가는 인생들도 있다. 그러나 결국은 심은 대로 거두는 법이다. 영적인 것을 위하여 심는 자는 평강을 거두고 육신을 위하여 심는 자는 죄악의 쓴 열매를 거둘 것이다. 믿음은 곧 선택이다. 이것을 항상 명심하라!!!

2. 살렘 왕 멜기세덱

"의(義)의 왕"이라는 뜻을 가진 멜기세덱은 살렘(예루살렘)의 왕이었으며 지극히 높으신 하나님의 제사장(창 14:18~20, 시 110:4)이었다. 창세기에서 멜기세덱의 갑작스러운 출현과 퇴장은 다소 신비스럽다. 아브라함은 그돌라오멜 및 그와 동맹한 세 왕을 패배시킨 후 처음으로 멜기세덱을 만났는데 멜기세덱은 아브라함과 그의 지친 종들에게 빵과 포도주를 주며 우정을 보여주었다. 그는 엘 엘룐(지극히 높으신 하나님)이라는 이름으로 아브라함에게 축복하였고 전쟁의 승리를 주신 하나님을 찬양했다(창 14:18~20).

아브라함은 멜기세덱에게 그가 모은 모든 물건의 십분의 일을 바쳤다. 이 행동으로 아브라함은 멜기세덱을 자신보다 더 높은 영적인 지위에 있는 제사장으로 인정하였다.

히브리서 6:20은 "예수께서 멜기세덱의 반차를 따라 영원히 대제사장이 되셨다"라고 말한다. 여기서 '반차'라는 용어는 일반적으로 제사장직을 맡는 제사장들의 계승을 나타내는데 멜기세덱에서 그리스도까지의 긴 기간 동안에는 아무런 반차가 언급되지 않는다. 따라서 이 '반차'는 그리스도 안에서 그분에게만 영원히 주어진 반차인 것이다.

히브리서 7:3은 멜기세덱은, "아버지도 없고 어머니도 없고 족보도 없고 시작한 날도 없고 생명의 끝도 없어 하나님의 아들과 닮아서 항상 제사장으로 있느니라"고 말한다.

히브리서에 있는 묘사가 문자 그대로라면 이 구절은 주 예수 그리스도 외에는 다른 누구에게도 적용될 수 없다. 이 땅의 왕 중에 "영원히 제사장으로 남아 있는" 왕이 없으며 또한 "아버지나 어머니가 없는" 사람도 없다. 만일 창세기 14장이 그리스도의 현현을 묘사하는 것이라면 성자 하나님이 의의 왕(계 19:11, 16)과 평화의 왕(사 9:6)과 하나님과 사람 사이의 중보자(딤전 2:5)로 나타나셔서 아브라함에게 복을 주셨던 것이다(창 14:17-19).

아브라함이 지친 전투 끝에 주 예수님을 친히 만나 그분께 영광을 돌렸다고 보는 것은 참으로 놀라운 진리이다. 아멘.

오늘의 본문 성경을 읽으시고 깨달은 점이나 기억하고 싶은 점 혹은 기도문을 기록합니다.

1월 6일

1년 1독 성경 읽기 꿀송이 보약큐티

창세기 16장~18장

| 묵상자료 |

1. 하나님을 기다림

창세기 16장에는 아브라함이 하나님을 끝까지 기다리지 못하고 조급하여 하갈과 관계를 맺고 이스마엘을 낳아버리는 안타까운 기록이 있다. 기다림은 현대 문화에 맞지 않는다. 우리는 어떻게든 덜 기다리려고 한다. 그래서 은행에서 길게 줄을 서서 기다리는 대신에 온라인 뱅킹을 이용한다. 자동차에 탄 채 세차를 하고, 창문만 내리고 물건을 사기도 한다. 기다림이 우리의 일상에서는 빠르게 사라지고 있지만 자신의 백성을 향한 하나님의 계획에서는 아니다. 하나님께서 우리의 필요를 쉽게 채우실 수 있는데도 침묵하실 때는 우리 안에 팽팽한 긴장감이 생긴다. 그러면 우리의 삶을 다스리는 하나님의 주권을 대하는 우리의 영적 태도가 한풀 꺾인다.

우리는 안다. 하나님께서 무슨 일을 생각만 하셔도 그 일이 일어난다는 걸 우리는 안다. 그분이 우리의 기도에 응답하실 생각만 하셔도 그 기도는 응답될 것이다. 그런데 안타깝게도 우리는 하나님을 기다릴 때 삶의 기쁨을 잃고, 막연한 기다림이라는 권태에 빠진다.

"너는 주님을 기다려라 강하고 담대하게 주님을 기다려라" 시 27:14, 새번역

주님은 어떤 방식으로든 우리의 삶에 개입하실 당연한 권리가 있으시다. 하나님께서는 자신의 자녀들을 밝고 아름답고 편안한 삶에서 위태롭고 어두운 기다림이라는 풍경 속으로 옮기실 권리도 있으시다. "주님을 기다려라!" 하나님께서는 우리에게 기다리라고 요구하신다. 기나긴 기다림으로 실망에 빠져 있을 때 우리는 기다림의 순간에도 그분이 함께하신다는 속삭임을 듣는다. 혼자 기다리는 게 아니다. 하나님과 '함께' 기다리는 것이다.

우리는 '하나님 신뢰하기'에 대해 자주 말한다. 그러나 '우리가 하나님을 신뢰하기'라는 의미가 아닌 '하나님께서 우리를 신뢰하기'라고 생각해본 적이 있는가? 그분이 우리를 신뢰하신다는 건 무슨 뜻일까? 하나님께서는 우리가 '기다림'이라는 불안한 상황에서 그분의 음성에 귀 기울이고, 지시를 따르며, 하나님의 거룩한 섭리를 당당히 받아들이리라고 믿으신다.

"기다리는 자들에게나 구하는 영혼들에게 여호와는 선하시도다 사람이 여호와의 구원을 바라고 잠잠히

기다림이 좋도다" 애 3:25, 26

"내가 여호와를 기다리고 기다렸더니 귀를 기울이사 나의 부르짖음을 들으셨도다" 시 41:1

2. 나를 살피시는 하나님

창세기 16:13에 하갈은 고통 중에 하나님을 체험하고는 간증하기를 '하나님은 나를 살피시는 하나님'이라고 고백했다. 하갈은 교만한 여자였다. 감히 여주인의 특별한 배려때문에 주인 아브라함과 동침하고 임신이 되었으면 여주인의 심정을 헤아리고 겸손하게 여주인에게 감사해야 마땅했다. 그러나 그녀의 행동은 정반대였다. 자기의 임신함을 알고 여주인을 멸시했다고 성경은 말한다(창 16:4). 배은망덕한 여자다. 그 인격의 천박함이 훤히 드러난다. 당연히 응징이 여주인에게서 떨어졌다. 거의 살해의 위협을 느꼈던 그녀는 주인집을 나와 광야로 도망갔다. 고통스런 도망자 생활을 하고 있을 때 여호와의 사자가 나타났다. 그리고 여호와께서 네 고통을 들으셨다고 하며 아들을 낳으면 이름을 '이스마엘'(고통을 들으심)이라 지으라 하시고 하갈에게 주인의 집으로 돌아가 여주인에게 용서를 빌고 그 수하에 복종하라고 했다.

우리는 이와 같은 성경 본문을 읽으면서 하나님의 사랑은 그 끝이 없음을 실감하게 된다. 인간의 생각과는 너무나 다르시다. 우리 같으면 당연히 이런 못된 여자는 쌩 고생을 하다가 죽어야 마땅하다고 생각하는데 하나님은 그녀의 고통을 돌아보셨다. 우리는 가끔 나 같은 못된 죄인을 정말로 하나님이 사랑하실까 의심이 밀려올 때도 있다. 그때 '나를 살피시는 하나님'을 체험하고 신앙을 고백한 하갈의 간증을 생각하며 우리도 용기를 얻어야 한다. 하나님은 아브라함의 하나님이시지만 하갈의 하나님이시기도 하셨다. 우리는 항상 '내 중심'의 사고에 갇혀 있지만 하나님은 만유의 하나님이시며 온 천하 만민의 주인이 되신다.

오늘의 본문 성경을 읽으시고 깨달은 점이나 기억하고 싶은 점 혹은 기도문을 기록합니다.

1월 7일

1년 1독 성경 읽기 꿀송이 보약큐티

창세기 19장~21장

| 묵상자료 |

1. 그러나 롯이 지체하매…

우리는 창세기 19:16을 읽으며 놀라움을 금치 못한다. 하늘에서 심판의 천사들이 내려와서 롯에게 빨리 피하라고 경고하고 있는데 그 순간에도 그가 지체하였다는 것이다. 지금 심판의 불이 하늘에서 막 떨어지기 직전인데 어떻게 롯이 지체할 수 있었을까? 이것은 평소에 그의 신앙이 말씀에 민감하지 못했고 그 영혼이 소돔성의 죄악에 깊게 오염되어 매우 어두어져 있었다는 것을 반증한다.

그의 이러한 지체하는 신앙 때문에 그의 사위들은 그의 심판에 대한 전도 내용을 농담으로 여겼고 그의 아내는 천사들의 경고를 무시하다가 소돔성과 함께 심판을 받고 죽어 소금 기둥이 되었다. 그의 두 딸들은 그런 엄청난 하나님의 심판과 자신들의 구원을 체험하고도 여호와를 경외하는 경건한 모습을 보이지 못하고 소돔성의 음란한 행실을 본받아 아버지와 성 관계를 맺고 모압과 암몬이라는 자식을 낳아 두고두고 이스라엘의 대적이 되게 하였다. 그야말로 한 가족의 가장인 롯의 지체하는 우유부단한 신앙 때문에 그의 가정은 풍비박산이 나고 말았던 것이다.

오늘 세상은 소돔성 같이 타락되어 있다. 조금만 정신을 차리지 않으면 세상 죄악의 홍수에 떠 밀려가기 쉽상이다. 그럼에도 불구하고 교회 안에는 롯처럼 지체하는 자들이 많이 섞여 있다.

기도에 열심이 없고 말씀 공부에 관심이 없다. 세상 오락과 재물을 모으는 데만 마음을 빼앗기고 형식적인 신앙생활을 하는 사람들이 너무나 많다.

오! 이 일을 어찌 할꼬?

2. 창세기 21:17에 광야에서 울고 기도한 사람은 어머니 하갈이었는데(창 21:16) 왜 하나님은 아이의 소리를 들으셨나?

지나치기 쉬운 대목이지만 성경 저자의 숨겨진 의도가 분명하게 드러나는 놓치지 말아야 할 장면이다. 분명 16절에서 우는 주체는 어머니 하갈이다. 자식이 배고파 기진해 죽어가는 모습을 바라보는 엄마의 절박한 심정은 말로 표현할 수 없는 고통이었을 것이다.

이에 엄마 하갈이 통곡하며 부르짖는다. 그때 주님의 응답이 나타났는데 17절에 성경 저자는 의도적으로 두 번이나 하나님이 그 아이의 울음소리를 들어 응답을 하셨다고 강조한다. 왜 엄마와 아이가 함께 우는데 아이의 울음소리가 하나님 귀에 더 잘 들렸을까?

이유는 단 한 가지였다!

그 아이가 바로 아브라함의 자손이었기 때문이라는 것이다.

성경을 읽다 보면 아브라함에게 언약하신 것을 기억하시고 그 후손들을 하나님이 돌보셨다는 구절이 자주 나온다. 이처럼 하나님은 언약에 충실하신 분이시다. 한 번 약속하시면 결코 변개함이 없으시고 반드시 그 말씀을 지키신다.

예수 이름을 의지하면 천국 문이 열리고 하나님의 손길이 역사하는 것도 그렇게 약속하시고 그 언약에 신실하신 하나님이시기 때문이다.

아브라함의 후손이 그렇게 특별대우를 받았다면 예수의 백성들은 얼마나 더 특별하게 하나님이 챙기시겠는가? 우리는 예수 안에서 영적인 아브라함의 후손들임을 기억하고 담대함을 가져야 한다. 하나님은 예수 안에서 영적인 아브라함의 후손인 우리의 기도를 외면하지 않으신다. 할렐루야!!!

오늘의 본문 성경을 읽으시고 깨달은 점이나 기억하고 싶은 점 혹은 기도문을 기록합니다.

1월 8일

1년 1독 성경 읽기 꿀송이 보약큐티

창세기 22장~24장

| 묵상자료 |

1. 하나님의 시험지

하나님은 종종 그 백성들의 믿음의 수준을 측정하시려고 그의 백성들에게 믿음의 수능고사를 치르게 하신다. 하나님이 출제하시는 시험지는 객관식이 아니고 주관식이다. 답을 고르게 되어 있는 게 아니고 자신의 믿음의 분량껏 답을 써내려가야 한다. 미리 어떤 유형의 문제가 출제될지에 관한 힌트도 거의 주시지 않고 시험 치는 날자도 예고없이 불시에 실시하신다. 그래야 평소 실력이 그대로 답안지에 나오니까… .

창세기 22장을 읽으면 아들 이삭을 모리아 산에서 제물로 바치라는 하나님의 주관식 믿음의 시험 문제가 아브라함에게 떨어졌다. 그 어려운 시험 문제를 읽자마자 아브라함의 믿음의 실력이 유감없이 발휘된다. 일단 그는 말씀에 순종하기 위해 세 가지의 방해세력들을 제거한다.

첫 번째 방해물이 될 수 있었던 그 아내 사라에게는 일체 비밀로 하고 모리아 산을 향해 다음날 일찍 부랴부랴 떠난다. 두 번째 방해가 될 수 있었던 두 종들도 산 밑에 머물게 하고 제사를 드린 후 돌아오겠다고 하고 산을 오른다. 이제 마지막 방해물이 되어 사실을 알면 도망쳐 버릴지도 모르는 당사자인 이삭을 어떻게 설득할 지가 남았다. 아브라함은 번제할 어린 양은 어디에 있냐고 날카롭게 아들이 물어 왔을 때 가슴이 뜨끔했을 것이다. 그때 당황한 표식을 내지 않고 아브라함은 아들에게 하나님이 알아서 다 준비하셨을 거라고 침착하게 대답하여 아들을 안심시켰다.

참 그 아버지에 그 아들이었다. 정작 모리아산 정상에서 아무 설명도 없이 자신을 묶는 아버지 앞에 이삭이 묶인 채 도망쳤다는 기록이 없으니 말이다. 시골에서 닭을 잡을 때 보면 가끔 닭도 살려고 때로는 온 몸에 털이 다 빠졌는데도 온 동네를 꼬꼬댁 소리를 내며 도망다니는데…

소년 이삭은 아버지를 신뢰하고 자신이 불탈 번제 나무 위에 조용히 제물로 누워 있었다. 마침내 아브라함이 아들을 묶어 놓고 눈 꽉 감고 그 아들을 칼로 내리치려 할 때 하나님이 급하게 천사를 보내시어 그 아들을 죽이지 말라고 말리셨다. 휴~ 끝까지 시험을 진행하시는 하나님도 대단하시고 묵묵히 믿음의 답안지를 써 내려가는 아브라함도 대단하다.

시험 보는 시간의 끝나는 종이 울리고 마침내 하나님의 채점 점수가 발표되었다. 100점이었다!!

"네가 네 아들 독자까지도 아끼지 아니하였으니 내가 이제야 네가 하나님을 경외하는 줄 아노라" 창 22:12

여기서 우리는 의문이 생긴다. 하나님은 전지전능하신 분인데 굳이 이런 고난이도의 시험을 쳐서 점수가 높게 나와야 믿음의 실력을 아시는 분인가? 하는 점이다. 나는 이 점을 '신비'로 여긴다. 정말 미스테리다. 굳이 시험해 보지 않으셔도 아브라함의 믿음과 순종을 다 아실 터인데 하나님은 구체적으로 시험을 치르게 하시고 점수가 나오자 이제야 알겠다고 하신다.

이런 성품을 가지신 분이 우리들의 하나님이시라면 우리도 수시로 치러 질 믿음의 수능고사에 대비해야 한다. 아무리 입술로 "내 맘 다 아시지요? 주님 사랑하는 내 맘 다 아시지요?" 해도 소용없다. 하나님의 시험에 합격해야 한다. 때로는 부도도 나고, 사고도 당하고, 암도 걸리면서 구체적인 현실 속에서 우리의 믿음의 실력을 보여드려야 한다.

나는 선교지에서 설교하러 가다가 자동차 사고를 당하여 뼈가 10군데가 부러지고 하반신을 잘 못 쓰는 장애인이 되었다. 그렇게 좋아하던 축구도 못한다. 그래도 생명을 연장하여 주신 주님께 감사할 것밖에 없다.

오늘 하루도 구체적인 삶 속에서 항상 기뻐하고 범사에 감사하고 쉬지 않고 기도하는 믿음의 모습을 주님께 보여 드려 좋은 점수를 따는 우리가 되어 보자. 아멘.

오늘의 본문 성경을 읽으시고 깨달은 점이나 기억하고 싶은 점 혹은 기도문을 기록합니다.

1월 9일

1년 1독 성경 읽기 꿀송이 보약큐티

창세기 25장~27장

| 묵상자료 |

1. 이삭이 죽을 때가 되었다고 생각하고 에서에게 마지막으로 사냥한 음식을 먹고 축복하겠다고 했을 당시(창 27:4) 이삭의 나이는 얼마나 되었을 걸로 추정할 수 있는가?

창세기 27장 사건이 시작되기 전 26장 끝부분에 "에서의 나이 40세에 헷 족속의 딸들과 결혼하여 리브가와 이삭의 마음에 근심을 주었더라"고 되어 있으니 여기서 이삭의 나이를 대강 추측할 수 있다. 이삭이 60세에 에서와 야곱을 낳았으니 에서의 나이가 40이라면 아버지 이삭의 나이는 100세쯤 되었을 거다.

설령 26장과 27장의 사이에 간격이 있어 세월이 흘렀다 해도 넉넉잡아 이삭의 나이 120세쯤 되었을 것이다. 그때 자신이 곧 죽을 것 같고 시력도 약해지고 병이 중하여 황급히 죽기 전에 장자를 축복하겠다고 나선 것이다.

여기서 중요한 성경퀴즈를 하나 내겠다. 이삭은 몇 살에 세상을 떠났을까? 답은 창세기 35:28에 나와 있다. 180세에 죽었다. 이게 웬일인가? 120세에 곧 죽을 것이라고 하여 장자에게 축복하겠다고 소동을 벌였던 사람이 그 후로 장장 60년을 더 살다 죽은 것이다!!! 많은 독자들이 성경을 수없이 읽어도 이런 사실은 까마득히 모르고 지나간다. 그래서 몇 독을 했는지가 중요한 것이 아니라 얼마나 깊이 묵상하고 연구하면서 읽었는냐가 더 중요한 것이다.

그러면 왜 하나님은 60년 후에나 죽을 사람을 미리 죽을 것처럼 몰아가 형제가 뒤바뀌는 축복사건을 일어나게 했을까? 거기에 하나님의 오묘한 섭리가 숨겨져 있었다. 성격이 조용하여 집안에만 있기 좋아하는 야곱을 그 사건으로 인해 목숨이 위태롭게 만들어 부랴부랴 그 머나먼 하란 땅 밧단아람 어머니의 친정 집으로 도망가게 만들고 거기서 20년의 타향살이를 하면서 가나안 여인들이 아닌 자들로 아내들을 얻게 하고 12아들을 주시어 이스라엘 민족의 근간을 세우시려는 하나님의 놀라운 계획을 이루기 위함이었던 것이다.

성경을 읽으며 이런 것을 깨달을 때마다 우리 인생을 향한 신묘막측하고 오묘한 하나님의 간섭과 주권과 섭리에 우리는 놀라움을 감출 수 없게 된다. 찬송이 절로 나오게 된다.

"달고 오묘한 그 말씀 생명의 말씀은 귀한 그 말씀 진실로 내 노래 되도다 나의 길과 믿음 밝히 보여주니 아름답고 귀한 말씀 생명샘이로다 아름답고 귀한 말씀 생명샘이로다" 아멘.

2. 이삭과 리브가의 견해 차이(창 27장)

인생은 선택의 연속이다. 좋은 선택을 한다는 것은 결국은 분별력이다. 분별력은 남이 보지 못하는 것을 보고 남이 듣지 못하는 것을 듣는 능력이다. 분별한다는 것은 참 쉽지 않다. 분별력이 약해지면 선택의 순간에 결정적인 실수를 하게 되고, 그러면 삶이 복잡해진다. 우리는 야곱가정에서 일어난 일을 보면서 잘못된 선택이 인생을 얼마나 복잡하게 만드는지, 얼마나 쉬운 길을 많이 돌아가게 되는지를 보게 된다.

창세기 27장에서 축복권을 둘러싼 치열한 쟁탈전이 일어난다. 이삭이 죽기 전에 장자 에서에게 축복기도를 하려고 하는데 족장으로서 가장 중요한 임무는 장자에 대한 축복이었다. 이런 중요한 공적인 사역을 이삭은 아주 사적이고 비밀스럽게 진행하려고 하는 데에서 문제가 시작된다. 4절을 보면 "내가 즐기는 별미를 만들어 내게로 가져와서 먹게 하여 내가 죽기 전에 내 마음껏 네게 축복하게 하라"고 한다. 이삭이 축복을 하는데 별미라는 단서를 붙인다. 하나님이 동생 야곱에게 장자의 복을 약속하셨다는 것을 이삭이 모를 리가 없다. 그런데 에서에게 복을 주려고 하는 것이다. 그 이유도 별미와 연관이 있다. 이삭의 말을 엿들은 리브가는 형보다 먼저 가서 아버지의 축복을 받으라고 야곱에게 말한다. 그래서 야곱은 리브가가 만든 별미를 가지고, 에서로 분장해서 아버지에게 간다. 털이 많은 에서로 보이려고 짐승의 털로 위장을 했고 이삭은 손으로 더듬어 보았지만 분별하지 못했다. 이삭은 지금 별미 외에 다른 것에는 별로 관심이 없다. 그에게 중요한 것은 하나님의 언약도 아니고, 가정의 미래도 아니고, 당장 눈앞의 별미였다. 앞에서도 그 이야기가 나왔다.

"이삭은 에서가 사냥한 고기를 좋아하므로 그를 사랑하고 리브가는 야곱을 사랑하였더라" 창 25:28

이삭은 이미 먹는 문제로 연약함을 드러냈다. 지금도 죽기 전에 별미나 실컷 먹어보고 싶다는 육욕적인 모습을 드러낸다. 이 별미는 에서에 대한 편애의 요인이었고, 그의 삶에 즐거움이었다. 현재 이삭은 나이가 들 만큼 들었지만, 아직도 그의 삶을 흔드는 욕망이 있다는 것이 놀랍다. 언제쯤이면 인간의 삶을 흔들어 놓고 유혹하는 욕망이 완전히 사라질까?

기독교의 역사 속에서 1500년간 내려오고 있는 〈죽음에 이르는 7가지 대죄〉라는 것이 있다. '교만, 시기, 분노, 나태, 탐욕, 정욕, 그리고 탐식'이다. 먹는 문제, 탐식은 7가지 대죄 가운데 하나로, 이것이 죽음으로까지 갈 수 있다는 것이다.

인류의 시작에서부터 선악과를 먹는 것, 노아의 포도주 사건, 이스라엘 백성들이 광야에서 애굽에서 먹었던 고기를 생각하고 원망과 불평을 하다가 광야에서 죽고 마는 일들이 있었다. 우리는 탐식을 다른 죄에 비해 가볍게 여기는 경향이 있지만, 이것은 결코 가벼운 주제가 아니다. 먹는 것을 통해서 즐거움을 얻고자 하는 쪽으로 자꾸 가다 보면 영적으로는 점점 무뎌진다. 오늘 본문에서 주는 메시지는 먹는 문제가 우리 삶에 심각한 문제가 될 수 있다는 것이다. 이삭은 야곱에게 주어야 할 축복을 에서에게 주려고 했고, 에서에게도 별미를 조건으로 축복권을 시행하려고 한다. 결국은 이 분별력을 잃게 한 요인이 별미를 즐긴 것이다. 이것은 일종의 음식 중독증이다. 중독은 우리 영혼을 무디게 만든다.

한편 리브가는 '큰 자가 어린 자를 섬기리라'는 하나님의 말씀을 기억하고 있었다. 비록 속임수를 쓴 것은 잘못이었지만 적어도 하나님의 뜻이 이루어져야 한다는 소신은 확고했다. 그래서 기어코 하나님이 택하신 야곱이 축복을 받도록 그녀는 밀어 부쳤다. 하나님의 뜻을 이루어 드리려다가 저주를 당한다면 그것도 감수할 각오가 되어 있었다. 참으로 아브라함의 가문에 귀한 며느리가 들어와 결정적인 역할을 감당한 것이다.

그래서 난 리브가가 너무 멋있다.

오늘의 본문 성경을 읽으시고 깨달은 점이나 기억하고 싶은 점 혹은 기도문을 기록합니다.

1월 10일

1년 1독 성경 읽기 꿀송이 보약큐티

창세기 28장~30장

| 묵 상 자 료 |

1. 꿈에 본 사닥다리

창세기 28장은 야곱이 형 에서의 분노를 피해 하란에 있는 외삼촌 집으로 도망 갈 때의 장면이다. 집을 떠난 지 며칠이 지나고 낯설고 물설은 타지의 들판에서 돌을 베개하고 근처에서 들려오는 야생동물들의 울부짖는 소리를 들으며 불안과 초조 속에 홀로 잠들었을 때… 꿈속에서 하나님은 사닥다리 환상을 보여주시며 축복의 말씀으로 야곱을 위로하셨다.

우리 하나님은 이와 같이 타이밍을 잡는데 탁월하시다. 평소에 가만 계시다가도 우리에게 위로와 격려가 필요할 때 꼭 나타나셔서 위로하신다. 고3 때 폐병이 들어 수업시간에 각혈을 하고 학교도 못 다니고 전라도 벌교 못골 부락 우리 집에서 누워지냈던 때가 있었다. 추운 겨울 동구밖 소나무 가지 위를 매섭게 휩쓸고 지나가는 찬바람소리처럼 내 마음은 외롭고 힘들었다. 미래가 캄캄하고 앞길이 안 보여 더욱 절망스러웠다. 오후 3시쯤 미열이 있어 끙끙 앓다가 언뜻 잠이 들었다. 잠 들기 전 중얼거리듯 기도했는데 단짝 친구 오남이가 보고 싶다고 했다. 순천에서 수업 중인 오남이가 올 수 없다는 걸 알았지만 그냥 중얼거렸다. 그리고 얼마 후 잠에서 깨어났는데 머리맡에 누군가가 앉아 내 손을 잡고 기도하고 있는 따스한 기운을 느꼈다. 놀랍게도 친구 오남이었다!!!

매튜 폴(Matthew Poole)이라는 신학자는 야곱이 꿈에 본 사닥다리의 의미를 두 가지로 정리했다. 하나는 하나님께서 하늘에 거하시지만 천사들을 통해서 지상에 대한 보호와 통치를 하신다는 것이다. 그리고 이 사닥다리의 꿈은 예수 그리스도의 모형을 예시한다는 것이다. 요한복음 1:51에서 예수님은 나다나엘에게 이렇게 말씀하셨다. "또 이르시되 진실로 진실로 너희에게 이르노니 하늘이 열리고 하나님의 사자들이 인자 위에 오르락 내리락 하는 것을 보리라" 아멘. 이처럼 우리는 구약을 읽으면서도 언뜻언뜻 보이는 예수 그리스도의 모습을 캐치할 수 있어야 한다. 아멘.

2. 레아의 믿음이 자랐다는 증거(창 29:31~35)

레아와 라헬은 자매지간이지만 한 남편을 함께 가진 연적이기도 하다. 남편 야곱은 외모가 예쁜 라헬을 더 사랑했다. 하나님은 창세기 29:31에 레아가 사랑받지 못함을 보시고 그녀의 태를 여셨으나

라헬은 자녀가 없었다고 기록되어 있다. 하나님은 참 고마운 분이시다. 공평하게 나눠 주신다. 한 사람에게 모든 것을 다 주시지는 않는 것이다.

레아는 첫 아들을 낳고 그 이름을 르우벤이라 하였다. "보라, 아들이라!"라는 뜻이다. 그녀의 '야호~' 하는 환호성이 들리는 듯한 이름이다. 그리고 그 이름을 그렇게 지은 이유를 32절에 "여호와께서 나의 괴로움을 돌보셨으니 이제는 내 남편이 나를 사랑하리로다"라고 하였다. 그녀의 괴로움은 다름아닌 남편에게 사랑받지 못하는 여인의 아픔이었다. 그녀의 첫 아들 이름에서 우리는 레아의 남편 사랑에 대한 목마름을 본다.

둘째 아들을 또 낳았다. 이름을 뭐라고 지었을까? "시므온"이라 하였는데 한국어로 하자면 "내 기도를 들으심"이다. 그렇게 명명한 이유를 또 이렇게 적어 놓았다. 33절이다. "여호와께서 내가 사랑받지 못하였음을 들으셨으므로 내게 이 아들도 주셨도다"라는 것이었다. 여전히 사랑타령이다. 그녀의 시선은 여전히 남편에게 집중되어 있다.

셋째 아들을 또 주셨다. 연적 라헬은 아무 소식도 없는데 레아는 하나님의 은혜를 입어 펑펑 아들을 낳는다. 이번에는 이름을 뭐라고 지었을까? "레위"이다. "연합"이라는 뜻인데 이 이름 역시 남편의 사랑에 목말라 하는 여인의 욕구에서 나온 이름이었다. "내가 그에게 세 아들을 낳았으니 내 남편이 지금부터 나와 연합할거야"라는 이유에서 이름을 그렇게 지어 불렀다.

이제 넷째 아들이 태어났다. 그리고는 이름을 "유다"라 지었다. 이는 "찬송"이란 뜻이다. 그녀는 넷째 아들을 낳고는 "이제는 내가 여호와를 찬송하리로다"하고 주님을 찬미했다. 지긋지긋한 사랑타령에서 벗어난 모습을 보인 것이다. 더 이상 남편의 사랑만을 구걸하고 징징대는 여인이 아니고 눈을 남편에게서 하나님에게 돌려 하나님을 찬송하며 영광을 주께 돌리는 성숙한 신앙인의 모습을 보여주고 있다. 이처럼 그녀가 아들의 이름을 짓는 모습 속에서 그녀의 영적 변화와 성숙을 엿보게 되는데 시간이 갈수록 성숙해 가는 그녀의 모습이 귀하다. 우리도 남편이나 아내, 자식의 굴레에서 못 벗어나는 징징대는 아이 같은 신앙을 극복하고 어떤 형편에서든지 내 눈을 하나님께 향하는 성숙한 신앙인들이 되어야겠다. 아멘.

오늘의 본문 성경을 읽으시고 깨달은 점이나 기억하고 싶은 점 혹은 기도문을 기록합니다.

1월 11일

1년 1독 성경 읽기 꿀송이 보약큐티

창세기 31장~33장

| 묵 상 자 료 |

1. 에서 나와라!!!

이규태 씨가 쓴 책 중 "한국인의 의식구조"란 것이 있다. 거기에 한국인에게는 '배면심(背面心)'이란 게 있다고 한다. 반드시 대면해야 하는데 너무 부담스럽고 힘드니까 고개를 돌려 버리는 심리이다. 분명 상대를 대면하여 서로 얼굴을 보면서 담판을 지어야 하는데 너무 두려운 나머지 '에라 모르겠다'하고 무책임하게 모르쇠로 일관해 버리는 것이다. 누구에게 폭행을 당해도 상대의 주먹이 나의 신체의 어느 부위를 패는 지를 보고 맞으면 조금 낫지만 무섭다고 고개를 돌려버리면 그 공포는 더해진다.

야곱의 입장에서 사실 형 에서를 한 번은 만나기는 만나야 한다. 언제까지 도망다니거나 회피할 수 있는 문제가 아니다. 고개를 돌려버리면 공포는 더욱더 크게 다가온다. 그런데 막상 마주치려니 용기가 안 나고 덜덜 떨린다. 그래서 오랜만에 철야기도라는 것을 해 보았다. 밤을 꼬박 세워 하나님과 기도의 씨름을 한 것이다. 다른 길이 없었다. 얍복강가에서 야곱은 하나님께 기도로써 자신의 내면의 두려움을 털어 놓았다. 마침내 하나님은 야곱에게 기도의 응답을 주셨다. 그리고 이름을 바꿔주셨다. 야곱(발뒤꿈치를 잡은 자=속이는 자)에서 이스라엘(하나님과 겨루어 이김=여호와께서 싸워 주실 것이다)로의 변화는 실로 크나큰 영적 혁명이었다. 육적인 그리스도인이 영적인 그리스도인으로 탈바꿈한 것이다. 이 하나님과의 기도의 씨름에서 힘을 얻은 야곱은 배면심(背面心)에 사로잡혀 형을 슬슬 피하는 두려움이 갑자기 사라져 버렸다. 이제는 자신이 당당하게 제일 앞장서고 가솔들은 자신의 뒤에 두고는 400명의 군사를 이끌고 야곱을 향해 성큼성큼 오고 있는 형님과 얼굴을 마주보고 대면했다.

에서의 살기등등함이 어디서 갑자기 눈 녹듯이 사라졌을까? 에서는 야곱을 보자마자 목을 어긋나게 껴안고 이산 가족 상봉 장면처럼 울었다. 20년 간의 형제 사이의 미움과 갈등이 극적으로 일시에 해결되는 순간이었다. 나는 그 원인을 야곱의 장애를 입은 다리에서 찾는다. 어젯밤 밤새 천사와 기도의 씨름을 하면서 허벅지의 환도뼈를 다쳤는데 그 여파로 야곱은 소아마비 장애인처럼 형 앞에 절룩거리며 나타났다. 그 불쌍한 동생의 모습을 본 에서는 적의(敵意) 대신 연민의 정이 싹튼 것이다. 하나님은 우리가 약할 때 그 능력을 행사하시기를 기뻐하신다. 사도 바울을 그토록 중병이 들게 하시고 고쳐주지 않은 이유를 하나님은 '네가 약해야 나의 능력이 강해지기 때문이다'고 하셨다(고후 12:9). 그 말씀을 들은 후 바울은 자신의 약함을 자랑하는 자가 되었다. 우리는 종종 거꾸로 생각한다. 내가 강해져야 모든 문제가 해결될 것이라고 말이다. 그러나 야곱의 환도뼈를 치신 하나님은 다 이유가 있으셨다. 우리는 주님의 그런 깊은 수읽기를 깨달아야 한다.

당신에게 에서 같은 두려운 일이 있는가? 얼굴을 돌려 버리고 피하기만 하면 공포는 더해지고 사태는 더욱 악화된다. 기도로써 일단 용기를 회복하라. 그리고 "죽으면 죽으리라"고 선포하고 문제와 부딪치라. 에서를 피하지만 말고 '에서 나오라고 해!' 하면서 돌진하라. 거기에 하나님의 도우심의 역사가 있을 것이다. 아멘.

2. 마하나임의 하나님

창세기 32장 서두에 야곱은 하나님의 군대(마하나임)를 만난다. 20년만에 고향으로 돌아오는 길… 이제는 혈혈단신 형 에서를 피해 도망가던 20년 전의 야곱이 아니다. 벧엘에서 나타나 약속하셨던 하나님의 말씀이 그대로 실현되어 야곱은 지독하게 인색한 삼촌의 집에서 거부가 되어 11남 1녀를 거느린 채 네 명의 아내와 수많은 짐승떼를 이끌고 거대한 규모를 이루어 고향으로 돌아오는 길이다. 그러나 그의 머리 속에는 형 에서의 복수의 칼이 어른거린다. 불안과 초조가 떠나지 않는다. 바로 그 순간에 그는 하나님의 군대를 만났다. 마하나임, '두 진영', '하나님의 군대'란 뜻으로 야곱은 하나님의 천사들을 보고 "이 곳은 하나님의 진영이구나" 하면서 그 곳 이름을 '마하나임'이라 명명했다. 하나님의 얼굴을 본 브니엘 동쪽 10킬로 전방 지역이었다. 근심에 젖어 있던 야곱은 하나님의 군대를 보고 벧엘의 하나님을 기억했을 것이다. 20년 타향살이에서 돌보시고 복 주신 살아계신 하나님의 역사를 다시금 상기하며 힘을 얻었을 것이다. 그 얻은 영적 힘으로 그날 밤 브니엘에서 천사와 씨름하며 버텨냈을 것이다. 마하나임… 우리는 하나님의 진영 속에 속해 있다. 하나님의 돕는 사자들이 오늘도 우리를 둘러 진치고 있다!!! 강하고 담대하게 오늘도 쫄지 말고 살아가자. 아멘.

오늘의 본문 성경을 읽으시고 깨달은 점이나 기억하고 싶은 점 혹은 기도문을 기록합니다.

1월 12일

1년 1독 성경 읽기 꿀송이 보약큐티

창세기 34장~35장

| 묵 상 자 료 |

1. 가장의 책임

창세기 34장은 야곱의 딸 디나가 세겜성의 여자들을 구경하려고 세겜성에 갔다가 그 성의 추장에게 성 폭행을 당하는 사건을 기록하고 있다. 아버지 야곱은 디나의 소식을 처음에 듣고 일단 잠잠했다고 기록되어 있다.

"야곱이 그 딸 디나를 그가 더럽혔다 함을 들었으나 자기의 아들들이 들에서 목축하므로 그들이 돌아오기까지 잠잠하였고" 창 34:5

성경은 야곱의 이러한 반응을 그의 아들들의 반응과 대조시킨다.

"야곱의 아들들은 들에서 이를 듣고 돌아와서 그들 모두가 근심하고 심히 노하였으니 이는 세겜이 야곱의 딸을 강간하여 이스라엘에게 부끄러운 일 곧 행하지 못할 일을 행하였음이더라" 창 34:7

급히 집으로 돌아온 야곱의 아들들은 디나의 일로 매우 분노하였다. 아버지의 반응과 아들들의 반응은 큰 차이를 보여주고 있다. 또한 성경은 아들들의 분노에 대해서 그 이유를 설명하는데, "이스라엘에게 부끄러운 일"을 했다는 것이다.

한 사람을 향한 죄는 단순히 그 사람에게만 해당되는 것이 아니다. 세겜이 범죄 한 대상은 디나였지만 이 일은 이스라엘에게 부끄러운 일이 된다. 죄는 그 당사자뿐만 아니라 그 사람이 속한 공동체에 대한 것이 되는 것이다.

창세기 저자는 세겜이 디나에게 행한 일을 부끄러운 일로 기록하면서, 이 일은 공동체 전체를 더럽히는 일이고 일어나서는 안 되는 일로 말한다. 그리고 이 사건을 해결하는 과정은 협상으로 이어지는데 세겜의 아버지 하몰이 찾아와 야곱에게 대화를 시도한다.

"하몰이 그들에게 이르되 내 아들 세겜이 마음으로 너희 딸을 연연하여 하니 원하건대 그를 세겜에게 주어 아내로 삼게 하라" 창 34:8

하몰은 야곱의 아들들에게 이야기하면서 디나를 단순히 야곱의 딸이라고 하지 않고 "너희의 딸"이라고 말한다. 그 말을 반영하듯이 이어지는 대화를 보면, 하몰과 세겜은 야곱이 아닌 야곱의 아들들과 협상을 하고 있다. 야곱의 아들들이 주도적으로 일을 처리해가고 있는 것이다. 그리고 야곱은 모든 것을 뒷전에서 지켜보고 있을 뿐이었다. 이 제안에 대한 아들들의 대응은 세겜이 자기 누이동생을 더럽혔기 때문에 속여서 말하기를, 그들이 할례를 받아야 통혼하여 한 백성이 될 수 있다고 하였다. 그들이 할례를 받지 않았다는 것을 이용해서 거짓말을 한 것이다.

야곱의 아들들은 야곱처럼 남을 속이는데 재능이 있는 것 같다. 아들들은 디나를 생각하는 세겜의 마음을 이용했고, 하몰과 세겜은 그 말을 받아들인다.

야곱의 아들들 중 시므온과 레위는 삼일을 기다렸다가 할례를 받아 고통 속에 있는 자들을 몰래 찾아 간다. 자기의 칼을 들고 담대하게 성안으로 들어가 모든 남자들을 죽인다. 물론, 하몰과 세겜도 죽이고 그의 집에서 여동생 디나를 데리고 나온다. 야곱의 다른 아들들은 재물을 빼앗았고, 여자와 자녀들을 사로잡아 왔다.

이 피비린내 나는 복수에 대해서 아버지 야곱의 책망과 그에 대한 대답으로 창세기 34장은 마무리 된다.

> "야곱이 시므온과 레위에게 이르되 너희가 내게 화를 끼쳐 나로 하여금 이 땅의 주민 곧 가나안 족속과 브리스 족속에게 악취를 내게 하였도다 나는 수가 적은즉 그들이 모여 나를 치고 나를 죽이리니 그러면 나와 내 집이 멸망하리라" 창 34:30

야곱은 시므온과 레위에게 뒤늦은 분노로 그들을 책망한다. 가장으로서 집안의 안전을 위해 한 일이 없는 야곱이 지금 아들들에게 이 집안에 끼칠 어려움에 대해서 이야기하고 있다. 야곱이 정말 집안을 생각하고 걱정했다면, 이 일이 있기 전에 딸 간수 잘하고 아들들 관리를 잘 했어야 했다. 사실, 야곱이 화가 난 것은 아들들이 한 일이 잘못이기 때문이 아니라 자신에 대한 소문이 퍼져서 다른 족속들로부터 공격을 받을까 하는 것이었다. 야곱은 아들들의 죄와 그들이 한 일 자체에는 별로 관심이 없었다. 그 일로 인해 자신에게 어떤 일이 생길까 하는 것이 두려운 것이다. 야곱은 에서의 군대를 두려워했던 것처럼 이번에는 주변 족속들의 군대를 두려워하고 있었다.

가정에서 가장의 역할이 얼마나 중요한 것인지 다시 생각할 수 있다. 야곱은 자신의 안위를 생각하느라 정작 무엇이 더 중요한지를 생각하지 못했다. 아들들은 이스라엘에 행해져서는 안 되는 죄악에 대해서 분노했는데 아버지는 그러한 숭고한 분노는 없었고 오직 자기들의 안위만 걱정하는 모습을 보여주었다.

아들들이 죄에 대해서 분노한 것은 잘 한 일이었다. 그러나 그 방법은 하나님을 믿는 이스라엘다운 모습은 아니었다. 그들은 하나님이 주신 언약의 증표인 할례를 속이기 위한 수단으로 사용했고, 그들이 했던 복수는 잔인하고 지나친 것이었다. 이런 잘못은 전적으로 가장인 야곱에게 있다. 야곱은 가장으로서 책임을 다하지 않고 뒤로 물러나 있었다. 사실, 야곱의 침묵과 무기력한 모습은 그의 아들들의 행동을 부추기는 원인이 되었던 것이다. 야곱이 주도적으로 단호하게 정당한 방법으로 악을 다루었다면, 더 큰 비극은 일어나지 않았을 것이다.

이런 예는 다윗의 가정에서도 볼 수 있다. 다윗이 자녀의 죄를 다루지 않고 침묵했을 때, 그 죄는 더 큰 죄로 더 큰 비극으로 이어졌다. 우리는 죄를 다루는 나의 책임을 다하지 않으면 결국 그 죄는 내가 속한 공동체에게 더 큰 아픔을 가져다준다는 사실을 명심해야 한다. 물론 죄를 다루는 일은 힘들다. 하기 싫은 일이다. 하지만 이것을 제때에 올바른 방법으로 다루지 않는다면 더 큰 문제를 야기시킨다. 미리부터 죄에 대해서는 그 싹을 잘라버려야 한다. 나 자신이 그러한 죄에 노출되어 있다면 자신을 살피며 죄를 버려야 할 것이다. 나의 자녀에게 그러한 죄가 있다면 지혜롭게 그 죄를 다루어야 할 것이다. 그냥 눈을 감아버리거나 은근슬쩍 넘어가서는 안 된다.

그러나 다행히도 창세기 35장에 가면 야곱은 가족 대부흥회를 벧엘에 가서 인도했고 하나님의 보호의 손길을 온 가족이 체험케 했다. 험란한 인생을 겪으면서 야곱의 영혼이 점점 성숙해 간 것이다. 아멘.

오늘의 본문 성경을 읽으시고 깨달은 점이나 기억하고 싶은 점 혹은 기도문을 기록합니다.

1월 13일

1년 1독 성경 읽기 꿀송이 보약큐티

창세기 36장~39장

| 묵상자료 |

1. 다말의 담대함

창세기 38장의 유다와 다말 사건을 바라보는 성경학자들의 의견은 다양하다. 풀빛주석에 보면(풀빛주석, p.375) 시아버지와 간음한 며느리 다말의 죄악을 참을성이 없고 불신앙적이며 속이고 유혹하여 시아버지도 죄에 빠뜨린 악한 죄를 범한 여인이라고 하였다.

다양한 의견이 제시될 수 있지만 나는 개인적으로 다말의 위대한 용기를 귀하게 여기는 편이다. 내가 다말을 새로운 관점에서 보게 된 동기는 성경 룻기 4:12을 발견하고 나서부터이다. 이 대목은 룻이 보아스와 결혼하는 상황인데 결혼식 날 동네 사람들이 이 신랑신부를 축복하는 장면에서 이렇게 말하고 있다.

> "여호와께서 이 젊은 여자로 말미암아 네게 상속자를 주사 네 집이 다말이 유다에게 낳아준 베레스의 집과 같게 하시기를 원하노라" 아멘.

분명 당시의 유대인들은 그 조상들인 유다와 다말의 수치스런 스토리를 알고 있었을 것인데도 그것을 남사스럽다거나 부끄럽게 여기지 아니하고 오히려 축복된 일로 여기고 남의 결혼식에서 축복의 말로 사용하고 있는 것이다. 사라가 아브라함에게 낳아준 이삭 같은 후사를 얻게 되기를 바란다고 축복할 수도 있었을텐데… 그들은 다말이 유다에게 낳아준 베레스 같은 후사가 있기를 바란다고 축복했다.

여기서 우리는 한없는 하나님의 은혜를 찬미하지 않을 수 없다. 우리 인간의 수치와 죄악에도 불구하고 그것을 축복으로 바꾸어 버리시는 놀라운 하나님의 은혜를 우리가 어찌 다 헤아릴 수 있겠는가? 다말의 일생이 너무 인상적이어서 나는 그녀의 이름 뜻을 찾아보았다. '종려나무' 혹은 '대추야자'란 뜻이라 한다. 종려나무나 대추야자는 중동지역에서 생육과 번성과 축복의 상징이다. 그녀는 하나님의 축복에 대한 크나큰 기대를 가지고 아브라함의 명문 가문에 시집을 갔으나 장자가 죽고 차자가 죽고 시어미니가 죽어나가는 현실 앞에 아연실색하고 충격받고 크게 실망하였을 것이다. 기대했던 남편들은 아브라함의 가문 후손들이라는 명분이 무색하게 너무나 비신앙적이고 불경건하고 악하였다. 오죽했으면 하나님이 심판하여 죽여버리셨겠는가?

기대했던 시아버지 유다는 더 형편없었다. 동생 요셉을 자신의 아이디어로 형제들과 공모하여 애굽에 팔아넘겼고(창 37:26), 그 아버지 야곱에게 돌아와 들짐승에게 동생이 화를 당한것 같다고 피묻은 동생의 채색옷을 아버지 앞에 뻔뻔하게 보이며 천인공노할 거짓말로 부친 야곱의 마음을 갈가리 찢어 놓았던 장본인이다. 자신과 그 자식들의 죄악으로 줄줄이 집에 초상이 나는 줄 모르고 며느리 다말 때문이라 치부하고 며느리를 속이고 거짓말하여 친정으로 반강제로 소박맞혀 보내버리는 비정한 시아버지였다.

나는 지금도 그 장면을 선연히 떠올려 본다. 큰 기대감을 갖고 시집갔던 아브라함의 명문 가문에서 두 남편 사별하고 자식도 없이 소박맞아 친정으로 기약 없이 돌아오는 길에 다말이 흘렸을 그 많은 설움의 눈물들…

아브라함의 자손이라고 여호와 유일신을 경외하는 특별한 사람들이라고 기대감을 갖고 시집갔더니 불신자보다 더 못한 그들의 위선들… 거짓말들… 그래서 한낱 정욕을 못 이겨서가 아니라 언약의 자손들인 아브라함의 가문에 대를 이어야 한다는 거룩한 부담감으로 자신을 변장하고 시아버지와 관계를 맺고 마침내 하나님의 축복으로 베레스를 낳았고 그 베레스를 통해 보아스와 다윗과 예수 그리스도가 이 땅에 오실 수 있도록 다리를 놓은 여인… 그녀가 바로 다말이다. 할렐루야!! 아멘.

오늘의 본문 성경을 읽으시고 깨달은 점이나 기억하고 싶은 점 혹은 기도문을 기록합니다.

1년 1독 성경 읽기 꿀송이 보약큐티

창세기 40장~45장

| 묵상자료 |

1. 왜 요셉은 형들을 보자마자 바로 자신의 정체를 밝히지 않았는가?

이 의문점을 해결하지 않으면 우리는 성경이 말하고 싶은 중요한 포인트를 놓치기 쉽다. 앞서 바로 왕의 고백처럼 요셉은 하나님의 영에 감동된 탁월한 인물이었다. 그가 형들 앞에 자신의 정체를 처음부터 드러내지 않은 것은 분명한 의도가 있었다. 여기에 다양한 해석들이 있지만 나는 유다의 변화된 모습을 드러내려는 성경의 의도가 가장 중요한 이유라고 믿는다.

유다는 동생 요셉을 팔아 넘기고 아버지를 속이는 등 불효막심하고 천륜을 저버린 죄를 지었다. 그러나 그의 일생에 복덩이처럼 들어온 담대한 며느리 다말 때문에 심경에 변화를 일으키고 회개하여 새사람이 되는 변화를 겪는다.

그의 최초의 은혜스런 모습은 창세기 38:26 이다. 그의 며느리가 간통을 하여 임신한 사실이 드러났을 때 그는 며느리를 불로 화형시켜 죽이라고 명하였다. 화형장에 끌려가던 다말이 시아버지의 지팡이와 도장을 보여주며 이 사람 때문에 임신했다고 공개적으로 밝혔을 때 유다는 그 물건의 임자가 자신임을 시인하며 '그녀가 나보다 옳도다' 하고 자신의 잘못을 인정했다. 회개가 시작된 것이다. 회개는 자신의 죄를 인정하는 것부터 시작된다.

그는 자신의 죄를 감추기 위해 막무가내로 며느리를 몰아세우고 죽여버릴 수도 있었다. 그러나 그는 온 동네 사람들 앞에서 창피함을 무릅쓰고 자신의 죄를 인정하며 며느리를 보호했고 그 며느리가 자녀를 생산하도록 방패가 되어주었다. 자신의 회개가 시작되면서 세 번이나 장례식을 치르며 사망의 곡소리만이 울려 퍼졌던 유다의 집안에 최초로 생명의 탄생소리가 들리고 아이들의 웃음소리가 퍼져 나왔다.

요셉이 형들에게 자신의 정체를 숨기고 형들을 계속 곤경으로 몰아붙였을 때 창세기를 읽는 독자들은 잠시 어리둥절해진다. 왜 요셉이 이렇게 계속 함정을 파고 형들을 괴롭히는가? 마침내 요셉이 더 이상 참지 못하고 울음을 터트리며 자신이 요셉임을 밝히는 장면이 등장하는데 그 대목을 자세히 살펴보면, 바로 유다가 나서서 자신이 대신 희생하겠다는 긴 간청을 요셉에게 한 직후임을 알 수 있다(창

45:1). 유다는 창세기 44장에서 자신이 베냐민을 대신해서 옥에 갇히고 노예가 되겠다고 나선다. 베냐민 없으면 연로하신 아버지가 돌아가실 수도 있기 때문에 아버지를 위해서 자신이 희생물이 되겠다고 자청해서 울먹이며 호소한다.

그 옛날 동생 요셉이 살려달라고 울고불고 매달리며 사정할 때 매정하게 돈 몇 푼 받아 챙기고 자신을 노예로 팔아 넘기는데 앞장섰던 유다 형님을 요셉이 아직도 생생히 기억하고 있는데, 세상에 그 잔인하던 형님이 저렇게 변해 막내 베냐민을 살리고 자기가 죽겠다고 눈물로 간청하는 모습을 보니 요셉이 감동받아 더 이상 감정을 참지 못하고 펑펑 울면서 자신을 드러낸 것이다.

창세기 49장에 보면 야곱이 죽기 전, 12아들을 축복하는 장면이 나오는데 유다에 대한 축복의 분량이 제일 많다. 참된 회개의 삶을 산 유다와 그 후손을 하나님은 마음껏 축복하신 것이다.

메시아 예수 그리스도도 유다의 가문에서 나왔다.

오늘의 본문 성경을 읽으시고 깨달은 점이나 기억하고 싶은 점 혹은 기도문을 기록합니다.

1월 15일

1년 1독 성경 읽기 꿀송이 보약큐티

창세기 46장~50장

| 묵상자료 |

1. 야곱의 일생

야곱이 파란만장한 147년의 인생을 마감하고 하나님의 품으로 가게 되었다. 야곱이 애굽에 들어와서 바로 앞에 섰을 때 그는 그의 인생을 나그네 인생길, 험악한 삶이라고 표현하였다. 그런데 그러한 야곱이 임종을 앞두고 아들 요셉에게 말하기를 하나님께서 '내게 복을 주셨다'고 했다. 야곱은 험악한 삶을 살았지만, 동시에 하나님께 복을 받으며 살았다.

험악한 삶과 복 받은 자, 뭔가 잘 어울리지 않는 것 같다. 우리는 생각하기를 복 받은 자라면 험악한 삶이 아니라, 이 땅에서의 평안한 삶, 풍족한 삶, 자녀들이 잘되는 삶 등등 이러한 것들을 생각한다. 그러나 복 받은 자였던 야곱의 인생은 슬픔과 좌절과 절망과 속고 속이는 험악한 삶의 연속이었다. 육신의 눈으로 볼 때 야곱의 인생은 복 받은 사람이라고 말할 수 없는 인생이었다.

자신이 소망했던 많은 것들이 하나님에 의해 꺽이는 험악함을 경험한다 할지라도 하나님이 자신과 함께함을 인식하게 되고, 그래서 그분을 의지하며, 순종하는 자로 지어져 가는 것이 바로 '복'임을 성경은 말하고 있다. 이것을 알게 된 야곱은 죽음 앞에서도 당당해진다. 창세기 48:21에 이렇게 적혀 있다.

> "이스라엘이 요셉에게 또 이르되 나는 죽으나 하나님이 너희와 함께 계시사 너희를 인도하여 너희 조상의 땅으로 돌아가게 하시려니와"

'나는 죽으나' 야곱은 죽음 앞에서 자신이 한 평도 가져보지 못한 가나안 땅을 분배해주는 당당한 모습을 보인다. 하나님이 약속하셨기 때문에, 자신이 죽더라도 그 약속이 반드시 이루어질 것이라는 것이다. 야곱이 깨닫게 된 진정한 '복'의 정체는 바로 하나님의 뜻이 자신과 자신의 자녀들에게 이루어지는 것이었다.

하나님에 의해 내 뜻이 꺾이는 삶, 뭐 하나 제대로 되는 것이 없는 삶, 환도뼈가 부러져도 결코 놓을 수 없었던 것들, 눈에 보이는 그럴듯한 허상들을 넘어 참된 복을 선택할 수 있는 의지적인 결단이 있는 삶으로의 몸부림이 우리에게도 있기를 바란다.

2. 요셉의 통곡

창세기 50장은 야곱의 장례식 모습을 서술하고 있다. 1절에는 요셉이 아버지 임종 시 입맞추고 구푸려 울었다고 하며 40일 동안 시신을 향으로 처리하고 70일을 곡하였다고 한다. 11절에는 아버지 야곱의 유언대로 부친 시신을 가나안으로 옮겨 장례를 치르는데 가나안에 도착하여 얼마나 심하게 울었는지 사람들이 그 지명을 아벨미스라임이라 명명하였는데 이는 '애굽 사람의 큰 애통'이라는 뜻이다.

부친 야곱의 죽음 앞에서 왜 요셉은 그토록 목놓아 통곡해야만 했을까? 나는 무엇보다 요셉의 그치지 않는 눈물 앞에서 그의 아버지를 향한 지극한 효심을 본다. 어려서부터 엄마 없이 자라던 자신에게 특별한 총애를 퍼부어 주셨던 아버지… 요셉의 영성과 신앙을 세워주셨던 아버지… 요셉을 암시하는 채색옷에 짐승의 피가 묻어 주검의 상징으로 돌아왔을 때 슬퍼하고 가슴 치며 힘들어 했을 아버지… 이제 애굽에서 자식 덕 보며 호강좀 하시고 사시나 했건만 홀연히 하늘로 떠나버리신 험악한 세월을 살다 가신 아버지… 그 아버지를 생각하면 생각할수록 하염없이 눈물이 쏟아 졌으리라. 요셉의 그와 같은 지극한 효성이 하나님이 요셉을 그토록 위대하게 사용하셨던 여러 이유 중 하나라고 나는 믿는다.

나도 가끔 궁상맞게 선교지 마다가스카르에서 홀로 사시다 하늘 가신 벌교의 어머니 생각이 종종 튀어나와 혼자 사모곡을 부르며 눈물지을 때가 많다. 뭔 목사가 유행가를 부르나 하겠지만 나는 태진아의 노래가 가슴에 절절이 와 닿는다.

> "앞 산 노을 질 때까지 호밋자루 벗을 삼아 화전밭 일구시고 흙에 살던 어~머~니. 땀에 찌든 삼베적삼 기워 입고 살으시다 소쩍새 울음 따라 하늘 가신 어머니 그 모습 그리워서 이 한 밤을 지샙니다. 무명치마 졸라 매고 새벽이슬 맞으시며 한평생 모진 가난 참아 내신 어~머~니. 자나 깨나 자식 위해 하나님 전 빌고 빌며 학처럼 천사처럼 살다 가신 어머니 이제는 눈물 말고 그 무엇을 바치리까?"

부친의 죽음 앞에서의 요셉의 통곡, 그 눈물… 감수성 예민한 B형 남자인 내 마음에 항상 애절하게 남아 있다.

오늘의 본문 성경을 읽으시고 깨달은 점이나 기억하고 싶은 점 혹은 기도문을 기록합니다.

1월 16일

1년 1독 성경 읽기 꿀송이 보약큐티

출애굽기 1장~3장

| 묵 상 자 료 |

1. 출애굽기 서론

창세기의 핵심단어가 톨레돗(계보)이라면 출애굽기의 핵심단어는 '제사장 나라', '거룩한 백성'이다. 창세기에서 약속하신 대로 하나님은 아브라함의 자손들을 큰 민족이 되게 하시고 약속의 땅 가나안을 차지하게 하시어 제사장 나라로 삼고 거룩하게 구별시켜 온 세상을 복주시려는 하나님의 개입의 손길을 출애굽기가 보여준다. 그 일을 위하여 하나님은 모세를 택하셔서 준비시키신다. 궁궐에서 40년, 광야에서 40년, 출애굽 지도자로 40년, 나일강 갈대상자에서 느보산 꼭대기까지 120년간의 파란만장한 모세의 생애는 철저히 하나님의 계획 속에 있는 생(生)이었다.

출애굽기에서 가장 중요하게 부각되는 주제는 유월절과 십계명, 성막이다. 유월절 어린 양이신 예수 그리스도의 십자가 죽음이 너무나 생생하게 예표된다. 그리고 택한 백성 이스라엘에게 십계명을 주시어 하나님을 어떻게 섬겨야 하는지를 말씀의 기준으로 분명하게 제시하셨다. 그리고 하나님이 거하실 성막을 짓게 하시고 이스라엘 백성의 진중에 함께 하셨다. 이것은 장차 일어날 하늘의 모형이다. 하나님의 장막이 우리와 함께하시고 우리의 모든 눈물을 씻기시며 영원히 새 예루살렘 시온성에서 자기 백성과 영광을 함께 할 것을 예표하신 것이다. 모세를 따라 430년의 압제를 뚫고 이스라엘 백성들이 애굽을 빠져나왔듯 우리의 지도자이신 예수 그리스도를 따라 우리도 멸망할 이 세상에서 빠져나와저 천성을 향한 순례자로 오늘의 이 광야 길에 서 있다.

2. 요게벳의 노래(출 2장)

"작은 갈대 상자 물이 세지 않도록 역청과 나무 진을 칠하네 어떤 맘이었을까? 그녀의 두 눈엔 눈물이 흐르고 흘러 동그란 눈으로 엄말 보고 있는 아이와 입을 맞추고 상자를 덮고 강가에 띄우며 간절히 기도했겠지 정처 없이 강물에 흔들 흔들 흘러내려가는 그 상잘 보며 눈을 감아도 보이는 아이와 눈을 맞추며 주저앉아 눈물을 흘렸겠지

너의 삶의 참 주인 너의 참 부모이신 하나님 그 손에 너의 삶을 맡긴다 너의 삶의 참 주인 너를 이끄시는 주 하나님 그 손에 너의 삶을 드린다 너의 삶의 참 주인 너의 참 부모이신 하나님 그 손에 너의 삶을 맡긴다 너의 삶의 참 주인 너를 이끄시는 주 하나님 그 손에 너의 삶을 드린다 그가 널 구원하시리 그가 널 이끄시리

라 그가 널 사용하시리 그가 너를 인도하시리 어떤 맘이었을까? 그녀의 두 눈엔 눈물이 흐르고 흘러"

염평안이라는 가수가 부르는 '요게벳'의 노래를 들으면 나도 요게벳의 마음이 되어 눈물이 줄줄 흐른다. 남자 아이는 모두 죽임을 당하는 최악의 인권유린의 어두운 시대에서 이스라엘을 해방시킬 위대한 인물을 키우시는 하나님의 누구도 흉내 낼 수 없는 기적의 손길을 본다.

나에게도 5살 된 어린 손자 엘림이가 있다. 너무 예뻐 핸드폰 배경 화면에 이 녀석 사진을 저장하고 시간만 나면 쳐다보며 미소 짓는다. 만약 이런 어여쁜 아가를 죽음의 물결이 넘실거리는 나일강 물 위에 갈대상자에 담아 떠나보내야 한다면… 나의 마음이 어떻겠는가 생각하니 모세의 부모의 마음이 이해가 되어 가슴이 미어져 오는 것이다. 이렇게 하나님의 최고의 작품인 모세라는 인물은 최악의 시대에서 만들어졌다. 오늘 나의 환경이 아무리 어려워도 하나님이 살아계시는 한 우리에게는 아직도 소망이 있다. 아멘.

3. 꺼지지 않는 떨기나무의 불꽃(출 3:1~2)

모세가 미디안 광야에서 양들을 치고 있을 때 이상한 광경을 보게 되었다. 저 앞 호렙산에 불이 붙었는데 하루 종일 꺼지지 않는 것이다. 이상하다 싶어 다가가 보았다. 그런데 생각지 않게도 거기서 하나님을 대면하고 압제당하는 이스라엘 백성을 애굽에서 구출시키라는 엄청난 사명을 받게 된다. 왜 하나님의 임재 안에 있던 호렙산 떨기나무 불꽃은 시간이 지나도 꺼지지 않았던 것일까?

하나님의 속성은 영원한 것이다. 그러기에 하나님의 불은 꺼지지 않게 되어 있다. 예수님은 이 성령의 불을 사람들 심령 속에 붙이려고 이 세상에 오셨다. 오늘날 예수를 구주로 믿는 사람들 마음속에는 이 성령의 불, 은혜의 불이 타오르고 있다. 이 불이 온 세상에 다 붙으면 우리 주님 다시 오시리라 약속하셨다.

오늘의 본문 성경을 읽으시고 깨달은 점이나 기억하고 싶은 점 혹은 기도문을 기록합니다.

1월 17일

1년 1독 성경 읽기 꿀송이 보약큐티

출애굽기 4장~6장

| 묵상자료 |

1. 하나님은 왜 자기 종 모세를 길에서 죽이려 하셨는가?(출 4:25)

안 가겠다고 못 간다고 버티는 모세를 겨우 설득해서 애굽을 향해 가게 해 놓고, 이제 큰 맘 먹고 자기 백성 출애굽 시키려고 비장한 마음으로 사명의 걸음을 걷고 있는 모세를 왜 하나님은 갑자기 나타나셔서 죽이려 하셨는가?

"모세가 길을 가다가 숙소에 있을 때에 여호와께서 그를 만나사 죽이려 하신지라" 출 4:24

당혹스런 마음을 가다듬고 잠시 문맥의 앞뒤를 살펴보니 그 이유는 할례에 있었다. 창세기 17:9~14을 보면 하나님은 아브라함과 할례의 언약을 맺으시며 할례를 받지 아니한 남자는 백성 중에서 끊어지리니 그가 내 언약을 배반하였기 때문이라고 하셨다. 모세가 도망자의 신세로 미디안 광야에 숨어들었을 때 미디안 제사장 이드로의 딸 십보라를 만나 결혼하였고 첫아들 게르솜을 얻었다. 유대인인 모세는 당연히 아들에게 생후 8일만에 할례를 행했을 것이다. 그러나 무슨 까닭인지 모르지만 둘째 아들 엘리에셀에게는 할례를 행하지 않았던 것 같다(이 부분에서 장자 게르솜이 할례를 받지 않은 상태였고 십보라가 게르솜의 할례를 행했다고 보는 학자들도 있음). 갑자기 부르심을 받아 정신없이 애굽을 향하느라 둘째 아들에게 할례를 행하지 못했는지, 아니면 유대인이 아닌 부인이나 장인이 강력히 반대하고 싫어하여 못했는지 알 수 없다.

일단 출애굽기 4:25에 갑자기 애굽으로 가는 길에 모세가 죽을 지경이 되어 숨이 넘어가려 하는 위기일발의 상황이 닥치자 그 부인 십보라가 재빨리 돌칼을 가져다가 그의 아들의 표피를 베어 할례를 행하였다는 말씀을 보면 분명 십보라는 남편의 죽음의 위기가 할례를 행치 않았음에 있었다는 것을 알고 있었다는 것을 보여준다. 할례를 행하여 그 아들의 표피를 모세의 발에 닿게 하자마자 모세는 말끔히 회복되었다. 이 본문으로 전 고신대 총장님이셨던 황창기 박사님은 "우리의 피남편 이신 예수 그리스도"라는 글을 남기기도 하였는데 모세가 할례의 피로 죽음의 위기를 넘긴 십보라의 피남편인 것처럼 예수님은 십자가에서 자신의 피를 흘려 주시어 신부되는 교회의 영원한 구원의 피남편이 되어 주셨다는 것이다.

결국 모세는 이 사건을 통해 하나님이 얼마나 언약에 충실한 분이신지 새삼 마음에 깊이 깊이 새겼을 것이다. 모세는 사실 혈통만 유대인었지 이름도 유대식 이름이 아니고 애굽 궁궐에서 40년, 미디안 광야에서 40년, 80평생을 이방인들 틈에 살면서 유대인의 풍습과 문화에 익숙치 않은 이방인과 다름 없는 삶을 살아온 사람이었다. 그런 사람이 이제 유대인의 지도자가 되어 언약의 백성들을 출애굽 시키겠다고 애굽으로 가는데… 부인도 이방인이고 아들 중 한 명이 할례도 받지 아니하였다면 유대 백성들이 그를 지도자로 인정하기에 걸림돌이 될 수밖에 없었던 것이다(어떤 학자는 어쩌면 모세 자신도 제대로 된 유대식 할례를 받지 않았을 가능성이 있었다고 봄. 그래서 아들의 표피를 모세의 발에 닿게 함으로 상징적 할례의 식을 모세에게 행한 것으로 간주함). 하나님께서 이를 아시고 그 장애물을 미리 제거하신 것이다.

나중 출애굽 한 후에 장인이 부인과 자녀들을 데리고 시내산으로 찾아온 것을 보면 이 사건을 계기로 모세는 부인과 자녀들을 미디안으로 돌려보내고 혼자 사명의 길에 나선 것으로 보인다. 나중 바로왕과 대결하면서 10가지 재앙 중 마지막 장자를 칠 때에 첫아들을 잃은 바로가 분노하여 모세의 아들들을 볼모로 잡고 죽이려 할지도 모르는 상황을 하나님은 미리 차단하신 것인지도 모른다.

여기까지 찬찬히 생각해보면 처음 가졌던 모세를 이유 없이 죽이려 하신 하나님에 대한 의혹이 많이 풀리게 된다. 그리고 사실 표현이 죽이려 했다는 것이지 실상은 죽음의 위협을 하시면서 하나님의 언약의 중요성을 모세에게 각인시키시고 언약 백성의 지도자로서 걸림돌을 제거하시고 그를 온전히 준비시켜 애굽으로 파견하시려는 하나님의 깊은 섭리가 있었던 것이다. 오늘의 현실을 살아가는 우리들에게도 어느 날 느닷없이 이유를 쉽게 알 수 없는 고난이 들이닥칠 때가 있다. 그때 원망과 당혹감을 진정시키고 십보라처럼 하나님의 뜻을 간파하여 순종하면 그 풍랑 인연하여서 더 깊은 주님과의 관계를 정립하고 주님과 더 친밀한 신앙생활을 하게 되어 질 것이다. 아멘.

오늘의 본문 성경을 읽으시고 깨달은 점이나 기억하고 싶은 점 혹은 기도문을 기록합니다.

1월 18일

1년 1독 성경 읽기 꿀송이 보약큐티

출애굽기 7장~11장

| 묵상자료 |

1. 애굽에 내린 열 가지 재앙

하나님께서 열 가지 재앙들을 애굽에 내린 이유는 다음과 같은 5가지 이유에서였다.

이스라엘 민족을 해방시키기 위하여
"여호와가 누구관대 내가 그 말을 듣고 이스라엘 백성들을 보내겠느냐"고 물은 바로의 질문에 답하기 위해서(출 5:2)
이스라엘 민족으로 하여금 여호와의 능력을 알게 하기 위해서(출 6:7)
이 세상은 애굽 신들에게 속한 것이 아니라, 여호와께 속하였다는 것을 보여주기 위해서(시 24:1)
애굽의 모든 신들과 바로에게 벌을 내리시기 위해서(출 12:12)

하나님은 애굽에 열 가지 재앙을 내리셔서 이스라엘을 구원하시고 약속의 땅으로 이끄셨다. 지금의 현대인들은 잘 이해할 수 없겠지만, 고고학에 따르면 열 가지 재앙들은 애굽 사람들이 섬기던 신들과 관련이 있었다고 한다.

나일 강 근원의 수호자인 크눔, 나일 강 홍수의 신 소티스, 나일 강의 악어 신인 세펙 등이 나일 강 관련 신들이었다. 나일 강을 피로 만들어 악취가 나고 마실 수 없게 만든 것은 이들 신들에 대한 응징이었다. 또한 나일 강은 범람을 통해서 옥토를 쏟아 내게 되고, 그로 말미암아 풍성한 수확을 얻을 수 있었다. 나일 강이 범람했을 때 생긴 웅덩이에 개구리가 서식하게 되는데, 개구리의 등장은 곧 풍성한 수학의 상징이어서 애굽인들은 개구리 모습을 한 헤케트 신을 섬겼다. 하나님이 두 번째 재앙으로 개구리를 나오게 하셨다가 죽어서 악취가 나게 하신 사건은 애굽인들의 신인 헤케트에 대한 심판이었던 것이다. 가축에 가득한 파리와 돌림병과 악성 종기 재앙은 황소의 신인 아피스, 암소의 신인 하토르, 질병을 책임지는 신인 세크메트 등에 대한 심판이었다. 우박 재앙은 하늘의 신인 누트와 대기의 신인 슈, 곡식의 신인 세트 등에 대한 심판이었으며, 메뚜기 재앙은 메뚜기 피해를 당하지 않게 막아 주는 신인 세라피스에 대한 심판이었다. 흑암 재앙은 애굽인들이 섬기던 태양신에 대한 심판이었으며, 마지막 결정적인 재앙이었던 초태생의 죽음 재앙은 생명 수호신인 셀케트는 물론 신으로 추앙받던 바로에 대한 하나님의 통렬한 심판이었다.

이처럼 하나님이 바로의 완악에 대한 대응으로 애굽에 내린 열 가지 재앙은 애굽인들이 섬기던 신들에 대한 심판이었으며, 하나님이 온 세상을 주관하시는 창조주이시며, 주권자이심을 드러내는 것이었다.

처음 나일강을 피로 물들일 때 거들떠보지도 않았던 바로가 재앙 때마다 조변석개하면서 완악해져 가다가 자신의 장자를 잃는 마지막 재앙에 이르러서야 백기투항을 하는 것을 보게 된다. 그렇다고 해서 믿음이 생겼다거나 겸손해졌다는 것이 아니다. 엄청난 재앙에 잠시 정신을 잃었을 뿐이다. 이스라엘 백성을 내보내고 나서 상황이 수습되자 바로는 군대를 동원해서 홍해라는 막다른 골목에 있는 이스라엘 백성을 죽이기로 작정하지만 끝까지 하나님께 대적한 결과는 그들이 오히려 홍해에 수장되는 참혹한 종말이었다.

한편 이스라엘 백성은 애굽 사람이 당하는 재앙과 자신들의 특별한 보호를 경험하면서 하나님의 능력을 피부로 느껴 갔을 것이다. 그리고 그 절정인 초태생 죽음 재앙 때 하나님의 사자가 어린 양의 피를 문설주와 문인방에 묻힌 자신들의 집을 넘어가는 것을 보면서 그들은 하나님이 참 신이시며 온 세상의 주권자이심을 뼈에 깊숙이 새기게 되었을 것이다. 이것이 바로 하나님이 애굽에 열 가지 재앙을 내린 또 다른 목적이다.

"그러므로 이스라엘 자손에게 말하기를 나는 여호와라 내가 애굽 사람의 무거운 짐 밑에서 너희를 빼내며 그들의 노역에서 너희를 건지며 편 팔과 여러 큰 심판들로써 너희를 속량하여 너희를 내 백성으로 삼고 나는 너희의 하나님이 되리니 나는 애굽 사람의 무거운 짐 밑에서 너희를 빼낸 너희의 하나님 여호와인 줄 너희가 알지라" 출 6:6-7

할렐루야! 아멘.

오늘의 본문 성경을 읽으시고 깨달은 점이나 기억하고 싶은 점 혹은 기도문을 기록합니다.

1월 19일

1년 1독 성경 읽기 꿀송이 보약큐티

출애굽기 12장~14장

| 묵상자료 |

1. 지팡이를 들어 홍해를 가르라! (출 14:10~14)

그때에 이스라엘 백성들은 아주 절박한 상황에 놓여 있었다. 그들 앞에는 홍해가 가로막고 있고, 뒤에서는 살기에 찬 애굽의 군대가 밀고 들어오고 있었다. 그야말로 사면초가요, 진퇴양난이었다.

우리도 세상을 살다보면 이런 막막하고 캄캄하고 길이 전혀 보이지 않는 상황을 맞이할 때가 있다. 이런 위기 상황에 이스라엘 백성들은 어떻게 하였을까? 그들은 지도자 모세에게 대들었다.

"애굽에 매장지가 없어서 당신이 우리를 이끌어 내어 이 광야에서 죽게 하느냐. 어찌하여 당신이 우리를 애굽에서 이끌어 내어 우리에게 이같이 하느냐"라고 소리를 질렀다. 모세는 자칫하면 백성들에게 돌에 맞아 죽을 상황이 되었다. 이스라엘 백성들은 오랫동안 노예살이를 한 탓인지 신앙과 인격이 천박하고 가벼웠다. 애굽에서 경험한 열 가지 재앙들을 통해서 하나님의 능력을 경험했건만 위기가 닥치니 금방 믿음이 흔들렸다.

이 상황에서 하나님은 모세에게 부르짖고만 있지 말고 믿음의 행동을 하라고 하셨다. 하나님이 쥐어 주신 능력의 지팡이를 손에 들고 홍해를 가르라는 놀라운 말씀을 주신 것이다.

모세는 놀랍게도 믿음으로 반응했다. 모세는 조금도 흔들리지 않고 백성들에게, "너희는 두려워하지 말고 가만히 서서 여호와께서 오늘 너희를 위하여 행하시는 구원을 보라 너희가 오늘 본 애굽 사람을 영원히 다시 보지 못하리라"고 선포했다(출 14:13).

그것은 어호와 하나님의 능력을 철저히 신뢰하는 모세의 신앙에서 나온 고백이었다. 그러한 캄캄한 악 조건 속에서 모세는 백성들에게 하나님의 능력이 역사하실 것을 당당하게 선포한 것이다. 왜 모세는 너희는 가만이 있으라고 외쳤는가? 그것은 하나님이 그들을 위하여 싸우실 것이기 때문이라는 것이다(출 14:14).

당시 상황으로는 인간이 할 일이 아무 것도 없었다. 그저 서서 하나님이 하시는 일을 기다리기만 하면 되는 것이었다. 열 가지 재앙의 능력을 이미 보고서도 이스라엘은 위기에 처하자 원망 모드로 돌변했지만 하나님은 변함이 없으셨고 그들을 구출하기에 능하셨다.

출애굽을 계획하신 이가 하나님이셨고 지휘하신 이가 하나님이셨고 역사하시는 이가 하나님이셨다. 모세와 아론은 하나님의 하시는 일을 증거하는 증인에 불과했고 출애굽의 시작과 끝은 하나님 자신이셨다.

오늘 삶의 무게에 지쳐 있는가? 홍해 앞에 서 있는 기분인가? 뒤에서는 애굽 군인들의 칼 날이 찌르려고 하는 위기 앞에 있는가? 사실 이런 상황이 되면 인간이 할 일은 별로 없다. 이제는 하나님께 나의 목숨을 맡겨야만 한다. 죽이던지 살리시던지 하나님이 하실 것이다.

우리는 가만이 있어 능력의 지팡이를 들기만 하면 된다. 믿음을 가지고 찬송하고 기도하면서 여호와의 구원의 손길을 보기만 하면 된다. 우리에게는 믿음과 기도와 찬송의 지팡이가 손에 쥐어져 있다. 주여, 역사하소서! 아멘.

오늘의 본문 성경을 읽으시고 깨달은 점이나 기억하고 싶은 점 혹은 기도문을 기록합니다.

1월 20일

1년 1독 성경 읽기 꿀송이 보약큐티

출애굽기 15장~18장

| 묵 상 자 료 |

1. 만나의 신비(출 16:15)

인간은 간사하다. 참 빨리도 감사와 찬양을 잊어버리고 불평과 원망 모드로 쉽게 바뀐다. 출애굽 한 이스라엘 백성들이 광야에 사는 동안 직면한 가장 큰 문제는 먹을 양식이었다. 200만 명이 넘는 인구가 농사도 못 짓는데, 물건 구입할 시장도 없는데 40년을 먹고 살 양식을 어디서 구한단 말인가? 그래서 애굽의 가마곁에서 고기 먹던 일을 그리워하고 모세와 하나님을 원망했다. 그러나 하나님은 그 문제를 해결해 주셨다. 메추라기 새 떼를 몰아다 이스라엘 진 중에 퍼부어 주었고 만나를 비처럼 내려주시어 자기 백성들을 친히 40년 동안 먹여 살리신 것이다. '이것이 무엇이냐?'란 뜻을 가진 이 만나라는 식품은 지금은 온 세계를 다 다녀 봐도 파는 데가 없다.

만나의 신비 〈1〉

- 하늘에서 내린다. 만나는 사람이 만드는 것도 아니고 재배하는 것도 아니다. 하늘에서 비가 내리듯 하나님이 매일 내려주셨다(출 16:4). 만나는 돈 있다고 사먹을 수 있는 식품이 아니고 하나님의 백성이 되어야 먹을 수 있는 식품이었다. 지금도 불신자들은 성경을 살 돈이 없어서가 아니라 믿음이 없기에 하나님의 만나의 말씀을 못 먹고 하루하루 살아간다.

만나의 신비 〈2〉

- 남지도 부족하지도 않는다. 모세는 만나를 한 사람당 한 오멜씩 취하라고 했는데 한 오멜은 2리터 정도의 분량이다. 신기하게도 많게 거둔 자나 적게 거둔 자나 남거나 부족하지 않고 똑같았다. 이스라엘 공동체는 실로 부자도 가난한 자도 없이 하나님의 공급하심 속에 한 가족처럼 광야를 지나갔다.

만나의 신비 〈3〉

- 저장이 안 되는 식품이었다. 다음날 아침까지 남겨두면 다 썩어버렸다. 그래서 매일 그 날의 양식을 거둬야 했다(안식일 예외). 이것은 오늘의 우리에게도 교훈을 준다. 이 땅에 필요 이상 쌓아두는 것 자체가 하나님이 싫어하시는 것이며 우리 신앙에 부패를 가져오기 쉽다. 보물은 땅에 쌓아 두는 것이 아니라 하늘에 쌓아 두어야 한다고 예수님은 가르쳐 주셨다.

만나의 신비 〈4〉

– 공짜지만 부지런 해야 먹을 수 있었다. 만나는 아침에 거둔다. 그러나 너무 늦게 나가면 구할 수 없다. 해가 뜨거워지면 사라져 버리기 때문이다. 크기도 갓씨나 진주만큼 작아서 거둬들일 때 제법 시간을 요한다. 허리도 아플 것이다. 마찬가지로 하늘의 만나인 하나님의 말씀도 부지런 해야 먹는다. 1년 성경 1독을 게으른 자가 어찌 하겠는가? 평생 교회 다니면서도 성경 한 번 제대로 자기 눈으로 읽어 본적이 없는 사람들도 수두룩 하다. 읽어도 대충 읽으면 아무것도 안 남는다. 세밀하게 정성껏 사모하는 마음으로 안내하는 교사의 가르침을 귀담아들으면서 기도함으로 읽어야 한다.

만나의 신비 〈5〉

– 안식일에는 내리지 않는다. 6일 동안만 내린다. 주일 성수를 훈련시키시는 하나님이시다. 안식일은 세상 근심을 내려놓고 하나님께 집중해야 하는 날이다.

만나의 신비 〈6〉

– 광야 길에서만 내린다. 출애굽 한 후 45일쯤 지났을 때 애굽에서 가져온 양식이 바닥나고 백성들이 웅성거리기 시작한 날부터 시작하여 내렸고, 가나안에 들어가 첫 소산을 먹은 날부터 만나는 그쳤다.

만나의 신비 〈7〉

– 맛은 백성들의 심령상태에 따라 달라진다. 출애굽기 16:31에 처음 먹었을 때는 '꿀섞은 과자' 같았다고 했다. 그러다가 2년 정도 지나 어느 정도 익숙해 졌을 때 그들은 이제 '기름 섞은 과자'맛 같았다고 했다(민 11:8). 약간 평가절하 된 것이다. 그러다가 불뱀사건 때 그들은 만나를 '박한 식물'이라고 악평했다. 여기 박하다는 뜻은 가치없는, 시시한, 쓸모없는 이란 뜻이다..

> "백성이 하나님과 모세를 향하여 원망하되 어찌하여 우리를 애굽에서 인도하여 올려서 이 광야에서 죽게하는고 이곳에는 식물도 없고 물도 없도다 우리 마음이 이 박한 식물을 싫어하노라 하매" 민 21:5

지금 나에게는 하나님의 말씀이 꿀 섞은 과자 같은가, 기름 섞은 과자 같은가, 아니면 박한 식물 같은가? 다 자기 마음 밭에 따라 다른 것이다. 나는 최근 어떤 곳에서 말씀을 전했는데 나중 악평을 들었다. 평생 살면서 그런 설교는 처음 들어봤다고 싫어했다. 많은 곳에서 많은 사람들에게 허벌나게 은혜 받았다는 소리도 들어봤다. 하기야 예수님이 설교해도 시험받는 바리새인들이 있었으니… 예수님 설교 못한다고 타박할 수 있는가? 주여, 겸손한 심령으로 나를 빚어 주소서! 아멘.

만나의 신비 〈8〉

– 신약에 보면 만나는 예수 그리스도라고 쓰여있다. 요한복음 6:48~51을 읽어 보자.

"내가 곧 생명의 떡이니라 너희 조상들은 광야에서 만나를 먹었어도 죽었거니와 이는 하늘에서 내려온 떡이니 사람으로 하여금 먹고 죽지 아니하게 하는 것이니라 나는 하늘에서 내려온 살아 있는 떡이니 사람이 이 떡을 먹으면 영생하리라 내가 줄 떡은 곧 세상의 생명을 위한 내 살이니라 하시니라"

진실로 예수님의 이 말씀이 이해되는 자들은 하나님이 택하신 백성들이다. 사람들은 예수님의 이 말씀을 이해 못하고 다 떠나갔다. 그러나 주님이 우리에게 영생을 주시려고 자신의 살을 찢어 십자가에서 죽으시고 우리에게 하늘의 만나를 먹여주시어 영생의 복을 주셨음을 나는 굳게 믿는다. 아멘.

오늘의 본문 성경을 읽으시고 깨달은 점이나 기억하고 싶은 점 혹은 기도문을 기록합니다.

1월 21일

1년 1독 성경 읽기 꿀송이 보약큐티

출애굽기 19장~21장

| 묵 상 자 료 |

1. 독수리 날개로 업어 인도하신 하나님(출 19:1~4)

이스라엘 백성이 애굽에서 나온 지 제 3개월이 되는 때였다. 이들은 시내 광야에 이르러 산 앞에 장막을 쳤다. 이스라엘 백성이 장막을 친 후 모세가 하나님 앞에 올라갔는데 아마도 기도하러 올라간 것 같다. 애굽에서 도망쳐 나와 양 똥이나 치우며 풀을 뜯기던 때, 바로 이 시내산 가시떨기나무에서 불로 나타나신 하나님을 맨발로 영접한 그 시내산이 자신에게 너무 감격적이어서 올라갔을 것이다. 한편으로는 하나님께 감사하며 한편으로는 이 막막한 광야에서 이 많은 백성을 어떻게 인도해야 하나 걱정도 되었을 것이다. 모세는 바로 그러한 상황에서 기도하러 올라 간 것이다. 이때에 하나님께서 모세에게 말씀하셨다.

> "너는 이같이 야곱 족속에게 이르고 이스라엘 자손에게 고하라 나의 애굽 사람에게 어떻게 행하였음과 내가 어떻게 독수리 날개로 업어 내게로 인도하였음을 너희가 보았느니라" 출 19:4

하나님께서 애굽 사람들에게 어떻게 행하셨는가? 하나님께서는 교만하여서 하나님의 말씀을 거역하고 이스라엘 백성을 끝까지 내놓지 않고자 발악을 하는 그들에게 열 가지 재앙으로 애굽을 초토화시키셨다. 후에는 마병과 군대를 거느리고 끈질기게 추격하는 애굽 병사들을 홍해 바다에 다 수장시켜 버리셨다. 이는 애굽의 우상숭배에 대한 심판이요, 하나님의 택한 백성을 압제하고 착취한 것에 대한 심판이었다. 이로써 이스라엘 백성들은 머리카락 하나 상하지 않고 완벽하게 출애굽을 할 수 있었던 것이다. 이 하나님의 구원의 은혜는 이스라엘 백성들이 자자손손 대대로 잊어버려서는 안될 소중한 역사적 사실이었다.

우리도 일생 동안 결코 잊어버려서는 안될 구원의 은혜가 있다. 어떤 사람은 지독한 정욕과 음란의 죄악 가운데서 구원해 주신 하나님의 은혜가 있다. 어떤 사람은 패배감과 열등감의 수렁에서 건져주신 은혜가 있다. 어떤 분은 컴퓨터 오락과 술 중독에서 구원하신 은혜가 있다. 우리는 모두 과거에 사단의 노예가 되어 비참한 인생을 살고 있었다. 그러나 하나님께서 이런 사단의 권세를 파하시고 우리를 죄로부터 구원해 주셨다. 우리는 일생 동안 이 구원의 은혜를 결코 잊어버려서는 안 된다. 구원의 은혜를 까먹었을 때 다시 세상의 욕심과 정욕을 좇아 방황하다가 과거의 죄악 된 삶을 되풀이할 수밖에 없기 때문이다.

둘째로 하나님께서는 독수리 날개로 업어 그들을 인도해오셨다고 한다. 이는 하나님께서 이스라엘에게 베푸신 사랑이 어떠했는가를 잘 보여주는 말씀이다. 신명기 32:11~12에 보면 독수리 날개로 업어 그들을 인도하는 것이 어떤 것인가 잘 나타나 있다.

"마치 독수리가 그 보금자리를 어지럽게 하여 그 새끼 위에 너풀거리며 그 날개를 펴서 새끼를 받으며 그 날개 위에 그것을 업는 것 같이 여호와께서 홀로 그들을 인도하셨고 함께 한 다른 신이 없었도다"

여기 "그 보금자리를 어지럽게 한다"는 의미는 독수리가 새끼들의 비행 훈련을 위해 둥지를 흔들어서 새끼들을 떨어뜨리는 것을 가리킨다. 독수리는 자기 자식이 연약하고 소심한 새가 되기를 원치 않고 새의 왕자가 되기를 원한다. 이 때문에 강훈련을 시키는데 어미 독수리는 둥지를 높이 짓고 보금자리를 어지럽게 하여 떨어지는 새끼를 등에 업어 더 높은 곳으로 올라가서 사정없이 또 떨어뜨린다. 그러면 그 새끼는 어쩔 수 없이 안 죽을려고 있는 힘을 다해 파닥거리지만 속절없이 아래로 떨어져 간다. 땅에 떨어지기 일보직전에 어미 독수리는 그 넓은 날개로 살짝 받는다. "휴, 살았다." 하는 순간에 다시 올라 간다. 이런 반복된 강훈련을 통해 새끼는 강하고 튼튼하게 자라나 모든 새 위에 군림하는 새의 왕자가 되는 것이다. 만일 독수리 새끼가 훈련을 받지 못한다면 모양은 독수리지만 연약한 독수리가 되어 아무 쓸모 없게 될 것이다. 어린 새끼 독수리에게 어미 독수리의 강훈련이 아픔은 따르지만 새끼를 훈련하는 것이 어미 독수리의 사랑임을 우리는 기억해야 한다.

하나님은 사랑하는 자를 훈련하신다. 하나님은 이스라엘이 애굽에서 죽은 고기나 뜯어먹고 희희낙락하는 자들이 되길 원치 않으셨다. 조금은 고생스럽더라도 제사장 나라, 거룩한 백성이 되어 세상을 축복하는 삶을 살기를 원하셨다. 하나님께 쓰임 받은 사람들은 모두가 다 훈련을 통해 하나님의 고차원적인 사랑을 체험한 사람들이다. 우리가 다 하나님의 훈련을 잘 받아서 장차 창공을 박차고 올라가 세계를 품고 섬기는 독수리와 같은 힘 있는 인생들로 성장할 수 있기를 소망한다. 아멘.

오늘의 본문 성경을 읽으시고 깨달은 점이나 기억하고 싶은 점 혹은 기도문을 기록합니다.

1월 22일

1년 1독 성경 읽기 꿀송이 보약큐티

출애굽기 22장~24장

| 묵상자료 |

1. 재산권 침해에 관한 법(출 22장)

출애굽기 22장은 배상에 관련된 법이다. 이것은 십계명 중 도둑질하지 말라는 8계명을 구체적으로 적용하는 문제를 다루고 있다. 하나님은 사람들이 일정한 규모의 재산을 소유하도록 하셨다. 다시 말해 재물 그 자체가 나쁜 것은 아니다. 오히려 하나님은 재물로 그분의 소명을 이루는 데 사용되도록 허락하신다. 따라서 하나님은 이스라엘 백성들이 출애굽 하는 과정에서도 그들이 빈손으로 나오지 않게 하시고 소유물을 취하도록 허락하셨다.

그런데 오늘 말씀과 관련해서 보면 먼저 어떤 사람이 남의 소유물을 훔쳤을 경우에는 반드시 배상해야 한다는 것을 원칙으로 하고 있다. 당시에는 소나 양이 중요한 재산이었기 때문에 이것을 훔쳐가는 경우가 종종 있었던 것 같다. 하나님은 절도범을 반드시 처벌하라고 명하셨다. 그래서 소나 양을 도둑질해서 이미 잡아 죽였거나 다른 사람에게 팔아 넘겼을 경우는 소 한 마리에 소 다섯 마리를, 양 한 마리에 양 네 마리로 보상하라고 했다. 소가 양보다는 더 귀한 것으로 취급되었기 때문에 더 많은 배상의 책임이 부여된 것이다.

흥미로운 점은 도둑질한 짐승이 아직 살아있는 경우와 그 훔친 짐승을 가능한 빨리 도살하거나 팔아버리는 행동을 구별 지어서 판결하고 있다는 점이다. 짐승이 아직 살아있는 경우는 갑절로 배상해야만 했지만, 혹 죽이거나 팔아버린 경우는 그 책임이 훨씬 무거웠다. 그것은 의도적인 악의를 가지고 그 행위를 했다는 것이 드러난 것이기 때문이다. 따라서 이를 갚을 능력이 없으면 자기 몸을 팔아서라도 배상하도록 했다. 이처럼 하나님은 결과보다 그 내면의 동기를 더욱 중히 여기신다.

특별히 여기서 우리가 주목해야 할 점은 이 배상법에는 도둑의 생명권마저 언급하고 있다는 사실이다. 즉, 도둑이 밤에 침입을 하다가 집주인에게 맞아 죽으면 그 주인은 정당방위를 한 것으로 인정되어서 그 주인에게 어떤 죄도 물을 수 없지만, 도둑이 낮에 침입했다가 집 주인에게 맞아 죽으면 그 주인은 사람을 죽인 죄를 범하게 되는 것이다. 이처럼 하나님은 비록 도둑이라 해도 그 생명권을 소중히 여기시고자 하셨다. 이 법규 역시 다른 이방 나라 법전에서는 찾아볼 수 없는 것이다. 결국 여기서도 하나님의 율법은 인간의 소유권보다 인간의 생명권을 더 중히 여기신다는 점을 보여준다. 비록 도둑이라 해도 그 생명과 인권이 당연히 존중되어야 한다는 것이다.

출애굽기 22:5~6에는 밭이나 포도원의 피해에 관한 배상도 언급하고 있다. 어떤 사람이 가축을 풀어놓다가 그 가축이 그만 다른 사람의 밭곡식을 뜯어먹게 되면 자신의 밭의 가장 좋은 소출과 자기 포도원의 가장 좋은 소출로 배상해야만 했다. 또한 불이 나서 가시덤불에 옮겨 불이 남의 낟가리나 거두지 않은 곡식이나 밭을 태웠을 경우에는 불을 낸 자가 태운 것에 대한 배상을 해야만 했다. 여기서도 우리는 흥미로운 점을 발견할 수 있다. 출애굽기 22:5 말씀이다.

> "사람이 밭에서나 포도원에서 짐승을 먹이다가 자기의 짐승을 놓아 남의 밭에서 먹게 하면 자기 밭의 가장 좋은 것과 자기 포도원의 가장 좋은 것으로 배상할지니라"

다시 말해서 배상을 할 때에는 대충 하는 것이 아니라, 가장 좋은 것으로 해야 한다는 점이다. 이것은 물질적으로 그저 형식적인 배상에서 끝나서는 안 되며, 자신의 잘못을 철저히 인정하고 상대방에게 진심으로 미안한 뜻을 표해야 한다는 것을 강조하고 있는 것이다. 이처럼 하나님의 법에는 그저 성문법처럼 일반 규정만 명시되어 있는 것이 아니라, 그 규정을 지켜야 하는 사람의 마음까지 담고 있다. 진심으로 자신의 잘못을 인정하고 다른 사람에게 피해를 입힌 것에 대한 진정한 사과가 이루어질 때 참다운 화해가 완성되는 것이다.

이처럼 율법은 이스라엘 백성들에게 같은 결과를 두고도 모든 정황을 고려하여 융통성을 발휘할 것을 요구하고 있다. 참으로 세밀하고 자상한 하나님의 율법의 말씀이다. 이스라엘 백성은 이런 삶을 통해서 하나님의 긍휼과 자비를 나타내야 했다. 이것이 하나님의 백성 된 특징이다.

예수 믿는 우리는 성령 안에서 이웃들에게 하나님의 사랑을 드러내야 한다. 친절하고 지혜롭고 세밀하게 공의와 사랑을 실천할 의무를 우리는 가지고 사는 것이다.

오늘의 본문 성경을 읽으시고 깨달은 점이나 기억하고 싶은 점 혹은 기도문을 기록합니다.

1월 23일

1년 1독 성경 읽기 꿀송이 보약큐티

출애굽기 25장~27장

| 묵 상 자 료 |

1. 성막(출 25장)

성막은 천막으로 만들어진 하나님이 거주하는 공간이다. 그런데 거처가 필요한 존재는 형상이 있는 존재이다. 하나님은 스스로 말씀하시기를 어느 것의 형상이라도 만들지 말라고 하셨다. 어느 것의 형상도 만들지 않는다면, 형상을 두어야 하는 성소도 만들 필요가 없는 것이다. 또한 하나님은 이제껏 존재하시지 않다가 이제서야 존재하시는 분이 아니시다. 그동안 성소가 없이도 하나님은 존재하셨고 갑자기 하나님이 거하실 처소가 필요하신 분이 아니셨다. 하나님이 인간과 함께 동거하기 위해서 처소가 필요하셨다면 가장 먼저 아담에게 말씀하셨어야 한다. 아니면 노아에게라도, 정 아니면 아브람에게라도 부탁을 하셨어야 한다. 그러나 하나님은 전혀 처소에 대한 언급을 하지 않으셨었다. 처소가 없어서 불편하셨거나 처소가 없어서 만남이 이루어질 수 없었다거나 하는 일이 없었던 것이다. 하나님은 늘 존재하셨고, 백성들과 만나셨고, 백성들의 삶을 돌보시고 보호하시고 동행하시고 인도하시고 주관하셨다. 이로보건대 성막은 하나님을 위해서 필요한 것이 아니라 인간을 위해서 필요한 것이었다는 것을 우리는 알게 된다.

이스라엘 진중 정가운데 위치한 성막을 볼 때마다 광야를 행진하는 이스라엘 백성들이 얼마나 용기를 얻고 힘을 얻었겠는가? 하나님이 우리와 함께 계시는 것을 직접 눈으로 확인하면서 그들은 날마다 사막에서도 찬송의 삶을 살 수 있었고 자신들이 하나님이 다스리는 특별한 백성들임을 자각할 수가 있었던 것이다.

1) 성막의 재료

출애굽기 25:3에 성막의 재료로 가장 눈에 띠는 것이 '금과 은'이다. 성막이 온통 우리 주 예수 그리스도를 상징하는 것이라면 이 세상에서 가장 귀한 것으로 성막을 지어도 예수님을 온전히 드러낼 수는 없을 것이다. 임마누엘 되시는 예수님은 성막이 하나님의 백성들과 함께 있었던 것처럼 성령으로 우리와 함께 계신다. 성막은 겉에서 보면 염소털이나 해달의 가죽으로 덮여 있었고 안에는 황금과 향기로 찬란하였다. 이는 예수 그리스도의 이 땅에서의 모습을 너무나 생생하게 보여준다. 주님은 겉으로 보기에는 흠모할 만한 아름다운 것이 없었지만 그를 깊이 아는 자들에게는 순교를 하면서도 섬겨야 할 절대적으로 존귀한 분이셨다. 아, 예수 믿는 가치를 아는 것이 얼마나 중요한 일인고!!!

2) 제작자와 성막의 가치

성막을 만드는 사람은 백성 중에서 선발하는 것이 아니다. 재주 있는 자, 능력 있는 자를 골라내는 작업이 아니다. 하나님이 그런 자를 진 중에 있게 하셨다(출 31:1~6). 만약 재주 있고 능력 있는 사람을 고르면 사람들은 그런 사람에게 집중하기 마련이다. 다음에 그런 사람을 찾아가서 다른 형상을 만들어 달라고 할 것이다. 또한 성막은 그 자체로 절대로 품위를 가지지 않는다. 성막이 가치를 가지는 것은 하나님이 가치 있게 하시기 때문이다. 여호와의 영광이 임하지 않으면 그것은 그냥 천막에 불과하다. 성막을 지으시는 이도 하나님이시고, 거룩하게 하시는 이도 하나님이시다.

3) 성막에서 하나님이 하시는 일

성막에서 하나님이 하시는 일은 '여호와가 백성과 만나신다'는 것이다(출 25:22). 성막에서 영광을 받겠다, 그곳에서 찬양을 받겠다, 그곳에서 예물을 받겠다, 그곳에서 통치하시겠다는 것이 아니다. 당연히 성막은 하나님의 왕궁이 아니고, 하나님의 침소가 아니고, 하나님의 집무실이 아니다. 하나님 때문에 만들어진 곳이 아니라는 것이다. 하나님이 절기를 만드신 이유, 하나님이 성막을 만드신 이유는 장차 이 땅에 오시는 예수 그리스도를 예표하기 위해서 시키신 일이었다. 우리는 성막과 관련한 모든 측면에서 예수 그리스도를 발견해야 한다. 예수 그리스도를 제외하고 기독교가 건물 자체에만 관심을 가지면 중세의 천주교처럼 된다. 베드로 성당을 짓는데 100년이 넘게 걸리고 나중에는 십자가 복음 대신 인간이 만든 성당이 주인공이 되는 비극이 시작되는 것이다. 우리는 성막의 구석구석에서 예수님을 찾아내야 한다.

예수님은 하나님이 우리와 함께하시는 성막이시다. 누구나 그에게 나아가 죄사함을 받을 수 있다. 성막 안의 언약궤는 말씀으로 오신 그리스도이시다. 번제단은 희생당한 어린 양 예수 그리스도의 십자가이다. 물두멍은 날마다 우리를 정결케 하시는 죄를 씻어주시는 그리스도의 피를 상징한다. 진설병은 하늘의 만나로 오신 그리스도이시다. 분향단은 그리스도가 하나님이 받으실 향기이심을 나타내신다. 등잔대는 빛으로 오신 그리스도이다.

그리고 하나님은 지성소에 보관된 속죄소 위에서 자기 백성을 만나시고 은혜 베푸셨듯이 예수님 이름 안에서 우리를 속죄하시고 만나시고 은혜를 베푸신다. 이처럼 구약의 모든 말씀은 다 예수 그리스도에게 귀결된다. 아멘.

오늘의 본문 성경을 읽으시고 깨달은 점이나 기억하고 싶은 점 혹은 기도문을 기록합니다.

1월 24일

1년 1독 성경 읽기 꿀송이 보약큐티

출애굽기 28장~29장

| 묵상자료 |

1. 옷

출애굽기 28장 전체와 출애굽기 39:1~7은 제사장의 옷에 대해 기술하고 있다. 일단 엄청나게 화려하다. 속옷, 겉옷, 에봇, 머리에 쓴 관, 가슴의 흉패, 허리띠… 그 옷을 입고 움직이면 금방울 장식에서 소리가 찰랑찰랑~ 난다.

구약의 모세시대 대제사장 아론의 값비싸고 금빛 찬란한 의상을 보고 있자니 지상에 계실 때의 우리의 대제사장이신 예수님의 초라한 모습이 오버랩 된다. 선지자 이사야가 묘사한 글에 의하면 "그는 고운 모양도 없고 풍채도 없은즉 우리의 보기에 흠모할만한 아름다운 것이 없도다 그는 멸시를 받아 사람들에게 버림받았으며 간고를 많이 겪었으며 질고를 아는 자라 마치 사람들이 그에게 얼굴을 가리는 것 같이 멸시를 당하였고 우리도 그를 귀히 여기지 아니하였도다"(사 53:2~3)라고 되어 있다.

왜 구약의 대제사장 의상은 화려하게 입히신 하나님이 영원한 참 대제사장이신 우리 구주 예수님은 마구간에 초라하게 오게 하셨을까? 답은 간단하다. 아론은 자신의 몸을 드려 희생제물이 되는 일과 상관이 없었지만 예수님은 제사장이신 동시에 희생양이 되어 우리 위해 죽으러 오셨기에 그럴 수밖에 없었다. 아론의 머리에는 멋진 금관이 있었지만 예수님은 가시관을 쓰셨다. 아론의 허리에는 금 띠가 둘러 있었지만 예수님의 허리는 창으로 찔려 피가 터져 나왔다. 영광을 버리시고 우리 위해 낮아지신 대제사장이신 우리 구주께 영광과 찬송과 존귀가 영원 무궁하기를… 아멘.

예수 믿는 성도들은 모두가 왕 같은 제사장들이라고 베드로는 말했다(벧전 2:9). 왕 같은 제사장인 우리들은 장차 화려한 옷을 입고 하나님 앞에 서서 그를 경배하며 살 것이다. 요한계시록 7:9에 장차 흰옷을 입고 종려나무 가지를 손에 들고 보좌에 앉으신 하나님과 어린 양을 찬양하는 장면이 나온다. 이 성도들이 입고 있는 흰옷이 바로 제사장의 옷이다. 이 옷값은 너무 비싸 아무나 사 입을 수 없다. 1억도 아니고 천억도 아니고 예수의 핏값이다. 예수를 구주로 믿는 보배로운 믿음을 가진 자들만이 입을 수 있는 옷이다.

일반적으로 옷의 기능은 세 가지다.

첫 번째 기능은 가려주는 기능이다. 창세기에 아담, 하와가 자기들의 나체가 부끄러워 가릴려고 입었던 것이 첫 번째 의상의 시작이다. 예수님이 입혀 줄 흰옷은 값만 비싼게 아니고 그 기능 또한 엄청나다. 평생에 지은 죄악의 부끄러움이 다 가려진다. 영원히 가려진다.

두 번째 기능은 추위와 햇볕에서 신체를 보호하는 기능이 있다. 평창 올림픽 특수를 타고 한때 한국은 롱패딩 방한복이 유행했다. 예수님이 입혀 주실 흰옷을 입으면 어떤 해로운 것도 침범치 못하고 보호된다. 추위도 못 느끼고 더위도 못 느낀다. 느낌이 최고다. 날아갈 것 같다. 천사들이 부러워하지만 미안하게도 주님은 천사들을 위해서 그 옷을 준비하지 않으시고 자기 백성들을 위해 하셨다.

세 번째 옷의 기능은 패션 기능이다. 옷이 날개라고 멋진 옷을 입으면 달라 보이고 예뻐 보인다. 나중 주님이 주신 흰옷을 입은 나의 모습은 천사보다 아름답게 나를 보이게 할 것이다. 바로 그 옷을 주님이 그 피로 예비하시고 우리에게 입혀 주셔서 하나님 보좌 앞에 당당히 서게 하실 것이다. 할렐루야. 아멘.

오늘의 본문 성경을 읽으시고 깨달은 점이나 기억하고 싶은 점 혹은 기도문을 기록합니다.

1년 1독 성경 읽기 꿀송이 보약큐티

출애굽기 30장~32장

| 묵 상 자 료 |

1. 향기

출애굽기 30장을 읽으면 하나님이 얼마나 향기를 좋아하는지를 절감하고 새삼 놀라게 된다. 1~10절까지는 향을 피울 향단을 만들 것을 지시하는 내용이고 그 후로 향기름(관유)과 향 제조법에 대해 말씀하시는데, 조심할 것은 인간이 사사롭게 성막에 바를 향기름이나 하나님께 태워 드릴 향을 만들어 개인적으로 사용하면 그는 죽음을 면하지 못하게 된다는 것이다. 하나님이 향기를 너무 좋아하셨기 때문에 하나님의 성막에 가까이 가면 일단 향기로운 냄새가 안팎으로 가득했다. 성막의 모든 기구에 향기름을 발랐고 아침, 저녁으로 성소 안에서 향을 향단에서 태웠기 때문에 시각장애인이라도 성막 주위를 지나면 그 향기 때문에 아, 여기가 하나님이 임재하시는 성막이구나… 하고 알 수 있었다.

하나님의 형상을 닮아서 그런지 좋은 냄새를 싫어하는 인간은 아무도 없다. 또 더러운 똥냄새를 좋아하는 인간도 아무도 없다. 나는 한국에 안식년으로 가서 집회를 인도할 때면 그 교회에서 강사 숙소에 갖다 놓은 포도, 딸기 과일들을 먹는 용도로 사용하기보다는 향기가 좋아서 방에 둘 때가 많다. 세상에서 제일 비싼 향수는 발칸반도에서 생산되는 흑장미 향수라고 한다. 그들은 그 향기를 체취할 때 새벽 1시에서 4시 사이에 밤이슬 머금은 흑장미에서 원액을 추출한다고 한다. 향수의 값도 천차만별이다. 싼 향수도 있고 비싼 향수도 있다. 성경은 우리가 다 그리스도의 향기라고 말한다(고후 2:14~16). 똑같은 신자라도 흑장미 향같은 고상한 향기가 나는 사람이 있고 냄새가 나기는 나는데 요상한 냄새가 나는 신자도 있다. 좋은 향기를 내는 신자는 기도를 많이 하고 말씀을 늘 가까이하며 사랑이 많은 성도이다. 시편 141:2을 보자. "나의 기도가 주의 앞에 분향함 같이 되며 나의 손드는 것이 저녁 제사같이 되게 하소서" 나의 기도가 하나님께 올리는 분향이다. 향기를 좋아하시는 하나님은 우리의 기도를 좋아하신다. 그래서 예수님도 늘 기도하셨다. 요한계시록 5:8에는 '이 향은 성도의 기도들이라'고 하였다. 향기를 좋아하시는 하나님을 알면 우리는 기도의 향을 아침, 저녁으로 하나님께 드리게 되고 어디에서나 예수를 증거하는 냄새를 풍기는 삶을 살게 되어 있다. 아멘.

1월 26일

1년 1독 성경 읽기 꿀송이 보약큐티

출애굽기 33장~36장

| 묵상자료 |

1. 네 백성

출애굽기 32:7에서 금송아지 우상을 만들어 이 신이 우리를 애굽에서 이끌어냈다고 아우성치는 이스라엘 백성의 급격한 타락상을 보고 격노하신 하나님은 모세를 불러 "네 백성이 부패하였으니 내가 저들을 없애겠다"고 불같이 화를 내셨다. 어찌하여 하나님은 자기 백성을 갑자기 "네 백성"이라고 지칭하셨는가?

언약의 백성들인 이스라엘이 하나님을 버리고 송아지 우상을 만들어 하나님을 버렸으니 하나님도 더 이상 그들이 자기 백성들이 아니었던 것이다. 그래서 목이 뻣뻣한 이 못된 백성들을 모두 진멸해 버리고 다시 시작하시겠다고 하나님은 모세에게 말씀하셨다. 이때 모세는 하나님께 기도했다. 그렇게 하시면 애굽 사람들이 하나님을 조롱할 것인데 이스라엘의 신이 그 백성들을 광야로 이끌어 거기서 무책임하게 죽게 했다고 할 것이니 진노를 거두어 주소서라고 간구했다. 그리고 아브라함과 이삭과 야곱에게 언약하신 것을 기억하고 용서해 달라고 빌었다. 모세는 "네 백성"이라고 하시는 주의 말씀을 마음에 기억했다가 하나님께 기도할 때 "여호와의 백성(출 32:12)"이라고 굳이 정정해서 아뢰었다.

마침내 모세의 기도가 하나님의 마음을 돌이키게 하였다. 그리고 가나안에 함께 가지 않겠다는 하나님의 청천벽력 같은 선언을 다시 돌이키어 함께 가시겠다는 약속을 받아 냈고 하나님의 영광을 보여 달라고 졸라 마침내 하나님의 뒷모습을 볼 수 있게 되었다(출 33:23). 실로 하나님은 모세를 친구 대하듯 대해주셨다. 모세 이름만 들으셔도 하나님의 입에 미소가 돋았다. 천지를 창조하신 전능하신 하나님이 피조물인 우리를 친구처럼 대해주시고 기도를 응답하시는 것이 놀랍기만 하다. 주 예수님은 우리를 친구라 불러 주셨다. 놀라우신 사랑이요. 형용할 수 없는 은혜이다. 아멘.

1월 27일

1년 1독 성경 읽기 꿀송이 보약큐티

출애굽기 37장~40장

| 묵 상 자 료 |

1. 출애굽기 40장에서 강조되고 있는 것

1) 성막이 세워진 날짜가 강조되고 있다.

날짜가 두 번이나 기록되어 있는데, 2절에 "너는 정월 초일일에 성막 곧 회막을 세우고"라고 기록되어 있고, 17절에도 "제 이년 정월 곧 그 달 초일일에 성막을 세우니라"고 기록되어 있다. 출애굽 제2년 1월 1일에 성막을 세웠다는 것이다. 이스라엘 백성들은 정월의 기준을 출애굽의 경험으로 삼는다. 계절의 변화를 따르지 않는다. 출애굽기 12:2에 "이 달로 너희에게 달의 시작 곧 해의 첫 달이 되게 하고"라고 기록되어 있다. 하나님은 유월절이 있는 이 달을 이스라엘의 정월이 되게 하셨다. 그래서 유대력으로 이 달을 "니산월"이라고 하는데 니산월 14일이 유월절이다. 이스라엘 백성들은 고센 땅, 라암셋에서 발행하여 숙곳을 거쳐 광야 끝 에담에 진을 친 다음 홍해 앞 비하히롯에서 갈라진 홍해를 건너 애굽 군대가 수장되는 것을 두 눈으로 목도하였다. 이후 수르 광야를 지나 마라에 도착했던 이스라엘 백성들은 쓴물을 단물로 바꾸시는 하나님의 역사를 경험했고, 물샘 열둘과 종려나무 칠십 주가 있는 엘림에 도착하였다. 그리고 신광야에서 먹을 것이 없다고 불평하다가 여기서부터 만나를 먹기 시작했고, 르비딤으로 가서 반석의 생수로 해갈을 하였다. 이런 여정을 거치며 석 달 만에 시내산에 다다르게 되었었다.

이스라엘 백성들은 40년 광야생활을 하면서 네 개의 광야를 거치게 되었다. 첫째가 수르광야, 둘째가 신광야, 셋째가 시내광야, 넷째가 바란광야이다. 그런데 모세는 시내산에 도착해서 사십 주 사십 야를 두 번이나 꼭대기로 올라갔다. 모세가 그렇게 하나님으로부터 계시를 받고 내려와서 백성을 가르치고, 브살렐과 오홀리압을 중심으로 성막의 모든 기구를 제작한 다음 정월이 되었을 때, 성막을 세우게 된 것이다. 그리고 50일 후에 시내산을 떠나게 된다.

유명한 성경주석가 메튜 헨리는 1월 1일이 매우 중요한 날짜라고 했다. 언제나 새로운 결심을 하고 새로운 출발을 하기 때문이라고 했다. 남유다의 왕이었던 히스기야도 즉위 원년 1월 1일에 부왕 아하스가 더럽혀 놓은 성전을 깨끗하게 청소하였다. 출애굽 한지 제2년 1월 1일은 성막이 완공됨으로 이스라엘 백성들에게 새로운 시대가 열리게 된 것이었다. 하나님이 그들 가운데 거하시고 그들과 함께 하시고 그들은 하나님을 경배하며 하나님의 보호와 인도가운데 살게 된 것이다.

우리에게 성령이 임하시고 예수가 나의 구주로 믿어진 것이 내 인생의 정월 초하루이다. 진정한 내 인생의 출발점이다. 하나님은 성막을 완성시키시고 본격적으로 광야길을 걷게 하셨다. 나의 인생도 주의 성령이 임하시고 성령과 함께 걸을 때 진정한 생명의 삶이요, 천국을 향하여 가는 걸음이 된 것이다.

2) 성막에 임한 '영광의 구름'이 강조되고 있다

출애굽기 40장에 또 중요하게 강조되고 있는 것은 모세가 세운 성막에 영광의 구름이 충만하게 임했다는 것이다. 이 구름은 '보이지 않으시는 하나님의 가시적 현현'이다. 이 영광의 구름은 이스라엘 백성들이 홍해를 건너 수르, 마라, 엘림을 지날 때에 늘 함께하였다. 출애굽기 13:21에 "여호와께서 그들 앞에 행하사 낮에는 구름 기둥으로 그들의 길을 인도하시고 밤에는 불기둥으로 그들에게 비취사 주야로 진행하게 하시니"라고 기록되어 있다. 출애굽 이후에 영광의 구름은 늘 이스라엘 백성들과 함께 했다. 그런데 이 구름이 이스라엘 백성들을 떠나버린 적이 있다. 아론이 금송아지를 만들었을 때, 백성들이 그 앞에서 벌거벗고 춤을 추며 우상숭배에 빠져 있었을 때, 영광의 구름이 떠나가 버렸다. 모세가 이스라엘 진영 밖에 회막을 만들어놓고 그곳에서 기도했더니 진 밖에 영광의 구름이 다시 임하게 되었지만, 이스라엘 백성 진영 가운데로 임하지는 않았다. 그러다가 오늘 본문 출애굽기 40장에 성막을 세우고 나서야 영광의 구름이 다시 임한 것이다. 이것은 하나님이 우상숭배했던 이스라엘 백성들을 용서해 주시고, 이스라엘 진영 한가운데로 다시 임하셨다는 것을 의미한다. 하나님이 이들을 보호하시고, 함께 하시며 이들과 함께 가나안 땅으로 올라가시겠다는 하나님의 의지를 엿볼 수 있는 것이다. 어느 시대에나 하나님의 백성들이 하나님을 기쁘시게 하지 못할 때, 우상숭배가 극을 달할 때 하나님의 영광과 임재는 떠나가 버렸다. 오늘 모든 한국 교회의 성도들은 스스로 기름 부음이 있는 존재라는 사실을 명심하고 하나님의 영광을 위해 다시 헌신해야 한다. 이것이 부흥이 오는 지름길이다. 아멘.

오늘의 본문 성경을 읽으시고 깨달은 점이나 기억하고 싶은 점 혹은 기도문을 기록합니다.

1월 28일

1년 1독 성경 읽기 꿀송이 보약큐티

레위기 1장~3장

| 묵 상 자 료 |

1. 레위기는 어떤 책인가?

이제 구약의 히브리서라고 불리우는 어려운 레위기에 당도했다. 계속되는 제사법에 관한 성경을 읽으며 지루할 수도 있다. 그러나 아이가 자랄 때 음식을 단 거나 사탕만 먹으면 정상적으로 자라기 힘들다. 아이가 싫어해도 음식을 골고루 먹여야 한다. 성경에 레위기를 포함시키신 이는 하나님이시다. 나의 선입관과 게으른 마음을 극복하고 주님의 은혜주심을 고대하며 레위기와 끝까지 씨름해 보자.

레위기의 키워드는 '거룩함'이다. 레위기 11:45에, "나는 너희의 하나님이 되려고 너희를 애굽땅에서 인도하여 낸 여호와라 내가 거룩하니 너희도 거룩할지어다"라고 하셨다. 타락한 육신을 입고 소돔성 같은 환경에 둘러 쌓인 이 세상을 살아가는 오늘의 우리들에게는 "거룩하라"는 주의 음성이 무겁게만 다가온다. 천사들이야 거룩함이 제일 쉽겠지만 우리네 인생들은 그게 제일 어렵다. 기독교의 가장 뛰어난 신자라 할 수 있는 사도 바울 같은 사람도 원하는 선은 행치 못하고 원치 않는 악을 행하는 자신이 피곤하고 힘들다고 토로하지 않았는가(롬 7:24). 그래도 어찌하랴? 집요하게 거룩함을 요구하시는 하나님 앞에 순종하는 시늉이라도 해봐야 하지 않겠는가? 하나님은 우리의 거룩함을 위해 아들을 보내셔서 속죄제물이 되게 하시고 십자가의 보혈로 우리를 거듭나게 하셨다. 그 피 아래 있는 우리는 안전하다. 그 십자가 공로를 의지하고 우리는 감히 하나님 보좌 앞에 나아갈 수 있다. 그리고 오늘 이 땅에서 주님의 향기를 발하며 경건하고 거룩하게 살아야 할 하나님의 자녀의 사명이 있다. 되고 안 되고는 둘째 문제다. 중요한 것은 넘어지고 수없이 실패하더라도 걸음마를 배우는 아이처럼 거룩한 삶을 살기 위해 포기하지 않고 끝까지 일어서는 것이다. 이것이 크리스천의 피할 수 없는 운명임을 레위기는 선포한다.

2. 제사법 총정리

레위기에 나오는 5대 중요 제사는 번제, 소제, 화목제, 속죄제, 속건제이다. 이 중 죄와 관련된 제사는 속죄제와 속건제인데 차이점은 속죄제는 배상이 불가능한 죄를 속하기 위해 드리는 제사이고 속건제는 하나님이나 사람에게 죄를 지었는데 배상이 가능한 경우에 드리는 제사였다. 이 5대 제사는 모두 불에 제물을 태워서 드리는 화제였다. 불에 태우는 방법이 아닌 제물을 손으로 높이 들어 올려서 드리는 방법(레 7:32)은 거제라 하였고 제물을 사방으로 보이게 흔들어서 드리는 제사방법을 요제(레 7:30)

라 하였다. 포도주나 기름 등을 부어드리는 제사는 전제(출 29:40)라 하였는데 디모데후서 4:6에 바울이 죽기 전 디모데에게 남긴 마지막 유언에 "내가 전제와 같이 부어지고 나의 떠날 기약이 가까왔다"고 언급한 대목이 있다.

5대 제사 중 번제는 하나님께 대한 완전한 헌신의 의미로 드렸는데 제물을 단에서 모두 재가 되도록 태워 하나님께 드렸다. 소제는 5대 제사 중 유일하게 피 없이 드리는 제사로 자신이 농사지어 얻은 곡식 소산물을 하나님께 헌납한다는 의미로 드렸다. 화목제는 하나님과 친교를 의미하는 제사로 소원이 있을 때 감사한 일이 있을 때 자원해서 화목제를 드렸다. 다른 제사는 짐승의 수컷을 드렸지만 유일하게 화목제만 암수 구별없이 드렸는데 이는 남녀 구별 없이 온 인류를 예수 안에서 화목케 하시려는 하나님의 섭리가 숨어 있다.

제사는 반드시 제사장이 집례해야만 드릴 수 있었고 홀로 자기 마음대로 제사할 수 없었다. 이걸 엉뚱하게 오늘날 잘못 해석하여 목사 없으면 예배드릴 수 없다고 착각하면 안 된다. 베드로전서 2:9 말씀대로 우리 예수 믿는 사람들은 다 왕같은 제사장들이다. 누구나 예수 이름을 의지하면 하나님께 나아갈 수 있다. 제물을 가지고 제사하러 나아오면 제사장은 일단 그 짐승에게 제사자의 손을 얹게 하여 안수케 하고 그 사람의 죄가 그 동물에게 전가되는 의식을 치른 후 그 제사자의 손으로 짐승을 죽이게 하고 각을 떠 하나님께 단 위에서 태워 바쳤다. 제물에 소금을 치고 유향을 바르고 드렸는데 이는 소금처럼 변함없는 하나님의 언약을 상기하기 위한 것이고 또한 하나님께 향기로운 제사가 되도록 함이었다. 제사를 드리고 나면 제사한 음식 중 일부를 정해진 장소에서 제사장과 함께 먹었는데 먹지 않고 3일 이상 남겨두면 안되었다. 나중 10장에서 제사장 나답과 아비후가 하나님이 지시하지 않은 방법으로 하나님께 제사하다가 그 자리에서 즉사한 것을 보면 모세를 통해 전달된 제사법은 엄중하게 말씀하신 그대로 실행되어야 했다. 이와는 대조적으로 오늘날 우리가 하나님께 드리는 제사(예배)는 너무나 간편하고 쉽다. 짐승의 피비린내도 나지 않는다. 이는 우리 주 예수 그리스도가 단번에 이루신 십자가 피 공로가 얼마나 위대한 가를 보여준다. 레위기의 제사는 일회적인 효과만 있었다. 다시 범죄하면 또 다른 짐승의 피가 흘려져야 사함 받을 수 있었다. 그러나 예수님의 피 흘리심은 단회적이었지만 영구한 효능을 나타내는 피였다. 아멘.

오늘의 본문 성경을 읽으시고 깨달은 점이나 기억하고 싶은 점 혹은 기도문을 기록합니다.

1년 1독 성경 읽기 꿀송이 보약큐티

레위기 4장~6장

| 묵상자료 |

1. 제단의 불을 끄지 말라(레 6장)

이스라엘 백성들은 광야 여행 중에도 특별히 불 담는 그릇을 만들어 이동할 때도 불씨를 보존하였다. 백성들은 세심한 주의를 기울여 번제단의 불을 끄지 않았던 것이다. 불씨를 보존하는 일은 많은 수고와 희생이 뒤따랐을 것이다.

레위기 6:8~13을 통해서 하나님은 제단에 불을 끄지 말라고 3번이나 강조해서 명령하고 계신다. 성막이 완성된 후 하나님은 성막에서 어떻게 하나님을 예배하여야 하는지에 대해서 말씀하시면서 번제단에 불을 끄지 말라고 명령하셨다. 이 제단 위의 불은 바벨론 포로 전까지 거의 꺼진 적이 없었다고 한다.

번제(Burnt Offering)는 아침과 저녁에 상번제로 드렸다. 아침은 서원과 결단의 의미로 드렸고 저녁은 사죄와 감사로 제사를 드렸다. 저녁 번제를 드린 후에 레위기 6:8~9을 보니 제사장은 다음날 아침 제사 드릴 때까지 그 불을 밤새도록 살려서 불을 보전해 놓아야 했다.

> "하나님께서 모세에게 말씀하여 이르시되 아론과 그 자손에게 명령하여 이르라 번제의 규례는 이러하니라 번제물은 아침까지 제단 위에 있는 석쇠 위에 두고 제단의 불이 그 위에서 꺼지지 않게 할 것이요" 레 6:8~9

이 불이 꺼지면 제사를 드릴 수가 없었다. 이스라엘 민족이 가장 타락한 시기는 제단에 불이 꺼진 시기였다. 불이 꺼지지 않는 방법은 무엇인가? 레위기 6:12에 보면 제사장은 아침마다 그 나무를 그 위에 태우라고 말씀하신다.

> "제단 위의 불은 항상 피워 꺼지지 않게 할지니 제사장은 아침마다 나무를 그 위에서 태우고 번제물을 그 위에 벌여 놓고 화목제의 기름을 그 위에서 불사를 지며 불은 끊임이 없이 제단 위에 피워 꺼지지 않게 할지니라" 레 6:12~13

불이 꺼지지 않게 하기 위해선 나무를 올려 놓아야 했다는 것이다. 우리의 심령에 성령의 충만한 불이 항상 활활 타오르기 위해서는 말씀 묵상과 기도와 찬송의 나무를 항상 나의 심령의 제단위에 올려 놓아야 한다.

1월 30일

1년 1독 성경 읽기 꿀송이 보약큐티

레위기 7장~9장

| 묵상자료 |

1. 제사장의 겉옷에 달린 금방울과 석류

레위기 9장에는 제사장의 위임식과 직무 활동 등에 관해 쓰여 있다. 그 중 제사장의 의복에 관한 기록을 자세히 읽어보면 그 화려함이 두드러지게 강조되어 있는데 청색 에봇 받침 겉옷장식에 밑으로는 치마처럼 옷 가장자리로 돌아가며 금방울과 석류가 달려있다.

금방울, 석류, 금방울, 석류… 이렇게 순차적으로 달려있는데 이는 놀라운 교훈을 담고 있다(출 28:34을 보라).

대제사장의 겉옷 밑단에 달린 방울들에서 나온 소리는 성소 밖에서 기다리는 사람들에게 여호와 앞에서 섬기는 자신들의 대표자가 아직 살아 있고 움직이고 있으며 의무를 수행하고 있다는 신호였다. 무속인들이 공통적으로 가지고 있는 장비 가운데 하나가 방울을 주렁주렁 단 막대기 같은 것이다. 그들은 자신들이 섬기는 귀신을 부를 때 이 방울 달린 막대기를 흔들며 귀신을 초청한다. 귀신들이 좋아하는 것이 방울소리라는 것이다. 왜 귀신들은 방울소리를 좋아할까? 그 이유는 바로 하나님을 흉내 내고 싶기 때문이다. 무당들이 입는 복장이 구약의 제사장 복장과 비슷하다. 촛불을 켜놓고 떡상을 차리고 향을 피워 놓은 것이 영락없이 하나님의 성소를 흉내 낸 것이지 않은가? 교만한 사탄은 하나님과 같이 되고 싶은 것이다.

또한 대제사장의 옷에서 나는 철렁거리는 금방울 소리는 그리스도의 복음전파를 의미한다. 금방울 하나에 석류 하나라는 것은 복음의 소리가 울려 퍼지는 곳마다 석류처럼 아름다운 영적인 열매가 맺힐 것이라는 사실을 의미하고 있다.

복음 들고 아프리카에 나와 25년간 금방울 같은 예수 복음의 소리를 내고 있는 나 같은 전도자들에게는 확신과 소망을 주는 진리의 말씀이다. 이처럼 레위기를 읽으면서도 우리는 수시로 신약의 예수 복음을 만난다.

1월 31일

1년 1독 성경 읽기 꿀송이 보약큐티

레위기 10장~12장

| 묵상자료 |

1. 먹으면 안 되는 부정한 동물들

레위기 11장은 먹으면 안 되는 부정한 동물들을 말씀하신다. 웬만하면 다 먹어 치우는 우리 한국인으로서는 유대인이 아니고 예수 믿는 크리스천 된 것이 감사할 따름이다. 그 맛있는 제육볶음도 구약에 묶여 있는 유대인은 못 먹고 산다. 낙타와 사반(너구리), 토끼, 돼지고기는 못 먹게 하셨다. 발에 굽이 갈라지지 않았거나 되새김질하지 않는 짐승은 부정하다고 못 먹게 하셨다. 광야 길에 무슨 물고기가 있었겠는가 만은 가나안에 가서도 지느러미와 비늘 없는 것은 가증하다고 먹지 말라 하셨다. 새 중에는 짐승 잡아먹는 맹금류와 고독한 새(올빼미, 부엉이, 까마귀 같은 녀석들…), 더러운 것 먹고 사는 것들(뱀 먹는 황새 같은 종류)은 먹으면 안 된다고 하셨다.

곤충 중에서는 세례 요한이 먹고 살았던 메뚜기류는 먹어도 되지만 다른 곤충은 거의 먹지 말라 하셨다. 뱀 같은 파충류는 거의 다 금지되었다. 먹으면 안 된다고 분류된 동물들도 자기들 나름대로는 서운함이 있을 것이다. 만들기는 하나님이 만들어 놓고 왜 그들을 무시한단 말인가?

우리는 하나님의 깊은 경륜과 의도를 다 파악할 수 없다. 왜 돼지고기를 먹으면 안 되는지 이유를 다 수긍할 수도 없다. 그러나 하나님은 에덴동산에서도 선악과를 두시고 그것은 먹지 말라 하셨다. 우리가 하나님께 순종하는지 안 하는지를 하나님은 알고 싶으셨던 것이다. 특히 먹거리는 우리의 일상생활과 밀접하게 관련되어 있다. 하루 세 번 식사자리에 앉을 때마다 유대인은 이 음식이 하나님이 금하신 것인가 허락하신 것인가를 점검해야 했다. 계속 하나님을 의식하며 살 수밖에 없었던 것이다. 또한 이 정결법 때문에 유대인들은 이방인들과 함께 하기가 까다로웠다. 유대인이 못 먹는 음식이 많았기에 이방인들과 쉽게 교제할 수 없었을 것이다. 그런데 사도행전 10:11~16에 이상한 장면이 나온다. 기도하던 베드로에게 하나님은 환상 중에 레위기에 부정하니 먹지 말라고 금지한 동물들을 보여주시면서 "일어나 잡아먹으라"고 하신 것이다. 베드로가 놀라서 "주여, 그럴 수 없나이다, 저는 그런 부정한 것을 결코 먹어 본적이 없나이다"라고 대답하니 하나님은 "내가 깨끗하게 한 것을 네가 부정하다 하지 말라"고 하셨다. 그 환상을 본 후 베드로는 세계 최초로 유대인으로서 이방인의 집에 가 공적으로 함께 교제하며 복음을 전하는 이방 선교의 첫 장을 열었다.

레위기에서 부정한 것들도 하나님이 예수의 피 아래서 정결케 하면 정결해진다. 우리는 더 이상 구약의 율법 아래 있지 않고 예수님의 피 아래 있는 새언약의 백성들이다. 신약에 사는 우리는 예수님의 피 흘리신 십자가의 공로 때문에 이것을 만지지 말라, 저것을 먹지 말라는 것에 얽매일 필요가 없게 되었다.

2. 출산과 관련된 부정

레위기 12장은 여성이 아이를 출산할 때의 부정에 대해 가르친다. 산모가 아들을 낳았을 때 40일간 부정하고 딸을 낳았을 때는 80일간 부정하다고 했다. 그 기간이 지난 후 산모는 성소에 비로소 출입할 수 있었는데 그것도 속죄제와 번제를 드리고 난 후에야 가능했다. 생명을 낳았는데 왜 부정하며 거기에 남녀차별 하듯이 왜 딸 낳으면 두 배나 길게 부정하다 하셨을까? 일단 아이를 낳을 때 피를 많이 흘리는데 하나님은 피에 민감하셨다. 피는 생명을 의미하기 때문이다. 장차 독생자 예수님을 이 땅에 보내어 피 흘리게 하시려는 하나님이셨기에 피에 민감하셨음이 이해가 된다. 그리고 태어난 아이가 죄인이기 때문이다. 인류의 시조인 아담과 하와의 범죄 때문에 태어나는 모든 아이가 다 죄인으로 태어난다. 하나님은 하와에게 범죄 후 벌을 줄 때 아담보다 더한 해산의 수고와 남편의 다스림 아래 있을 벌을 주셨다. 신약의 바울까지도 디모데전서 2:13에, "이는 아담이 먼저 지음을 받고 하와가 그 후며 아담이 속은 것이 아니고 여자가 속아 죄에 빠졌음이라"라고 상기시키며 교회에서 여자가 정숙할 것임을 명했다. 그래서 여자가 태어나면 두 배나 부정했다.

여기에 불만이 많은 진보적인 여성분들은 이러한 성경의 가르침에 반발할 것이다. 성경도 엉터리고 하나님도 잘못되었고 바울도 그런 발언을 한걸 보니 문제가 많다고 따질 것이다. 그러나 믿음이 있는 그리스도인이라면 내 생각과 진리의 말씀이 다르더라도 하나님께 부당하다고 따질 것이 아니라 우리의 죄와 허물을 순순히 인정하고 하나님이 하시는 일에 복종하고 따라야 한다. 그리고 예수 십자가 공로 안에서 남녀차별도 없애주시고 우리를 거저 받아주시는 신약의 아버지 하나님께 감사함으로 나가야 한다.

오늘의 본문 성경을 읽으시고 깨달은 점이나 기억하고 싶은 점 혹은 기도문을 기록합니다.

1년 1독 성경 읽기 꿀송이 보약큐티

레위기 13장~16장

| 묵 상 자 료 |

1. 아사셀을 위한 염소(scapegoat=속죄 염소)

1) 두 마리의 염소:

해마다 대속제일이 되면 두 마리의 흠 없는 염소가 선택된다. 제비를 뽑아 하나는 하나님을 위하여 희생시키고 하나는 아사셀을 위하여 남겨 둔다. 제사장은 하나님을 위하여 구별한 첫째 염소의 각을 뜬 후 육체는 영문 밖에서 불사르고 그 피는 지성소로 가지고 들어가 언약궤에 뿌린다. 그러면 지성소 안에 하나님 쉐키나의 영광이 가득 차게 되고, 이는 이스라엘의 죄가 속해져 하나님의 진노가 사라졌다는 것을 상징한다. 이것이 첫 번째 염소의 죽음과 그 의미이다. 둘째 염소는 이와 사뭇 다르다. 제사장은 아사셀을 위하여 준비한 둘째 염소에 백성들의 죄를 전가하고 그것을 광야로 몰아내어 (1) 굶어 죽이거나 (2) 들짐승에게 찢겨 죽게 한다. 그때 염소가 백성의 죄를 짊어지고 광야에서 아사셀 앞에 죽으므로 더 이상 백성들의 죄를 아사셀은 물을 수가 없게 된다. 그러면 아사셀은 도대체 누구이고 그에게 염소를 보내는 이유는 무엇이며, 그를 위한 염소는 무엇을 나타내나? 바로 이것이 오늘 레위기 16장에 나타난 아사셀 염소의 비밀을 풀 수 있는 열쇠이다.

아사셀(עֲזָאזֵל)이란 '쫓겨난 귀신', '추방당한 악령'이라는 뜻의 히브리어 아잘젤의 유음화어로써 타락한 천사의 우두머리인 사탄을 나타낸다. 이 단어는 모세 이전의 사람들이 타락한 천사들의 우두머리인 사탄을 일컫기 위해 사용했고, 유대인들도 사탄을 일컫기 위해 그들의 문헌에 사용했다. 아사셀이란 신학적으로 광야에 거주하는 사탄을 나타내는 것이다.

2) 염소를 보내는 이유:

그렇다면 염소를 사탄에게 보내는 이유는 무엇인가? 이는 사탄에게 염소를 바치기 위함이 절대 아니다. 사탄을 예배하기 위함도 아니다. 오히려 그 반대로 참소자 사탄 앞에서 이스라엘의 죄를 전가받은 염소를 굶어 죽이거나 절벽에서 떨어뜨려 죽이거나 들짐승을 통해 찢어 죽임으로써 그의 참소를 합법적으로 잠재우기 위함이다. 우리가 알듯이 성경이 증거하는 사탄의 일은 인간의 죄를 끊임없이 참소하는 것이다. 요한계시록 12:10을 보면 하나님께 우리 죄를 밤낮 참소하는 사탄을 볼 수 있다. 스가랴 3:1을 보라. 더러운 죄의 옷을 입고 있는 제사장 여호수아를 사탄이 계속 대적하고 참소한다. 바로 이것이 사탄의 일이다. 사탄은 밤낮 쉬지 않고 이스라엘 백성의 죄를 참소했고, 백성들은 그로 인한 영적 죄책감과 수치심으로 고통받았던 것이다. 그러나 우리 하나님께서는 죄는 물론 죄책감으로부터도 우리를 구원하시는 하나님이시다. 때문에 사탄의 참소로부터 오는 죄책감으로부터 우리를 구원하시기 위하여 아사셀 앞에서 굶겨 죽이거나 찢어 죽일 흠 없고 깨끗한 염소를 마련하사, 그에게 이스라엘의 죄를 전가시키고 광야로 보내어 죽이심으로써 사탄의 참소를 온전히 막으셨던 것이다.

"사탄아 보라! 네가 밤낮으로 참소하던 이스라엘의 죄가 어디에 있느냐? 네가 쉬지 않고 고발하던 이스라엘의 죄가 어디에 있느냐? 이 염소에게 있다. 이 염소가 어떻게 되었느냐? 이스라엘 백성의 죄값으로 이처럼 비참하게 죽었다. 너는 더 이상 이스라엘을 참소할 수 없다. 내가 그 참소의 이유를 합법적으로 잠재웠기 때문이다."

이로써 사탄은 더 이상 이스라엘을 합법적으로 참소할 수 없다. 시도할 수도 없다. 그는 이스라엘이 지었던 과거의 죄를 입 밖에 꺼낼 수도 없다. 왜? 죄값이 사탄의 눈앞에서 치러졌기 때문이다. 하나님께서는 당신의 백성을 죄책감으로부터 해방시키기 위하여 아사셀의 염소를 준비시킨 것이었다.

3) 아사셀의 염소, 예수

아사셀의 염소는 예수님이다. 예수님께서 인간의 죄를 대신 지고 골고다 광야에 나가사 사탄 앞에서 찢겨 돌아가심으로써 인간을 향한 사탄의 참소를 합법적으로 온전히 잠재우신 아사셀의 염소가 되었다. 대속죄일에 선택된 인간의 죄를 전가 받은 두 마리의 염소는 전부 다 우리의 죄를 담당하신 예수 그리스도를 예표하는 것이었다.

나의 죄를 속량하시고 나를 사단의 고소에서 방어하시려 아사셀을 위한 염소가 되시어 십자가에서 희생당하신 우리 구주의 은혜를 우리는 무엇으로 갚을 것인가?

오늘의 본문 성경을 읽으시고 깨달은 점이나 기억하고 싶은 점 혹은 기도문을 기록합니다.

2월 2일

1년 1독 성경 읽기 꿀송이 보약큐티

레위기 17장~19장

| 묵 상 자 료 |

1. 동물의 도축과 피에 관한 규례(레 17장)

레위기 17장은 두 부분으로 나뉘는데 9절까지는 가축의 도축 또는 희생과 관련한 규례를 다루고 있고, 10절부터는 피를 먹는 문제에 대해서 다룬다. 소, 양, 염소를 식용으로 먹기 위해 도살할 때는 먼저 회막에서 화목제를 드려야 한다. 만일 이것을 어긴다면 그 사람은 피 흘린 자, 곧 살인자로 여김을 받고 하나님의 백성 중에서 끊어지는 형벌을 받는다. 왜 회막 밖에서 도축하는 것이 그렇게 큰 죄가 되는가? 성경은 그 이유에 대해서 세 가지를 말한다. 하나는 하나님 중심, 회막 중심의 삶을 살도록 하기 위해서 그렇게 하시는 것이고, 두 번째는 피를 다루는 문제 때문에 그렇게 명하시는 것이고, 세 번째는 우상숭배를 예방하기 위해서라는 것이다. 6절을 보자.

"제사장은 그 피를 회막문 여호와의 단에 뿌리고 그 기름을 불살라 여호와께 향기로운 냄새가 되게 할 것이라" 레 17:6

기름을 불살라 여호와께 향기로운 냄새로 드려야 한다고 명하고 있는데 기름은 가장 귀한 부분이다. 우리가 맛있는 것을 먹을 때는 항상 윗사람을 먼저 챙겨야 하듯이 이스라엘 백성들은 자신들에게 생명을 주시고 먹이시고 입히시는 하나님께 마땅한 예의를 지켜야 했다. 그래서 자신들이 먹기 전에 먼저 고기의 기름을 하나님께 드려야 했던 것이다. 다시 고기를 돌려받을 때도 가장 귀한 부분인 기름은 하나님께 드리고, 그리고 제사장에게 그 다음 귀한 부분을 드린 후에 나머지 허락된 부분을 먹었다. 그렇게 해서 하나님께 대한 공경을 표현하였던 것이다.

고기만 그런 것이 아니라 모든 소득에 대해서도 마찬가지였다. 곡식을 수확할 때도 첫 곡식단을 하나님께 바치고 소득의 십분의 일을 가장 최상품으로 준비하여 하나님께 바쳐야 했다. 이런 삶의 습관들은 모든 면에서 하나님을 최고의 우선순위에 두는 '하나님 최우선' 신앙의 표현인 것이다. 첫 월급을 탔을 때 제일 처음 생각나는 바로 그 사람이 가장 사랑하는 사람이라 할 수 있다. 우리에게 하나님은 어떤 분이신가? 만일 우리가 하나님을 가장 사랑하지 않는다면 하나님은 내 인생의 한 부분일 뿐이다.

이 규례의 두 번째 이유는 우상숭배에 대한 예방의 목적이었다. 이전에 이스라엘 백성들은 송아지 우상에게 제사한 일이 있었다. 이것은 그들이 이집트에 있는 동안에 보았던 우상숭배를 답습한 것이었다. 그리고 지금 그러한 습관들이 아직 남아있는 상태였다. 그래서 그런 습관을 따라 가축에게 제사하지 말라고 명하시며 회막 안에서만 도살하도록 명령하셨다. 예를 들어 수염소에게 제사하려면 가축을 도살해야 하는데, 도살이 오직 회막 안에서만 가능하다면 도무지 수염소에게 제사할 수가 없는 것이기 때문이다. 우상숭배에 빠져들 수 있는 길을 원천봉쇄한 것이다. 대개 이방인들은 높은 산에서 신들에게 제사를 지냈다. 그리고 거기에 '산당'을 지었다. 그런데 이스라엘이 점령해서 살면서 원주민들의 산당을 완전히 제거하지 못했다. 심지어 하나님을 경외하는 왕이 지배할 때에도 이 산당이 그대로 남아있었다. 구약에는 정해진 장소가 아닌 다른 곳에서 하나님을 섬기는 것은 우상숭배와 다를 바가 없었다.

신약에 오면 장소가 예배의 정통성을 결정하지 않는다. 예수님은 요한복음 4장에서 사마리아 여인에게 여기서도 말고 예루살렘에서도 말고 오직 영과 진리로 예배를 드리라고 명하셨다. 성령 안에서 나의 영으로, 그리고 진리이신 예수님 안에서 진리의 말씀을 따라 드리는 예배가 하나님이 받으시는 진정한 예배이지 장소가 중요한 것이 아닌 것이다. 성령 밖에서 그리고 진리이신 예수님 밖에서 드리는 예배는 바로 우상숭배와 다를 바가 없다.

또한 이스라엘 백성들이 피를 먹지 말아야 하는 이유는 피는 곧 생명을 의미하기 때문이었다. 이것은 창세기 9장에서 하나님께서 육식을 허용하실 때 이미 말씀하신 것이다. 피가 생명이기 때문에 피를 먹으면 안 된다는 사실은 두 가지 의미를 담고 있다. 첫 번째는 생명존중사상을 가르치시기 위함이었고 두 번째 의미는 피를 오직 속죄를 위해서만 사용되도록 하신 하나님의 깊은 의도가 있었다. 레위기 17:11을 보면 "육체의 생명은 피에 있음이라 내가 이 피를 너희에게 주어 단에 뿌려 너희의 생명을 위하여 속하게 하였나니 생명이 피에 있으므로 피가 죄를 속하느니라"라고 하셨다.

그리스도 예수님의 희생의 피가 우리의 죄를 사하실 것을 하나님은 구약애 반복해서 가르치시고 계신다.

오늘의 본문 성경을 읽으시고 깨달은 점이나 기억하고 싶은 점 혹은 기도문을 기록합니다.

2월 3일

1년 1독 성경 읽기 꿀송이 보약큐티

레위기 20장~22장

| 묵 상 자 료 |

1. 제사장이 지켜야 할 규례들

레위기 21장은 성소에서 제사를 집례하는 제사장들에 대한 규례를 말씀한다. 일단 시체를 만지면 안 된다고 하신다. 가족의 장례시에는 보통의 제사장들은 시체를 만질 수 있지만 대제사장은 그것도 금지되었다(레 21:11). 이는 하나님이 사망을 싫어하시고 미워하시기 때문이다. 하나님은 생명의 원천이시요, 모든 생명 있는 것의 주인이시다. 사망은 사단의 말을 따른 인간의 범죄로 말미암아 온 것이었다. 하나님은 생명의 하나님이시다. 하나님의 아들 예수님이 이 땅에 오신 목적은 마귀의 일을 멸하고 사망에 매여 종 노릇 하는 인간들을 자유케 하시고 영생을 주시러 오셨다.

오늘날도 목사님들의 입술에는 항상 생명의 말씀이 있어 생명의 복음만을 증거해야 한다. 사람을 살리는 것이 복음에 수종 드는 자들의 첫째 사명이다. 그리고 레위기 21:12에 제사장들은 성소에서 나오지 말라고 하셨다. 성소에서 아침, 저녁으로 상번제를 드려야 하고 향을 피워야 하고 등잔에 불이 꺼지지 않도록 돌보며 떡상에 떡을 진설해야 한다. 수시로 제물 들고 찾아오는 백성들의 형편을 살피며 제사에 집중해야 한다. 성소를 떠나 진중에 돌아다니며 세상 것을 즐길 여유가 없는 것이다. 죄를 지어 속죄 제물을 가지고 성소에 찾아 갔는데 제사장이 어디 놀러 나가고 없으면 어떡하겠는가?

결혼도 부정한 창녀나 이혼당한 여인이나 과부하고 하면 안되고 정결한 처녀와 하라고 두 번이나 반복하여 말씀하셨다(레 21:7, 14). 사모가 절반 목회란 말이 있다. 많은 성도들이 사모님 때문에 은혜받기도 하고 시험받아 교회 안 나가는 경우도 발생한다.

그리고 아무리 아론의 자손이라 할지라도 그 신체에 결함이 있으면 제사장이 되지 못했다. 선교지에서 교통사고로 다리를 저는 장애인이 된 나 같은 사람은 구약 같으면 목사 옷 벗어야 한다. 레위기 21장을 읽으며 구약의 율법 시대에 살지 않고 예수님 십자가 은혜 시대에 살게 된 것이 얼마나 큰 축복인가를 거듭 감사하게 된다.

2. 성물을 먹고 사는 사람들(레 22장)

이스라엘 법에 따라서 제사장들은 자신들의 유업과 땅을 받지 않았다. 그들은 하나님의 성소의 일을 하면서 백성들이 드린 십일조와 각종 제사의 제물들을 먹을 특권이 있었다. 하지만 그럴지라도 하나님께 드린 성물을 먹음에 있어서 절차와 법도가 있었다. 거룩한 것은 거룩하게 취급되어야 했기 때문이다.

"여호와께서 모세에게 말씀하여 이르시되 아론과 그의 아들들에게 말하여 그들로 이스라엘 자손이 내게 드리는 그 성물에 대하여 스스로 구별하여 내 성호를 욕되게 함이 없게 하라 나는 여호와이니라 그들에게 이르라 누구든지 네 자손 중에 대대로 그의 몸이 부정하면서도 이스라엘 자손이 구별하여 여호와께 드리는 성물에 가까이 하는 자는 내 앞에서 끊어지리라 나는 여호와이니라" 레 22:1~3

거룩한 것이 속된 것과 구별되지 않는다면 편리하고 좋을지 몰라도 결국에 가서 공동체의 파멸을 불러올 수밖에 없다. 또한 성물은 일반인들과 이방인들, 출가한 사람들도 먹을 수 없었다.

이런 원칙들과 규례는 오늘날 교회에서 하나님께 드려진 성물들을 어떻게 취급하고 관리해야 하는지 교훈을 준다. 목적에 따라 드려진 헌금과 헌물들은 드려진 목적에 따라서 성실하게 구별되어 사용되고 실행되어야 한다. 목적과 용도를 다르게 그리고 마음대로 하지 않도록 책임 맡은 자들은 교회에서 주의하고 또 주의해서 성물을 다루어야 하는 것이다. 그것은 개인의 사유재산이 아니기에 마치 선심을 쓰듯 자기 마음대로 사용해서도 안되며 함부로 어떤 절차도 없이 섞어서 마구잡이로 사용해서도 안 될 것이다. 구약시대의 성물에 관한 규례는 오늘날 교회가 성물을 사용함에 있어서 그 정신과 태도를 어떻게 유지해야 하는지 큰 가르침을 주는 것이다.

하나님께 드리는 성물은 흠 없는 제물이어야 했다(레 22:21). 아무리 많은 돈이라도 부정한 돈을 하나님의 성물로 드려서는 안 된다. 그 마음에서부터 정결하게 준비된 예물만이 하나님 앞에 가납될 것이다. 또한 그렇게 드려진 성물들은 원칙과 절차에 따라서 합당하게 구별하여 사용하고 사람을 살리는 자비로운 사역에 사용되어야 할 것이다.

오늘의 본문 성경을 읽으시고 깨달은 점이나 기억하고 싶은 점 혹은 기도문을 기록합니다.

2월 4일

1년 1독 성경 읽기 꿀송이 보약큐티

레위기 23장~25장

| 묵 상 자 료 |

1. 여호와의 절기

레위기 23장에 7절기가 나온다. 그래서 레위기 23장을 '절기장'이라 부른다. "여호와의 절기"라 할 때의 절기란 말은 히브리어로는 모에드이다. 모에드는 '만나기로 약속한 시간' 혹은 '정해진 기간'이란 뜻을 가지고 있다. 절기를 통하여 하나님께서 백성들을 모아서 만나는 시간을 가진다는 의미이니 하나님과의 데이트 날이다. 레위기에 일곱 절기를 제정하시고 이스라엘 백성에게 축제를 제공하시며 자기 백성과 성회를 갖기를 기뻐하신 하나님은 장차 인류 최고의 축제일을 열려고 준비하고 계신다. 이름하여 '그리스도 예수의 날'이다(빌 1:6).

유월절은 출애굽의 해방과 이스라엘에게 장자 죽임의 심판을 면케 하신 것을 기념하여 제정하신 것이고 무교절은 출애굽 당시의 고난과 감격을 기억하게 하는 절기이며 곡물의 첫 이삭을 바치는 초실절은 첫 열매에 대한 감사를 표시하는 절기였다. 모든 죽은 자 가운데서 부활하시어 잠자는 자들의 첫 열매가 되신 부활의 예수님을 예시하는 절기였다. 오순절은 초실절 후 7주가 지난 다음 날 50일째 지키는 절기로 보리 추수가 본격적으로 되었을 때이므로 맥추절이라고도 불리우는데 예수님 승천하시고 성령이 강림하실 것을 예표하는 절기였다.

또한 7월 1일에 나팔절을 지켰고, 7월 10일 대속죄일 그리고 7일 동안 초막절을 지켰다. 초막절에는 이스라엘 백성들이 광야에서 고생하던 일을 추억하고 나뭇가지로 움막을 만들어 일주일을 거처하며 초막절을 기념한다. 이 칠 대 절기 중 가장 중요한 삼 대 절기는 유월절, 오순절, 초막절로서 이 절기에는 모든 이스라엘 남자 중 20살 넘은 남자들은 매년 예루살렘 성전으로 올라가 이 절기에 반드시 참석해야 했다. 이 모든 절기의 기본은 안식일이었다. 오늘날 우리들은 매 주일 예배당에 모여 하나님을 경배하는 신앙생활을 성실하게 하면서 다가올 주님과의 혼인 잔치를 준비해야 한다. 주일 성수 잘하는 것이 신앙생활의 가장 중요한 기본 중의 기본이다.

2. 희년

레위기 25장에 안식년과 함께 또한 희년 제도가 등장한다. 제7년 안식 년이 일곱 번 지나고 다음 해 50년 만에 돌아오는 해가 희년이다. 희년이 시작되면 대속죄일로부터 온 이스라엘 전역에 희년을 알리는 거대한 나팔소리가 울려 퍼진다. 희년은 안식하는 해이다. 땅도 사람도 종살이 한 사람도 안식을 누린다. 장차 구주 예수님 안에서 누릴 평안과 안식을 상징한다. 희년은 또한 회복하는 해이다. 빚진 것도 재산도 모두 원상복구된다. 희년은 또한 모든 얽매인 멍에에서 해방되는 해이다. 이는 예수님이 이 땅에 오심으로 성취되었다. 희년으로 상징된 그 '은혜의 해'가 예수로 인하여 도래했다. 예수께서 이 땅에 오심으로 사단에게 종노릇하던 우리들이 해방되어 하나님의 자녀로 원상복구되었다. 에덴에서 범죄로 인해 잃어버렸던 영생을 예수님으로 인해 다시 찾게 되었다. 그리고 예수 안에 있는 우리들은 장차 천년왕국에서 예수님의 통치아래 살면서 완전한 희년을 누리게 될 것이다.

나는 남쪽 아프리카 남아공에서 26년을 선교사로 지내면서 늘 혼자 자문하던 것이 있었다. 왜 이토록 아름다운 땅에 가난한 자가 있을까? 하는 것이었다. 차를 타고 나가면 남아공 온 국토가 다 농장이다. 옥수수 농장, 해바라기 농장… 저 푸른 초원 위에 끝없이 푸르른 초원이 펼쳐져 있고 손으로 잡으면 닿을 듯한 솜사탕 같은 뭉게구름 아래 수만의 가축들이 풀을 뜯어먹고 있다. 그 엄청난 기름지고 부요한 농장들을 보면서 이런 아름답고 기름진 땅에 가난한 사람들이 존재한다는 것이 기적에 가까운 일이었다. 도저히 가난할 수 없는 자연환경이다. 그러나 잘 사는 농장주들은 개인 경비행기까지 구비하고 있지만 수천만의 흑인 노동자들은 가난을 대물림하며 피난민들 같은 깡통집에 처참하게 살고 있다. 극과 극이다. 만일 성경 레위기의 희년 제도를 그대로 따르기만 했다면 모두가 잘사는 지상천국이 되었을 것이다. 그러나 인간의 탐욕은 끝이 없다. 소수가 부(富)를 독점하고 토지를 나누지 않는다. 그래서 강도가 들끓고 치안이 불안하다. 이제는 거꾸로 흑인 강도들이 무장하고 농장을 습격하여 백인들을 쏘아 죽이는 사건이 종종 일어난다.

성경대로만 살면 인류가 다 사랑과 축복 속에 살텐데… 말씀을 무시하고 인간들이 자행자지(自行自止)하고 사니 이 세상이 이 지경이 되었다. 더욱 가슴 아픈 것은 남아공의 대부분의 농장주들이 크리스천이라는 사실이다. 이것은 우리 기독교인들이 성경에 순종하지 않으면 맛 잃은 소금이 되어 세상 사람들에게 밟히게 된다는 것이다.

✂✂✂ 오늘의 본문 성경을 읽으시고 깨달은 점이나 기억하고 싶은 점 혹은 기도문을 기록합니다.

2월 5일

1년 1독 성경 읽기 꿀송이 보약큐티

레위기 26장~27장

| 묵상자료 |

1. 서원과 예물

레위기의 마지막 장인 27장은 내용상으로 크게 두 부분으로 나눌수 있다. 먼저 1절부터 25절까지는 '서원(誓願)'에 관한 내용이고, 26절부터 마지절인 34절까지는 구별해서 드리는 '예물(禮物)'에 대한 내용이다. '서원'에 관한 내용은 세부적으로 '사람의 서원(2~8절)'과 '가축에 대한 서원(9-13절)', '집에 대한 서원(14~15절)', 그리고 '땅에 대한 서원(16~25절)'이며, '예물'에 대한 내용은 '처음 난 가축(26~27절)'과 '무르기 금지(28~29절)', 그리고 '십일조(30~34절)'에 대한 규례를 다루고 있다.

2절이다. "이스라엘 자손에게 말하여 이르라 만일 어떤 사람이 사람의 값을 여호와께 드리기로 분명히 서원하였으면 너는 그 값을 정할지니"

'서원'은 사람이 하나님께 무엇을 하겠다고 자원하여 맹세하는 것을 가리킨다. 어떤 사람이 자신의 몸을 하나님께 드리겠다고 서원하는 것은 일반적으로 성전이나 성막에서 하나님을 섬기는 일을 하겠다는 뜻이었다. 하지만 당시 성소에서 하나님을 섬기는 일은 레위인들에게만 허락되었다. 따라서 하나님께 자신을 드리겠다고 서원한 사람은 성소에서 일하는 대신 자신의 노동력의 가치를 돈으로 계산하여 성소에 지불해야만 했다. 그 값은 본문 2~7절에 언급되어 있는 것처럼 남녀노소(男女老少)에 따라 차등 적용되었고, 가장 생산적인 노동을 할 수 있는 젊은 남성이 가장 높은 금액을 드려야만 했다. 당시 남자 성인 노동자의 한 달 월급이 은 한 세겔이었다는 점을 고려해 볼 때, 서원에 따른 비용은 결코 만만치 않은 액수였다. 쉽게 서원하는 일을 막기 위한 방안이었던 것으로 풀이된다.

한편으로 서약한 사람이 너무 가난해서 정한 값을 내지 못할 경우, 제사장은 서약한 사람이 감당할 수 있는 능력을 따라서 그에게 값을 정하여 주었다(8절). 가난한 사람들을 열외 시키기보다는 그들의 형편에 맞춰 서원에 대한 값을 지불케 하심으로 그들을 배려하시는 하나님의 마음을 읽을 수 있는 대목이다.

이처럼 하나님께서 우리에게 가르쳐주시는 사랑은 상대의 수준까지 내려가는 것이다. 배려한다고 아예 제외시킴으로 자존심을 상하게 해서는 안 된다. 상대의 형편에 맞춰 헌신할 기회를 주므로 오히려 자존감을 세워주는 것이다. 그것이 바로 그리스도인의 올바른 이웃 사랑법이다.

9~13절까지는 '가축에 대한 서원'으로 한 번 바치기로 한 짐승은 다른 것으로 바꿀 수 없었다(10절). 만일 변경한 사실이 드러날 경우에는 두 짐승 모두 드려야만 했다(10절).

하나님의 사역에 요청되는 자세는 '신중함'이다. 함부로 결정해서는 안 된다. 아울러 일단 결정한 후에는 변개(變改)해서는 안 된다. 설사 환경이 바뀌고 형편이 어려워질 지라도 처음 마음을 유지하며 그 일을 끝까지 감당해 가야 한다.

아울러 만일 서원한 짐승이 제물로 사용할 수 없는 짐승이라면 제사장이 정해주는 값을 대신 치루면 되었다(12절). 만일 부정한 짐승임에도 서원한 사람이 그 짐승을 가지기를 원하면 제사장이 정한 가격에 오분의 일을 더 하여 지불하기만 하면 소유가 가능했다(13절).

하나님은 그 어떤 아량 없이 강요만 하시는 폭군이 아니시다. 가난한 사람들의 입장에서 그들의 수준에 맞게 배려하셨듯이 성급하게 서원하는 사람들의 형편 또한 고려하여 수용해 주시는, 사랑의 하나님이셨다.

28절에서 29절을 보자. "어떤 사람이 자기 소유 중에서 오직 여호와께 온전히 바친 모든 것은 사람이든지 가축이든지 기업의 밭이든지 팔지도 못하고 무르지도 못하나니 바친 것은 다 여호와께 지극히 거룩함이며 온전히 바쳐진 그 사람은 다시 무르지 못하나니 반드시 죽일지니라"

예를 들면 성막을 위해 특별히 드려진 예물의 경우, 절대 무를 수 없었다. 29절의 경우는 '죄로 인해 죽음이 예정된 대상'과 관련된 말씀이다. 그에 해당되는 사람은 그 어떤 속전으로도 용서를 받지 못하는, 진멸의 대상이었다.

거룩함을 강조하는 레위기의 마지막 장이 '서원'과 '예물'에 대한 이야기로 마무리되고 있다. 즉, 거룩함은 서원 곧 헌신과 관련이 있으며, 거룩한 사람은 모든 것이 주님의 것임을 잊지 않는 바른 물질관을 지닌 사람임을 알 수 있다. 아멘.

오늘의 본문 성경을 읽으시고 깨달은 점이나 기억하고 싶은 점 혹은 기도문을 기록합니다.

2월 6일

1년 1독 성경 읽기 꿀송이 보약큐티

민수기 1장~3장

| 묵 상 자 료 |

1. 민수기는 "광야의 체험"을 담은 책이다

출애굽하여 시내산에서 1년 가까이 머물며 하나님의 거룩한 백성으로서의 언약체결과 십계명, 그리고 레위기의 각종 규례들과 성막을 받고 이제 드디어 가나안 정복을 향하여 군사를 정비하고 가나안이 있는 바란 광야쪽으로 행군을 시작한다.

하나님의 성막이 진영 중앙에 위치하고 맨 선두에 유다지파가 깃발을 휘날리며 보무도 당당하게 전진한다. 드디어 가나안이 머지않은 바란 광야 가데스바네아에 도착하여 정탐꾼 12명을 각 지파의 우두머리에서 착출하여 가나안을 정탐케 했는데, 40일 만에 돌아온 그들의 보고서는 이스라엘 진영을 발칵 뒤집어 놓았다. 여호수아와 갈렙을 제외한 10명의 정탐꾼들이 가나안 공격의 부당성을 세 가지 이유를 대면서 조리 있게 설명했기 때문이다.

무엇보다 그들은 아낙 자손들로서 거인들인데 신장 차이가 너무 커서 우리는 그들에 비하면 메뚜기와 같고 그들의 성읍들은 너무 견고하여 함락하기 쉽지 않고 그들의 무기는 강력하며 그 땅은 거민을 삼키는 땅이라는 것이었다. 함부로 공격하러 들어갔다간 우리 처자식들이 그들의 노리개 감이 되고 우리는 멸절할 거라는 보고였다. 아무리 여호수아와 갈렙이 그렇지 않다고 의견을 내도 이스라엘 백성들은 10명의 보고를 받아들이고 밤새 울며 모세와 하나님을 원망하였다. 하나님은 그들의 불신과 원망을 보시고 한탄하시며 그들이 말한 대로 그들은 가나안에 못 들어가고 그들이 사로 잡힐 것이라고 말했던 그 자녀들이 가나안을 정복할 것임을 선언하셨다. 그리고 그 믿음 없는 패역한 백성들이 광야에서 다 죽기까지 40년 동안 사막을 헤맬 것임을 모세를 통해 말씀하셨다.

유명한 미국의 전도자 빌리그레이엄은 언젠가 이렇게 말했다.

"세상이 커 보이면 하나님은 작게 보인다. 그러나 우리가 크신 하나님을 바라보면 세상은 작게 보인다."

열 명의 정탐꾼들에게는 세상이 너무 커 보였다. 그러나 갈렙은 더 크신 하나님을 바라보는 믿음의 눈이 있었다. 광야를 지나가는 민수기의 이스라엘의 역사는 오늘날 우리에게 거울처럼 본보기가 된다. 고린도전서 10:7~11을 읽어 보면 그들 가운데 어떤 이들은 하나님을 시험하다가, 음행하다가, 원망하다가 멸망을 당하였으니 그들을 본보기로 삼아 우리는 이 말세에 믿음의 삶을 살자고 권면한다. 나에게는 하나님이 더 커 보이는가? 세상이 아낙자손처럼 더 커 보이는가? 민수기를 읽으며 자신을 체크해 보자.

2. 성막 중심의 행진

민수기를 읽어보면 이스라엘이 광야를 행진할 때 성막을 가운데 중심으로 하여 12지파들이 세 지파씩 동서남북으로 포진하고 나아갔음을 알 수 있다(민 2장). 그런데 민수기 10:33에는 "여호와의 언약궤가 그 삼 일 길에 앞서가며 그들의 쉴 곳을 찾았다"고 했는데 민수기 2:17에는 분명 회막이 레위인의 진영과 함께 모든 진영의 중앙에 위치하였다고 쓰여 있다. 어느 것이 맞는 것인가? 회막이 앞서 갔는가? 아니면 중앙에 있었는가? 임진왜란 때 이순신 장군이 부산포의 왜군 본거지를 공격할 때 아군 진영 중앙에 위치하여 전쟁을 이끌고, 나중 이순신 장군이 전면에 나서서 왜군의 본거지를 유린하였다고 보도한다면 그것이 잘못된 보도라고 할 수 없을 것이다. 실제 전쟁에서 어느 위치에 장군이 있었느냐 하는 물리적인 위치가 중요한 것이 아니라 실제로 어느 장군이 그 전쟁을 지휘했느냐가 중요한 것처럼 하나님의 성막은 진 중앙에 있었지만 실제적인 역할은 이스라엘 백성들 앞서 행하며 그들이 쉴 곳을 찾아 주고 적의 위험에서 보호하는 보호자의 역할을 했던 것이다. 아니면 문자 그대로 이스라엘이 장막을 치고 머물 때는 성막이 중심에 있었고 이동할 때는 성막이 최선두에서 이스라엘 백성을 인도했다고 보아도 큰 무리는 없을 것이다. 그래서 모세는 늘 성막 앞에서 이렇게 기도했다.

> "궤가 떠날 때에는 모세가 가로되 여호와여 일어나사 주의 대적들을 흩으시고 주를 미워하는 자로 주의 앞에서 도망하게 하소서 하였고 궤가 쉴 때에는 가로되 여호와여 이스라엘 천만인에게로 돌아오소서 하였더라" 민 10:35~36

우리도 모세처럼 이 광야 같은 세상 길을 살아 갈 때 항상 성막 중심으로 살아가야 한다. 일하러 집을 나설 때 주께서 오늘도 앞서 행하시며 쉴 곳을 마련하여 주시고 원수에게서 보호해 주실 것을 기도하고 집에 있을 때 임마누엘 함께 해 주시라고 기도해야 한다. 여주동행(如主同行)이 광야 길의 최상의 축복이다.

오늘의 본문 성경을 읽으시고 깨달은 점이나 기억하고 싶은 점 혹은 기도문을 기록합니다.

2월 7일

1년 1독 성경 읽기 꿀송이 보약큐티

민수기 4장~6장

| 묵상자료 |

1. 하나님 일을 하는데 하찮은 것은 없다

이스라엘 백성이 광야를 지날 때 하나님의 성막이 백성들과 함께 전진하는 것이 중요했다. 그래서 하나님은 제사장들과 레위인들에게 성막을 어떻게 해체해서 운반해야 하는지를 지시하셨다. 세부적인 하나님의 지시들은 모두 다 중요한 것이었고 인간의 지혜에 맡겨서는 안 되었다.

하나님의 일을 하는 사람들에게도 그들에게 하나님이 어떤 일을 맡기셨건 그 모두가 매우 중요하다. 하찮은 일은 하나도 없다. 말뚝들을 취급하는 일도 소홀이 해서는 안 되었다. 레위인들 중에는 다른 사람들보다 더 힘든 일을 맡은 사람들도 있었다. 그러나 하나님이 그들에게 일을 맡기셨고 맡은 일을 감당할 수 있도록 그들을 준비시키셨다.

성막을 세우고 해체하는 일은 예물을 드리는 것이나 향을 피우는 것 못지않게 중요한 일이었다. 영적 사역은 영원한 삶과 지옥이 걸린 문제다. 따라서 나태한 방관자나 조심성 없는 일꾼들이 설 수 있는 자리는 없다(레 4:17~20).

2. 부정한 자는 진영 밖으로 내보내라

민수기 5장을 읽다 보면 하나님께서 얼마나 부정한 것을 멀리하시고 죄를 싫어하시는 지를 실감하게 된다. 아내의 부정이 의심되면 남편은 그녀를 제사장 앞으로 데리고 가 저주의 맹세를 하게하고 하나님의 판결을 받게 했다. 그리고 나병 환자나 유출병 환자 혹은 시체를 만져 부정케 된 자는 모두 진영 밖으로 내보내라고 명하셨다. 이스라엘 공동체는 거룩한 공동체였다. 하나님이 거룩하시니 그들도 거룩해야 했다. 만일 부정한 것이 함께 끼여 있으면 전쟁에서 승리를 보장할 수도 없었고 그들의 안위도 위태로웠다. 오늘날 교회에서나 가정에서도 마찬가지다. 나 한 사람이 그리 중요하지 않다고 생각하면 안 된다. 내가 속한 공동체의 전진과 부흥은 모두가 정결함을 유지하는 가운데 하나님이 함께 하시고 축복하실 때에만 가능하기 때문이다. 우리가 장차 들어갈 하늘나라에는 부정한 자가 한 명도 없다. 거기는 거룩한 자들뿐이다. 주의 보혈이 그들에게 의의 옷을 입혀 놓았기 때문이다.

3. 구약의 축도(민 6:24~26)

민수기 6:24~26에는 구약의 축복기도가 쓰여 있다.

"여호와는 네게 복을 주시고 너를 지키시기를 원하며 여호와는 그의 얼굴을 네게 비추사 은혜 베푸시기를 원하며 여호와는 그 얼굴을 네게로 향하여 드사 평강 주시기를 원하노라" 민 6:24~26 아멘

이렇게 제사장들이 백성에게 축복을 선포하면 하나님께서 그들에게 복을 주리라고 약속하셨다. 이 구약의 축도는 우리의 영, 혼, 육을 축복하는 것으로 풀이된다. 우리의 육신이 복을 받고 지킴을 받는 것이 처음 축복이다. 두 번째의 축복은 영혼의 축복이다. 하나님과의 관계가 올바르고 그의 얼굴 빛을 보면서 은혜를 받는 것이 영혼의 복인 것이다. 세 번째의 복은 나의 심령이 평안함을 누리는 복이다. 하나님이 나에게서 고개를 돌려 버리시면 나에게는 평강이 없다. 반드시 주의 얼굴이 나를 향하여야 한다. 그리고 주께서 내게 평강의 복을 주시면 이 험난한 세상 가운데서 강물 같은 평안을 누릴 수가 있다.

오늘도 함께 이 성경통독에 참여하시는 모든 분들께 이와 같은 삼중 축복이 임하기를 기원한다. 아멘.

오늘의 본문 성경을 읽으시고 깨달은 점이나 기억하고 싶은 점 혹은 기도문을 기록합니다.

2월 8일

1년 1독 성경 읽기 꿀송이 보약큐티

민수기 7장~9장

| 묵 상 자 료 |

1. 지도자들이 가져온 예물(민 7장)

민수기에서 7장이 가장 길다. 이 장은 성막이 세워진 후 각 지파의 지도자들이 가져온 풍성한 예물에 대해 언급하고 있다. 지도자들은 항상 헌신의 본보기를 보여야 한다. 12일 동안 계속해서 똑같은 예물을 드렸지만 하나님이 보시기에는 그것은 각기 개별적인 것이었다. 12지파의 지도자들은 모두 하나님께 소중한 사람들이었고 하나님은 그들의 예물을 각각 개별적으로 받으셨다. 예물은 성막에서 섬기는 일을 위해 사용될 수 있는 실제적인 것이었다.

고핫 자손을 제외한 모든 사람에게는 수레가 주어졌다. 고핫 자손은 어깨로 성막의 기구들을 옮겨야 했다. 다윗이 처음 언약궤를 옮기려 할 때 고핫 자손들에 의해 어깨로 메어 이동해야 하는 중대한 사실을 잊어버려서 웃사가 죽는 비극을 초래했다. 우리가 진 짐을 다른 사람들이 조금은 덜어줄 수는 있겠지만 궁극적으로는 각각 자기의 짐을 스스로 져야 한다. 짐을 거부하지 말라. 하나님이 그 짐을 감당할 수 있는 힘을 주신다. 아멘.

2. 레위 지파의 사명(민 8장)

모든 사람이 다 지도자나 제사장이 되는 것은 아니다. 같은 레위인이라도 누군가는 고핫자손들처럼 성막에서 제사장을 돕는 사람이 되어야 한다. 하나님은 레위 지파를 아론 자손의 제사장들을 돕는 자들로 허락하셨다. 우리를 돕도록 우리에게 사람들을 보내 주시는 하나님께 감사하자. 레위인들은 이스라엘의 모든 처음 난 자를 대신하기 위해 하나님이 택하신 지파였다. 예수님이 우리 모든 죄인들을 구속하기 위해 하나님에 의해 택하신 바 되어 이 땅에 보내어 진 것과 같다. 그리고 성경은 레위 사람들이 하나님께 '요제'로 바쳐진 산 제물이었다고 기록하였다(민 8:13). 오늘날 교회에서 직분을 가지고 하나님을 섬기는 사람들은 다 레위인들 같은 사명감을 가져야 한다. 우리가 주님을 위해 어떤 일을 하건 그 일은 하나님께 드려진 제물과 같은 것이 되어야 한다.

3. 광야에서 지킨 유월절(민 9장)

유월절은 해마다 하나님이 이스라엘을 애굽의 억압에서 구원하셨고 이스라엘은 하나님께 속한 백성들이라는 사실을 상기시켜 주는 중요한 절기였다. 이 유월절이 광야에서 처음으로 지켜졌다. 유월절에 수만 마리의 양들이 도살된 것을 생각하면 온 세상을 위해 죽임을 당하신 하나님의 어린양 예수 그리스도를 생각하게 된다. 그러나 이 역사적인 광야에서의 두 번째 유월절에 부정한 자들은 참석이 금지되었다. 그러나 예수 그리스도의 보혈을 의지하는 우리는 주님의 구원에 참여한 자가 되었다. 그리스도의 피 아래 있으면 안전하고 깨끗하다.

"그 피가 맘속에 큰 증거 됩니다. 내 기도 소리 들으사 다 허락 하소서." 아멘.

오늘의 본문 성경을 읽으시고 깨달은 점이나 기억하고 싶은 점 혹은 기도문을 기록합니다.

1년 1독 성경 읽기 꿀송이 보약큐티

민수기 10장~12장

| 묵상자료 |

1. 광야에서 하나님이 인도하시는 네 가지 방식 (민 10장)

민수기 9장에서는 구름기둥과 불기둥에 관한 내용만을 다루지만 민수기 10장으로 넘어오면 하나님이 자기 백성을 인도하시는 네 가지 방편을 동원하신다는 것을 알 수 있다.

1) 은 나팔 소리로 인도하시는 하나님

은 나팔은 오늘날의 '트럼펫'이다. 트럼펫 소리는 아주 멀리 가기 때문에 이백 만 명이 넘는 이스라엘 백성들에게 하나님의 의사를 전달하기에 아주 좋은 악기이다. 그러면 왜 하필 금속 중에서도 은을 사용했을까? 그것은 '은'이 예수 그리스도의 구속, 구원을 상징하는 금속이기 때문이다. 그래서 성전에 생명의 속전을 낼 때도 은 반 세겔을 낸 것이다. 은은 구속의 상징이다. 이백 만 명이 넘는 수많은 이스라엘 백성들에게 하나님의 정확한 뜻을 전달하는 것이 쉬운 일이 아니었을 것이다. 물론 구름기둥과 불기둥이 있기는 했지만 장막에서 잠을 자다가 구름기둥과 불기둥을 보지 못하는 경우도 있었을 것이고, 시각 장애가 있어서 보지 못하는 경우도 있었을 것이다. 그래서 하나님은 시각적인 방법으로만 인도하지 않으시고 청각적인 방법으로도 인도하신 것이다.

2) 구름기둥과 불기둥으로 인도하신 하나님

은 나팔은 인간 제사장이 부는 것이다. 그렇기 때문에 은 나팔은 결국 인간적인 의사소통 수단이라고 할 수 있다. 그러나 구름기둥과 불기둥은 철저히 하나님이 백성들과 의사소통하시는 수단이었다. 인간 제사장은 나팔을 불다가 착각해서 실수로 잘못 불 수도 있고 박자를 맞추지 못할 수도 있다. 사람이기 때문에 실수할 수 있다는 것이다. 그래서 하나님은 백성들을 인도함에 있어서 제사장의 은 나팔에 모든 것을 맡기지 않으신 것이다. 구름기둥과 불기둥은 결코 실수가 있을 수 없다. 왜냐하면 하나님이 직접 인도하시는 신적인 의사소통 수단이기 때문이다.

3) 깃발로 인도하시는 하나님

민수기 10:13~28까지는 진영 깃발이 인도하는 대로 따라가라는 내용을 다루고 있다. 이스라엘 백성들이 행진할 때 선두에 선 사람들은 법궤를 어깨로 멘 제사장들이었다. 언약궤가 선두이다.

그러면 이스라엘 백성들과 법궤는 어느 정도의 간격을 두고 행진했을까? 여호수아 3:3~4에 "백성에게 명하여 가로되 너희는 레위 사람 제사장들이 너희 하나님 여호와의 언약궤 메는 것을 보거든 너희 곳을 떠나 그 뒤를 좇으라 그러나 너희와 그 사이 상거가 이천 규빗쯤 되게 하고 그것에 가까이하지는 말라 그리하면 너희 행할 길을 알리니 너희가 이전에 이 길을 지나보지 못하였음이니라"고 기록되어 있다. 이천 규빗은 약 900m이다. 900m의 간격을 두고 행진하라고 하신 이유는 뒤에서 따라오는 사람들도 선두와 간격을 둔 법궤를 보고 따라갈 수 있도록 배려하신 것이다.

그런데 하나님은 각 진영의 대표 지파에게 진영 깃발을 하나씩 만들라고 하셨고 각 진영에 속한 지파들은 그 깃발을 보고 따라가야 했다. 그래서 유다 지파에는 사자 형상의 깃발, 르우벤 지파는 사람 얼굴 모습의 깃발, 에브라임 지파는 송아지 형상의 깃발, 단 지파는 독수리 형상의 깃발을 각각 세워 백성을 인도했던 것이다. 그러니까 구름을 보지 못한 사람, 나팔 소리도 제대로 듣지 못한 사람들은 밖으로 나가서 자기 진영의 깃발을 보고 따라가면 되는 것이었다. 중요한 사실은 이 네 가지 깃발은 모두 예수 그리스도의 다양한 모습을 상징한다는 것이다.

4) 사람들을 통해 인도하시는 하나님

모세는 처남인 호밥에게 당신이 우리의 눈이 될 것이라고 말했다. 전문 안내자가 되어 달라는 모세의 간청을 호밥이 마침내 받아들였다. 하나님은 불기둥과 구름기둥으로 백성들을 인도하시고, 제사장이 부는 은 나팔을 통해 인도하시고, 그것도 부족해 족장들의 깃발을 보고 따라가라고 명하셨으며, 광야 생활의 전문가를 붙여주셔서 자기 백성을 철저하게 인도하셨다. 하나님은 광야 같은 인생길을 살아가고 있는 우리에게 구름기둥과 불기둥뿐만 아니라, 은 나팔, 깃발, 지리를 잘 아는 호밥과 같이 다양한 방편으로 갈 길을 인도해 주시는 자비로운 분이시다. 하나님은 여러 가지 방편으로 자기의 뜻을 계시해 주시는 것이다. 하나님은 성령 안에서 성경을 통해, 설교자를 통해, 환경을 통해, 친구를 통해 다양한 방법으로 자기의 뜻을 가르쳐 주시며 우리를 인도하신다. 아멘.

오늘의 본문 성경을 읽으시고 깨달은 점이나 기억하고 싶은 점 혹은 기도문을 기록합니다.

2월 10일

1년 1독 성경 읽기 꿀송이 보약큐티

민수기 13장~15장

| 묵상자료 |

1. 가데스바네아에서…

독일의 유명한 신학자였고 나치 정권에 저항을 하다가 추방되어 미국 하버드 대학에서 신학과 철학을 가르친 폴 틸리히(Paul Tillich) 교수는 「경계선에서」라는 유명한 책을 썼다.

그는 이 책을 통해 "인생이란 경계선상에 서있다. 현실과 상상 사이에 서있고, 이론과 실제 사이에 서있고, 타율과 자유 사이에 서있고, 교회와 사회 사이에 서있다. 이런 경계선상에서 하나님께서는 끊임없이 우리에게 바른 결단을 내리도록 요구하고 계신다"고 했다. 다시 말해 우리 인생은 경계선의 삶이므로 경계선상에서 어디로 갈 것인지를 늘 결정하면서 살아야 된다는 것이다.

민수기 13장과 14장에 나타난 가데스바네아에 있었던 이스라엘 백성들이야말로 경계선에 있었다. 이들은 더 앞으로 나아가서 가나안 땅에 들어갈 수도 있었고, 뒤로 돌아가서 다시 애굽땅에서 노예생활을 할 수도 있었으며, 아니면 계속 광야의 방황생활을 할 수도 있었다. 가데스바네아라고 하는 경계선에서 믿음 없는 잘못된 결정을 내리는 바람에 결국 이스라엘 백성들은 광야에서 40년 동안 방황하는 벌을 받게 되었다.

하나님께서는 경계선에 선 이스라엘 백성들에게 명확한 방향을 제시하셨다. "너희는 가나안 땅으로 들어가라. 전진하라. 가데스바네아의 경계선을 넘어가라!"는 분명한 비전을 제시하신 것이다. 그럼에도 불구하고 이들은 이 비전을 이루지 못하고 경계선상에서 우물쭈물하다가 그만 뒤로 돌아가고 방황을 계속하는 실패를 겪게 되었다.

12정탐꾼들이 40일 동안 탐지한 후에 돌아와서 모세에게 보고를 하였다.

"모세에게 보고하여 가로되 당신이 우리를 보낸 땅에 간즉 과연 젖과 꿀이 그 땅에 흐르고 이것은 그 땅의 실과니이다. 그러나 그 땅 거민은 강하고 성읍은 견고하고 심히 클 뿐 아니라 거기서 아낙 자손을 보았으며"라고 말하고 있다.

민수기 13:28의 '그러나'라고 하는 접속사는 불신앙의 접속사이다. 이 '그러나' 접속사가 한 번 들어와 버리면 앞에 나온 모든 축복들을 다 뒤집어 엎어버리게 된다. 이들이 말하는 요점은 하나님께서 우리에게 주신 비전은 분명히 크고 아름다운 것이지만 그 비전을 이루기 위해서 뛰어넘어야 할 장애물은 우리가 감당하기 어려운 것이라는 말이다. 하나님께서는 아무런 장애도 거치지 않고 가나안 땅에 들어가게 될 것이라고 약속하신 적이 없다. 민수기 13장과 14장을 통해 우리는 이스라엘 백성들이 직면한 몇 가지 장애물을 발견할 수 있다.

첫째는 부정적인 태도이다. 민수기 13:31 말씀을 보면 "그와 함께 올라갔던 사람들은 가로되 우리는 능히 올라가서 그 백성을 치지 못하리라 그들은 우리보다 강하니라"고 기록되어 있다. 사람의 태도가 부정적이면 "못하리라. 안되리라. 어려우리라"는 말이 쉽게 나온다. 이스라엘 백성들이 언제 강해서 이겼던가? 하나님께서는 단 한 번도 저들의 힘이 강하다고 말씀하신 적이 없었다. 부정적인 사람들은 과장도 잘한다. 민수기 13:32~33 말씀을 보면 "이스라엘 자손 앞에서 그 탐지한 땅을 악평하여 가로되 우리가 두루 다니며 탐지한 땅은 그 거민을 삼키는 땅이요 거기서 본 모든 백성은 신장이 장대한 자들이며 거기서 또 네피림 후손 아낙 자손 대장부들을 보았나니 우리는 스스로 보기에도 메뚜기 같으니 그들의 보기에도 그와 같았을 것이니라"고 기록되었다. "거기서 본 모든 백성은 신장이 장대한 자들이며" 이 "모든"이라는 단어를 과장해서 쓰고 있는 것이다. 모든 백성들이 다 신장이 장대하지는 않았을 것이다. 거인 몇 명 있는 사실을 가지고 과장해서 모든 백성이 다 거인이라고 말하는 것이다.

사람들은 이야기할 때도 과장해서 말하는 경향이 강하다. 더불어 이들은 스스로 보기에도 자신들이 메뚜기 같다는 자기 비하에 빠지고 말았다. 자기를 스스로 메뚜기 같다고 했을 뿐만 아니라 있지도 않은 사실까지 사실인양 생각했다. 가나안 거민들이 이스라엘 백성들을 메뚜기처럼 생각하는지 알게 무엇인가? 실상은 그들은 벌벌 떨고 있었다. 그런데도 이들은 남의 생각을 자기가 아는 것처럼 이야기하였다.

둘째는 두려움의 장애물이었다. 이들은 울면서 두려워했다. 자신들이 죽을까 봐, 그들의 처자가 죽을까 봐 두려움에 사로잡혔다. 시편 27:1에, "여호와는 나의 빛이요 나의 구원이시니 내가 누구를 두려워하리요 여호와는 내 생명의 능력이시니 내가 누구를 무서워하리요"라고 기록되어 있다. 두려움은 하나님께서 주시는 마음이 아니다. 두려움은 마귀가 주는 것이다. 사도 바울이 디모데후서 1:7에서, "하나님이 우리에게 주신 것은 두려워하는 마음이 아니요, 오직 능력과 사랑과 근신하는 마음이니"라고 말씀하셨다. 우리가 살다가 내가 이러다가 망하면 어떡할까? 내가 이러다가 병들면 어떡할까? 이러다가 우리 자식들이 잘못되면 어떡할까? 하는 두려움이 생길지라도 떨지 말아야 한다. 신앙의 위인들은 모두 두려움의 장애를 극복한 사람들이다.

아메리카 대륙을 발견한 사람은 크리스토퍼 콜럼버스다. 그 당시 사람들은 인도에만 가면 부자가 된다고 생각했다. 왜냐하면 인도는 금이 많은 나라로 여겨졌기 때문이다. 그 당시에 인도를 가기 위해서는 육로를 이용해야만 했다. 해상으로는 불가능하다고 여겼다. 그런데 콜럼버스는 배로 인도에 가야겠다고 생각하여 스페인 국왕에게 배와 선원을 지원해 달라고 8년 동안을 졸랐다. 그 당시 사람들은 지구가 평평하다고 생각했기 때문에, 배를 타고 먼 거리에 나가는 것을 꺼렸다. 바다 끝에 있는 낭떠러지에 떨어져 죽을 수도 있다고 생각했기 때문이다. 그래서 콜럼버스의 생각은 어리석은 것으로 받아들여졌다. 간신히 스페인 국왕을 설득하여 항해를 시작했을 때도, 선원들이 매일 같이 두려워하며 콜럼버스를 설득했다. 심지어 아메리카 대륙을 발견한 1492년 10월 12일의 하루 전인 11일까지도 선원들은 두려움에 떨며 되돌아가자고 난동을 부렸다는 사실을 항해기록을 통해 볼 수 있다. 그러나 두려움 앞에 당당히 맞선 콜럼버스는 결국 신대륙을 발견하는 신기원을 이루고 말았다.

두려움이 이루어낼 수 있는 것은 아무것도 없다. 오직 믿음의 용기만이 경계선을 넘어서 축복으로 나아가는 비결이다.

모든 사람들이 두려워하고 떨 때 여호수아와 갈렙은 전혀 달랐다. 그들은 우리의 밥이라고 선포하였다. 세상은 믿음을 가진 사람들에게는 밥이다. 밥은 먹는 것이지, 두려워할 대상이 아니다. 한 번뿐인 인생인데 우리가 왜 메뚜기 의식을 가지고 살아야 하는가?

그때 경계선에 선 이스라엘 백성들에게 선택할 수 있는 옵션은 오직 세 가지뿐이었다. 전진해서 축복을 쟁취할 것이냐? 후퇴해서 노예가 될 것이냐? 아니면 정지?

오늘의 본문 성경을 읽으시고 깨달은 점이나 기억하고 싶은 점 혹은 기도문을 기록합니다.

2월 11일

1년 1독 성경 읽기 꿀송이 보약큐티

민수기 16장~18장

| 묵상자료 |

1. 고라의 반역과 그 아들들

민수기 16장은 고라와 그와 동조한 반역 도당들의 반란과 심판이 리얼하게 기록되어 있다. 그들은 레위인들로서 왜 똑같이 성막 일을 하는데 아론의 자손들만 제사장이 되고 레위인들은 찬밥신세인가 하는데 불만을 품고 지도자 모세와 아론에게 동조자들을 모아 대적했다. 고라는 레위 지파 고핫의 손자였다. 고핫 자손들은 성막의 물품을 옮기는 중요한 일을 맡고 있었다. 사람이 하나님께 받은 은사와 직분은 다를 수 있지만 남과 비교하지 말고 겸손히 나에게 맡겨진 사명을 기쁨으로 감당하는 것이 중요하다. 디모데후서 2:20에 보면 큰 집에는 금, 은 그릇뿐 아니라 나무와 질그릇도 있어 귀히 쓰는 것도 있고 천하게 쓰는 것도 있지만 중요한 것은 자기를 정결케 하여 주인의 쓰심에 부족함이 없는 것이라 하였다.

마태복음 25장에는 한 달란트 받은 자가 주인에게 불만을 품고 불충하다가 주인의 심판을 받는 장면이 나온다. 고라는 자기의 불만을 지인들과 나누고 세력을 규합했다. 250명이나 되는 백성의 지도급 인사들이 이 반란에 동조했다. 결국 그들은 하나님의 진노를 피하지 못하고 고라 가족은 땅이 갈라져 산 채로 묻혔고 동조자들도 불에 타 죽었다. 참으로 어리석고 어리석은 인간들이다. 교만한 마귀의 꾐에 빠져 멸망을 자초했다.

그런데 역대기상 9:19에 고라의 자손이 예루살렘 성전의 성막 문지기로 발탁되어 여호와의 출입문을 지키는 중요한 직분을 감당했다는 기록이 나온다. 그리고 시편 84, 85, 87, 88편을 보면 고라 자손의 찬송시가 나오는데 그 내용이 다윗이 쓴 것과 다름없이 신령하고 은혜롭다. 이것이 어찌된 일인가? 고라 가족들은 모세 반란 사건으로 땅이 갈라져 생매장당했는데 그 후손들이 어떻게 살아서 이렇게 은혜생활을 했단 말인가? 민수기 26:10~11을 보자. "땅이 그 입을 벌려서 그 무리와 고라를 삼키매 그들이 죽었고 당시에 불이 250명을 삼켜 징표가 되게 하였으나 고라의 아들들은 죽지 아니하였더라."

왜 고라의 아들들은 죽지 아니하였을까? 그들은 아버지의 반란에 동조하지 않았던 것이 다. 아무리 아버지라도 아닌 것은 아닌 것이다. 고라의 아들들은 아버지가 교만의 영에 사로잡혀 분수를 넘어 모세와 아론에게 대적할 때 그들은 아버지의 죄에 동참하지 않았다. 오늘날도 우리는 선입견을 갖기 쉽다. 아버지가 안 좋으면 자식도 뻔하겠지… 그러나 하나님의 은혜는 항상 예외를 낳는다.

나도 날 때부터 편모 슬하에서 자라면서 아버지를 본 적이 없어 커서 어머니께 물어보았다. 우리 아버지가 누구냐고… 홀로 사신 어머니는 나에게 느그 아버지는 하나님을 모르는 삶의 질이 안 좋은 분이었다고 알려 주셨다. 내가 아버지에 대해 아는 것은 어머니께 들은 그 한마디 뿐이다. 나는 신령한 영향을 부모로부터 받지 못하고 자란 불신 가정의 자식인 것이다. 그러나 중1 때 예수님을 영접하고 나는 고라의 아들들처럼 하나님 장막에 문지기가 되어 복음의 수종자가 되었다.

예수님은 가계에 흐르는 저주를 끊어 주시는 분이시다. 김은해라는 부산 광안중앙교회에 다니던 경건한 아내를 얻어 자녀를 낳았는데 현재 아들, 딸 아무도 불신자는 없다. 모두 하나님을 잘 섬기려고 하는 귀한 자녀들이다. 이와 같이 예수의 이름은 인생 역전을 일으키시는 이름이다. 고라의 아들들처럼 우리도 죄악 세상 동조치 말고 예수 따라 살다가 멸망을 면하고 하나님께 쓰임 받는 복을 누리며 살자. 아멘.

2. 아론의 싹 난 지팡이

민수기 17장에는 아론의 싹 난 지팡이 기적이 기록되어 있다. 고라의 일당들이 모세와 아론의 권위에 도전하는 사건이 일어난 후 하나님은 아론의 권위를 백성들에게 각인시키기 위해 모든 지파의 지도자들이 자기 지파의 이름을 써서 지팡이를 하나씩 가지고 나오라고 하였다. 모세는 거기에 아론의 지팡이도 함께 섞어서 여호와의 지성소 증거궤 앞에 두었다. 다음 날 꺼내보니 다른 지팡이들은 이상이 없었는데 아론의 지팡이만 싹이 나고 꽃이 피고 살구열매가 맺혀 있었다. 놀라운 기적이었다. 어떻게 죽은 지팡이가 살아서 하루 만에 움이 돋고 꽃이 피고 열매를 맺힌단 말인가?

그 기적이 예수 이름을 부르는 자들에게 동일하게 나타난다. 우리는 믿기 전 죄와 허물로 죽은 자들이었다. 그런데 예수 이름을 부르는 순간 죽었던 내 영혼이 살아나 움이 트고 자라고 열매를 맺는다. 갈릴리 호수의 어부들이었던 베드로와 야고보 요한은 예수를 만나 위대한 복음의 사도들이 되었다. 마른 막대기같이 무능하고 쓸모 없는 우리들인데 주님의 손에 들려지는 순간 엄청난 기적이 일어난다. 주여, 마른 막대기 같은 나를 사용하여 주소서… 아멘.

오늘의 본문 성경을 읽으시고 깨달은 점이나 기억하고 싶은 점 혹은 기도문을 기록합니다.

2월 12일

1년 1독 성경 읽기 꿀송이 보약큐티

민수기 19장~21장

| 묵상자료 |

1. 모세의 결정적인 실수

민수기 20장은 신광야 가데스에서 이스라엘 백성들이 물이 없어 다시금 모세와 하나님을 원망하는 장면이 나온다. 어려움이 닥치면 그 동안 역사하신 하나님을 굳게 의지하고 기도하면 될텐데… 이 백성들의 DNA에는 불평, 불만의 피가 흐르고 있어 걸핏하면 원망과 불평을 일삼았다. 한두 번도 아니고…

이번에는 그 온유하고 겸손한 모세도 단단히 뿔이 났다. 치명적으로 모세의 화를 돋군 백성들의 말은 '우리 형제들이 여호와 앞에서 죽을 때에 우리도 죽었으면 좋았겠다'(민 20:3)는 그들의 말이었다. 우상숭배하고 반역하다가 벌받아 죽은 백성들에게서 교훈을 받지는 못할 망정 그들이 죽을 때에 우리도 죽었으면 좋았겠다는 말이 도대체 무슨 말인가? 내친김에 그들은 파종도 못하는 광야, 석류같이 맛있는 과일도 못 먹는 광야생활이 지긋지긋 하다며 애굽에서 끌고 나와 광야로 이끈 모세를 원망했다. 모세는 기가 막혀 회막으로 나아가 회막문 앞에서 하나님 앞에 엎드렸다. 기도밖에 그런 경우 우리가 무엇을 더 할 수 있겠는가? 백성들과 말싸움하지 않고 모세는 회막으로 나아가 하나님께 기도했다. 그때 하나님은 모세에게 지팡이를 들고 반석으로 나아가 명령하여 물을 내고 그 물로 이스라엘 백성과 그 짐승들을 마시게 하라고 하셨다.

백성들의 총회를 그 반석 앞에 모은 모세는 "내가 너희를 위하여 이 반석에서 물을 내랴?" 하며 지팡이로 반석을 두 번 내리쳤다. 그것은 백성들을 내리치고 싶은 모세의 혈기를 드러낸 사건이었다. 이때 물이 반석에서 콸콸 쏟아져 나오고 이스라엘 백성들은 벌컥벌컥 물을 마셔댔다. 짐승들도 충분히 먹였다. 이 놀라운 기적의 현장에 청천벽력 같은 하나님의 음성이 모세에게 떨어졌다. "여호와께서 모세와 아론에게 이르시되 너희가 나를 믿지 아니하고 이스라엘 자손의 목전에 나의 거룩함을 나타내지 아니한 고로 너희는 이 총회를 내가 그들에게 준 땅으로 인도하여 들이지 못하리라 하시니라"(민 20:12).

많은 분들은 모세가 가나안에 못 들어간 이유를 말로 명령하지 않고 화가 나서 지팡이로 반석을 두 번 때리며 혈기를 드러내었기 때문이라고 생각한다. 물론 그것도 맞는 말이다. 그러나 문맥의 정황으로 볼 때 더 큰 이유는 모세가 하나님께 100% 순종치 않고 백성들에 대한 분노를 삭이지 못하고 물이 나오는데 소극적으로 임했으며 그 입에서 나온 말이 하나님의 귀에 거슬린 것이 결정타였다. 이 사건에 대해 시편 기자는 이렇게 증언한다. 시편 106:32~33이다.

"그들이 또 므리바 물에서 여호와를 노하시게 하였으므로 그들 때문에 재난이 모세에게 이르렀나니 이는 그들이 그의 뜻을 거역함으로 말미암아 모세가 그의 입술로 망령되이 말하였음이로다."

그렇다. 결정적인 모세의 실수는 그의 입술이었다. 하나님이 들으시기에 망령되고 믿음이 없으며 하나님의 거룩함을 백성들에게 드러내지 않는 말 실수를 한 것이다. 보통 부부간에 이혼까지 간 파괴적인 결과의 원인을 보면 결정적으로 하지 말아야 할 말을 참지 못하고 입술로 뱉어버려서 일어난다. 보통 여성들은 남자보다 입 주변의 근육이 10배는 잘 발달되어 남자가 한마디 하면 열마디가 속사포처럼 튀어나온다. 만일 누군가가 여성들 입 주변의 근육을 약하게 하는 약품을 개발하여 부부간에 싸울 때 사용하게 한다면 인류 평화에 이바지했다고 노벨 평화상을 타게 될 것이다. 남자들도 마찬가지다. 순간의 '욱'하는 성질을 조금만 죽여도 큰 싸움은 면한다. "내가 이 백성(후안무치한…)을 위해 물을 내랴?" 이 한마디가 하나님의 귀에 들렸을 때 하나님은 모세에게 마음을 닫으셨다.

야고보 선생님은 "우리가 다 실수가 많으니 만일 말에 실수가 없는 자라면 곧 온전한 사람이라(약 3:2)"고 하셨다. 나는 아내에게 만약 부부 싸움을 하더라도 절대 '이혼'이란 단어는 꺼내지 말라고 한다. 그리스도인은 아무리 화가 날 때도 할 말이 있고 못할 말이 있는 것이다. 성경은 모세만큼 지상에서 온유한(겸손한) 자가 없다고 하셨다. 그토록 훈련되고 80년 동안 준비된 지상최고의 겸손한 사람이라도 성질을 돋우는 이스라엘 백성들이 너무도 알미워서 하나님의 명령대로 순종하지 못하고 말실수를 하고 말았다. 주여, 오늘도 우리의 입술에 파숫군을 세워 주소서. 특별히 화가 날 때 말조심하게 하소서. 아멘.

2. 장대 위에 달린 놋뱀 - 예수 그리스도

민수기 21장은 이스라엘 백성들의 원망이 또 터졌음을 기록한다. 이번에는 에돔 족속의 땅을 우회하여 길을 홍해쪽으로 빙 돌아 가게 된 사실을 못 마땅하게 여겼기 때문이다. 가나안이 지척인데… 에돔을 치고 돌파해 가면 되지 왜 또 광야 길을 빙 돌아 간단 말인가? 그들은 불평이 가득차 원망하다가 나중에는 기적적으로 공급받던 만나까지 들먹이며 박한 식물이라고 악평했다. 배은망덕이 지나쳤다. 40년이란 긴 세월 동안 200만 명이 넘는 그들을 사막길에서 죽지 않도록 하늘 양식인 만나를 내려 굶기지 아니하시고 의복이 닳아지지 않게 하시며 불기둥 구름기둥으로 보호하고 이끌어 주었는데 조금만 자기들 맘에 안 들면 함부로 대적하고 불평하고 원망했던 것이다.

이에 하나님의 진노가 내려 사막의 불뱀이 출몰하여 수많은 사람들이 뱀의 독성으로 픽픽 쓰러져 죽어 나갔다. 위기에 빠진 그들은 그제야 회개하고 모세에게 하나님께 기도하여 사는 길을 마련해 달라고 간청했다. 모세의 기도를 들으신 하나님은 놋으로 뱀의 모양을 만들어 장대위에 높이 세우고 불뱀에 물려 죽어 가는 자들에게 그 놋뱀을 쳐다보라고 했다. 그 놋뱀을 바라보는 자마다 죽음에서 벗어나 생명을 회복하리라고 선포했다.

"모세가 놋뱀을 만들어 장대 위에 다니 뱀에게 물린 자가 놋뱀을 쳐다본즉 모두 살더라" 민 21:9

장대 위에 달린 놋뱀은 장차 십자가 위에 매달리신 예수 그리스도의 모형이었다. 요한복음 3:14~15에서 예수님은 이렇게 말씀하셨다. "모세가 광야에서 뱀을 든 것 같이 인자도 들려야 하리니 이는 그를 믿는 자마다 영생을 얻게 하려 하심이니라" 아멘. 우리가 죄악의 독성을 못 이기고 죄의 삯인 사망을 당할 수밖에 없는 처지의 죄인들이지만 십자가에 달려서 피 흘려 주신 예수를 바라보고 그에게 나오기만 하면 죄의 독성이 사라지고 지옥의 심판에서 해방되어 영생을 얻게 되는 것이다. 어떤 사람들은 어떻게 불뱀에 물렸으면 병원에 가든지 해독제를 먹어야지 모세가 만든 놋뱀을 바라본다고 살 수 있단 말인가? 하고 의심할 수가 있을 것이다. 그러나 당시에 모세의 말을 믿고 놋뱀을 바라본 자들은 다 살아났다. 못 믿고 자기 나름대로 치료책을 강구하던 자들은 다 죽었다.

지금도 세상의 똑똑한 사람들은 십자가의 도(道)를 조롱하며 교회를 비방한다. 그리고 자기의 도덕으로 천국이 있다면 갈 것이라 자위하고 산다. 그러나 주의 십자가 외에는 구원의 길이 없다. 인간은 아무도 자기 힘으로는 천국 갈 만큼 의로운 자가 없기 때문이다.

"십자가의 도가 멸망하는 자들에게는 미련한 것이요 구원을 얻는 우리에게는 하나님의 능력이라" 고전 1:18

오늘의 본문 성경을 읽으시고 깨달은 점이나 기억하고 싶은 점 혹은 기도문을 기록합니다.

2월 13일

1년 1독 성경 읽기 꿀송이 보약큐티

민수기 22장~25장

| 묵상자료 |

1. 요사한 복술가(卜術家) 발람

민수기 22장~24장은 이스라엘을 저주하려는 모압왕 발락이란 자가 당대의 유명한 복술가 발람을 초청하여 이스라엘을 저주하려는 기사가 계속된다. 혹자는 발람이 하나님의 선지자였는데 뇌물에 눈이 어두워 발락과 한 패가 되었다고 하지만 결코 그는 하나님의 선지자가 아니었다. 여호수아 13:22에 분명히 발람을 가리켜 '점술가'라고 하는데 이 말은 하나님의 선지자들에게는 절대로 사용되지 않는 용어이다.

"이스라엘 자손이 그들을 살육하는 중에 브올의 아들 점술가 발람도 칼날로 죽였더라" 수 13:12

신약에 사도 베드로가 그를 선지자라 칭한 것은 하나님의 참 선지자란 의미에서가 아니고 거짓 선지자란 뜻으로 얘기하였다. 어떤 사람들은 민수기 22장을 읽으면서 왜 하나님은 발람에게 가라고 허락해 놓고 막상 길을 떠나는 발람에게 나타나 그를 죽이려 하셨는지 의아해한다. 처음부터 가지 않는 것이 하나님의 뜻이었지만 뇌물에 마음이 흔들렸는지 가고 싶어서 자꾸 물어보는 발람에게 네가 정 가고 싶으면 가도 된다, 하지만 가서 내가 일러준 말만 선포해야 한다는 취지로 허락하셨고 가는 도중에 다시 한 번 그 사실을 천사를 통해 강조하고 싶어서 그에게 나타나셨다. 그러나 말 못하는 짐승인 나귀는 하나님의 사자를 보았지만 점술가 발람은 영의 눈이 어두워 자기가 타는 나귀에게 꾸중을 들어야 했다. 어떻게 짐승이 말을 할 수 있었을까? 하나님에게는 불가능이 없다. 어떻게 홍해를 육지처럼 건넜을까? 어떻게 하늘에서 만나가 내렸을까? 어떻게 반석에서 물이 터져 나왔을까? …

발람은 하나님의 사자를 만나고 짐승에게까지 꾸중을 듣는 사건을 통해 하나님의 말씀을 바로 전하지 않으면 자기 생명이 위험하다는 걸 알고 모압왕 발락에게 가게 되었다. 그리고 갖은 회유와 로비에도 불구하고 하나님의 백성들을 저주하지 못하고 그들을 번번히 축복하였다. 성경의 독자들은 세 번이나 이스라엘을 축복하고 떠난 발람이 왜 그토록 비참하게 나중 이스라엘 군대의 칼 날에 살해되었는가에 대해 의문을 가질 수도 있을 것이다. 그 원인은 민수기 31:16이 밝혀 준다.

"보라 이들이 발람의 꾀를 따라 이스라엘 자손을 브올의 사건에서 여호와 앞에 범죄하게 하여 여호와의 회중 가운데에 염병이 일어나게 하였느니라" 민 31:16

브올의 사건이란 무엇인가? 민수기 25장 사건이다. 이스라엘 백성들이 모압 여인들과 음행하다가 이스라엘 진영에 하나님의 진노가 내려 염병이 퍼졌는데 이때 무려 24,000명이 그 전염병으로 목숨을 잃었다. 매일 사람들이 염병에 걸려 속절없이 죽어 갈 때 그 질병을 끝낸 이가 제사장 비느하스였다. 시므온 지파의 족장 시므리와 미디안 두령의 딸 고스비를 간음의 현장에서 창으로 찔러 죽였을 때 비로소 여호와의 진노가 그치고 염병이 멈췄다. 꼼꼼한 독자들은 민수기 26장의 새 세대의 인구조사를 세밀히 살펴보며 가장 인구가 감소된 지파가 바로 시므온 지파인 것을 발견해 낼 것이다. 40년 전 조사 때 59,300명이던 인구가 22,200명으로 거의 3/2가 감소되어 버렸다. 브올의 음행사건 때 시므온 지파의 족장이 음행 하다 발각되어 죽었으니 그 지파의 많은 젊은이들이 지도자를 따라 음행에 가담했다가 염병의 심판을 받고 많이 죽어 나갔음을 알 수 있는 대목이다.

이 모든 참극은 요사한 발람의 꾀에서 시작되었다고 성경은 밝힌다(민 31:16). 그는 여호와 하나님이 무서워 어쩔 수 없이 저주를 하지는 못했지만 내내 그 모압왕 발락의 뇌물이 탐났을 것이다. 그 탐심을 이기지 못하고 결국 길을 되돌아가 모압왕에게 이스라엘을 파괴할 수 있는 묘책을 알려준 것이다. 그것이 바로 아름다운 여자들을 내세워 이스라엘 남자들을 유혹하고 그들과 음행하며 그들로 이방신들에게 절하게 한다면 틀림없이 이스라엘 신이 노하여 이스라엘을 칠 것이고 그때가 이스라엘을 침공할 절호의 기회가 될 거라고 꾀를 빌려준 것이다. 발람의 이 요사한 꾀 때문에 죽어나간 이스라엘 사람들이 무려 24,000명이나 되었다. 음행이 얼마나 무서운 결과를 가져오는 것인지를 잘 보여준다. 요한계시록 2:14은 더욱 확실하게 발람의 죄를 드러낸다.

> "그러나 네게 두어 가지 책망할 것이 있나니 거기 네게 발람의 교훈을 지키는 자들이 있도다 발람이 발락을 가르쳐 이스라엘 자손 앞에 걸림돌을 놓아 우상의 제물을 먹게 하였고 또 행음하게 하였느니라" 계 2:14

지금 세상은 발람의 꾀인 음행의 덫으로 가득 차 있다. 이로 인해 영혼이 염병에 걸려 죽어가는 신자들이 부지기수다. 아무도 큰소리 칠 수 없다. 오늘도 옷깃을 여미고 근신하는 마음으로 깨어 기도하며 주의 긍휼을 구하자.

※※※ 오늘의 본문 성경을 읽으시고 깨달은 점이나 기억하고 싶은 점 혹은 기도문을 기록합니다.

2월 14일

1년 1독 성경 읽기 꿀송이 보약큐티

민수기 26장~28장

| 묵상자료 |

1. 모세의 위대함

민수기 27장에 하나님은 모세에게 가나안 입성 전 모세가 죽을 것을 말씀하셨다.

이때 모세의 반응이 너무 감동스럽다. 그는 '하나님 너무 하시는 것 아닙니까?' 하며 섭섭함을 토로하지 않았다. 뜻을 돌이켜 달라고 구차하게 기도하지도 않았다. 다만 마지막 소원은 여호와의 백성으로 목자 없는 양과 같이 되지 않게 해 달라는 간구를 드렸다(민 27:15~17). 그래서 그 응답으로 여호수아를 후계자로 세우고 기쁘게 하나님의 뜻을 따라 마지막을 장식했다.

마지막까지 그에게는 사심이 없었다. 오직 주님의 백성들의 안위와 여호와의 뜻을 최상으로 받들었다. 절로 고개가 숙여진다. 우리 같으면 교만할 것도 같은데… 섭섭할 것도 같은데… 오늘날의 목사님들이 모두 모세의 절반만 닮아도 주님의 재림은 훨씬 앞당겨 질 것이다.

목포 사랑의 교회 백동조 목사님께서 모세에 관한 설교를 하실 때 모세의 마지막 모습을 상상력을 동원하여 다음과 같이 말씀해 주신 것이 잊혀지지 않는다. 모세가 죽기 전 마지막으로 느보산을 오르고 있을 때 하나님께서 조금 미안한 마음이 드셔서 모세가 어떻게 산을 오르는지 바라보고 계셨다고 한다. 그때 모세가 소리 없이 눈물을 흘리면서 산을 오르고 있었다. 하나님은 모세에게 물으셨다.

"왜 울어, 모세야… 가나안에 못 들어간 것이 그렇게도 서운하냐?"

그때 모세가 이렇게 대답했다고 한다.

"하나님… 오해하지 마십시요. 제가 서운해서 우는게 아닙니다. 저를 죽어가는 나일강 갈대상자에서 구출해 내시고 120년 동안 나와 함께 해 주셔서 이 많은 백성들을 애굽에서 해방시켜 여기까지 이끌어 오게 하신 하나님의 은혜가 너무 감사해서 저도 모르게 하염없는 감사의 눈물이 나네요…"

모세는 이처럼 죽는 순간에도 감사했다.

역시 하나님이 얼굴과 얼굴을 대면하여 친구처럼 말씀을 나눈 위대한 모세의 모습은 아무나 쉽게 흉내 내기 어려운 경지의 신앙을 지닌 것 같다. 성경은 모세 이후로 다시는 모세와 비견할만한 위대한 선지자가 태어나지 않았다고 못박고 있다.

"그 후에는 이스라엘에 모세와 같은 선지자가 일어나지 못하였나니 모세는 여호와께서 대면하여 아시던 자요 여호와께서 그를 애굽 땅에 보내사 바로와 그의 모든 신하와 그의 온 땅에 모든 이적과 기사와 모든 큰 권능과 위엄을 행하게 하시매 온 이스라엘의 목전에서 그것을 행한 자이더라" 신 34:10~12

그러나 예수님은 모세보다 위대하신 우리의 지도자이시다. 모세가 이스라엘 백성을 애굽에서 해방시킨 것처럼 예수님은 하늘에서 애굽 같은 이 땅에 오셔서 십자가에 죽어 주심으로 우리를 죄의 심판에서 해방시켜 주셨다. 모세가 이스라엘이 범죄하여 하나님의 진노를 촉발했을 때 하나님께 엎드려 중보기도 함으로 그들을 멸망에서 건진 것처럼 예수님은 하나님의 보좌 우편에 계셔서 지금도 우리를 위해 중보기도 해 주신다. 모세는 실수하여 가나안에 못 들어 갔지만 예수님은 죄가 없으셨고 지상에 계시는 동안 단 한 번도 하나님의 말씀을 불순종하지 않으셨다. 그리하여 부활하셔서 영광스럽게 천사들에 이끌리어 하늘로 승천하셨다. 아멘.

오늘의 본문 성경을 읽으시고 깨달은 점이나 기억하고 싶은 점 혹은 기도문을 기록합니다.

민수기 29장~32장

| 묵상자료 |

1. 민수기 31장이 주는 세 가지 중요한 의미

우선 민수기 31장의 진리는 하나님은 교회를 해치는 자들에게 보응하시는 하나님이시라는 것이다. 미디안이 구약시대 교회인 이스라엘 공동체를 미혹해서는 우상숭배에 빠뜨렸다. 그들은 이스라엘을 저주했고, 그들을 향하여 전쟁을 했다. 하나님은 믿지 않아도 꼬리를 내리고 가만히 있는 사람들은 그냥 최후 심판의 날까지 참고 계시지만 미디안인들처럼 하나님을 직접 대적하는 자들은 그 심판을 앞당길 수도 있다.

스가랴 2:8에 "무릇 너희를 범하는 자는 그의 눈동자를 범하는 것이라"고 말씀하셨는데 미디안은 하나님의 눈동자를 찔렀다. 그래서 민족 말살을 당하게 된 것이다.

하나님은 신약시대에도 하나님의 교회를 해치는 사람들에게 보응하신다고 하셨다. 로마서 12:19에 "원수 갚는 것이 내게 있으니 내가 갚으리라"고 말씀하셨고, 데살로니가후서 1:6에는, "너희로 환난 받게 하는 자들에게는 환난으로 갚으시고"라고 하셨다.

오늘날 사람들이 예수가 믿어지지 않고 하나님이 믿어지지 않는다면 가만히 있어야 한다. 하나님을 욕하고, 그리스도를 욕하면 그 사람들은 하나님의 보응을 더 무섭게 받게 될 것이기 때문이다. 어차피 최후심판을 받겠지만 그 전에 보응이 올 수도 있다는 것이다.

둘째, 우리 생명을 위한 속전은 은과 금이 아니라 '예수 그리스도의 피'이다! 구약시대의 천부장, 백부장은 전쟁에서 아무도 죽지 않은 것을 감사해서 전리품 중에 금을 취하여 속전으로 하나님께 드렸다. 그러나 금과 은은 예표일 뿐이다. "너희가 알거니와 너희 조상의 유전한 망령된 행실에서 구속된 것은 은이나 금 같이 없어질 것으로 한 것이 아니요 오직 흠 없고 점 없는 어린 양 같은 그리스도의 보배로운 피로 한 것이니라"(벧전 1:18~19)

은과 금이 속전이 아니다. 그리스도의 피가 속전이다. 우리의 생명이 원수에게 희생되지 않고 지옥에 떨어지지 않는 이유는 은과 금을 가지고 속죄를 받았기 때문이 아니다. 어린 양 예수의 피가 속전이 되어 우리의 죄값을 치러 주었기 때문에 우리는 원수에게 망하지 아니하고 지옥에 떨어지지 않게 된 것이다.

세째로, 하나님은 구원받은 사람들에게 거룩함을 요구하신다는 것이다. 전쟁에 참여했던 군인이나 포로나 또 전리품이나 모두 다 성결의 과정을 거쳐야 이스라엘 진 안으로 들어올 수 있었다. 그러므로 신약시대에 와서도 하나님의 구원받은 백성들은 이 원리를 분명히 알아야 한다. "하나님이 우리를 부르심은 부정케 하심이 아니요 거룩케 하심이니"(살전 4:7)

"하나님을 두려워하는 가운데서 거룩함을 온전히 이루어 육과 영의 온갖 더러운 것에서 자신을 깨끗케 하자" 고후 7:1

우리 성도들은 영적으로 더러운 것을 하지 말아야 한다. 주일에는 교회에 와서 예배 드리고 내일은 또 점치러 가고 모레는 또 제사 지내고 하면 안 된다. 귀신에게 가서 무엇이든 물어보지 말아야 한다. 귀신을 섬기던 총 두목 발람이 이스라엘의 창에 죽었다. 또 육적인 더러움인 음란을 행하고 동성애 같은 것을 하지 말아야 한다. 그리고 마음속에 감정적인 더러움인 미움, 다툼, 시기, 이런 것들은 다 영과 육으로 사람을 더럽게 하는 것이다. 그러므로 하나님은 구원받은 우리가 영과 육의 온갖 더러운 것에서 자신을 깨끗하게 하라고 말씀하신다.

오늘의 본문 성경을 읽으시고 깨달은 점이나 기억하고 싶은 점 혹은 기도문을 기록합니다.

민수기 33장~36장

| 묵 상 자 료 |

1. 민수기 36장의 깊은 의미

민수기 36장에 기록된 마지막 규례는 딸들이 땅을 상속받은 경우 다른 지파의 남자에게로 시집가지 말라는 내용이다. 민수기에는 인구조사와 하나님이 주신 갖가지 명령, 규례, 예언, 족보, 등 엄청난 내용들이 많이 기록되어 있는데, 마지막 36장의 내용은 좀 사소해 보인다. 거대한 내용들을 담고 있는 민수기의 결론 부분이 딸들이 상속받은 땅을 지키기 위해 다른 지파 남자에게로 시집을 갈 수 없도록 정하셨다는 내용으로 채워져 있다는 것은 의아해 보이기까지 한다.

그러나 민수기 36장의 내용은 사소한 내용 같아 보여도 사실 그렇지 않다. 40년 간 불순종과 반역을 일삼고 살던 이스라엘 백성들에게는 대단히 중요한 내용이다. 사람이 보기에는 다소 사소해 보일 수 있지만 하나님께는 전혀 그렇지 않다는 것이다. 이들이 광야 40년의 생활을 벗어나면서 이제 요단강만 건너면 가나안 땅으로 진입하게 된다. 이때 이스라엘 백성들이 믿음의 모습들이 나타나는데 그것을 중심으로 말씀을 상고해 보자.

1) 이스라엘 족장들은 '확고한 믿음'의 사람들이 되었다

민수기 36장에 기록된 내용은 므낫세 지파의 두령들이 모세와 이스라엘의 족장들에게 나아와서 시민법, 상속법의 보완해야 할 문제를 제시하는 것으로 시작된다. 이들이 제시한 보완의 문제는 이미 민수기 27장에 언급된 내용이다. 므낫세 지파의 슬로브핫이라는 사람의 다섯 딸이 광야에서 죽은 아버지의 땅을 상속받지 못한다면 아버지가 아들이 없다는 이유로 이름도 없어지고 땅도 사라지게 될 텐데 그러면 우리 가문이 너무 억울하지 않느냐는 문제에서부터 시작된 내용이었다.

모세는 이 문제를 하나님께 아뢰었고 하나님은 이들을 기특하게 여기시고 딸들이 땅을 상속할 수 있도록 허락하셨다. 그런데 므낫세 지파의 두령들은 다시 이 문제를 가지고 나왔다. 슬로브핫의 딸들이 므낫세 지파의 땅을 상속받아서 다른 지파 사람에게로 시집을 가면 상속받은 땅도 가지고 가게 되지 않겠느냐는 것이었는데, 그러면 거대한 완전체로서 므낫세 지파의 땅이 유지되지 못하고 타 지파에 귀속되어 중간중간에 구멍이 나게 될 텐데 이를 어떻게 하면 좋겠느냐는 문제제기였다. 한마디로 자신들 지파의 기업에 감소가 올 수 있다는 것이다.

그러면 땅을 매매한 후 시집을 가도 되겠다는 말을 할 수 있겠지만, 이스라엘에는 희년제도라는 것이 있어서 므낫세 지파 사람들이 딸들로부터 그 땅을 구매했어도 희년의 때가 오면 다시 원 주인에게 돌려주어야 하니 매 한 가지라는 것이었다. 문제가 해결되지 않는다는 것이다. 그래서 하나님은 슬로브핫의 딸들에게 명하시기를 마음대로 시집을 가되, 오직 그 조상 지파의 가족에게로만 시집을 가라고 말씀하셨다. 므낫세 지파의 남자들에게 시집을 가면 이러한 문제는 발생하지 않게 되니 그렇게 함으로써 조상 지파의 기업이 삭감되지 않도록 하라는 것이었다.

그러면 왜 이렇게 사소해 보이는 문제를 민수기 2개의 장을 할애해서 기록해 두고 있느냐는 질문이 생긴다. 그러나 앞서 말씀을 드렸지만 사람 보기에 사소해 보일 뿐, 하나님이 보시기에는 이것이 결코 사소한 문제가 아니라는 것이다. 이 내용 중에는 백성들의 삶에 매우 중요한 요소가 담겨져 있다. 먼저 이 문제를 제기한 시점은 아직 가나안 땅을 차지한 때가 아니었다는 사실을 기억해야 한다. 요단강 동편 땅에 거하고 있을 때 일어난 문제들이다. 아직 가나안 땅을 단 한 평도 차지하지 못한 상태에서 일어난 문제라는 것이다. 하나님이 슬로브핫의 딸들을 기특하게 여기신 이유가 바로 여기에 있다.

출애굽의 1세대 사람들은 과거 40년 전 가나안 땅 입구인 가데스 바네아에서 "가나안 땅은 내가 너희에게 준 밥이니 가서 먹으라"고 했지만 그 땅을 먹지도 차지하지도 못했다. 그런데 지금 슬로브핫의 다섯 딸들은 아직 차지하지도 못한 땅을 이미 자기가 소유한 것인 양 말하고 있다는 것이다. 자기 땅인 것처럼 믿고 광야에서 소천한 아버지의 이름을 이어받게 될 땅을 우려했던 것이다. 그래서 하나님은 이들의 믿음을 아름답게 여기신 것이다.

그런데 민수기 36장이 더욱 중요한 이유는 이제 슬로브핫의 다섯 딸뿐만 아니라 이스라엘의 모든 족장들이 가나안 땅을 이미 차지한 것처럼 여기고 믿게 되었다는 사실 때문이다. 그래서 이스라엘의 두령, 족장들은 모세에게 나아와서 가나안 땅을 차지하게 되면 므낫세 지파도 차지하게 될 텐데, 딸들이 상속한 땅을 가지고 다른 지파 남자들에게 시집을 가면 문제가 생기지 않겠느냐는 문제제기를 할 수 있었던 것이다. 이는 이들이 가나안 땅을 자기 땅으로 확고히 믿고 있었음을 보여주는 증거이다. 이스라엘 백성들은 슬로브핫의 다섯 딸들처럼 가나안 땅이 자신들의 것이 될 것이라는 확실한 믿음, 확고한 믿음으로 충만했다. 얼마나 큰 변화인가? 할렐루야!!

2) 이스라엘 백성들은 '확실한 순종'의 사람들이 되었다

민수기 36장은 하나님 말씀에 대한 슬로브핫의 다섯 딸들이 보여주는 반응으로 끝나고 있다. 너희는 아버지의 땅을 상속받으라는 것이다. 그리고 지파의 땅이 줄어드는 것을 막기 위해 므낫세 자손 지파의 남자에게만 시집을 가라고 명하셨다. 슬로브핫의 다섯 딸들의 반응을 보라. 36:10~12에 "슬로브핫의 딸들이 여호와께서 모세에게 명하신대로 행하니라 슬로브핫의 딸 말라와 디르사와 호글라와 밀가와 노아가 다 그 아비 형제의 아들들에게로 시집가되 그들이 요셉의 아들 므낫세 자손의 가족에게로 시집 간 고로 그 기업이 그 아비 가족의 지파에 여전히 있었더라"고 기록되어 있다. 민수기 35장까지 이르는 광야 40년의 기록은 사실상 불순종의 기록이라고 할 수 있다. 거역하고 비난하고 험담하고 불평한 내용들 뿐이다. 그런데 민수기 36장의 결론은 매우 아름다운 순종으로 끝나고 있다.

슬로브핫의 다섯 딸들이 하나님의 말씀에 그대로 순종한다. 딸들이었기 때문에 얼마든지 하나님이 도대체 어떤 분이시기에 나의 결혼까지 참견하시느냐고 불평할 수 있었고, 나는 므낫세 자손의 남자는 싫고 유다 지파의 남자가 좋다고 할 수도 있었다. "우리는 자기 결혼에 대한 선택권, 인권도 없습니까?"라고 항변할 수도 있었다. 그러나 슬로브핫의 다섯 딸들은 일체 그런 말을 하지 않았다. 슬로브핫의 딸들은 믿음으로도 모범을 보여주었고, 순종으로도 모범을 보여준 것이다.

오늘의 본문 성경을 읽으시고 깨달은 점이나 기억하고 싶은 점 혹은 기도문을 기록합니다.

2월 17일

1년 1독 성경 읽기 꿀송이 보약큐티

신명기 1장~3장

| 묵상자료 |

1. 그만해도 족하다 (신 3장)

신명기 3:23~28에는 모세의 솔직한 기도가 나온다.

"나를 건너가게 하사 요단 저쪽에 있는 아름다운 땅, 아름다운 산과 레바논을 보게 하옵소서…" 신 3:25

참 어렵게 꺼낸 말이었을 것이다. 그의 음성은 가늘게 떨렸을 것이다. 그러나 한 번쯤은 하나님께 아뢸 기도였다. 웬만하면 그 짠한 모세의 간구를 하나님께서는 들어주셨을 것 같은데 의외로 얼음장처럼 차갑게 말씀하셨다.

"그만해도 족하다 이 일로 다시 내게 말하지 말라" 신 3:26

두 마디를 못하게 하시고 하나님께서는 모세의 청을 일언지하에 거절하셨다. 참 매정하시단 생각이 들지만 우리 인간이 어찌 하나님의 깊은 마음을 다 헤아릴 수 있으랴? 아마도 하나님의 마음도 그렇게 거절하신 후 많이 아프셨을 것이다. 그러나 하나님은 우리 인간과 다르다. 나 같으면 모세와의 그동안 쌓은 우정 때문에라도 한 번쯤 용서하고 그 청을 들어 주었을 것 같은데….
"그만해도 족하다"는 말은 '알았으니 이제 그만 말하라'는 뜻으로 오해하기 쉬우나 전혀 그런 의미가 아니다. 모세가 이 일로 하나님께 자주 채근했거나 여러 번 간구한 사실이 없기 때문이다. 이 말은 사도 바울이 자기 몸의 질병을 고쳐 달라고 세 번이나 간청했을 때 주께서 주셨던 응답, '내 은혜가 네게 족하다'라는 말과 같은 뜻이다(고후 12:8~9). 즉, 가나안에 비록 못 들어가더라도 '내 은혜가 네게 충분하다'라는 의미였다. 모세는 주님의 뜻을 담담히 받아들였다. 그리고 비스가 산에 올라가 자기 눈으로 약속의 땅을 직접 바라보는 것으로 만족했다.

성경에는 믿고 기도하면 다 들어준다는 구절도 있지만 이렇게 가장 하나님이 사랑하는 사람이 간구해도 안 들어주시는 경우도 있다. 기도하면 다 들어준다고 했을 때의 의미는 하나님의 뜻에 합한 경우에 해당되는 것이다. 모세의 기도가 거절된 것은 믿음이 부족해서가 아니라 하나님의 뜻이 모세의 기도와 달랐기 때문이다. 똑같이 암(癌)에 걸려도 어떤 분의 기도는 응답되어 낫고 어떤 분은 돌아 가신다. 다 하나님의 뜻대로 되는 것이다. 내 기도 대로 안 되었다고 하나님이 내 기도를 안 들어주신 것이 아니다.

항상 주의 은혜는 내게 충분하다. 단지 내가 깨닫지 못할 뿐이다. 사실 모세는 율법을 대표하는 인물이다. 율법이 죽고 여호수아(예수의 히브리식 이름이 여호수아 이다)가 요단강을 건너 약속의 땅에 들어가는 것이 하나님의 뜻이었다. 율법으로는 구원을 얻을 수 없고 오직 예수님을 따라가야 구원에 이른다. 그렇다고 모세가 구원을 못 받았다는 뜻이 아니다. 신약에 보면 모세는 영광 중 변화산에서 엘리야와 함께 예수님과 대화를 나누고 있다. 세상에서 잘 되는 것만이 축복이 아니다. 하늘의 영광이 더 크고 위대하다. 모세는 땅 위에서의 사명을 훌륭하게 완수하고 하늘에서 영원한 영광을 얻은 것이다. 하늘의 영광을 알고 있는 하나님이 다 모세를 위해서 그 기도에 더 좋은 것으로 응답하신 것이다.

하나님은 매정하시거나 의리가 없는 분이 아니시다. 항상 우리에게 더 좋은 것을 예비하시고 허락하시는 분이시다. 하나님이 족하다고 하시면 족한 것이다. 아들이시라도 하나님은 십자가의 쓴 잔을 받게 하셨다. 그 잔이 지나가도록 요청하는 아들의 기도를 하나님은 외면하시고 십자가의 쓴 잔을 마시게 하셨다. 그것이 우리에게나 독생자 예수님에게 유익이 된다고 하나님이 판단하셨기 때문이다.

"아, 깊도다, 하나님의 지혜와 지식의 풍성함이여, 그의 판단은 헤아리지 못할 것이며 그의 길은 찾지 못할 것이로다 그에게 영광이 세세에 있을지어다"(롬 11:33) 아멘.

오늘의 본문 성경을 읽으시고 깨달은 점이나 기억하고 싶은 점 혹은 기도문을 기록합니다.

2월 18일

1년 1독 성경 읽기 꿀송이 보약큐티

신명기 4장~6장

| 묵상자료 |

1. 출애굽기 20장의 십계명과 신명기 5장의 십계명 중 다른 대목은 무엇인가?

두 성경에 나타난 십계명은 본질적으로 같은 것이므로 서로 다른 곳에 기록되었다고 해서 특별하게 달라진 것이 없다. 그러나 신명기의 말씀이 이미 말해진 율법을 단순히 반복하는 내용이 아니기 때문에 약간의 관점의 차이가 있다. 특별히 안식일에 관한 제 4계명에 있어서 차이를 보이고 있다. 출애굽기 20:11에는 안식일의 근거를 하나님의 창조 사역에 두고 있는데, 신명기 5:15에는 안식일의 근거를 출애굽 사건 즉, 구속 사역에 두고 있다. 두 성경 구절을 비교해 보자.

"이는 엿새 동안에 나 여호와가 하늘과 땅과 바다와 그 가운데 모든 것을 만들고 일곱째 날에 쉬었음이라 그러므로 나 여호와가 안식일을 복되게 하여 그 날을 거룩하게 하였느니라" 출 20:11

"너는 기억하라 네가 애굽 땅에서 종이 되었더니 네 하나님 여호와가 강한 손과 편 팔로 거기서 너를 인도하여 내었나니 그러므로 네 하나님 여호와가 네게 명령하여 안식일을 지키라 하느니라" 신 5:15

바로 이런 차이가 신약에 와서 우리 주 예수님이 우리를 구원하시려고 십자가에 달리신 그날을 기념하여 안식일을 주일로 바꾸는 근거를 제공하는 것이다. 예수를 구주로 믿지 않는 유대인들에게는 지금도 안식일의 근거가 하나님의 창조 사역에만 있지만, 크리스천인 우리들에게는 예수님이 죄의 속박에서 우리를 구원하여 주신 구속사역에 있는 것이다. 그래서 우리는 주일을 지킨다.

2. 들으라 이스라엘아! (신 6장)

히브리어 쉐마는 "들으라!"는 의미이며 하나님의 말씀인 성경을 항상 대하라는 뜻이다. 쉐마에서 특히 강조하고 있는 것은 가정에서 시행하는 신앙교육이다. 부모가 신앙의 모범이 되며 부모가 말씀을 들려주는 가정 교육을 중요시 여긴다. 아무리 교회교육이 잘 시행되고 있다하더라도 부모의 가정교육을 소홀히 여겨서는 안된다. 교회교육은 가정교육의 연장선에서 시행되어야 하며, 가정에서 자녀교육을 최우선으로 여기듯이 교회도 신앙교육을 최우선으로 중요시하여야 한다. 유대인들은 전통적으로 가정에서 철저하게 성경 읽기와 기도생활을 훈련시킨다.

가장 영향력 있고 효과적인 선교가 무엇인가? 그것은 바로 어린아이들에게 신앙을 심어 주는 신앙교육이다. 유대인들이 박해를 받고 세계 각지로 떠돌아다니면서 설움을 받았지만 철저한 신앙교육 덕분에 자신들을 발전시키고 세계 각지에서 큰 영향력을 발휘하고 있다. 그들은 매일 아침 저녁으로 성경을 외울 때마다 "자녀를 말씀으로 가르쳐라"는 하나님의 명령을 가슴에 새기며 자녀 교육에 임했던 것이다.

우리 한국 교회도 낙후된 교회교육을 다시 살려야 한다. 부모가 교육 때문에 자녀를 교회에 보내야 되겠다고 생각할 수 있을 정도로 발전시켜야 한다. 다른 말로 바꾸면 교회전체가 이를 위해 기도하면서 교회교육에 엄청난 재정을 배분해야 하며 교사를 양성하고 교육에 필요한 것을 최우선으로 준비해야 한다. 이것이 한국 교회의 미래를 결정하는 너무나 핵심적인 우선순위이다. 아멘.

오늘의 본문 성경을 읽으시고 깨달은 점이나 기억하고 싶은 점 혹은 기도문을 기록합니다.

2월 19일

1년 1독 성경 읽기 꿀송이 보약큐티

신명기 7장~9장

| 묵상자료 |

1. 광야학교

신명기 8장에는 광야학교에 관한 말씀이 나온다. 왜 하나님은 자기 백성들을 쉽게 가나안으로 들어갈 수 있게 안하시고 광야에서 40년이란 긴 세월을 고생하며 떠돌게 하셨던가?

> "네 하나님 여호와께서 이 사십 년 동안에 너로 광야의 길을 걷게 하신 것을 기억하라 이는 너를 낮추시며 너를 시험하사 네 마음이 어떠한지 그 명령을 지키는지 않는지 알려 하심이라 너를 낮추시며 너로 주리게 하시며 또 너도 알지 못하며 네 조상들도 알지 못하던 만나를 네게 먹이신 것은 사람이 떡으로만 사는 것이 아니요 여호와의 입에서 나오는 모든 말씀으로 사는 줄을 네가 알게 하려 하심이니라 이 사십 년 동안에 네 의복이 해어지지 아니하였고 네 발이 부르트지 아니하였느니라 너는 사람이 그 아들을 징계함 같이 네 하나님 여호와께서 너를 징계하시는 줄 마음에 생각하고 네 하나님 여호와의 명령을 지켜 그의 길을 따라가며 그를 경외할지니라" 신 8:2~6

1) 광야학교를 통과하면 낮아지게 된다

하나님은 나를 낮추시기 위해 광야길을 뺑뺑이 돌리신다. 하나님이 쓰시는 사람은 겸손한 자들이다. 낮아지지 않으면 쓰임 받지 못한다. 하나님은 날 쓰시고 싶으셔서 낮추시려고 광야학교에 집어넣으신다. 겸손보다 더 중요한 신앙의 덕목은 많지 않다.

2) 광야학교에서 비로소 나의 믿음의 성적표가 나온다

하나님의 명령을 지키는지 않는지 광야 길을 걸어보니 알게 되었다. 무조건 가나안에 들어 가는 것이 중요한 것이 아니라 말씀에 어느 정도 순종하는 백성인지 점수를 확인하고 실력을 키워서 들어 가는 것이 더 중요하다.

3) 사람이 떡으로만 사는 게 아니라 하나님의 말씀의 능력으로도 살게 됨을 배운다

사람은 재물만 많다고 행복해지는 것이 아니다. 인간은 영혼을 가진 존재이기 때문에 하나님과의 관계가 정상화되어야 행복해진다.

4) 광야학교를 통해 하나님의 보호하시는 능력을 체험케 된다

40년 동안 의복이 닳아지지 아니하고 발이 부르트지 않았다. 자식을 돌보듯 하나님이 자기 백성을 돌보셨기 때문이다.

우리 모든 그리스도인들은 광야학교의 학생들이다. 오늘도 인생 광야의 훈련을 통해 고난으로 다듬어지고 낮아져야 한다. 나의 믿음이 얼마나 보잘것 없는 지를 실감해야 한다. 하나님의 은혜가 아니면 아무 것도 아닌 죄인임을 알아야 한다. 나의 순종의 성적표를 하나님께 보여드려야 한다. 그리고 사람이 떡으로만 행복한 것이 아니고 말씀의 은혜 안에서 참된 삶의 축복을 누릴 수 있음을 실감해야 한다. 하나님의 보호와 능력을 경험하는 나의 인생이 또한 되어야 한다.

그것이 나를 광야 같은 이 세상을 살게 하시는 하나님의 목적이시다. 아멘.

오늘의 본문 성경을 읽으시고 깨달은 점이나 기억하고 싶은 점 혹은 기도문을 기록합니다.

1년 1독 성경 읽기 꿀송이 보약큐티

신명기 10장~12장

| 묵상자료 |

1. 택하신 예배처소

신명기 12장은 예배를 드릴 때 아무데서나 드리면 안되고 하나님이 정하신 곳에서 하나님이 세우신 제사장들의 집례 하에 예배할 것을 가르친다.

"오직 너희의 하나님 여호와께서 자기의 이름을 두시려고 너희 모든 지파 중에서 택하신 곳인 그 계실 곳으로 찾아 나아가서" 신 12:5

당시의 가나안 족속들은 언덕이나 나무 아래에서 산당을 짓고 그들의 신에게 예배를 드렸지만 하나님은 아무데서나 예배하면 안 된다고 못 박으시고 오직 하나님이 택하신 곳에서만 예배해야 한다고 하셨다.

그러나 우리가 사사기나 이스라엘의 역사서를 읽어보면 예루살렘 성전이 지어지기 전 성막이 있었던 지역인 에발산과 세겜과 실로와 예루살렘 다윗의 성막 외의 장소에서도 특별한 경우에는 하나님께 제사가 드려졌던 기록을 발견하게 된다. 하나님이 기드온에게 나타나셔서 우상을 파괴하고 그것들의 찌꺼기들로 불을 태워 하나님께 번제를 드리라고 하셨고 이에 기드온은 순종했다. 사무엘은 하나님이 사울 대신 다윗을 기름 부어 왕으로 세우라고 했을 때 하나님께 대답하기를 그렇게 하면 사울이 자기를 죽일 것이라고 아뢰었다. 그때에 하나님은 사무엘에게 베들레헴 방문 목적이 여호와께 제사를 드리기 위함이라고 말하고 이새의 아들들을 초청하라고 일러주셨다. 성막이 있는 중앙 성소에서만 제사할 수 있었다면 그런 명령은 있을 수가 없는 일이었다.

그런데 신약에 와서 우리는 주님의 입술을 통하여 예배 처소에 대한 새로운 개념의 말씀을 듣게 된다. 요한복음 4장을 보면 사마리아 여자가 예수님께 이렇게 말하는 대목이 나온다.

"우리 조상들은 이 산(그리심산)에서 예배하였는데 당신들의 말은 예배할 곳이 예루살렘에 있다 하더이다" 요 4:20

그때까지만 해도 유대인은 예루살렘 성전에서 예배 드리고 사마리아인들은 그리심산에서 예배를 드렸다. 그때 예수님은 새로운 시대를 선포하시며 혁신적인 말씀을 이렇게 들려주셨다.

"예수께서 이르시되 여자여 내 말을 믿으라 이 산에서도 말고 예루살렘에서도 말고 너희가 아버지께 예배할 때가 이르리라 하나님은 영이시니 영과 진리로 예배 할지니라" 요 4:21, 24

옛날 성경에는 '신령과 진정으로 예배하라'고 되어 있어 많은 혼란을 주었지만 이제라도 번역이 제대로 되어 감사하다. 정성껏 드리라는 뜻이 아니다. 우리의 영(spirit)으로 하나님께 예배하라는 것이요, 십자가의 진리를 의지하고 예배하라는 것이다. 십자가의 공로가 아니면 아무도 하나님께 예배하러 나아갈 수 없다.

신약의 우리는 중앙 성소냐 지방 성소냐 하는 예배 장소가 중요한 게 아니고, 다만 거듭난 영혼이 성령의 감화 속에서 주 예수의 십자가 진리를 붙잡고 예배해야 하나님이 기뻐하신다는 것을 말하는 것이다.

그렇다고 정성 없이 아무 더러운 장소에서나 예배하라는 뜻은 아니다. 다만 구약에 얽매여 예배의 본질을 놓쳐버리고 천주교 미사처럼 형식에 치우친 예배를 탈피하고 피 묻은 십자가 진리 위에서 영이신 하나님을 예배해야 한다는 것이다. 주의 이름을 부르는 곳이라면 감옥이든 가정이든 어디든 우리는 예배할 수 있다. 아멘.

오늘의 본문 성경을 읽으시고 깨달은 점이나 기억하고 싶은 점 혹은 기도문을 기록합니다.

2월 21일

1년 1독 성경 읽기 꿀송이 보약큐티

신명기 13장~15장

| 묵상자료 |

1. 가나안 땅에 들어 가서 주의해야 할 점들(신 13장)

하나님께서는 이스라엘 백성들이 가나안 땅에 들어가서 신앙의 순결을 잃어버릴 것을 염려하셨다. 그래서 다음과 같은 주의사항을 모세의 입술을 통하여 당부하셨다.

첫째, 거짓 예언자나 꿈꾸는 자를 주의해야 한다(1~5절).

거짓 선지자나 꿈꾸는 자는 옛날보다 오히려 지금이 더 많다. 예수님이 예고하신 것처럼 마지막 때에는 거짓 선지자가 많이 나타나서 우리를 미혹하기 때문이다. 저들은 때로 기적과 이사를 행하기도 한다. 그리하여 하나님을 떠나 다른 신을 섬기도록 유도한다. 그러할지라도 저들이 거짓 예언자임을 알고 그들의 말에 귀를 기울이지 말라고 하시며 더 나아가 거짓 예언자나 꿈꾸는 자를 죽이라고 하셨다.

그들은 사탄의 힘을 빌어서 기적을 행하고 병도 고치고 예언도 하고 과거를 딱딱 알아 맞춘다. 그러나 그들의 모든 행위는 모두가 다 사람을 미혹하기 위한 것이기에 항상 주의해야 한다. 우리는 끝까지 하나님의 말씀을 붙잡고 살아야 한다. 말씀이 신앙의 유일한 기준이다.

둘째, 때로는 가까이 지내는 사람들도 경계해야 한다(6~11절).

피를 나눈 형제나 자녀, 사랑하는 아내나 우정 깊은 친구는 대단히 가까운 사이이다. 그런데 이렇게 가까이 지내는 이들이 하나님을 떠나 다른 신을 섬기자고 유혹하고 또 하나님을 바로 섬기지 못하도록 하면 어떻게 하라고 하는가?

그를 따르지도 듣지도 말고, 긍휼히 여기지도, 애석히 여겨 덮어 숨기지도 말고 심지어 그를 죽이라고 하신다. 구약시대에도 죄에 대한 심판은 아주 단호했다.

기독교는 사랑의 종교이다. 그리스도인은 모든 사람을 사랑해야 한다. 하지만 하나님을 떠나게 하는 자는 단호하게 대처해야 한다는 것이 성경의 가르침이다.

예수님께서 허다한 무리가 자기를 따르는 것을 보시고 이런 말씀을 한 적이 있다.

"누구든지 나를 따라 오려거든 자기를 부인하고 자기 십자가를 지고 나를 좇을 것이니라 부모나 처자 형제나 자매나 심지어 자기 목숨까지 미워하지 아니하면 나의 제자가 되지 못하리라"

인간은 누구든지 자기가 사랑하는 사람의 영향을 받는다. 그러나 예수님을 따르려면 이 모든 것보다 예수님을 더 사랑해야 하기에 주에게서 멀어지게 하는 자는 아무리 가까운 자라도 엄격하게 행동해야 한다는 것이다.

셋째, 우상 숭배자들의 유혹을 주의해야 한다(12~18절).

어떤 우상 숭배자가 일어나서 한 성읍 전체를 유혹하여 우상 숭배의 죄를 빠지게 하면 어떻게 하라고 하시는가? 먼저 자세히 묻고 살펴본 후 그 성읍을 진멸하라고 하신다.

하나님께서 이렇게 무섭고 엄격하게 명령하시는 것은 우상 숭배는 전염성이 있기 때문이다. 하나님의 백성을 사망으로 인도한다.

우리는 오늘날도 신앙의 순결을 지키는데 올무가 되는 이러한 것들을 모두 멀리하고 제거해야 한다. 신앙에는 타협이 없다. 오직 주의 말씀에 순종만 있을 뿐이다. 아멘.

오늘의 본문 성경을 읽으시고 깨달은 점이나 기억하고 싶은 점 혹은 기도문을 기록합니다.

1년 1독 성경 읽기 꿀송이 보약큐티

신명기 16장~18장

| 묵상자료 |

1. 이스라엘의 왕이 명심할 일(신 17장)

신명기 17:14~17에는 이스라엘 백성들이 가나안에 들어가서 주변의 나라에서 행하는 것 같이 왕의 필요성을 느끼게 될 때 어떻게 해야하는지를 말씀하고 있다. 가장 이상적인 것은 이스라엘 백성들은 하나님을 왕으로 삼고 살아가는 것이다. 그러나 그들이 세상사람들처럼 인간 왕을 굳이 원한다면 오늘 말씀에서 우리에게 알려 주시는 것처럼 왕의 제도를 허락하시되 단 그 왕은 하나님께서 세우는 자로 하여야 한다고 하신다. 이것은 우리가 세상의 것을 가지되 결코 세상의 방식대로 허락하지 않으신다는 것이다. 철저하게 하나님을 그 일의 주관자로 삼고 행하여야 한다. 우리는 세상에 속하여 살지만 결코 세상과 같아서는 안된다는 것을 교훈한다.

그리고 하나님께서 왕으로 세운 자가 형통한 삶을 사는 비결은 하나님의 율법책을 자기 옆에 두고 읽어서 이 율법책에 기록한 것을 지켜 행하는 것이다. 이렇게 하나님의 말씀을 소중히 여기고 그 말씀을 지켜 행할 때 왕위를 견고케 해 주신다고 성경은 약속한다. 그리고 이스라엘의 왕은 아내나 은금을 많이 두면 안되고 병마를 의지해서도 안된다고 하신다. 나중 이스라엘의 역사서를 읽어보면 이스라엘의 왕들 중 이 신명기 17장의 말씀처럼 행한 왕들은 강력한 나라를 일구었지만 이 말씀을 경시한 왕들은 나라를 쇠약하게 하고 백성들을 파탄으로 이끄는 지도자들이 되었음을 생생히 보여준다.

2. 모세와 같은 선지자

신명기 18:15에는 모세와 같은 선지자 한 명을 후일에 하나님이 세우실 것을 말씀하고 있다.

얼핏 신명기 34:10에 말씀하신 '그 후에는 이스라엘에 모세와 같은 선지자가 일어나지 못하였다'라는 내용과 모순되는 것처럼 보이지만 인간들 중에서는 그에 필적할만한 선지자가 없었다 할지라도 하나님의 아들로서 인간의 모습을 입고 이 땅에 오신 예수 그리스도가 바로 '모세와 같은 선지자'였다.

사도행전 3장에서 베드로는 군중들에게 예수님을 메시아로 증거하면서 모세가 예언한 그 선지자가 바로 예수 그리스도였다고 신명기를 알고 있는 유대인들에게 상기시켰다.

"모세가 말하되 주 하나님이 너희를 위하여 너희 형제 가운데서 나 같은 선지자 하나를 세울 것이니 너희가 무엇이든지 그의 모든 말을 들을 것이라" 행 3:22

예수님은 여러 측면에서 모세와 같다. 첫째, 이스라엘 백성을 노예에서 해방시켜 가나안으로 이끈 모세처럼 예수님은 그의 백성들을 멸망할 죄악 세상에서 구출하여 천국으로 이끄신다. 둘째, 아기 때 죽음을 면하셨다(출 2장, 마 2장). 셋째, 영광의 왕궁을 포기하셨다(빌 2:5~8). 넷째, 자신의 백성을 불쌍히 여기셨다(민 27:17. 마 9:36). 다섯째, 하나님과 얼굴을 맞대고 대화하셨다(신 34:10. 마 3:16~17). 여섯째, 언약의 중보자이셨다(신 29:1. 히 8:6~7).

그 외에도 찾으면 더 발견할 수도 있을 것이다. 이스라엘 백성에게 모세가 나타나 구원의 길을 개척하여 나아간 것처럼 우리에게는 예수님이 오셔서 우리를 험한 세상 지나가도록 보호하시며 우리를 천국 아버지 보좌 앞에까지 인도하여 주신다. 모세와 같은 선지자 예수님을 우리에게 보내 주신 하나님께 감사하지 않을 수 없다.

거기에 예수님은 모세보다 뛰어나신 선지자이시다. 모세는 왕이나 대제사장은 아니었지만 예수님은 왕이시고 대제사장이시며 선지자이시고 우리의 구원자이시다. 모세는 죽었지만 예수님은 죽은 지 삼일 만에 부활하시었다. 모세는 피조물이었지만 예수님은 창조주이시다. 모세는 죄를 지었지만 예수님은 한 번도 죄를 지으신 적이 없으시다.

오, 위대하신 예수님이시여, 당신의 보배로운 피로써 우리를 구원하여 주시니 감사합니다. 아멘.

오늘의 본문 성경을 읽으시고 깨달은 점이나 기억하고 싶은 점 혹은 기도문을 기록합니다.

2월 23일

1년 1독 성경 읽기 꿀송이 보약큐티

신명기 19장~21장

| 묵상자료 |

1. 이런 자는 전쟁에서 돌려보내라

가나안 정복전쟁을 앞두고 모세는 신명기 20장에서 전쟁에 참가시키지 말고 집으로 돌려보낼 자들을 언급한다.

일단 집을 새로 지었는데 낙성식을 하지 못하고 갑자기 군에 소집되어 나온 자, 포도원을 만들고도 그 과실을 먹어보지 못한 채 전쟁터에 불려 나온 자, 여자와 약혼을 하고서 아직 신혼을 누리지 못한 자, 결혼 예식을 올리고 1년이 아직 안된 자, 그리고 전쟁을 두려워하는 자들이었다. 정말 하나님은 여유가 있으시다. 자신이 있으시니까 군인들의 숫자에 연연하지 않고 전쟁에 집중하지 못할 자들은 아예 돌려보내시는 것이다. 특별히 전쟁을 두려워하는 자들은 오히려 전우들의 사기에 악영향을 미친다. 차라리 없는 것이 도움이 되는 것이다. 신명기 20:3은 제사장들이 전쟁에 임하는 군인들에게 일러주는 지침이 기록되어 있다.

> "말하여 이르기를 이스라엘아 들으라 너희가 오늘 너희의 대적과 싸우려고 나아왔으니 마음에 겁내지 말며 두려워하지 말며 떨지 말며 그들로 말미암아 놀라지 말라" 신 20:3

여호수아 말씀에도 하나님은 여호수아에게 마음을 강하게 하고 담대히 하며 두려워하지 말고 놀라지 말라고 하셨다. 이로 보건대 전투에 임하는 하나님의 군사에게 가장 중요한 덕목은 마음을 강하게 하고 담대히 하며 떨지도 말고 쫄지도 않는 것임을 알 수 있다.

영적 싸움에도 마찬가지다. 할 수 있다는 믿음이 중요하다. 철침대에서 잠자던 거인 바산 왕 옥이 덤벼도 하나님이 함께 하셔서 도우시니 능히 물리치고 승리했던 것을 생각하면 주님에게는 불가능이 없는 것이다. 하나님이 함께 하시고 도우신다는 믿음이 우리의 두려움을 몰아 낸다. 할 수 있거든이 무슨 말이냐 믿는 자에게는 능치 못함이 없느니라(막 9:23). 내게 능력 주시는 자 안에서 내가 모든 것을 할 수 있느니라(빌 4:13). 아멘.

2. 범인을 모르는 살인 사건

신명기 21장에는 범인을 모르는 살인사건이 발생한 경우에 어떻게 할 것인지를 말씀하고 있다.

일단 미결상태로 방치해서는 안 된다. 사건이 발생한 장소에서 제일 가까운 성읍의 장로들이 책임을 지고 최선을 다해 범인을 수사하고 그래도 알 수 없으면 속죄의식을 거행하여 그 사건을 처리해야 한다. 여기서 우리는 살인의 경우에는 어떤 방식으로든지 그 피 흘림에 대한 대가를 지불해야 한다는 것을 알 수 있으며 하나님이 얼마나 생명을 존중하며 중요하게 다루시는 분인지를 생각케 된다. 미결 살인 사건의 속죄를 위해 성읍 장로들은 어린 암송아지를 택하여 골짜기로 끌고 가서 목을 꺾어 죽였다. 이때 레위 지파의 제사장들이 반드시 입회해야 한다.

송아지의 목을 꺾는 것은 붙잡히지 않는 살인자에게 내리는 징벌을 상징하는 것이었다. 그 후 장로들은 손을 씻으며 맹세하기를 자기 마을 사람들은 이 사건과 관계가 없으며 그 장면을 목격한 사람도 없다고 증언해야 했다(신 21:6~7). 왜 하나님은 미제 살인 사건을 이렇게 처리하도록 명하셨을까? 그것은 살인의 범죄가 이스라엘 사회 전체에 공동책임이 있다는 것을 강조하기 위함이었다. 오늘날 사람들은 자기 개인의 일이 아니면 아무리 불의한 사건이라 할지라도 수수방관하는 경우가 많다. 그러나 자신이 속한 사회에서 일어나는 사건에 대해서 신자들은 책임을 통감하고 그 처리에 동참하는 것이 성경적인 삶이다.

이기적이고 자기밖에 모르는 그리스도인, 역사의식도 없고 정의감도 없는 사회에서 지탄받는 교회나 신자가 되어서는 안 된다. 누구보다도 사회 불의에 항거하고 서릿발 같은 시민의식을 가지고 민족의 앞 날을 선도해 가는 그리스도인들이 되어야 한다. 삼일 독립만세 사건 때 이 일을 주도한 33인의 민족대표 중 3/2가 기독교인이었다는 사실은 시사하는 바가 크다. 일제 강점으로 우리 민족이 신음하던 때 대부분의 기독교인들이 기도로 나라를 위해 도왔을 뿐 아니라, 실제 독립자금을 제공하고 독립군으로 활동하며 나라를 위해 희생한 것은 자랑스러운 일이다. 예수님을 어려서부터 믿었던 윤동주 시인이 20대의 젊음을 나라를 위해 바친 것도 너무 귀감이 된다. 신사참배 거부로 자기가 다니던 숭실 중학교가 폐교되자 고향 용정으로 돌아가 민족의식을 담은 글들과 시를 잡지에 게재하며 힘없는 자기 동족들을 위로하고 독립의식을 일깨웠다. 대학을 연희전문학교를 나오고 동경의 릿쿄 대학 영문과에 입학한 그였지만 독립운동을 모의했다는 죄명으로 일본 순사들에게 잡혀가 갖은 고문을 당하다 꽃다운 20대에 그 목숨을 조국을 위해 바쳤다. 아무리 바빠도 유명한 그의 시 한 편을 읽고 진도를 나가 보자.

별을 헤는 밤
계절이 지나가는 하늘에는 가을로 가득 차 있습니다.
나는 아무 걱정도 없이 가을 속의 별들을 다 헤일듯 합니다.
가슴속에 하나 둘 새겨지는 별을 이제 다 못 헤는 것은 쉬이 아침이 오는 까닭이요,
내일 밤이 남은 까닭이요, 아직 나의 청춘이 다하지 않은 까닭입니다.
별 하나에 추억과 별 하나에 사랑과 별 하나에 쓸쓸함과 별 하나에 동경과 별 하나에 시와 별 하나에 어머니, 어머니, 어머님,

나는 별 하나에 아름다운 말 한마디씩 불러 봅니다. 소학교 때 책상을 같이 했던 아이들의 이름과 패,경,옥, 이런 이국 소녀들의 이름과 벌써 애기 어머니 된 계집애들의 이름과, 가난한 이웃 사람들의 이름과, 비둘기, 강아지, 토끼, 노새, 프랑시스 잠, 라이너 마리아 릴케 이런 시인의 이름을 불러 봅니다. 이네들은 너무나 멀리 있습니다. 별이 아스라히 멀듯이.

어머님, 그리고 당신은 북간도에 계십니다. 나는 무엇인지 그리워 이 많은 별빛이 내린 언덕 위에 내 이름자를 써 보고 흙으로 덮어 버리었습니다. 밤을 세워 우는 벌레는 부끄러운 이름을 슬퍼하는 까닭입니다. 그러나 겨울이 지나고 나의 별에도 봄이 오면 무덤 위에 파란 잔디가 피어 나듯이 내 이름자 묻힌 언덕 위에도 자랑처럼 풀이 무성할 거외다.

그는 자신의 죽음을 예감한 듯 이 시를 썼다. 이처럼 청춘도 생명도 조국 위해 바쳤던 앞서간 믿음의 선진들을 생각하면, 오늘날 '개독교'란 욕을 먹으며 사회에서 지탄받는 한심한 우리의 자화상이 부끄럽다.

오늘의 본문 성경을 읽으시고 깨달은 점이나 기억하고 싶은 점 혹은 기도문을 기록합니다.

1년 1독 성경 읽기 꿀송이 보약큐티

신명기 22장~24장

| 묵상자료 |

1. 가정의 화목을 위한 율법

신명기 22:13~21은 부부 사이의 갈등에 대해 다룬다. 어느 남편이 결혼한 지 얼마 지나지 않아 아내를 마음에 들지 않아 하며 헤어지고 싶어 하였다. 그가 택한 방법은 비겁하게 누명을 씌우는 것이었다. 그는 자신의 아내가 처녀가 아니라고 비방을 하고 다닌 것이다.

요즘 시대에도 이른바 "행실이 바르지 못한" 여성으로 공동체 가운데 낙인 찍힌다는 것은 이루 말할 수 없는 부담으로 다가온다. 하물며 여성을 천대하던 고대 중동 사회에서 그러한 악평은 곧 사회적 살인 행위였다. 설령 사실이 아니라 할지라도 불미스럽게 사람들 입에 오르내리는 것만으로도 해당 여성과 그녀의 가족으로서는 무척 힘겨운 상황이었던 것이다.

따라서 하나님께서는 그들이 스스로 명예를 보호할 방법을 제시하셨다. 5절에 따르면 "처녀인 표"를 성문에 있는 장로들에게 가져가는 것이다. 이를 가리켜 첫날 밤 처녀막이 파열된 혈흔으로 이해하는 견해가 대부분이다. 당시 첫날 밤 침실에 깔았던 천을 신부의 부모가 보관했던 풍습이 있었기 때문이다. 이 단락에서 중요한 점은 억울하게 모함당한 여성의 부모들에게 반론 기회를 주었다는 사실이다. 그리고 결백이 입증되면 성읍 장로들은 남편을 때리고 벌금을 받는 처벌을 하였다. 이는 여성 인권을 철저히 무시했던 당시 문화를 염두에 두면 상당히 파격적인 내용이다.

이뿐만이 아니다. 신명기 22:25~27은 여성을 강간한 남성에 대한 형벌을 소개한다. 생각하기도 끔찍한 상황이지만 만약 어떤 남자가 어느 약혼한 처녀를 들에서 강간했다고 율법은 가정하고 있다. 들에서는 남성의 무시무시한 폭력에 저항하지도 도움을 구하지도 못한 채 무력하게 당할 수밖에 없었다. 그런 그녀를 향해 26절은 이렇게 선언한다. "처녀에게는 아무것도 행하지 말 것은 처녀에게는 죽일 죄가 없음이라" 사실 너무나 당연한 말이다. 그 여인에게는 아무런 죄가 없다. 몹시 두렵고 고통스런 범죄의 피해자일 뿐이다.

하지만 현실은 그리 간단하지 않다. 오늘날에도 성범죄 피해자를 향한 노골적인 2차 범죄가 적지 않게 일어난다. 엄연한 피해자를 마치 가해자처럼 취급하는 일들이 종종 있다. 하물며 신명기가 기록되고 편집될 당시는 두 말할 것도 없이 자주 일어났던 일이다. 가해자인 남성을 두둔하고 도리어 피해자인 여성을 비난하는 상황을 충분히 예상할 수 있다.

그러나 신명기 율법은 그 남자는 단호히 사형에 처하고 여성은 무죄하다고 판결한다. 이는 앞서 살펴본 신명기 22:13~21 말씀과 마찬가지로 그 시대 남성우월주의 문화에 비추어볼 때 분명 매우 파격적인 선언이다. 우리는 이러한 율법들을 통해 당시 천대받던 여성들을 향한 하나님의 따뜻한 사랑과 관심을 충분히 느낄 수 있다.

하지만 그럼에도 본문 안에도 여전히 한계와 아쉬움은 녹아 있다. 우선 성적 순결을 여성에게만 강요하고 있다는 것이다. 그런 까닭에 신명기 22:20~21을 보면 남편이 아내의 순결을 의심할 때 처녀성을 입증하지 못하면 그녀는 죽임을 당해야 했다. 또한 신명기 22:23~24은 약혼자가 있는 처녀와 다른 남자가 성읍 안에서 동침할 경우 둘 다 돌로 쳐 죽이라고 명하는데 단지 소리를 질러 도움을 구하지 않았다는 이유로 강간의 가능성은 전혀 배제하고 있다. 이러한 내용들은 분명히 현대인의 시선으로 납득하기 어려운 것은 사실이다. 이렇듯 종종 접하는 과격한 내용들 때문에 사람들이 구약성경에 대해 의구심을 표하고 심지어 구약의 하나님을 부정하는 경우도 적지 않다.

여기서 꼭 명심해야 할 사실은 성경은 하늘에서 툭 하고 떨어진 책이 아니라는 점이다. 성경은 그것이 기록되고 최종 정리될 당시의 치열한 역사를 배경으로 하고 그 시대의 문화를 바탕으로 한다. 그렇기 때문에 현대 윤리로는 납득하기 힘든 거친 표현들도 적지 않게 포함되어 있다. 이것을 굳이 미화할 필요는 없다. 다만 그 안에 담긴 하나님의 본뜻을 놓치지 않고 귀를 기울이는 자세가 매우 중요하다. 오늘 본문의 경우 건강한 가정 공동체의 확립이 그 핵심이다. 고대 중동의 우상 숭배가 가진 주요 특징 중 하나는 성적 타락이었다. 바알과 아세라 성전에는 신전 창기들이 있었고 그들과 성관계를 맺는 것이 제사의 일부였다. 이것은 상당히 매혹적이었고 동시에 위험했다. 성의 문란이 곧 가정 파괴로 이어졌고 이는 더 나아가 이스라엘 국가 공동체를 파탄으로 몰아 갈 수 있었기 때문이다.

따라서 본문 말씀의 진정한 의도는 단순히 성 범죄를 저지른 사람에게 잔인하게 벌을 내리는데 있는게 아니라 거룩하고 구별된 이스라엘이 건강하고 아름다운 가정을 이루도록 하여 화목한 결혼생활을 이루는 데 있는 것이다.

오늘의 본문 성경을 읽으시고 깨달은 점이나 기억하고 싶은 점 혹은 기도문을 기록합니다.

2월 25일

1년 1독 성경 읽기 꿀송이 보약큐티

신명기 25장~27장

| 묵상자료 |

1. 유리하는 아람 사람

신명기 26:5에 '내 조상은 유리하는 아람 사람'이라는 구절이 있는데 여기에 나오는 조상은 이스라엘 12지파의 조상인 야곱을 가르킨다. 야곱을 '유리하는 아람 사람'이라 한 이유는 그가 20년 동안 밧단 아람에 머물렀고(창 28:2) 그곳에서 자녀들을 얻었기 때문이다. 이 유리하던 아람 사람 야곱이 애굽에 이거 할 당시 70명이 갔다. 그러나 430년 후 애굽에서 나올 때는 20세 이상 전쟁에 나갈 남자 군인들만 60만 명이 넘었으니 어린이들과 여자들 노인들을 합치면 수백만 명이었을 것이다. 모세는 숫자가 너무 많아 이스라엘 천만인이라고 불렀다. 하나님이 아브라함에게 네 후손이 바다의 모래와 같이 하늘의 별과 같이 되리라고 약속하신 축복이 성취된 것이다.

2. 제3년의 십일조

신명기 26:12~15에는 제3년에 드리는 셋째 십일조에 대해 말씀하신다. 이미 신명기 14:22~29에서 십일조에 대해 말씀하셨지만 26장에서 한 번 더 강조한다. 율법에 규정된 십일조는 크게 두 가지로 나누어지는데 우선 소득의 10/1을 떼어 레위인에게 바친다. 그러면 레위인은 받은 십일조를 모아 그 십일조의 10/1을 다시 떼어 거제로 제사장에게 바친다(민 18:26). 바로 이것을 첫째 십일조라고 하는데 주로 레위인과 제사장들의 생계유지에 쓰였다.

둘째 십일조란 첫 번의 10/1 바치고 난 10/9중 다시 10/1을 떼어 온 가족이 성소로 가지고 가서 거기서 즐거운 잔치를 벌이는 비용으로 사용하였다(신 14:22~26). 유대인들은 이것을 둘째 십일조라고 불렀다. 그런데 이 둘째 십일조를 제3년과 6년에는 성소로 가져가지 않고 각 성에 모아 가난한 자들을 구제하는데 사용했다(신 14:28~29). 이것이 이른바 제3의 십일조라고 불리우는 것인데 본질적으로 둘째 십일조와 동일한 것이며 다만 그 용도가 달랐을 뿐이다. 그러므로 셋째 해에 드리는 십일조는 온전히 가난한 사람들을 돕는 데에만 사용하도록 되어 있다.

3. 그리심 산과 에발 산

신명기 27장에는 그리심 산에서 축복을 선포하고 에발 산에서 저주를 선포하라고 하신다. 그리심

산에 서도록 되어 있는 지파는 시므온, 레위, 유다, 잇사갈, 요셉, 베냐민 지파들이다. 반면에 에발 산에 서도록 되어 있는 지파는 르우벤, 갓, 아셀, 스불론, 단, 납달리 지파였다. 이것을 오해하여 에발 산에 오른 지파들은 저주를 받고 그리심 산에 오른 지파들은 축복을 받았다고 생각하면 안 된다. 축복의 산에 서도록 되어 있는 6지파는 율법에 순종하는 백성들을 상징하고 저주의 산에 서도록 되어 있는 6지파는 불순종의 백성들을 상징하는 것이었다. 일종의 역할극을 맡기신 것이다.

그리심 산과 에발 산은 가난안 땅 중앙에 위치한 세겜을 중심으로 서로 마주보고 있었다. 에발 산에서 선포되는 12가지 저주에 대해서 각 항목마다 백성들은 '아멘'으로 화답해야 했다.

내일 공부할 이어지는 신명기 28장은 축복과 저주를 본격적으로 다룬다. 하나님의 말씀을 순종하고 잘 따르면 세계 모든 민족 위에 뛰어나게 해 주시고 자녀의 축복, 소유의 축복, 출입의 축복, 원수에게 승리하는 축복을 주신다고 약속하신다. 반면에 하나님께 불순종하고 우상숭배하면 얼마나 무서운 저주가 임하게 되는지를 말씀하시는데 축복의 양보다 저주의 양이 훨씬 많다. 이는 부패하고 타락한 우리들에게 거듭거듭 죄짓지 말고 하나님 떠나 살면 얼마나 무서운 결과가 오는지를 알려서 자기 백성을 보호하시려는 하나님의 마음이 담겨 있다. 너무나 끔찍하고 무서운 저주와 재앙을 반복해서 언급하시는데 신명기 28:68에는 심지어 범죄를 계속하면 이스라엘 백성들을 다시 애굽의 노예가 되게 하겠다는 저주의 말씀까지도 하셨다. 이 저주는 역사적인 사실로 이루어졌는데 A.D 70년에 예루살렘을 함락시킨 로마 장군 티투스(Titus)가 17,000명의 유대인들을 이집트에 노예로 팔아버린 일이 있었다. 천지는 없어지고 요동하나 하나님의 말씀은 일점일획도 없어지지 않고 그대로 성취되는 것이다. 아멘.

오늘의 본문 성경을 읽으시고 깨달은 점이나 기억하고 싶은 점 혹은 기도문을 기록합니다.

2월 26일

1년 1독 성경 읽기 꿀송이 보약큐티

신명기 28장~30장

| 묵 상 자 료 |

1. 축복이냐, 저주냐?

'여호와의 말씀에 순종하면 축복, 여호와의 말씀에 불순종하면 저주'라고 요약될 수 있는 신명기 28장은 아마도 성경 가운데서 가장 중요한 장(章) 중에 하나가 아닌가 생각된다.

'순종은 축복이요, 불순종은 저주'라는 이 사상을 신명기 사관이라고 한다. 사무엘서나 열왕기서, 역대기와 같은 이스라엘 역사서는 대부분 신명기 사관에 근거해서 기록되었다. 신명기 사관의 역사서들을 보면 이스라엘의 왕들이 하나님의 말씀에 순종할 때, 왕도 복을 받을 뿐만 아니라 나라도 복을 받게 된 것을 볼 수 있으나, 왕들이 하나님의 말씀에 불순종하면 자신들이 저주받을 뿐만 아니라 나라까지도 심판을 받게 된 사실을 볼 수 있다. 이 신명기 사관은 하나님께서 우리 성도들을 다스리시는 위대한 원리요, 우주를 통치하시는 근본적인 원리 가운데 하나이다.

이스라엘 백성들이 여호와 하나님을 잘 섬기고 있을 때는 외적들이 침략을 하지 못했다. 그러나 이스라엘 백성들이 하나님을 배반했을 때는 외적들이 쳐들어와서 그들의 종이 되었다. 블레셋과 아람, 모압과 암몬, 앗수르와 바벨론, 그리고 로마에 이르기까지 이스라엘 백성들을 끊임없이 괴롭혔던 이방인들이 이스라엘의 역사에 등장한 이유는 분명하다.

다니엘은 기도를 하다가 이 사실을 깨달았다. 그래서 다니엘은 눈물로 회개하면서 다시 기도하면 돌이키시겠다고 하신 언약을 기억하시고 우리를 돌이키게 해달라고 하나님께 기도했던 것이다.

신명기 28장의 축복과 저주의 말씀을 읽노라면 축복보다 저주의 분량이 훨씬 많은 것을 볼 수 있다. 이것은 우리 인간의 타락상을 누구보다 잘 아시는 하나님이 범죄하기 쉬운 우리들에게 채찍을 들어서라도 우리를 죄에서 멀어지게 하시려는 의도라고 생각해야 한다.

오늘의 본문 성경을 읽으시고 깨달은 점이나 기억하고 싶은 점 혹은 기도문을 기록합니다.

2월 27일

1년 1독 성경 읽기 꿀송이 보약큐티

신명기 31장~34장

| 묵상자료 |

1. 느보산에서 하나님의 사람 모세가 죽다(신 34장)

한국 교회는 세계적으로 유명한 목회자들이 많다. 그와 같은 리더쉽들의 충성과 헌신으로 말미암아 우리 한국 교회는 세계 선교사상 그 유례를 찾아볼 수 없으리만큼 부흥하고 성장한 것이 사실이다. 그런데 그와 같은 우리 한국 교회가 언젠가부터 휘청거리기 시작하고 있다. 문제가 생기기 시작하고 약해지기 시작하였다. 한술 더 떠 세상 사람들에게 지탄을 받는 교회가 되고 말았다. 김동호 목사님은 언젠가 자신의 설교에서 그 중요한 이유가 모세 같은 충성스러운 한국의 유명한 주의 종들이 느보산에서 죽지 않고 거의 다 가나안에 들어갔기 때문이라고 생각한다고 하셨다. 자기가 없으면 이 교회는 안 된다는 확신을 가지고 정확하고 정직한 은퇴를 하지 못해서다. 그와 같은 확신이 지나친 일부 대형교회는 나이도 어린 자기 아들을 세워 세습하기까지 하였다. 그래야만 교회가 혼란을 겪지 않고 안정된다는 논리를 저들은 내세웠다. 얼핏 들으면 맞는 것 같다.

그러나 그와 같은 논리는 근본부터 틀린 논리라고 김동호 목사님은 강력히 주장한다. 담임목사의 아들이 후임이 되지 않으면 위험할 교회가 되었다는 것 자체가 건강치 못한 것이라는 것이다. 몇 년 전 30대 아들에게 수만 명의 교회를 세습케 한 목사님에게 어느 신문사 기자가 '왜 아들을 후임으로 삼으려고 하는가?'라고 인터뷰를 하였는데 그때 그 목사님은 심장 이식 수술에 비유하고 설명을 하였다. 심장 이식 수술을 할 때 조직과 피가 맞지 않으면 거부 반응이 일어나서 결국 죽게 되는 것과 같이 교회도 마찬가지라는 식으로 설명을 한 것이다. 그 기사를 읽고 김동호 목사님이 다음과 같은 신랄한 글을 올렸다.

"도대체 그 교회의 심장은 누구의 심장인가? 그리스도 예수의 심장인가 아니면 김 아무개 목사의 심장인가? 도대체 그 교회에 흐르는 피는 그리스도 예수의 피인가 아니면 김 아무개 목사의 피인가? 그리스도의 심장이 뛰고 그리스도 예수의 피가 흐르는 교회라면 그리스도의 심장과 피를 가진 어떤 목사가 와서 목회를 해도 거부반응이 없는 교회가 되어야 옳지 않은가? 도대체 그 교회의 주인은 하나님이신가 김 아무개 목사이신가?"

아들에게 교회를 물려주지 않으면 교회가 무너지고 넘어질 것 같아 불안해하시는 분들도 다 가나안 땅에 들어가려는 모세 같아 보인다. 모세가 느보산에서 죽으면 가나안 땅에서 이스라엘 백성들은 혼란에 빠져 죽을 것 같고, 아브라함이 본토 친척 아비 집을 떠나면 맥도 못추고 유리방황 하는 나그네처럼 살다가 죽을 것 같아 보이는 것은 일반적인 세상의 상식이다. 믿음 없는 눈에는 하나님의 뜻과 방식이 이해가 안 될 것이다. 그러나 이해가 되고 안 되고를 떠나 언제나 하나님의 뜻이 옳고 하나님의 방식이 맞다!!!

모세는 느보산으로 올라가라는 하나님의 말씀에 순종한다. 억울해하지 않는다. 자기가 들어가지 못할 가나안 땅에 대하여 불안해하지 않는다. 자기가 없으면 안 될 것이라는 생각을 하지도 않는다. 여호수아를 백성들 앞에서 세우고 축복한다. 그리고 그렇게 지지리 속 썩이던 이스라엘 12지파 하나, 하나 이름 불러가며 축복한 후 가나안 땅을 한 번 바라본 후 느보산에 올라가 조용히 죽는다. 모세는 정말 믿음의 사람이었다. 끝까지 믿음의 사람이었다. 모세는 가나안에 들어가지 아니하고 느보산에서 죽음으로 최고의 리더가 되었다. 신명기 34:10에서 하나님은 "이후에 이스라엘에 모세 같은 선지자가 일어나지 못하였다"라고 말씀하고 계신다. 우리는 모세를 본받아 하나님은 나 없어도 다른 사람을 통해서 얼마든지 위대한 일을 하실 수 있음을 항상 고백하고 살아야 한다.

고양이가 자기 새끼를 키우는 것을 보면 정말 감동적이기까지 하다. 밥을 주어도 새끼가 다 먹고 물러서기 전까지 자신은 먹지도 않는다. 그런데 신기한 것은 그렇게 자기 새끼를 끼고 돌던 어미가 어느 날이 되면 갑자기 새끼를 버린다고 한다. 근처도 못 오게 한다는 것이다. 새끼가 자기 가까이 오면 공격한다. 고양이를 여러 번 길러 보았지만 매번 똑같았다. 그것은 아마도 모든 야생 동물들의 공통점일 것이다. 고양이에게도 아직 야성이 많이 남아 있어서 그런 행동을 하는 것이다.

그 행동은 새끼를 위한 일이었다. 새끼가 예쁘다고 평생 어미가 품고 있을 수는 없는 것이다. 그렇게 되면 나약한 존재가 되어 야생의 세계에서 독립하여 살아갈 수가 없게 되기 때문이다. 야생 동물에게는 마마보이가 없다. 사람에게만 마마보이가 있다. 그런 면에서 볼 때 오늘날 많은 한국 교회의 교인들은 마마보이가 많다. 그 교회를 일으켜 세운 모세 같은 목사에게 꼭 매달려서 그 목사가 없으면 교회가 안 될 것 같은 불안감에 목사를 하나님처럼 떠받들고 사는 마마보이 말이다. 그러나 아무리 훌륭해도 목사는 목사이지 하나님일 수 없다. 아무리 목사가 훌륭해도 목사가 없으면 교회가 흔들리는 그런 교회는 건강한 교회가 아니다. 가장 중요한 것은 교회의 지도자들이 죽도록 충성한 후에 스스로 자기를 부인하고 느보산으로 올라가 교회와 교인들을 축복하고, 자신의 후임을 축복하고 자신은 장렬히 죽는 것이다. 뒷일은 하나님이 책임지신다. 아멘.

오늘의 본문 성경을 읽으시고 깨달은 점이나 기억하고 싶은 점 혹은 기도문을 기록합니다.

2월 28일

1년 1독 성경 읽기 꿀송이 보약큐티

여호수아 1장~3장

| 묵 상 자 료 |

1. 여호수아 서론

모세오경을 거침없이 독파한 우리는 이제 여호수아서에 도착했다. 여호수아서는 12권의 '역사서'중 첫 번째 책이다. 역사서 12권은 천년의 이스라엘 역사를 담고 있다. 가나안 정복과 분배를 담은 여호수아서를 시작으로 사사기, 룻기, 사무엘상하, 열왕기상하, 역대상하, 에스라, 느헤미야, 에스더에 이르기까지, 바벨론 포로시기와 그 귀환까지의 파란만장한 이스라엘의 역사가 오롯이 담겨있다.

기록자의 관점은 하나님이 모세오경에 그토록 강조한 '주 너희 하나님'의 선택된 백성으로서 얼마나 하나님의 말씀에 순종하며 살았는가 하는 데 초점이 맞추어, 성경을 읽는 독자로 하여금 여호와 경외하기를 독려하고 하나님을 떠나면 우리 인생이 얼마나 불쌍한 처지에 놓이게 되는 가를 일깨우는데 있다. 여호수아서는 여호수아가 저자이고 마지막의 사후 기록은 그의 측근이 덧붙였을 것으로 학자들은 추측한다.

2. 기생 라합의 놀라운 믿음

믿음은 '신비(mystery)'다. 학벌 있고 돈 많은 엘리트들이 하나님을 잘 섬기는 게 아니라 부족하고 내세울 것 없는 사람들이 아름다운 믿음을 가지고 하나님을 성심껏 섬기는 것을 주변에서 수없이 목도한다.

천한 직업을 가진 기생 라합은 어떻게 황금보다 귀한 이 믿음을 갖게 되었을까? 그녀는 소문으로 들었다고 했다. 하나님이 어떻게 애굽에서 그 백성을 큰 이적으로 이끌어 내었으며 홍해에서 애굽 군대를 수장시켜버리고 이스라엘을 구원하신 것과 요단강 동편에서 아모리 족속의 두 왕 시혼과 옥을 무찌르고 전멸시킨 일을 자기들이 들었다는 것이다. 그 얘기들을 듣고 여리고 성 백성들이 마음이 녹았고 정신을 잃었는데 상천하지(上天下地)에 이스라엘인이 섬기는 여호와와 같은 신은 없다고 고백했다. 이 여인은 여호와에 관한 소문만 듣고도 믿음을 가졌다. 이것이 택한 백성의 축복이다. 더 나아가 그녀는 여호와께서 이 땅을 너희에게 주신 줄 내가 아노라(수 2:9) 하고 이스라엘 백성보다 더 확고하게 하나님의 능력을 믿었다. 히브리서 11장, 믿음의 영웅들이 등장하는 믿음의 전당에 여호수아 이름은 없는데 놀랍게도 이 여인의 이름이 등재되어 있다.

“믿음으로 기생 라합은 정탐꾼을 평안히 영접하였으므로 순종하지 아니한 자와 함께 멸망하지 아니하였도다” 히 11:31

여호와의 소문을 어찌 기생 라합만 들었겠는가? 여리고 성 모든 자들이 다 듣고 마음이 녹고 정신을 잃을 정도였다. 그러나 듣고 믿음으로 화합한 사람은 기생 라합뿐이었다. 멸망당할 여리고 성 같은 이 세상에 지금도 수많은 사람들이 예수에 관한 소식을 들어 알고 있다. 그러나 그들은 갖가지 핑계와 이유를 대면서 신앙생활을 안 한다. 심판대 앞에 설 때 그들은 이를 갈며 슬피 울며 후회할 것이다.

세상에는 참 재수없는 사람들의 케이스가 많다. 벌교의 어떤 우체부 아저씨는 옛날에 우편 배달하러 자전거를 타고 가다가 내리막 길에서 길게 하품을 했는데 하필 그 찰나에 벌이 입 속으로 들어가 목을 쏘아 버렸다. 목이 퉁퉁 부은 그는 급히 병원 응급실로 달려갔다. 말을 할 수가 없이 목이 부어버렸다. 간호사 아가씨가 왜 이렇게 되었냐고 묻자 그는 종이 위에 이렇게 썼다.

“벌이 싸 부렀당께!!”

그보다 더 재수없는 사람은 교회 다니다가 중간에 그만두고 나중 지옥 가는 자들일 것이다. 그들은 그 무서운 불지옥에서 얼마나 후회할까?

“아… 성경이 진짜였구나. 예수밖에 구원의 길이 없었구나…”

나중에 후회하면 무슨 소용이 있겠는가? 지금 기회 있을 때 라합처럼 자수하여 광명 찾아야 한다. 아멘.

오늘의 본문 성경을 읽으시고 깨달은 점이나 기억하고 싶은 점 혹은 기도문을 기록합니다.

3월 1일

1년 1독 성경 읽기 꿀송이 보약큐티

여호수아 4장~6장

| 묵 상 자 료 |

1, 길갈에 세워진 열두 돌의 의미 (수 4:1~9)

여호수아서는 하나님께서 모세의 후계자로 여호수아를 세우시는 이야기로부터 시작하고 있다. 여호수아를 부르시고 해야 할 일을 명하시고 한 가지 약속을 하셨다.

"내가 너와 함께 있을 것임이니라" 수 1:5

여호수아서는 전체가 하나님께서 이 약속을 지키는 이야기라고도 할 수 있다. 여호수아가 도무지 돌파할 수 없는 장애물을 만날 때마다 그리고 해결할 수 없는 문제를 만날 때마다 하나님께서 친히 나타나셔서 하나님의 방법으로 장애물을 극복하게 하셨고 문제를 해결할 수 있게 하신 것이다.

여호수아 3장은 이 놀라운 하나님의 이적의 첫 번째 사건을 기록해 놓고 있다. 이스라엘 백성이 가나안 땅으로 진군해 들어가고자 할 때 앞을 가로막는 장애물이 있었는데 바로 요단강이었다. 물이 깊어서 걸어서 건널 수 없는 형편이었다. 그렇다고 다리를 놓을 상황도 아니었다. 장정만 60만이 넘는지라 배를 만들어 타고 건널 수도 없었다. 여호수아로서는 시작부터 어찌할 수 없는 장애물을 만난 것이다.

이때 하나님께서 약속하신 것처럼 하나님의 능력이 함께 하셨다. 하나님의 전능하신 방법으로 요단강 물줄기를 멈추게 하신 것이다. 이스라엘 백성들이 요단강을 평지 건너듯이 손쉽게 건너게 되었다.

그런데 오늘 여호수아 4장에 와 보면 하나님께서 뜻밖의 명령을 내리셨다. 이스라엘 백성이 요단강을 마지막까지 다 건너고 아직 제사장들은 법궤를 멘 채 요단강 한가운데 서 있었다. 하나님께서 갑자기 각 지파에서 한 명씩 뽑아서 제사장들이 법궤를 메고 서 있는 강 한가운데로 보내셨다. 그리고 그 자리에 돌 12개를 쌓게 하셨고, 또 12개를 메고 나와서 그들이 머무르게 될 길갈로 가져오게 하셨다.

그래서 요단강 한가운데 제사장들이 법궤를 메고 섰던 자리에 12개 돌로 기념비가 세워지게 되었고, 역시 저들이 머무르게 될 길갈에 12개 돌로 기념비가 세워지게 되었다. 이 일이 끝나자 마침내 법궤를 멘 제사장들도 요단강을 건너게 되었고 마침내 극적인 요단강 도하 사건이 끝이 나게 된다.

본문을 자세히 살펴보면 쉽게 이해하기 힘든 부분이 있다. 우선 왜 제사장들이 섰던 강바닥에 기념비를 세우라 하셨을까? 여호수아 4:18을 보면 제사장들이 요단강에서 나와 가나안 땅을 밟자마자 요단강물이 다시 흘러 원래 강물 모습 그대로 되었다. 이것은 강바닥에 세워둔 12돌기념비는 강물에 잠겨서 보이지 않게 되었다는 것을 뜻한다.

기념비를 세우면 누구나 늘 잘 볼 수 있게 해야 할 텐데 왜 물에 잠겨서 보이지 않게 될 기념비를 세우라 하셨을까? 칼빈은 이렇게 해석했다. "이 기념비는 비록 보이지는 않을지라도 이스라엘 백성들의 마음 가운데 세워진 것과 같은 효과를 거두게 되었다. 저들이 요단강을 볼 때마다 눈에 보이지는 않지만 그 안에 세워져 있을 기념비를 마음의 눈으로 보게 될 것이다. 그리고 간혹 건기 때 수심이 낮아져 그 기념비의 꼭대기가 보이게 되면 그 효과를 배가시킬 수 있을 것이다."

일리가 있는 해석이다. 하나님께서 이렇게 하신 것은 눈에 보이는 기념비 자체보다도 이스라엘 백성 마음속에 기념비를 세우고자 하신 것이다. 하나님께서 행하신 그 놀라운 역사를 마음속에 두고두고 담아두게 하시고자 하신 것이었다.

다른 하나는 왜 기념비를 세워도 그렇게 초라하게 세우라 하셨을까? 강바닥에 그렇게 큰 돌들이 많이 있을 리 없고, 그리고 한 사람이 어깨에 멜 정도의 돌이면 그렇게 큰 돌이 아니다. 그저 작으면 농구공 정도 좀 크면 자동차 타이어 정도일 것이다. 이 정도 크기의 돌 12개를 쌓아 봐야 얼마나 되겠는가? 이집트의 피라밋이나 이라크에 있는 지구라트와는 정말 비교할 수 없을 정도로 작고 초라한 것이다. 가까이 가서야 비로소 누군가가 돌을 세워놓았다는 것을 알 수 있을 정도이고, 의미를 아는 사람들이나 기념비라는 것을 알 수 있을 정도였다.

사실 그 위용이 대단하게 되면 그 자체가 우상이 될 것을 하나님이 우려하신 것이었다. 하나님께서 기념비를 세우되 소박하고 초라할 정도로 세우게 하신 것은 기념비 자체보다 그 안에 담겨있는 의미를 중요하게 생각하셨기 때문이었던 것이다.

우리도 기념비를 세워야 하겠다. 우리가 체험한 하나님께서 함께 하심의 증거를 기념비로 세워야 하겠다. 그 기념비를 보고 하나님께서 함께 하심의 표징을 삼아야 하고 그 기념비를 통해서 우리 자녀들에게 믿음을 심어 주며 대대로 기념하게 해야 한다.

오늘의 본문 성경을 읽으시고 깨달은 점이나 기억하고 싶은 점 혹은 기도문을 기록합니다.

3월 2일

1년 1독 성경 읽기 꿀송이 보약큐티

여호수아 7장~9장

| 묵상자료 |

1. 은혜 받을 상황에 시험 받은 아간

여호수아 7장에 등장하는 비극적인 인물 아간은 어떤 사람인가? 그의 집안을 성경은 이렇게 설명한다.

"이스라엘 자손들이 온전히 바친 물건으로 말미암아 범죄하였으니 이는 유다 지파 세라의 증손 삽디의 손자 갈미의 아들 아간이 온전히 바친 물건을 가졌음이라" 수 7:1

그는 메시아를 배출한 가장 위대한 지파 유다 지파의 자손이었다. 거기에 그는 '세라'의 증손이었다. 세라는 '씨를 뿌리다.' '빛이 떠오르다.'라는 영광스러운 이름을 가진 귀한 조상이었다. 삽디의 손자라고 했는데 삽디는 '기쁨의 선물'이란 의미를 가지고 있다. 그리고 아버지가 갈미였다. 갈미는 '열매'인데 특별히 포도열매를 지칭했다. 여호와를 찬송한다는 뜻을 가진 유다 지파의 뼈대 있는 가문에서 태어난 그는 씨를 뿌리고, 기쁨의 선물이 있고, 풍성한 열매를 맺고 이제 남은 것은 거두어 누리는 영광만 남아 있는 상황이었다. 그 역할이 아간의 시대에 이루어져야 했다. 그리고 아간은 여리고 성이 어떻게 하나님의 능력으로 붕괴되는 지를 자기의 두 눈으로 똑똑히 목도하였고 요단강을 육지같이 건너는 기적도 체험하였다. 얼마든지 성령 충만한 상황에 있을 수 있는 환경이었다.

그런데 그는 순간의 탐심에 눈이 어두워 마귀의 시험에 빠졌고 '이스라엘을 괴롭게 하는 자'가 되어 가문과 이스라엘 전체에 엄청난 재앙을 불러오는 자가 되었다. 아간은 명문 가문의 자식인데 그 끝은 사고뭉치가 되어 이스라엘을 괴롭게 하였다. 한편, 어제 읽은 성경에 나온 라합은 이방인이었고 죄인 중의 죄인이었다. 그런데 그녀는 구원을 받고 메시아를 이 땅에 오게 하는 예수님의 족보의 조상이 되었다. 이것이 기독교 복음의 신비이다. 나는 아간이 될 것인가? 라합이 될 것인가?

2. 기브온 족속과 맺은 언약

여호수아 9장에는 멸절시켜야 할 가나안 족속인 기브온 거민들과 속아서 화친조약을 체결하는 장면이 나온다.

이스라엘 백성들이 여리고와 아이성을 점령했다는 소문은 남은 가나안 족속들을 공포에 떨게 하였다. 그들은 살아남기 위하여 동맹군을 결성하고 이스라엘과 맞서려 하였다. 그러나 그 중 가장 강대한 족속이었던 기브온 족속들은 이스라엘과 화친을 맺기 위해 사신을 보내었고 여호수아는 그들에게 속아 화친 조약을 맺고 말았다. 이스라엘에게 사신을 보내기 전 그들은 치밀하게 이스라엘을 연구했던 것 같다. 그래서 그들은 가나안 족속들은 모두 멸절시키게 되어있는 것과, 멀리 사는 족속들에게는 먼저 평화를 선포하고 그들이 화친해 오면 공격하지 말고 평강으로 대하라고 하는 신명기 20:10~16 말씀까지도 알게 되었던 것 같다. 대단한 정보력이다.

그래서 그들은 멀리서 온 족속들인 것처럼 꾸며 이스라엘에게 나아 갔고 여호수아는 속아서 그들과 화친조약을 맺고 말았다. 3일 후에 비로소 속은 것을 안 여호수아는 아차! 했지만 한 번 여호와의 이름으로 체결한 조약을 무를 수는 없었다. 그래서 그들을 죽이지 못하고 종으로 삼아 물긷고 장작 패는 일에 사용했다.

이 실수를 통해 여호수아는 매사에 일단 하나님께 철저히 기도하고 묻고 신중하게 하나님의 뜻을 따라 결정해야 한다는 것을 다시 한 번 깊이 새기게 되었다. 나중 사울 왕 시대에 사울은 기브온 사람들을 학살한다. 여호수아와 기브온 사이에 여호와의 이름으로 맺어진 조약을 사울 왕이 깨뜨린 것이다. 이로 인하여 다윗 시대에 3년 동안이나 기근이 왔는데 이 기근은 기브온 사람들의 요청에 따라 사울 왕의 일곱 후손들을 처형함으로써 그치게 되었다(삼하 21:1~14).

하나님은 경위가 어찌되었든 일단 자신의 이름을 걸고 언약한 것은 끝까지 지키시는 분이시다. 사울 왕은 그 신실하신 하나님의 마음을 헤아리지 못하고 함부로 기브온 족속을 핍박하였다. 그 일로 일곱 후손들이 처형을 당하고 이스라엘에 삼 년의 기근이 오도록 했으니 참으로 언약의 중요성을 모르는 어리석은 왕이었다.

✂✂✂ 오늘의 본문 성경을 읽으시고 깨달은 점이나 기억하고 싶은 점 혹은 기도문을 기록합니다.

3월 3일

1년 1독 성경 읽기 꿀송이 보약큐티

여호수아 10장~12장

| 묵상자료 |

1. 연전연승의 은혜(수 11:1~23)

이순신 장군은 임진왜란 당시 일본과 23번의 전투를 치렀는데 단 한 번도 패한 적이 없다. 이순신 장군은 어떻게 해서 23전 무패의 엄청난 업적을 이룰 수 있었을까? 대부분의 학자들은 그 승리의 비결을 "이길 수 있는 싸움"만 했기 때문이라고 한다. 이는 적과 자신의 장단점을 정확히 파악한 후 자신이 승리할 수 있는 방법으로 싸웠다는 것이다. 그 단적인 예로 당시 임금이던 선조가 이순신 장군에게 부산포로 진격하라는 명령을 내렸지만 이를 거부하다 관직을 박탈당한 것을 보면 알 수 있다. 이순신 장군이 이를 거부한 이유는 단 한 가지, 승산이 없기 때문이었다.

가나안 땅 전투에서 여호수아도 연전연승을 거두었다. 출애굽기 이후 이스라엘 역사를 보면 가데스바네아 에서와 아이 성 전투의 단 두 차례의 패배를 경험한 것 외에는 모든 전투에서 승리하였다. 두 전투에서 이스라엘이 패했던 이유는 모두 하나님의 뜻을 거슬렀기 때문이다. 가데스바네아에서는 열두 정탐꾼 중에 여호수아와 갈렙을 제외한 나머지 열 정탐꾼들이 가나안 족속은 거인이고 우리들은 메뚜기 같다고 부정적인 보고를 하였다. 이에 하나님께서 진노하시고 광야 40년 유랑의 벌을 내리셨는데 이를 거부하고 가나안을 진격하다 패배를 당하고 말았다. 아이 성 전투에서는 아간이 여리고 성 전투에서 하나님의 뜻을 어기고 몰래 물건을 훔친 것이 원인이 되어 패배했다.

그러나 두 전투 모두 여호수아는 참여하지 않았다. 그러므로 여호수아 개인적으로는 전혀 패배해 본 적이 없는 불패의 사람이었다 할 것이다. 가는 곳마다 승리를 거둔 전과가 바로 다음 이어지는 12장에 기록되어 있다. 12:7 이하에 이렇게 기록되어 있다. "여호수아와 이스라엘 자손이 요단 이편 곧 서편 레바논 골짜기의 바알갓에서부터 세일로 올라가는 곳 할락 산까지에서 쳐서 멸한 왕들은 이러하니…… 하나는 여리고 왕이요 하나는 벧엘 곁의 아이 왕이요…" 해서 도합 31왕의 이름이 나타나 있다. 우리들의 인생에서도 이런 놀라운 전과를 거둘 수 있기를 소망한다. 인생을 마치는 날이 되어 자기 인생을 되돌아보며 이런 전과를 기억할 수 있다면 참으로 복된 인생이라 할 것이다.

여호수아가 모든 전투에서 승리할 수 있었던 것은 이기게 되어 있는 싸움을 싸웠기 때문이다. 전쟁에 능하신 하나님께서 여호수아에게 이미 승리의 약속을 주셨고, 이 확신 가운데 여호수아는 전쟁에 나아갔다. 여리고성 전투가 시작되기 전에 하나님은 여호수아 6:2 말씀으로 먼저 승리의 약속을 주셨다. "여호와께서 여호수아에게 이르시되 보라 내가 여리고와 그 왕과 용사들을 네 손에 붙였으니"

아이성 전투에서도 마찬가지이다. 여호수아 8:1이다. "여호와께서 여호수아에게 이르시되 두려워 말라 놀라지 말라 군사를 다 거느리고 일어나 아이로 올라가라 보라 내가 아이 왕과 그 백성과 그 성읍과 그 땅을 다 네 손에 주었노니" 남부 지역 전투도 마찬가지이다. 여호수아 10:8을 보라. "때에 여호와께서 여호수아에게 이르시되 그들을 두려워 말라 내가 그들을 네 손에 붙였으니 그들의 한 사람도 너를 당할 자 없으리라 하신지라"

이처럼 여호수아는 모든 전투에서 하나님으로부터 승리의 약속을 받고 나갔던 것이다. 여호수아만 이런 승리의 약속을 받은 것이 아니다. 우리 모든 신앙인들에게도 이런 승리의 약속이 주어졌다. 주님은 제자들을 향하여 이렇게 말씀하셨다. "세상에서는 너희가 환난을 당하나 담대하라 내가 세상을 이기었노라"(요 16:33). 우리가 예배하고 모시는 주님은 바로 세상을 이기신 분이시다. 골로새서에서는 예수님의 승리에 대해, "정사와 권세를 벗어 버려 밝히 드러내시고 십자가로 승리하셨느니라"(골 2:15)라고 하셨다. 십자가로 승리하신 예수님이 이제 이 세상 모든 권세를 가지고 계신다. "예수께서 나아와 일러 가라사대 하늘과 땅의 모든 권세를 내게 주셨으니"(마 28:18).

예수님은 이 권세를 믿는 자들에게 주셨다. 마가복음 16:17, 18은 이렇게 선포한다. "믿는 자들에게는 이런 표적이 따르리니 곧 저희가 내 이름으로 귀신을 쫓아내며 새 방언을 말하며 뱀을 집으며 무슨 독을 마실지라도 해를 받지 아니하며 병든 사람에게 손을 얹은즉 나으리라" 아멘.

믿는 자에게 주어진 권세를 보라. 예수의 이름으로 귀신이 쫓긴다. 믿는 자에게는 귀신을 제어할 수 있는 권세가 주어졌다. 뱀을 손으로 집고 무슨 독을 마실지라도 해를 받지 않는다. 실제 사도 바울은 사도행전 28장에 보면 멜리데라는 섬에서 독사가 그 손을 물었지만 전혀 해가 없었다. 하나님께서 우리를 부르실 때 시시한 인생으로 부르지 않았다. 세상에 지지 말자. 사울이 다윗에게 주었던 축복이 우리에게도 임하기를 바란다. "내 아들 다윗아 네게 복이 있을지로다 네가 큰 일을 행하겠고 반드시 승리를 얻으리라"(삼상 26:25).

독일에 블룸하르트라는 평범한 목회자가 있었는데 그의 목회를 결정적으로 바꾸었던 사건이 있었다. 그것은 귀신에 들렸던 고트리빈 디투스라는 소녀와의 영적 싸움이었다. 이 소녀는 귀신에 들린 전형적인 빙의 현상을 보였다. 이상한 말을 하고 이상한 형체가 보인다고 말하기도 했다. 거품을 내뿜고 자주 병에 걸리기도 하였고, 이 소녀가 발작을 할 때는 그야말로 영화의 장면들처럼 집안에 있는 물건들이 갑자기 흔들리기도 하였다. 이 지역의 목회자였던 블룸하르트는 이 사건 앞에 속수무책이었다. 그러다 갑자기 마음속에 분노가 일어나 그 소녀의 손을 잡고 이렇게 외쳤다. "예수님 나를 도와주십시오. 우리는 마귀가 하는 것을 충분히 보았습니다. 이제 예수님께서 하실 수 있는 것을 보기 원합니다." 그러자 발작이 멈추고 소녀가 평온을 되찾았다. 가장 깜짝 놀랐던 것은 블룸하르트 목사였다. 예수의 이름에 이런 능력이 있는 것에 놀랐던 것이다.

그렇지만 이 영적 싸움은 1년 반이나 지속되었다. 언니의 병 때문에 이 소녀의 동생까지도 병에 걸렸었는데 이 싸움은 결국 성탄절 무렵이 되어서야 끝이 난다. 이때도 예수의 이름으로 기도하는데 그 동생이 발광을 하면서 큰소리를 지르다가 귀신이 최종적으로 떠나갔다. 이때 마지막으로 이 소녀의 입으로 외쳤던 것은 "예수는 승리자다", "예수는 승리자다"라는 외침이었다고 한다. 이 '예수는 승리자다'는 말은 이후 블룸하르트 부자의 신앙적 슬로건이 되었다. 당시는 이성을 신뢰하는 자유주의와 진보적 낙관주의가 판을 치던 19세기였다. 그런데 인간 이성으로는 제어할 수 없고 이해할 수 없는 현상을 예수의 이름의 능력으로 제어한 것이다.

이 일을 계기로 이 마을에 놀라운 각성운동과 참회운동이 시작되었다. '블룸하르트' 목사가 시키지 않았는데도 사람들은 목사관에 찾아와 그들의 죄를 고백하고 참회했다. 만성 알코올 중독자들이 술을 끊고 회의에 빠진 사람들이 다시 믿게 되었으며 병든 사람들이 다시 그들의 건강을 회복하는 일이 일어났다. 그 동안 텅 비었던 교회가 가득 찼고 평일에도 사람들은 교회에 모여 성경를 읽고 찬양했다. 너무나 많은 사람들이 몰려왔기 때문에 주일에는 정규적인 예배 외에 특별예배를 드리지 않을 수 없을 정도였다.

예수는 승리자이시다. 우리는 단지 귀신들과의 영적 싸움에서만 승리하는 존재가 아니다. 우리 인생의 싸움에서 승리하도록 부르심을 받았다. 내 안에 있는 악한 습성과 좋지 않은 성격과의 싸움에서 승리하실 수 있기를 바란다. 도벽, 술, 인터넷 중독, 성격적으로 부정적이고, 냉소적인 성격들 우리가 버리고 싶은 것들이 많다. 비록 현재의 싸움에서 한 번은 지고 한 번은 승리하며 연전연승의 은혜는 못 누린다 할지라도 절망하지 말자. 결국 승리는 우리 것이다. 아멘.

오늘의 본문 성경을 읽으시고 깨달은 점이나 기억하고 싶은 점 혹은 기도문을 기록합니다.

3월 4일

1년 1독 성경 읽기 꿀송이 보약큐티

여호수아 13장~18장

| 묵 상 자 료 |

1. 여호수아가 나이 많아 늙으매…

여호수아 13장은 할 일은 태산같이 쌓였는데 여호수아가 나이 많아 늙었다고 시작한다.

"여호수아가 나이가 많아 늙으매 여호와께서 그에게 이르시되 너는 나이가 많아 늙었고 얻을 땅이 매우 많이 남아 있도다" 수 13:1

이 말의 뉘앙스는 앞으로 싸워 정복해야 할 땅은 산적해 있는데 지도자 여호수아는 나이 많아 늙어 언제 죽을 지 모른다는 것이니 걱정스런 어감으로 다가 온다. 그러나 이 말씀은 염려하는 의미로 기록되지 않았다. 오히려 여호수아는 늙고 할 일은 많이 남았지만 남은 싸움을 하나님께서 책임지고 이끌 것이라는 확신을 주는 말씀이다. 이어지는 여호수아 13:6에서 하나님이 이렇게 말씀하시는 것을 들어 보라.

"또 레바논에서부터 미스르봇마임까지 산지의 모든 주민 곧 모든 시돈 사람의 땅이라 내가 그들을 이스라엘 자손 앞에서 쫓아내리니 너는 내가 명령한 대로 그 땅을 이스라엘에게 분배하여 기업이 되게 하되" 수 13:6

여호수아가 늙었지만 걱정 안 해도 되는 이유는 하나님이 남은 싸움도 하시겠다는 것이다. 모세가 죽어도 하나님은 끄떡없이 그 일을 이루셨고, 여호수아가 늙어도 하나님은 계속 그의 일을 완수해 나가실 것이라는 의지의 표명이었다. 이를 통해 하나님이 주시고자 하는 메시지는 하나님의 백성의 삶은 우리가 붙들고 씨름하고 힘써서 되는 것이 아니라, 하나님의 손길을 믿고 하나님의 말씀을 따라 순종하고 나아가다 보면 하나님의 역사를 체험하게 된다는 것을 여호수아서는 강조하는 것이다. 여호수아 11:15을 보자.

"여호와께서 그 종 모세에게 명령하신 것을 모세는 여호수아에게 명령하였고 여호수아는 그대로 행하여 여호와께서 모세에게 명하신 모든 것을 하나도 행하지 아니한 것이 없었더라" 수 11:15

'여호와께서 모세에게 명령하신 것'을 모세와 여호수아가 순종했다는 것이니 모세와 여호수아가 중요한 것이 아니라 하나님의 말씀이 중요하다는 것이다. 서울 삼일교회 송태근 목사님은 그의 여호수아 강해에서 교회에서 조심할 것이 사람에게 집중하는 것이라고 경고했다. 소위 대형교회 담임목사에게 후광이 쏟아지는 '스타성'을 조심해야 한다는 것이다. 한국 교회는 엄청난 카리스마를 가진 1세대 목회자들이 은퇴를 하고 리더십이 바뀌는 과정에서 많은 물의와 혼란을 가져왔다.

특정한 담임목사가 없어도 잘 돌아가는 교회 공동체가 건강한 교회다. 누가 있는지에 따라서 그 교회가 걷잡을 수 없이 흔들린다면 뭔가 잘못된 요소가 있다는 것을 나타내는 것이다. 목사들은 쓸데없는 권위를 덧입어서는 안 된다. 모세도 여호수아도 자기들의 꿈을 펼치며 자신들의 비전을 이루는 인생을 살지 않았다. 하나님의 명령을 준행했을 뿐이다. 그리고 나서 그들은 지나갔다. 우리가 집중해야 할 분은 하나님 한 분뿐이시지 사람이 아니다. 하나님은 여호수아 13장에서, "여호수아야, 너는 비록 나이 많아 늙었고 남은 땅은 많다. 그러나 걱정 마라. 내가 한다."고 선포하신다. 오늘날 많은 사람들이 하나님의 일을 수종 들면서도 자기가 주인공이 되어 자기 힘으로 정신없이 하다가 스스로 지치고 자빠진다. '하나님이 하시는 일을 보는 행복자'로 사는 것이 주님의 뜻이건만 그런 수준에 도달하기는 쉽지 않다. 우리는 종종 하던 일을 잠시 멈추고 내가 앞서가고 있나 하나님이 나를 이끌고 계시나를 점검하며 나아가야 한다.

2. 그니스 사람 갈렙

여호수아 14장에서 그니스 사람 갈렙이라는 85세의 노인이 "이 산지를 내게 주소서"하며 여호수아에게 헤브론 산지를 유다 지파에게 달라고 청한다. 그때는 제비뽑기로 모든 이스라엘 백성들이 자기들에게 할당될 분깃을 정하고 있을 때였다. 가만이 있으면 자신들에게 더 비옥하고 풍요로운 땅이 배분될 수도 있었는데 갈렙은 제비뽑기를 원치 않았다. 45년 전에 여호와께서 모세를 통해 말씀하신 그 산지를 약속대로 달라는 요구였다.

> "그 날에 여호와께서 말씀하신 이 산지를 지금 내게 주소서 당신도 그 날에 들으셨거니와 그 곳에는 아낙 사람이 있고 그 성읍들은 크고 견고할지라도 여호와께서 나와 함께 하시면 내가 여호와께서 말씀하신 대로 그들을 쫓아 내리이다 하니" 수 14:12

45년 전 그는 12정탐꾼들의 멤버가 되어 헤브론 산지를 정탐했었고 네피림 후손 거인족 아낙 자손들과 견고한 성읍들을 이미 보아 알고 있었다. 10명의 정탐꾼들은 무서워 하며 자기들을 메뚜기에 비유하며 고개를 저었으나 예나 지금이나 갈렙은 변함없이 "그들은 우리의 밥"이라 하며 승리의 확신을 가지고 있었다. 전쟁의 승패는 하나님의 손에 달려 있는데 하나님이 함께만 해 주신다면 능히 그들을 격파할 수 있다는 것이 그의 신념이었다.

갈렙의 히브리어 뜻은 개(犬)다. 왜 이런 모욕적인 이름을 가졌을까? 그나스(Kenizzite) 사람이기 때문이다. 창세기 36장에는 에서의 족보가 나오는데 11절에 그 후손 중 그나스가 나온다. 갈렙은 순수 야곱의 혈통으로 이루어진 이스라엘 백성들에게 섞여 사는 잡종 출신이었던 것이다. 그러나 성경은 혈통이나 유전을 중시하지 않고 믿음을 중시하는 책이다. 혈통의 핸디캡을 안고 살았지만 갈렙은 이스라엘 정통 혈통의 사람들보다 믿음이 뛰어났다. 여호수아 14:7을 보면 갈렙은 모세에게 정탐 사실을 보고할 때 군중심리에 휩쓸리거나 사람을 의식하지 않고 '내가 성실한 마음으로' 그에게 보고 했다고 한다. 그는 거짓을 몰랐으며 마음에 진심을 담아 성실하게 보고했다.

여호수아서를 은혜롭게 강해한 레드파스나 몽고메리는 갈렙의 성품을 '단순'하다고 지적했다. 위대한 사람들은 결코 복잡하지 않다. 교활하지도 않다. 그들은 늘 변함없이 일관성 있게 나아간다. 그가 헤브론 산지를 달라고 하는 것은 자신의 힘을 과신해서가 아니었다. 아브라함, 이삭, 야곱의 무덤이 있는 유서 깊은 약속의 땅 헤브론 산지는 비록 아낙자손 거인들이 진을 치고 있어도 반드시 이스라엘이 차지해야 하는 땅임을 그는 알았기 때문이다. 그리고 하나님의 약속이 있는 땅이기에 싸우면 이기게 되어 있는 땅임을 의심치 않았다. 그는 85세의 노장이었지만 아직 싸움에 임할 힘이 넉넉함을 여호수아에게 주지시켰다. 갈렙의 이런 진취적인 위대한 믿음의 모습을 보고 있노라면 78세 때 사무엘 울만이 썼던 "청춘"이란 시가 떠오른다.

청춘
청춘이란 인생의 한 시기가 아니라 마음가짐을 뜻하나니
장밋빛 붉은 입술 부드러운 무릎이 아니라
풍부한 상상력과 왕성한 감수성과 의지력 그리고 인생의 깊은 샘에서 솟아나는 신선함을 뜻하나니
청춘이란 두려움을 물리치는 용기 안일함을 뿌리치는 모험심 그 탁월한 정신력을 뜻하나니 때로는 스무살 청년보다 예순살 노인이 더 청년일 수 있다.
누구나 세월만으로 늙어가지 않고 이상(vision)을 잃어버릴 때 늙어 가나니
세월은 피부의 주름을 늘리지만 열정을 가진 마음을 시들게 하진 못하지
근심과 두려움 자신감을 잃는 것이 우리 기백을 죽이고 마음을 시들게 하네
그대가 젊어 있는 한 예순이건 열 여섯이건 가슴속에는 경이로움을 향한 동경과 아이처럼 왕성한 탐구심과 인생에서 기쁨을 얻고자 하는 열망이 있는 법
그대와 나의 가슴속에는 이심전심의 안테나가 있어 사람들과 신으로부터 아름다움과 희망 기쁨 용기 힘의 영감을 받는 한 언제까지나 청춘일 수 있네
영감이 끊기고 정신이 냉소의 눈(雪)에 덮이고 비탄의 얼음에 갇힐 때 그대는 스무살이라도 늙은 이가 되네
그러나 머리를 높이 들고 희망의 물결을 붙잡는 한 그대는 여든 살이어도 늘 푸른 청춘이네

-사무엘 울만, "청춘" 전문-

85세의 노장 갈렙이 구한 것은 헤브론 산지였다. 헤브론은 교통(fellowship)이라는 뜻이다. 그는 이스라엘의 전능하신 하나님과의 교통을 원했다. 세겜(능력), 벧엘(하나님의 집) 보다도 그는 하나님 자신과 교통하는 헤브론을 선호했다. 결국 그 믿음대로 그는 유다 지파를 이끌고 헤브론 산지를 차지했다. 갈렙 같은 믿음의 용사를 하나님은 지금도 찾고 계신다. 나는 나이도 얼마 안되면서 '나이', '나이' 하는 사람들을 싫어한다. 작년 7월에 한국의 안양일심교회 김상수 목사님은 82세의 나이에도 아프리카까지 날라 오셔서 흑인 목회자들에게 큰 은혜를 끼쳐주시고 가셨다. 최소 90세 이상 되었을 때 비로소 '나이'를 말하는 우리가 되자.

오늘의 본문 성경을 읽으시고 깨달은 점이나 기억하고 싶은 점 혹은 기도문을 기록합니다.

1년 1독 성경 읽기 꿀송이 보약큐티

여호수아 19장~24장

| 묵상자료 |

1. 도피성

여호수아 20장에는 하나님이 여호수아에게 도피성을 만들라는 말씀이 기록되어 있다. 눈에는 눈으로 이에는 이로 복수하는 당시의 관행을 생각하면 사람을 실수로 죽였다 할지라도 구제받을 길이 없었다. 가령 함께 산에서 나무를 하다가 도끼자루가 실수로 날라가 옆 사람을 죽였다면 어떻게 할 것인가? 하나님은 부지중에 실수로 살인한 자들이 보호받을 수 있도록 도피성 여섯 개를 만들어 요단강 양 편에 세 개씩 산 위에 세워 놓으셨다. 도피성에 들어가 있으면 아무도 건드리지 못하고 보호를 받았다. 그러다가 대제사장이 죽으면 완전히 해방되어 자기 고향으로 갈 수 있었다.

도피성은 우리 주 예수님을 상징한다. 예수님은 죽을 수밖에 없는 죄인들이 그에게 나오면 그 보혈로 덮으시고 지옥의 심판에서 그 백성을 보호해 주신다. 대제사장이 죽으면 그 도피성에 피한 자가 해방되어 고향에 갈 수 있었듯이 우리의 대제사장이신 예수님은 우리의 자유를 위해 이미 십자가에서 죽으셨다. 주님은 "진리를 알지니 진리가 너희를 자유케 하리라"고 하셨다. 진리가 무엇인가? 예수님이 진리시다. 그러므로 예수를 알면 예수님이 우리를 죄의 심판에서 자유케 해 주심을 알게 된다. 피난처 있으니 환란을 당한 자 이리오라. 땅들이 변하고 물결이 일어나 산 위에 넘치되 두렵잖네.

"수고하고 무거운 짐진 자들아 다 내게로 오라 내가 너희를 쉬게 하리라" 마 11:28

2, 너희가 섬길 자를 오늘 택하라

여호수아 24장에 여호수아는 죽기 전 이스라엘 백성들을 세겜에 모았다. 거기서 애굽에서 가져온 요셉의 뼈를 묻고 장사하였다. 그리고 그 유명한 마지막 말을 했다.

"너희 섬길 자를 오늘날 택하라 나와 내 집은 여호와를 섬기겠노라" 수 24:15

이 비장한 이 여호수아의 마지막 호소에 그들은 모두 자신들은 하나님만 섬기겠다고 대답했다. 그러나 여호수아는 하나님만 섬기겠다는 그들의 대답에 찬물을 끼얹는 말을 했다.

"여호수아가 백성에게 이르되 너희가 여호와를 능히 섬기지 못할 것은 그는 거룩하신 하나님이시요 질투하시는 하나님이시니 너희의 잘못과 죄들을 사하지 아니하실 것임이라" 수 24:19

그들은 이 말을 듣고 아니라고 부인하면서 자신들은 끝까지 여호와만 섬기겠다고 다짐했다. 그러나 그 뒤의 역사를 우리가 알듯이 여호수아 세대가 지나고 나니 이스라엘 백성들은 하나님을 버리고 우상숭배에 빠지다가 매를 맞고 심판을 자초하는 일을 반복했다. 우리가 하나님을 대대로 자자손손 잘 섬기는 것이 얼마나 어려운가를 이스라엘 역사가 보여준다. 우리는 겸손하게 하나님의 도우심을 간구하여 주를 끝까지 잘 섬길 힘을 공급받아야 한다. 주님이 도와주시지 않으면 내 힘으로는 온전히 주를 섬기지 못하기 때문이다. 자식도 내 맘대로 안 된다. 주의 은혜가 반드시 필요하다.

오늘의 본문 성경을 읽으시고 깨달은 점이나 기억하고 싶은 점 혹은 기도문을 기록합니다.

3월 6일

1년 1독 성경 읽기 꿀송이 보약큐티

사사기 1장~3장

| 묵상자료 |

1. 사사기는 어떤 책인가?

"그 때에는 이스라엘에 왕이 없으므로 사람마다 자기 소견에 옳은 대로 행하였더라" 삿 17:6

이 구절이 사사기의 요절이다. 하나님의 말씀을 삶의 기준으로 삼지 못하고 자기 소견대로 방자하게 살다가 하나님의 징계를 받는 이스라엘의 혼돈된 역사를 여과 없이 보여주는 책이 사사기다.

여호수아와 그와 함께 했던 세대들이 죽고 새로운 세대들이 일어났을 때 불행히도 그 후손들에게 신앙이 제대로 계승이 되지 않았다. 그들은 자기 조상들을 애굽의 노예살이에서 기적으로 이끌어내어 가나안에 정착시키신 그들의 하나님을 잊어버리고 가나안의 남은 자들과 혼인하며 그들이 섬기던 이방 신들을 음란하게 섬겼다. 그때마다 하나님의 심판을 받아 타 민족의 발에 짓밟혔고 그들은 견디다 못해 힘들면 그제서야 하나님을 찾아 고통 중에 부르짖는다. 그러면 또 하나님은 그들을 불쌍히 여기시고 사사들을 세워 구출해 주셨다.

이러한 패턴이 반복되는 것이 사사기 전체의 내용이다. 타락→심판→부르짖음→돌아보심… . 지긋지긋하다. 인간의 타락이 얼마나 심각하고 신앙계승이 얼마나 어려운 일인가를 사사기는 독자들에게 웅변적으로 보여주고 있다.

그들에게 하나님은 항상 3등이었다. 먼저 자기들 소견에 옳은 대로 행하고 나중 힘들어 하나님이 필요하면 가끔 하나님을 찾았다. 어떤 분이 쓴 "하나님은 3등입니다"라는 글이 사사기를 읽으며 내내 맴돈다.

하나님은 3등입니다

1등은 하고 싶은 일
2등은 해야 하는 일
3등은 하나님을 만나는 일

하고 싶은 일 다 하고
해야 할 일도 다 마치고

그 후에 여유가 있으면
하나님을 만납니다
하나님은 3등입니다

어려운 일이 생길 때도
하나님은 3등입니다
내 힘으로 한 번 해보고
그래도 안 되면
가까이 있는 사람에게 도와 달라고 하고
그나마도 안 되면 하나님을 부릅니다
하나님은 3등입니다

거리에서도 3등입니다
내게 가장 가까이 있는 것은 내 자신
그 다음은 내 마음을 알아주는 사람
그 다음에야 저 멀리 하늘에 계신 하나님이십니다
하나님은 3등입니다

그런데 하나님께 나는 1등입니다
무슨 일이 있어도 내가 부르기만 하면 도와 주십니다
내가 괴로워할 때는 만사를 제쳐 놓고 달려 오십니다
아무도 내 곁에 없다고 생각들 때는
홀로 내 곁에 오셔서 나를 위로해 주십니다
나는 하나님께 언제나 1등입니다

나도 하나님을 1등으로 생각했으면 좋겠습니다
만사를 제쳐놓고 만나고
작은 고비 때마다 손을 꼭 잡는
내게 1등으로 가까이 계신 하나님이셨으면 좋겠습니다
나를 1등 삼아 주신 하나님을
나도 1등으로 모시고 싶습니다

아멘.

3월 7일

1년 1독 성경 읽기 꿀송이 보약큐티

사사기 4장~6장

| 묵 상 자 료 |

1. 기드온의 양털뭉치 기도(삿 6:36~40)

사사기 6장에는 하나님의 큰 용사 기드온의 기도가 나온다. 이른바 '양털뭉치 기도'다. 적군 미디안인들이 연합군을 형성하여 대군을 이끌고 이미 이스르엘 골짜기에 진을 치고 이스라엘을 공략하려는 백척간두의 위기의 순간이었다. 하나님은 오랜 세월 미디안 사람들에게 착취당하며 고통하던 이스라엘을 도우시려고 겁 많고 이름없던 기드온에게 나타나 큰 사명을 맡기셨다. 이미 하나님의 지시를 받고 일전을 불사하려고 군사를 모은 기드온은 한 번 더 하나님의 능력을 체험하고 싶어 양털뭉치 기도를 드렸다. 양털에만 서리가 내리고 다른 곳은 안 내리도록… 다음 날에는 거꾸로 되도록….

아마도 우리 중 많은 사람들이 하나님께 이런 식으로 기도드려 본 경험이 한번쯤 있을 것이다. 회사를 그만두는 것이 하나님의 뜻일까? 이 일을 계속하는 것이 하나님의 뜻일까? 이 사람과 결혼하는 것이 하나님의 뜻일까?… 중요한 선택의 기로에서 우리는 하나님의 뜻을 알고자 하는 절박한 마음으로 이렇게 기도한다.

"하나님, 정말 무엇이 하나님의 뜻인지 알려 주십시오. 이것이 하나님의 뜻이라면 ~~한 일이 발생하게 해 주십시오!!"

정말 양털뭉치라도 놓고 기드온처럼 기도하고 싶을 때가 있다. 하지만 사실 기드온의 양털뭉치 기도는 무엇이 하나님의 뜻인지 알고 싶어서 한 기도가 아니었다. 이미 하나님의 뜻은 분명했다. 미디안을 치라는 것이었다. 그런데 기드온이 또다시 표적을 (그것도 두 번씩이나) 원하는 것은 불신과 두려움 때문이었던 것 같다. 뭔가 확신이 서지 않았던 것이다.

한편으로는 그의 약한 모습이 충분히 이해가 되면서도 한편으로는 의아해진다. 이렇게까지 믿음이 약한 사람을 하나님께서는 왜 굳이 지도자로 세우셨을까? 하는 점이다. 사실 사사 기드온 스토리에서 가장 놀라운 것은 하나님의 오래 참으심이다. 왜 하나님께서는 한마디도 안 하시고 기드온의 기도를 다 들어주셨을까? 이스라엘의 구원은 사람의 힘이 아니라 하나님으로부터 왔다는 것을 확실히 우리들에게 각인시켜 주기 위해서다. 지금도 기드온처럼 믿음이 약한 우리들을 하나님께서는 오래 참으시고 인도하고 계신다. 기드온처럼 하나님의 싸인을 구하는 기도를 해보신 적이 있는가? 그 결과는 어떠했는가? 그렇게 해서 정말 그 일이 일어나면 그것이 하나님의 뜻이라고 받아들이고 마음 편하게 행할 수 있겠지만 보통의 경우에는 잘 응답을 안 하시는 경우가 다반사다. 그래서 그냥 최대한 고민하면서 스스로 판단하고 결정하곤 한다. 한편으로는 "이것이 하나님의 뜻이 아니라면 막아주세요."라고 기도도 한다. 뒤돌아보면 잘못 결정했다고 후회할 때도 있지만 그래도 하나님께서 결국에는 합력하여 선한 길로 인도하심을 체험한다.

사실 기드온처럼 하나님의 뜻을 구하는 것은 성경에서도 드문 일이다. 기드온 스스로도 하나님을 '시험했다'고 표현할 정도였으니…(삿 6:39). 성경은 하나님의 선하시고 기뻐하시고 온전하신 뜻을 '분별'하라고 한다(롬 12:2). 오늘 우리는 기드온처럼 어떤 표징을 구할 것이 아니라 이미 주어진 원리와 명령들에 순종하며 구체적인 일들에 대해서는 하나님께 여쭈어보되 이미 알고 있는 원리들에 비추어 숙고해서 자유롭게 믿음으로 결정해야 한다.

그렇게 하나님의 뜻을 구하며 기도하며 결정하는 한 우리가 혹시 실수하더라도 중심을 보시는 하나님께서 우리를 선한 길로 인도하실 것이다. 나는 안식년에 한국에 가면 여기저기 집회 요청을 많이 받는다. 그때마다 하나님께 묻고 기도한다. "하나님. 이 교회에 가서 어떤 말씀을 전할까요? 그 교회의 형편을 주님이 아시지 않습니까?"

어떤 경우에는 특별한 감동을 주시지만 대부분은 아무 응답이 없다. 그러면 나는 하나님이 내가 잘 생각해서 하나님이 기뻐하실 설교를 하라고 나에게 맡기시는구나… 생각하고 나름대로 준비하여 증거한다. 집회 후 담임목사님이나 성도들 반응이 어떻게 그렇게 우리 교회에 꼭 맞는 말씀을 주셨는가 하고 놀라며 문의하지만 사실 나도 잘 모른다. 다만 기도하고 성령의 인도하심을 믿으며 충실하게 진리의 말씀을 전했을 뿐이다.

사실 나도 가끔 직통 응답 받는 분들이 부러울 때도 있다. 기도하면 착착 음성을 듣는다는 분들은 얼마나 편하겠는가? 그러나 내게 주시지 않는 은사를 애써 부러워하지 말고 이미 주신 성경의 말씀을 상고하고 그 원리 위에서 판단하고 믿음으로 행하는 것이 건전한 그리스도인들의 신앙원리라 믿는다. 우리가 모세오경에서 읽었듯이 하나님은 무당을 싫어하신다. 그래서 우리는 '기독교 무당'이 되어서는 안 된다. 몇 년 전 요상한 여자가 유튜브에 나와 12월에 한반도에서 전쟁이 발발하니 피해야 한다고 예언을 해 수백 명이 그 말 듣고 필리핀으로 피난 갔다고 한다. 정신 나간 사람들이다. 그런 사람들이 소위 방언을 유창하게 한다. 이 말세의 혼란한 때에 우리는 오직 예수! 오직 성경! 을 구호처럼 붙들고 흔들리지 말고 나가야 한다.

오늘의 본문 성경을 읽으시고 깨달은 점이나 기억하고 싶은 점 혹은 기도문을 기록합니다.

3월 8일

1년 1독 성경 읽기 꿀송이 보약큐티

사사기 7장~9장

| 묵상자료 |

1. 이스라엘 자손이 여호와께 부르짖으매…

이스라엘 자손이 여호와의 목전에 악을 행하여 바알과 아세라 우상들을 섬길 때 하나님은 다른 민족들을 채찍으로 사용하셔서 이스라엘을 심판하셨다. 견디다 견디다 더 이상 참기 힘들 때 그들은 비로소 하나님을 찾으며 하나님께 살려달라고 부르짖었다. 어리석은 인간들은 매를 맞아야 겨우 정신을 차리고 하나님을 찾고 그에게 간구한다. 평안할 때 평소에 하나님께 늘 기도하고 주와 친밀하게 지내면 얼마나 좋을까?

우리 구세주께서는 은밀한 기도의 생활을 하시는 데 있어서 우리 모두의 모범이 되셨다. 주님은 사람들을 떠나서 은밀한 가운데 아버지와 교제하는 일 없이 그저 사역에만 몰두하여 본질을 잊어버리시는 모습을 보이지 않으셨다. 우리가 우리 속에 하늘의 생명을 유지하는 데 있어서도 역시 마찬가지이다. 우리도 역시 사람들을 전적으로 떠나서 하나님과 은밀한 교제를 할 필요가 있다는 말이다. 때로는 짧은 시간에 걸쳐 또 때로는 오랜 시간에 걸쳐 생명의 근원이 되시는 아버지와 교제를 해야 한다.

예수님이 가버나움에서 사역하실 때 저녁 때가 되었는데도 여전히 많은 사람들이 몰려왔다. 그래서 제자들은 밤늦게 잠자리에 들어갔다. 그들은 군중들로 말미암아 조용하게 기도할 시간이 없었다. 그런데 그들이 아침에 일찍 일어났을 때 예수님이 계시지 않았다. 예수님은 밤중 고요한 시간에 홀로 기도할 장소를 찾아 나가셨던 것이다(막 1:21~32). 이처럼 하나님과의 직접적이고 은밀한 교제의 상실을 보상해 줄 수 있는 것은 아무 것도 없다.

하늘에서 내려온 만나는 이 땅 위에서 오래도록 상하지 않고 그대로 있는 것이 아니라 하루하루 하늘에서 새로운 것이 내려와야 했다. 이 만나의 법칙이 기도생활에도 우리들에게 적용된다. 우리는 날마다 아버지와 은밀한 가운데 기도로 교제하는 시간을 가져야 하는 것이다. 하루 중 어느 시간이든지 집중할 수 있는 시간을 내어 하늘 아버지와 나하고 독대하는 삶의 습관이 바쁜 현대를 사는 우리에게 너무나 필요하다.

3월 9일

1년 1독 성경 읽기 꿀송이 보약큐티

사사기 10장~12장

| 묵 상 자 료 |

1. 입다와 그의 딸(삿 11:29~40)

입다는 기드온이나 삼손처럼 위대한 사사의 반열에 오른 믿음의 사람이다. 히브리서 11장에서 그는 구름같이 둘러싼 위대한 영웅들의 믿음의 전당에 헌정되어 있다. 그는 이스라엘 역사에 정통했으며 하나님이 암몬 자손을 이스라엘에게 붙여주신 것을 확신했다. 그가 암몬과의 전쟁을 앞두고 적들에게 나아갈 때 그는 다음과 같은 헌신으로 하나님께 소원했다.

> "그가 여호와께 서원하여 이르되 주께서 과연 암몬 자손을 내 손에 넘겨주시면 내가 암몬 자손에게서 평안히 돌아올 때에 누구든지 내 집 문에서 나와서 나를 영접하는 그는 여호와께 돌릴 것이니 내가 그를 번제물로 드리겠나이다" 사사기 11:30~31

우리는 항상 함부로 하나님께 서원하는 것을 조심해야 한다. 입다가 승리하고 미스바에 있는 자기 집에 돌아올 때 문제가 발생했다. 그의 무남독녀 외동딸이 소고를 잡고 춤을 추며 나와서 제일 먼저 그를 영접했던 것이다. 그래서 결국 그는 자신의 서원대로 딸에게 행하였다고 성경은 기록하고 있다. 이 본문에 대하여 학자들의 견해는 두 가지로 나뉜다. 정말로 문자 그대로 딸을 태워 번제로 드렸다고 주장하는 분들과 번제로 드린 것이 아니고, 평생 처녀로 성전에서 봉사하는데 드렸다고 해석하는 부류이다. 영어 번역 KJV 성경은 전자를 지지하고 NIV는 후자를 지지하는 번역을 해 놓았는데 나는 개인적으로 후자의 견해를 지지하는 편이다. 시편 106:35~38을 보면 이스라엘이 가나안의 남은 자들의 악한 행실인 자식을 죽여 바치는 이방인들의 악행을 본받으므로 여호와의 진노를 촉발했다고 했다.

> "그 이방 나라들과 섞여서 그들의 행위를 배우며 그들의 우상들을 섬기므로 그것들이 그들에게 올무가 되었도다 그들이 그들의 자녀를 악귀들에게 희생제물로 바쳤도다" 시 106:35~38

믿음의 영웅 중의 한 사람인 입다가 이스라엘의 여호와 하나님을 인신공양하는 존재로 인식했다는 사실을 나는 인정하기 힘들다. 그것은 하나님에게나 입다에게 크나큰 불명예이기 때문이다. 레위기 27:5을 읽어보면 사람이 서원하였어도 돈으로 대신하여 드릴 수 있다고 되어 있다. 20세 이하의 딸을 위해서는 10세겔을 내면 대신하여 바칠 수 있다. 이러한 모세의 가르침이 있는데도 굳이 성령에 감동되었던 하나님의 사람 입다가 무남독녀를 하나님이 가증히 여기시는 인신공양을 했다고 생각할 필요가 없다는 것이다.

또한 사사기 11:31에 나와있는 입다의 서원 내용을 엄밀히 분석한 히브리어에 정통한 주석가는 두 가지 사실을 우리에게 상기시켜 주었다. 하나는 입다의 서원 내용을 자세히 뜯어보면 '내 집 문에서 나와서 나를 영접하는 그는'에서 그가 여성으로 되어 있지 않다는 것이다. NIV는 그것(it)으로 표기하고 있다. 그러므로 자신의 서원 내용에 충실하려면 여성이나 사람은 제외되어야 한다는 것이다. 언제 입다가 여성을 번제로 드리겠다고 했는가? 또한 입다가 서원한 내용에서, '여호와께 돌릴 것이니…'에서 쓰인 접속사는 '여호와께 돌리거나 혹은 번제물로 드리겠습니다'의 뜻으로 번역될 수 있다고 하였다. 이 히브리어 전문가의 분석이 맞다면 입다는 하나님께 서원하기를 승리케 하시고 돌아오게 하시면 제일 먼저 영접하는 자를 하나님께 평생 바쳐 헌신케 하거나 혹은 번제물(만일 짐승이 먼저 나오면)로 드리겠다고 맹세한 것이다. 그리고 그 서원을 이행하여 딸아이를 하나님께 드려 평생 처녀로 하나님만 섬기고 살게 한 것이라는 견해다.

사사기 11:39에 '자기가 서원한 대로 딸에게 행하니 딸이 남자를 알지 못하였더라'라고 쓰여 있는데 이 구절은 딸을 번제물로 드렸다면 아무 상관없는 언급에 해당한다. 오히려 남자를 알지 못하게 하고 처녀로 평생 하나님 성전에 봉사하도록 드렸다는 말과 연관성을 갖는 것이다. 그리고 매년 이 헌신을 기념하고 이스라엘 딸들이 입다의 딸을 애곡하며 격려하였던 것이다. 그래서 NIV 성경은 한국 성경과는 달리 아예 딸을 번제물로 죽게 하였다는 언급을 전혀 하지를 않는다.

예를 들어 사사기 11:38을 한국어 성경은, "처녀로 죽음을 위하여 애곡하고…"라고 번역하였지만 NIV 성경에는 "They wept because she would never marry"라고 하여 죽음을 슬퍼한 게 아니고 평생 결혼 못하고 살아야 하는 운명을 슬퍼했다고 기록한 것이다. 똑같은 원문을 가지고 영어 NIV 번역과 한글 성경의 번역이 확연히 다르다.

어느 것이 맞는지는 나중 천국에서 판가름 나겠지만 성령에 감동된 히브리서의 저자가 사사 입다를 믿음의 전당에 헌정한 사실과 하나님이 입다의 암몬과의 승전보 이후에도 에브라임과의 싸움에서 대승을 거두게 하시며 입다를 여전히 지지하는 것을 볼 때 나는 개인적으로 NIV 번역을 따르는 편이다.

오늘의 본문 성경을 읽으시고 깨달은 점이나 기억하고 싶은 점 혹은 기도문을 기록합니다.

3월 10일

1년 1독 성경 읽기 꿀송이 보약큐티

사사기 13장~16장

| 묵상자료 |

1. '작은 태양'과 같았던 삼손

사사기 13장에서 16장까지는 사사 삼손에 관한 스토리가 나온다. 삼손이란 이름은 '작은 태양'이라는 의미를 가지고 있다고 한다. 그의 폭발적인 힘의 근원은 어디에서 나왔을까? 대부분의 사람들은 삼손의 힘의 근원이 머리털이라고 생각한다. 아마도 삼손이 들릴라에게 한 다음과 같은 말 때문에 그런 생각을 하는 것이다.

"삼손이 진심을 드러내어 그에게 이르되 내 머리 위에는 삭도를 대지 아니하였나니 이는 내가 모태에서부터 하나님의 나실인이 되었음이라 만일 내 머리가 밀리면 내 힘이 내게서 떠나고 나는 약해져서 다른 사람과 같으리라 하니라… 들릴라가 삼손에게 자기 무릎을 베고 자게 하고 사람을 불러 그의 머리털 일곱 가닥을 밀고 괴롭게 하여 본즉 그의 힘이 없어졌더라" 삿 16:17, 19

이 성경 구절만 보면 삼손의 말대로 삼손의 힘의 근원은 머리털인 것 같다. 그러나 그것은 그의 착각이었다. 성경은 그 힘의 원천이 머리털이 아니라 '여호와의 영'이라고 알려 준다. 삼손이 제일 처음 초인적인 힘을 발휘했을 때 성경은 '여호와의 영'이 강하게 임하여 사자를 염소 새끼를 찢는 것처럼 찢었다고 기록하고 있다.

"여호와의 영이 삼손에게 강하게 임하니 그가 손에 아무것도 없이 그 사자를 염소 새끼를 찢는 것 같이 찢었으나 그는 자기가 행한 일을 부모에게 알리지 아니하였더라" 삿 14:6

두번째로 삼손이 엄청난 힘을 발휘할 때도 역시 '여호와의 영'이 삼손에게 임했을 때이다.

"여호와의 영이 삼손에게 갑자기 임하시매 삼손이 아스글론에 내려가서 그 곳 사람 삼십 명을 쳐죽이고 노략하여 수수께끼 푼 자들에게 옷을 주고 심히 노하여 그의 아버지의 집으로 올라갔고" 삿 14:19

그리고 또 성경을 자세히 보면 삼손이 특별한 능력을 발휘하기 전부터 '여호와의 영'이 삼손과 함께 하였다.

"소라와 에스다올 사이 마하네단에서 여호와의 영이 그를 움직이기 시작하셨더라" 삿 13:25

문제는 삼손이 시체를 만지고 술을 가까이하며 이방 여인과 동침하면서 부정한 죄에 빠졌을 때 '여호와의 영'이 더 이상 그와 함께하지 않음을 불행히도 그는 인지하지 못했다. 사사기 16:20을 보자.

"들릴라가 이르되 삼손이여 블레셋 사람이 당신에게 들이 닥쳤느니라 하니 삼손이 잠을 깨며 이르기를 내가 전과 같이 나가서 몸을 떨치리라 하였으나 여호와께서 이미 자기를 떠나신 줄을 깨닫지 못하였더라" 삿 16:20

삼손의 말대로 머리털이 힘의 근원이라면 삼손이 들릴라에 의해 머리털이 밀린 후에 다시 머리털이 자랐지만 옛날처럼 초인적인 힘을 발휘할 수 없었다는 것이 이상해진다. 삼손은 머리털이 자라면 비록 눈은 멀었지만 옛날처럼 큰 힘을 쓸 수 있을 것이라 생각했을런지 모른다. 그러나 머리털이 옛날처럼 자랐지만 예전 같은 괴력을 발휘할 수 없는 것을 깨달은 후에 삼손은 그의 힘의 근원이 머리털이 아니라 하나님께 있음을 비로소 깨닫고 필사적으로 힘의 근원되신 하나님께 기도했다.

"삼손이 여호와께 부르짖어 이르되 주 여호와여 구하옵나니 나를 생각하옵소서 하나님이여 구하옵나니 이번만 나를 강하게 하사 나의 두 눈을 뺀 블레셋 사람에게 원수를 단번에 갚게 하옵소서 하고" 삿 16:28

이 삼손의 기도가 응답되어 삼손이 이전 6번의 초인적인 힘을 발휘한 것과 비교할 수 없는 괴력을 마지막으로 사용하고 죽게 된다. 이를 통해 삼손의 초인적인 힘의 근원은 머리털이 아니라 '여호와의 영'임이 확실해졌다.

그리스도인의 힘도 정결함에 있다. 말씀과 기도로 거룩해진다. 부정한 세상 죄악을 먹고 마시면 영적인 힘은 약해지고 마귀의 밥이 되고 두 눈이 뽑혀 죄의 종살이하기에 바쁘다. 바빠서 성경 통독 못 따라오는 자들은 실상은 바쁨이 원인이 아니라 영적 힘이 빠진 것이 원인이다. 우리가 나실인이면 나실인처럼 살자. 예수 믿는 사람이면 믿는 사람답게 살자. 바빠도 말씀과 기도에 바빠 보자. 힘의 근원이 거기에 있나니… 아멘.

3월 11일

1년 1독 성경 읽기 꿀송이 보약큐티

사사기 17장~18장

| 묵상자료 |

1. 미가의 혼합 신앙

사사기 17장에 나오는 미가와 그 어머니, 그리고 그 집에 고용되어 신당을 지키며 제사장 행세를 했던 레위인 청년 이 3인방의 신앙행태는 모두가 잘못된 신자의 전형이다. 마지막 심판 때 예수님께 저주받을 자들이다.

> "그때에 내가 그들에게 밝히 말하되 내가 너희를 도무지 알지 못하니 불법을 행하는 자들아 내게서 떠나가라 하리라" 마 7:23

미가는 에브라임 지파의 사람이었는데 세심한 독자들은 눈치채셨겠지만 에브라임 지파는 창세기에는 특별히 복된 축복을 받은 장래가 촉망되는 지파였다가 민수기에 와서 좀 내리막을 타더니 사사기에 와서는 막가파가 되어 실제 싸움에는 안 나가고 꼭 승전하고 오면 왜 안 불렀냐고 시비를 걸어, 기드온은 살살 달래어 그들을 보냈지만 입다는 그들 수만 명을 쳐 죽여 버렸다. 에브라임은 요셉의 둘째 아들로써 형 므낫세를 제치고 야곱에게 오른손을 얹히고 더 큰 축복을 받는다. 그러나 출애굽 하면서 민수기를 보면 첫 번째 인구조사에서는 40,500명의 군사로서 형 므낫세 지파(32,200명)보다 훨씬 숫자가 많게 출발했으나, 광야생활 40년 후 두 번째 인구조사에서는 현저히 역전되어 에브라임 지파의 군사 수는 32,500명이었으나 므낫세 지파는 무려 52,700 명에 이르렀다(민 26:28~37). 무슨 일이 일어났던 것일까? 형보다 더 축복받은 지파라는 자만심이 그들을 교만하게 하여 내리막을 타기 시작한 것이다. 항상 교만은 패망의 앞잡이임을 우리는 잊으면 안 된다. 그 교만기가 사사기에서는 노골적으로 나타나 주제넘게 입다에게 시비 걸다 그들은 폭삭 망한 지파이다.

바로 그 에브라임 지파에 미가라는 자가 살았는데 그 어머니의 돈 은 천백 세겔을 도둑질했다가 엄마가 하도 저주를 하는 바람에 슬그머니 도로 그 돈을 어머니에게 돌려 드렸다. 정상적인 신앙의 어머니라면 거액을 손 댄 자식을 엄히 꾸짖어야 하건만 이 엄마는 생뚱맞게 '여호와께 복받기를 원하노라' 하면서 주님의 이름을 빌려 축복하였다. 사사 시대에 얼마나 사람들의 신앙이 무식하고 말씀이 없는 제멋대로의 신앙인지를 보여주는 대목이다. 한술 더 떠 그 어머니는 돈 찾은 김에 신상을 만들어 아들에게 복이 돌아가게 하겠다고 돈을 투자하여 우상을 만들어 자기 집 신당에 세워놓고 제사장들이 입는 에봇과 가정우상 드라빔을 만들고 사설 제단을 만들어 주었다. 그야말로 혼합주의 신앙의 전형이었다. 그러던 어느 날 사명을 버리고 직업을 찾아 다니던 한 떠돌이 레위인 청년을 만나 미가는 연봉과 의식주 해결을 조건으로 이 레위인을 자기집 신당 사설 제사장으로 채용한다. 그러면서 하는 말이 가관이다.

> "이에 미가가 이르되 레위인이 내 제사장이 되었으니 이제 여호와께서 내게 복 주실 줄을 아노라 하니라" 삿 17:13

그야말로 '내맘대로'의 신앙이다. 사설 제단에서 레위인 채용했다고 하나님이 자신에게 복 주실 것이라 생각하는 어처구니없는 몽상에 사로잡힌 썩은 신앙을 본다. 한 그릇 밥에 레위인의 사명을 저버리고 삯군 목자가 된 레위인 청년이나 여호와께 복받으라고 아들에게 비싼 돈 들여 신당 차려준 어머니나 그리고 그 무식한 아들 미가나… 이 세 명이 어쩌면 한결같이 오늘날 무슨 신천지나 안상홍 증인회 같은 이단 집단의 사람들과 꼭 닮았는지 모르겠다. 설마 교회에서 우리 가운데 이런 어처구니없는 신자들은 없는지 살펴봐야 한다. 어제 평소 존경하는 고려신학대학원의 박영돈 교수님이 페이스북에 올리신 글이 공감되어 나의 담장에 펴 날랐다. 박교수님의 글을 읽어 보자.

> "역사가 오래되고 규모가 있는 교회를 담임하는 목사를 만났다. 그는 목회가 전쟁하는 것 같다고 했다. 장로 몇 사람을 상대하는데 목회의 거의 모든 에너지를 쏟는다는 것이다. 그들이 오랜 세월 교회 재정을 마음대로 주관하고 여러 가지 기득권을 행사한 관행을 뜯어 고치려 하니 거센 반발과 공격을 받게 된 것이다. 그 목사의 푸념이 긴 여운을 남긴다. '교회에 불신자보다 훨씬 더 악한 자들이 있어요. 교회에 성령만 계신 것이 아니라 사탄도 있어요.' 훌륭한 장로님들도 많지만 양심이 굳어져 하나님을 도무지 두려워하지 않는 장로들도 적지 않다. 교회 안에 있는 악인들의 특징은 곧 하나님 앞에 선다는 의식이 전혀 없다는 것이다. 곧 불에 던져질 하루살이 운명임을 망각하고 산다. 장로교는 하나님을 두려워하지 않는 목사를 비롯한 장로들이 죽어야 산다."

참으로 추상 같은 무서운 지적이다. 질병을 일으키는 바이러스도 초기에 잡지 않으면 내성이 생겨 좀처럼 병이 치료되지 않는다. 교회생활을 오래하면서 첫사랑을 잃어버리고 작은 이권 챙기기와 텃세에 길들여 지면 에브라임 지파 같은 현상이 나타난다. 사사기 17장에 등장한 미가가 만든 가정 우상은 나중 단 지파가 가져가 그 지파 전체가 숭배하는 우상으로 발전이 된다. 죄는 처음에 싹을 자르지 않으면 이렇게 자라는 특성이 있다.

3월 12일

1년 1독 성경 읽기 꿀송이 보약큐티

사사기 19장~21장

| 묵상자료 |

1. 성직자가 타락하면…

사사기를 마무리하는 19장~21장은 당시의 심각한 타락상과 혼란한 사회상을 충격적으로 보여주며 그 막을 내리고 있다.

그 시대의 영적 부패를 가중시킨 가장 큰 원인이라면 제사장직을 수행하는 레위인들의 타락이었다. 어느 시대에나 성직자가 타락하기 시작하면 그 사회는 막장을 예고 한다. 사사기 19:1에는 어떤 에브라임 지역의 한 레위인이 첩을 취했다는 얘기로 시작한다. 모세의 율법에는 제사장들의 혼인에 대해서 엄격히 규정하고 있으며 그들은 깨끗한 가정생활의 모범을 백성들에게 보여야 했다. 그런 성직자가 첩을 취하였고 그 첩이 또 음행을 하여 집을 나갔다는 것은 그때의 이스라엘 사회가 얼마나 어둡고 타락했는가를 여실히 보여준다. 첩이 음행하여 가출했으면 하나님의 뜻인 줄 알고 부끄러워하며 회개하고 집에 남은 본 부인과 살아야 할 성직자가 첩이 너무 그리워 첩의 친정집으로 그녀를 데리러 간데서부터 후일 6만 5천 명의 엄청난 사망자를 낸 동족상잔의 비극의 싹이 트게 되었다. 에브라임에서 첩의 친정이 있는 유다 베들레헴으로 찾아간 이 타락한 레위인은 장인의 환대를 받고 5일을 머물다가 더 이상 지체할 수 없어 첩을 데리고 고향으로 돌아오는 길에 베냐민 지파의 땅 기브온에서 하룻밤을 머물게 된다.

사건은 거기서 터졌다. 기브온의 불량배들이 이 타락한 레위인이 머물던 집을 습격해 주인의 만류를 무시하고 남색하려 할 때 비열하게도 그 레위인은 자기 첩을 그들에게로 내 주었다(삿 19:25). 그 불량배들은 강제로 그 레위인의 첩을 집단 성폭행 하고 결국에는 죽음에 이르게 한다. 아침에 자신의 첩의 시체를 본 그 레위인은 그것을 나귀에 싣고 집으로 가져와 싸이코패스처럼 시체를 12조각 내어 이스라엘 각 지파에게 소포로 부치면서 자초지종을 적어 보냈다. 이에 이스라엘 나라는 벌집 쑤신 듯 난리가 났다. 자고이래로 이런 극악무도한 일은 처음 봤다는 것이다. 총회로 모인 그들은 악행을 저지른 베냐민 지파를 응징하기로 결의하고 연합군을 보내어 베냐민 지파와 전쟁을 벌였다. 처음 두 번은 베냐민 지파가 자기를 치러온 이스라엘 연합군들에게 승리하여 4만 명의 군사들이 죽어나갔다. 그러나 결국에는 연합군에게 베냐민 지파는 대패하고 종족 말살의 위기에까지 갔다. 베냐만 지파 2만 5천 명이 죽고 겨우 600명의 남자들만이 생존한 것이다. 하나님은 너나 할 것 없이 타락했던 이스라엘 전체를 징계하고 계셨던 것이다. 서로 정신없이 흥분하여 자기 동족끼리 죽고 죽이다가 겨우 제정신이 든 그들은 제단을 쌓고 하나님께 번제와 화목제를 드리며 자기 민족 중 한 지파가 궤멸될 위기에 처한 상황을 생각하며 뉘우치고 울었다. 그리고 자기들의 결의를 지키기 위해 꼼수를 써 엉뚱한 사람들을 죽이고 베냐민 지파 회생작전에 들어 갔다. 시작부터 과정 결말에 이르기까지 어느 것 하나 하나님 백성들 다운 선한 것이 없었다.

모세나 여호수아 같은 참된 지도자가 없는 그들은 오합지졸이었다. 사사기의 저자는 그들이 왕이 없으므로 제멋대로 행했다고 결론을 내리지만 왕이 없어서가 아니라 여호와 경외하는 신앙이 투철하지 못하여 그들은 흔들렸던 것이다. 하나님을 왕으로 삼고 모세가 전해준 말씀을 따라 철저히 순종했다면 그런 끔찍한 피비린내 나는 동족상잔의 비극은 없었을 것이다.

오늘 대한민국의 운명도 믿는 성도들에게 달려있다. 소돔성이 의인 10명이 없어서 망했다. 특히 성직자들이 더 중요하다. 사사기 19장에 나오는 그 참람한 레위인을 보라. 사고를 당하던 그날 밤 자기 목숨 살리려고 불량배들에게 내어준 첩이 그토록 처참한 일을 당했으면 그때라도 가슴을 치고 통곡하면서 자기 죄를 회개하고 부끄러운 줄 알고 자중했어야 했겠만 성직자라는 인간이 첩을 두는 것도 모자라, 자기 민족들끼리 싸우다 6만 5천 명이나 죽게 만드는 그런 엄청난 비극이 일어나도록 원인을 제공했다는 것에 우리는 분노를 금할 수 없다.

생각하면 할수록 그 레위인 성직자가 천박하기 짝이 없다. 성직자가 그 사회의 마지막 보루이다. 그들이 무너지면 소망이 없다. 한국 교회에 그 레위인 제사장 같은 자질 없는 목회자들이 우후죽순처럼 쏟아지고 있다. 욕심과 탐욕과 음행의 바벨탑을 쌓는 일을 중지하고 하나님께 베옷을 입고 금식하며 한국 교회의 성직자들은 나부터 엎드려야 한다. 더 이상 세상 사람들이 교회를 염려하는 상황이 계속되어서는 안 된다.

주여, 우리를 불쌍히 여기소서. 성직자들의 타락을 막아 주소서… .

오늘의 본문 성경을 읽으시고 깨달은 점이나 기억하고 싶은 점 혹은 기도문을 기록합니다.

1년 1독 성경 읽기 꿀송이 보약큐티

룻기 1장

| 묵상자료 |

1. 룻기는 어떤 책인가?

룻기를 읽으면 혼탁한 사사 시대에 있었던 한줄기 광명 같은 훈훈한 믿음의 스토리가 전개된다. 룻기의 키워드는 '영원한 축복을 선택한 룻'이다. 순간의 선택이 10년을 좌우하는 것이 아니라 '영원'을 좌우할 수도 있다. 이방 여인 룻은 그녀의 시어머니와 여호와 하나님을 선택하는 결단을 하여 성군 다윗 왕의 증조 할머니가 되는 영광을 얻었고 그 후손을 통해 메시아이신 예수 그리스도가 이 땅에 오시게 되었다. 대문호 괴테는 룻기를 "작은 분량으로 쓰인 가장 사랑스럽고 완벽한 작품이다"라고 평했다. 조각에는 비너스 상이 있고 그림에는 모나리자가 있다면 문학에는 룻이 있다. 룻기의 저자는 사무엘로 보는 분들이 많다.

2. 효부 룻

대개 남자들이 의리가 많은 줄 알지만 살아 보면 여자들이 의리가 더 많다는 것을 경험하게 된다. 룻의 이름 뜻은 '우정'이다. 한마디로 의리가 있는 여자다. 진주 같이 귀한 열 남자 부럽지 않은 여인이다. 잠언 31장에 나오는 현숙한 여인의 전형이다. 가히 리브가와 에스더와 마리아에 비길만 하다. 최근 한국 사회에 효부가 사라지고 있다고 한다. 해마다 5월이면 각 지자체에서 효부상을 제정하고 수여하려 해도 대상자가 없어 주지를 못한다고 한다. 다음은 요즘 보기 드문 효부 이야기가 있어 퍼날라 보았다.

〈어느 둘째 며느리의 생활 수기〉

안녕하세요. 33살 먹은 주부에요. 32살 때 시집와서 남편이랑 분가해서 살았구요. 남편이 어머님 돌아가시고 혼자 계신 아버님 모시자고 이야기를 하더군요. 어느 누가 좋다고 할 수 있겠어요. 그 일로 남편이랑 많이 싸웠어요. 위에 형님도 있으신데 왜 우리가 모시냐고 아주버님이 대기업 다니셔서 형편이 정말 좋아요. 그 일로 남편과 싸우고, 볶고 거의 매일을 싸웠어요. 하루는 남편이 술 먹고 울면서 말을 하더군요. 뭐든 다른 거는 하자는 데로 다 할 테니까 제발 이번만은 부탁 좀 들어 달라구… 그러면서 이야기를 하더라구요. 남편이 어릴 적 엄청 개구쟁이였데요. 매일 사고치고 다니고 해서 아버님께서 매번 뒷수습하고 다니셨다고 하더라구요. 남편이 어릴 때 골목에서 놀고 있는데 지나가던 트럭에 받힐 뻔한 걸 아버님이 보시고 남편 대신 부딪히셨는데 그것 때문에 지금도 오른쪽 어깨를 잘 못 쓰신데요.

그리고 아버님 하시던 일이 막일이었는데 막일을 오래하면 시멘트 독이라고 하나 하여튼 그거 때문에 손도 쩍쩍 갈라지셔서 겨울만 되면 많이 아파 하신다고 하더라구요. 평생 모아오신 재산으로 마련하셨던 조그만 집도 아주버님이랑 남편 결혼할 때 집 장만 해주신다고 팔으시고 지금 전세를 사신다고 하구요. 그런데 어머님까지 돌아가시고 혼자 계신거 보니 마음이 아파서 눈물이 자주 난다고 하더라구요.

저희요… 전 살림하고 남편 혼자 버는데 한 달에 150만 원 정도 벌어와요. 근데 그걸로 아버님 오시면 아무래도 반찬도 신경 써야 하고 여러 가지로 힘들 거 같더라구요.

그때 임신도 해서 애가 3개월인데 형님은 절대 못 모신다고 못 박으셨고 아주버님도 그럴 생각이 없다라고 남편이 말을 하더라구요. 어떡합니까… 저렇게까지 남편이 말하는데 그래서 네 달 전에 아버님을 모셔왔습니다. 처음에 아버님이 오지 않으시려고 자꾸 거절 하시더라구요. 늙은이 가봐야 짐만 되고 눈치 보인다면서요. 남편이 우겨서 모셔왔습니다. 모셔온 첫 날부터 여러모로 정말 신경이 쓰이더라구요.

그런데 우리 아버님 매번 반찬 신경 써서 정성껏 차려드리면 그걸 드시면서도 엄청 미안해 하십니다. 가끔씩 고기 반찬이나 맛있는 거 해 드리면 안 드시고 두셨다가 남편 오면 먹이더라구요. 그리고 저 먹으라고 일부러 드시지도 않구요. 거기다가 하루는 장 보고 집에 왔는데 걸레질을 하고 있으신 거 보고 놀라서 걸레 뺏으려고 했더니 괜찮다고 하시면서 끝까지 다 청소 하시더라구요. 그리고 식사하시면 바로 그릇을 들고 가셔서 설겆이도 하십니다. 아버님께 하지 마시라고 몇 번 말씀드리고 뺏어도 보지만 아버님은 그게 편하다고 하십니다.

제가 왜 모르겠어요. 이 못난 며느리 눈치 보여서 그렇게 행동하시는 거 압니다. 저도 그래서 더 마음이 아픕니다. 남편이 몰래 아버님 용돈을 드려도 그거 안 쓰고 모아두었다가 제 용돈 하라고 주십니다. 어제는 정말 슬퍼서 펑펑 울었어요. 아버님께 죄인이라도 된 듯해서 눈물이 왈칵 나오는데 참을 수가 없더라구요.

한 달전 쯤부터 아버님께서 아침에 나가시면 저녁때 쯤 들어 오시더라구요. 어디 놀러라도 가시는 거 같아서 용돈을 드려도 받으시지도 않고 웃으면서 다녀올게 하시면서 매일 나가셨습니다. 어제 아래층 주인 아주머니께서 말씀 하시더라구요.

"오다가 이집 할아버지 봤는데 유모차에 박스 실어서 가던데~" 이 말 듣고 깜짝 놀랐습니다. 네… 그래요. 아버님이 아들 집에 살면서 돈 한 푼 못 버시는 게 마음에 걸리셨는지 불편한 몸 이끌고 하루하루 그렇게 박스 주워서 팔아 돈 버셨더라구요.

그 이야기 듣고 밖으로 뛰쳐나갔습니다. 아버님 찾으려고 이리저리 돌아다녀도 안 보이시더라구요. 너무 죄송해서 엉엉 울었습니다. 며칠 전부터 아버님께서 저 먹으라고 봉지에 들려주시던 과일과 과자들이 아버님께서 저렇게 일해서 사 오신 것인지를 그때야 알았어요. 못난 며느리 눈치 안 보셔도 되는데 그게 불편하셨던지 아들집 오셔서도 편하게 못 지내시고 눈치만 보시다가 불편하신 몸 이끌고 그렇게 일하고 있으셨다니.

아버님이 남편과 함께 들어오시면서 제 눈치를 보며 뒤에 끌고 오던 유모차를 숨기시는 모습이 왜 그리 마음이 아플까요… 오히려 죄송해야 할 건 저인데요. 달려가서 아버님께 죄송하다며 손 꼭 잡고 또 엉엉 울었습니다. 아버님께서 매일 나 때문에 너에게 미안하다면서 제 얼굴을 보면서 말씀하시는데 눈물이 멈추지 않았어요. 아버님 손 첨 만져 봤는데 심하게 갈라지신 손등과 굳은살 배인 손에 마음이 너무 아팠어요.

오늘 남편이 노는 날이라 아버님 모시고 시내 나가서 날이 좀 쌀쌀해져서 아버님 잠바 하나랑 신발을 샀습니다. 한사코 괜찮다고 하시던 아버님께 제가 말씀드렸어요. 자꾸 그러시면 제가 아버님 눈치 보여서 힘들어요. 이렇게 말씀드렸더니 고맙다고 하시면서 받으시더라구요. 그리고 집에 아버님 심심하실까 봐 케이블TV도 신청했구요. 아버님께서 스포츠를 좋아하시는데 오늘 야구방송이랑 낚시 방송을 보시면서 너무 즐거워 하시 더라구요. 남편한테 말했어요. 저 평생 아버님 정말 친아버지처럼 생각하고 모신다구요. 비록 지금은 아버님께서 불편해하시지만 언젠가는 친딸처럼 생각하시면서 대해 주실 때까지 정말 잘 할 거라구요.

아버님… 저 눈치 안 보셔도 되요. 제가 그렇게 나쁜 며느리 아니잖아요. 아버님의 힘드신 희생이 없으셨다면 지금의 남편도 없잖아요. 그랬다면 지금의 저와 뱃속의 사랑스러운 손자도 없을 거에요. 사랑해요. 아버님….“

참으로 눈물 나는 감동 스토리다. 그런데 이런 글에 꼭 반발하는 여성들이 있다. 왜 나에게 부담주냐고… 그냥 단순하게 감동받고 도전 받으면 안될까? 우리 그리스도인 가운데 더 많은 효자, 효부가 나오길 열망해 본다.

오늘의 본문 성경을 읽으시고 깨달은 점이나 기억하고 싶은 점 혹은 기도문을 기록합니다.

룻기 2장~4장

| 묵 상 자 료 |

1. 풍족하게 나갔더니…

룻기 1:21을 보면 감수성이 예민한 B형 남자인 나 같은 성경 독자에게 매우 인상 깊게 다가오는 말이 나온다. 흉년이 너무 힘들어 고향을 떠나 이방의 나라에 피난 갔다가 10년 만에 귀향하면서 나오미가 동네 사람들에게 하는 고백 중에 이런 말이 있다.

"내가 풍족하게 나갔더니…" 룻 1:21

이게 무슨 말인가? 풍족하지 못해서, 너무 흉년이 힘들어서 견디다 못해 궁여지책으로 하나님의 백성이지만 약속의 땅을 떠나 이방인들에게 피난 갔었는데… 풍족하게 나갔다고?

사실은 그때 풍족하지 못해서 궁핍해서 고향을 등졌었다. 그러나 더 큰 인생의 흉년을 이방의 땅에서 겪어보니 차라리 그때가 풍족했다는 것이다. 그래도 10년 전에는 흉년으로 배는 고팠지만 기둥 같은 남편과 떡두꺼비 같은 두 아들은 함께 있었다. 가난했지만 단란했다. 그러나 모압땅으로 피난 가서 살면서 남편과 사별하고 두 아들마저 차례로 잃고 말았다. 과부만 셋인 집안이 되어 버렸다. 이제는 먹을 양식이 있어도 인생이 재미가 없었다. 마라의 쓴 물처럼 괴롭고 슬펐다. 눈물로 나날을 보내야 했다. 남편과 아들들이 사무치게 그리울 때면 가슴을 치며 10년 전 베들레헴 고향을 떠나지 말았어야 했는데… 후회하며 회한으로 날밤을 새웠다. 힘들다고 생각했던 10년 전 그때가 더 힘든 꼴을 당해 보니 차라리 나았다는 것이다.

인간은 고생을 해 봐야 철이 든다. 나오미는 전능자가 나를 징계하셨다고 고백한다. 며느리들 앞에서도 그렇게 고백했고 동네 사람들 앞에서도 그렇게 고백했다. 그래서 더욱 가슴이 아프다고 했다. 남편이 죽은 것도 생때 같은 두 아들들이 죽은 것도 그리고 젊은 며느리들이 생과부가 된 것도 다 자신의 죄 때문에 일어난 일들이라는 것이다.

"여호와의 손이 나를 치셨으므로 나는 너희로 말미암아 더욱 마음이 아프도다" 룻 1:13

아, 성경의 독자들이여, 나오미의 찢어지는 가슴과 그 볼에 줄줄 흐르는 후회의 눈물을 남의 일이라고 쉽게 지나가지 말라. 그녀는 꺼이꺼이 울면서 우리에게 간증한다. 그때가 풍족했다고…

우리가 힘들다 힘들다 하고 흉년 속에서 더 이상 못 견뎌 신앙의 길을 저버리고 세상과 타협하려 할 때 우리는 나오미의 말을 천둥처럼 새겨야 한다. 꼭 더 잃어 봐야 지금이 그래도 풍족하다는 것을 실감하겠는가? 어리석은 우리네 인간은 막장까지 가서야 그때 겨우 깨닫고 후회하며 돌아선다. 탕자가 돼지가 먹는 쥐엄 열매도 못 먹어 피골이 상접한 상태에서 비로소 아버지를 생각했듯이…

2. 당신의 여종을 덮으소서

보아스(능력자)는 예수 그리스도의 모형이다. 룻은 보아스에게 당신의 옷자락을 펴서 여종을 덮어 달라고 청했다(룻 3:9). 이는 여호와 하나님이 이스라엘 위에 그분의 옷자락을 펼치신 것을 생각나게 한다.

> "내가 네 곁으로 지나며 보니 네 때가 사랑을 할만한 때라 내 옷으로 너를 덮어 벌거벗은 것을 가리고 네게 맹세하고 언약하여 너를 내게 속하게 하였느니라 나 주 여호와의 말이니라" 겔 16:8

룻처럼 우리도 보아스이신 예수님께 나의 구원을 위해 청하여야 한다. 보아스가 능력자였듯이 예수님은 나 같은 죄인을 구원하실 능력이 있으시다. 잃어버린 것들을 회복시켜 주시는 분이시다.

"오 주 예수님… 당신의 십자가의 보혈로 나의 죄를 덮어 주소서!" 아멘.

오늘의 본문 성경을 읽으시고 깨달은 점이나 기억하고 싶은 점 혹은 기도문을 기록합니다.

3월 15일

1년 1독 성경 읽기 꿀송이 보약큐티

사무엘상 1장~3장

| 묵상자료 |

1. 사무엘서 서론

사무엘상하는 이스라엘의 왕국 역사에서 다윗왕을 중심으로 엮어진 책이다. 그러므로 다윗을 알고 싶다면 사무엘 상하를 읽으면 된다.

우리는 지금까지 빼어난 믿음의 위인들을 접해 왔다. 에녹, 노아, 아브라함, 요셉, 모세, 여호수아… 기라성 같은 하나님의 사람들을 보면서 우리는 많은 신앙의 도전을 받았다. 사무엘서에서 우리는 이제 또 다른 믿음의 거장을 만난다. 사무엘 선지자와 다윗 왕이다. 사무엘은 기도의 선지자였고 다윗은 하나님의 마음에 쏙 들었던 사람이다. 하나님이 다윗을 보고 참 많이 좋아하셨다. 얼마나 좋아하셨으면 구약성경에서 가장 많은 분량을 차지하게 하셨다. 사무엘상하, 역대상, 그리고 대부분의 시편이 다윗 이야기로 채워져 있다. 다윗이란 이름의 뜻은 '사랑받는'이란 뜻이다. 성경에서 다윗만큼 하나님께 총애받았던 사람도 드물 것이다.

우리는 성경을 주의 깊게 읽어 가면서 과연 다윗의 어떤 점이 그토록 하나님을 기쁘게 하는 지를 살펴보고 우리도 흉내라도 내는 것이 유익할 것이다. 그리고 이런 다윗과 정반대의 모습으로 무대에 등장했다가 비극적으로 사라지는 왕이 있었으니 바로 사울 왕이다. 다윗에 대해서는 하나님이 내 마음에 합한 자라고 하셨지만 사울은 왕으로 세운 것을 후회한다고 표현하실 만큼 하나님이 싫어하는 스타일의 대표적 신자였다. 처음에는 겸손하게 출발했지만 얼마 안 가 믿음의 얄팍한 실력이 들어나고 마침내 하나님께 버림받고 말았다.

우리도 마찬가지다. 일시적으로 은혜스런 모습을 보이는 것이 전부가 아니다. 길게 두고 봐야 한다. 신앙은 마라톤이다. 끝까지 겸손해야 하고 끝까지 충성스러워야 한다. 변함이 없어야 한다. 르우벤처럼 물의 끓음 같아서는 곤란하다(창 49:4). 금방 뜨거웠다가 금방 식어 버리는 신앙을 하나님은 싫어하신다. 실력이 없으면 마라톤에서 끝까지 완주하지 못한다. 오늘도 조용히 말씀과 기도로 내 믿음의 내공을 더욱 깊게 쌓는 하루가 되어 보자.

2. 여호와의 말씀이 희귀하여…

사무엘상 3:1의 말씀은 당시의 영적인 상태를 그림처럼 선명하게 보여준다.

"아이 사무엘이 엘리 앞에서 여호와를 섬길 때에는 여호와의 말씀이 희귀하여 이상이 흔히 보이지 않았더라" 삼상 3:1

캄캄한 사사시대였다. 엘리 제사장과 그의 두 아들 홉니와 비느하스가 실로에서 성막을 지키고 영적 지도자로 있었지만 안타깝게도 그들은 은혜로운 성직자들이 아니었다. 하나님과 교통이 두절된 성직자들이었고 하나님이 보시기에 악한 짓을 성막에서 자행하며 오히려 하나님의 마음을 아프게 하는 제사장들이었다. 살만 찌고 나이 들고 영,육의 눈이 어두웠던 엘리 제사장은 두 아들을 하나님의 말씀보다 우선시 하여 말씀을 어겨도 제대로 징계하지 않았다.

성직자가 영적 파워를 잃어버리니 이스라엘 백성들은 방자하였고 우상숭배가 성행하였다. 말씀이 제대로 선포되지 않으니 백성들이 자기 소견에 옳은 대로 행하였고 삶의 기준이 없었다. 그러다 보니 전쟁에서 위기에 처하자 하나님의 뜻도 묻지 않고 성막에 모셔졌던 지성소의 법궤를 꺼내다가 미신을 따르는 자들처럼 그것을 주술처럼 이용했고 마침내 아무 효험도 못보고 법궤만 빼았겨 버리는 어처구니없는 일까지 벌어졌다. 그때 엘리 제사장은 의자에서 넘어져 목이 부러져 죽었고 두 아들은 전쟁에서 죽었으며 며느리는 '이가봇'이라는 아들을 낳다가 죽었는데 이는 '여호와의 영광이 떠났다'는 무서운 이름이다. 말씀이 희귀하니 미신적인 신앙이 횡행하고 제 소견대로 신앙생활 하다가 파국을 맞은 것이다.

오늘 한국 교회의 상황은 어떤가? 아니 우리 교회의 상황은 어떤가? 나의 신앙생활은 어떤가? 어떤 사람은 새벽기도에 나가 제일 오랫동안 기도하고 나오는데 이상하게도 사랑이 없고 교만하다. 자기 의가 가득 차 있다. 자아가 깨지지 않아 다루기가 심히 까다롭다. 말씀이 없는 신앙, 말씀이 희귀한 신앙, 위험한 신앙이다. 서로 사랑하라는 새계명을 우리는 늘 돌판에 새긴 십계명처럼 내 마음에 새기고 살아야 한다. 사랑이 없으면 아무것도 아니다. 말씀으로 갑옷을 입고 살자.

오늘의 본문 성경을 읽으시고 깨달은 점이나 기억하고 싶은 점 혹은 기도문을 기록합니다.

1년 1독 성경 읽기 꿀송이 보약큐티

사무엘상 4장~6장

| 묵 상 자 료 |

1. 이가봇(삼상 4장)

사무엘상 2장에서 무명의 하나님의 사람이 엘리 집안에 대한 하나님의 심판을 예언했다. 그리고 사무엘상 3장에서 사무엘이 여호와께로부터 받은 엘리 집안의 심판을 증거했다. 이와 같은 엘리 집안의 심판에 대한 예언이 사무엘상 4장에서 그대로 이루어지는 것을 볼 수 있다.

사무엘상 4:1~4을 보면 사무엘이 민족의 지도자로 부상할 무렵 지중해 해변 평야 지대에 거주하던 블레셋이 이스라엘을 침공해 왔다. 이에 이스라엘은 에벤에셀 곁에 진을 쳤으며 블레셋은 아벡에 진을 쳤다. 블레셋 사람들이 선제 공격을 하여 이스라엘 사람 사천 명 가량이 전사했다(삼상 4:2). 전쟁에서 패하자 이스라엘의 장로들이 탄식하며 하나님을 원망했다. 이들은 자기들의 죄는 생각하지 않고 여호와께서 자기들과 늘 함께 하셔서 언제나 적을 물리쳐야 하는 것이 당연하다고 생각한 것이다.

블레셋과의 전투에서 패한 이스라엘 백성은 여호와의 뜻을 묻는 것이 아니라 전쟁의 패배의 원인을 방법론에서 찾았다. 그들은 언약궤를 가져가지 않아서 졌다고 생각하고는, "여호와의 언약궤를 실로에서 우리에게로 가져다가 우리 중에 있게 하여 그것으로 우리를 우리 원수들의 손에서 구원하게 하자"고 하였다. 이들은 하나님의 언약에는 관심이 없고 단지 언약궤를 부적처럼 이용하려고 한 것이다.

사무엘상 4:5에 보면 언약궤가 이스라엘 진영에 당도하자 온 땅이 울릴 정도로 큰 환호성을 질렀다고 했다. 블레셋 사람들이 그 소리를 듣고 히브리 진에 여호와의 궤가 들어온 줄 알게 되었다. 이때 블레셋 사람들은 두 가지 반응을 나타냈다. 하나는 큰일났다는 식의 두려움이었고 또 하나의 반응은 죽기 살기로 싸우자는 것이었다. 결국 그 결과는 이스라엘이 패하여 각기 장막으로 도망하였고 살륙이 심히 커서 이스라엘 보병의 엎드러진 자가 삼만이었으며, 하나님의 궤는 빼앗겼고 엘리의 두 아들 홉니와 비느하스는 죽임을 당하였다. 홉니와 비느하스는 어리석게도 마치 자신들이 모세나 되는 양 하나님의 언약궤를 진중에 모셔가며 전쟁을 하였다. 그 결과 그들은 도리어 대패를 당하고 죽임을 당하였다. 그들은 거룩하신 하나님을 만홀히 여긴 것이다. 거룩하신 하나님은 인간의 소용이나 필요에 따라 운반되거나 동원되는 실용적인 도구나 수단으로 간주되어서는 안 되는 것이다. 하나님의 언약궤 자체가 모세 때에는 이방 족속들을 물리치시는 하나님의 거룩한 공격무기처럼 보였을 것이다. 그때는 하나님의 종 모세와 이스라엘 백성의 순종이 담보가 되어 있었다. 이스라엘의 진은 늘 거룩하고 정결하게 유지되어야만 했었다.

오늘날도 많은 그리스도인들이 자신이 하나님을 믿는다는 이유 하나만으로 또는 교회에 헌신 충성

봉사한다는 이유만으로 하나님은 무조건 자기편이라고 생각한다. 그리하여 하나님의 뜻에는 관심이 없고 단지 자기의 소원을 이루기 위해 헌금을 하고 철야를 하고 금식을 하고 봉사를 한다. 하나님은 나의 편이니 나의 소원을 들어줄 것이라고 착각을 하고 있다. 그러다가 자기의 소원대로 일이 이루어지지 않고 어려움에 부딪치면 내가 무슨 정성이 부족하여 이렇게 되었는가 하면서 또다시 더 큰 정성을 바치려고 한다. 하나님께서는 자신의 주권에 따라 일하시는 분이시지 우리의 필요에 다라 일하시는 분이 아니다.

사무엘상 4:12~18을 보면 제사장 엘리의 죽음을 기술하고 있다. 전쟁에서 패배한 소식과 두 아들의 죽음과 언약궤를 빼앗겼다는 소식을 듣고 의자에 앉아 있던 엘리는 뒤로 넘어져 목이 부러져 죽었다. 이때 엘리는 나이가 구십팔 세이며 눈은 어두웠고 몸은 비대하였다. 엘리가 앉아 있었던 의자는 평범한 의자가 아니라 왕이 앉는 보좌같은 높은 의자였다고 한다. 우리는 지금 어떤 의자에 앉아 있는가? 엘리와 같이 안일과 불순종의 의자에 앉아 있지는 않는가? 엘리의 며느리는 그 와중에 아이를 출산하다가 사망하였는데 그 아이의 이름을 '이가봇'이라 하였다. 이는 여호와의 영광이 이스라엘을 떠났다는 뜻이다.

오늘날 우리의 영광은 무엇인가? 하나님의 언약의 말씀이 내게서 멀어지면 우리의 영광도 없다는 것을 아는가? 구약시대에는 언약을 주시고 언약의 돌판과 언약궤를 주셨지만 신약의 새 언약은 예수 그리스도의 피로 세운 언약이며, 우리 마음에 기록이 되었다.

예수님께서 사람의 모양으로 나타나사 십자가에 죽으심으로 우리의 주와 그리스도가 되셨다. 하나님께서 그 이름 앞에 모든 무릎을 꿇게 하시고 주와 그리스도로 고백하게 하셔서 하나님께 영광을 돌리게 하셨다(빌 2장).

성령 하나님께서 우리에게 은혜를 주셔서 우리로 세상의 헛된 영광에 마음이 빼앗기지 않게 하시고 우리의 구원의 언약궤이신 예수 그리스도의 십자가에 항상 머물러 있게 하여 주시기를 소망한다. 아멘!

오늘의 본문 성경을 읽으시고 깨달은 점이나 기억하고 싶은 점 혹은 기도문을 기록합니다.

3월 17일

1년 1독 성경 읽기 꿀송이 보약큐티

사무엘상 7장~10장

| 묵상자료 |

1. 미스바 성회

블레셋은 이스라엘과의 전쟁에서 이기고, 하나님의 궤를 빼앗아갔다. 그러나 하나님의 궤를 다곤의 신전에 갖다 두었더니 그들의 신 다곤이 하나님의 궤 앞에 엎드러졌고, 머리와 두 손목이 끊어져 문지방에 있었다. 그것만이 아니라 여호와의 심판으로 많은 아스돗 사람들이 독한 종기재앙으로 죽어갔다. 깜작 놀란 아스돗 사람들은 이 '뜨거운 감자'인 하나님의 궤를 가드에게 넘겼다. 하나님의 궤가 도착하자 가드라는 도시에도 독한 종기가 퍼져나가기 시작했다. 가드 사람들은 하나님의 궤를 에그론에 넘겼다. 아니나 다를까, 에그론에서도 종기가 퍼졌다. 하나님의 궤가 가는 곳마다 재앙이 따라다녔다. 한마디로 우상의 나라 블레셋은 살아계신 하나님의 궤를 감당할 수 없었던 것이다.

사무엘상 5장은 마치 블레셋 사람들에게 이렇게 선언하고 있는 것 같다. "너희들이 전쟁에서 이스라엘을 이겼다고 여호와를 이긴 줄로 착각하지 말아라. 여호와는 죽은 신이 아니고, 아무 힘도 없는 우상이 아니다. 여호와 하나님은 전능한 창조주요, 역사를 주관하는 살아계신 하나님이시다."

이렇게 되자 결국 블레셋 사람들은 하나님의 궤를 이스라엘에게 되돌려 보낼 수밖에 없게 되었다. 그들은 일단 새 수레를 만들고, 멍에를 메어 보지 아니한 소 둘을 끌어다가 수레를 메우고, 그 새끼 송아지들은 떼어 집으로 돌려보냈다. 그리고 하나님의 궤를 수레에 싣고 이스라엘의 벧세메스로 보내면서 백성들에게 이렇게 말했다. "이 암소들이 벧세메스로 곧장 가면, 이 큰 재앙은 하나님께서 우리에게 내린 것이지만, 그렇지 아니하면 우연히 일어난 일인 줄 알아라."

멍에 메어 보지 아니한 소가 새 수레를 끌게 했다. 그것도 젖 나는 암소였고, 더군다나 한 마리가 아니라 두 마리였다. 그리고 그 송아지들은 떼어 집으로 돌려보냈다 이 암소들이 하나님의 궤를 실은 수레를 끌고 벧세메스로 바로 올라갈 확률이 어느 정도 될까? 정상적으로 생각한다면 불가능한 일이다. 이렇게 조치를 취해 놓고 암소들이 곧바로 벧세메스로 향해 가지 않으면, '봐라. 이것들은 하나님의 역사가 우연일 뿐이었다.'라고 말하겠다는 심산이었다. 그들은 어떻게 해서라도 여호와 하나님의 살아계심을 부정하려고 했다. 그러나 하나님은 이런 인간들의 속셈을 꿰뚫어 알고 계신다. 하나님은 그 권능으로 암소들이 비록 새끼들 생각에 눈물을 흘리면서도 곧장 벧세메스로 가게 역사하셨다.

그런데 이스라엘 자손들은 여전히 영적인 기근에 빠져 있었다. 여호와의 궤는 벧세메스에서 기럇여아림으로 옮겨졌고, 20년 동안 그곳에 방치되어 있었다. 성경은 이런 상황을 이렇게 설명한다. 사무엘상 7:2의 말씀이다.

“궤가 기럇여아림에 들어간 날부터 이십년 동안 오래 있은지라 이스라엘 온 족속이 여호와를 사모하니라”

여기 ‘오래 있었다’는 표현은 이스라엘 자손들이 하나님의 궤를 잊어버린 채 오래 있었다는 말이다. 어쩌면 이스라엘 자손들은 블레셋에게 빼앗겼던 하나님의 궤는 더 이상 아무 효력도 없다고 생각했는지도 모른다. 하나님의 궤 앞에 가서 기도해도, 제사 드려도 아무 소용없다고 생각했을 것이다. 그래서 이스라엘 자손들은 더 이상 하나님의 궤를 찾지 않았고, 대신 바알을 찾았고, 아스다롯을 섬기기 시작했다. 이렇게 되자 온 이스라엘은 하나님 신앙을 잃어버렸고, 어떤 사람들은 영적인 목마름을 해결할 수 없어서 탄식하기 시작했다. 그래서 시무엘상 7장에는 “이스라엘 온 족속이 여호와를 사모하니라”라고 말하고 있다. 여기에 나오는 ‘사모하니라’라는 단어는 히브리어로 ‘나하’라고 한다. 이 단어는 ‘크게 울다’, ‘부르짖다’라는 뜻을 가지고 있다. 삶에 들이닥친 고통으로 인해 그들은 힘들어 하고 아파하면서 하나님께 부르짖었다는 뜻이다. 아마 그들은 ‘우리가 어디로 가야 이 어려움을 해결할 수 있을까?’ ‘하나님을 만나야 하는데 어떻게 하나님을 만나야 하는가?’라고 울부짖었을 것이다.

여기에서 우리는 이스라엘 자손들 가운데 일어나게 된 영적 갈망 즉 여호와를 사모하게 된 것이 하나님의 사람, 사무엘의 활동과 연관이 있었을 것이라고 추측할 수 있다. 일찍이 하나님의 부름을 받았던 사무엘이, 이 오랜 고통의 시간 동안 잠자코 있지는 않았을 것이다. 비록 성경은 이 부분에 대해 침묵하고 있지만, 많은 학자들은 사무엘이 몇 가지 일을 했을 것이라고 추측한다. 어떤 학자는 아벡 전투의 결과로 실로의 성소가 파괴된 이후, 성막이 놉(Nob) 땅으로 이전하는 일(삼상 21:1~9)에 사무엘이 깊이 관여했을 것이라고 본다. 또 어떤 학자는 엘리 제사장과 그의 두 아들이 사망한 후, 사무엘은 블레셋의 위협에도 불구하고 이스라엘 곳곳을 돌아다니며, 여호와 신앙을 고취시키고, 여러 지역에 선지학교를 세워 미래의 인재들을 육성했을 것이라고 추측하기도 한다.

어쨌든 영적 기근을 만난 이스라엘이 여호와를 찾기 시작했을 때, 사무엘은 이스라엘의 문제의 핵심을 정확하게 짚어냈다. ‘블레셋이 문제가 아니고 우리 자신이 문제이다.’ ‘이스라엘 자손들에게 영적인 각성이 필요하다’고 본 것이다. 사무엘상 7:3을 같이 읽어 보자. “사무엘이 이스라엘 온 족속에게 말하여 이르되 만일 너희가 전심으로 여호와께로 돌아오려거든 이방 신들과 아스다롯을 너희 중에서 제거하고 너희 마음을 여호와께로 향하여 그만을 섬기라 그리하면 너희를 블레셋 사람의 손에서 건져내시리라.”

그리고 난 다음 사무엘은 이스라엘 자손들을 미스바로 모았다. 사무엘은 온 이스라엘을 미스바로 모이게 하고, 거기에서 집회를 열었다. “미스바 성회”가 열린 것이다. 미스바에 모여서 그들이 무엇을 했는가? 성경을 보면, 그들은 미스바에 모여 물을 길어 여호와 앞에 부었다. ‘물을 길어 붓는다’는 것은 상징적인 행위로 물 붓듯이 마음을 쏟아내는 회개를 의미한다. 그들은 ‘우리가 여호와께 범죄 하였나이다’라고 회개하기 시작했다. 또한 그들은 금식했다.

이스라엘 자손들이 미스바에 모여 하나님께 기도하고 있다는 것을 알고는 블레셋이 이스라엘을 치기 위해 올라왔다. 그 순간 사무엘은 어린 양 하나로 하나님께 온전한 번제를 드리고 하나님께 기도하였고 하나님이 그의 기도에 응답하셨다.

지난 이십 년 동안 하나님은 이스라엘에게 응답하지 않으셨다. 그래서 그들은 아벡 전투에서 패배하고, 하나님의 언약궤까지 빼앗겼다. 그런데 사무엘이 기도하기 시작하자 하나님께서 그들에게 응답하신 것이다. 비로소 살아계신 하나님께서 그들의 기도를 들으셨고, 그들에게 임하신 것이다.

사무엘은 전쟁에서 이긴 후에 하나님의 은혜를 기념하기 위해 미스바와 센 사이에 돌을 세우고, 그 이름을 '에벤에셀'이라 불렀다. '에벤에셀'이란 '도움의 돌'이란 뜻이다. '여호와께서 여기까지 우리를 도우셨다.'는 것이다.

우리 하나님은 항상 살아계신다. 그리고 우리의 기도에 응답하시는 하나님이시다. 혹시 기도응답을 경험한지 20년이 지나지 않았는가? 그렇다면 우상을 버리고, 온 맘으로 하나님께 기도하시기 바란다. 사무엘 같은 지도자만 있으면 우리의 공동체에 항상 소망이 있다. 아멘

오늘의 본문 성경을 읽으시고 깨달은 점이나 기억하고 싶은 점 혹은 기도문을 기록합니다.

3월 18일

1년 1독 성경 읽기 꿀송이 보약큐티

사무엘상 11장~13장

| 묵 상 자 료 |

1. 우리에게 왕을 주소서! (삼상 12장)

사무엘상 11장에는 사울이 암몬 족속과의 전쟁에서 대승을 거두고 이스라엘의 왕으로 인정을 받는 스토리가 기록되어 있다. 사무엘은 암몬 족속의 나하스를 물리친 사울을 이스라엘의 공식적인 왕으로 세우기 위해서 이스라엘 백성들을 길갈로 소집했다. 그리고 그곳에서 나라를 새롭게 하고자 하였다. 나라를 새롭게 한다는 것은 외형적으로 볼 때는 이제부터 사사가 다스리는 것이 아니라 왕이 다스리게 되는 것이지만 이스라엘의 왕은 이방의 왕들과는 완전히 달라야 했다. 그래서 사무엘이 이스라엘 백성 전체를 모아놓고 앞으로 이스라엘의 왕이 어떠해야 하는지와 또한 이스라엘 백성들이 어떻게 해야 할지를 가르쳤다.

사무엘상 12:12~13을 보면 "너희가 암몬 자손의 왕 나하스의 너희를 치러 옴을 보고 너희 하나님 여호와께서는 너희의 왕이 되실찌라도 너희가 내게 이르기를 아니라 우리를 다스릴 왕이 있어야 하겠다 하였도다. 이제 너희의 구한 왕, 너희의 택한 왕을 보라 여호와께서 너희 위에 왕을 세우셨느니라" 고 사무엘은 사울을 세우고 외쳤다. 이스라엘 백성들은 자신들을 애굽에서 구원하여 내시고 인도하여 주신 여호와 하나님의 통치를 거부하고 세상 나라들처럼 인간 왕을 구하였다. 이것은 여호와 보시기에 악한 것이었다. 여호와께서는 이런 그들에게 사무엘을 통해서 인간 왕정의 문제점을 말씀해 주셨다. 모세는 이스라엘 백성들에게 인간 왕을 세우면 왕으로 인한 부담이 얼마나 클지를 자세히 말해 주었다. 그런데도 불구하고 그들은 인간 왕을 요구하였던 것이다. 그러므로 이스라엘 백성들이 왕을 요구할 때 여호와 하나님께서 기뻐서 허락하신 것이 아니라 그들의 불신앙에 대해 분노하심으로 세우셨다는 것을 알 수 있다.

여호와의 분노하심으로 그들의 요구대로 인간 왕을 세웠지만 이스라엘 백성들은 항상 여호와의 말씀을 들어야 한다는 조건을 달았다. 만일 그렇지 아니하면 여호와의 손이 그들의 열조를 치신 것같이 그들을 치실 것이라고 했다. 이 말씀에는 왕이라도 예외가 없다. 이것이 이방의 왕들과 전혀 다른 이스라엘의 왕정제도였다.

호세아 13:9~11을 보면, "이스라엘아 네가 패망하였나니 이는 너를 도와주는 나를 대적함이니라 전에 네가 이르기를 내게 왕과 방백들을 주소서 하였느니라 네 모든 성읍에서 너를 구원할 자 네 왕이 이제 어디 있으며 네 재판장들이 어디 있느냐 내가 분노하므로 네게 왕을 주고 진노하므로 폐하였노라"고 하셨다.

오늘날 우리는 어떤 왕을 구하고 있는가?

예레미야 5:30~31을 보면, "이 땅에 기괴하고 놀라운 일이 있도다. 선지자들은 거짓을 예언하며 제사장들은 자기 권력으로 다스리며 내 백성은 그것을 좋게 여기니 그 결국에는 너희가 어찌 하려느냐"라는 말씀이 있다. 백성들이 무엇을 좋아하였는가? 거짓 선지자와 자기 힘으로 다스리는 제사장이다. 선지자들이 거짓을 예언한다. 이것은 백성들이 듣기에 좋은 소리를 하는 것이다. 그리고 제사장들은 자기 권력으로 마음대로 다스리는데 이것을 하나님의 백성이라는 자들이 좋게 여겼다는 것이다. 참으로 무섭고 놀라운 일이다.

겉으로 볼 때 나라를 새롭게 하면서 사사가 물러나고 사울을 왕으로 세우는 자리이지만 여기서 세상의 왕들이 세워지는 그런 영광이란 전혀 찾아볼 수가 없다. 오히려 왕은 백성들의 죄악의 결과로 나온 자가 된다. 그리고 왕도 여호와의 말씀에 순종하지 않으면 백성과 왕이 다 함께 멸망할 것이라고 말씀한다. 왕의 대관식이라든가 취임식과 같은 그런 분위기가 전혀 없다.

시편 106:11~15을 보면, "저희 대적은 물이 덮으매 하나도 남지 아니하였도다 이에 저희가 그 말씀을 믿고 그 찬송을 불렀도다 저희가 곧 그 행사를 잊어버리며 그 가르침을 기다리지 아니하고 광야에서 욕심을 크게 발하며 사막에서 하나님을 시험하였도다 여호와께서 저희의 요구한 것을 들어 주셨을찌라도 그 영혼을 파리하게 하셨도다"라는 구절이 나온다. 홍해를 건넌 기적을 보면서 하나님을 찬양한 그들이 얼마 지나지 않아서 여호와의 행하신 일을 잊어버리고 그의 가르침을 기다리지 않고 광야에서 만나가 싫다고 고기를 달라고 하였다. 그러나 하나님께서 그들의 요구를 들어주셨을찌라도 그들의 영혼은 파리하여 졌다고 한다.

우리가 우리의 영혼이 새파랗게 질려가는 것들을 얼마나 열심히 구하고 있는지 우리의 모습을 보아야 한다. 우리가 먼저 구하여야 할 것은 그의 나라와 그의 의이다(마 6:33). 그런데 사람들은 주의 나라와 주의 의를 구하는 것이 아니라 세상 왕을 구하고 영혼을 질리게 할 것들을 구하고 있는 것이다.

오늘의 본문 성경을 읽으시고 깨달은 점이나 기억하고 싶은 점 혹은 기도문을 기록합니다.

3월 19일

1년 1독 성경 읽기 꿀송이 보약큐티

사무엘상 14장~16장

| 묵 상 자 료 |

1. 사울처럼 살지 말자

사무엘상 9장~15장에 최초의 왕 사울이 등장한다. 그는 처음에는 겸손하고 너그러운 모습을 보이며 산뜻한 출발을 하지만 이내 하나님의 버림을 받고 악신에 시달리며 불행한 최후를 향해 내리막 길을 걷는다. 사울의 실패는 세 가지의 잘못에 기인한다.

첫째는, 금도를 넘어 제사장이 해야 하는 제사를 자신이 드려버린 잘못이다(삼상 13:9). 처음에는 사무엘 선지자가 오기를 기다렸다. 7일 안에 온다고 한 약속을 믿고 7일을 기다렸지만 선지자가 오지 않았다. 적군은 가까이 있는데 백성들은 사울에게서 흩어져 갔다. 마음이 다급해진 사울은 안 되는 줄 알면서 자신이 번제와 화목제를 드려 버렸다. 공교롭게도 번제를 마치자마자 선지자 사무엘이 나타났다. 사무엘은 왕의 자초지종을 듣고 한마디로 "왕이 망령되이 행하였다"고 질책했다. 이 일 때문에 왕의 나라가 길지 못할 것이라 예언했다.

번제를 드린 것이 무엇이 잘못인가? 하지만 하나님은 말씀의 하나님이시다. 말씀에서 어긋나 내 소견대로 제사를 드리고 하나님이 받으실 것이라 생각하면 오산이다. 오늘날 대부분의 사람들이 자기 판단, 자기 열심으로 자기는 신앙생활 잘 한다고 스스로 착각하며 살아간다. 그러나 나중 하나님은 말씀의 기준으로 우리를 심판하실 것이다. 불로 통과시켜 보면 나무나 풀은 다 타고 없어진다. 불타 없어질 말씀에서 벗어난 열심은 결국 헛방이다. 사울의 실패는 우리에게 거울처럼 교훈을 준다. 말씀에서 어긋난 열심을 조심하라.

둘째는, 사울의 불순종이었다(삼상 15장). 하나님은 그에게 아말렉의 모든 사람과 재산을 남김없이 진멸하라고 엄히 명하셨지만 그 말씀을 온전히 따르지 않고 부분적으로 따랐다. 자기 소견대로 한 것이다. 하나님께 제사 드린다는 핑계로 좋은 소와 살진 양들을 남겨두었고 아말렉 왕 아각도 살려 두었던 것이다. 이에 사무엘은 "순종이 제사보다 낫다"는 그 유명한 말씀을 하였고 왕이 하나님의 말씀을 버렸으므로 하나님도 왕을 버렸다고 선언했다. 우리가 하나님의 말씀을 경홀히 하면 하나님도 우리를 가볍게 여기신다. 우리가 하나님의 말씀을 귀히 여기고 늘 마음판에 새기고 그 말씀대로 살 때 하나님도 우리를 주목하신다.

세째는, 실수는 사울이 어려움에 처하자 신접한 여인을 찾아가서 도움을 청한 것이다. 우상숭배의 죄를 범한 것인데 이는 치명적이었다. 모세 율법에 하나님은 무당은 죽이라고 하셨다. 이 신접한 여인을 찾아간 일로 사울은 결국 전쟁에서 아들 요나단과 함께 그 목숨을 잃게 된다. 앞의 두 가지 실수로 인해서는 왕권을 잃었지만 무당 찾아간 일로 인해서는 생명을 잃은 것이다.

2. 나를 위하여…

드디어 사무엘상 16장부터 하나님의 마음에 합한 사람 다윗이 등장한다. 하나님의 눈은 온 땅을 두루 감찰하시고 누가 전심으로 하나님을 사랑하는가를 살피시고 그를 픽업하신다. 베들레헴 시골의 한 작은 마을에서 양치고 있던 양치기 소년을 하나님의 예리한 눈은 포착하셨다. 그리고 사무엘 선지자를 보내 왕으로 기름 붓도록 하신다. 그런데 사무엘에게 새 왕 후보를 찾아 기름 부으라 하시는 말씀 중에 특이하게 들리는 말씀을 하신다. '나를 위하여' 기름을 부을지니라(삼상 16:3)라고 하신 것이다. 양치기 소년이 왕이 된다면 그것은 다윗에게 말할 수 없는 영광이다. 좋은 지도자가 세워지는 것은 이스라엘 백성들을 위하여 참으로 좋은 일이다. 무거운 짐을 홀로 지고 이스라엘을 지도하고 있는 사무엘에게도 좋은 일이다. 그러나 하나님은 '자신을 위하여' 다윗에게 기름을 부으라고 하신다. 우리가 하나님을 잘 섬기고 아름답게 쓰임 받다가 주 앞에 심판 날 서서 큰 상급을 받는다면 우리에게는 너무나 큰 축복이요 영광이 된다. 그러나 그것이 하나님을 위해서도 좋은 일이 된다는 사실을 기억하자.

자식이 학교에서 1등 상을 받아오면 일단 자식 자신에게 기쁜 일이지만 동시에 그것은 부모에게 좋은 일이 된다. 다윗의 아름다운 신앙을 알아본 하나님은 그를 발탁하시며 '나를 위하여' 그를 세우라 하셨다. 다윗을 쓰시고 다윗과 함께 일하시면서 하나님은 내내 행복해하셨다. 오늘 우리를 보시고 하나님이 그렇게 흐뭇해 하신다면 얼마나 좋을까? 깊이 묵상하며 생각해 보는 주제다.

내 스마트폰 초기 화면에는 20개월 된 손자 엘림이의 사진이 깔려 있다. 스마트폰을 켤 때마다 기분 좋다. 하나님이 나를 보실 때도 그렇게 기분 좋으실까? …

오늘의 본문 성경을 읽으시고 깨달은 점이나 기억하고 싶은 점 혹은 기도문을 기록합니다.

3월 20일

1년 1독 성경 읽기 꿀송이 보약큐티

사무엘상 17장~19장

| 묵 상 자 료 |

1. 다윗과 골리앗

사무엘상 17:4에 골리앗의 신장이 6큐빗 한 뼘이라 했다. 큐빗은 44.5센치이며 한 뼘은 22.2센치이니 총 2미터 90센치의 키를 자랑하는 거인이었다. 블레셋은 이 거인을 앞세워 일대일로 붙어 승부를 보자며 날마다 이스라엘진을 향해 소리치며 조롱했다. 이스라엘의 반응은 놀라며 크게 두려워하는 모습이었다(삼상 17:11). 이와 같은 반응은 하나님께서 약속하신 말씀과 사뭇 달랐다. 여호수아서를 상기해 보자.

> "이는 여호와께서 강대한 나라들을 너희의 앞에서 쫓아 내셨으므로 오늘까지 너희에게 맞선 자가 하나도 없었느니라 너희 중 한 사람이 천 명을 쫓으리니 이는 너희의 하나님 여호와 그가 너희에게 말씀하신 것 같이 너희를 위하여 싸우심이라 그러므로 스스로 조심하여 너희의 하나님 여호와를 사랑하라" 수 23:9~11

하나님은 이스라엘이 하나님을 경외하고 나아가면 한 사람이 천 명을 쫓고 백 명이 만 명을 감당할 것이라 약속하셨는데, 지금은 한 명의 블레셋 사람이 모든 이스라엘을 농락하는 완전 반대의 상황이 벌어지고 있다. 다행히 이 굴욕적인 정황에서 하나님의 사람 다윗이 등장한다. 다윗은 형님들 안부를 알아보기 위해 전쟁터에 아버지 심부름 갔다가 골리앗이 하나님을 모독하는 소리를 듣게 된다. 다른 이스라엘 군사들은 골리앗의 말을 듣고 두려워 떨며 쫄아서 굴 속에 숨기 바빴는데 똑같은 말을 들은 다윗의 반응은 달랐다. '이 할례 받지 못한 블레셋 사람이 누구이기에 살아계시는 하나님의 군대를 모욕하겠느냐? 내가 나아가 이 블레셋 사람을 죽여 이스라엘의 치욕을 제거하겠다'고 외쳤다(삼상 17:26). 형들도 다윗을 무시하고 골리앗도 우습게 여겼지만 그 싸움의 결과를 우리가 알거니와 다윗은 골리앗의 목을 베어 이스라엘의 치욕을 씻었다. 그리고 그 여세를 몰아 대적들을 흩어버리고 이스라엘에 대승리를 가져다주었다.

보통의 사람들은 골리앗 앞에서 현실적인 계산기를 두드리고 무서워했지만 다윗의 사고방식은 완전히 딴 판이었다. 전쟁은 여호와께 속한 것이니 여호와를 의지하고 나가면 이길 수 있다고 확신한 것이다. 현실에 주눅들지 않고 믿음의 깃발을 올리는 다윗은 확실히 보통 사람들과는 다르다. 믿음이 없으면 하나님을 기쁘시게 할 수 없다고 히브리서 11장은 증언한다. 왜 하나님이 다윗을 총애할 수밖에 없는가를 골리앗과의 싸움에서 다윗은 여실히 보여주었다. "너는 칼과 창을 의지하고 내게 나아 오거니와 나는 만군의 여호와의 이름 곧 네가 모욕하는 이스라엘 군대의 하나님의 이름으로 네게 나아가노라"(삼상 17:45)고 외치며 골리앗을 때려 눕히는 다윗의 모습은 여름 날의 냉수처럼 우리의 마음을 시원케 한다. 다윗의 이런 귀한 믿음의 모습이 하나님의 마음에 오래오래 각인되었을 것이다. 한국 대구에서 사역하시는 마승희 목사님은 이런 소감을 보내왔다. "이스라엘 역대 왕들의 행적이 다윗의 길로 가면 선한 왕이었고 다윗의 길로 안 가면 악한 왕이었다. 다윗이 기준이요 표준이 된 것이다. 나도 다윗처럼 목사의 기준, 성도의 기준이 되는 삶을 소망해 본다."

2. 여호와께서 부리시는 악령

사무엘상 19:9에 여호와께서 부리시는 악령이란 표현이 나온다. 사울 왕이 손에 단창을 가지고 집에 있을 때에 여호와께서 부리시는 악령이 사울에게 접하였으므로 사울이 창을 던져 다윗을 죽이려 했다는 기록이다. 가끔씩 등장하는 구약 성경의 이런 표현에 독자인 우리는 좀 당황스럽다. 하나님이 악령도 부리시나? 영어 성경 NIV에는 'an evil spirit from the LORD'라고 표현하여 '여호와로부터 나온 악령'이라 하였다. 이 표현을 우리는 하나님이 악령을 보내 악한 일을 조정하신다고 이해해서는 안 된다. 하나님은 빛에 거하시며 불의한 것과 전혀 상관이 없으시다. 하나님은 거룩하시며 정결하신 분이시다. 그렇다면 '하나님이 부리시는 악령'이란 한국어 성경의 의미를 우리는 어떻게 해석해야 하는가?

그것은 악령도 마귀도 그 어떤 존재도 하나님 위에 있지 않고 하나님 발 아래 있으며 하나님의 통치권 안에 있다는 표현으로 이해해야 한다. 하나님이 허락하시지 않으면 사단도 제 맘대로 주의 백성을 해롭게 할 수 없다. 욥의 경우에서 보듯이 하나님의 허락 하에서만 사단이 활동할 수 있었다. 육신을 가진 우리가 이 세상에 살면서 영계에서 일어 나는 모든 것을 다 알 수는 없다. 오직 한 가지 분명한 사실은 사단도 하나님 밑에 있다는 것이다. 하나님 발 밑에 있던 악령이 사울에게 들어가니 사울에게서 악한 살인자의 모습이 나왔다. 성령 충만 하면 예수 향기가 나오고 악령이 시험하면 마귀 모습이 나온다. 우리는 늘 기도와 말씀으로 무장하여 성령으로 충만함을 받아야 한다.

오늘의 본문 성경을 읽으시고 깨달은 점이나 기억하고 싶은 점 혹은 기도문을 기록합니다.

3월 21일

1년 1독 성경 읽기 꿀송이 보약큐티

사무엘상 20장~22장

| 묵상자료 |

1. 요나단, 다윗의 은인

요나단 없는 다윗을 생각할 수 없다. 요나단이 없었다면 다윗은 그 모진 오해와 억울한 도망의 날들을 그렇게 견뎌낼 수 없었을 것이다. 다윗 없는 요나단은 생각할 수 있어도, 요나단 없는 다윗은 생각하기 힘들다. 다윗을 향한 요나단의 사랑은 여러 번 명시적으로 성경에 언급되는데 요나단을 향한 다윗의 사랑은 그 분명한 표현을 쉽게 찾을 수 없다.

사울로부터의 본격적인 도망이 시작되는 때에 요나단은 다윗과 언약을 맺는다. 요나단이 다윗이 왕으로 기름부음 받음을 알고 있었는지는 분명하지 않지만 그는 여호와께서 다윗의 대적을 끊어버릴 것과 하나님께서 사울과 함께하셨듯 다윗과 함께 하실 것임을 알았다. 그리고는 다윗의 집과 영원한 언약을 맺는다. 죽음과의 거리가 한걸음뿐이라 느끼고 있던 다윗에게 있어 요나단의 이러한 다윗에 대한 신뢰의 말은 크나큰 위로요 밝은 희망의 등불이 되었다.

요나단이란 이름은 '여호와께서 주셨다(나탄)'는 뜻이다.

여호와께서 요나단에게 무엇을 주셨다고 생각할 수도 있겠지만, 실상은 다윗을 위해 여호와께서 요나단을 내어 주신 것이다. 칠십인역에서 헬라어 '파라디도미(=넘겨주다)'는 대개 히브리어 '나탄(=주다)'에 대한 번역어로 사용되는데, 신약에서 '파라디도미'는 대개 '누군가를 넘겨주다'는 의미로 사용되었고, 특별히 죄인을 위해 자기 자신을 내어주신(파라디도미) 예수님의 죽음을 가리키는 말로 사용되었다(롬 4:25; 8:32; 갈 2:20).

요나단은 다윗을 위해 그가 할 수 있는 모든 수고를 아끼지 않으며 그를 위해 생명의 위험을 감수한다. 요나단은 사무엘상에서 왕권에 대한 상징으로 쓰이는 겉옷을 벗어 다윗에게 주고(나탄), 그의 군복과 그의 칼과 그의 활과 그의 띠 또한 다윗에게 내어 준다(삼상 18:4). 요나단은 다윗을 자기 생명처럼 사랑한다(삼상 18:1,3). 말 그대로 목숨을 다하는 사랑이다.

다윗에 대한 요나단의 사랑은 사실 특별한 까닭이 없다. 다윗이 요나단에게 호의를 베풀었거나 은혜를 끼쳤기에 요나단이 다윗을 사랑한 것이 아니었다. 다윗과 맺은 언약 또한 다윗이 제안하거나 의도한 것이 아니었다. 다윗과 맺은 언약의 주도권자는 언제나 요나단이었다. 요나단은 여호와의 인자하심을 따라 자신의 모든 것을 내어주어 언약을 지켜낸다.

스스로 묻는다. 나는 내가 그렇게 신뢰하고 믿는다는 친구를 위해 나의 왕좌를 내어줄 수 있을까?

나의 목숨을 내어줄 수 있나? 아니 어느 정도까지 나의 재산이나 시간을 그를 위해 내어 줄 수 있나? 요나단처럼 친구를 위해 목숨을 바쳐야겠다는 결심이 서기보다, 나는 요나단에게서 언뜻 비추어지는 주님의 은혜를 기억하게 된다.

주님은 요나단이 다윗에게 했듯이 나에게 생명을 주었고 뜨거운 사랑을 주었고 나를 감히 친구라고 불러주셨다. 주님은 스스로 구원의 언약을 세워 그를 믿으면 영원한 구원을 주시겠다고 하셨다.

"사람이 친구를 위하여 자기 목숨을 버리면 이보다 더 큰 사랑이 없나니 너희는 내가 명하는 대로 행하면 곧 나의 친구라" 요 15:13~14

그래서 사도 바울은 자신의 삶의 이유를 "이제 내가 육체 가운데 사는 것은 나를 사랑하사 나를 위하여 자기 자신을 내어주신하나님의 아들을 믿는 믿음 안에서 사는 것이라"(갈 2:20)고 고백했다.

다윗에게 요나단을 허락하셨던 하나님은 오늘 우리에게 예수 그리스도를 보내 주셨다. 요나단이 자신이 차지할 왕의 자리를 다윗에게 주었듯이 예수님은 하찮은 나를 위해 하늘 보좌를 포기하시고 이 땅에 오셔서 피흘려 주셨다. 우리에게 요나단 같은 친구이신 예수님이 함께 계신다는 것이 얼마나 큰 축복인가?

오늘의 본문 성경을 읽으시고 깨달은 점이나 기억하고 싶은 점 혹은 기도문을 기록합니다.

3월 22일

1년 1독 성경 읽기 꿀송이 보약큐티

사무엘상 23장~25장

| 묵상자료 |

1. 창을 던지는 사울과 도망 다니는 다윗(삼상 24장)

사울은 다윗에게 창을 던져 죽이려 하였다. 이것은 사울의 마음이 시기와 두려움으로 병들고 상하여 있었기 때문이다. 다윗이 아니라 누구라도 그 자리에 있었다면 창을 맞을 수밖에 없었을 것이다. 사울의 미쳐가는 마음은 누구든지 희생양을 찾지 않을 수 없었기 때문이다.

그런데 다윗은 왜 사울의 창을 피하기만 했을까? 사무엘상 18장과 19장에 의하면 사울은 적어도 세 번 창을 다윗에게 던진다. 그때마다 다윗은 피하기만 할 뿐 창을 뽑아 다시 사울에게 던지지 않았고 결국 엔게디 광야로 도망쳤다. 우리에게 다윗의 능력과 영향력, 따르는 군대가 있다면 누가 그 창을 피하기만 하고 다시 뽑아 던지려고 하지 않겠는가? 세 번은 커녕 첫 번째 창이 날아올 때 바로 그 창을 뽑아 던져 복수하고 말았을 것이다. 그 답을 우리는 오늘 성경에서 얻는다.

> "자기 사람들에게 이르되 '내가 손을 들어 여호와의 기름 부음을 받은 내 주를 치는 것은 여호와께서 금하시는 것이니 그는 여호와의 기름 부음을 받은 자가 됨이니라' 하고 다윗이 이 말로 자기 사람들을 금하여 사울을 해하지 못 하게 하니라" 삼상 24:6~7

사울은 여호와께서 기름부어 세운 왕이었다. 그 왕을 치는 것은 하나님께 도전하는 것이다. 하나님께 도전하면 하나님의 심판을 받는다. 다윗은 그것을 두려워하였다. 하나님을 두려워함, 이것이 다윗이 사울에게 창을 다시 던지지 않았던 이유이다.

하지만 사울은 다윗을 죽이려 하였다. 그 악행은 하나님이 심판하실 것이다. 다윗은 그것을 믿었다. 하나님이 심판하신다는 것을 말이다! 다윗에게는 그 권리가 없다. 사울이 다윗에게 악행을 했다고 다윗에게 하나님을 대신하여 심판할 권리가 생기는 것이 아니라는 말이다. 여기서 우리가 흔히 하는 착각이 드러난다. 우리는 피해를 입으면 복수할 권리가 생긴다고 생각한다. 내가 억울한 고통을 겪었으니 거기에 책임이 있는 이에게 고통을 되돌려줄 권리가 생긴다는 것이다. 그러나 이것은 성경의 가르침이 아니다.

> "내 사랑하는 자들아 너희가 친히 원수를 갚지 말고 하나님의 진노하심에 맡기라 기록되었으되 '원수 갚는 것이 내게 있으니 내가 갚으리라'고 주께서 말씀하셨느니라" 롬 12:19

하나님을 믿고 원수를 용서하는 것의 가장 큰 열매는 원수의 회개가 아니라 나의 변화이다. 그것은 그리스도를 닮아가는 성품인 것이다.

"그분은 모욕을 당할 때도 욕하지 않고 고난을 당할 때도 위협하지 않았으며 모든 것을 공정하게 심판하시는 하나님께 맡기셨습니다" 벧전 2:23 (현대인의 성경)

만약 다윗이 사울의 창을 피하는 대신 그에게 되돌려 던졌다면 그래서 사울을 죽이고 왕좌에 올랐다면 그는 제2의 사울이 되었을 것이고 오늘날 우리가 아는 하나님의 마음에 합한 다윗 왕은 사라지고 은혜로운 시편도 없었을 것이다.

오늘 우리에게 창을 던지는 사람이 있다면 당신은 어떻게 하겠는가?

오늘의 본문 성경을 읽으시고 깨달은 점이나 기억하고 싶은 점 혹은 기도문을 기록합니다.

3월 23일

1년 1독 성경 읽기 꿀송이 보약큐티

사무엘상 26장~28장

| 묵 상 자 료 |

1. 접신녀를 통해 나타난 사무엘

사무엘상 28장에는 엔돌에 거하며 점치던 신접한 여인에게 사울 왕이 변장하고 찾아가 자신의 미래를 점치는 해괴한 장면이 나온다. 아무리 기도해도 하나님은 사울에게 응답하지 않으셨다. 답답한 그는 신접한 여인을 찾아가 사무엘을 불러 내라고 요청한다. 신접한 여인이 주술을 외우자 죽은 사무엘 선지자의 영이 나타났다. 그리고 사울을 책망하며 그의 죽음을 예언한다. 그 소리를 듣고 맥이 빠진 사울은 거의 실신 상태에 이르고 접신녀가 차려준 음식을 먹고 떠난다. 그리고 다음에 벌어진 블레셋과의 전투에서 그 아들 요나단과 함께 길보아 산에서 자기 칼에 엎드러져 그 생을 비참하게 마감한다.

여기서 다윗과 사울의 극명한 차이를 우리는 본다. 다윗은 자기를 저주하는 시므이의 욕설에서도 하나님의 음성을 듣고(삼하 16:5~14) 받아들이며 회개했다. 그러나 사울은 죽은 사무엘 선지자가 나타나 책망하는데도 낙심하고 번민할 뿐 회개하고 하나님께 돌이키지 않았다. 역대상 10:13~14은 사울의 죽음을 다음과 같이 설명한다.

> "사울이 죽은 것은 여호와께 범죄하였음이라 저가 여호와의 말씀을 지키지 아니하고 또 신접한 자에게 가르치기를 청하고 여호와께 묻지 아니하였으므로 여호와께서 저를 죽이시고 그 나라를 이새의 아들 다윗에게 돌리셨더라"

베뢰아 선교회 김기동 목사는 그의 귀신론에서 인간의 수명이 120세인데 그 나이 이전에 죽은 불신자의 영혼들은 다 귀신이 되어 떠돌아다니다가 사람에게 붙어 각종 사고를 일으키고 질병을 가져다주는데 귀신을 쫓아내면 자연적으로 병도 낫는다는 것이다. 그가 근거로 삼는 성경 창세기 6:3은 인간의 평균 수명을 언급하는게 아니고 120년 후에 홍수로 심판하시겠다는 하나님의 경고였다. 또한 누가복음 16장에 나오는 부자는 죽어서 그 영혼이 곧장 지옥에 떨어졌다. 물론 귀신이 달라붙어 벙어리 되고 질병으로 고통을 당할 때는 귀신을 쫓아내야 병이 낫는다. 그러나 모든 병을 다 귀신이 주는 건 아니다. 감기에 걸렸으면 귀신을 쫓아 낼 것이 아니라 가까운 병원에 가 주사를 맞고 약을 먹어야 낫는다.

원래의 사무엘상 28장으로 돌아가 그때 나타난 사무엘이 진짜였나 하는 점을 생각해 보자. 성경 학자들의 견해는 두 가지로 갈라진다. 진짜였다고 주장하는 사람들과 마귀가 거짓으로 사무엘 흉내를 내었다고 하는 견해이다. 후자의 견해를 뒷받침하는 근거로는 사무엘상 28:13에 무엇이 보이느냐고 사울이 신접한 여인에게 물었을 때 그녀가 답하기를 "내가 영이 땅에서 올라오는 것을 보았나이다"라고 대답한 대목에서 찾는다. 한국 성경에는 '영'이라고 되어 있지만 NIV에서는 'A ghostly figure'라고 되어있고(귀신의 형체를 한 사람), KJV에는 'spirits'라고 번역하여 '영들'이 올라오는 것을 보았다고 기록했다. 이로 보건대 사무엘이 아니라는 것이다. 사무엘은 하늘에 있었는데 땅에서 올라올 리가 없고 그가 귀신의 형체로 보일 리도 없으며 사무엘은 한 사람인데 왜 영들이 올라 왔느냐는 것이다.

그러므로 귀신들이 나타나 사무엘 흉내를 내니 사울이 깜박 속았다는 것이다. 하나님이 무당은 죽이라고 하시면서까지 그토록 접신을 싫어하시는데 무당 말을 듣고 하나님이 사무엘의 영을 보냈을 리가 없다는 것이다. 그리고 앞서 언급한 역대상 10:13~14에도 사울이 죽임당한 이유가 '신접한 자에게 가르치기를 청했다'는 것인데 만일 진짜 사무엘이었다면 하나님께서 보내시고 말씀하시게 해 놓고는 사울을 심판하시는 것은 모순이라는 것이다. 일리가 있는 이론이다.

그러나 솔직하게 본문을 거듭 들여다보고 있으면 아무래도 진짜 사무엘의 영이 나타난 것 같다는 느낌을 지울 수가 없다.

사울 왕을 꾸중하는 내용이 도저히 귀신이 하는 말 같지 않다. 그리고 그가 예언한 것이 나중 그대로 실현되었다. 만일 그가 진짜 사무엘이었다면 우리는 이 본문을 어떻게 해석해야 하는가? 신약에도 수천 년 전에 죽었던 모세와 엘리야가 나타나 예수님과 얘기하는 장면이 나온다(마 17:1~9). 영이 특별한 경우에 하나님이 허락하시면 이 세상에 나타날 수도 있다는 것이다. 그의 모습이 노인의 모습인 것은 사울이 사무엘을 알아보게 하려는 배려에서 그렇게 나타났을 거라는 것이다. 여기까지 두 이론을 들어보면 참 어렵다. 둘 다 일리가 있기 때문이다. 나도 어느 것이 옳은 지 잘 모르겠다. 그러나 분명히 해 두고 넘어갈 것이 있다. 여기의 사무엘이 진짜냐 가짜냐 하는 것이 중요한 것이 아니라 하나님이 이런 일을 극도로 혐오하시고 싫어하신다는 사실을 명심해야 한다는 것이다.

교회 다니는 사람이 답답하면 사울처럼 무당집을 찾아가 의논한다면 그 믿음은 가짜라고 봐도 무방하다. 하나님이 그토록 혐오하시는 것을 하면서 어떻게 하나님의 자녀라 할 수 있겠는가? 우리는 오직 하나님 중심, 성경중심, 교회중심의 신앙생활을 해야 한다. 음성 듣고 환상 보는 신앙이 좋은 신앙이 아니다. 말씀에 뿌리내린 신앙이 건강한 신앙이다. 이 혼란한 말세에 우리의 신앙의 색깔을 분명히 해야겠다.

오늘의 본문 성경을 읽으시고 깨달은 점이나 기억하고 싶은 점 혹은 기도문을 기록합니다.

3월 24일

1년 1독 성경 읽기 꿀송이 보약큐티

사무엘상 29~31장

| 묵 상 자 료 |

1. 사울왕의 죽음(삼상 31장)

사무엘상은 끊임없이 다가오는 이방인들의 침략에 이스라엘 백성들이 자신들에게 왕을 세워달라고 하여 그 문제를 해결하려는 이야기로 시작하고 있다.

저 이방인들처럼 화려하게 왕관을 쓰고 멋있게 왕의 옷을 입고, 수많은 사람들의 환호를 받으면서 나라를 지켜주는 듬직한 왕을 간절히 구하였던 것이다. 왕만 세워지면 끊임없이 동쪽, 서쪽으로부터 다가오는 이방인들의 침략을 해결할 수 있을 것이라는 게 그들의 계산이었다.

사무엘 선지자는 그것이 정답이 아니라는데, 그들은 끝까지 고집했다. 그래서 하나님은 어쩔수 없이 그들의 요구를 들어주었다. 그 초대왕이 바로 사울이었다. 선택은 아주 철저하고 완벽하게 이루어졌다. 사울은 당시에 외모도 준수했지만, 겸손한 사람이었고, 마음의 그릇이 아주 큰 사람이었다. 비류들과 주변의 여러 사람들이 베냐민 지파, 제일 마지막 지파에서 어떻게 왕이 되느냐고 조롱하고, 면전에서 자신을 비난했을 때에도 그는 그들을 향해서 화를 내지 않고 조용히 침묵하였다.

사무엘상 11:6을 보면 사울에게 여호와의 신이 함께 하셔서 담대할 수 있었고 강력한 리더십을 발휘할 수 있었다고 설명한다. 문제는 사울이 하나님께 불순종하면서 하나님의 영이 그를 떠난 후에 발생하기 시작했던 것이다.

이스라엘 백성들은 왕이 세워지면 모든 문제가 해결되리라고 생각하고 그것을 요구했지만 사무엘상이 끝나는 31장에서도 여전히 블레셋은 이스라엘을 침략하고 있다. 사울 왕이 길보아산이라고 하는 그리 높지 않은 산으로 군대를 이끌고 갔지만 이미 백성들은 도망치기 바빴고 밀물처럼 밀려오는 블레셋 군대 앞에 속수무책으로 쓰러져 갔다. 사울의 세 아들 요나단과 아비나답 말기수아도 죽었다. 사울도 블레셋 군대의 활 쏘는 자들로 인해서 부상을 당해 곧 보병이 다가오면 포로로 잡힐 지경이 되었다. 그는 이방인의 손에 죽었다는 불명예를 싫어하여 자기 부하에게 죽이라고 간청했고 부하가 주저하자 자기 칼에 스스로 엎어져 자결하고 말았다. 블레셋 군사들이 들어와 왕을 찾다가 결국 사울의 시신을 발견하였고 사울 왕의 시신을 벧산 성벽에 걸어놓았다. 참으로 불쌍하고 비참한 사울의 최후였다.

오늘 우리는 이 사울 왕의 종말과 이스라엘의 패배를 통해서 심각한 교훈을 배워야 한다. 하나님 앞에서 그들이 원했던 것, 그것은 왕이었지만 그들이 얻은 왕이 궁극적으로 그들의 문제를 온전히 해결할 수가 없었다는 사실이다.

때때로 우리는 살면서 하나님 앞에 이것만 해결해 주시면 다른 것은 원하지 않겠습니다… 하면서 간절히 뭔가를 소원할 때가 있다. 그러나 그 소원이 이루어진다고 내 인생의 문제가 다 해결되는 것은 결코 아니다. 오직 변치 않으시는 주 예수님을 나의 보배로 삼고 주와 동행하며 주안에서 만족하고 사는 것이 가장 지혜로운 삶인 것이다.

주 예수보다 더 귀한 것은 없네 이 세상 부귀와 바꿀 수 없네
영 죽을 내 대신 돌아가신 그 놀라운 사랑 잊지 못해
세상 즐거움 다 버리고 세상 자랑 다 버렸네
주 예수 보다 더 귀한 것은 없네. 주 예수 밖에는 없네
주 예수 보다 더 귀하 것은 없네 이 세상 명예와 바꿀 수 없네
이 전에 즐기던 세상 일도 주 사랑하는 맘 뺏지 못해
세상 즐거움 다 버리고 세상 자랑 다 버렸네
주 예수 보다 더 귀한 것은 없네 주 예수 밖에는 없네
주 예수 보다 더 귀한 것은 없네 이 세상 행복과 바꿀 수 없네
유혹과 핍박이 몰려와도 주 섬기는 내 맘 변치 못해
세상 즐거움 다 버리고 세상 자랑 다 버렸네
주 예수 보다 더 귀한 것은 없네 예수밖에는 없네 아멘!(찬송가 94장)

오늘의 본문 성경을 읽으시고 깨달은 점이나 기억하고 싶은 점 혹은 기도문을 기록합니다.

3월 25일

1년 1독 성경 읽기 꿀송이 보약큐티

사무엘하 1장~3장

| 묵 상 자 료 |

1. 인생은 판단과 선택에 달려 있다

사무엘하 말씀은 사울의 죽음의 소식이 전해지는 것으로 시작된다. 사울은 블레셋과의 전쟁에서 패배하고 세 아들과 도망하다 세 아들이 먼저 죽고 사울은 활에 맞아 중상을 입게 된다. 추격을 당하면서 사울은 부상이 심하자 본인의 칼로 자결한다. 다음날 블레셋 사람들이 사울의 시신을 발견하자 그의 목을 베어 벧산 성벽에 매달게 된다.

다윗은 이 소식을 이스라엘 진영에서 나온 아말렉 청년에게서 들었다. 아말렉 청년이 전해준 부고 소식에 다윗의 반응을 잘 봐야 한다. 자신을 끈질기게 죽이려 했던 사울 왕이었지만 다윗은 사울의 죽음을 진실로 슬퍼한다.

"이에 다윗이 자기 옷을 잡아 찢으매 함께 있는 모든 사람도 그리하고" 삼하 1:11

잠언에도 "네 원수가 넘어질 때에 즐거워하지 말며 그가 엎드러질 때에 마음에 기뻐하지 말라"(잠 24:17)고 하셨다. 지혜자의 말씀처럼 다윗도 그런 모습을 보였다. 이것은 지혜로운 인품에서 나온 행동이었다. 사람의 됨됨이는 이렇게 결정적인 순간 그가 보여주는 판단과 행동에 의해 확연하게 드러난다.

시무엘하 1장에는 세 인물이 등장한다. 그들의 판단과 선택이 어떻게 달랐는지 살펴보자.

1) 사울의 판단:

사울은 말씀을 저 버리고 불순종의 잘못된 판단을 하여 패망하게 된 케이스다. 사무엘상 15장에서 하나님께서 사울에게 아말렉 사람을 진멸하라고 명령하셨다. 사울은 완전히 순종하지 않는다. 전리품 중 일부를 빼돌려 명령을 어기고 남겨 둔다. 본인의 생각이 말씀보다 앞서는 판단을 한 것이다. 이 사건으로 불순종한 사울 대신 하나님께서는 다윗을 택하여 기름부으셨다.

"지금 가서 아말렉을 쳐서 그들의 모든 소유를 남기지 말고 진멸하되 남녀와 소아와 젖 먹는 아이와 우양과 낙타와 나귀를 죽이라 하셨나이다하니" 삼상 15:3

사울과 백성이 아각과 그의 양과 소의 가장 좋은 것 또는 기름진 것과 어린 양과 모든 좋은 것을 남기고 진멸하기를 즐겨 아니하고 가치 없고 하찮은 것은 진멸하니라" 삼상 15:9

2) 아말렉 청년의 판단:

아말렉 청년의 판단은 어떤가? 사울의 죽음 소식을 전하고 다윗에게 큰 포상을 받고자 본인이 죽였다고 거짓 진술을 한다. 이 판단으로 그는 죽음을 맞이하게 된다. 칭찬과 상급을 받을 줄 알았지만 그것은 그의 잘못된 판단이었다. 영적 진리를 모르는 수많은 현대인들이 대부분 자신들의 판단으로 구원을 생각하다가 지옥에 떨어지게 될 것이다.

3) 다윗의 판단:

다윗의 판단은 어땠는가? 그는 진리 안에서 분명한 판단의 기준(하나님께 기름 부음을 받은 왕은 죽이면 안된다)을 갖고 있었다. 그리고 하나님의 때가 되면 하나님이 직접 나타나셔서 심판하신다는 것을 굳게 믿고 있었다. 그래서 사울 왕을 죽일 기회가 있을 때도 죽이지 않았고, 아말렉 청년의 보고 때도 하나님께서 기름부으신 왕을 죽인 아말렉 청년을 처형하라는 단호한 명령을 내릴 수 있었다.

"내가 어렸을 때에는 어린 아이의 말을 하고, 어린이의 생각을 하고, 어린이의 판단을 했습니다. 그러나 어른이 되서는 어렸을 때의 것들을 버렸습니다" 고전 13:11(공동번역)

판단하고 선택해야 할 순간마다 말씀의 가치관 위에서 멀리 보고, 깊게 보고, 넓게 보면서 후회함이 없는 하나님의 뜻을 꿰뚫어 보는 믿음의 선택을 하기를 바란다.

오늘의 본문 성경을 읽으시고 깨달은 점이나 기억하고 싶은 점 혹은 기도문을 기록합니다.

3월 26일

1년 1독 성경 읽기 꿀송이 보약큐티

사무엘하 4장~6장

| 묵상자료 |

1. 다윗이 모든 이스라엘의 왕이 되다(삼하 5장)

사무엘하 5:1을 보면 "이스라엘 모든 지파가 헤브론에 이르러 다윗에게 나아와 말하여 가로되 보소서 우리는 왕의 골육이니이다"라고 하였다. 여기서 '우리가 왕의 골육이다'라는 말은 혈통적으로 하나라는 말이다. 지금 다윗은 유다 지파를 중심으로 헤브론에서 지도자로 있다. 나머지 지파들은 다 사울을 따르던 지파들이다. 그런데 이제 사울이 죽고 그 아들 이스보셋도 죽었다. 므비보셋이 있었지만 그는 두 다리를 다쳐서 장애인이 되었다. 그래서 그들은 이제 어쩔 수 없이 다윗에게 "우리는 왕의 골육이니이다"라고 하는 것이다.

다윗이 쫓겨 다닐 때에는 사울 편에 서 있다가 이제 다윗이 이스라엘에서 큰 세력을 얻어가자 그들은 사울 편을 떠나 다윗에게로 와서 '우리가 남이가'라고 하는 것이다. 이것이 세상 인심이다. 참으로 변덕스럽고 믿을 수 없는 것이 세상 사람들이다. 달면 삼키고 쓰면 뱉는다.

이제 하나님의 때가 되었다고 판단한 다윗은 그의 부하들을 이끌고 헤브론에서 예루살렘으로 올라간다. 그곳을 모든 이스라엘의 수도로 정하기 위함이었다. 그런데 여부스 족속이 오랫동안 그곳에 살고 있었고 예루살렘은 천연적으로 요새화 되어 있었기 때문에 함부로 공격할 수가 없는 곳이었다. 그래서 여부스 사람들이 다윗이 그리로 들어오지 못하리라고 생각하고서는, "맹인과 다리 저는 자라도 너를 물리칠 수 있다"고 조롱하였다. 그런 말을 할만큼 예루살렘은 천연의 요새였던 것이다.

다윗은 이와 같은 요새를 어떻게 공략했는가? 다윗은 물 긷는 곳으로 올라가서 공격을 하라고 한다. 예루살렘이 천연적인 요새였지만 다윗이 물이 들어가는 수로를 타고 올라가서 치고 그곳을 차지한 것이다. 이때부터 예루살렘을 다윗 성이라고 이름하였다. 그런데 이러한 일은 다윗의 전술과 전략이 아님을 성경은 밝히고 있다. 10절을 보면, "만군의 하나님 여호와께서 함께 계시니 다윗이 점점 강성하여 가니라"고 했다. 다윗이 천연의 요새와 같은 예루살렘을 차지한 것은 그의 뛰어난 전술과 전략 때문이 아니라 만군의 여호와 하나님께서 다윗과 함께 하셨기 때문이었다.

사무엘하 5:13-16을 보면, 다윗이 헤브론에서 예루살렘으로 옮긴 후에 처첩들을 더 취하였고 그들에게서도 아들과 딸이 많이 태어났다고 한다. 그들 첩에서 낳은 아들들의 이름이 자세히 성경에 적혀 있다. 이러한 본문은 여러 주석가들이 두 가지로 말하는데 하나는, 지금 다윗이 이스라엘 전체의 왕이 되었기 때문에 그의 자녀들이 많아지는 것도 큰 축복이라는 것이다. 또 다른 견해는, 모세의 율법에서 왕은 아내를 많이 두지 말라고 하였는데 예루살렘에서도 처첩을 더 두었기 때문에 부정적으로 보는 시각이다. 이 두 가지 견해 중에 어느 것이 옳을까? 독자의 판단에 맡긴다.

사무엘하 5:22~25을 보면, 다윗에게 크게 패했던 블레셋이 전열을 정비한 후 다시 쳐들어왔다. 그 때 다윗은 여호와께 묻는다. 그러자 이번에는 여호와께서 작전지시까지 세밀하게 내려 주셨다. 그들을 정면으로 마주하여 올라가지 말고 뒤로 돌아서 뽕나무 수풀 맞은편에서 그들을 기습하라고 한 것이다. 기습할 시기는 뽕나무 꼭대기에서 걸음 걷는 소리가 나면 공격하라고 하였다. 이 소리는 하나님의 천군천사들이 내는 소리였다. 여호와의 군대가 다윗의 군대 앞에서 그를 칠 것을 약속하신 것이다. 이에 다윗이 여호와의 명령대로 하여 블레셋 사람을 쳐서 게바에서 게셀까지 공격하게 된다. 이런 다윗의 모습이 이스라엘의 목자와 주권자의 참된 모습이다. 이 모습은 세상의 왕과는 전혀 다른 모습이 아닌가?

오늘날 우리가 예수님을 믿는다는 것은 다윗의 이런 모습과 비슷하다. 우리가 왕 같은 제사장이지만 우리는 언제나 주님의 양이며, 왕이신 주님의 백성이기 때문에 오직 주님의 인도함을 받아서 사는 자들이다. 그래서 요한복음 10장에서 선한 목자는 오직 예수님이심을 말씀한다. 이 땅에 수많은 목사님들이 있지만 그들이 목숨을 버린다고 할지라도 단 한 명의 목숨도 구원할 수 없다. 오직 자기 생명을 내어놓아 그 백성을 구원할 수 있는 분은 죄가 없으신 예수 그리스도뿐이시다.

예수 그리스도만이 우리의 참된 목자가 되시며, 주권자가 되시기에 우리는 주님의 인도하심과 통치를 받아야 한다. 그것이 생명을 얻는 길이요, 영생의 길이다. 성령 하나님께서 우리에게 은혜를 베풀어 주셔서 우리로 오직 예수 그리스도가 우리의 참된 목자요, 주권자가 되심을 알게 하여 주시기를 원한다. 그리하여 우리로 오직 예수 그리스도의 음성만 듣고 따라가며, 그분의 통치를 온전히 받아 살아가게 하여 주시기를 소원한다. 아멘!

오늘의 본문 성경을 읽으시고 깨달은 점이나 기억하고 싶은 점 혹은 기도문을 기록합니다.

3월 27일

1년 1독 성경 읽기 꿀송이 보약큐티

사무엘하 7장~10장

| 묵 상 자 료 |

1. 하나님을 사랑하면 따르는 축복 (삼하 7장)

다윗은 왕이 된 후 사방의 대적을 물리치고 나라가 평안하게 되었을 때도 하나님을 생각하였다. "나는 백향목 궁에 거하는데 하나님의 법궤는 지금 천막 가운데 있구나" 어려울 때 하나님을 붙잡는 신앙도 소중하지만 평안할 때 더욱 기도와 예배에 힘쓰는 것은 더욱 소중한 신앙이다. 다윗은 그런 소중한 믿음을 가지고 있었다.

그날 밤에 나단 선지자가 하나님의 말씀을 받았다. 성전 건축을 강요하지는 않지만 스스로 그런 마음을 가진 다윗에게 놀라운 축복을 약속하는 말씀을 하셨다. 이 땅에서 가장 소중하고 복된 일은 하나님과 교회를 사랑하고 충성하는 일이다. 그처럼 하나님과 교회를 생각하는 사람에게 어떤 축복이 있을까? 사무엘하 7:8~16에는 다윗이 받은 복을 잘 설명하고 있다.

1) 승리케 하시는 축복

사무엘하 7:9 말씀을 읽어보자. "네가 어디로 가든지 내가 너와 함께 있어 네 모든 대적을 네 앞에서 멸하였은즉" 이 말씀은 우리가 하나님을 사랑하면 하나님께서 어디에 가든지 우리와 함께 있어 사단을 물리치고 어려움을 극복하고 승리케 하신다는 약속이다.

2) 이름이 존귀하게 되는 축복

사무엘하 7:9 하반부 말씀을 보라. "세상에서 존귀한 자의 이름 같이 네 이름을 존귀케 만들어 주리라" 실제로 다윗이 얼마나 놀라운 이름을 얻었는가? 마태복음 1:1에 신약 성경은 아브라함과 다윗과 예수 그리스도로 시작된다. 성경에서 가장 많이 나오는 이름이 다윗이라는 이름이라고 한다. 신약성경을 보면 병자들이 병 낫기를 구할 때 어떻게 주님을 부르는가? "다윗의 자손 예수여!"라고 한다. 얼마나 그 이름이 존귀하게 되었는가?

3) 안정과 평안의 축복

사무엘하 7: 10~11 말씀을 보라. "내가 또 내 백성 이스라엘을 위하여 한 곳을 정하여 저희를 심고 저희로 자기 곳에 거하여 다시 옮기지 않게 하며 전에 내가 사사를 명하여 내 백성 이스라엘을 다스리던 때와 같지 않게 하고 너를 모든 대적에게서 벗어나 평안케 하리라"

주를 사랑하면 하나님께서 광야생활을 끝나게 하시고 안정을 주시겠다는 말씀이다. 우리도 하나님과 교회를 사랑하면 흔들리던 자녀도 안정을 찾고, 흔들리던 사업도 안정을 찾고, 흔들리던 마음과 신앙도 반드시 안정을 찾게 될 것이다. 그러므로 무엇인가에 흔들림이 생겨도 교회 사랑과 주님 사랑은 흔들리지 말아야 한다. 그러면 욥의 인생 후반기처럼 점차 모든 것이 제자리를 찾게 될 것이다.

4) 가정과 자손의 축복

사무엘하 7:11 하반부 말씀을 보자. "여호와가 또 네게 이르노니 여호와가 너를 위하여 집을 이루고" 얼마나 흥분되는 말씀인가? 우리가 하나님의 교회를 생각하면 하나님께서 우리 집을 견고하게 세워주시겠다는 말씀이다. 그 후 12절 말씀을 보면, "네 수한이 차서 네 조상들과 함께 잘 때에 네 몸에서 날 자식을 네 뒤에 세워 그 나라를 견고케 하리라" 이 말씀은 자손의 축복을 주셔서 왕권이 견고하게 되도록 하시겠다는 말씀이다.

하나님께서는 교회를 위해 헌신했던 본인의 시대도 축복하시지만 특별히 그 자녀를 축복하시는 것을 보게 된다. 그런 간증들이 얼마나 많은가? 물론 교회를 지극히 사랑하는 성도의 자녀 중에서도 큰 어려움을 당하는 경우도 있다. 그러나 하나님은 합력하여 선을 이루시고 더욱 큰 신비한 축복을 예비하시고 손자, 증손자까지 그 가문이 축복받게 하실 것이다. 아멘.

오늘의 본문 성경을 읽으시고 깨달은 점이나 기억하고 싶은 점 혹은 기도문을 기록합니다.

1년 1독 성경 읽기 꿀송이 보약큐티

사무엘하 11장~14장

| 묵상자료 |

1. 밧세바 신드롬

성경은 다윗의 성공담뿐만 아니라 타락이야기도 상세하게 기록하고 있는데 이는 믿음의 사람일지라도 믿지 않은 사람과 다를 바 없는 타락한 육신이 있다는 것을 가르쳐 주며 신자들을 경고하기 위해서이다.

사무엘하 10장까지 읽으면서 우리는 다윗의 훌륭한 신앙과 인격에 감동을 받았다. 그러나 11장 이후부터는 다윗이 저지른 범죄의 결과로 하나님이 어떻게 그를 심판하고 징계하시는지를 보여준다. 다윗이 골리앗을 만났을 때와 밧세바를 만났을 때 상황은 완전히 딴 판이다. 다윗이 골리앗을 만났을 때는 젊고 무명의 사람이었지만, 밧세바를 만났을 때는 나이 오십이 넘은 유명한 사람이었다. 다윗이 골리앗을 만났을 때는 목동 생활을 했고, 미래가 밝지 않은 상황이었다. 그러나 밧세바를 만났을 때는 승승장구하는 이스라엘 왕으로 세상 중심에 서 있었다. 그가 골리앗을 만났을 때는 기도와 믿음의 사람이었고, 밧세바를 만났을 때는 기도와 믿음을 일시적으로 잃어버린 상태였다. 다윗의 인생에서 가장 어두운 시간은 가장 큰 성공을 거둔 시기였다. 그가 고난 가운데 있었을 때는 영혼이 맑고 정결했다. 그러나 환경이 풍요로워졌을 때 그의 영혼은 혼탁했고 분별력을 잃어버렸다.

많은 정보와 자원을 가지고 성공의 정상에 있을 때 자만에 빠져 밧세바 사건과 같은 범죄를 저지르는 경향을 '밧세바 신드롬'이라 한다. "인생에서 실패보다 오히려 성공을 경계해야 한다"는 게 밧세바 신드롬의 경고다. 그래서 중국의 전국시대 때 진나라 재상을 지낸 채택이란 사람은 "성공한 곳에는 오래 머물면 안 된다"는 유명한 말을 남겼다(成功之下不可久處).

밧세바란 직역하면 '안식일의 딸'이란 말인데 실제 의미는 '완벽한 딸'의 의미로서 이름만 봐도 그녀의 외모가 어느 정도 완벽했는지 짐작할 것이다. 최고 권력자인 왕이 한 눈에 반할 정도였으니… 그녀가 왕이 동침을 요청했을 때 남편을 언급하며 거부했다는 기사가 없다. 이 여자는 어쩌면 왕이 볼 수 있도록 목욕을 했는지도 모른다. 위에서 봐도 안 보이도록 조신하게 목욕을 했더라면 그 무서운 죄악의 비극은 일어나지 않았을 것이다.

오늘날도 사탄은 여성들의 노출이 사회를 타락시킨다는 걸 잘 알고 패션이란 이름 하에 온 세상을 소돔고모라처럼 만들어 가고 있다. 교회에서는 세상을 본받지 말고 여성들은 무릎 위로 올라간 미니스커트나 나시 옷 같은 노출이 심한 의복을 자제하고 정숙한 옷을 입고 출입해야 한다. 다윗이 밧세바에 대해 알아보았을 때 그녀가 자신과 매우 가까운 위치에 있는 사람이라는 것을 알았다. 충신 우리야의 아내였다. 다윗이 절대 넘어서는 안 되는 선이었다. 그런데 다윗은 밧세바를 자신의 궁정으로 불렀다.

야고보서 1:15에 "욕심이 잉태한즉 죄를 낳고 죄가 장성한즉 사망을 낳느니라"는 말씀이 있다. 욕심이 잉태한다고 했다. 잉태한다는 것은 쌍방 간에 연합이 이루어지는 것을 의미하는데 욕심이 유혹과 하나가 되어서 죄를 낳는 것이다. 유혹이 있더라도 욕심이 반응하지 않으면 죄를 짓지 않게 되고, 욕심이 있다 할지라도 유혹이 없으면 죄를 짓지 않는다. 그러나 내면의 욕심과 외부의 유혹이 하나 되면 죄를 잉태하게 되는 것이다. 다윗의 죄는 오랜 세월 동안 잉태되었다. 그 죄가 자라서 사망에 이르게 되는데 다윗은 무고한 사람을 죽이는 살인죄까지 저지르게 된다. 죄는 반드시 자라난다. 다윗이 왜 밧세바를 취했겠는가? 다윗은 이미 오래 전부터 자기 마음대로 여인들을 취했었기 때문이다. 다윗은 이미 오래 전부터 이스라엘 왕들에게 주신 모세의 경고의 "왕은 많은 아내들을 두지 말라. 그래야 그의 마음이 돌아서지 않을 것이다. 왕은 또한 은과 금을 많이 모아 두지 말라"(신 17:17) 하는 말씀을 무시했다.

그는 왕으로 즉위하기 전에 세 명의 아내를 두었고 왕이 된 이후에는 다섯 명의 아내를 더 두었다. 다윗의 이런 행동은 이방 왕들의 행동으로 볼 때 문제가 없다. 그러나 하나님은 이스라엘의 왕은 다른 세상의 왕과는 달라야 한다고 말씀하셨다. 그런데 다윗은 하나님의 말씀에 근거해서 행동하기보다 세상의 문화수준, 세상의 윤리기준에 부합한 상태로 살아왔다. 이러한 삶을 20여년 동안 산 것이다. 아무런 문제의식 없이 반복되었던 일이다. 다윗은 밧세바 이전에도 많은 여인들을 데려오라고 했을 것이다. 이 문제에 대해서 다윗은 아무런 죄의식이 없을 정도로 영적 감각이 둔해져 있었다. 우리의 양심도 어느 영역은 민감하게 살아있지만 어느 영역은 둔감해진 부분이 있을 수 있다.

다윗의 아들 솔로몬은 한술 더 떴다. 그는 700명의 아내와 300명의 첩을 두었다. 한 명의 아내로 만족하지 못하는 사람은 천 명의 아내도 만족하지 못한다. 다윗은 밧세바를 불러 취하고 집에 돌려보낼 때까지 당황하거나 긴장하지 않았다. 그런데 밧세바가 임신했다는 소식을 듣자 당황한 다윗은 그때부터 사실을 은폐하기 하기 위한 시도를 한다. 첫 번째 은폐시도는 전쟁에서 싸우고 있는 우리야를 전쟁 소식을 듣고 싶어 하는 것처럼 불러내 만난 것이다. 그리고는 집에 가서 쉬라고 했다. 자신이 밧세바를 취해 생긴 아이를 우리야의 아이로 위장하기 위한 전략이었다. 그러나 우리야는 충신이었다. 다윗의 호의를 거절한다.

이제 다윗의 간음죄가 살인죄로 확대되어 간다. 다윗이 전쟁터에 있는 요압 장군에게 편지를 써 우리야가 앞에서 싸우고 있을 때 남은 군사를 철수시키라는 내용이었다. 다윗의 신하 요압은 이 편지를 받자마자 예루살렘에서 무슨 일이 일어났는지 눈치 챈 것 같다. 요압은 충신이 아니라 맹신이었다. 진정한 충신은 지도자가 잘못된 일을 행할 때 아니라고 말할 수 있어야 한다. 하나님의 뜻을 말할 줄 아는 것이 충신이기 때문이다. 다윗이 우리야만 죽인 것이 아니었다. 무고한 병사들도 함께 죽였다. 우리야만 죽으면 사람들에게 의심을 받으니까 주변에 있던 군사들도 한꺼번에 죽게 만들었다.

다윗은 왜 이렇게 끔찍한 살인을 저지르면서까지 자신의 죄를 은폐하려고 했을까? 당시 왕의 위치에서 여인을 취한 것은 큰 문제가 되지 않았다. 다윗은 범죄 가운데서도 율법을 심각하게 의식하고 있었던 것이다. 율법에서 말하는 간음죄는 돌에 맞아 죽어야 한다. 다윗이 은폐하려고 했던 이유는 율법에 어긋난 행동을 감추기 위한 것이었다. 다윗은 십계명의 여섯 번째 계명부터 열 번째 계명까지 모두를 범했다. 그는 자신이 살기 위해서 다른 사람을 죽였다. 그러나 그것은 자신도 죽고 다른 사람도 죽인 것이다.

이렇게 사탄은 언제나 우리를 속인다. 회개하면 될 일을 다른 사람을 죽여서라도 피하면 된다고 유혹하는 것이다. 사탄은 우리를 회복할 수 없을 정도로 무너뜨리는 것이 목적이다. 하나님을 두려워하기 보다는 사람의 시선을 두려워하게 만들어서 감추게 만드는 것이다. 죄를 회개하지 않으면 그 죄는 반드시 더 크게 자란다. 더 큰 죄를 생산한다.

"오, 주님.
죄의 유혹이 올 때 오늘도 승리할 수 있도록 저희를 지켜 주옵소서. 그리고 작은 죄라도 즉시 회개할 수 있게 하시고 죄를 가볍게 여기지 않도록 도우소서. 예수님의 이름으로 기도합니다. 아멘."

오늘의 본문 성경을 읽으시고 깨달은 점이나 기억하고 싶은 점 혹은 기도문을 기록합니다.

1년 1독 성경 읽기 꿀송이 보약큐티

사무엘하 15장~18장

| 묵상자료 |

1. 하나님의 뜻과 나의 뜻

사무엘하 17장부터의 스토리를 보면 전략가 아히도벨은 스스로 가서 다윗 왕을 칠 뜻을 세웠지만 그렇게 되지 않았다. 압살롬은 반역에 성공하여 스스로 왕이 될 뜻을 세웠지만, 그렇게 되지 않았다. 다윗 왕은 사랑하는 아들 압살롬을 결코 죽이지 않고 살려내야 한다는 뜻을 가졌지만, 그렇게 되지 않았다. 요압 장군은 다윗 왕에게 승리를 안겨 왕에게 인정과 칭찬을 받기를 원했고, 압살롬을 제거하면서 자신의 미래를 더욱 안전하게 보장받으려 하였지만 그렇게 되지 않았다.

이사야 55:8~9 말씀을 읽어 보자. "내 생각들은 너희 생각들과 같지 아니하며 내 길들은 너희 길들과 같지 아니하니라 주가 말하노라. 하늘들이 땅보다 높음같이 내 길들은 너희 길들보다 높으며 내 생각들은 너희 생각들보다 높으니라" 아멘.

1) 아히도벨

아히도벨은 밧세바의 할아버지로서 자신의 사랑하는 손녀에게 비극적인 일을 일으켰던 다윗 왕에게 복수하기를 원하고 있었다. 그는 자기 손으로 직접 다윗 왕을 처단하기만을 바라고 있었다. 사무엘하 17:1~4을 보면 아히도벨은 뛰어난 지략가답게 압살롬의 반역을 가장 빠르고 쉽게 완성할 수 있는 방법을 제안하였다. 오늘 다윗 왕이 예루살렘 성에서 나갔으니, 아직 어수선하고 경황이 없을 때에 빠르게 가서 다윗 왕만을 치고 오겠다는 것이었다. 압살롬과 이스라엘의 모든 장로가 그 말을 매우 기쁘게 여겼다. 그런데 문제는 압살롬이 다윗의 충신이었던 후새의 말도 들어 보자고 한데서 방향이 다르게 흘러갔다. 후새는 아히도벨의 조언과 반대되는 의견을 제시하였던 것이다. 다윗은 베테랑 전사이며 도망의 전문가인즉, 결코 백성들과 함께 머무르지 아니하고 따로 떨어져 있을 것이므로 아무리 특공대가 빠르게 가더라도 다윗 왕을 찾을 수가 없을 것이라고 말하였다. 두 사람 아히도벨과 후새의 조언이 있었는데 성경은 아히도벨의 전략이 좋은 작전이었다고 기록하고 있다. 그러나 하나님의 뜻은 압살롬에게 화를 내리시고 심판하시는 것이었기에 하나님께서는 아히도벨의 좋은 조언을 꺾기로 작정하셨다. 그러므로 압살롬과 이스라엘의 모든 사람들이 후새의 생각이 더 좋다고 판단하게 되었던 것이다. 아히도벨의 전략은 마치 사람이 하나님께서 말씀하시는 곳에서 여쭙는 것과 같이 뛰어난 지혜를 자랑하였지만, 여기서는 하나님의 뜻에 의하여 외면을 당하고 꺾이고 말았다. 얼마나 지혜롭고 좋은 계획인가에 상관없이 하나님의 뜻이 아니면 반드시 꺾이게 되는 것이다. 우리는 아히도벨의 비참한 최후를 성경에서 본다. 마치 가룟 유다의 최후를 보는 것 같다. 그는 자신의 조언이 거절된 것을 보고 전쟁에서 질 것을 확신하고는 자살이라는 극단적인 선택을 하였다. 사람의 지혜와 계획이 아무리 뛰어나다 할지라도, 오직 하나님의 뜻만이 세워지며 성취된다는 사실을 우리는 기억해야 한다.

2) 압살롬

압살롬은 후새의 조언대로 온 이스라엘을 모았고 기세등등하게 요르단을 건너 다윗 왕을 추격하며 전쟁 길에 올랐다. 그러나 전쟁의 결과는 아히도벨이 예상했던 그대로였다. 압살롬의 신하들은 다윗의 신하들을 당해내지 못하였다. 또한 우리는 사무엘하 18:8에서 매우 흥미로운 말씀을 볼 수가 있는데, 그것은 바로 숲에서 멸망당한 자가 칼로 멸망당한 자보다 더 많았다는 것이다. 숲에서 어떤 일들이 있었는지 알 수 없지만, 다윗의 신하들이 칼로 쓰러뜨린 자보다, 숲에서 쓰러진 자가 더 많았다는 것이다. 야생짐승들이 공격을 하였는지, 늪지대에 빠지게 되었는지, 산사태가 일어나 바위들이 무너져 내렸는지, 무슨 일이 있었는지 자세히 알 수 없지만, 초자연적인 어떠한 현상에 의해서 많은 압살롬의 군사들이 숲에 의해서 멸망을 당하였다는 것이다.

압살롬의 뜻은 반역을 성공적으로 끝마치고 나서 멋진 왕이 되는 것이었다. 그는 그것을 위해 수년간 모든 것을 철저하고도 완벽하게 준비해 왔다. 객관적인 전력으로 보자면 압살롬이 월등히 앞섰는지도 모른다. 그러나 오직 하나님의 뜻만이 세워지고 이루어졌다. 압살롬은 결국 아히도벨처럼 자기 뜻을 이루지 못한 채 죽음을 맞이하고 말았다.

사람의 준비와 능력이 아무리 뛰어나다 할지라도 오직 하나님의 뜻만이 세워지며 성취된다는 사실을 우리는 잊지 말자.

3) 요압

요압은 다윗의 젊은 시절부터 함께하면서 다윗을 위해 싸워온 충성된 장군이었다. 다윗의 누이의 아들로서, 다윗의 조카로서, 언제나 다윗을 위하여 싸웠다. 암몬 자손과 싸울 때에는 위기의 상황에서 믿음을 발휘하여 승리를 거두기도 하였고, 암몬의 도시 랍바를 점령하고자 할 때에는 거의 모든 것을 무너뜨려놓고 스스로 승리의 영광을 취하지 아니하고자 속히 다윗 왕을 소환하여 다윗이 승리의 선봉이 되도록 이끌었다. 헷 족속 우리아를 죽이는 일에서도 한마디라도 토를 달거나 이유를 묻거나 따지지 않았고 그대로 복종하였다.

그러나 후일 다윗은 하나님의 이름으로 요압을 대신한 다른 군대 장관을 세우고자 했다. 그의 이름은 아마사였다. 아마사는 압살롬의 반역에 가담하여 압살롬의 군대 대장으로 임명되었던 자이다. 압살롬이 임명하였던 군대 대장 아마사는 요압과 마찬가지로 다윗의 누나의 아들이었다. 요압은 다윗의 누이 스루야의 아들이었고, 아마사는 다윗의 누이이며, 스루야의 동생인 아비가일의 아들이었다. 전쟁 경험으로 보나 전투 수행 능력으로 보나 그 동안 쌓아온 공로를 보나 요압이 아마사보다 월등히 나았다. 그럼에도 불구하고 다윗은 반역자의 무리에 가담했던 아마사를 요압 대신 장군으로 세우고자 하였다. 이유는 요압이 아브넬을 죽였고, 또 압살롬을 죽임으로써 결정적인 순간에 다윗 왕의 마음대로 움직이지 않았기 때문이었다. 사람의 능력이나 업적이 아무리 뛰어나다 할지라도 오직 하나님의 뜻만이 세워지며 성취된다는 사실을 기억하자.

그래서 잠언 19:21은 "사람의 마음에 많은 계획이 있을지라도 오직 주의 뜻 그것만이 서리라" 이렇게 말한다. 아멘.

이 말씀은 사람이 아무것도 계획할 필요가 없다거나, 아무 일도 준비할 필요가 없다는 의미가 아니다. 오히려 우리가 주의 뜻에 맞게 계획하고, 주의 뜻에 맞게 순종하며, 주님과 함께 동행해야 함을 말씀하시는 것이다. 오늘도 우리들의 삶 속에 하나님의 뜻과 나의 뜻이 있다. 우리가 아무리 좋은 계획과 철저한 준비와 누구나 공감할 만한 마음과 그 동안 쌓아온 좋은 과거의 업적을 가졌을지라도, 결국에는 하나님의 뜻만이 서게 될 것이다. 그러므로 우리는 오늘 우리를 향한 하나님의 뜻을 발견하고, 순종하는 길로 가야 한다. 주님의 기쁨이 나의 기쁨이 되고, 주님의 뜻이 나의 뜻이 되고, 주님의 길이 나의 길이 되어서, 주의 뜻을 이루는 통로가 되야 한다.

"주여, 내 원대로 마옵시고 아버지의 뜻대로 하옵소서" 아멘.

오늘의 본문 성경을 읽으시고 깨달은 점이나 기억하고 싶은 점 혹은 기도문을 기록합니다.

3월 30일

1년 1독 성경 읽기 꿀송이 보약큐티

사무엘하 19장~24장

| 묵상자료 |

1. 다윗의 인구조사

사무엘하는 24장의 다윗의 인구조사로 끝나고 있다. 왕이 자기 나라의 인구를 조사하는 것이 잘못은 아닐 것이다. 그러나 그 동기가 문제였다. 자기 힘을 과시하고 물리적인 세상의 파워를 의지하려는 교만한 마음에서 이 일을 시작했다면 하나님의 진노를 살 일이었기 때문이다. 장군 요압은 왕에게 간곡한 말로 진언한다.

> "요압이 왕께 아뢰되 이 백성이 얼마든지 왕의 하나님 여호와께서 백배나 더하게 하사 내 주 왕의 눈으로 보게 하시기를 원하나이다 그런데 내 주 왕은 어찌하여 이런 일을 기뻐하시나이까 하되" 삼하 24:3

그러나 한 번 사탄의 충동을 받아 시험에 든 다윗은 고집을 꺾지 아니하고 신하의 충언을 묵살하였고 그대로 밀어 부쳤다. 거의 10개월에 걸쳐 인구를 조사하니 이스라엘의 군인들이 80만 명이요, 유다 사람 중에서 군인들 숫자가 50만 도합 130만의 대군이었다. 그런데 동일 사건을 기록한 역대상 21:5에는 숫자가 다르게 나온다. 이스라엘 군인들이 110만 명이요, 유다 중에 칼을 빼만한 자가 47만 명 도합 157만 명 이었다는 것이다. 어떤 성경이 맞는 것인가? 둘 다 맞다. 다만 삼하 24장의 80만은 실제 전투에 참가한 경험이 있는 장병들 숫자만 계수한 것이요 연령대는 맞지만 실전 경험이 없거나 여러 가지 사유로 전투에 참가하지 않은 숫자가 30만 도합 110만이었던 것이었을 거라고 주석가들은 이해한다. 그리고 유다 지파의 군인 숫자가 3만이 차이 나는 것은 인구조사 중 다윗이 자기 잘못을 뉘우치고 아직 베냐민 지파의 군인들 숫자를 다 헤아리지 않았을 때 그만두라 명하여 한 군데는 대략 예상해서 집어넣었고 한 군데는 헤아리지 않은 숫자를 빼서 그런 3만의 차이가 났다고 이해한다.

사무엘하 24장과 역대상 21장의 기록에 또 일치하지 않은 숫자가 나오는데 그것은 인구조사 후 하나님이 내리신 벌이 다른 것이다. 사무엘하 24:13에는 7년 기근이냐, 석 달 적군에게 짓밟힐 것인가 아니면 삼일 전염병이냐를 택하라고 적혀 있는데 역대상 21:12에는 3년 기근, 석 달 적에게 쫓김, 삼일 전염병중 택하라고 적혀 있다. 어느 것이 맞는 것인가? 역대상의 기록이 맞는 것 같다. 아마도 사무엘하서를 기록하던 필사자가 실수로 잘못 삼 년을 칠 년으로 기록한 것이라 주석가들은 의견을 일치한다.

그런데 역대상 21장에는 사탄이 다윗을 충동하여 인구조사를 하게 했다고 하고 사무엘하 24장에는 여호와께서 이스라엘을 징계하시려고 다윗을 격동시키사 인구조사를 하게 했다고 하는데 도대체 다윗을 충동하여 인구조사를 하게 한 장본인은 하나님이신가? 아니면 사탄인가? 그리고 하나님은 이스라엘을 향하여 진노하사 그들을 치시려고 다윗을 격동시켜 인구조사를 하게 하시고 다윗이 선택한 삼일 전염병 심판으로 7만 명의 이스라엘 백성들의 목숨을 빼앗아 가셨는데 도대체 이스라엘의 어떤 죄를 그토록 무섭게 추궁하신 것인가? 이러한 의문점을 하나하나 풀기 위해 우리는 먼저 누가 그 일을 주도했는가 하는 문제부터 살펴보자. 사울 왕 스토리의 묵상자료에도 올렸었지만 '여호와의 부리시는 악령'란 표현은 악령을 하나님이 직접 사용하신다는 뜻으로 이해하지 말고 악령도 하나님의 발 아래 있는 존재란 뜻으로 이해해야 한다고 설명 드렸다. 역대상 21장의 표현대로 사탄이 다윗을 충동하여 교만하게 하고 인구조사를 하게 한 것이 맞다. 다만 하나님이 뜻이 계셔서 그 사탄의 역사를 제지하지 않으신 것이다.

하나님이 어떤 뜻을 가지셨는가? 그것은 이스라엘이 지은 죄를 심판하시려는 것이었다. 하나님은 사무엘하 21장에서 사울 왕이 기브온 족속들을 죽인 일을 기억하셨다가 60년이나 지난 뒤에 3년 기근으로 이스라엘에 징계의 채찍을 내리셨고 사울 왕의 후손들 일곱 명을 목매달아 죽인 후에야 겨우 진노를 거두시고 비를 내려 주셨던 것을 우리는 잊으면 안 된다. 인구조사로 7만 명을 죽이신 하나님의 진노는 이스라엘의 어떤 죄악을 기억하시고 내리신 징벌이었는가? 그것은 성경을 읽어 보면 알겠지만 두 번에 걸친 이스라엘 백성들의 반역사건 가담의 죄악이었다. 하나님이 기름 부어 세우신 다윗 왕을 반역하여 압살롬이 반란을 일으켰을 때 수많은 이스라엘 백성들이 하나님을 두려워할 줄 모르고 압살롬 반란군에 가담했었다. 그것도 모자라 얼마 후 그들은 요단강에 유다 지파가 먼저 가 다윗 왕을 모셔온 것에 불만을 품고 다시 세바의 반란에 상당수 동조하고 가담하였다.

이 두 가지 죄가 하나님의 진노를 불러온 것이다. 온역의 전염병이 삼일 동안 이스라엘 전역에 돌았을 때 죽은 대부분의 사람들을 자세히 누군가 조사해 보았다면 틀림없이 하나님이 기름 부어 세우신 다윗을 따르지 않고 반란에 동참한 자들이었을 것이다. 하나님은 사랑의 하나님이시지만 공의의 하나님이시기도 하신다. 결코 반란의 죄를 가볍게 보시지 않고 무섭게 징계하신 것이다. 정말 우리가 하나님이 살아계심을 믿는다면 하나님을 두려워 하며 살자. 하나님 앞에 악을 쌓아 두지 말자. 아멘.

오늘의 본문 성경을 읽으시고 깨달은 점이나 기억하고 싶은 점 혹은 기도문을 기록합니다.

3월 31일

1년 1독 성경 읽기 꿀송이 보약큐티

열왕기상 1장~4장

| 묵 상 자 료 |

1. 열왕기상하는 어떤 책인가?

사무엘상하가 사울의 다스림과 다윗 왕가의 출발을 다루는 책이라면 열왕기상하는 다윗의 아들인 솔로몬과 그 후의 왕국의 분열 그리고 북이스라엘의 멸망, 남유다의 바벨론에 의한 멸망과 포로로 끌려갈 때까지의 스토리를 담고 있다.

여기에 그 시대의 두 선지자 엘리야와 엘리사가 등장한다. 그리고 구약 후반부에 배치된 대.소선지서들의 역사적 맥락이 여기에 닿아 있다. B.C. 722 년에 당시의 강대국 앗시리아에 의해 북이스라엘의 수도 사마리아는 함락당했고 선지자들의 경고대로 그들은 포로가 되어 이방의 땅에 노예로 끌려갔다. 여세를 몰아 앗수르는 남유다까지 삼키려 했지만 이집트의 견제 세력 때문에 예루살렘을 함락시키는 데에는 실패했다. 요시야 시대에는 이집트의 바로가 갈그미스에서 바벨론과 싸우던 앗수르를 원조하여 연합군을 형성하고 싸웠지만 두 동맹국은 바벨론에 패퇴했다. 바벨론의 느부갓네살은 승리의 여세를 몰아 애굽을 의지하던 유다를 침공했다. 예루살렘에 대한 3차에 걸친 공격에서 결국 성을 함락하고 성전을 약탈한 후 불태우고 백성들은 포로로 끌고 갔다(B.C. 586년).

열왕기상하의 저자는 누구인지 알려지지 않았다. 아마도 예레미야 선지자이거나 아니면 포로 시기를 경험한 무명의 유대인이었을 걸로 추측한다. 모세의 입을 통해 하나님을 떠나 우상숭배하고 타락하면 이방의 침략을 받고 남의 나라에 노예가 되어 나라 잃고 종살이 할 것을 그토록 여러 번 천명했건만 슬프게도 택한 백성 이스라엘은 불순종하여 심판을 자초했다. 그래서 하나님이 예언한 축복과 저주의 말씀을 몸으로 직접 체험하며 실현된 하나님의 말씀의 엄위함을 역사를 통해 철저하게 배웠다.

2. 솔로몬의 지혜 - 듣는 마음

솔로몬은 '지혜'의 대명사로 알려져 있다. 오늘 우리가 읽는 열왕기상에는 '지혜'라는 단어가 19번 나오는데 놋을 만드는 히람의 지혜(왕상 7:14)에 대해서 한 번, 나머지 18번은 모두 솔로몬에게 적용되고 있다. 솔로몬은 잠언 3000가지를 말하고, 노래 1005편을 짓는 등 문학적 능력도 뛰어났고, 동식물에 관해 모르는 것이 없었다. 그의 지혜는 당대 다른 나라의 지혜로운 사람들과 비교해 볼 때도 뛰어났다. 그래서 사람들이 그의 지혜를 들으러 열국에서 왔는데 그 대표적 인물이 스바 여왕이었다(왕상 10:1~13).

열왕기상 3장에는 솔로몬이 어떻게 이 지혜를 얻게 되었는지를 들려준다. 솔로몬이 기브온 산당에서 일천번제를 드리고 난 뒤 여호와께서 꿈에 그에게 나타나셨다. "내가 네게 무엇을 줄까?"라고 물으시는 하나님께 솔로몬은 이렇게 간구한다.

> "누가 주의 이 많은 백성을 재판할 수 있사오리이까 '듣는 마음'을 종에게 주사 주의 백성을 재판하여 선악을 분별하게 하옵소서" 왕상 3:9

이 본문에서 솔로몬이 요청한 것은 정확히 말하면 '지혜'(히브리어로 호크마)가 아니라 '듣는 마음'(히브리어로 레브 쇼메아)이었다. 물론 역대하 1:10에는 '호크마'라고 되어 있지만 열왕기상에서는 다르게 표현되어 있음을 유의해서 살펴볼 필요가 있다. 우리말 성경은 '옳고 그름을 가려내는 마음'으로, 개역 성경은 '지혜로운 마음'으로 번역했다. NIV 영어 성경은 'a discerning heart'라 하여 분별할 수 있는 마음이라고 했다. 솔로몬이 박학다식했기 때문에 우리는 솔로몬이 지혜(똑똑함)를 구했다고 잘못 알고 있으나 그것은 피상적인 파악이다. 솔로몬이 구한 것은 '듣는 마음'이었다(성경 왕상 3:9을 다시 읽어 보라). 우리가 지혜라 할 때 많은 정보를 알고 해박한 지식과 논리적 사고 그리고 명쾌하고 스마트하고 I.Q가 높은 것들을 떠올리게 된다. 그러나 성경은 '듣는 마음'이 지혜의 핵심이라고 말하고 있다. 타인의 마음의 생각을 잘 듣고, 그 마음을 헤아릴 때 선악을 제대로 분별할 수 있는 것이다. 솔로몬의 간구를 들은 하나님은 '지혜롭고 총명한 마음'(왕상 3:12)을 주시겠다고 약속하셨다. '듣는 마음'이 곧 '지혜롭고 총명한 마음'이다. 하나님의 지혜는 우리가 흔히 말하는 명석함, 똑똑함, 총명을 포함하되 그것을 넘어선 '듣는 마음'이다. 열왕기상 4:29에서 그 마음은 '넓은 마음'으로 나타난다. 열왕기상 10:24을 소리 내어 함께 읽어 보자.

> "온 세상 사람들이 다 하나님께서 솔로몬의 마음에 주신 지혜를 들으며 그의 얼굴을 보기 원하여" 왕상 10:24

하나님께서 솔로몬의 '마음에 주신 지혜'라고 말한다. 이처럼 솔로몬의 지혜는 '머리'가 아니라 '마음'과 관련하여 나타남을 유념해야 한다. 지혜는 마음에 자리잡아야 한다! 듣는 마음, 넓은 마음이 없는 명석함은 '헛똑똑이'를 키울 뿐이다. 주변에 이런 선교사, 이런 목사, 이런 신자들이 허벌나게 많이 널려 있다. 강동 온누리교회 최원준 목사님도 이같은 마음의 지혜를 그의 설교에서 강조한 바 있다.

열왕기상 3장 후반부에 나오는 솔로몬의 그 유명한 재판이야기도 결국 '듣는 마음'을 가진 솔로몬의 지혜를 드러내는 판결이었다. 두 엄마가 서로 자기 아기라고 우길 때 솔로몬은 당장 시퍼런 칼을 가져오라 하여 즉시 아기를 둘로 베어 한 조각씩 나눠주라 명하였다. 이때 진짜 엄마가 기겁을 하며 말렸다. 내 자식 못 가져도 좋으니 죽이지 말아 달라고 애원하였다. 그러나 가짜 엄마는 죽여 반으로 나누는 데 동의했다. '듣는 마음'을 가진 솔로몬은 즉각 누가 참 어머니 인가를 분별했다. 논리를 동원한 것이 아니라 마음을 테스트하여 범인을 색출한 것이다.

교회에 분열이 일어날 때나 선교지에서 다툼이 벌어질 때 보면 한 쪽 편은 완전 죽일 놈이다. 아예 사탄 마귀라고 몰아 부친다. 서로 손가락질하며 동일한 저주를 퍼 붓는다. 물러서지 않고 양보 없이 피 터지게 싸운다. 전도를 그렇게 하라고 하면 못하면서도 싸움에는 열심이 특심이다. 그러나 누가 진짜 하나님의 편에선 사람들인지는 그들의 마음을 살펴보면 안다.

내가 어려서 중학생이었을 때 교회에서 싸움이 났다. 몇몇 교인들이 목사님 나가라고 데모하고 저녁마다 교회당에 모여 작정기도를 했다. 이름하여 담임목사님 사임을 위한 작정기도였다. 나는 분노가 일어 사택에 찾아가 목사님께 저 반란의 무리들을 가만두지 않겠다고 했다. 목사님은 나를 가만이 쳐다보시더니 차분하게 타이르셨다.

"록수야. 너는 네 일이나 신경 쓰고 잘해라. 이건 내 일이다. 내 일은 내가 기도하고 알아서 하겠다. 교회에서 서로 싸우지 말고 잠잠하라."

나는 아무 말 못하고 사택을 나왔다. 다음주 목사님은 설교시간에 눈물을 흘리시더니 조용히 교회의 화목을 위해 물러나겠다고 선포하시고 주중에 보따리 싸시고 대책 없이 아드님 댁으로 떠나셨다. 나는 어렸지만 싸움을 피하시고 교회의 화목을 위해 자신을 희생하시는 귀한 믿음의 선배님의 본을 생생하게 보았다. 싸우고 큰 소리치는 것은 누구나 할 수 있다. 그러나 나를 죽이고 조용히 희생하는 것은 아무나 쉽게 할 수 있는 일이 아니다. 하나님을 경외하는 믿음의 사람만이 할 수 있는 일이다. 이처럼 참 지혜는 말 잘하는데 있지 않다. 머리 잘 돌아가는데 있지 않다. 남의 마음을 헤아리는, 나아가 하나님의 심정을 헤아릴 줄 아는 것이 참 지혜임을 잊지 말자.

오늘의 본문 성경을 읽으시고 깨달은 점이나 기억하고 싶은 점 혹은 기도문을 기록합니다.

4월 1일

1년 1독 성경 읽기 꿀송이 보약큐티

열왕기상 5장~8장

| 묵 상 자 료 |

1. 성전 봉헌식의 하이 라이트(왕상 8장)

열왕기상 8장의 말씀은 솔로몬이 이스라엘 백성들과 함께 성전을 건축해서 하나님께 올려드리는 성전봉헌식의 장면이다. 이스라엘 모든 백성들은 선대왕 다윗 시절부터 성전 건축에 대한 기대감으로 가득 차 있었다. 다윗 시절의 숙원사업을 솔로몬 때 와서야 이루게 되었다. 성전봉헌식의 첫 번째 장면은 하나님의 언약궤를 메어 올리는 일이었다.

열왕기상 8:1~3까지의 말씀이다. "이에 솔로몬이 여호와의 언약궤를 다윗 성 곧 시온에서 메어 올리고자 하여 이스라엘 장로와 모든 지파의 우두머리 곧 이스라엘 자손의 족장들을 예루살렘에 있는 자기에게로 소집하니 이스라엘 모든 사람이 다 에다님월 곧 일곱째 달 절기에 솔로몬 왕에게 모이고 이스라엘 장로들이 다 이르매 제사장들이 궤를 메니라"

이스라엘의 가장 뛰어난 사람들과 지도자들이 모두 모였다. 회막 가운데 있던 언약궤를 잘 지어진 성전으로 옮기는 장면이다. 성전봉헌식의 첫 번째 일이며, 가장 중요한 일이요, 봉헌식의 하이라이트였다.

열왕기상 8:9 말씀이다. "그 궤 안에는 두 돌판 외에 아무것도 없으니 이것은 이스라엘 자손이 애굽 땅에서 나온 후 여호와께서 저희와 언약을 맺으실 때에 모세가 호렙에서 그 안에 넣은 것이더라"

하나님의 언약궤는 금으로 입혀진 궤짝과 같은 것이었다. 그 궤짝 안에 십계명이 적힌 두 돌판 밖에는 아무것도 없었다고 한다. 사실 모세가 언약궤를 만들고 그 안에 넣어둔 것은 세 가지였다. 십계명의 두 돌판과 아론의 싹난 지팡이와 만나를 담은 항아리, 이렇게 세 가지였다. 하지만 아론의 싹난 지팡이와 만나를 담은 항아리는 어디론가 사라지고 없다. 어떻게 되었는지, 어디로 갔는지에 대해서는 의견이 분분하지만 그것은 그렇게 중요한 문제는 아니다. 지금 있는 것은 십계명의 두 돌판이 유일하다는 것과 그것이 하나님 앞에서는 가장 중요하다는 것과 이스라엘 백성들과 솔로몬은 언약궤 안에 있는 십계명 두 돌판을 가장 소중하게 여긴다는 것이 중요한 것이다.

"제사장이 성소에서 나올 때에 구름이 여호와의 성전에 가득하매 제사장이 그 구름으로 말미암아 능히 서서 섬기지 못하였으니 이는 여호와의 영광이 여호와의 성전에 가득함이었더라" 왕상 8:10~11

열왕기상 7장에는 성전 외양을 화려하게 만들고 성전의 내부도 최상의 재료를 써서 단장한 기록이 있다. 그러나 그때는 '여호와의 영광이 구름 가운데 임하셨다'는 말씀이 기록되지 않았다. 하지만 하나님의 성전에 언약궤를 옮겨오고 말씀이 하나님의 성전에 있었을 때 그제서야 하나님의 영광이 성전에 가득하게 되었다.

하나님께서 성전을 향하여 기대하시고 바라는 유일한 한 가지는 말씀을 가득 채우는 것이다. 하나님의 성전에서 하나님이 바라시는 것은 다른 것이 없다. 성전이 화려한 돌로 만들어지는 것, 하나님의 성전내부가 이런저런 장식으로 아름답게 채워지는 것도 물론 아름답고 사람들 보기에는 귀하고 좋은 일이지만, 그러나 더 중요한 것은 하나님의 말씀으로 가득하게 될 때 하나님은 영광 가운데 성전에 함께 머물러 계신다는 것이다.

하나님의 성전을 말씀으로 채우기 위해서는 성도들과 목회자가 함께 노력해야 한다. 목회자는 끊임없이 하나님의 바른 말씀을 선포하고 성도들은 그 말씀을 부여잡고 말씀대로 살려 할 때 하나님의 영광이 성전 가운데 임하게 된다. 신약은 우리 그리스도인들 자체가 성전이라고 한다. 이 성전 된 우리가 주의 영광과 은혜를 체험하려면 매일 주야로 주의 말씀을 우리의 심령에 채워야 한다.

바울은 고린도전서 3장에서 우리가 하나님의 성전이며 성령이 우리 안에 거하신다고 말했다. 하나님의 성전은 보이는 건물로서의 성전뿐 만이 아니라 우리의 육체도 성전이다. 그러므로 우리의 육체도 하나님의 말씀으로 가득 채울 때 하나님의 영광이 우리의 몸을 통해서 드러나게 된다. 우리의 입술에 하나님의 말씀을 채우고 채운 말씀이 나의 손과 발을 통해서 이루어지고 실천될 때 나의 몸과 나의 영혼은 하나님의 영광으로 가득 차고 빛나게 되는 것이다.

오늘도 하나님의 말씀으로 하루를 시작함이 은혜이다. 오늘 하루 살아가면서 우리 손과 발이 닿는 곳에 하나님의 말씀이 선포되고 전파되고 드러나게 되기를 소원한다. 그때 하나님의 영광이 우리를 통해 나타나게 될 것이다.

오늘의 본문 성경을 읽으시고 깨달은 점이나 기억하고 싶은 점 혹은 기도문을 기록합니다.

1년 1독 성경 읽기 꿀송이 보약큐티

열왕기상 9장~12장

| 묵상자료 |

1. 위험한 순간(왕상 10:21~25)

열왕기상 10:21~25에 보면 솔로몬이 얼마나 호화로운 부귀영화를 누렸는지를 보여준다. 그러한 솔로몬의 번영의 순간이야말로 그의 인생에서 가장 위험한 순간이었다. 너무나 안타깝게도 솔로몬은 이러한 위험을 감지하지 못하였고, 바르게 대처하지도 못하였고 그대로 무너지고 말았다.

거대한 자연의 변화가 일어나기 전에 동물들은 그것을 감지하는 능력이 있다고 한다. 2005년 10월, 3만 명의 인명 피해를 낳은 파키스탄의 대지진이 일어나기 전에 수많은 새들이 떼를 지어 둥지를 떠나는 모습이 관찰되었다. 비록 우리가 이런 동물들처럼 자연적인 위험을 미리 감지할 수는 없다 할지라도, 우리의 인생길 가운데 과연 무엇이 안전하고 무엇이 위험한지를 감지할 수 있는 영적 분별력만큼은 반드시 가질 필요가 있어야 한다.

♦ 성전 건축을 마치고

솔로몬은 주의 전을 완공하였고, 또한 자신의 집을 건축하였다. 그는 자기가 기쁘게 행하고자 하던 소원을 다 이루었다. 그리고 주님께서는 처음에 솔로몬에게 나타나셨던 것처럼 또 다시 솔로몬에게 나타나셨다. 하나님께서는 솔로몬의 기도를 들으셨고 주님의 이름과 눈과 마음을 성전에 영구히 두시겠다고 말씀하셨다. 여기까지는 정말 모든 것이 다 좋아 보인다. 이보다 더 좋을 수는 없을 것 같다. 주님의 성전이 완성되었고, 솔로몬 자신의 집도 다 지어졌으며, 그가 행하려고 마음속으로 소원하였던 모든 일이 다 이루어졌다. 하나님께서도 친히 나타나셔서 자신의 눈과 마음을 성전 위에 두시겠다고 약속하셨다. 그러나 역설적으로 이처럼 모든 일이 다 잘 풀릴 때 우리는 그때가 가장 위험한 순간이 될 수가 있음을 잊지 말아야 한다.

♦ 이집트와의 교류

하나님께서는 과거에 이스라엘 백성을 속박의 땅 이집트에서 건져내셨다. 그런데 솔로몬 왕은 바로의 딸과 결혼하여 이집트와 동맹 관계를 맺었다. 심지어 바로는 가나안 땅까지 올라와 전쟁을 벌이고, 탈취한 도시를 솔로몬의 아내에게 예물로 주었다. 열왕기상 9:24에는 솔로몬이 바로의 딸을 위하여 궁전을 건축했다고 적혀 있다. 또한 열왕기상 10:29 이하에는 솔로몬이 이집트에서 말들을 사왔다고 한다. 솔로몬은 이집트와 활발하게 교역을 하였던 것이다. 이것은 하나님께서 명백히 금지하신 일이었다. 신명기 17:16, 17 말씀을 보자. "그러나 그는 자기를 위해 말(馬)을 많이 늘리지 말며 말을 많이 늘리려고 백성을 이집트로 돌아가게 하지 말지니라 주께서 너희에게 말씀하시기를 너희가 이후로는 그 길로 다시는 돌아가지 말라 하셨느니라 또 그는 자기를 위해 아내를 많이 두어 자기 마음이 돌아서지 않게 하며 자기를 위해 은금을 많이 늘리지 말지니라"

하나님께서는 이스라엘 왕이 말(馬)을 많이 늘리지 말고 그것을 늘리려고 이집트로 향하지 말라고 경고하셨다. 그러나 솔로몬은 이집트에서 말과 병거를 대량으로 활발히 구입하였다. 하나님께서는 이스라엘의 왕이 아내를 많이 두지 말고 오직 단일한 마음으로 하나님만을 사랑해야 할 것이며, 또한 자기를 위해 재물을 많이 늘리지 말라고 말씀하셨다. 솔로몬은 이 모든 말씀을 다 거역하고 있었던 것이다.

♦ 칭찬과 찬사

솔로몬의 명성을 듣고 많은 사람들이 그의 지혜의 말을 듣고자 하였는데 스바의 여왕도 머나먼 남방에서 직접 예루살렘을 찾아왔다. 그리고 솔로몬과 담화 후 그의 놀라운 지혜는 자신이 소문으로 듣던 것보다 훨씬 더 뛰어나다고 찬사를 아끼지 않았다. 그런데 이러한 순간들이 솔로몬에게는 가장 위험한 순간이었다. 우리의 마음이 필요 이상으로 끊임없이 금을 추구했던 솔로몬처럼 세상의 재물과 돈에 사로잡혀 있다면 우리는 믿음에서 파선하고 많은 고통으로 자기를 찌를 수 있음을 생각하며 정신을 차려야 한다. 솔로몬은 이집트와 혼인 관계를 맺었고, 또한 활발한 교류를 가졌다. 이처럼 우리가 우리를 불러내신 세상으로 다시 돌아가서, 세상과 친구가 된다면, 우리는 위험한 순간을 스스로 자초하고 있는 것이다. 또한 사람들이 우리를 칭찬하고, 우리에게 역사하신 하나님의 손길을 찬송할 때, 그때가 바로 영적 위기의 순간인 것을 명심하자. 우리는 그러할 때 오직 십자가를 자랑하고 나는 아무것도 아니며 내가 아니요 오직 주 예수 그리스도이시고 나와 함께하신 하나님의 은혜라고 고백할 수 있어야 한다. 아멘.

오늘의 본문 성경을 읽으시고 깨달은 점이나 기억하고 싶은 점 혹은 기도문을 기록합니다.

4월 3일

1년 1독 성경 읽기 꿀송이 보약큐티

열왕기상 13장~15장

| 묵상자료 |

1. 하나님의 사람과 벧엘의 늙은 선지자

열왕기상 13장에는 독특한 이야기가 등장하여 독자들의 머리를 갸우뚱하게 한다. 이야기의 배경은 북이스라엘과 남유다의 분열 왕국 시대 초기인데 B.C. 931년경에 일어난 일이다. 솔로몬의 아들 르호보암이 이스라엘 열 지파의 청원을 무자비하게 거절하면서 북이스라엘 왕국은 하나님께서 약속하신 것처럼 여로보암에게로 넘어가게 되었다. 그러나 여로보암은 자신의 왕위에 대한 걱정으로 이스라엘에게 있어서 역사적으로 의미가 있는 벧엘과 영토의 북단인 단에 금송아지를 만들어 백성들에게 우상숭배 하게하는 어리석은 짓을 자행한다. 예루살렘 성전으로 민심이 향하지 않게 하기 위한 고육지책이었으나 이것은 하나님 앞에 크나큰 죄악이었다. 여로보암의 죄는 여기서 멈추지 않았는데 그는 산당을 지어 레위 자손이 아닌 보통 백성으로 제사장을 삼고 여호와의 절기가 아닌 임의로 만든 날을 절기로 삼았다.

바로 이때 이름이 알려지지 않은 한 하나님의 사람이 여호와의 부르심을 입고 여로보암 왕을 꾸짖으러 길을 떠난다. 그 하나님의 사람은 여로보암의 죄를 지적하면서 남유다 왕국에 다윗의 자손으로 요시야라는 왕이 나올 것인데 그가 이 모든 패역하고 타락한 제사장들을 응징할 것이라 예언한다. 그리고 이 예언이 확실할 것에 대한 징조로 제단이 갈라지고 그 위에 있는 재가 쏟아졌는데, 이를 막기 위해 하나님의 사람을 체포하라고 손을 펴서 명령하던 여로보암 왕의 손이 말라버리게 되는 초자연적인 일이 일어나고 왕은 다급하여 손을 다시 회복시켜 달라고 애걸하니 여호와의 은혜로 그의 손이 다시 성하게 된다. 왕은 그 은혜에 감사하며 하나님의 사람에게 예물을 주기 원했지만 하나님의 지시를 기억하고 그는 단호히 거절한다. 하나님은 아무것도 먹거나 마시지도 말고 갔던 길로도 똑같이 돌아오지 말라고 엄히 명하셨기 때문이다.

이때에 거기 벧엘에 거주하던 요상한 늙은 선지자가 등장한다. 이 벧엘의 늙은 선지자는 주의 명령을 순종하여 하나님의 큰 일을 행하고 다른 길을 통해 돌아가던 하나님의 선지자를 찾아가 자기 집에 가서 물과 음식을 먹고 가라고 꼬드긴다. 하나님의 지시 때문에 그럴 수 없다고 거절했는데 이 늙은 선지자가 거짓말을 하며 자기도 선지자인데 하나님이 천사를 자기에게 보내 말씀하시기를 떡과 음식을 대접하라고 했다는 것이다. 이 말에 속은 하나님의 선지자는 그를 따라가 먹고 마시게 되었는데 가는 길에 여호와의 진노를 사 사자에게 찢겨 죽었다. 그 비극을 초래한 장본인인 이 늙은 벧엘의 선지자는 시체를 수습해 주고 울면서 자기가 죽으면 이 선지자 곁에 묻어 달라고 아들들에게 부탁한다. 병

주고 약 주는 것도 아니고 도대체 무슨 짓을 하는지 이 늙은 선지자의 행태가 해괴하기 그지없다. 우리는 열왕기상 13장에 기록된 이 이상한 스토리를 읽으면서 '뭐지?' 하며 헷갈린다. 그러나 차분하게 정리해 보면 이 열왕기상 13장은 하나님의 종들이 거듭거듭 읽으며 교훈을 받아야 하는 무서운 가르침이 숨겨있는 말씀임을 알게 된다.

우선 사명을 처음에 잘 완수했다가 결국은 사자에게 죽은 선지자의 문제를 살펴보자. 그의 첫 번째 문제는 큰 일을 잘 감당하고 난 뒤에 오는 사탄의 시험을 이기지 못했다는 것이다. 감히 아무도 말 못하고 침묵하고 있을 때에 서슬퍼런 새 권력자를 찾아가 당신의 우상숭배로 이스라엘에 큰 재앙이 임할 것이니 회개하라고 목숨 걸고 외칠 사람이 당시에 얼마나 되었겠는가? 그것도 사명 완수하고 집으로 돌아올 때까지 그 말씀의 지엄함을 상징하기 위해 먹지도 마시지도 못하는 험한 길이었다. 그는 두렵고 떨렸겠지만 생명 걸고 그 길을 순종하며 갔다. 그리고 어려운 일을 잘 해 내었다. 문제는 큰 일을 완수하고 났을 때 그 뒤가 문제였다. 섰다고 생각하는 순간 그는 넘어졌다. 이제 됐다고 생각하는 순간 마귀는 빈 틈을 노렸다. 부흥회 때 실컷 은혜받고 집에 와 대판 부부싸움 하는 일이 있을 수 있다. 우리는 이렇게 은혜 후에 찾아오는 마귀 시험을 조심해야 한다.

그의 두 번째 문제는 하나님이 처음 자신에게 지시하신 말씀이 분명이 아직 취소되지 않았는데 다른 선지자가 다가와 하나님이 말씀하셨다고 하면서 자신을 속일 때 거기에 넘어가 하나님의 말씀을 불순종한 것이 치명적인 문제가 되었다. 그 늙은 선지자에게 천사를 보내 다른 지시를 주셨다면 그때라도 자기도 기도해 봤어야 했었다. 왕의 제안에는 단호히 거절한 그가 왜 늙은 선지자의 속임수에는 넘어간 걸까? 아마도 큰 일을 마치고 이제는 긴장이 풀리니 배도 좀 고팠던 것 같다. 같은 선지자가 주는 것이니 먹어도 괜찮겠지 하며 타협했을 것이다. 여기에 함정이 있었다. 오늘 하나님의 종 된 사람들은 이 교훈을 명심해야겠다. 이미 성경에 기록된 분명한 하나님의 말씀에서 어긋나게 누가 예언기도를 해주고 음성 들었다고 얘기할 때 그런 것에 부화뇌동하지 말아야 한다. 우리의 표준은 오직 성경이다.

이제 그 늙은 선지자의 문제를 짚어 보자. 그의 악함은 소위 하나님의 선지자라 자칭하면서 거짓말하는 것을 예사로 한다는 것이다. 거짓말로 천사를 동원하고 하나님을 동원하고 하나님의 말씀도 거짓으로 동원하여 귀한 주의 종을 넘어뜨려 파멸에 이르게 한다는 것이다.

신천지의 이만희를 보라. '하나님이 이렇게 말씀하셨다'고 자기가 스스로 만든 이론을 하나님의 거룩한 이름을 들먹이며 사람들을 속이고 있다. 말씀을 인용하며 예수님의 영광을 스스로 갈취하고 있다. 자신도 지옥 가고 수십만 명을 지옥으로 끌고 가고 있다. 참으로 무서운 천인공노할 일이다. 교회에서 함부로 '하나님이 이렇게 말씀하셨습니다'하고 쉽게 말하는 자들이 있다. 자꾸 그렇게 습관 들면 나중 이미 기록된 성경은 얼마나 진부해지겠는가? 따끈따끈 하게 지금 누군가를 통해 말씀을 듣는 것이 좋지 누가 옛날에 쓰여진 성경을 통해 하나님 말씀을 듣고자 하겠는가? 우리는 이런 신사도주의 이단들을 오늘날 경계하고 오직 예수, 오직 성경으로 갑옷을 입어야 한다.

이 늙은 선지자의 문제는 이뿐만이 아니다. 벧엘에 살고 있었으면서도 그는 벧엘에 세워진 우상을 왕에게 잘못이라고 질타하지 못하고 침묵했었다. 그래 놓고 다른 사람에게 자기 신분을 얘기할 때는 "나도 선지자다"라고 태연하게 말을 한다는 것이다. 짖지 못하는 개도 개인가? 불의 앞에서는 잠잠하면서도 동료를 죽이고 넘어뜨리는 일에는 재능이 있었다. 오늘날도 어떤 신자들은 사람을 전도하고 살리는 일에는 잠잠하다가도 싸움이 일어나 분쟁이 생기면 거품을 물고 열심을 내는 묘한 사람들이 가끔 있다. 우리는 생산적인 일에 쓰임 받아야지 마귀의 하수인으로 쓰임 받아서는 불행한 인생이 된다.

그가 나쁜 짓을 하고 하나님의 귀한 종이 자신의 속임수로 죽은 후에 비로소 후회가 밀려온 것 같다. 그는 시체를 잘 수습하여 장사 지내 주고 자신도 죽으면 그곳에 묻어 달라고 했다. 그리고 그 죽은 선지자의 예언이 그대로 이루어질 것을 자신은 믿는다고 고백했다.

세상에는 참 희한한 사람들도 많다. 교회 안에도 마찬가지다. 실컷 다른 그리스인을 힘들게 해 놓고 나중 후회하고 회개하는 자들이 있다. 물론 회개치 않는 것 보다 낫지만 처음부터 거짓된 일을 버리고 형제를 사랑하는 것이 주님이 원하시는 일임을 우리는 명심해야겠다.

오늘의 본문 성경을 읽으시고 깨달은 점이나 기억하고 싶은 점 혹은 기도문을 기록합니다.

4월 4일

1년 1독 성경 읽기 꿀송이 보약큐티

열왕기상 16장~18장

| 묵상자료 |

1. 엘리야에게 임한 하나님의 말씀

아합은 오므리의 아들로 22년간 북이스라엘의 왕으로 다스렸는데 이런 아합 왕 시대에 엘리야 선지자가 활동하였다. 열왕기상 17:1을 보면, "길르앗에 우거하는 자 중에 디셉 사람 엘리야가 아합에게 고하되 나의 섬기는 이스라엘 하나님 여호와의 사심을 가리켜 맹세하노니 내 말이 없으면 수년 동안 우로가 있지 아니하리라 하니라"고 했다. 엘리야 선지자에게 임한 여호와의 말씀은 심판의 말씀이었다. 이스라엘 땅은 비를 흡수하는 땅이다. 그래서 비가 오면 강물이 흐르지만 비가 그치면 강물이 곧 말라버린다. 그러므로 이른 비와 늦은 비가 때를 따라와야 농사가 되는 땅인데 몇 년 동안 비가 오지 않으면 어떻게 되겠는가 그 나라는 망하고 마는 것이다.

그런데 엘리야 선지자가 왜 이런 저주를 아합 왕에게 선포하는 것인가? 열왕기상 16:30~33을 보면, "오므리의 아들 아합이 그 전의 모든 사람보다 여호와 보시기에 악을 더욱 행하여 느밧의 아들 여로보암의 죄를 따라 행하는 것을 오히려 가볍게 여기며 시돈 사람의 왕 엣바알의 딸 이세벨로 아내를 삼고 가서 바알을 섬겨 숭배하고 사마리아에 건축한 바알의 사당 속에 바알을 위하여 단을 쌓으며 또 아세라 목상을 만들었으니 저는 그 전의 모든 이스라엘 왕보다 심히 이스라엘 하나님 여호와의 노를 격발하였더라"고 했다. 바알은 기후의 신으로 풍요를 주관하는 신으로 섬겨졌다. 이러한 바알과 짝하는 신이 바로 아세라인데 아세라는 다산의 신으로 섬겼다. 바알과 아세라를 섬긴다는 것은 비를 내려주어 풍요와 다산을 달라는 것이었다. 이때에 여호와께서는 엘리야를 통해서 비가 오지 않을 것이라고 하셨다. 이것은 아합이 섬기는 바알과 아세라는 결코 풍요와 다산을 주지 못한다는 선포였던 것이다.

하나님의 언약을 배반하고 우상을 섬기면 가뭄이 온다고 이미 율법에서 말씀하고 있다. 신명기 28:20~24을 보면, "네가 악을 행하여 그를 잊으므로 네 손으로 하는 모든 일에 여호와께서 저주와 공구와 견책을 내리사 망하며 속히 파멸케 하실 것이며 여호와께서 네 몸에 염병이 들게 하사 네가 들어가 얻을 땅에서 필경 너를 멸하실 것이며 여호와께서 폐병과 열병과 상한과 학질과 한재와 풍재와 썩는 재앙으로 너를 치시리니 이 재앙들이 너를 따라서 너를 진멸케 할 것이라. 네 머리 위의 하늘은 놋이 되고 네 아래의 땅은 철이 될 것이며 여호와께서 비 대신에 티끌과 모래를 네 땅에 내리시리니 그것들이 하늘에서 네 위에 내려서 필경 너를 멸하리라"고 하셨다.

오늘날 어떤 사람들은 엘리야와 같이 하나님의 심판을 전하는 이런 선지자를 싫어한다. 이 시대를 보자. 우리는 아합 왕 시대보다 더한 바알과 아세라 곧 풍요와 다산의 신을 섬기고 있지 않는가? 수많은 사람들이 다 바알과 아세라를 섬기고 있다. 돈과 권력과 쾌락을 신으로 섬기고 있는 것이다.

엘리야는 하나님의 명령을 따라 그릿시냇가에 가서 살면서 까마귀가 물어다 주는 것으로 생존하였다. 나중에는 너무나 가난한 사르밧 과부에게 가서 하나님의 기적으로 함께 살았다. 아합과 타락한 이스라엘 사람들이 풍요의 신 바알과 다산의 신 아세라를 섬기며 하나님의 진노를 촉발하여 기근에 허덕일 때 엘리야 선지자는 하나님의 권능을 날마다 체험하며 그 고통의 시대를 견뎌 내었다.

우리가 사는 이 시대도 마찬가지이다. 수많은 사람들이 세상의 쾌락과 물질을 따라 휩쓸려 갈 때 우리는 하나님의 능력으로 이 악한 시대를 믿음으로 견뎌내야 한다.

주여, 우리에게 엘리야에게 주신 능력을 입혀 주셔서 이 시대를 감당하는데 부족함이 없게 하소서. 아멘.

오늘의 본문 성경을 읽으시고 깨달은 점이나 기억하고 싶은 점 혹은 기도문을 기록합니다.

4월 5일

1년 1독 성경 읽기 꿀송이 보약큐티

열왕기상 19장~21장

| 묵상자료 |

1. 갈멜산의 대결

북이스라엘에 타락하고 못된 왕들이 많았지만 이세벨을 아내로 둔 아합 왕이 대표적인 악한 왕이었다. 그의 우상숭배와 불신앙적 통치행위로 말미암아 북이스라엘에 3년 6개월 동안 비가 내리지 않아 온 백성들이 가뭄에 고통하고 있었다. 그 칠흑 같은 어둠의 시대에도 엘리야 같은 귀한 하나님의 선지자가 동시대에 살고 있었다는 것이 그나마 다행이었다. 엘리야 선지자는 하나님의 지시를 받고 가뭄을 해결하려 폭군 아합 왕을 대면하였다. 아합은 엘리야 선지자를 보자 생뚱맞게도 이스라엘을 괴롭게 하는 자라고 소리쳤다. 악인들은 항상 자기가 문제의 원흉인줄을 자각하지 못하고 엉뚱하게 남에게 화살을 돌린다. 엘리야 선지자는 바알의 선지자 450명과 아세라 선지자 400명을 갈멜산에 모아 자신과 850:1로 대결을 벌여 누가 진짜 이스라엘의 참 신(神)인지를 밝히고 우상숭배자는 죽이자고 제안하였다. 이에 아합이 동의하여 저 유명한 850:1의 갈멜산 대첩이 시작된 것이다.

백성들도 이 싸움을 구경하려고 모여들었다. 먼저 우상을 섬기는 선지자들이 집단으로 의식을 행하였다. 제물을 봉헌하고 몸에 피를 내면서까지 자기들의 신을 불렀으나 응답이 없었다. 이제 엘리야가 나섰다. 하나님께 제단을 쌓고 희생제물을 올리고 만군의 여호와께 부르짖어 기도할 때 하늘에서 응답의 불이 내려와 번제물과 도랑의 물까지 태워버렸다. 열광하던 백성들의 힘을 빌려 그날 우상숭배를 선동하던 선지자들을 모두 잡아 기손 시내로 데려가 죽여 버렸다. 그랬더니 3년 6개월간 닫혔던 하늘이 열리고 단비가 쏟아졌다. 우리는 엘리야의 갈멜산 승전보를 읽을 때마다 가슴이 후련해진다. 시대시대마다 자기 사람들을 두시고 일하시는 하나님께 감사하게 된다. 갈멜산에서 쌓은 번제물을 불로써 태워버린 여호와여, 엘리야의 하나님은 나의 하나님!!!

최근 나는 책을 통해 외작두를 타던 무당 어머니를 전도한 현대판 엘리야의 승리 같은 간증을 읽고 은혜를 받았다.

"1993년 여름, 대성산 아래에서 군복무를 하고 있던 주명식 청년은 한 통의 충격적인 편지를 받는다. 어머니가 내림굿을 받고 무당이 되었다는 소식이었다. 당시 목사가 되려고 서원했던 그에게는 앞이 캄캄한 소식이었다. 어머니는 철마산 굿당에서 광개토왕, 최영장군, 삼신할머니 등 열아홉 신들을 받았다. 신내림 후에 탄 작두는 외작두였다. 그것도 맨발이었다. 칼날이 두 개인 쌍작두가 아니라 외날 작두를, 그것도 버선도 신지 않고 맨발로 타는 건 그만큼 신력이 높다는 증거였다. 무당들은 철마산 굿당이 생긴 이래 맨발로 외작두를 탄 무당은 처음이라고, 큰 신들이 내렸다고 놀라워했다. 그 소식을 듣고 휴가를 일찍 얻어 이사한 집에 찾아간 그는 가슴이 콱 막혀왔다. 대문 오른쪽에 낯선 빨간색 만(卍)자 표시와 용유보살이라는 이름, 그리고 대나무 깃대에서 바람에 펄럭이는 빨간색과 흰색 깃발. 그때부터 이 가정에서 '갈멜산의 전투'가 시작됐다.

'어머니는 새벽 두 시에 일어나 찬물로 목욕재계를 하고 옥상에서 동서남북 신들에게 문안인사 기도를 드리고 신당에서 기도를 시작합니다. 그때쯤 저는 새벽기도회를 가죠. 어머니는 신령의 이름으로 내가 어머니 뜻을 따르도록 기도하고, 저는 예수님의 이름으로 어머니의 영혼구원을 위해 기도하고요.'

목사가 되려던 자신에게 어머니가 무당이 된 일이 왜 일어났는지 그 뜻을 깨닫게 됐다. 하나님은 우상숭배의 집안에서 그를 선택해서 예수님의 십자가를 믿음으로 모든 저주의 대물림을 끊어버리길 원하셨던 것이다. 어머니가 무당이 되기 전까지 말싸움 한 번 없이 순종적이었던 그였지만 영적 갈등과 충돌을 피할 수 없었다. 어느날 어머니는 쇳소리가 카랑카랑한 목소리로 '내 뜻을 따르지 않으면 칼로 내 목을 콱, 따서 죽어버릴 꺼다'라며 섬뜩한 눈빛으로 그를 쏘아봤다. 온몸에 소름이 돋았다. '엄마 뜻을 따르지 않으려면 집을 나가버리라'는 분노에 가득 찬 아버지의 고함이 잇달았다. 집안에 아무도 그의 편이 없었다. 어머니는 그의 모든 물건을 마당에서 불 태워 버렸다. 더 이상 집에 있을 수 없었다. 지인의 소개로 청주의 한 신앙공동체로 잠시 피신하기 위해 집을 나섰다. 마침 비가 억수같이 쏟아졌다. 우산 가지러 다시 돌아갈 수 없어서 그냥 비를 맞으며 버스 터미널로 갔다. 눈물인지, 빗물인지, 버스 창 밖을 보면서 하염없이 울었는데, 마음이 갑자기 따뜻해졌다. 성령의 감동이 밀려왔다. '아들아, 내가 너를 기뻐하노라. 내가 너와 함께 하노라.' 이런 음성을 들려주셨다. 나중 결국 어머니가 항복하는 시간이 다가왔다.
결정적인 계기는 어머니가 예배에 참석하게 된 일이었다. 대학 졸업을 앞두고 그가 활동하던 선교단체에서 졸업예배를 드리기로 했는데, 함께 어머니를 전도하려고 노력했던 친구의 부모님도 예배에 참석한다는 말에 부모님의 마음이 움직였다. 졸업예배라는 것보다도 아들의 체면을 먼저 생각했던 것 같다.

'어머니가 몇 번 망설이다가 결국 난생 처음 예배에 참석하게 된 거죠. 설교 후에 그 동안 키워주신 부모님을 위해 기도하자는 통성 기도시간이 있었는데, 그때 어머니의 신력과 영험함이 무너지는 결정적인 계기가 됐어요. 나중에 어머니께 들으니, 예배 중에 가슴이 터질 것 같아서 몇 번을 나가려고 했는데, 아들 체면 때문에 참았다는 겁니다. 통성기도 때에는 어머니 머리가 빠개질 것처럼 두통이 밀려왔다고 해요.'

어머니가 졸업예배에 참석하고 돌아온 후에 점 손님이 뚝 끊어졌다. 이전 같으면 영험함을 회복하려고 산으로 바다로 기도하러 다녔을 텐데 그렇게도 하지 않았다. 졸업예배 참석 후로 신력이 완전히 꺾인 것이다. 지금 교회에서 권사님으로, 구역장으로 신앙생활을 잘하고 있다.

'어머니가 예수님을 믿은 후에 한 3년 정도 늘 어머니께 말씀을 전하고 가르쳤습니다. 저희 어머니처럼 무속 신앙에 빠져있거나 귀신이 들린 경우 대개 능력 있고 영력 있는 분들의 기도를 받으려고 하는데, 그것으로 해결될 수도 있겠지만 제가 경험한 바로는 아닌 것 같습니다. 누구에게나 예수님의 이름은 능력이 있습니다. 중요한 건 지속적으로 말씀으로 가르쳐야 합니다. 그렇지 않으면 기도 받고 떠난 귀신이 다시 들어옵니다.'"

그는 최근 '무당 엄마 목사 아들'(홍성사) 책을 내고 이와 관련된 내용들을 상세히 소개했다. 현재 그는 미국 플로리다 탬파에서 맨 땅에 헤딩하듯 탬파베이 열린교회를 개척해서 섬기고 있다.

참으로 놀라운 간증이다. 엘리야의 하나님은 지금도 살아계셔서 능력으로 역사하신다. 우리도 믿음을 굳게 하여 엘리야처럼 하나님께 부르짖고 나아갈 때 큰 역사를 체험하게 될 줄 믿는다.

오늘의 본문 성경을 읽으시고 깨달은 점이나 기억하고 싶은 점 혹은 기도문을 기록합니다.

4월 6일

열왕기상 22장~열왕기하 1장

| 묵 상 자 료 |

1. 급할 때 누구를 찾는가? (왕하 1장)

북이스라엘에 내우외환이 닥쳤다. 조공을 바치던 모압이 이스라엘을 배반하였고 아합 왕의 뒤를 이어 왕이 된 아하시야가 초기 2년간의 악한 통치 후 자기 왕궁 난간에서 떨어져 병석에 눕게 된 것이다. 끙끙 앓던 그는 신하들을 시켜 이방 나라 블레셋으로 가서 이방 신인 '바알세붑'에게 자기 병이 낫겠는지 여부를 물어 보라고 명령했다. 당시에 하나님을 떠난 그들에게 이방 신 '바알세붑'이 꽤 영험한 존재로 인식되었나 보다. 마태복음 12:24에는 이 우상이 '귀신의 왕 바알세불'이라고도 언급되고 있으니 쎄긴 쎈 모양이다. 그러나 여호와와 같은 신이 어디 있으며 그에 견줄 신이 이 세상에 어디 있단 말인가? 모세는 출애굽기 15장에서 홍해를 가르고 애굽의 군대를 물에 수장시키신 하나님을 이렇게 노래했다.

"여호와여 신 중에 주와 같은 자가 누구니이까? 주와 같이 거룩함으로 영광스러우며 찬송할만한 위엄이 있으며 기이한 일을 행하는 자가 누구니이까" 출 15:11

얼마나 어리석고 무식한 불신앙의 왕이었으면 명색이 택한 민족의 왕이 되어가지고 이스라엘의 하나님을 무시하고 이방신에게 사람을 보내 묻는단 말인가? 가히 그 아버지 아합 왕과 그 어머니 이세벨의 자식다운 패역한 모습을 유감없이 보여주고 있다. 하나님은 엘리야 선지자에게 나타나셔서 명하셨다. 그 신하들을 길에서 만나 블레셋 에그론 바알세붑에게 물으러 가지 말고 당장 너희 왕에게로 돌아가 이렇게 여호와께서 말씀하셨다고 전하라는 것이다.

"이스라엘에 하나님이 없어서 너희가 에그론의 신 바알세붑에게 물으러 가느냐 그러므로 여호와의 말씀이 네가 올라간 침상에서 내려오지 못할지라 네가 반드시 죽으리라 하셨다 하라" 왕하 1:3~4

이쯤 되면 우리 같으면 아차! 하고 하나님께 회개하고 엘리야 선지자를 초대하여 자세한 말씀을 듣고 해결책을 물으면 살 길이 있을 것 같은데… 아하시야는 그렇게 하지 않았다. 그런 영성이 아예 없었다. 그 말을 듣고 회개하기는커녕 감히 왕의 신하들을 도중에 막고 악담을 퍼부었다고 분노하여 군사를 보내 엘리야를 체포하라고 지시하였다.

좋게 모시고 오려 했으면 50명이나 되는 군사를 보낼리가 없었다. 엘리야는 그렇지 않아도 아하시야 왕의 어머니 이세벨에 대한 트라우마가 있는데 왕이 50명의 군사를 보내 자기를 데려가려 하자 그는 하나님께 부르짖었다. 내가 만일 하나님의 사람이 맞다면 저들을 당장 하늘에서 불을 내려 처치 해 달라고… 마침내 불이 하늘에서 내려와 지휘관과 50명의 군사들을 태워 버렸다. 이 소식을 듣고 보통의 우리들 같으면 아차! 내가 어리석은 짓을 했구나… 뉘우치며 겁을 먹고 엘리야 선지자에게 사죄하고 정중히 모셔올 것 같은데 이 미련 곰탱이 같은 인간은 또 고집스럽게 50명의 군사들을 체포조로 보낸다. 다시 그들을 본 엘리야 선지자는 이번에도 동일한 기도를 했고 똑같이 아까운 목숨들이 죽어 나갔다. 두 번이나 이런 일을 당하면 보통의 우리들 같으면 아이구 죽을 죄를 지었구나… 하며 방법을 달리 할 것 같은데 사탄에게 씌인 아하시야 왕은 고집불통으로 또 다시 50명의 군사를 지휘관과 함께 보내 체포를 명했다. 이렇게 되자 이제는 지휘관이 하나님을 두려워했다. 또한 하나님의 사자를 무서워했다. 그는 엘리야에게 살려달라고 빌었다. 왕보다 훨씬 낫다.

그 덕분에 그와 50명의 부하들 목숨은 살게 되었고 하나님의 지시를 받은 엘리야는 왕궁으로 스스로 찾아가 왕에게 직접 하나님의 말씀을 선포했다. 우리의 불신앙과 회개치 않는 고집이 이렇게 자신도 죽이고 남도 죽인다.

열왕기하 2장에는 엘리야의 능력을 이어받은 수제자 엘리사에게 대머리라고 주의 종을 조롱한 아이들 42명이 이번에는 곰들에게 찢겨 죽는 참사가 발생한다. 도대체 얼마나 무서운 꼴을 당하고 얼마나 죽어 나가야 이스라엘 사람들이 정신차리고 회개하고 정상으로 돌아올까?

이스라엘의 역사를 읽으며 우리는 치를 떤다. 당시의 이스라엘 땅에 살던 왕이나 어른들이나 아이들이나 모두 하나님을 경외하는 자리에서 멀어져 우상을 섬기고 사니 말씀이 기갈인 저희에게 형벌만 쏟아 진다. 어찌하여 너희가 매를 더 맞으려고 더욱 더욱 패역하느냐? 하는 하나님의 탄식이 성경을 읽으면 우리 가슴에 메아리쳐 온다.

주여, 회개의 은혜를 우리에게 베푸소서…

오늘의 본문 성경을 읽으시고 깨달은 점이나 기억하고 싶은 점 혹은 기도문을 기록합니다.

4월 7일

1년 1독 성경 읽기 꿀송이 보약큐티

열왕기하 2장~4장

| 묵상자료 |

1. 갑절의 영감을 주소서!

열왕기하 2장에는 엘리야가 회오리 바람으로 불 말과 불 병거 타고 하늘로 올라 갈 때 후계자 엘리사가 갑절의 영감을 달라고 간구하는 장면이 나온다. 그런데 흔히 우리는 엘리사가 엘리야의 능력보다 두 배나 쎈 능력을 구하여 받은 걸로 대부분 오해하고 있다. 그러나 진실은 그게 아니다. 구약 신명기 21:17에 보면 장자는 부모 소유의 두 배를 받도록 되어 있다. 따라서 엘리사가 갑절의 능력을 구한 것은 스승보다 두 배의 능력 있는 선지자가 되게 해 달라는 요구가 아니고 스승님이 물려줄 믿음의 유산에서 두 배를 주셔서 자기를 믿음의 장자로 인정해 달라는 것이었다.

우리가 엘리사처럼 능력있는 종이 되려면 어떻게 해야 할까? 엘리사의 능력의 비결은 딱 두 가지로 압축된다. 하나는 그가 능력 있는 스승을 만났다는 것이요. 둘째는 그 스승의 능력을 간절히 물려받기를 원했고 스승의 맏아들이 되고 싶도록 그 능력을 사모했다는 것이다. 하나님은 사모하는 심령을 만족시키신다.

열왕기하 2장을 읽어 보면 엘리야는 승천하기 전 수제자 엘리사를 떼어 놓으려고 여러 번 시도했다. 벧엘에서 여기 있으라고 권했는데 엘리사가 말을 듣지 않았다. 길갈에서도 여기 남아 있으라고 했는데도 엘리사가 엄마에게 달라붙는 아기처럼 떨어지지 않았다. 여리고에서도 간청하여 엘리사에게 너는 여기 있으라 하나님이 나를 요단강 저 너머로 부르신다고 했지만 막무가내로 요단강도 같이 건너며 따라붙었다. 다른 제자들은 멀리서 떨어져 구경만 하고 있었는데 엘리사만큼은 엘리야 곁에 찰싹 달라붙어 껌처럼 떨어지지 않았다. 결국 엘리야가 회리 바람타고 하늘로 승천하는 것을 엘리사는 두 눈으로 목도했고 그 시간 이후로 그는 엘리야의 장자처럼 능력 있는 하나님의 사자가 되었다.

우리가 이 악한 시대를 감당하려면 엘리사 같은 능력이 절대적으로 필요하다. 누가복음 24:49에는 위로부터 능력이 임할 때까지 예루살렘을 떠나지 말고 기도하라고 하셨다. 누가복음 11:13에는 구하는 자에게 성령을 주신다고 하셨다. 우리가 사모하는 심령을 가지고 성령의 능력 세례를 사모하고 기도와 말씀에 열심을 낼 때 하나님은 우리에게 능력을 입혀 주실 것이다.

무디는 19세기 말 세계에서 가장 유명한 부흥사였다. 그는 1837년 미국 매사추세츠주 노스필드의 가난한 집에서 태어났다. 그가 네 살 때 그의 아버지는 아홉 명의 자녀를 남기고 세상을 떠났다. 이 아홉 명의 자녀들은 모두 13살 미만이었다. 무디의 어머니는 이 자녀들을 제대로 교육시킬 수 없었다. 무디가 받은 교육은 오늘날의 기준으로 보면 국민학교 5학년 수준이었다. 그래서 무디는 소리 나는 대로 글을 썼기 때문에 항상 철자가 틀렸고, 문법은 엉망이었다. 하지만 무디의 장점은 뛰어난 대중성이다. 그는 보스톤의 구둣방에서 일했다. 시카고로 가서는 뛰어난 세일즈 맨으로 성공했다. 이렇게 대중들과 호흡을 한 무디는 기독교의 진리를 대중들의 언어로 바꾸어 놓는 천재성을 가지고 있었다.

오랫동안 신학을 공부한 목사들은 성경을 읽고 그것을 신학적인 언어로 바꾸어 놓는다. 하지만 무디는 학자들이 오랫동안 연구해 놓은 결과를 시장의 언어로 바꾸어 놓았다. 여기에 무디의 성공의 비결이 있었다. 하지만 무디를 능력있는 부흥사로 만든 것은 그의 성령체험이었다. 시카고에는 사라 쿡(Sarah Cooke)이라는 성령 충만한 여전도자가 있었다. 쿡은 무디의 설교를 듣고는 "거친 돌 가운데 있는 다이아몬드"라고 평가했다. 그의 설교는 불타는 열정이 있었고, 사람을 감동시키는 힘이 있었다. 하지만 그에게 한 가지 부족한 것이 있었는데 그것은 성령의 능력이었다. 그래서 쿡은 무디에게 가서 "나는 당신이 성령세례를 받기 위해서 기도한다"고 말했다. 처음에 무디는 쿡의 이 말이 마음에 거슬렸지만 이 문제를 토론하기 위해서 매주 금요일 오후에 만나자고 제안했다. 그 후 무디는 결국 쿡의 말이 맞다고 생각하고 자신도 열심히 성령세례를 사모했다. 무디는 밤을 세워가며 마루에 엎드려 눈물을 흘리며 성령세례를 간구하였다. 어느날 뉴욕으로 집회를 인도하러 갔다가 그곳의 월 스트리트를 지나가게 되었는데 갑자기 그가 간구하던 성령의 놀라운 역사가 나타나기 시작했다. 급히 가까운 친구 집에 들어가 기도하던 그는 불 같은 성령의 능력세례를 받고 떼굴떼굴 뒹굴었다. 너무 성령의 강한 역사를 경험한 무디는 "이제 그만! 오 주여, 이것으로 충분합니다"고 외쳤다.

이후부터 무디의 설교는 달라졌다. 무디는 말했다. "나는 다시 설교하러 갔다. 설교 자체는 아무런 차이가 없었다. 어떤 새로운 진리도 전하지 않았다. 그러나 수백 명씩 회개하기 시작했다. 만약 당신이 나에게 온 세상을 준다고 해도 나는 내가 경험한 이 성령세례의 축복과 바꾸지 않을 것이다. 다시는 그 이전의 상태로 돌아가고 싶지 않다." 아멘.

오늘의 본문 성경을 읽으시고 깨달은 점이나 기억하고 싶은 점 혹은 기도문을 기록합니다.

4월 8일

1년 1독 성경 읽기 꿀송이 보약큐티

열왕기하 5장~7장

| 묵상자료 |

1. 눈을 열어주소서! (왕하 6장)

국경을 접하고 있는 아람은 북이스라엘 역사에서 내내 갈등관계에 있던 주적이었다. 아람군대가 이스라엘을 치기 위해 여러 차례 매복작전을 펼쳤는데 이를 번번이 선지자 엘리사가 꿰뚫어보고 이스라엘 왕에게 알려주었다. 매번 비밀작전이 실패하는 이유가 엘리사 때문인 것을 안 아람 왕은 엘리사를 잡기 위해 특공대를 파견한다. 엘리사가 머물던 도단성을 특공대가 밤새 포위하였는데 아침에 일어나 이를 본 엘리사의 사환은 겁에 질린다.

이제 상황은 꼼짝없이 잡혀 죽게 생겼다. 빠져나갈 길이 보이지 않는다. 겁에 질리는 것이 당연하다. 그런데 같이 곁에 있으며 똑같은 현상을 보고 있는 엘리사는 전혀 겁에 질리지 않았다.

"대답하되 두려워하지 말라 우리와 함께 한 자가 그들과 함께 한 자보다 많으니라 하고" 왕하 6:16

두 사람의 차이는 무엇일까? 그것은 눈이 열려 영적인 세계를 보느냐, 보지 못하느냐이다. 엘리사는 다른 이들이 보지 못 하던 아람군대의 계략을 꿰뚫어 보았고, 사환이 보지 못 하던 영적 실재를 보았다. '우리와 함께 한 자가 그들과 함께 한 자보다 많다' 엘리사의 눈에는 하나님이 보내셔서 하나님의 백성들을 늘 지키는 천군천사가 보였던 것이다. 믿음은 보는 것이다.

"믿음은 바라는 것들의 실상이요 보지 못 하는 것들의 증거니라" 히 11:1

육신의 눈으로는 보지 못 하는 실재들을 믿음의 눈으로 본다. 영이신 하나님을 믿음의 눈으로 본다. 하나님의 은총과 사랑과 섭리와 구원을 믿음의 눈으로 본다. 하나님의 군대 천군천사들을 믿음의 눈으로 본다. 오늘 우리가 믿음의 눈으로 영적 실재를 보고 있는지 아닌지 여부를 어떻게 알 수 있는가?

"아람 사람이 엘리사에게 내려오매 엘리사가 여호와께 기도하여 이르되 '원하건대 저 무리의 눈을 어둡게 하옵소서' 하매 엘리사의 말대로 그들의 눈을 어둡게 하신지라" 왕하 6:18

엘리사의 기도는 사환의 눈을 열어주기도 했지만 아람군대의 눈을 닫게도 만들었다. 엘리사는 왜 그들의 눈을 어둡게 만들었는가? 그들이 하나님의 사람을 대적하러 왔기 때문이다. 하나님의 능력은 누군가의 눈을 열 수도 있고 닫을 수도 있다.

세계적 물리학자이자 원자력전문가인 정근모 박사는 어린 시절부터 수재로 이름을 날렸다. 미국의 MIT와 뉴욕공과대학 등에서 교수로 재직할 때 만성신장염을 앓는 아들의 건강문제로 무척 고생을 많이 했다고 한다. 그의 신장을 아들에게 이식해주기까지 했지만 건강은 좀처럼 회복되지 않았고 뇌출혈 등을 겪으며 더 악화되어 갔다. 급기야 두 번이나 자살시도를 하는 아들을 보며 너무 괴로워 견딜 수가 없었다. 그럴수록 신앙에서 답을 찾으려고 기도하며 성령체험을 하게 해달라고 하나님께 간구했지만 쉽게 응답을 받을 수 없었다. 그러던 어느 주일예배 때에 에베소서 2장의 말씀으로 설교를 듣는데 그때 하나님의 음성이 그의 마음에 들어왔다.

"근모야, 너는 아들로 인해 감사해본 적이 있느냐?"

갑자가 마음에 원망이 솟구쳤다.

"아니, 제 아들로 인해 불평을 하면 했지, 어떻게 감사를 합니까? 저처럼 공부도 잘 하고 성공해서 부모님께 기쁨을 드려야지, 제 아들은 어릴 때부터 늘 아파서 제 속을 얼마나 썩이는지 주님은 정말 모르십니까?"

그때 주님이 말씀하셨다. "네 아들 진후는 교만한 너와 네 가족이 구원받도록 하기 위해 십자가를 지고 가는 것이다. 그 아들이 아니었다면 과연 네가 내 앞에 무릎을 꿇고 나왔겠느냐?"

그 순간 정근모 박사의 눈이 열리며 진실을 보게 되었다.

'아, 이때까지 내가 진후를 돌보고 있었다고 생각했는데 사실은 진후가 나를 구원의 길로 이끌었구나. 진후 때문에 내가 십자가를 지고 살아간다고 생각했는데 나 때문에 진후가 십자가를 지고 가는 것이었구나.'

그 순간 마치 폭포수처럼 눈물이 하염없이 쏟아지기 시작했다고 한다. 그날 정근모 박사는 비로소 그와 가족들을 구원하시기 위해 일하시는 하나님의 역사를 믿음의 눈으로 보기 시작한 것이다.

우리가 믿음의 눈을 뜨기 전까지는 엘리사의 사환처럼 불평과 원망과 걱정과 두려움을 떨칠 수가 없다. 믿음의 눈을 뜨게 되면 하나님의 사랑과 능력과 섭리와 구원을 보고 감사와 찬양, 평안과 담대함을 누리게 된다. 아멘.

오늘의 본문 성경을 읽으시고 깨달은 점이나 기억하고 싶은 점 혹은 기도문을 기록합니다.

4월 9일

1년 1독 성경 읽기 꿀송이 보약큐티

열왕기하 8장~10장

| 묵상자료 |

1. 악인의 최후

이스라엘 역대 왕 중 최대의 악한 왕으로 치부되는 악명 높은 아합과 이세벨 부부, 그리고 그들의 후손 70명이 예후에 의해 비참하게 살해당하는 기록이 열왕기하 9~10장에 자세히 나온다.

하나님의 최후 심판의 날을 생각하게 할 만큼 끔찍하고 무서운 심판이 악인의 집안에 내려졌다. 우상숭배의 화신으로 손가락질당하는 이세벨은 자기를 시중들던 내시에 의해 집 창문 밖으로 던져져 피를 흘리고 죽었다. 시체 수습도 다 못해 일부는 개들이 먹었다. 엘리야 선지자가 예언한 그대로 아합 부부는 종말을 맞았다. 이세벨은 시돈 왕 엣바알의 딸로 이스라엘에 바알과 아세라 우상을 만연시킨 장본인이다.

이세벨은 자기 죽음이 임박한 시점에도 자기 눈썹을 그리고 머리를 단장하고 있었다(왕하 9:30). 마치 말세에 심판을 앞둔 인간들이 지옥의 불심판을 앞두고 세상 일에만 바쁜 모습을 예고하는 듯이 보인다. 예후는 아합의 일가를 몰살했을 뿐 아니라 바알, 아세라 선지자들도 모두 한 곳에 모이게 하여 일망타진해 버렸다. 그 우상숭배를 척결한 공로로 예후는 4대가 평안히 왕위를 이어가게 되었다.

북이스라엘 왕들을 합하여 총 19명, 남유다 왕들 총 20명의 기록은 선한 왕들은 극소수이고 대부분이 악한 길로 가 하나님의 징계를 받는 모습을 보여주고 있다. 결국 두 왕국은 앗수르와 바벨론에게 망하고 나라 잃고 남의 노예살이로 전락한다. 이 성경 역사의 사실은 우리에게 예수 잘 믿고 사는 것이 결코 쉬운 일이 아님을 웅변적으로 보여준다. 신앙은 금덩어리보다 귀하다. 그리고 우리의 후손들에게 신앙계승 하는 것은 더더욱 힘든 일임을 성경 기록은 계속 상기시킨다. 좋은 대학, 좋은 직장보다 우리의 자녀들이 하나님을 경외하고 성경을 사랑하도록 키우는데 심혈을 기울여야 하겠다.

오늘의 본문 성경을 읽으시고 깨달은 점이나 기억하고 싶은 점 혹은 기도문을 기록합니다.

4월 10일

1년 1독 성경 읽기 꿀송이 보약큐티

열왕기하 11장~13장

| 묵상자료 |

1. 엘리사 선지자의 마지막 가는 길(왕하 13장)

믿음의 선한 싸움을 싸우고, 달려갈 길을 다 마친 엘리사는 이제 죽을병에 걸렸고, 떠나갈 날이 점점 다가왔다. 이때 이스라엘의 왕 요아스는 엘리사를 방문하여 눈물을 흘리면서 슬퍼하였다. 여전히 금송아지 숭배를 지속하고 있었던 요아스 왕이었지만, 그럼에도 불구하고 엘리사가 이스라엘 나라에서 얼마나 대단한 역할을 하였는지 잘 알고 있었다. 엘리사는 비록 한 사람이었지만, 이스라엘 왕국에서 그는 강력한 병거였으며, 또한 기병들이었다. 열왕기하 13:15~17 말씀을 보자. "엘리사가 그에게 이르되, 활과 화살들을 취하소서 하니 그가 활과 화살들을 취하니라. 그가 이스라엘 왕에게 이르되 왕의 손으로 활을 잡으소서, 하니 그가 손으로 그것을 잡으매 엘리사가 자기 손을 왕의 손에 놓고 이르되 동쪽으로 창을 여소서 하니 그가 열매 이에 그가 이르되, 쏘소서 하므로 그가 쏘매, 엘리사가 이르되 이것은 주의 구출의 화살 곧 아람으로부터 구출 받게 하는 화살이니 왕이 아벡에서 아람 사람들을 치되 그들이 소멸될 때까지 치리이다 하니라."

엘리사는 비록 경건치 못한 요아스 왕이었지만 여전히 하나님의 백성을 통치하는 왕이었기에 그에게 마지막 작별의 선물을 주고자 하였다. 그 선물은 바로 아람으로부터의 구출이며, 전쟁의 승리였다. 엘리사는 동쪽 창문을 열고 화살을 쏘라고 말하였다. 그리고 바로 그 화살은 아람으로부터의 구출과 승리를 의미하는 것임을 말해주었다. 그리고 엘리사는 요아스 왕에게 화살을 취하여 땅을 치라고 말하였다. 그 화살로 땅을 몇 번 치는가는 앞으로 요아스 왕이 시리아(아람)를 몇 번이나 칠 것인가를 결정짓는 아주 중요한 의미를 가지고 있었다. 그런데 요아스 왕은 딱 세 번을 치고 멈추었다. 그러자 엘리사는 요아스 왕에게 분노하였다. 어찌하여 세 번만 쳤느냐고, 적어도 대여섯 번을 쳤어야 했다고 말하였던 것이다. 그랬더라면 시리아를 완전히 소멸시킬 때까지 칠 수 있었을 텐데, 완전한 승리를 거둘 수 있었을 텐데, 오직 세 번만 쳤으므로 겨우 세 번 승리할 것이라고 말해주었다. 왜 엘리사는 처음부터 몇 번 이상 땅을 치라고 말해주지 않았던 것일까? "땅을 백 번 치십시오. 화살이 부러질 때까지 계속 치십시오."라고 말했더라면, 아마 요아스가 그렇게 했을 것이다. 그렇다면 엘리사는 왜 횟수를 미리 말해주지 않고, 뒤늦게 화를 낸 것일까?

믿음의 길은 우리 각자가 하나님 앞에서 믿음을 가진 만큼 소망을 가진 만큼, 성장하고 누리고 전진할 수 있는 길이다. 요아스 왕은 그저 세 번으로 만족했기 때문에 세 번만큼 승리할 수 있었다.

우리는 오늘 우리가 주님과 동행하는 삶을 살기 위해서, 하나님의 말씀을 읽고 묵상해야 한다는 것을 잘 알고 있다. 그러면 하루에 성경을 몇 장 읽어야 할까? 하루에 몇 분, 몇 시간 동안 말씀을 읽어야 할까? 우리는 주님과 동행하기 위해서 쉬지 말고 기도해야 한다는 것을 알고 있다. 그렇다면 우리는 하루에 얼마 동안 골방에 들어가서 기도해야 할까? 몇 분, 몇 시간 정도 기도해야 적당할까? 또 우리는 주님과 동행하는 삶을 살기 위해서 형제자매들을 용서하고 사랑하는 것이 중요하다는 것을 알고 있다. 그러면 우리는 과연 몇 번까지 용서해야 할까? 베드로가 말한 것처럼 일곱 번까지 하면 되는 것일까? 아니면 예수님께서 일흔 번씩 일곱 번 하라고 하신 것처럼, 정확히 490번만 하면 되는 것일까?

엘리사는 요아스에게 몇 번 쳐야 한다는 횟수를 알려주지 않았다. 다만 세 번만 친 것을 보고 화를 내었다. 왜 거기서 만족하느냐고, 왜 거기서 멈추느냐고 책망하였다.

오늘 우리가 낙담되고 넘어질 때에라도, 믿음의 길을 멈추지 말고 다시 일어나야 하는 이유가 여기에 있다. 우리가 아직 모르는 놀라운 승리가 우리를 기다리고 있을 것이기 때문이다. 예수님께서는 아픈 사람들을 고쳐주실 때마다 자주 이렇게 물으셨다. "네가 낫기를 원하느냐?" 예수님께서는 그의 간절한 소망을 물으셨다. 요아스가 정말 시리아로부터 완전히 승리를 원했더라면, 그것이 진정 그의 간절한 원함이었더라면, 그는 화살이 부서질 때까지 엘리사가 그만하면 됐다고 말할 때까지 멈추지 말고 땅을 쳤어야 했다.

오늘 우리의 삶이 메마르고 곤고한 이유는 우리가 주님을 찾고 구하되, 적당히 구하기 때문이다. 적당히 기도하고, 두세 번 주님을 부르고, 한두 번 용서하고, 어쩌다 한 번 순종하기 때문에, 우리는 주님의 강력한 활동과 역사를 누리지 못하는 것이다. 우리는 마치 요아스처럼 그저 세 번만 치고 멈추기 때문에 완전한 승리를 맛보지 못하고, 감당할 수 없이 쏟아 부어 주시는 은혜와 권능을 경험하지 못하는 것이다.

오늘의 본문 성경을 읽으시고 깨달은 점이나 기억하고 싶은 점 혹은 기도문을 기록합니다.

4월 11일

1년 1독 성경 읽기 꿀송이 보약큐티

열왕기하 14장~16장

| 묵상자료 |

1. 유다 왕 아마샤의 교만

열왕기하 14장에는 유다왕 아마샤의 행적이 나오는데 동일 사건이 역대하 25장에는 좀더 소상하게 기록되어 있다.

그는 25세에 유다의 왕이 되어 부왕을 죽인 원수들을 제거했으나 모세의 율법을 기억하고 그 자녀들은 죽이지 않았다. 성경은 그가 다윗의 길로 행했으나 산당은 제거하지 않았다고 평하여 온전하게 하나님을 따른 왕은 아니었음을 말해 준다. 예루살렘 성전이 완공된 후로는 모세의 율법에 따라 이스라엘은 산당 제사를 그치고 예루살렘 성전으로 나아가 제사해야 했는데 백성들은 관행과 편리함을 따라 말씀대로 순종하지 않았다. 아마샤는 에돔과 전쟁을 일으켜 그들을 소금 골짜기에서 격파하고 적군 만 명을 전사시키고 만 명을 포로로 잡아 바위 꼭대기에 밀쳐 모두 처참하게 죽임으로 에돔을 완벽하게 제압해 버렸다. 그는 30만 대군을 이끌고 에돔전쟁에 나갔는데 그것도 모자라 북이스라엘에서 용병 10만 명을 거액을 주고 고용하여 40만 대군을 이끌고 전쟁에 임했다. 그러나 하나님의 사람이 나타나 아마샤에게 유다가 이스라엘 군과 함께 가는 것을 하나님이 기뻐하지 않으신다고 전언하니 왕은 선지자의 말을 듣고 물질의 손해를 감수하고 온전히 유다 군대로만 나아가 대승을 거둔 것이었다.

여기까지는 참 좋았다. 그러나 에돔을 무찌르고 난 후부터 문제가 발생하기 시작한다. 그는 에돔과의 전쟁을 이기고 오면서 그들이 섬기던 신들을 가져와 그 우상에게 경배하며 분향하는 믿을 수 없는 패역을 하나님께 저질렀다. 선지자가 그에게 나아가 자기 백성을 패전으로 이끈 그 우상신을 어찌하여 왕은 섬기냐고 질책했을 때 아마샤는 회개하기는커녕 선지자를 때리려 하며 위협하고 쫓아내 버렸다. 여기서부터 그는 교만의 영에 사로잡혀 기고만장하여 북이스라엘에 선전포고를 한다.

당시 북이스라엘 왕은 요아스였다. 그는 가시나무 같은 하찮은 존재가 분수를 모르고 백향목에게 시비를 건다고 응수하며 점잖게 물러가라 하였으나 아마샤의 교만은 끝이 없었다. 그는 이길거라 자신하고 북이스라엘과 전쟁을 벌였는데 무참하게 패배하여 수많은 유다 백성을 죽게 하고 예루살렘 성전을 약탈당하게 했으며 자신은 포로로 북이스라엘에 잡혀가 죽을 때까지 수모를 당하다가 비참한 죽음을 당했다.

성경은 끊임없이 겸손은 존귀의 앞잡이요 교만은 패망의 선봉이라고 가르친다. 영어 성경에 의하면 망하기 전에 나타나는 징조가 있는데 그것은 마음에 교만이 온다는 것이다. 벌써 아마샤가 에돔을 물리치고 그 우상을 가져와 거기 절하며 선지자의 질책을 오히려 겁박하고 하나님을 무시하는 교만함을 보일 때 우리는 이 인간이 망할 줄 눈치 챘다. 망하기 전에는 꼭 교만기가 발흥하는 것이다.

어려서 십원짜리 동전이 더러워지면 거기에 침을 바르고 땅에 내려놓고 지근지근 밟은 후 "빙~" 발로 눌러 돌려 버렸다. 그러면 조금 깨끗해진다. 가끔 하나님이 나를 동전처럼 침을 묻히시고 땅바닥에 던진 후 밟으시고 빙~ 돌리시는 것 같은 것을 체험한다. 이제 그만하셔도 될 듯도 싶은데… 끝이 없다. 얼마나 우리의 교만의 뿌리가 깊으면 하나님이 그렇게 심각하게 오랫동안 다루실까?

나이가 많아 지면 겸손해질까? 어떤 사람은 정반대다. 나이와 상관없다. 실패를 많이 맛보면 겸손해질까? 어떤 사람은 더 사나워지고 상처만 깊어 다루기가 더 힘들다.

성령의 감화가 임하고 하나님의 은혜가 역사해야 한다. 다윗이나 모세같이 겸손한 사람이 되려면 우리는 얼마나 더 다듬어져야 할까? 어떤 사람이 이런 명언을 남겼다.

"사람이 감히 건드리기 어려운 거물급이 되었을 때에 그는 사단이 가장 건드리기 쉬운 먹잇감이 된다!!!"

성경의 중요한 가르침의 하나가 교만함을 버리고 하나님 앞에 항상 겸손하라는 주제이다.

오늘의 본문 성경을 읽으시고 깨달은 점이나 기억하고 싶은 점 혹은 기도문을 기록합니다.

4월 12일

1년 1독 성경 읽기 꿀송이 보약큐티

열왕기하 17장~19장

| 묵 상 자 료 |

1. 히스기야의 기도

앗수르 제국의 산헤립왕은 북이스라엘을 삼키고 이제 랍사게를 보내 유다를 공격한다. 처음에는 히스기야 왕이 솔로몬 성전에서 은과 금을 다 모아서 앗수르 왕에게 받쳐서 위기를 모면하였지만 두번째로 앗수르 군대가 몰려와 이제는 무조건 항복을 하라고 압박하고 있다. 그 과정에서 랍사게는 유다의 히스기야 왕과 백성들을 향해 여호와 하나님을 섬기는 것이 헛된 것이라는 말을 하면서 하나님과 이스라엘을 모독한다.

랍사게가 이끄는 앗수르 제국의 대군 앞에서 유다의 히스기야 왕은 싸울 힘도 군사도 없어 항복하는 것이 여러 백성들을 그나마 앗수르의 칼에서 죽임을 당하게 하지 않고 살아남는 길임을 알고 있었지만 히스기야는 끝까지 항복을 하지 않고 이 문제를 하나님 앞으로 가져와 기도를 한다.

히스기야가 굵은 베옷을 입고 여호와의 전으로 나가고 자기의 신복들을 이사야 선지자에게 보내 하나님의 말씀을 듣고자 했다. 히스기야는 이사야 선지자에게 랍사게가 살아계신 하나님을 비방하고 모욕을 한 말에 대해서 여호와께서 들으셨을 것이기에 살아계신 여호와께서 역사해 주시기를 요청하고 있다.

어떻게 이런 상황에서 히스기야는 엄청난 앗수르 제국의 군대 앞에서 항복하지 않고서 하나님을 의지하며 끝까지 버텼을까? 하는 의문이 생긴다. 앗수르 군대가 쳐들어오기 전에 히스기야는 왕이 되어 먼저 여호와의 성전을 정화하였다. 아버지 아하스왕이 앗수르 신전의 제단을 성전 안에 설치를 하고 이방의 방식대로 우상에게 제사하고 심지어 자기 아들까지 불에 태워 죽이는 인신제사를 하여 여호와께 크나큰 악을 행했지만 아들 히스기야는 성전을 청결케하고 온갖 우상들의 본거지인 산당을 제거하고 강력한 종교개혁을 하였다. 그는 그러한 뜨거운 믿음을 가진 왕이었던 것이다.

이제 앗수르 제국의 대군이 쳐들어온 상황에서 히스기야는 백성들에게 이렇게 말한다.

"너희는 마음을 강하게 하며 담대히 하고 앗수르 왕과 그를 따르는 온 무리로 말미암아 두려워하지 말며 놀라지 말라. 우리와 함께 하시는 이가 그와 함께 하는 자보다 크니 그와 함께 하는 자는 육신의 팔이요 우리와 함께 하시는 이는 우리의 하나님 여호와시라. 반드시 우리를 도우시고 우리를 대신하여 싸우시리라 하매 유다 백성이 히스기야의 말로 말미암아 안심하니라." 아멘.

그와 같은 담대한 믿음의 왕인 히스기야가 있었기에 유다는 앗수르의 온갖 위협 앞에 버틴 것이고 결국에는 하나님께서는 앗수르 제국 앞에서 아무 힘도 없었던 히스기야에게 승리를 허락해 주셨다. 정말 하나님의 기적이 일어나 인간적으로는 망해야 하는 유다가 앗수르 18만 5천의 군사들을 물리치고 기적으로 승리를 얻은 것이다.

위기 앞에서 히스기야는 성전에 올라가서 앗수르의 사자에게서 온 편지를 여호와 앞에 펴 놓고 기도를 하였다. "그룹들 위에 계신 이스라엘의 하나님 여호와여 주는 천하만국에 홀로 하나님 이시라 주께서 천지를 만드셨나이다" 로 시작하여 기도의 끝은 "우리를 구원하셔서 천하 만국이 주 여호와가 홀로 하나님이신 줄 알게 하소서"이다. 참으로 하늘 보좌를 움직인 큰 용사의 기도였다.

오늘 우리도 크고 작은 위기 앞에서 밤잠을 못 자고 두려워 근심하고 한숨 지으며 살아 갈 때도 있다. 이때에 히스기야의 믿음과 기도를 기억하자. 역사의 주관자 되시는 하나님과 나와 함께 하시는 임마누엘의 예수 그리스도가 내 삶의 주인이 되시기에 두렵고 떨리는 위기와 현실 앞에서도 기죽지 않고 믿음과 기도로 돌파해 보자.

이 후에도 히스기야는 죽을 병이 걸렸을 때 벽을 향하여 통곡하며 자신이 종교개혁을 일으키며 선하게 살려고 발버둥 쳤던 것을 기억해 달라고 하나님께 매달려 결국 죽을 병이 치유되는 기적도 경험하였다.

실로 히스기야는 기도에 있어서는 우리의 스승이 될만한 큰 모범을 보여주었다. 히스기야의 기도는 통곡하는 눈물의 기도였고 벽을 향해 전심으로 기도한 간절한 기도였다. 그리고 자신이 하나님 앞에 잘했던 것을 기억해 달라고 하며 하나님의 마음을 움직이는 기도였다. 히스기야에게 임한 기도의 간증이 우리에게도 임하기를 소망해 본다.

오늘의 본문 성경을 읽으시고 깨달은 점이나 기억하고 싶은 점 혹은 기도문을 기록합니다.

4월 13일

1년 1독 성경 읽기 꿀송이 보약큐티

열왕기하 20장~22장

| 묵상자료 |

1. 므낫세 - 최고로 악했으나 회개한 왕

유다 왕국의 14대 왕인 므낫세는 유다 역사상 가장 악한 왕으로 기록되어 있다. 그의 악행은 모든 악한 왕들의 악행을 총 집합한 것 같다. 부왕 히스기야는 유다의 종교 개혁을 철저히 이루고 유다, 이스라엘 내의 허다한 우상들을 제하고 모든 백성으로 오직 여호와 하나님 한 분만을 경외하고 의지하도록 한 좋은 면을 가지고 있었다. 히스기야 왕의 종교 개혁에 관한 기록은 역대하 29,30,31장 등 모두 3장에 걸쳐 나온다.

그런데 그의 아들 므낫세가 선왕 히스기야가 이룬 그 개혁을 다 뒤집어 그야말로 그 귀한 영적 업적을 단숨에 말아먹어버리니 기가 막힐 일이다. 그가 얼마나 악했는지 예루살렘과 온 유다는 다시 우상의 천지가 되었다. 자기 아들들을 우상의 불 앞에 지나가게 하였고 점치고 사술을 행하며 박수 무당을 신임했다. 자기 손으로 우상을 아로새겨 여호와의 전에 세우고 그 앞에서 분향하며 빌었다. 그리고 모든 백성이 이 므낫세의 꾀임을 받고 다 우상숭배에 빠지게 되었다. 이때의 므낫세의 죄악은 역대하 33:9 기록에 의하면 여호와께서 이스라엘 자손 앞에서 멸하신 이방인들보다 더욱 심했다고 했다.

열왕기서를 보면 유다가 망한 것은 다른 누구의 죄보다도 바로 므낫세 왕의 이 지독한 죄 때문었다고 기록하고 있다. 그의 손자 요시아 왕이 이 모든 우상 숭배를 철저히 제하고 개혁했지만 이미 므낫세로 인해 저질러진 죄악은 어떻게 돌이킬 수 없는 것이 되어 결국에 유다가 그의 죄 때문에 바벨론에 망하고 만다. 하나님은 그가 앗수르에게 패하게 하시므로 그는 짐승같이 쇠사슬에 결박당한 채 먼 곳으로 끌려가고 말았다. 그는 그곳에서 왕이기 때문에 그만큼 더 깊은 모욕과 정치적, 종교적 수모를 겪었을 것이다.

그런데 이런 고통속에서 예상치 못한 일이 일어났다. 그가 포로로 끌려간 그곳에서 크게 겸비하여 하나님 앞에 엎드려 회개했다는 것이다(대하 33:12). 그가 끌려간 바벨론(당시는 앗수르가 강대하여 바벨론을 차지하고 있었다)은 제국의 큰 도시이다. 그곳에 각종 우상, 거대한 신전들이 있었는데 그는 이때 이런 것을 보고 그 거대한 신 앞에 엎드리기보다 이상하게 여호와 하나님을 불렀다. 그는 바벨론으로 끌려가 혹독한 죄과를 치르고 난 후에야 비로서 자신이 여호와 하나님 앞에서 악한 죄인인줄 깨달은 것이다. 하나님께서는 므낫세가 자신을 겸비케 하고 회개하였을 때 그의 기도를 들으시고 그를 예루살렘으로 돌아오게 하시어 다시 왕이 되게 하셨다. 이렇게 되자 그는 그제야 여호와께서 참 하나님이신 줄을 깨달아 알게 되었다. 그는 여기서 한없는 자비와 용서의 하나님, 그리고 축복의 하나님이시요 만물의 주관자요, 세상 모든 정사와 권세를 가지신 분이심을 깨달은 것이다.

므낫세 왕은 길게 보면 다윗의 후손이었다(왕하 21:1). 그가 12세에 즉위하여 55년 동안 장기간 통치할 수 있었던 것은 이와 같이 회개하고 돌이킨 것이 원인이었다. 므낫세는 출생 순간부터 귀여움을 받으며 아버지와 함께 온갖 부귀영화를 누렸다. 고난과 연단을 모르고 철없이 자란 어린 므낫세가 예전 부왕이 행한 선정의 의미를 알 리 없었다. 아무 것도 배우지 못한 므낫세가 즉위한 후 오랜 동안 악정을 한 이유였다. 한 두 해도 아닌 몇 십년 동안 그는 하나님의 법을 무시했다. 그의 악정이 너무나 심해 하나님의 진노도 극에 달 해 다윗 왕국을 멸망시키기로 작정했을 정도였다(왕하 23:26). 그러나 다윗의 하나님 여호와는 그를 그런 상태로 계속 놔둘 수 없었다. 므낫세는 하나님이 다윗과 맺은 왕국 언약의 상속자(삼하 7:12~16)이며 동시에 예수님의 조상이었다(마 1:10). 이 언약을 기억하시면서 하나님은 그를 징계해야 했다. 그의 회개와 선정은 너무나 때늦은 감이 있었다. 그가 예전에 행한 악이 너무 지나쳐 하나님도 남방 유다를 사하기를 싫어했을 정도였다(왕하 23:26~27, 24:3~4). 그러나 므낫세는 결국 버림을 당하지 않았는데 그것은 하나님이 다윗과 맺은 언약 덕분이었다.

> "나는 그 아비가 되고 그는 내 아들이 되리니 저가 만일 죄를 범하면 내가 사람 막대기와 인생 채찍으로 징계하려니와 내가 네 앞에서 폐한 사울에게서 내 은총을 빼앗은 것같이 그에게서는 빼앗지 아니하리라"
>
> 삼하 7:14~15

므낫세의 구원은 전적으로 하나님의 은혜의 덕분이다. 하나님의 은총은 그의 삶에 극적으로 드러났다. 칼빈의 5대 교리중 하나인 '불가항력적 은혜'가 그에게 임한 것이다. 므낫세는 출생할 때부터 다윗의 왕손으로 언약의 상속자였다. 이 언약은 종국적으로 예수 그리스도의 강림과 구속을 예언한다. 므낫세가 다윗 언약의 상속자란 사실은 그가 출생 전부터 그리스도 안에 속하도록 하나님에 의해 작정되었고 선택되었음을 뜻한다. 우리 인간의 생각으로는 그가 죄값으로 폭삭 망했으면 좋겠지만 하나님은 우리와 다르시다. 하늘이 땅에서 높음 같이 그의 은혜는 한이 없으시다. 분노 중에도 하나님은 자비를 베푸신다. 인간들의 악하디 악한 세속 역사 속에서도 우리를 구원시키시려는 하나님의 구속사적 섭리의 손길은 결코 멈추지 않는다. 아멘.

오늘의 본문 성경을 읽으시고 깨달은 점이나 기억하고 싶은 점 혹은 기도문을 기록합니다.

4월 14일

1년 1독 성경 읽기 꿀송이 보약큐티

열왕기하 23장~25장

| 묵상자료 |

1. 유다, 마침내 멸망하다

1) 므깃도 전투와 갈그미스 전투

애굽은 앗수르를 도와 바벨론의 남하를 막기 위하여 갈그미스에서 바벨론과 싸우려고 하였다. 애굽 왕 느고는 갈그미스로 가기 위해 팔레스타인 지역을 통과해야 했는데, 이때 반 앗수르 입장이었던 유다의 요시야 왕은 북진하는 애굽과 전쟁을 하게 되었다. 애굽 왕 느고는 사자를 보내어 화친을 요청하며, 이 일은 하나님의 명령이고 자신이 싸우려는 대상은 요시야 왕이 아님을 분명히 했다. 그러나 요시야 왕은 듣지 않고 변장까지 하면서 전쟁터에 남기를 고집하였고 결국 므깃도 전쟁터에서 애굽의 궁수가 쏜 화살에 중상을 입은 요시야는 예루살렘에 돌아와 죽고 말았다(대하 35:23).

요시야는 종교 개혁을 통해 영적 내리막길로 곤두박질하던 남유다에 일시적으로나마 제동을 걸었지만, 요시야가 죽은 이후 남유다의 국운이 갑자기 쇠약해지고 순식간에 멸망의 길로 치닫게 되었다. 이후 애굽과 바벨론이 맞서는데 이것이 갈그미스 전투(주전 605년)이다. 이 전투에서 승리한 바벨론은 근동 지방을 장악하였고 애굽은 다시 일어나지 못했다. 바벨론의 느부갓네살 왕은 갈그미스 전투에서 승리한 후, 아프리카 대륙과 근동 아시아 지역을 잇는 전략적 요충지인 남유다 왕국마저 정복하기 위하여 예루살렘을 공격하였고, 3차에 걸쳐 유다 왕과 백성들을 바벨론으로 끌고 갔다. 3차에 걸친 바벨론 포로의 과정은 성전 파괴의 과정과 다름없었다. 하나님께서는 바벨론을 들어서 가장 아끼는 성전을 파괴하심으로써 이스라엘을 철저하게 징계하셨다.

2) 바벨론 제1차 포로

주전 605년 여호야김 제3년에 다니엘을 포함한 왕족과 귀족들이 끌려갔다(단 1:3). 여호야김은 처음 3년은 바벨론을 섬기다가 다시 애굽과 동맹하여 반(反)바벨론 정책을 펼쳤고, 결국 주전 602년 쇠사슬로 결박 당하여 바벨론으로 끌려갔으며 성전 기구들을 약탈당하였다.

3) 바벨론 제2차 포로

주전 597년 여호야긴 즉위년에 그는 3개월 10일을 통치하고 바벨론에 포로로 끌려 갔다. 바벨론은 여호와 전의 모든 보물과 왕궁 보물을 집어내었으며 또 이스라엘 왕 솔로몬이 만든 것 곧 여호와의 전의 금기명을 다 훼파하였다. 그리고 여호야긴 왕과 왕의 모친과 왕의 아내들과 내시와 나라의 권세 있는 자들이 포로로 끌려갔다. 이때 용사 7천 명을 포함하여 방백과 백성 총 1만 명, 그리고 공장과 대장장이 1천 명이 끌려갔는데, 그들은 모두 강건하여 싸움에 능한 자였다. 반란의 구심점이 될 소지가 있는 최고 지도자들과 탁월한 인물들을 모두 뽑아서 끌고 감으로 '비천한 자' 외에는 그 땅에 남은 자가 없도록 하여 남유다를 철저히 무력화시킨 것이다. 여기에는 에스겔 선지자와 에스더의 사촌 모르드개의 조상도 포함되어 있었다.

4) 바벨론 제3차 포로

주전 586년 시드기야 11년에 시드기야는 바벨론에게 항복하라는 예레미야 선지자의 권면을 듣지 않고 반(反)바벨론 정책을 고집하는 바람에 포로로 잡히게 되었다. 예루살렘이 포위되어 있는 동안 기근이 극심하여 자녀를 잡아먹을 정도로 비극적 참상이 빚어졌는데, 이는 모세의 예언대로(레 26:28~29, 신 28:53~57) 하나님의 말씀에 불순종한 결과였다. 결국 B.C. 586년, 남유다는 바벨론에 의해 완전히 멸망하였고, 예루살렘 성이 함락된 4월 9일은 유다인들에게 바벨론 유수 기간 내내 금식과 애통의 날로 지켜졌다(슥 7:5, 8:19). 성이 함락되던 때 시드기야는 밤에 도망하다가 갈대아 군대에게 잡혀 하맛 땅 립나로 끌려가 바벨론 왕에게 심문을 당하였다. 바벨론 왕은 시드기야의 목전에서 그 아들들을 죽이고, 시드기야의 두 눈을 빼고 사슬로 결박하여 바벨론으로 끌어다가 죽는 날까지 옥에 가두었다. 예루살렘이 함락된 지 한 달 만인 5월 10일에 바벨론 시위대장관 느부사라단이 와서 여호와의 전과 왕궁과 예루살렘의 모든 집을 귀인의 집까지 불사르고 사면 성벽을 헐었다. 그리고 성전의 두 놋기둥(야긴과 보아스)과 받침들과 놋바다를 깨뜨려 그 놋을 바벨론으로 가져갔고, 또 가마들, 부삽들, 불집게들, 숟가락들과 섬길 때에 쓰는 모든 놋그릇을 다 가져갔으며, 또 금물의 금과 은물의 은을 가져갔고, 솔로몬이 여호와의 전을 위하여 만든 두 기둥과 한 바다와 그 받침들을 취하였다. 그리고 대제사장 스라야와 부제사장 스바냐와 전 문지기 세 사람을 잡고, 군사를 거느린 장관(내시) 하나와 왕의 시종 칠 인(혹은 다섯 사람)과 군대장관의 서기관 하나와 국민 육십 명을 잡아갔으며, 립나에서 그들을 쳐 죽였다.

이제 이스라엘 민족은 포로로 끌려간 자와 고국 땅에 남겨진 자, 그리고 재난을 피하여 주변국으로 도망친 자 등으로 나뉘어, 민족 전체가 갈기갈기 찢기고 그 존재가 점점 사라지는 최악의 비극적 상황에 처하게 되었다. 선민 유다 백성이 하나님 없는 이방 나라 바벨론으로 포로 되어 끌려간 것은 하나님의 진노로 말미암은 최대의 비극이요 수치였다. 이는 우상을 숭배하고 안식일과 안식년을 지키지 않고, 하나님의 말씀을 거역하고 그 거룩하신 뜻을 멸시한 죄에 대한 하나님의 징계와 진노의 결과였다.

그러나 절대로 망하지 않을 것만 같던 바벨론이 하나님의 주권 역사로 메대와 바사의 연합군에 의해 멸망하게 하시고 결국은 이스라엘 백성이 귀환하도록 하셨다. 역사는 이렇게 하나님의 손 안에서 유유히 강물처럼 흘러 간다.

기 도

아버지… 인간 역사는 아버지 손 안에 있습니다. 한 나라의 흥망성쇠도 우리 개인의 성공실패도 다 주님의 주권 안에 있음을 고백합니다. 한반도의 남북분단을 불쌍히 여겨주시고 어서 속히 평화통일의 날이 이르게 도와주소서. 예수님의 이름으로 기도합니다. 아멘.

오늘의 본문 성경을 읽으시고 깨달은 점이나 기억하고 싶은 점 혹은 기도문을 기록합니다.

4월 15일

1년 1독 성경 읽기 꿀송이 보약큐티

역대상 1장~9장

| 묵상자료 |

1. 역대상하는 어떤 책인가?

열왕기상하가 남북 왕조를 오가면서 이스라엘의 역사를 기록한 책이라면 역대상하는 남왕국 유다의 역사에 포커스를 맞춘 책이다. 모세 율법과 이스라엘 역사에 정통한 에스라가 쓴 책으로 포로에서 돌아온 사람들을 위하여 제사장직과 제사를 보존하고자 하는 목적과 장차 메시아를 이 땅에 오게 할 선민 이스라엘의 역사 중 다윗 왕가의 족보를 재정비함으로써 왕으로 오실 그리스도를 예비하게 하는 소중한 역사책이다. 역사를 좋아하는 분들도 있고 지루해하는 분들도 있다. 그러나 역사를 모르는 민족은 발전할 수 없다. 사무엘서와 열왕기서를 이미 읽은 우리에게 하나님은 반복해서 한 번 더 독자에게 영욕의 이스라엘 역사를 보여주시며 역사의 참 주인이신 하나님을 우리 마음에 각인시키려 하신다.

2. 끝없는 이름들이 나열된 족보들

학사 에스라의 집요한 역사의식으로 인해 독자인 우리는 역대상 1장~9장까지의 지루한 이름들을 읽느라 정신이 없다. 그러나 이 계속되는 지루한 족보의 기록들은 우리들에게 중요한 교훈을 준다. 무엇보다 '여자의 후손'으로 이 세상에 오시기로 예언된(창3:15, 갈4:4) 그리스도가 오시기까지 하나님은 주권 가운데 사람들을 계속해서 선택하시고 생육하고 번성하게 하시어 메시아의 계보를 이어가게 하셨다는 사실에 주목해야 한다. 유유히 흘러 대지를 적시는 기나긴 강물처럼 예수 그리스도가 이 땅에 오시기까지의 구속사적 계보의 이어짐은 끊임없이 흘러감을 보는 것이다. 그리스도를 보내시겠다고 약속한 이도 하나님이시요, 그 약속을 성취해 가시는 분도 하나님이심을 우리는 이 족보들을 통해서 깨닫는다.

또한 우리가 잘 모르는 수많은 이름들이 성경에 기록되어 있는 것을 보면서 하늘나라 생명책에 기록된 이름들을 생각하게 된다. 내 이름이 생명책에 기록되어 있느냐 없느냐는 영원한 생과 사를 결정한다. 주님은 그 어떤 이적이나 굉장한 일보다도 우리가 더 기뻐해야 할 이유는 생명책에 그 이름이 기록되어 있다는 사실이라고 70인 전도대에게 가르쳐 주셨다.

3. 야베스의 기도

야베스는 성경에서 가장 지루한 책으로 유명한 역대기 상에 등장한다. 특히 역대상 1~9장은 "누가 누구를 낳고" 하는 말로 연결되어 있는 이스라엘 백성들의 족보로서 아담에서 이스라엘 12지파까지의 계보를 기록하고 있는데 이 족보에는 오백 명 이상의 많은 이름들이 등장한다.

야베스는 다윗 왕의 혈통인 유다 지파에 속했다. 그러나 그의 집안이 별로 뼈대 있는 집안이 아니었던지 3장에 나오는 왕족의 족보에 들어가지 못하고 4장에 비로소 나온다. 우리가 야베스에 대하여 주목해야 할 것은 9절 후반의, "그 어미가 이름하여 야베스라 하였으니 이는 내가 수고로이 낳았다 함이었더라"고 한 구절이다. '야베스'라는 이름의 뜻은 "괴롭게 하다" 뜻을 가지는데 아버지가 아닌 어머니가 이 이름을 지어 주었다는 사실을 보면 아버지가 없는 유복자였을 가능성이 있다. 성경에 나오는 여러 인물들의 이름은 그 사람의 운명을 그대로 보여준다. 야베스라는 이름은 '고통을 안겨주었다'는 뜻을 가지고 있다는 사실에서 그가 태어날 때 어머니가 난산으로 엄청난 고통을 겪었을 것으로 추측할 수 있다. 이름 뜻으로 보면 어머니로 하여금 "이제 너는 고생문이 훤하겠구나!"하는 느낌이 드는 불행한 출생 비밀을 가진 사람이었다. 그러나 이와 같이 슬픈 출생과 과거를 지닌 야베스를 하나님께서 축복하셔서 그가 다른 형제들보다 더욱 존귀케 되었다고 한다. 야베스가 불행과 슬픔의 과거를 딛고 축복과 존귀의 사람이 될 수 있었던 비결이 무엇일까? 그 원인은 바로 그의 담대한 기도에 있었다.

첫째로, 야베스는 하나님께 복을 달라고 기도했다.

복을 달라고 하는 기도는 그 자체로 결코 나쁜 것이 아니다. 하나님의 본성은 우리를 축복해주시는데 있다. 잠언 10:22에 "여호와께서 복을 주시므로 사람으로 부하게 하시고 근심을 겸하여 주지 않으신다"고 했다. 문제는 우리가 복을 구하는 것 자체가 잘못된 것이 아니라 이 축복을 어떻게 누리며 살 것인가 하는 삶의 자세와 왜 그 복을 원하는가에 대한 동기에 있는 것이다. 하나님을 영화롭게 하고 이웃에게 나누고 싶어 축복을 구한다면 이는 귀한 것이다.

둘째로, 야베스는 하나님께 자기의 지경을 더욱 넓혀달라고 기도했다.

고대로부터 지금까지 이스라엘 백성들에게 땅은 곧 생명을 상징하는 것이었다. 우리가 보기에는 아무 것도 아닌 땅 한 조각 때문에 이스라엘 백성은 목숨을 건 전쟁을 수없이 치러야 했으며 땅을 넓힌다는 것은 무한히 생육하고 발전할 수 있는 발판을 마련하는 것에 직결되었다. 그러므로 지경을 넓혀 달라는 기도는 단순히 이기적인 복만 구하는 것이 아니라 하나님의 더 큰 일을 할 수 있는 기회와 책임을 달라고 하는 비전의 기도였던 것이다.

셋째로, 야베스는 주의 손으로 자기를 도와 달라고 기도했다.

우리가 하나님께 지경을 넓혀달라고 간구한 뒤 그 목적을 향하여 열심히 나가다 보면 어려운 장애물이 하나둘 출현할 때가 있다. 이러한 과정에서 하나님의 손이 우리를 도와주느냐의 여부는 성패를 좌우한다. 사도행전 11:21은 "주의 손이 그들과 함께 하시매 수다한 사람이 믿고 주께 돌아오더라"고 말함으로써 주님의 손이 함께 하심으로 말미암아 초대교회에 부흥이 임했다고 말하고 있다. 야베스는 자기의 지경을 넓혀나가는데 있어서 주의 손이 함께 하셔야만 한다는 사실을 확신했기 때문에 하나님의 도움을 절실히 요청한 것이다.

마지막으로 야베스는 환난을 벗어나 근심이 없게 해달라고 기도했다.

실제로 건실한 기독교인들이 하나님의 큰 축복을 받은 뒤 교만해져서 하나님과 사람들로부터 버림을 받는 경우를 성경 역사에서나 현실에서 종종 보게 된다. 그러므로 우리의 축복이 근심이 없는 축복, 하나님과 사람들로부터 인정받고 사랑받는 축복이 되어야 한다.

야베스는 불행하게 태어난 사람이었다. 그러나 그는 아주 특별한 기도를 하나님께 올렸다. 하나님께서 그의 기도를 들으시고 그에게 넘치는 복을 허락하셨다. 그래서 야베스는 그 형제들보다 더욱 존귀한 사람이 되어서 유대 전승에 의하면 당대의 가장 유명한 율법학자가 되었다고 전해진다.

많은 사람들이 이름만 간단 간단히 소개되는 문맥 속에서 야베스의 기록만을 유독 이렇게 사막에 종려나무처럼 길게 설명해 놓은 것은 성경의 저자가 야베스의 기도의 삶을 모든 성도들의 귀감으로 삼으려고 한 의도가 엿보인다. 우리에게도 야베스의 기도처럼 인생역전의 은혜가 임하기를 축복한다. 아멘.

오늘의 본문 성경을 읽으시고 깨달은 점이나 기억하고 싶은 점 혹은 기도문을 기록합니다.

4월 16일

1년 1독 성경 읽기 꿀송이 보약큐티

역대상 10장~12장

| 묵상자료 |

1. 함께 강성하여가다 (대상 11장)

"만군의 여호와께서 함께 계시니 다윗이 점점 강성하여 가니라" 대상 11:9

다윗이 점점 강성해 간 이유는 만군의 여호와께서 그와 함께 하셨기 때문이다. 하나님이 함께 하시는 사람은 아무도 당할 수 없다. 세월이 지나면 나무가 크듯 점점 강성해지고 부요해진다. 다윗의 일생이 그러했다.

거기에 더하여 다윗과 함께 했던 이는 여호와 하나님만이 아니었다. 온 이스라엘이 그와 함께 했고, 요압과 용맹한 장군들도 그와 함께 했다. 예루살렘을 정복할 때에도 다윗은 자기 부하들과만 함께 했던 것이 아니라 온 이스라엘과 더불어 함께 올라갔다. 이후 역대기는 11장, 12장에 많은 분량을 들여 다윗을 도와 다윗과 함께한 이들의 이름들을 길게 기록한다. 한 사람 한 사람이 다 소중하다. 그 이름들을 품고, 그들과 함께 할 수 있는 큰 사람! 다윗은 그와 함께 하는 사람들의 수만큼 더욱 커져갔고 더욱 강성하여갔던 것이다.

여호와께서는 다윗과 함께 계셨다. 다윗은 믿음 가운데 매일을 살아왔다. 자기를 견제하며 몰락해 간 사울의 길을 다윗은 따라가지 않았다. 용사들과 지도자들을 키워냈고, 그들과 함께 강성해 갈 수 있었다. 함께 하시는 하나님에 대한 절대 신뢰! 그 믿음 위에 온 이스라엘이 함께 선다. 아둘람 동굴 시절, 또는 그 이전부터 다윗과 함께 했던 용사들이 온 이스라엘과 마음을 합하여 다윗을 왕으로 세우고 그 나라를 견고케 했는데 이름이 기록된 다윗의 혈맹이랄 수 있는 자만해도 50명이 넘는다. 이들은 여러 군사들 중 큰 용사들이었다. 헷사람 우리야도 그 중 한 명이다. 다윗과 고생과 영광을 함께했던 사람들! 다윗의 어떤 모습이 이토록 사람들을 붙잡았던 것일까?

자기 고향 베들레헴에서 블레셋과 마주하였을 때, 다윗은 무심코 어려서 먹던 베들레헴 성문 곁 우물물을 먹고 싶다고 말한다. 그 이야기를 곁에서 듣던 세 명의 용사가 목숨을 걸고 블레셋 군대를 돌파하여 그 물을 길어 온다. 놀란 다윗은 그 물을 차마 마시지 못하고 땅에 쏟는다. 여호와께 전제로 부어 드린다. 그것은 물이 아닌 그들의 생명이고, 충성과 사랑이었다.

누군가의 충성된 마음을 다른 누군가의 자기 만족을 위해 이용해 먹으면 안 된다. 목숨을 건 헌신을 한날 개인의 갈증해소용으로 만들어서는 안 된다. 또한 다윗의 주변에는 이름 모를 지역에서 이름 모를 사람으로 살아왔던 수많은 돕는 자들이 있었다. 그들의 용맹을 알아주고, 그들의 마음을 알아주는 다윗 곁에서 그들은 또한 자신들의 명예를 얻는다.

나는 누군가의 속 깊은 진실을 알아줄 '마음'이 있는 사람인가? 남이 떠온 물을 마시며 만족스러운 웃음을 웃는 어리석은 인생은 아닌가?

허리에 수건을 두르고 내 발을 씻어주시는 주님의 마음. 다윗에게서도 느껴지는 그 마음의 한 조각이라도 내 마음을 채우기를! 아멘.

오늘의 본문 성경을 읽으시고 깨달은 점이나 기억하고 싶은 점 혹은 기도문을 기록합니다.

4월 17일

1년 1독 성경 읽기 꿀송이 보약큐티

역대상 13장~15장

| 묵 상 자 료 |

1. 베레스 웃사(대상 13장)

다윗은 분명 좋은 지도자였다. 역대상 13장에서 그가 잘한 일은 하나님의 궤를 예루살렘에 있는 다윗 성에 올려 나라의 대소사를 궤 앞에서 하나님께 묻고자 한 것이었다. 또한 그가 잘한 일은 이 일을 지휘관들과 논의하고, 그 다음에 백성들과도 의논하였다는 것이다. 다윗은 지위를 이용하여 독단으로 처리하지 않고 주위의 사람들의 자문과 동의를 구하였다. 거기에 제사장과 레위인까지 동원할 정도로 이 일을 전심으로 준비하여 온 나라의 기쁨으로 삼았다.

"뭇 백성의 눈이 이 일을 좋게 여기므로" 대상 13:4

이제 하나님의 궤는 이스라엘의 중심 이슈가 될 정황이 되었다. 사울 왕 때는 꿈도 못 꿀 분위기 반전이다. 그러나 도중에 문제가 터졌다. 소들이 갑자기 뛰었고, 놀란 웃사가 손을 펴 궤를 붙들자 하나님께서 진노하셔서 웃사를 쳐 결국 웃사가 비참하게 죽고 말았다. 좋은 날, 이게 무슨 날벼락이란 말인가?

다윗은 분명 법궤를 옮겨오는데 자신감이 있었다. 하나님도 기뻐하시고 모든 백성들이 환호하는 일이었다. 그러나 웃사가 죽자, '내가 어떻게 하나님의 궤를 내 곳으로 오게 하리요"하며 움츠러들었다. 여기서 실패의 원인을 살펴보기 전에 왜 다윗은 하나님의 궤를 다윗성으로 옮기고자 했을까 하는 문제를 먼저 살펴보자.

하나님의 궤는 하나님 임재의 장소였다. 하나님의 거룩을 상징하기도 하였다. 이는 이스라엘의 힘이었다. 이스라엘은 엘리 제사장 시대에 이를 잘못 이용하려다 하나님의 궤를 블레셋에 빼앗긴 적이 있었다. 다윗은 분명 하나님의 궤 앞에서 하나님의 뜻을 묻겠다 하였다. 이것이 거짓은 아니었더라도 다른 의도를 숨기고 있지는 않았을까? 역대상 13:2을 보면 어순의 미묘한 차이가 드러난다. 다윗은 하나님의 궤를 옮기면서 회중의 뜻을 먼저 묻는다. "다윗이 이스라엘의 온 회중에게 이르되 만일 너희가 좋게 여기고." 그 다음에 하나님의 의중을 표현하는 듯한 말을 한다. "또 우리의 하나님 여호와께로 말미암았으면" 하나님의 뜻이 회중의 뜻 뒤에 위치하고 있는 것이다. 더욱이 정작 하나님의 뜻을 묻는 대목은 어디에서도 찾아볼 수 없다. 오히려 "뭇 백성의 눈이 이 일을 좋게 여기므로 온 회중이 그대로 행하겠다"(4절)는 말을 듣고 다윗은 하나님의 궤 이주 계획을 실행한다. 이 계획이 성공하면 다윗

성은 정치뿐만 아니라 종교까지 아우를 수 있는, 명실 공히 이스라엘의 중심이 될 수 있었다. 명분이 있었고, 실리가 있었다. 영적으로 보였고, 믿음의 역사이며 선한 일로 보였다. 하지만 중간에 소들이 뛰었고, 웃사가 손을 폈고, 하나님이 진노하셨다. 베레스 웃사(웃사를 쳐 죽이심)! 인간의 계획이 산산이 깨어졌고 비로소 다윗은 하나님이 두려워 하나님의 궤를 함부로 자기가 있는 곳으로, 자기 마음대로 가지고 올 수 없음을 깨달았다.

하나님은 인간이 만홀히 여길만한 대상이 아니시다. 내 마음대로 이용할 수 있는 대상은 더더욱 아니시다. 다윗은 마땅히 두려워해야 할 하나님을 그 일과 관련해서는 실상 두려워하지 않은 셈이었다. 웃사 역시 마찬가지였다. 하나님의 궤는 본디 고핫 자손(레위인)이 채에 꿰어 어깨에 매고 이동해야 했다. 아무리 레위인이라 할지라도 하나님의 궤를 직접 만질 수는 없었다. 그러나 어찌된 영문인지 하나님의 궤는 새 수레에 실렸고, 소가 끌었다. 블레셋이 하나님의 궤를 다루는 것과 똑 닮아 있었다. 하나님의 말씀에 철저한 다윗이 이런 큰 실수를 했다는 사실이 나는 얼른 믿어지지가 않는다. 모세 오경에 말씀하셨듯이 왕은 율법의 말씀을 복사하여 자기 곁에 두고 항상 그 말씀을 상고하고 그 말씀대로 백성들을 통치하도록 되어 있다. 당시의 선지자들이나 제사장들 그리고 레위인들도 이해가 안 된다. 임금이 새 수레를 준비하여 법궤를 이동하려 할 때 당연히 나서서 그것은 모세 율법에 위배되는 일이라고 진언했어야 하는데 아무도 그렇게 한 자가 없었다.

이상한 점은 또 있다. 웃사가 하나님의 진노로 죽었으면 다윗은 하나님께 엎드려 그 이유를 물었어야 했다. 그리고 문제를 해결한 후에 끝까지 법궤를 다윗 성으로 옮겨야 했다. 그러나 다윗은 그렇게 하지 않고 오벳에돔의 집에 무책임하게 맡겨 버렸다. 그리고는 나중 오벳에돔이 법궤로 인하여 복을 받는 모습을 보고 그제서야 이제 성경대로 레위인 고핫 자손들을 동원하여 법궤를 옮겼던 것이다. 나중 천국에서 다윗을 만나면 이 부분을 나는 꼭 물어보려고 한다. 그러나 굳이 다윗이 설명해 주지 않아도 어느 정도 짐작되는 것들이 있다. 그것은 다윗이 베레스 웃사 사건을 보고 법궤를 몹시 두려워했다는 사실이다. 그래서 충격을 받아 선뜻 법궤를 다윗성에 모시지 못했고 오벳에돔의 집에 임시로 맡겨 놓았던 것이다. 그 후 오벳에돔이 복을 받는 것을 보고서야 비로소 그 두려움에서 벗어나 안심하고 법궤를 모셨던 것이다. 아무리 선한 일이라도 방법이 잘못되면 베레스 웃사 사건처럼 하나님이 싫어하신다. 반면 오벳에돔처럼 아무리 환경이 급박하고 두려운 상황이라도 하나님을 사랑하는 마음으로 충성하면 하나님은 화를 복으로 바꾸어 주신다. 아멘.

오늘의 본문 성경을 읽으시고 깨달은 점이나 기억하고 싶은 점 혹은 기도문을 기록합니다.

1년 1독 성경 읽기 꿀송이 보약큐티

역대상 16장~18장

| 묵상자료 |

1. 하나님 앞에 조용히 앉아 기도하다

대부분의 사람들은 일상적으로 몸이 깨는 시간을 지나서도 계속 누워있게 되면 몸이 오히려 더 두겁고 불편함을 느끼게 된다. 일을 많이 하시는 어른들은 몸을 움직이는 것이 낫지 계속해서 쉬면 더 아프다는 말씀을 하신다. 계속 몸을 쓰고 움직이다 보면 아픈 것도 사라지고 더 건강해지는데 가만히 있다 보면 생각도 많아져서 자꾸 움직여야 된다는 말씀을 하시는 것이다.

사람들은 가만히 있는 것을 불편해하고 가만히 있으면 어찌해야 될지 모르는 경우가 많이 있다. 여름철에 며칠 되지 않는 휴가를 얻어 쉬러 가지만 어떻게 사용해야 될지를 막막해하는 사람들도 많이 있다. 오히려 휴가 기간에 푹 쉬지 못하고 더 피곤해서 일터로 돌아온다. 새벽부터 저녁까지 운전하고 여기저기 다닌 나머지 휴가를 보내고 나면 더 피곤하고 몸이 더 불편한 일도 우리에게 종종 일어나는 일이다.

신앙생활을 할 때도 쉬어야 될 때도 있고 열심히 움직여야 될 때도 있다. 하나님을 묵상하고 하나님 앞에 엎드려 있어야 될 때는 멈추는 것이 때를 따라 돕는 은혜이고 주께서 우리에게 맡기신 일을 열심히 해야 될 때는 그 일을 열심히 하는 것이 은혜이다. 하나님께서 주신 때를 분별하는 것이 하나님의 백성들에게는 꼭 필요한 지혜인 것이다. 오늘 다윗이 그 지혜를 우리에게 가르쳐 주고 있다.

다윗은 이제 통일 이스라엘의 왕이 되었다. 이스라엘의 왕이 되고 난 후 그는 예루살렘 성을 다윗성이라 이름하고 도읍으로 정했다. 성에 와보니 허전한 것이 있었는데 하나님의 언약궤가 그 성에 없었다. 그래서 많은 어려움을 극복하고 하나님의 언약궤를 다윗 성에 모셨다. 이제 하나님의 언약궤까지 모시자 그는 더 이상 바랄 것이 없었다. 그런데 이제 다시 돌아보니 자신은 왕궁에 살고 있는데 하나님의 궤는 아직 성막 안에 거하고 있는 것이 마음에 걸렸다. 선지자 나단을 불러서 그에게 자기의 마음을 털어놓는다.

"나는 이 좋은 백향목 궁에 살거늘 하나님의 궤가 저 천막 안에 거하는 것이 불편하구나."

다윗은 이제 성전을 짓겠다고 결심했다. 아주 좋은 성전, 지금까지 역사 이래 없었던 위대한 성전을 건축하겠다고 결정했다. 그런데 그날 밤 하나님께서 나단에게 나타나셔서 성전 건축을 막으신다. 하나님께서 분명하고 단호한 어조로 다윗 왕에게 성전건축을 하지 말 것을 전하라고 하셨다. 그 이유는 오늘 본문에는 나오지 않지만 다윗이 전쟁하면서 피를 너무 많이 흘렸기 때문에 막으셨다. 다윗은 성전 건축을 위한 준비만 하고 아들이 이룰 것이라고 하셨다. 그러나 하나님은 다윗이 이렇게 건축할 마음을 품었다는 것이 너무 귀하고 아름다워서 하나님께서 다윗의 나라를 영원히 견고하게 세우겠다고 다윗을 위로해주시고 다윗 언약을 세우셨다. 다윗뿐만 아니라 다윗의 왕위가 아들과 자손들에게까지 이어져서 영원히 견고하게 될 것을 말씀하셨다. 하나님께서 말씀하신 '영원히'라는 말은 그대로 이루어졌다. 다윗의 자손 중에 예수 그리스도가 나셔서 왕 중의 왕이 되셨고 그리스도의 왕위가 영원토록 이어지기 때문이다. 다윗은 하나님의 성전을 짓겠다는 귀한 마음만 품었을 뿐인데 하나님은 그의 왕위를 영원히 견고하도록 허락해 주셨다. 하나님의 말씀을 듣고 난 후에 다윗은 하나님 앞에 들어가 엎드려 기도하고 그 앞에 앉았다.

> "다윗 왕이 여호와 앞에 들어가 앉아서 이르되 여호와 하나님이여 나는 누구이오며 내 집은 무엇이기에 나에게 이에 이르게 하셨나이까" 대상 17:16

우리가 이 말씀에서 눈여겨보아야 할 것은 '앉아서'라는 말이다. 다윗이 가만히 앉아 있는 것이 어색하지 않은가? 우리가 아는 다윗은 들판을 뛰어다니던 목동이었다. 왕이 되고 나서도 그는 전장의 중심에 있었다. 가만히 여호와 앞에 들어가 앉아 있는 것은 다윗에게도 우리에게도 익숙하지 않다. 여호와의 성전을 짓기 위해서 동분서주하고 먼지바람을 일으키며 이곳저곳을 뛰어다니는 것 보다 하나님 앞에 가만히 앉아있는 것이 그에게는 더 중요한 시간이었다. 하나님의 금지명령, 성전을 짓지 말라는 명령에 순종해서 그 앞에 엎드려 앉아 있는 다윗이 위대한가? 그렇지 않으면 하나님 뭐라 말씀하시든 밀어부쳐 성전을 건축하며 동분서주하는 모습이 위대한가? 하나님의 말씀에 순종해서 하지 말라고 하신 말씀을 그대로 받고 가만히 앉아서 기도하는 다윗의 모습이 하나님 보시기에 더 위대하고 아름다운 모습이라는 것이다.

오늘 우리가 때를 따라 시기를 분별하며 여호와 앞에 가만히 앉아있는 모습은 하나님 보시기에 가장 아름다운 모습이다. 가만히 앉아 기도하다보면 나 자신을 발견한다. 가만히 기도하다보면 우리 자신의 잘못된 모습을 객관적으로 관찰할 수 있다. 또한 가만히 앉아 기도하다보면 상황을 객관적으로 바라볼 수 있다. 또한 앉아서 기도하면 하나님의 마음을 더 깊이 깨닫는다. 그러므로 기도하는 것은 하루 중 가장 고요할 때 꼭 필요한 일이다. 나를 발견하고 상황의 본질을 깨닫고 하나님의 마음을 발견하는 이 시간이 가장 귀한 시간이 아니겠는가?

오늘의 본문 성경을 읽으시고 깨달은 점이나 기억하고 싶은 점 혹은 기도문을 기록합니다.

4월 19일

1년 1독 성경 읽기 꿀송이 보약큐티

역대상 19장~21장

| 묵상자료 |

1. 오르난의 타작 마당에서 용서하신 하나님(대상 21장)

사탄에게 틈을 준 다윗은 잠시 하나님을 잊고 엉뚱한 욕심에 사로잡힌 탓에 사단의 시험에 넘어졌다. 하나님의 능력으로 살아온 다윗이 그 결과에 취하여 하나님 대신 자신의 병력에 눈을 돌렸기 때문에 사탄이 틈을 탄 것이다. 먹고 살만하게 되자 통장의 잔고를 세며 흐뭇해하는 잘못을 저지른 것이다. 그럴수록 더 하나님을 의지해야 한다.

사무엘하 24:1을 참고하면 이스라엘이 하나님을 진노하게 하셨기 때문에 다윗에게 이런 생각이 든 것이고 사탄이 이런 기회를 타는 것을 하나님께서 내버려두신 것이다. 아마도 백성들이 압살롬에게 동조하여 나라를 어지럽게 한 일에 대한 징계였을 것이다.

원래 합법적인 인구조사는 제사장이 하고 속전을 내도록 되어 있다(민 1:3, 26:1~2). 이를 통해서 하나님의 백성이 얼마나 많아졌는가를 알아보아야 한다. 다윗은 자기 군사가 얼마나 되는지 알고 싶었고, 제사장 대신 군대장관을 동원하여 인구를 조사하였다. 전투의 현장에서는 결코 숫자가 아니라 하나님의 임재와 도우심이 승리를 가져다준 것을 요압도 알았다. 그래서 왕을 말렸지만 현명한 다윗이 여기서는 신하의 충언을 듣지 않는다.

하나님의 진노가 임하고 선지자가 제시한 선택 과목은 셋이었다. 그 중에서 하나의 심판을 고르는 다윗의 기준은 무엇이었는가? 그는 하나님이 직접 내리시는 3일 간의 전염병을 택했다. 매를 맞아도 하나님께 맞겠다는 것이다. 범사에 하나님을 잊지 않는 다윗다운 태도다. 어느 재앙이든지 하나님의 손에 달린 것은 틀림없지만 중요한 것은 재앙을 받아들이는 그의 마음이다. 잠시 흔들렸던 다윗이 하나님의 말씀을 듣자 즉시 제 정신을 차린 모양이다. 이처럼 실수를 했다고 해도 재빨리 인정하고 정신을 차려야 더 큰 비극을 막을 수 있다.

하나님께서 징계하시려고 한 것은 다윗이 아니라 이스라엘이었다. 쉽게 짐작이 가는 이스라엘 전체의 범죄행위는 압살롬의 난과 세바의 난에 동조한 죄일 것이다. 다윗의 잘못이 있다고 하더라도 백성들이 다윗을 배신하고 압살롬을 추종한 것은 하나님께서 보시기에 명백한 범죄행위였다.

이왕 맞을 매라면 하나님에게 직접 매를 맞겠다는 다윗의 선택이 제대로 맞아떨어졌다. 하나님께서 마음을 돌리신 것이다. 하나님은 왜 하필이면 오르난의 타작 마당 곁에서 이렇게 마음을 돌리셨을까? 이곳이 과거에 어떤 장소였는지 훗날 어떤 장소가 되는지 알면 의문이 풀린다.

이곳은 아브라함이 이삭을 제물로 드린 곳이었고, 그 후로 솔로몬 성전이 세워질 곳, 그리고 예수님께서 이 세상에 오셔서 십자가를 지시고 피 흘리실 골고다 언덕이었다!

범죄한 자기 백성을 위해서 하나님의 아들의 고난이 눈에 보이는 곳이다. 우리가 구원을 얻고 의롭게 된 것도 우리의 모습을 보시는 것이 아니라 우리에게서 피묻은 자신의 아들을 보시는 것이다. 애굽에서 죽음의 천사가 이스라엘 백성들의 집을 넘어간 것도 문에 바른 피를 보셨기 때문이다.

참고로 오르난은 히브리식 발음이고 사무엘하 24:16의 아라우나는 여부스식 발음이라고 한다. 가장 두려운 형벌의 장소가 가장 은혜로운 성전이 되었다! 골고다는 가장 무서운 형벌의 장소였지만 죄인들을 구원하는 가장 은혜로운 자리로 변하였다. 아멘.

오늘의 본문 성경을 읽으시고 깨달은 점이나 기억하고 싶은 점 혹은 기도문을 기록합니다.

4월 20일

1년 1독 성경 읽기 꿀송이 보약큐티

역대상 22장~24장

| 묵상자료 |

1. 레위인들의 직무(대상 23장)

역대상 23장부터 27장까지는 다윗이 성전의 유지와 예배를 위해서 얼마나 철두철미하게 준비했는지를 보여준다. 특히 23장은 성전 중심의 신정국가의 기틀을 확고하게 하는 데에 중요한 역할을 한 레위인들의 직무에 대해서 설명하고 있다.

다윗 왕은 아들 솔로몬에게 왕위를 물려준 후, 국가의 지도자들과 제사장과 레위 사람을 한데 모았다. 오직 여호와 하나님만을 참된 하나님으로 섬기고, 그분의 사랑받는 백성이 되기를 원하는 다윗의 국정철학 때문이다. 다윗이 장차 솔로몬 통치 하에 성전을 섬길 서른 살 이상의 레위인을 계수하니 3만 8천 명이었다. 다윗은 레위인들을 네 개의 직무로 나눠 인원을 배치했다. 2만 4천 명에게는 성전에서 예배의 직무를 맡겼고, 6천 명에게는 관리와 재판을 맡겼고, 4천 명은 문지기, 나머지 4천 명에게는 찬양대를 맡겼다.

광야 시대에 성막과 제사에 필요한 기구들을 옮기는 일을 맡았던 레위 지파는 가나안 땅에 정착한 이후 더 이상 성막의 기구를 멜 필요가 없어졌다. 여러 성읍으로 흩어져 제사의 일에 종사하던 그들에게 이제 새로운 임무가 부여되었다. 이스라엘 백성들에게 평화를 주시고 영원히 백성 가운데 거하실 하나님을 예배하는 성전에서의 직무가 레위인들에게 주어진 것이다. 성전으로 부름 받은 이들이 잊지 말고 기억해야 할 첫 번째 사실은 그들은 '섬기는 일'을 위해 부름 받았다는 사실이다. 다시 말하면 레위인의 직무수행수칙 제1장 제1조는 '우리는 성전에서 섬기기 위하여 부름 받았다'라는 것이었다. 여기서 '섬김'으로 번역된 히브리어 '아바드'는 노예의 굴종적 섬김이 아니다. 레위인의 섬김은 '도와주는 섬김'이었다. 역대상 23:28~29이다.

> "그 직분은 아론의 자손을 도와 여호와의 성전과 뜰과 골방에서 섬기고 또 모든 성물을 정결하게 하는 일 곧 하나님의 성전에서 섬기는 일과 또 진설병과 고운 가루의 소제물 곧 무교전병이나 과자를 굽는 것이나 반죽하는 것이나 또 모든 저울과 자를 맡고"

레위인들의 첫 번째 직무는 제사장의 역할을 하는 아론의 자손들을 돕는 일이었다. 병원에서는 의사와 간호사들만 존재하지 않는다. 관리하는 사람, 청소하는 사람, 요리하는 사람, 수납하는 사람… 이런 직무를 맡은 누군가의 섬김이 있어야만 병원이 운영될 수 있다. 교회도 마찬가지이다. 교회에는 예배를 인도하고 설교하는 목회자만 있지 않다. 예배 안내팀, 친교팀, 관리팀, 찬양대, 주방팀, 계수팀, 상조팀 등 다양한 역할을 맡은 여러 성도들이 이름 없이 빛도 없이 감사하며 도와가며 섬긴다. 그래야 예배가 예배될 수 있고, 교회가 교회 될 수 있는 것이다. 둘째, 레위인의 섬김은 '예배를 돕는 섬김'이었다. 역대상 23:30~31이다. "아침과 저녁마다 서서 여호와께 감사하고 찬송하며 또 안식일과 초하루와 절기에 모든 번제를 여호와께 드리되 그가 명령하신 규례의 정한 수효대로 항상 여호와 앞에 드리며"

레위인들의 직무 대부분은 성전 제사를 중심으로 기능하였다. 특히 어떤 레위인들은 아침 저녁으로 드리는 제사에 참여하여 찬양대로 섬겼고, 순번을 따라 매 안식일과 초하루와 절기 제사에 참여하여 제사장들을 도와 섬겼다. 섬김으로 번역된 히브리어 '아바드'는 또한 '예배'로도 번역된다. 그래서 영어로 '서비스'(service)는 남을 돕는 봉사라는 뜻도 있지만, 예배를 뜻하는 단어로도 사용된다. 그러므로 레위인들은 섬김의 사람들이자 동시에 예배의 사람들이었다고 할 수 있다.

섬김과 예배에는 공통점이 있다. 둘 다 자신의 자아를 죽이고 상대를 높인다는 데에 있다. 내 이름을 드러내고 싶고, 내 가치를 높이고 싶은 생각이 앞선다면 섬김도 어려워지고, 예배도 성공할 수 없다. 참으로 섬기고 싶다면 먼저 참으로 예배하는 자가 되어야 한다. 참으로 예배하는 자가 된다면 또한 동시에 참으로 섬기는 자가 될 수 있다. 섬김과 예배는 같은 뿌리를 가진 한 나무의 두 가지와 같다.

우리는 그리스도 예수의 지체이다. 어떤 직분, 어떤 역할을 맡았는가? 그 일이 앞에서 이끄는 일인가? 뒤에서 미는 일인가? 어떤 위치에 있든 우리는 그리스도를 머리로 삼아 서로 도우라고 부름 받은 지체임을 잊지 않아야 한다. 또한 모든 일을 주께 하듯 하여, 삶이 예배이고 예배가 삶이 되는 예배와 섬김의 사람들이 되어야겠다. 그러면 은밀한 가운데에서 은밀히 보시는 하나님께서는 성실하게 섬기는 이들의 그 수고를 기억하실 것이다. 아멘.

오늘의 본문 성경을 읽으시고 깨달은 점이나 기억하고 싶은 점 혹은 기도문을 기록합니다.

4월 21일

1년 1독 성경 읽기 꿀송이 보약큐티

역대상 25장~29장

| 묵 상 자 료 |

1. 성전을 사모하는 마음

역대상 29:3에 다윗이 백성들에게 성전 건축헌금을 독려하면서 국가의 힘으로 준비한 것 외에 자신부터 솔선수범하여 개인적으로 금 삼천 달란트와 은 칠천 달란트라는 엄청난 거액의 헌금을 하나님께 바치며 성전을 사모하는 자신의 심경을 피력한다.

> "성전을 위하여 준비한 이 모든 것 외에도 내 마음이 내 하나님의 성전을 사모하므로 내가 사유한 금,은으로 내 하나님의 성전을 위하여 드렸노니" 대상 29:3

역대상 22장부터 시작하여 역대상이 끝나는 29장까지의 내용은 온통 성전 건축 준비와 풍성한 헌금 그리고 그와 같은 헌신에 감사하는 찬양과 기도로 가득 채워져 있다. 이는 성경 저자인 에스라가 이방의 땅에서 나라 잃은 오랜 설움의 기간 동안 얼마나 성전을 사모하며 성전과 예배의 소중함을 뼈저리게 느꼈으면 이렇게 기록하였을까 짐작케 한다.

한 번 나라 잃고 이방의 땅에서 마음껏 예배도 못 드리며 살아 보니 그들은 바벨론 강가에서 옷을 나무에 걸어 놓고 예루살렘 성전을 사무치게 그리워하며 그 성전에서 예배하던 때를 추억하고 한없이 울었었다. 이제 하나님의 긍휼로 다시 예루살렘에 귀환한 그들은 성전 예배의 소중성을 알고 레위인들을 시켜 성전을 관리케 했다. 다윗의 시대의 기록을 보면 문지기 숫자만 4천 명이었다고 하니 그 열정과 규모가 어떠했을 지 짐작이 간다. 찬양하는 일에 종사하는 사람만 또 4천 명이었는데 각종 악기를 다 동원하고 아침, 저녁으로 찬송하며 하나님을 경배했다. 역대상 9:33 말씀은 내게 너무나 인상 깊게 남아 있다.

> "또 찬송하는 자가 있으니 곧 레위 우두머리라 그들은 골방(성전 안에 있는 찬양하는 사람들을 위 한 방)에 거주하면서 주야로 자기 직분에 전념하므로 다른 일은 하지 아니하였더라" 대상 9:33

> "보라 밤에 여호와의 성전에 서 있는 여호와의 모든 종들아 여호와를 송축하라" 시 134:1

해가 지고 다음날 아침 다시 해가 뜰 때까지 성전에는 밤에도 찬양이 끊이지 않았다. 찬송하는 레위인들이 밤낮으로 여호와 하나님을 찬양했기 때문이다. 그들은 자기 직분 곧 찬양하는 일에 전념하기 위하여 다른 일들은 하지 않았다. 또한 성전의 문지기들 조차도 밤에 잠을 자지 않고 성전을 위해 봉사했다. 성전으로 들어오는 문들을 지키는 일은 제사장이 아니라 레위인이 했다. 이들은 주로 이방인과 비록 이스라엘 사람일지라도 레위기의 정결법상 부정한 자의 성전 출입을 엄격하게 금지하는 일을 했다. 밤에는 성전의 문들 가운데 24곳에 불침번(不寢番)을 섰다. 21곳은 레위인들이 지키고, 성전 안쪽의 문들 가운데 세 곳은 레위인과 제사장이 함께 지켰다. 각 조는 열 명으로 구성되었고, 성전 안쪽의 세 곳은 레위인과 제사장 각각 열 명씩 30명이 지켰다. 결국 레위인 240명과 제사장 30명이 밤에 성전 곳곳에서 불침번을 선 것이다. 저녁 6시부터 다음날 새벽 6시까지의 밤 시간을 유대인들은 '3경'으로 나누었고, 로마인들은 '4경'으로 나누었다.

성전 수비대 감독은 밤에 수시로 순찰을 하고, 불침번은 순찰 중인 감독이 오면 합당한 예를 표해야 했다. 만약 불침번을 제대로 서지 않고 졸고 있는 것이 발견되면, 그는 매를 맞고 옷을 빼앗겨 불에 태워지는 수치를 당했다. 이처럼 현대의 우리가 상상하는 것 이상으로 구약의 성전은 소중했으며 수많은 사람들이 동원되어 심혈을 기울여 관리하고 섬겼던 것을 알아야 한다.

역대상 9:1~3에 기록하기를 "온 이스라엘이 그 계보대로 계수되고 이스라엘 열왕기에 기록되니라 유다가 범죄함을 인하여 바벨론으로 사로잡혀 갔더니 먼저 그 본성으로 돌아와서 그 기업에 거한 자는 이스라엘 제사장들과 레위 사람과 느디님 사람들이라 유다 자손과 베냐민 자손과 에브라임과 므낫세 자손 중에서 예루살렘에 거한 자는"이라고 했다.

성전을 중심으로 섬길 자들을 핵심적으로 하나님은 먼저 귀환시키셨다. 이렇게 1차로 귀환한 사람들은 일단 예루살렘을 중심으로 삶의 기반을 잡아가기 시작했다. 지리적으로 다 예루살렘 성 안에 산 것은 아니었지만, 그 성을 중심으로 하여 새 생활을 시작했던 것이다. 현실적으로 볼 때에는 이 귀환한 이스라엘 백성들은 아무 것도 손에 가진 것이 없는 자들이었다. 이들은 가난했고, 예루살렘 성은 불타고 파괴되어 있었으며, 그들을 적대하는 이방 민족들에게 사면초가 상태로 둘러싸인 형편에 있었다. 그럼에도 불구하고 그들은 무조건 조국으로 돌아와서 그 폐허가 된 예루살렘을 중심으로 자기 생활 터전을 잡고 기업을 일구어 나가기 시작했다.

마땅히 돌아와야 할 곳으로 남 먼저 돌아온 자들, 비록 다 무너져 있는 돌덩어리에 불과한 예루살렘 성이지만, 바로 이 곳을 중심으로 자기 조국에 대한 하나님의 뜻을 새로이 성취해 나가야 할 사명감을 가지고 본성으로 돌아온 이들이야말로, 그 계보대로 계수된 수많은 이스라엘 사람들 중에서 군계일학들처럼 돋보이는 실로 특별한 사람들이었다. 그래서 이 역대상의 족보에서는 이처럼 본성에 돌아와 '예루살렘을 중심으로' 살았던 이 사람들이 바로 이스라엘의 역사에 길이 그 이름을 남기게 될 특별한 사람들이라고 따로 명단을 뽑아 놓은 것이다.

이 지상교회에 수많은 교인들이 있지만 그 중에서도 과연 어떤 교인들이 특별한 하나님의 사랑을 받는 교인들일까? 자기의 직업에 충실하면서도 자기의 모든 마음이 교회중심으로 사는 신자들이다.

과거에 우리 모두는 다 죄로 인하여 지옥에 떨어질 수밖에 없던 존재들이였다. 하나님께서는 그런 우리를 구원해 주시기 위하여 예수 그리스도를 통하여 우리 죄값을 대속하시고 그 죄악의 도성에서 나올 수 있도록 해방시켜 주셨다. 그런데 그처럼 중생 받은 신자들 중에서도 더욱 표가 나는 그룹이 있다. 바로 범죄함을 인하여 사로잡혀 갔던 과거의 장망성 생활, 죄악의 종 되었던 생활을 지긋지긋하게 여기고, 다시는 돌이켜 볼 생각조차 하지 아니하고, 이제 예수 안에서 누리게 된 이 새 예루살렘인 교회를 중심으로 살게 된 재미에 푹 빠져 있는 신자들이다.

역대상 9장에 나오는 귀환한 레위인들은 참으로 특별한 헌신자들이었다. 이들은 옛날의 레위인들처럼 그 생계비가 보장될 수도 없는 형편이었다. 아니 모든 것들이 옛날처럼 회복되기까지는 자기 스스로 생계를 조달해야 했을 뿐 아니라, 당장 시급한 예루살렘 성벽과 성전 재건 공사라는 대공사에 자기네들이 먼저 앞장서서 중노동을 해야 할 처지였다. 그럼에도 불구하고 이들은 예루살렘으로, 그 불탄 성전터만 남아 있던 자리로 돌아온 것이다.

이 '일천칠백육십' 명의 제사장들과 레위인들과 느디님 사람들, 성전 봉사가 가장 어려운 시절에 전적으로 투신한 이 사람들의 값어치라는 것은, 과거 솔로몬 시절, 이제 막 성전이 건축되고 모든 것이 완벽했던 그 황금시대와는 비할 바가 못 될 정도로 소중한 것이었다. 그 때문에 역대상 9장에서는 바로 이 '일천칠백육십'명을, 비록 일일이 다 기록할 수는 없었지만, 그 대표자들을 중심으로 특별 명단에 기록함으로써 전 이스라엘의 역사에 영원히 남도록 했던 것이다.

오늘날도 은혜받으면 나타나는 증상 가운데 하나가 교회를 사랑하는 것이다. 은혜받았다고 하면서 주님이 피로 값 주고 세운 교회를 사랑하지 않는다면 가짜 은혜를 받은 것이다.

오늘의 본문 성경을 읽으시고 깨달은 점이나 기억하고 싶은 점 혹은 기도문을 기록합니다.

4월 22일

1년 1독 성경 읽기 꿀송이 보약큐티

역대하 1장~3장

| 묵 상 자 료 |

1. 서로 다른 숫자들

역대하 2:18에 보면 성전 건축을 위해 뽑힌 이방인 일군들을 감독할 자의 수가 3,600 명이라고 되어 있다. 그런데 열왕기상 5:16에는 3,300명이라고 적혀 있는데 어떤 것이 맞는 걸까? 이 두 기록은 명백한 모순처럼 보인다. 그런데 열왕기상 9:23에는 솔로몬의 사역 감독관이 550명이라고 되어 있는 반면에 역대하 8:10에는 그들의 수가 250명으로 나와 있다. 여기에서도 300명 차이가 난다. 그런데 가만히 정리해 보니 결국 총 감독관의 숫자는 각각 3,850명으로 서로 일치한다. 따라서 역대하와 열왕기상의 숫자 차이는 솔로몬의 사역 감독관을 두 그룹으로 분리할 때 두 성경이 서로 다른 기준을 적용한 데서 온 기록상의 차이일 뿐 결코 서로 상이한 내용은 아니라는 것을 유추할 수 있다.

그리고 역대하 2:3에 솔로몬의 건축을 적극적으로 도와준 두로 왕 이름이 후람으로 나오는데 이는 히람과 동일 인물이다. 또한 역대하 3:4에는 낭실(성전 입구의 들어가는 현관을 낭실이라 함)의 높이가 120규빗(약 54m)이라고 적혀 있는데 이는 현대의 15층 건물 높이에 해당하는 것으로 지나치게 높아 많은 성경 학자들은 필사자의 실수에 의한 사본상의 오류로서 낭실의 높이는 20규빗(9m) 정도로 추측하고 있다.

2. 성전의 두 기둥 야긴과 보아스

솔로몬 성전의 전면 낭실 앞에는 좌우편에 두 기둥이 우뚝 서 있었다. 오른편에 있는 기둥은 야긴이라 불렸고, 왼편에 있는 기둥은 보아스라는 이름을 가지고 있었다. 야긴은 '그가 세운다'는 뜻이고 보아스는 '그에게 능력이 있다'는 뜻이다. 즉, 하나님은 참 성전이신 예수 그리스도를 통해 그의 나라를 세우실 것이며 그 일을 완성할 능력이 하나님께 있다는 뜻이다. 이 두 기둥은 18규빗(8m)의 높이(대하 3:15에는 35규빗이라 적혀 있는데 이는 필사자의 오류로 잘못 기록한 것이고 열왕기상 7:15, 예레미야 52:21에 18규빗으로 적혀 있음)에 둘레는 5규빗(약 2m) 이상이 되는 둥그런 공같은 기둥머리를 놋으로 만들었다. 이 두 기둥의 머리 부분에는 그물 모양을 만들어서 거기에 많은 석류모양을 매달게 했는데 석류를 한 줄에 100개씩 두 줄로 두 기둥에 사슬로 연결시켰다.

"기둥을 이렇게 만들었고 또 두 줄 석류를 한 그물 위에 둘러 만들어서 기둥 꼭대기에 있는 머리에 두르

게 하였고 다른 기둥 머리에도 그렇게 하였으며" 왕상 7:18

모두 400개의 석류가 달렸는데 석류 속의 알맹이들은 많은 성도들을 의미한다. 성전에 들어가는 입구기둥에 석류를 사슬로 매달고 그물처럼 만드신 하나님의 의도를 아는 것은 그리 어렵지 않을 것이다. 수많은 영혼을 그물로 건져 빠져나가지 못하도록 사슬로 엮어 하나님의 집으로 모으는 모습이 성전의 기본적인 임무 가운데 하나라는 것이다. 석류는 겉으로 보기에는 푸르고 아름답지만 속을 까보면 붉은 색의 단 것으로 되어 있다. 그래서 대개의 유대인들은 이 석류가 율법말씀을 의미하는 것으로 생각한다. 하나님의 말씀은 딱딱하고 재미없어 보이지만 그 안에는 하나님의 구원의 파노라마가 흐르고 있고 하나님의 사랑이 숨어 있다는 것이다.

"낭실 기둥 꼭대기에 있는 머리의 네 규빗은 백합화 모양으로 만들었으며" 왕상 7:19

성전 기둥 꼭대기는 백합화 모양으로 만들었다. 백합은 그리스도의 순결, 그리스도의 향기를 의미하고 있다. 히브리말로 백합을 '슈산'이라고 하는데 이 뜻은 아름다움, 백색, 순결을 의미한다. 하나님 성전에 기둥이 되는 사람들은 모두가 백합화처럼 향기롭고 경건하고 순결한 사람들이다. 마음이 깨끗한 자가 하나님을 만나고 어디서나 쓰임 받는다. 솔로몬 성전 앞에 있는 이 두 기둥의 가장 중요한 역할은 성전을 떠받치는 것이었다. 예수님은 우리의 야긴과 보아스가 되셔서 우리의 구원을 떠받쳐 주신다. 예수님은 하나님 나라 구원 역사에 유일한 기둥이시다. 예수님이 이렇게 우리의 구원 기둥이 되어 주시기에 우리의 구원은 안전하다. 우리들은 이 두 기둥 사이에 난 길을 통해서 하나님의 성소로 들어갈 수가 있다.

"이기는 자는 내 하나님 성전에 기둥이 되게 하리니 그가 결코 다시 나가지 아니하리라 내가 하나님의 이름과 하나님의 성 곧 하늘에서 내 하나님께로부터 내려오는 새 예루살렘의 이름과 나의 새 이름을 그 이 위에 기록하리라" 계 3:12

오늘의 본문 성경을 읽으시고 깨달은 점이나 기억하고 싶은 점 혹은 기도문을 기록합니다.

4월 23일

1년 1독 성경 읽기 꿀송이 보약큐티

역대하 4장~6장

| 묵상자료 |

1. 성전을 위해 쓰임 받은 히람(대하 4장)

역대하 4장은 성전에서 사용되는 여러가지 기구들을 보여준다. 먼저 놋으로 만든 제단, 놋으로 만든 바다, 놋으로 만든 10개의 물두멍을 소개한다. 그 다음에는 금으로 제작한 열 개의 등잔대, 금으로 제작한 열 개의 상 등 다양한 성전 기구를 소개한다.

그런데 그 가운데 눈에 띄는 한 사람이 소개되는데 11절에 후람, 16절에 후람의 아버지이다. 11절, 16절이 다른 사람이 아니라 같은 사람 후람일 것으로 추측된다. 열왕기상 7장을 보면 후람은 과부의 아들로 소개하기 때문이다. 이 후람은 열왕기상 7장을 보면 이름의 발음이 '히람'으로 나온다.

그는 납달리 지파 과부의 아들이었다. 아버지는 두로 사람으로 대장장이였다. 유대 여인이 어떻게 이방 사람과 결혼하였는지 알 수는 없지만 남편을 잃고 아들을 키우는 어머니를 생각하면 '히람'은 그녀의 유일한 소망이었을 것이다. 그러나 그가 배운것이라고는 대장장이 기술뿐이었다. 그런 '히람'이 솔로몬 성전의 두 기둥 야긴과 보아스를 세웠고 성전에 사용되어지는 여러 기구들을 만들었다. 그리고 성경은 솔로몬과 더불어 이 사람의 이름을 언급하고 있다. 많은 사람들이 성전을 짓고 기구를 만드는 일에 동참했을 터이지만 성경이 유독 이 사람의 이름을 언급하고 있는 것은 그의 헌신이 남달랐기 때문일 것이다.

가정환경이 어렵고 낙망스러울지라도 하나님께 바르게 헌신하고 주님에게 쓰임 받는다면 누구나 이 시대의 '히람'이 될 수 있다. 오늘 우리에게도 다양한 삶의 자리, 주신 능력과 은사들이 있다. 그것이 크든 작든 하나님 앞에 바르게 드려지고, 하나님께 온전한 쓰임을 받게 된다면 우리 삶도 여전히 소망 있는 삶이 될 것이다.

구약의 역대기가 주목하는 것은 성전이다. 이스라엘 백성들은 성전을 통해서 하나님의 임재를 경험했고, 회복을 얻었다. 그러나 이 시대에 우리를 회복시키는 것은 교회라는 건물이 아니라 말씀과 성령이다. 교회에 모이는 영혼들이 소중한 것이지 건물 자체가 중요한 것이 아니다. 영혼을 살리는데 쓰임 받는 우리가 되기를 소망해 보자. 아멘.

4월 24일

1년 1독 성경 읽기 꿀송이 보약큐티

역대하 7장~9장

| 묵상자료 |

1. 솔로몬의 영화(대하 9장)

역대하 9장은 솔로몬 통치의 마감을 서술하기 전에 다시 한 번 그의 지혜와 명성과 이스라엘의 번영에 대해 구체적인 사례를 들면서 소개하고 있다.

1) 스바 여왕의 방문

솔로몬의 지혜와 명성은 널리 외국에까지 퍼져 멀리 아라비아 반도 서남부 지역에 위치한 사베안 왕국의 스바 여왕의 귀에까지 들렸다. 솔로몬의 지혜와 명성을 들은 스바 여왕은 솔로몬을 방문하기 위해 상당히 먼 거리를 여행하여 찾아왔는데 이때 그는 많은 수행원들을 대동하여 향품과 금과 보석을 싣고 왔다.

스바 여왕은 솔로몬의 지혜와 명성을 확인하기 위하여 풀기 어려운 난제들을 솔로몬에게 질문하였다. 스바 여왕의 어려운 질문에 대하여 솔로몬은 대답하지 못한 문제가 하나도 없었다. 솔로몬은 스바 여왕에게 하나님의 지혜가 어떠한 것인지를 확실하게 보여주었던 것이다.

스바 여왕은 자신이 솔로몬에 대한 소식을 들을 때 어느 정도인지 감을 잡지 못했지만 실제로 자기 눈으로 목도하니 듣던 소문보다 훨씬 더 어머어마 하다고 고백하였다. 그녀는 솔로몬에게 칭찬을 아끼지 아니하면서 그러한 솔로몬의 지혜를 날마다 들을 수 있는 신복들이 복되다고 말했다. 그리고 하나님을 찬양했는데 그 찬양의 제목은 솔로몬을 왕으로 세우시고 이스라엘을 공의롭게 다스리게 하여 주셨다는 것이다. 하나님을 찬양한 스바 여왕은 솔로몬에게 금 120달란트와 향품과 보석을 선물로 주었다.

2) 솔로몬의 부귀

솔로몬은 실로 엄청난 부귀 영화를 누렸는데, 그에게 해마다 쏟아져 들어오는 세입금은 육백육십육 금 달란트라고 역대기 기자는 소개하고 있다. 이것 외에도 무역하는 상인들과 아라비아 왕들과 방백들이 보내온 금과 은도 많았기 때문에 솔로몬의 재산은 참으로 막대한 것이라고 할 수 있다. 당시 금 1달란트는 약 일천오백 명이나 되는 노예 값을 지불할 수 있는 금액이었다. 따라서 솔로몬의 해마다 쏟아져 들어오는 세입금의 규모가 얼마나 엄청난 것인가를 우리는 짐작할 수 있다.

그에게는 금으로 된 큰 방패 이백과 작은 방패 삼백이 있었고 그의 보좌 역시 화려하게 꾸몄다. 그는 상아로 보좌를 만들고 금으로 입혔다. 또한 솔로몬이 사용하는 그릇은 모두 정금으로 만들었다. 비록 그의 나라에 금광이나 은광은 없었지만, 그보다 금과 은을 더 많이 가진 왕은 결코 없었다. 이러한 솔로몬의 부귀와 영화는 일찍이 기브온 산당에서 허락하신 하나님의 약속이 성취된 것이다(대하 1:12).

솔로몬 시대에는 예루살렘에 은이 돌같이 흔했고 백향목이 평지의 뽕나무같이 많았다고 역대기 기자는 기술하고 있다. 그러나 우리는 이러한 솔로몬의 영화가 앞으로 우리가 누릴 하늘의 영광을 예표하고 있음을 알아야 한다. 하늘나라는 황금성이다. 도로가 황금길이다. 그 영화는 솔로몬의 영화와 비교할 수 없는 무한한 영광이다.

우리는 역대하 9장을 읽으며 하나님께서 성군 다윗에게 하신 언약과 그 아들 솔로몬에게 하신 말씀이 구체적으로 어떻게 실현되었는가를 확실히 알 수 있다. 그러므로 우리는 신실하시며 약속하신 것은 반드시 이행하시는 하나님을 믿고 그분께 충성을 다할 때 하나님이 주실 영광스러운 상급이 주어질 것이 확신하며 주를 섬겨야 할 것이다.

오늘의 본문 성경을 읽으시고 깨달은 점이나 기억하고 싶은 점 혹은 기도문을 기록합니다.

4월 25일

1년 1독 성경 읽기 꿀송이 보약큐티

역대하 10장~12장

| 묵상자료 |

1. 남쪽으로 내려온 사람들(대하 11장)

오늘 역대하 11장의 말씀을 보면 남쪽 유다의 왕이 된 르호보암이 베냐민지파 사람과 자기 유다 지파 남자들을 동원하는 장면이 나온다. 이유는 군인을 모아서 북쪽의 열 개 지파를 무력통일 하기 위해서였다. 그런데 그때 하나님의 사람 스마야에게 하나님이 나타나서 말씀하신다.

"여호와께서 이같이 말씀하시기를 너희는 올라가지 말라 너희 형제와 싸우지 말고 각기 집으로 돌아가라" 대하 11:4

이 말을 들은 르호보암은 하나님께 순종하여 그 전쟁을 하지 않는다. 북쪽은 여로보암이 왕이 됐다. 그런데 그 여로보암은 벧엘과 단의 산당에 우상을 세우고 여호와 하나님을 섬기던 레위 사람들과 그들의 제사장들을 다 해임시켜 버린다. 그리고는 레위 사람들이 아닌 다른 사람들을 제사장으로 자기 마음대로 세워 버렸다.

그런 상황에서 역대하 11:13부터 이렇게 기록된 말씀이 나온다. "온 이스라엘의 제사장들과 레위 사람들이 그들의 모든 지방에서부터 르호보암에게 돌아오되… 여로보암이 여러 산당과 숫염소 우상과 자기가 만든 송아지 우상을 위하여 친히 제사장들을 세움이라 이스라엘 모든 지파 중에 마음을 굳게 하여 이스라엘의 하나님 여호와를 찾는 자들이 레위 사람들을 따라 예루살렘에 이르러 그들의 조상들의 하나님 여호와께 제사하고자 한지라"

레위 사람들과 제사장들이 남쪽으로 내려오게 된 이유에 대해서 이야기를 하는데 하나님을 섬겨야겠다는 한 가지 일념으로 남쪽으로 내려왔다는 것이다. 자기의 어떤 경제적인 상황이나, 인간관계의 무슨 문제 때문에 남쪽으로 내려온 것이 아니라, 신앙의 문제를 우선으로 삼고 내려왔다는 것이 너무나 인상적이고 귀하다.

"그러므로 삼 년 동안 유다 나라를 도와 솔로몬의 아들 르호보암을 강성하게 하였으니 이는 무리가 삼 년 동안을 다윗과 솔로몬의 길로 행하였음이더라" 대하 11:17

이렇게 하나님을 섬기고 하나님을 믿겠다는 그 믿음 하나 붙들고 남쪽으로 내려온 사람사람들 때문에 남유다는 강성하게 되었다고 한다. 오늘날 대부분 사람들이 다른 지역으로 이사를 가거나, 살던 곳을 떠나 이주하기로 결정을 했을 때는 우리의 사적인 필요에 의해서 움직인다. 아이들 교육문제 때문에, 교통이 편리한 곳으로, 깨끗한 동네로…. 그러나 오늘 본문의 이 사람들이 이사 다니는 기준은 여호와 하나님을 섬길 것이냐? 우상을 섬길것이냐? 하는 신앙의 기준을 놓고 움직였다. 참으로 우리를 돌아보게 하는 말씀이다.

오늘의 본문 성경을 읽으시고 깨달은 점이나 기억하고 싶은 점 혹은 기도문을 기록합니다.

4월 26일

1년 1독 성경 읽기 꿀송이 보약큐티

역대하 13장~16장

| 묵상자료 |

1. 인간적인 방법으로 대처한 아사왕(대하 16장)

북이스라엘에는 늘 약점이 있었는데 사람들이 자기 나라를 떠나 예루살렘에 가서 하나님을 예배하지 않을까 하는 두려움이었다. 그래서 이스라엘 왕 바아사가 유다를 치러 올라간다. 그는 '라마'를 요새화하려 하였다. 라마는 예루살렘 북쪽 8km 지점 곧, 벧엘 근처에 있었다. 남북 왕국을 잇는 아주 중요한 요충지였는데 그곳을 점령하고 나면 남북으로 잇는 길을 차단할 수 있었다. 사람들을 못 가게 할 뿐만 아니라 유다에 대한 지배력을 확대할 수 있다는 계산이 선 것이다. 그때 아사 왕은 너무나 다급하였다. 역대하 16:2~5을 보면 그는 당장 자신을 도와줄 수 있는 나라를 찾아 강력한 힘이 있던 아람 왕에게 도움을 부탁했다. 방법은 '은금'을 보내는 것이었다. 그러나 그것이 하나님의 방법은 아니었다. 그의 방법이 처음에는 성공하는 것처럼 보였지만 하나님의 방법이 아닌 것은 분명히 그 대가를 치른다. 그것이 하나님 보시기에 옳지 않은 일이기 때문이다.

제2차 세계대전 당시, 미국과 영국을 주축으로 한 서방 연합국들은 독일과 일본에 맞서 싸웠다. 전쟁이 치열하게 진행될 당시 미국의 루스벨트 대통령은 이 다리를 건널 수만 있다면 악마와도 손을 잡겠다고 하면서 소련의 스탈린과 손을 잡았다. 당시 스탈린은 수십만 명이 넘는 사람들을 잔인하게 숙청하고, 인권을 철저하게 짓밟는 독재자였다. 2차 세계대전이 끝난 후 소련은 순식간에 동유럽과 중국, 중남미 곳곳에 공산 정권을 확산시켰다. 1960년대 초반에는 레닌이 예언한 대로 세계 지도의 3분의 1이 공산주의화가 되고 말았다. 미국과 영국이 2차 대전에서 승리했지만, 그들이 치러야 하는 대가가 얼마나 큰 것이었는가? 얼마나 많은 사람이 공산 정권하에서 고통을 당하였는가? 우리 인생에는 잡지 말아야 할 손이 있고, 잡아야 할 손이 있는 것이다.

아사는 유다의 세 번째 왕이다. 그에 대한 이야기는 성경에서 아주 큰 비중을 차지한다. 역대하 14~16장까지 무려 석 장에 걸쳐서 나온다. 역대하 16장 말씀이 그의 실수에 대하여 기록하지만, 더욱 많은 부분인 14~15장에는 '믿음의 사람' 아사의 이야기가 쓰여 있다. 처음의 아사 왕은 하나님 보시기에 선과 정의를 행한 인물이었다. 이방 신상과 산당을 없애고 선지자의 말에 순종하여 개혁을 단행하였다. 에디오피아 100만 대군이 공격했을 때 하나님께 기도하며 승리를 맛보았던 사람이다.

또 역대하 15:13에 보면, "이스라엘 하나님 여호와를 찾지 아니하는 자는 대소 남녀를 막론하고 죽이는 것이 마땅하다"고 명령을 내릴 정도로 백성으로 하여금 잃었던 신앙을 다시 회복하게 하려고 최선을 다했다. 더 나아가 그의 어머니 마아가가 아세라의 가증한 목상을 만들자 그는 그 우상을 찍어 가루로 만든 다음 기드론 시냇가에서 불살라 버리고, 그 어머니를 태후의 자리에서 폐해버렸다(대하 15:16). 이처럼 그가 하나님을 의지하며 나라를 다스리자, 그가 왕위에 오른 지 35년까지 나라가 평안했다. 역대하 14장과 15장에 나오는 아사 왕은 대단한 '믿음의 사람'이었다.

그런데 사람이 일관성 있는 삶을 사는 것이 참 힘들다. 문제는 자신의 문제를 지적 받고 난 후에 나타난 아사의 행위이다. 역대하 16:10을 보자. "아사가 노하여 선견자를 옥에 가두었으니 이는 그의 말에 크게 노하였음이며 그때에 아사가 또 백성 중에서 몇 사람을 학대하였더라"

"지혜로운 사람" 실수하지 않는 사람이 아니라 실수한 후에 어떻게 행하느냐의 문제라고 만나교회 김병삼 목사님은 설교 중 언급하였다. 대부분 사람들은 실수를 덮기 위해 더 큰 실수를 한다. 역대하 16:10에 보면 아사가 "노하여"라고 되어 있는데, 대개 인간이 죄를 지으면 나타나는 현상중 하나이다. 자신의 죄가 지적당하면 겸손하게 받아들이는 것이 아니라 "화"를 낸다. 자신을 찌르는 하나님의 선지자를 감옥에 가두고, 혹시 백성이 자신의 잘못을 지적할까 두려워 학대하기 시작하였다. 하나님은 아사 왕의 잘못에 대하여 "질병"으로 물으셨다. 역대하 16:12의 말씀이 아주 중요하다. 왜 역대기 기자가 이렇게 기록하고 있을까?

> "아사가 왕이 된 지 삼십구 년에 그의 발이 병들어 매우 위독했으나 병이 있을 때에 그가 여호와께 구하지 아니하고 의원들에게 구하였더라"

만일 아사가 하나님께 구하였더라면 그에게는 기회가 있었을 것이다. 하나님께서 제일 싫어하시는 것이 있다. 하나님이 아닌 다른 것에 손을 내미는 것이다. 하나님의 자녀인 우리가 다른 사람들이나 우상에게 가서 구걸을 한다면 문제가 거기에서 생긴다. 아멘.

오늘의 본문 성경을 읽으시고 깨달은 점이나 기억하고 싶은 점 혹은 기도문을 기록합니다.

4월 27일

1년 1독 성경 읽기 꿀송이 보약큐티

역대하 17장~19장

| 묵 상 자 료 |

1. 전쟁터에 울려퍼진 여호사밧의 비명소리

오늘 본문의 초점은 여호사밧이다. 아합과 400명의 선지자들, 시드기야, 미가야 등 여러 인물들이 등장하고 있지만 성경의 초점은 여호사밧에게 머물고 있다. 여호사밧의 모습은 하나님의 자녀로 살지만 끊임없이 넘어지는 오늘 우리의 모습을 잘 보여주고 있다.

북이스라엘의 아합 왕과 정략적 사돈관계를 맺게 된 여호사밧은 아합 왕의 권유로 아람이 점령하고 있던 '길르앗 라못'을 침공하자는 권유를 받고 여호사밧은 이 아합의 제의에 적극 찬성한다. 그가 이와 같이 찬성한 이유는 결혼으로 맺어진 동맹을 견고히 하고 싶었기 때문이었을 것이다. 그러나 여호사밧은 하나님을 경외하는 사람이기에 전쟁에 앞서 하나님의 뜻을 묻자고 제안한다.

아합은 온 나라 안의 선지자들을 불러 모으는데 그 수가 자그마치 400명이나 되었다. 그들은 이구동성으로 '길르앗 라못'을 하나님께서 주셨다는 예언의 말씀을 쏟아놓는다. 그러나 여호사밧은 이들 외에 다른 선지자가 또 있는지 찾게 되고 미가야 선지자가 등장한다. 미가야는 전쟁의 패배와 아합 왕의 죽음을 예언한다. 실제 전투가 벌어지기 전에 400대 1의 또 다른 영적 대결이 벌어진 것이다. 거짓 선지자 중 하나인 시드기야는 철로 뿔을 만들어 시청각 교육을 벌이면서까지 하나님의 말씀을 왜곡한다. 이 뿔로 아람 사람을 찔러 승리하게 될 것이라는 것이다. 그러나 아우성치는 400명의 거짓 예언 앞에서 미가야는 조금도 위축됨 없이 하나님의 말씀을 선포한다. 그러나 안타까운 사실은 그 집회에 참석한 그 누구에게도 미가야의 선포는 영향을 미치지 못했다는 사실이다. 아합과 그 신하들은 악하기 때문이라 당연하다 치더라도, 하나님의 사람 여호사밧에게 마저도 미가야의 선포는 그의 선택에 영향을 미치지 못한다. 마침내 길르앗 라못 전투에 참여한 여호사밧은 죽음의 문턱 직전에서 하나님의 도우심으로 가까스로 살아나고, 아합은 예언대로 최후를 맞이 한다.

여호사밧은 유다의 안정의 기반을 아합과의 정략적 결혼에 두었다. 또한 그에게는 자신의 휘하에 있는 118만의 용맹한 군사라는 든든한 울타리가 있었다. 그 환경이 주는 자신감과 경험을 바탕으로 그는 400명의 화려한 말잔치에 마음을 빼앗겼던 것이다. 그 순간 여호사밧을 주장하고 있었던 것은 하나님의 말씀이 아니라 실상 그의 마음속에 자리하고 있었던 경험의 소리, 환경의 소리였다. 크게 용맹스러운 군대, 자신을 향하여 조공을 바치는 이웃나라, 견고한 요새와 국고성들… 그것이 400명의 거짓된 소리와 만났을 때 진리이신 하나님의 말씀은 버려지고 말았다.

이 여호사밧 사건을 통해 우리가 하나님의 말씀이 아니라 우리 내면의 소리에 귀를 기울일 때 그것은 곧 실패의 자리가 된다는 것을 보게 된다. 전쟁터에서 아합은 미가야의 예언이 마음에 걸렸는지 여호사밧에게 왕복을 입히고 자신은 변장을 하고 전투에 참여한다. 그러나 결코 하나님의 세밀하신 섭리를 피해 갈 수 없었다. 역대하 18:33에, "한 사람이 무심코 활을 당겨 이스라엘 왕의 갑옷 솔기를 쏜지라"라고 적혀 있다. 인간은 무심코 행동하지만 하나님은 그것을 정확하게 갑옷의 솔기를 맞히게 하셨다. 갑옷은 화살이 뚫지 못하게 쇠판으로 중요부위를 덮은 것인데 그 쇠 조각 사이를 정확하게 맞힌다는 것은 그 경황없고 소란한 전투 중에 쉬운 일이 아니었다. 그것도 무심코 하였다면 말이다.

이 성경은 하나님은 당신의 일을 정확하게 이루어 가시는 분이심을 보여준다. 오늘 내가 무심코 하는 일은 하나님의 섭리 속에서 정확하게 그분의 뜻을 이루어 가는 도구로 쓰여질 수도 있다는 것을 알아야 한다.

여호사밧이 아합 왕의 옷을 대신 입고 전투에 나가자 마치 기다렸다는 듯이 모든 적군들이 여호사밧만을 공격하며 달려들었다. 이제껏 그를 지탱해 주던 모든 것이 순식간에 사라지는 순간이었다. 그 용맹스러운 군사도, 견고한 성읍도, 한껏 자기를 치켜주던 선지자들의 소리도 아무런 힘을 쓰지 못하고 오직 죽음의 공포만을 대면한 시간… 그는 그곳에서 자신의 실패를 깨닫는다.

그 위기의 순간에 오늘 본문 31절 중반에 보면 그가 '소리를 질렀다'고 말하고 있다. 무슨 소리를 질렀겠는가? 자신이 가지고 있는 것의 공허함과 무기력함에 대한 영혼을 관통하는 섬광 같은 깨달음, 그리고 그것과 함께 찾아왔던 외마디 비명과도 같은 절박한 기도였을 것이다. 그런데 하나님은 마치 기다리셨다는 듯이 그 외마디 기도에 응답하신다. 하나님의 귀는 여호사밧의 비명과 같은 기도에 집중하고 계셨던 것이다. 칼과 칼이 맞부딪히고, 말과 사람들의 부르짖는 아비규환 속에서 하나님은 여호사밧의 기도를 결코 흘려보내지 않으셨다. 이것이 하나님 아버지의 마음이다. 아버지의 마음은 결코 그 아들을 떠나지 않는다. 때로는 징계의 매를 들지만, 때로는 실패의 일을 겪게 하는 것을 허용하시지만 그러나 그 속에는 자녀를 향한 사랑이 녹아 있다. 여기에 우리가 실패 가운데서도 하나님께로 돌아가야 하는 이유가 있다.

오늘의 본문 성경을 읽으시고 깨달은 점이나 기억하고 싶은 점 혹은 기도문을 기록합니다.

1년 1독 성경 읽기 꿀송이 보약큐티

역대하 20장~22장

| 묵상자료 |

1. 유다의 여왕 아달랴

남유다 7대 왕인 아달랴는 유다 왕들 중 유일한 '여왕'이었으며, 북이스라엘의 악한 왕을 대표하는 '아합'과 왕비 '이세벨'의 딸로서, 여호사밧(남유다 4대 왕)의 며느리(대하 18:1)로 유다에 들어와 남편 여호람과 그 자손들이 아합의 집처럼 우상을 숭배하고 악을 행하도록 절대적인 악영향을 끼친 사악한 인물이다.

더 나아가 아들 아하시야가 죽은 후에는 아들을 대신하여 자신이 왕위에 오르기 위해 유다 왕조의 '왕의 씨'를 진멸하려 하였다. 아달랴는 이들만 제거하면 다윗 왕조의 모든 씨 전체가 진멸될 것이라고 생각하고 자기의 친손자들까지도 무자비하게 샅샅이 제거했다.

구속사적인 관점에서 이 부분을 들여다보면 이는 왕이 되고자 하는 개인적 욕심에서 더 나아가 다윗 왕조를 통해 여자의 후손(창 3:15)을 보내시려는 하나님의 크신 뜻을 가로막는 사악한 사단의 행위가 배후에 작동하고 있음을 알 수 있다.

아달랴가 이렇게 모든 왕손들을 죽이고 하나님의 섭리에 도전하는 상황 속에서, 여호람의 딸이자 아하시야의 누이요 제사장 여호야다의 아내인 여호사브앗이 한 살 된 아하시야의 아들 요아스를 몰래 빼내어 자신의 침실에 숨겨 죽음의 위기를 넘기게 하였다(대하 22:11). 이는 다윗의 왕손이 보존되어 여자의 후손이 오실 길을 예비하시는 하나님의 놀라운 섭리였다. 여기서 우리는 전 왕 여호사밧이 아합 왕과 연혼을 하여 악한 여자를 며느리로 남유다 왕국에 들어오게 한 것이 얼마나 무섭고 잘못된 선택이었는지를 실감한다.

결국 아달랴의 손에서 구해낸 요아스를 6년 동안 성전에 숨겨 노심초사 보호해오던 제사장 여호야다는 '여호와께서 다윗에게 약속하신 대로' 다윗의 씨가 왕이 되게 하기 위해 목숨을 걸고 혁명을 결단한다. 그리고 마침내 혁명이 성공하여 다윗의 자손으로 유일하게 남아 있던 요아스를 왕위에 올렸다. 6년 전 모조리 진멸된 줄 알았던 다윗의 씨가 하나님의 섭리 가운데 보존되고 있었음을 목격한 이스라엘은 큰 감사와 기쁨으로 만세를 부르고 나팔을 불고 찬양을 하였고, 그제야 혁명을 알아 챈 아달랴는 옷을 찢으며 "반역이로다, 반역이로다"라고 외치며 최후의 발악을 하였다. 그러나 때는 이미 늦었고, 여호와의 전 밖, 왕궁 미문 어귀에 이를 때에 백성들이 그녀를 칼로 죽여 제거해 버렸다.

아달랴가 죽었을 때 온 국민이 즐거워하고 성중이 평온하였다고 성경은 증언한다. 악인이 죽으면 오히려 사람들이 즐거워하는 것이다. 아끼는 자 없이 그녀는 세상을 비참하게 떠났다. 사람이 악하여 마귀의 하수인으로 전락하고 하나님을 대적하는 일에 도구로 이용되는 이러한 성경을 읽으면 우리는 너무나 두렵고 무섭다.

작금의 한국에서 신천지에 미혹되어 성도들을 유혹하고 지옥으로 끌고 가려는 이만희와 그 일당들이 아달랴와 같은 인간들이라고 나는 생각한다. 나중 지옥에서 그들은 얼마나 가슴을 치고 허탈해하며 자기들을 지옥으로 이끈 이만희를 미워하게 될까? 생각만 해도 가슴 아프다. 하나님을 대적하는 자는 결국 하나님의 심판을 받아 비참한 최후를 맞게 된다. 마지막 때도 만 왕의 왕이신 예수 그리스도께서 오심으로 세상의 거짓 통치자인 마귀와 그 하수인들이 멸망을 받게 될 것이다(계 20:10).

오늘의 본문 성경을 읽으시고 깨달은 점이나 기억하고 싶은 점 혹은 기도문을 기록합니다.

4월 29일

1년 1독 성경 읽기 꿀송이 보약큐티

역대하 23장~25장

| 묵상자료 |

1. 반쪽짜리 순종(대하 25장)

유다왕 아마샤는 25세에 왕위에 올라 54세에 이르기까지 29년 동안 유다를 다스렸다. 역대기 기자는, "그가 여호와 보시기에 올바르게 행하였으나 온전한 마음으로 행하지는 아니하였다"고 평가한다(대하 25:2).

아마샤가 올바르게 행한 일로서 역대기 기자는 두 가지 이야기를 기록한다. 하나는 그가 자기 아버지를 죽인 자들을 죽이되 그 자녀들은 죽이지 않은 것이요(4절), 다른 하나는 은 백 달란트를 들여 고용한 이스라엘의 용병을 하나님의 사람의 말을 듣고 돌려보낸 채 에돔과 전쟁을 치러낸 것이다(10절). 두 사건 속에서 아마샤는 하나님의 말씀에 순종한다. 역대기 기자는 이 모습을 '정직하다, 올바르다'고 평가했다. 그러나 아마샤는 말씀에 순종하긴 하였지만 온전한 마음으로 그리 한 것이 아니었다. 에돔을 쳐서 이긴 후 승리감에 들떴는지 눌려진 뭔가가 터져 나왔는지 그의 군대는 1만 명의 에돔 사람들을 벼랑에서 밀어 떨어뜨려 죽게 한다(12절). 그리고는 승리감에 들떠 에돔의 신들을 가져와 그에게 분향한다(14절). 그는 자신들에게 패배한 나라의 신을 들여와 숭배하는 해괴하고 어리석은 짓을 저질렀다. 어떤 학자는 그가 '자기의 신'으로 삼았던 것은 사실 에돔의 신들이 아니라, 에돔을 쳐서 이긴 '자기 자신'과 '자신의 승리'에 들뜬 교만심이었다고 분석했다. 바로 이 지점이 온전하지 못한 마음으로 살았던 아마샤의 인생의 분기점이다. 말씀을 따라 순종한 자신에게 승리를 주신 하나님 - 그분으로 채워야 했을 아마사의 마음을 아마샤는 다른 것으로 채우고 말았던 것이다.

이 죄로 인하여 아버지 요아스가 평생을 들여 보수했던 여호와의 성전이 이스라엘 왕 요아스(동명이인)에 대한 아마샤의 무모한 도발로 이스라엘 왕에 의해 400규빗이나 헐리게 된다. 결국 그는 그의 우상숭배의 죄값으로 아버지 요아스와 동일하게 반역에 의해 살해당하고 만다(대하 24:27). 그는 변질되고 말았다. 오늘 어떤 분이 나에게 이런 충언을 하셨다. "노 목사님, 변화는 되시되 변질은 되지 마시기 바랍니다." 아마샤의 변질을 읽으며 뜨끔해지는 대목이다.

4월 30일

1년 1독 성경 읽기 꿀송이 보약큐티

역대하 26장~28장

| 묵 상 자 료 |

1. 아하스의 악정(대하 28장)

우상을 숭배하고 악정을 일삼는 아하스 왕의 통치를 대하 28장은 기술하고 있다. 아하스는 유다의 왕들 중에서 가장 흉악한 우상숭배에 빠졌던 인물중 한 사람이다. 믿음의 길을 떠나 폭정과 우상숭배에 광적이었던 아하스 때문에 하나님의 백성들은 도탄에 빠지고 고통으로 신음하게 되었다. 그는 끝까지 하나님께 반역하다가 비참하게 죽는다.

요담이 죽어 다윗 성에 장사되자 그 아들 아하스가 유다 제12대 왕이 되었는데 그는 20세에 왕이 되어 16년 간 유다를 통치하였다. 아하스는 선조인 다윗과 같이 여호와를 의뢰하며 통치자가 행할 마땅한 도리를 해야 함에도 불구하고, 오히려 하나님을 대적하는 일을 도모했다. 그는 유다 열왕 가운데 최초로 우상을 부어 만드는 범죄를 저질렀다. 바알들의 우상을 부어 만들고 힌놈의 아들 골짜기에서 분향하는 것은 물론 자기 자녀까지 불살라 희생 제사를 드렸다. 이러한 인신 제사 행위는 여호와께서 극도의 악한 행위로 규정한 것이다(왕하 17:17). 그리고 모세 율법에서 사형에 해당되는 가증한 죄악이었다(레 20:1~5).

유다 왕 아하스의 죄악이 극도에 이르렀을 때에 하나님께서는 유다 주변에 있는 원수들을 일으켜 유다를 침략하도록 하셨다. 하나님께서는 아하스의 가증한 죄악을 심판하시기 위해 아람 왕 르신과 북이스라엘 왕 베가를 보내 징벌케 하셨다. 그들의 공격으로 하루 동안에 십이만 명이라는 유다 용사들이 죽었다. 그리고 왕자를 포함한 궁내 대신과 총리 대신도 살해되는 참극이 벌어졌다. 또한 심히 많은 무리가 다메섹으로 포로 되어 갔다. 우리가 늘 보았듯이 지도자의 범죄는 이처럼 공동체 전체에 큰 불행을 가져다주었다.

유다를 침략한 이스라엘 군사들은 형제 관계인 유다 백성 20만 명을 포로로 잡아갈 때 그 아내와 자녀들도 포함시켰다. 그리고 재물까지 약탈하여 사마리아로 가져갔다. 그들은 이미 유다와의 전쟁에서 유다 백성을 12만이나 살육한 바 있는데, 이러한 포로와 재물 약탈 행위는 지나친 행위였다.

하나님의 선지자 오뎃은 수많은 포로와 노략물을 잔뜩 싣고 의기 양양하게 돌아오는 이스라엘 군대를 향하여 하나님의 이름으로 책망하였다. 오뎃은 북이스라엘이 동족인 유다 백성을 잔인하게 살육하고 포로로 삼은 것이 잘못임을 지적했던 것이다. 그리고 그 포로들을 놓아 돌아가게 해야 할 것을 명령했다. 유다의 포로를 돌려보내라는 오뎃 선지자의 말을 들은 에브라임 자손의 두목 4명은 그 말에 동조하였다. 그리고 유다의 포로들을 사마리아로 데려와서는 안 된다고 단호하게 말했다. 그들은 이미 징벌 받을 만한 죄 범한 것을 인정하며 범죄를 더하지 말자고 권면했던 것이다. 오뎃과 네 방백들의 말을 들은 이스라엘 군사들은 포로와 노략물을 유다로 돌려보내게 된다.

아람과 북이스라엘의 침입으로 유다는 매우 미약해졌는데 이 틈을 타서 당시 유다의 속국으로 있던 에돔과 주변의 블레셋 유목민들이 반란을 일으켰다. 이에 아하스 왕은 아람과 북이스라엘의 침략에서도 도움을 청했던 앗수르 왕에게 또다시 사신들 보내어 도움을 청하였다. 아하스는 하나님의 성전과 자기의 궁전, 그리고 자기의 부하들에게 있는 온갖 재물을 다 취하여 앗수르 왕의 마음을 움직이려고 하였다. 아하스의 정성을 다한 요청으로 앗수르 왕은 아하스를 돕기 위해 군대를 이끌고 왔다. 그러나 앗수르 군대는 아하스에게 도움을 주기는커녕 오히려 심한 괴로움을 더해 주었다. 이렇듯 하나님이 아닌 인간을 의지하는 것은 도움의 손길이 아닌 압제와 멸망의 길을 자초하는 것이 된다는 것을 알아야 한다.

아하스는 하나님께서 징계의 채찍을 내리칠수록 하나님께 무릎을 꿇기는커녕 더욱 하나님을 떠나 헛된 것을 의지하였다. 그는 스스로 망령되이 행하여 하나님께 범죄함으로써 이방 에돔에게 공격을 받고 그들에게 사로잡혔다. 여호와께 망령되이 행한 아하스의 범죄는 유다 백성들로 하여금 에돔 백성에게 사로잡혀 가게 하였을 뿐만 아니라, 블레셋 사람들로 하여금 유다 곳곳에 와서 기거하게 하는 결과를 초래하였다. 아하스는 이러한 징계를 통해서도 하나님의 섭리를 깨닫지 못하였다. 그는 오히려 자기를 친 다메섹 신들에게 제사를 드리기까지 하였다. 그리고 곧 이어 하나님의 전의 기구를 훼파하였다. 그는 하나님께서 최종적으로 남겨 주신 회개의 시간을 스스로 없애 버렸던 것이다. 이같은 그의 행적은 하나님의 진노를 격발케 하여 그는 결국 죽게 되었고 열왕의 묘실에 묻히지도 못하고 예루살렘 성에 장사되는 비참한 종말을 맞게 되었다.

우리는 유다 열왕 중에 아하스와 므낫세의 삶을 통해 악인의 전형적인 모습을 보게 된다. 아하스는 조부 웃시야의 신앙과 부친 요담의 선한 행위를 보았음에도 불구하고 악한 길을 걸었다. 그리고 므낫세는 하나님 보시기에 의로운 길을 걸은 히스기야의 신앙과 삶을 보았으면서도 악한 길을 걸었다. 우리는 악은 그 모양이라도 버리는 철저한 신앙관을 확립하여 선한 싸움을 싸워가야 한다.

오늘의 본문 성경을 읽으시고 깨달은 점이나 기억하고 싶은 점 혹은 기도문을 기록합니다.

역대하 29장~32장

| 묵 상 자 료 |

1. 은혜가 역사하다(대하 31장)

히스기야는 왕이 된 후 개혁을 시작한다. 부친 아하스 때에 성전 문을 폐쇄했는데 다시 성전 문을 열고 성전을 수리했다. 예배를 드리기 위해서 레위인들을 성결하게 준비했다. 남유다 지도자들이 먼저 하나님 앞에 나아와 제단을 쌓고 예배를 드렸다. 그것으로 그치지 않고 온 나라에 유월절을 선포한다. 남유다 백성들뿐만 아니라 망해버린 북이스라엘의 난민까지 모두 수용하는 전국적인 유월절을 선포하고 지켰다.

7일 동안의 성회 기간 동안 백성들은 육적으로 영적으로 충분히 배부르게 먹었다. 말씀의 은혜도 충분히 받았다. 남유다 백성들도 하나님 안에서 지낸 칠일의 성회 기간이 얼마나 값지고 은혜로운지 깨달았다. 그 후에 일어난 놀라운 변화가 있다. 역대하 31:1을 보자. "이 모든 일이 끝나매 거기에 있는 이스라엘 무리가 나가서 유다 여러 성읍에 이르러 주상들을 깨뜨리며 아세라 목상들을 찍으며 유다와 베냐민과 에브라임과 므낫세 온 땅에서 산당들과 제단들을 제거하여 없애고 이스라엘 모든 자손이 각각 자기들의 본성 기업으로 돌아갔더라"

7일 간의 성회가 끝나고 히스기야가 명령하지도 않았는데 북이스라엘 백성들은 우상을 자기들의 손으로 깨어 부수었다. 남유다 백성들도 우상을 부수었다. 이것이 은혜받은 자들이 맺는 신앙의 열매이다.

억지로 시키고 가르쳐도 안되던 일이 은혜의 성회로 충만해지고 나니 그들의 손이 우상을 스스로 깨뜨리고 있는 것이다. 은혜가 주는 놀라운 역사이다. 은혜의 시발점이 되었던 히스기야는 또 한 번 백성들 앞에서 모범을 보인다. 역대하 31:3이다. "또 왕의 재산 중에서 얼마를 정하여 여호와의 율법에 기록된 대로 번제 곧 아침과 저녁의 번제와 안식일과 초하루와 절기의 번제에 쓰게 하고"

왕이 먼저 모범을 보여 자신의 재산 중에 얼마를 하나님의 전에서 제사 드리는데 사용하도록 했다. 왕이 보인 실천이었다. 그리고 히스기야는 백성들에게 요구한다. 역대하 31:4이다. "또 예루살렘에 사는 백성을 명령하여 제사장들과 레위 사람들 몫의 음식을 주어 그들에게 여호와의 율법을 힘쓰게 하라 하니라"

십일조를 내라는 말이다. 십일조는 성전 관리와 레위인과 제사장들이 생활하는 데 사용되었다. 그러나 백성들이 십일조를 정직하게 내지 않아서 제사장들의 생활이 고통을 받고 그들이 온전히 하나님의 전에서 율법을 전수하는 일과 예배를 집례하는 일에 마음을 쓰지 못했다. 결국 그들은 생업을 위해서 다른 일을 전전하다 보니 성전은 피폐해지고 백성들이 성전에 나와서 예배 드리는 일은 소홀해졌던 것이다.

"왕의 명령이 내리자 곧 이스라엘 자손이 곡식과 포도주와 기름과 꿀과 밭의 모든 소산의 첫 열매들을 풍성히 드렸고 또 모든 것의 십일조를 많이 가져왔으며 유다 여러 성읍에 사는 이스라엘과 유다 자손들도 소와 양의 십일조를 가져왔고 또 그들의 하나님 여호와께 구별하여 드릴 성물의 십일조를 가져왔으며 그것을 쌓아 여러 더미를 이루었는데 셋째 달에 그 더미들을 쌓기 시작하여 일곱째 달에 마친지라"
대하 31:7~9

셋째 달에 시작해서 일곱째 달에 마쳤다. 장장 5개월 동안 온 나라가 십일조를 드린다고 야단법석이었다는 말이다. 왕의 말이 떨어지자마자 은혜를 받은 자들이 지금까지 헌금하지 못했던 것을 회개하고 하나님의 전에 드려야 될 곡식을 가져와서 드렸다.

이것이 하나님 나라의 원칙이다. 하나님 나라에서 은혜보다 우선하는 것은 없다. 교회공동체는 무엇보다 은혜가 충만한 공동체가 되어야 한다. 은혜의 시발점이 되는 하나님이 세우신 목회자와 중직들부터 먼저 모범을 보이고 그 다음 일반 성도들에게 흘러가는 것이 중요하다. 은혜가 밑에서부터 위로 올라오는 법은 없다. 히스기야 왕으로부터 시작된 개혁의 흐름이 온 나라까지 흘러간 놀라운 역사를 성경이 증거하고 있다. 올바른 지도자 한 사람이 이토록 중요하다. 그 악한 왕 아하스에게서 이런 귀한 믿음의 아들이 나온 곳은 실로 놀라운 은혜이다.

오늘의 본문 성경을 읽으시고 깨달은 점이나 기억하고 싶은 점 혹은 기도문을 기록합니다.

5월 2일

1년 1독 성경 읽기 꿀송이 보약큐티

역대하 33장~36장

| 묵상자료 |

1. 유다의 패망과 바벨론 유수

역대하의 마지막은 유다의 멸망으로 슬프게 막을 내린다. 그토록 선지자들의 경고를 무시하고 하나님을 떠나 살던 유다 백성들은 마침내 바벨론에 포로가 되어 잡혀가고 하나님의 백성들의 약속의 땅은 70년간 주인을 잃고 들짐승들의 터전이 되고 말았다. 선지자 예레미야는 애가를 지어 울며 슬퍼하였다. 유다의 마지막 왕 시드기야는 그 아들들이 자기 눈 앞에서 죽임을 당하는 것을 목도해야 했고 자기는 두 눈이 뽑힌 채 쇠사슬에 매여 짐승처럼 끌려 갔다. 한때 그토록 영화로웠던 시온성은 하루아침에 뭇 이방인들의 조소거리가 되었고 철저하게 파괴되고 말았다.

하나님은 오래 참으시지만 영원히 참으시지는 않으신다. 우리 인생들에게도 성경은 동일하게 경고한다. 한 번 죽는 것은 사람들에게 다 정해진 것이요 그 후에는 심판이 있다(히 9:27). 최후 심판의 날은 점점 다가오고 있다. 처처에 지진과 전염병과 전쟁의 소문은 끊이지 않는다. 동성애를 비롯한 인간의 타락은 극을 향해 치닫고 있다. 우리는 성경이 일점일획도 없어지지 않고 그대로 이루어 짐을 믿고 마지막 날이 가까이 옴을 볼수록 더욱 예수 그리스도를 붙잡아야 한다. 그리고 말씀과 기도로 깨어 있어 주님 맞을 준비를 해야 한다. 아멘.

2. 이스라엘의 역사서를 마치며

사무엘상부터 시작해서 역대하까지 우리는 반복해서 이스라엘의 역사서를 탐독했다. 이스라엘의 역사를 읽는 내내 나의 마음에는 오직 한 가지 소감만이 떠 올랐다. 지도자인 왕이 하나님을 전심으로 찾고 여호와를 사랑하면 나라와 백성들은 평온하며 국력은 강해진다. 그러나 지도자가 하나님의 말씀을 멀리하고 우상숭배하면 백성들은 짓밟히고 나라는 약해진다. 그러니 지도자의 가슴에 하나님이 있느냐 우상이 있느냐가 모든 것을 결정하는 것이다. 오늘을 사는 우리의 가슴에는 무엇이 들어 있는가? 시인 신석정은 자신의 내면에 숨어 있는 것들을 이렇게 고백했었다.

"내 가슴 속에는 햇볕에 푸른 분수가 찰찰 빛나고 있다
내 가슴 속에는 오동 잎에 바스러지는 바람이 있다…
내 가슴 속에는 강물에 조약돌처럼 던져 버린 첫사랑이 있다"

이처럼 누구나의 가슴 속에는 깊이 감춰져 있지만 불현듯 나타나 종종 자신의 감정을 지배하는 무언가가 있다. "너를 생각하는 것이 나의 일생이었지"라는 시집을 낸 정채봉은 "그대 뒷모습"이라는 수필에서 자신의 가슴 속에 있는 것을 이렇게 애틋하게 표현한 적이 있다.

"내 작은 가슴속에는
저 쪽의 받아주지 않는 거기에서 저 혼자 떨어져 익사하는 전화벨 소리가 있고
참깨를 털 듯 나를 거꾸로 집어 들고 털면 소소소소… 쏟아질 그리움이 있고
살갗에 풀잎 금만 그어도 그대를 향해 툭 터지고 말 화살표를 띄운 피가 있다"

아, 시인의 탁월한 표현대로 나를 거꾸로 집어 들고 털면 나에게서는 무엇이 소소소소.. 쏟아 질까? 예수, 하나님 나라, 주님의 교회, 영혼구원…

우리 주 예수 그리스도를 변함없이 사랑하는 모든 자에게 은혜가 있을 지어다. 아멘.

기 도

주님, 이스라엘 역사서를 모두 읽었습니다. 역사가 주는 교훈은 의외로 단순했습니다. 이스라엘 왕이 다윗처럼 하나님을 잘 섬기면 예외 없이 나라는 평안하고 부강했고 지도자가 우상을 섬기고 하나님을 멀리하면 항상 고통이 따르고 국력은 약해졌습니다. 우리 대한민국도 교회들이 더욱 정신을 차려 주를 기쁘시게 하면 강대한 나라가 되리라 믿습니다. 교회들을 새롭게 하여 주옵소서. 예수님의 이름으로 기도합니다. 아멘.

오늘의 본문 성경을 읽으시고 깨달은 점이나 기억하고 싶은 점 혹은 기도문을 기록합니다.

5월 3일

1년 1독 성경 읽기 꿀송이 보약큐티

에스라 1장~3장

| 묵상자료 |

1. 에스라는 어떤 책인가?

에스라와 느헤미야는 원래 한 권의 책이었다. 둘 다 에스라(여호와께서 도우신다)의 저작으로 보고 있는데 느헤미야는 느헤미야가 저자일거라고 주장하는 학자들도 있다. 에스라와 느헤미야는 바벨론에 사로잡혀 갔던 포로들의 귀환과 훼파된 예루살렘 성전을 다시 건축하는 이야기 그리고 에스라가 일으킨 회개운동을 다루고 있다.

진노 중에도 긍휼을 잊지 아니하시는 하나님은 감사하게도 유다가 패망한 역대하를 마칠 때 바벨론을 무너뜨린 바사왕 고레스를 움직여 잡혀온 유대 백성들을 본국으로 돌아가게 하는 고레스 칙령을 공표하게 하셨다. 포로 귀환이 3차에 걸쳐 이뤄졌는데 1차 귀환은 주전 538년에 스룹바벨의 주도로 제사장 예수아와 함께 49,897명을 이끌고 예루살렘으로 귀환한다. 그리고 2차 귀환은 거의 80년 후 학사겸 제사장 에스라에 의해 주전 458 년에 1,754명이 귀환하게 된다. 그 후 13년 후에 느헤미야가 주도한 3차 포로 귀환이 이루어졌다. 처음 귀환한 스룹바벨과 그 백성들은 성전 재건축에 힘을 쏟았는데 방해도 만만치 않았다. 이미 자리를 잡고 있던 혼합 족속들이 사단의 조종을 받고 집요하게 방해하고 투서를 바사 왕에게 올리기까지 하여 결국 시작한 지 얼마 안되어 성전 건축이 중단되기에 이르렀다. 그 후 16년의 세월이 지나 선지자 학개와 스가랴의 격려로 다시 건축을 시작하였는데 재개한지 4년 만에 마침내 성전 건축이 마무리되었다. 포로 귀환 후 20년 만이요, 솔로몬 성전이 파괴된 지 70년 만에 스룹바벨에 의해 성전이 다시 완성된 것이다. 이 성전이 완공된 지 60년 후에 에스라가 1,754명을 이끌고 예루살렘으로 귀국했다.

그가 도착해 보니 성전은 지어져 있었지만 영적 삶이 희미해져 가고 처음 열정도 식어져 있었다. 이미 스룹바벨과 예수아도 죽었고 1차 귀환자들도 거의 다 세상을 떠났고 바벨론 포로 시절을 경험하지 못한 2, 3세대가 그 땅에 살고 있었는데 하나님은 에스라를 통해 이들에게 다시 영적인 부흥을 회복시키기를 원하셨다. 에스라는 아론의 16대손 제사장이요, 모세 율법에 정통한 성경 학자였다. 하나님의 경륜은 참으로 놀랍다. 고대 최고의 강국인 바벨론을 100년도 채 안되게 바사 왕 고레스를 통해 무너뜨리시고 하나님은 고레스 칙령을 통해 예루살렘 성전을 건축하게 도우셨고 80년이 지나서 아닥사스다 왕을 감동시켜 에스라로 하여금 예루살렘 부흥 운동을 주도하게 만드신 것이다. 우리는 이런 하나님을 신뢰하여야 한다. 역사를 주관하시는 이가 하나님이심을 믿어야 한다. 또한 그 시대를 볼 줄 아는 통찰력이 있어야 한다. 역대상 12:32에 이런 말씀이 있다.

“잇사갈 자손중에서 ‘시세를 알고’ 이스라엘이 마땅히 행할 것을 아는 우두머리가 200명이니 그들은 그 모든 형제를 통솔하는 자이며” 대상 12:32

시대를 꿰뚫어 보고 시세를 제대로 파악하며 마땅히 행할 것을 아는 그리스도인들이 오늘 한국 교회는 얼마나 될까? 에스라가 중점적으로 한 것은 하나님 말씀의 회복 운동이었다. 성전이 세워졌다고 모든 것이 끝난 것이 아니라 건축 후에 하나님 중심의 삶을 살려면 말씀이 회복되어야 하는 것이다.

에스라는 중대 결심을 했다. 하나님의 말씀을 연구하고, 준행하고, 가르치는 3대 말씀운동을 위해 헌신하기로 작정한 것이다. 오늘 한국 교회에도 이와 같은 말씀운동이 요원의 불길처럼 일어나야 한다.

2. ‘세스바살’은 누구인가?

에스라 1:8,11에 세스바살이란 사람이 등장한다. 이 사람은 유다 총독이라고 하였고(8절) 성전에 쓸 금, 은 그릇 5400개를 가지고 예루살렘으로 갔던 자(11절)라고 적혀 있다. 또한 에스라 5:16에는 세스바살이 예루살렘 성전 지대를 놓았다고 기록하였다. 여기 등장하는 세스바살은 누구인가? 성경 학자들은 역대상 3:17~19에 언급된 여호야긴 왕의 손자 스룹바벨과 동일 인물일 것으로 추정하며 세스바살이란 이름은 스룹바벨의 바벨론식 이름일거라 추정하고 있다.

3. 돌아온 사람들

에스라 2장에는 제1차 포로귀환으로 돌아온 약 5만 명의 명단이 기록되어져 있다. 명단 발표전 1절은 이렇게 시작한다.

“옛적에 바벨론 왕 느브갓네살에게 사로 잡혀 바벨론으로 갔던 자들의 자손들 중에서 놓임을 받고 예루살렘과 유다 도로 돌아와 각기 각자의 성읍으로 돌아간 자…” 스 2:1

이전에 유다는 강성했던 왕국이었다. 그래서 주변의 나라들은 일개 ‘도(道, province)’와 같이 유다에 조공을 바치고 다스림을 받았었다(대하 17:11). 그러나 본문은 이제 유다가 도리어 하나의 ‘도(道)’에 불과하게 되었다고 말해 준다. 실제로 바사왕 다리오는 전국을 120개의 도로 나누었는데(단 6:1) 그 때의 유다는 역사가 헤로도투스에 의하면 바사의 제 5도였다고 한다. 인간사 새옹지마(塞翁之馬)다. 그런데 이렇게 유다가 비천하게 됨으로 말미암아 오히려 그들은 하나님을 다시 사모하게 되었다. 시편 137편을 읽어 보자. “

“우리가 바벨론의 여러 강변 거기에 앉아서 시온을 기억하며 울었도다 그 중에 버드나무에 우리의 수금을 걸었나니 이는 우리를 사로잡은 자가 거기서 우리에게 노래를 청하며 우리를 황폐하게 한 자가 기쁨을 청하고 자기들을 위하여 시온의 노래 중 하나를 노래하라 함이로다 우리가 이방 땅에서 어찌 여호와의 노래를 부를까 예루살렘아 내가 너를 잊을진대 내 오른손이 그의 재주를 잊을지로다. 내가 예루살렘을 기억하지 아니하거나 내가 가장 즐거워하는 것보다 더 즐거워하지 아니할진대 내 혀가 내 입천장에 붙을지로다" 시 137:1~6

이처럼 고난은 그들에게 예루살렘을 사모하게 했으며 하나님을 예배하는 삶을 그리워하게 하였다. 그래서 그 열정들이 쌓여 후일 회당을 탄생하게 했고 안식일마다 모여 그곳에서 말씀을 낭독하고 세계 어디를 가든지 말씀과 예배를 가까이하는 습관을 갖게 만들었다. 그 기초 위에서 메시아이신 예수 그리스도가 이 땅에 오시는 터전을 닦아 가게 하신 것이다.

오늘의 본문 성경을 읽으시고 깨달은 점이나 기억하고 싶은 점 혹은 기도문을 기록합니다.

5월 4일

1년 1독 성경 읽기 꿀송이 보약큐티

에스라 4장~6장

| 묵상자료 |

1. 성전 건축이 방해를 받다(스 4장)

나라 잃은 바벨론에서의 삶을 청산하고 그곳을 떠나온 사람들은 예루살렘에서 모여 감격적인 초막절 절기를 지키고, 믿음과 삶의 회복을 위해 성전건축을 감동적으로 시작했다. 하지만 그것이 끝까지 순조롭게 이루어진 것은 아니었다. 성전은 상당기간 지어지지 못하다가 약 20년 후에 완공되었다. 성전이 지어지지 못하도록 어떤 방해가 있었는지를 에스라 4장이 잘 설명해 준다. 에스라 4:1~2이다. "사로잡혔던 자들의 자손이 이스라엘의 하나님 여호와의 성전을 건축한다 함을 유다와 베냐민의 대적이 듣고 스룹바벨과 족장들에게 나아와 이르되 우리도 너희와 함께 건축하게 하라 우리도 너희 같이 너희 하나님을 찾노라 앗수르왕 에살핫돈이 우리를 이리로 오게 한 날부터 우리가 하나님께 제사를 드리노라 하니."

유다와 베냐민은 바벨론에서 포로생활을 하다가 돌아온 사람들 전체를 가리킨다. 돌아온 사람들의 다수가 유다와 베냐민 지파 사람들이었고, 그들은 예루살렘을 비롯한 남유다 지역에 흩어져 살았기 때문에 그렇게 불렸다. 그리고 유다와 베냐민의 대적은 구체적으로 사마리아 사람들을 가리킨다. 솔로몬 왕 이후에 이스라엘이 남북으로 분열되어 내려오다가, B.C. 722년 북이스라엘이 앗수르에 의해 먼저 멸망당했을 때 앗수르의 에살핫돈 왕은 북이스라엘 사람들을 포로로 앗수르 땅으로 끌고 가는 대신 앗수르 지역의 바벨론, 구다, 아와, 그리고 하맛과 스발와임 등지에서 사람들을 이주시켜 사마리아에 정착하게 했다. 그로 인해서 사마리아 사람들은 자연스럽게 혼혈이 되었고, 이방에서 온 사람들의 종교도 함께 수용하게 되어서 여호와 하나님도 섬기고 이방신들도 섬기는 혼합주의적인 신앙의 모습을 갖게 되었다.

이런 상황에서 총독 스룹바벨과 대제사장 예수아를 중심으로 한 사람들이 성전을 다시 지으려고 하자, 그 소식을 듣고서 사마리아 사람들이 찾아와 자신들도 그 일에 동참하게 해 달라고 요구했는데 표면적으로는 포로에서 돌아온 사람들이 감격적인 초막절 절기를 지킨 것과 성전을 건축하는 일을 시작한 것에 자신들도 동참을 요청하는 것처럼 보인다.

이들의 요구에 스룹바벨과 예수아를 비롯한 지도자들은 한마디로 답변했다. "안됩니다!!!"

이스라엘이 망하게 된 결정적인 이유는 국방력이 약하거나, 경제력이 모자랐기 때문이 아니었다. 남북이 모두 여호와 하나님을 섬기면서도 바알과 아세라를 비롯한 가나안의 이방신들도 함께 섬겼기 때문이었다. 그것의 잘못됨에 대해서 바벨론 강가에서 강제노역을 당하며, 깊이 참회하고 참 많이 울었었다. 그리고 더 이상 우상숭배를 하는 일은 하지 말자고 결심을 했다. 그런데 지금 여호와 하나님과 가나안 신들을 함께 섬기는 사람들이 와서 성전건축하는 일을 함께 하자고 하니까 거절할 수밖에 없었던 것이다.

이때로부터 그들은 성전 건축을 훼방하기 시작했다. 유다 백성의 손을 약하게 하였고, 건축을 노골적으로 방해했고, 뇌물로 계획을 막았다. 다시 말하면 그들은 심리적으로 불안감을 갖게 하여 낙심하게 했고 일이 진척되지 못하도록 저지하는 짓을 했다는 것이다. 이와 같이 우리가 하나님의 일을 하려고 하면 악한 세력들은 언제나 방해공작을 하고 길을 막는다. 성전 건축을 방해하는 일은 바사 왕 고레스 때부터 시작이 되었다. 그 이후로 성전건축이 중단된 것은 다리오 왕 제2년까지 계속되었다. 그러니까 감격적으로 시작된 성전 건축이 주전 536~520년까지 약 16년 동안 기초만 놓은 채 미완성으로 남아 있었다는 것이다.

페르시아의 아닥사스다 왕에게 상소를 올린 사람들은 포로에서 돌아온 사람들이 예루살렘 성벽을 재건하려고 하는데, 그들은 그 예루살렘을 패역하고 악한 성읍-범죄와 반역을 일삼던 악한 도시라고 한다. 그리고 예루살렘 성벽을 완성하고 나면 "저 무리는 다시는 조공과 관세와 통행세를 바치지 아니할 것이라"고 한다. 이것은 악의적인 모략이었다.

오늘 성경을 읽으면서 우리가 생각해 보아야 할 것은 하나님의 말씀을 따라 순종한다고 해서 사람들이 지지를 해 주고 하나님의 뜻을 행한다고 해서 사람들이 언제나 박수를 쳐주는 것은 아니라는 사실이다.

기도

하나님 아버지, 혹 우리도 하나님을 바르게 섬기고자 할 때에 혹 우리를 지지하지 않는 사람들을 만나거나, 우리에게 곱지 않은 시선을 보내는 사람을 만나게 될지라도 실망하거나 낙심하지 않게 해 주시옵소서. 끝까지 인내하며 전진하게 하옵소서. 예수님의 이름으로 기도드립니다. 아멘.

오늘의 본문 성경을 읽으시고 깨달은 점이나 기억하고 싶은 점 혹은 기도문을 기록합니다.

1년 1독 성경 읽기 꿀송이 보약큐티

에스라 7장-10장

| 묵 상 자 료 |

1. 다시 범죄한 포로귀환 공동체

율법 교육을 통해서 예루살렘 공동체를 다시 회복하겠다는 거룩한 소명을 가지고 예루살렘으로 돌아온 에스라는 예루살렘의 영적 상태를 보고 큰 충격을 받게 되었다. 우선 이스라엘의 일반 백성은 물론이고 특히 제사장과 레위 사람들 그리고 지도자들조차도 당시 주변 나라 사람들과 혼인을 하고 주변 나라의 종교와 문화에 흡수가 되어서 하나님 보시기에 가증한 삶을 살아가고 있었던 것이다. 특히 1차 포로귀환과 성전재건에 앞장섰던 제사장 예수아의 자손들까지 이방 여인들과 혼인하여 범죄하였으니(스 10:18) 다른 일반인들은 말할 것도 없었다. 일반 백성들을 율법으로 잘 지도해야 할 지도자들이 이 일에 더 많이 연루되어 있었으니 얼마나 에스라의 충격이 컸는지 모른다. 그는 자기 옷을 찢고 수염을 뜯으며 금식하고 통곡하였다. 에스라는 자기가 생각했던 것보다 예루살렘 포로귀환 공동체의 영적 상태가 더 심각함을 보았고 가슴 치며 금식하고 애통해 했다.

70년이나 되는 긴 세월을 바벨론 포로로 살다가 하나님의 은혜로 다시 돌아와서 성전을 재건하고 이전 조상들이 실패했던 그 사명, 다시 제사장적 삶의 부르심을 살아가기 위해서 이곳에 살고 있건만, 그들은 역사를 통해서 아무 것도 배우지 못하고 또다시 조상들이 범죄했던 그 죄 –이방신을 섬기는 우상숭배와 이방 민족과 결혼하여 섞여서 사는 혼합생활–를 반복하고 있었던 것이다. 이는 하나님의 심판을 다시 초래하는 일이 될 수 있는 심각한 죄였기에 에스라는 식음을 전폐하고 가슴을 치며 단장(斷腸)의 기도를 드렸다. 에스라가 재를 뒤집어쓰고 금식하며 애통의 모습으로 앉아 있을 때, '이스라엘의 하나님의 말씀으로 떠는 자'들이 에스라에게 몰려와서 함께 하나님께 손을 들고 회개 기도에 동참하기 시작했다.

이렇게 누군가가 말씀 앞에서 회개하기 시작하자 예상하지 못했지만 순수한 믿음과 애통의 심령을 가진 사람들이 모여들었다. 에스라가 정말 가슴 아파했던 것은 하나님의 심판 가운데서도 은혜 가운데 남은 자들, 곧 포로 귀환자들이 예루살렘에 돌아와서 다시 우상숭배로 빠지게 되었다는 그 사실이었다. 포로귀환 공동체는 역사를 통해서 은혜와 심판을 다 체험했음에도 불구하고 다시 죄의 유혹에 넘어지게 되었던 것이다.

그만큼 죄의 유혹과 세속의 시험은 강력하고 사람을 넘어지게 하는 큰 힘이 있다. 우리는 결코 죄와 사탄과 세속, 그리고 우리 안에 역사하는 육체의 정욕을 가볍게 생각해서는 안 된다. 매일 매 순간 하나님의 능력과 그리스도의 십자가를 의지하지 않으면 죄에 미혹될 수밖에 없는 타락하고 믿을 수 없는 존재가 바로 우리다.

결국 에스라와 함께하는 백성들은 회개를 행동으로 실천하기로 했다. 이방인들과 혼인한 자들의 명부를 만들어 공개적으로 발표하고 그들은 모두 자발적으로 그들의 이방인 파트너들을 돌려보내기로 한 것이다. 이미 아이가 있는 자들은 그 아이까지 돌려보냈다. 지금 생각하면 꼭 그 방법밖에 없었나… 하고 달리 생각할 수도 있다. 이왕 결혼했으니 그들을 다 여호와 신앙으로 개종시켜 룻이나 라합처럼 함께 살면 더 좋지 않았을까 생각해 볼 수도 있다. 그러나 그때 상황은 지금의 일반적인 상황이 아니었다. 그들은 70년의 포로생활을 마치고 꿈에 그리던 여호와 신앙의 삶으로 돌아 온지 불과 얼마 되지 않은 시점이었다. 한두 명의 죄가 아니라 집단적인 범죄였다. 그래서 에스라는 어떤 희생을 치르더라도 발본색원하여 두고두고 오는 세대들에게 하나님의 말씀대로 살아야 한다는 교훈을 남기고 싶었던 것이다.

시대 시대를 통하여 적절한 종들을 세우셔서 자신의 역사를 이루시는 하나님의 섭리가 놀랍다. 학사겸 제사장 에스라는 그 시대에 소금과 빛처럼 꼭 필요한 하나님의 사람이었던 것이다.

기도

하나님 아버지…

지도자 에스라의 창자가 끊어지는 애통의 회개기도를 읽으며 함께 회개합니다. 또한 기도로만 끝나는 신앙이 아니라 삶 속에서 구체적으로 실천하는 개혁신앙을 봅니다. 정든 아내와 자식까지도 눈물로 보내야 했던 뼈저린 회개의 현장을 보면서 이것이 참된 부흥임을 고백합니다. 한국 교회가 숫자만 늘리는 부흥이 아니라 죄악에서 떠나는 실천을 통해서 참된 부흥의 역사를 이루게 하소서. 예수님의 이름으로 기도합니다. 아멘.

오늘의 본문 성경을 읽으시고 깨달은 점이나 기억하고 싶은 점 혹은 기도문을 기록합니다.

5월 6일

1년 1독 성경 읽기 꿀송이 보약큐티

느헤미야 1장~3장

| 묵 상 자 료 |

1. 페르시아 궁전에서 조국의 소식을 듣고 울다

오늘의 느헤미야의 본문을 읽으면 눈물과 기도의 사람이 등장한다. 느헤미야 1:4에 그는 이국 땅 페르시아 수산궁에서 조국의 남은 자들의 소식을 듣고 앉아서 울면서 수일 동안 슬퍼하며 밥을 굶고 하늘의 하나님께 기도했다고 한다. 참으로 느헤미야는 조국 사랑이 뜨거웠던 사람이었다. 자신은 비록 남의 나라에 포로로 잡혀 왔지만 하나님의 은혜를 입어 이방 황제의 술을 담당하는 높은 관직에 있고 궁궐에 근무하는 남부러울 것 없는 처지였다. 그러나 그는 자신이 홀로 누리는 부귀영화에 만족하지 않았다. 자나 깨나 조국 이스라엘과 시온성 예루살렘에 대한 사무치는 그리움이 그를 감싸고 있었다. 하나님을 너무나 사랑했기에 그럴 수밖에 없었다.

시인 황대우님은 언젠가 자신의 아내에게 이런 편지를 썼던 적이 있다.

"내가 말했잖아. 정말, 사랑하는 사람들은 너, 나 사랑해? 묻질 않어.
그냥, 그래, 그냥 살어. 그냥 서로를 사는 게야.

말하지 않고, 확인하려 하지 않고. 그냥 그대 눈에 낀 눈곱을 훔치거나 그대 옷깃의 솔밥이 뜯어주고 싶게 유난히 커 보이는 게야.
생각나? 지금으로부터 14년 전, 늦가을,
낡은 목조 적산가옥이 많던 동네의 어둑어둑한 기슭, 높은 축대가 있었고 흐린 가로등이 있었고 그 너머 잎 내리는 잡목 숲이 있었고 그대의 집, 대문 앞에선 이 세상에서 가장 쓸쓸한 바람이 불었고 머리카락보다 더 가벼운 젊음을 만나고 들어가는 그대는 내 어깨 위의 비듬을 털어 주었지. 그런 거야, 서로를 오래오래 그냥, 보게 하는 거.
그리고 내가 많이 아프던 날 그대가 와서, 참으로 하기 힘든, 그러나 속에서는 몇 날 밤을 잠 못 자고 단련시켰던 뜨거운 말: 저도 형과 같이 그 병에 걸리고 싶어요.
그대의 그 말은 에탐부톨과 스트렙토마이신을 한 알 한 알 들어내고 적갈색의 빈 병을 환하게 했었지.
아, 그곳은 비어있는 만큼 그대 마음이었지. 너무나 벅차 그 말을 사용할 수조차 없게 하는 그 사랑은 아픔을 낫게 하기 보다는, 정신없이, 아픔을 함께 앓고 싶어 하는 것임을 한 밤, 약 병을 쥐고 울어 버린 나는 알았지. 그래서, 내가 살아야 할 이유가 된 그대는 차츰 내가 살아갈 미래와 교대 되었고"

나는 황대우님의 이 글을 읽을 때, 사랑은 아픔을 낫게 하기 보다는 정신없이 그 아픔을 함께 앓고 싶어하는 것임을 밤새 약병을 쥐고 울며 깨달았다는 대목에서 목이 뜨거워 왔다.

사랑은 이토록 사람을 놀라게 하는 무언가의 뜨거움이다. 신비한 능력이다. 그래서 예수님이 나를 위해 그 모든 아픔을 대신한 것이었다. 그리고 마침내 나를 살리시고 자신을 죽음에 던지셨던 것이다. 사랑은 죽음같이 강하다(아 8:6~7). 많은 물도 이 사랑을 끄지 못하고 홍수라도 삼키지 못한다. 느헤미야의 하나님 사랑, 조국 사랑은 그의 금식과 눈물의 기도로 표현되었다.

느헤미야서를 읽으면 읽을수록 그의 눈물과 그의 기도와 그의 조국 사랑과 하나님 사랑의 열정을 실감하게 된다. 자신의 개인적인 부귀영화를 분토처럼 다 내어버리고 황제에게 구하여 연약한 자기 조국의 성벽재건을 위해 물자와 도움을 청하고 사명의 길을 자원해서 나서는 그의 발걸음이 너무나 존경스럽다.

산발랏과 도비야 같은 사단의 무리들이 끊임없이 위협하고 괴롭히며 방해했지만 그는 결코 포기하지 않고 싸우며 예루살렘 성벽 재건의 대업을 결국 완수하고야 만다.

총독 월급도 받지 않은 채 그는 자기 백성들의 솔선수범이 되어 그들을 돌보았다. 머나먼 페르시아 왕국을 왕래하면서 그는 누가 시키지도 않은 어려운 일을 자원해서 하나님을 위하여 수고를 마다하지 않았다.

느헤미야를 그 시대에 이 땅에 존재하게 하시고 그를 믿음과 헌신으로 이끄신 하나님. 우리는 느헤미야서를 읽는 내내 그 하나님을 만나며 시대 시대마다 필요한 종들을 세우셔서 일하시는 하나님을 찬미하게 된다. 아멘.

오늘의 본문 성경을 읽으시고 깨달은 점이나 기억하고 싶은 점 혹은 기도문을 기록합니다.

느헤미야 4장~6장

| 묵상자료 |

1. 성문 이름들 정리

성벽재건을 하는 느헤미야를 따라 가다 보면 예루살렘 성을 출입하는 여러 성문 이름이 등장한다. 한국의 남대문, 동대문처럼 그때도 성문마다 이름을 붙이고 관리했다.

(1) 양문(洋門) - sheep gate, 동물 양의 문이다. 느헤미야 3:1에 언급된다. 요한복음 5:2을 보면 양문 곁에 베데스다라 하는 연못이 있었다고 한다. 제물로 쓸 양들을 이 연못에서 씻어서 성문으로 들어갔기 때문에 양문이라는 이름이 붙었다. 성곽의 북동쪽에 위치해 있었다.

(2) 어문(魚門) - fish gate, 성 북쪽에 위치한 이 성문은 요단강과 갈릴리 호수에서 잡은 고기를 운반하여 들여온데서부터 붙여진 이름. 느헤미야 3:3, 느헤미야 12:39에 언급됨.

(3) 옛문 - old gate, 지금의 다메섹 문에 해당된다고 추측되는 문. 느헤미야 3:6, 느헤미야 12:39에 언급됨.

(4) 골짜기 문 - vally gate, '힌놈의 골짜기'를 향하여 있는 문이기 때문에 붙여진 이름. 느헤미야 2:13, 느헤미야 3:13에 언급됨.

(5) 분문(糞門) - dung gate, 성안의 모든 오물들을 실어 내는 문. 냄새 때문에 이 문을 지키는 자들의 수고가 훨씬 컸을 거라 짐작됨. 느헤미야 2:13, 느헤미야 3:13~14, 느헤미야 12:31에 언급됨.

(6) 샘문 - fountain gate, 실로암 못가에 위치하여 붙여진 이름. 느헤미야 2:14, 느헤미야 3:15, 느헤미야 12:37에 언급됨.

(7) 수문(水門) - water gate, 성전에서 쓰는 물을 실어 들였던 문. 에스라가 '수문 앞 광장'(느 8:1,3)에 사람들을 모아 놓고 율법을 들려준 것을 보아 이 문은 성전 가까이에 있었던 문이었다.

(8) 마문(馬門) - horse gate, 이 곳으로 말들을 출입시켰음. 느헤미야 3:28에 언급됨.

(9) 동문(東門) - east gate, 학자들은 수문과 동일한 문으로 여김. 느헤미야 3:26에 언급됨.

(10) 에브라임 문 - gate of Ephraim, 이 문은 죄수들을 실어 나르는 감옥으로 통하는 문. 느헤미야 12:39에 언급됨.

이 외에도 몇 개의 문이 더 있었다. 요한계시록 21장에는 장차 하늘에 있을 예루살렘 성의 높은 성곽과 문들이 소개되어 있는데 12개의 문들이 있다고 하였다. 그 문들의 이름은 이스라엘 12지파의 이름을 따서 지어져 있다. 동서남북에 각각 세 문씩 위치 해 있는데 문마다 천사가 지키고 있다고 하였다.

아, 우리도 머지않아 세상 떠나면 그 정금으로 된 황금성에 이르고 12문들 중 한 성문을 통과하여 새 예루살렘 성 안으로 발을 내 디딜 것이다. 성문을 지키는 천사가 당신에게 신분을 묻거든 무조건 예수님 이름을 선포하라. 그 이름이 우리의 여권이요, 비자요, 도장이다. 천사는 예수의 이름을 부르는 당신에게 미소를 지으며 황금성문을 열어 줄 것이다. 함께 237장을 찬송해 보자.

"저 건너편 강 언덕에 아름다운 낙원 있네
믿는 이만 그 곳으로 가겠네
황금문을 들어가서 주님 함께 살리로다
너와 날 위해 황금종 울린다.

<후렴>
저 울리는 종소리와 천사들의 노랫소리
영광일세 할렐루야 기쁘다
빛나는 저 강 건너편 아름답고 영원한 곳
너와 날 위해 황금종 울린다.

은빛 바다 저 너머로 우리 모두 건너가서
죄와 고통 모든 슬픔 잊겠네
예수님의 사랑 속에 영원토록 살리로다
너와 날 위해 황금종 울린다.

우리 일생 다 지나고 주의 품에 편히 쉴 때
나의 영혼 자유함을 얻겠네
괴로운 짐 모두 벗고 주와 함께 살리로다
너와 날 위해 황금종 울린다." 아멘.

오늘의 본문 성경을 읽으시고 깨달은 점이나 기억하고 싶은 점 혹은 기도문을 기록합니다.

5월 8일

1년 1독 성경 읽기 꿀송이 보약큐티

느헤미야 7장~9장

| 묵상자료 |

1. 52일 만의 기적(느 6장)

느헤미야가 성벽을 52일 만에 건축하는 것은 상식적으로는 불가능한 일이었다. 그런데 어떻게 완성하게 되었을까? 그 해답은 다음과 같다.

첫째, 하나님의 은혜와 도움이다. 하나님의 도움이 없었다면 성벽 건축은 불가능했다. 내가 할 수 있는 일과 내가 할 수 없는 일이 있다. 내가 할 수 있는 일은 내가 하면 되지만, 내가 할 수 없는 일은 하나님이 돕지 않으면 안 된다. 때때로 우리는 내가 한 것이 별로 없는데 무엇인가가 이뤄진 경험을 하곤 한다. 그것은 하나님이 하신 일이다.

둘째, 느헤미야의 기도와 믿음, 그리고 비전이다. 큰일은 비전을 가진 사람이 비전에 목숨을 걸어야 가능해진다. 느헤미야가 그런 사람이었다. 만약 느헤미야가 하나님의 음성을 듣지 않고 기도를 하지 않았다면 이 비전은 생기지 않았을 것이다.

셋째, 좋은 동역자들이다. 아무리 좋은 지도자가 있어도 같이 일할 사람이 없으면 해내지 못한다. 이스라엘 백성들은 느헤미야의 비전에 동조해 열정을 쏟아가며 헌신했다. 이렇듯 교회도 비전 공동체이다.

하나님의 역사에는 언제나 반대와 음모가 있다. 예수님이 하나님의 일을 하시기 전에 맨 처음 시험을 받으셨다. 아담과 이브가 유혹을 받을 때와 예수님이 시험을 받을 때 마귀의 공격은 같다. 아담은 실패했지만 예수님은 승리하셨다.

성벽 건축에도 마귀의 공격이 계속되었다. 밖으로는 산발랏과 도비야를 중심으로 공격이 있었고, 안으로는 귀족들의 부패로 인한 문제가 있었다. 그러나 그 모든 시험을 느헤미야는 기도와 믿음으로 돌파해 나갔다. 느헤미야는 백성들을 야단치지 않고 지도자들을 야단쳤다.

소문은 아주 무서운 공격수단 중 하나이다. 조직이나 회사에서 근거 없는 소문으로 한 사람을 망가뜨려 놓기도 한다. 당해보면 얼마나 억울한지 표현하기조차 어렵다.

느헤미야는 물질적인 문제든 심리적인 문제든 자신을 어렵게 만드는 상황이 생길 때마다 기도를 했다. "하나님이여 이제 제 손을 강하게 해주십시오. 하나님이 가라고 하신 그 길을 계속해서 갈 수 있도록 도와주십시오"라고 기도하는 것이 그의 습관이었다.

느헤미야를 공격하는 적들은 느헤미야가 쉽게 무너지지 않으니까 내부 지도자를 이용해 넘어뜨리려는 전략을 썼다. '스마야'라는 사람을 이용했는데 스마야는 느헤미야가 직접 그의 집을 찾아갈 만큼 중요하고 가까운 사람이었다. 스마야가 두문불출하니까 느헤미야가 그를 찾아갔는데 느헤미야를 본 스마야가 본심을 드러냈다. 그것은 적들이 밤에 당신을 죽이러 올 것이니 일단 성전으로 피하자는 것이었다. 이 말을 들은 느헤미야는 즉시 그의 말이 잘못됐다는 것을 알았다. 그 이유는 성전으로 도망가자는 말 때문이었다. 당시 밤에 성전에는 제사장은 들어갈 수 있지만 그 외 사람들은 왕이라도 함부로 들어갈 수 없었기 때문이다. 느헤미야가 밤에 성전에 들어갔다는 오명을 씌워 그를 잡기 위한 방법이었다.

우리는 영적인 속임수에 넘어가서는 안 된다. 그러기 위해서는 말씀 안에서 바로 서 있어야 한다. 확실하고 분명하게 서 있으면 흔들리지 않는다. 만약 그렇지 않으면 믿음이 뿌리째 뽑힐 수 있다.

그들의 공격은 이것으로 끝나지 않았다. 성전을 완성하고 나서도 그들의 공격은 계속되었다. 그러나 믿음과 기도의 사람 느헤미야는 한 손에 창을 들고 한 손에 건축 도구를 들고 천신만고 끝에 예루살렘 성벽을 재건해 내는 쾌거를 이루었다. 하나님의 사람 느헤미야의 불굴의 신념과 담대한 믿음이 이런 기적을 만들어 냈던 것이다.

원수들의 반대와 위협이 없어도 52일 만에 성벽을 재건해 내는 일은 쉽지 않는 일이었다. 다른 각도로 생각해 보면 심각한 적들의 방해 때문에 오히려 그렇게 빨리 성벽재건을 완성했는지도 모른다. 풍랑이 일고 태풍이 불면 배가 난파의 위기에 빠지기도 하지만 필사적으로 살려고 몸부림 치다보면 풍랑 때문에 배가 목적지에 더 빨리 갈수 도 있는 것이다.

오늘 우리의 삶에서도 이런 역전의 은혜가 임하기를 소원해 본다. 아멘.

오늘의 본문 성경을 읽으시고 깨달은 점이나 기억하고 싶은 점 혹은 기도문을 기록합니다.

5월 9일

1년 1독 성경 읽기 꿀송이 보약큐티

느헤미야 10장~13장

| 묵상자료 |

1. 은혜 받고 헌신한 사람들(느 11장)

느헤미야 11장을 읽으면 '예루살렘 성안에서 살게 된 사람들'이 나온다.

예루살렘 성안에 살게 된 사람들이 왜 중요할까? 그 당시 예루살렘 성은 사람들이 안전하고 편안하게 살만한 도시가 아니었다. 비록 성벽을 재건하고 성문을 다시 세웠지만 아직도 예루살렘 성안은 썰렁하고 강도와 도적이 창궐했기에 누가 거기에서 살려고 하겠는가? 그곳을 모두 피하고 싶었을 것이다.

느헤미야와 하나님의 종들은 힘을 합쳐서 성벽을 건축했다. 성벽을 건축하고 나니까 일단 외부세력으로부터의 공격은 막게 됐는데 이스라엘 백성들은 이상하게도 허전했다. 인간의 심리가 큰일을 치루고나면 허전함을 느낀다. 이스라엘 백성들이 모두 고향으로, 자기 집으로 돌아갔지만 어쩔 줄 몰라 했다. 집을 지을 때는 집 짓는 게 목적이었는데 집을 다 짓고 나니까, 성벽을 고치고 나니까 마음이 갈급했던 것이다. 그래서 학사 에스라를 불러서 하나님의 말씀을 읽었다. 학사 에스라가 설교를 한 것은 아니다. 그냥 말씀을 그대로 읽었다. 이스라엘 백성들이 말씀을 듣다 보니까 마치 거울을 보듯이 자기 자신을 보는 것 같았다. 이스라엘 백성들은 말씀을 듣는 순간 '내가 잘못 살아왔구나, 내가 위선적으로 살아왔구나'라는 생각을 하게 되었다. 그 생각을 하는 순간 이 사람들은 마음 가운데 찔림을 받고 하나님의 말씀 앞에서 통곡하며 울었다. 거기서 좀 더 깊어져서 금식하기 시작한다. 이것이 바로 성벽을 재건한 후 이스라엘 사람들의 모습이었다. 그 결과 그들은 무엇을 잘못했는지 생각만 한 것이 아니라 조목조목 적기 시작했다. 그리고 서명했다. 이것이 느헤미야 10장까지의 이야기이다.

그런데 문제가 생겼다. 그러면 과연 누가 예루살렘 성에 들어가서 살겠느냐는 것이다. 느헤미야 11:1을 읽어 보자. "백성들의 지도자들은 예루살렘에 살게 됐습니다. 나머지 백성들에 대해서는 제비를 뽑아 10분의 1은 거룩한 성 예루살렘에서 살게 했고 그 나머지 10분의 9는 각자 자기의 성읍에서 살게 했습니다."

잡풀이 무성하고, 집은 고쳐야 하고, 여우들과 쥐가 들락날락하는 성 안에 들어가서 살겠다고 나서는 사람들은 백성들의 지도자였다. 지도자가 모범을 보이면 백성들은 기쁘게 따라간다. 지도자가 희생하면 따르는 자도 희생한다. 그러면 고통이 축제가 되고, 슬픔이 기쁨으로 변하기 시작하고, 그 도시는 살아나기 시작한다.

두 번째로 재미있는 것이 나오는데 제비를 뽑아 10분의 1은 예루살렘 성안에 살게 했다는 것이다.

왜 제비를 뽑았을까? 성안에 들어가고 싶은 사람이 많았기 때문이다. 그러한 상황을 피하는 것이 정상인데, 이스라엘 백성들은 말씀을 받고 나자 '내가 하나님의 도성을 이렇게 버려둘 수 없다. 쓰레기를 치우고 부서진 집을 다시 재건하고 도로를 만들고 깨끗하게 해야 되겠다'는 마음이 불타기 시작한 것이었다. 모두 예루살렘 성안에 들어가서 살기를 원했지만 하나님께서는 10분의 1만 그 성에 들어가도록 했다. 성안에 들어간 사람들이 어떻게 살았을까? 먹을 것도 없고, 험악한 도시지만 그들은 최선을 다해 그 도시를 깨끗하게 만들기 시작했다.

이스라엘 백성 중 제비뽑기에서 뽑히지 못한 10분의 9가 있다. 그 사람들은 예루살렘 성에 못살고 성 밖에서 살았다. 성 밖에서 어떻게 살았을까? 느헤미야 11:2을 보자. "또 모든 백성들은 예루살렘에 살기로 자원하는 사람들을 축복해 주었습니다."

여기서 보냄을 받는 사람들과 축복해주는 사람들이 있다는 것을 발견할 수 있다. 얼마나 아름다운 광경인가! 내가 비록 제비뽑기에서 뽑히지 못했다고 할지라도 제비 뽑힌 사람을 축복하고, 뒤에서 기도해주고 응원해주어야 한다는 것이다.

느헤미야 11장에는 이렇게 예루살렘 성안팎에 사는 사람들의 명단이 나온다. 11:3~9까지 지도자들의 이름이 기록되어 있다. 10~14절까지에는 레위 자손의 이름이 기록되어 있다. 19~24절까지에는 성문지기의 이름이 기록되어 있다. 그리고 25~36절까지에는 성 밖에 살게 된 사람들의 이름이 기록되어 있다.

성안에서 살든지, 성 밖에서 살든지 모두 하나님 나라의 일에 참여했다는 의미이다. 우리가 어디에서 무슨 직분을 가지고 사는지는 중요하지 않다. 중요한 것은 나의 삶의 처소에서 주를 기쁘시게 하는 일에 최선을 다하는 것이다. 아멘.

오늘의 본문 성경을 읽으시고 깨달은 점이나 기억하고 싶은 점 혹은 기도문을 기록합니다.

5월 10일

1년 1독 성경 읽기 꿀송이 보약큐티

에스더 1장~3장

| 묵상자료 |

1. 에스더서는 어떤 책인가?

성경에 나오는 66권의 책 중에서 '하나님'이라는 이름이 단 한번도 언급되지 않는 책이 에스더서이지만 하나님의 절묘하신 섭리와 분명하게 역사하시는 손길이 선명하게 나타나는 책이 또한 에스더서이다. 이스라엘 백성의 절기 가운데 하나인 부림절의 유래를 보여주는 책으로서 바사 제국에 남아 포로로 살던 수많은 유대인들이 어떻게 전멸당할 위기에서 역전되어 오히려 원수들을 제압하게 되었는가를 드라마틱하게 보여주는 책이다.

아말렉 사람인 하만이 황제의 총애를 업고 자기에게 무릎 꿇고 절하지 않는 모르드개와 그 종족인 유대인들 전부를 몰살할 계획을 세운다. 경건하고 민족의식이 투철했던 유대인인 모르드개로서는 아말렉인인 하만에게 절을 할 수 없었다. 모르드개는 원수의 나라 출신인 하만에게 경의를 표할 수 없었던 것이다. 하만은 분노가 충천하여 부인과 친구들의 조언을 받아 모르드개를 달아 죽일 장대를 자기 집 뜰에 세웠는데 장장 23미터나 되는 높은 형틀을 만들어 누구나 볼 수 있게 만들어 놓았다. 그러나 하나님은 바로 그날 밤에 왕에게 잠이 오지 않게 하시고 역대왕들의 일기를 읽게 하셨는데 거기서 모르드개의 공적을 발견하고 모르드개를 높이고 하만을 오히려 그 장대에 달아 죽이는 대역전극을 연출하셨다. 큰 승리를 얻은 후 모르드개는 각 지방에 글을 보내어 부림절을 이스라엘의 영구한 절기가 되게 하였다. 부림절은 기쁨의 날이요, 서로 예물을 주고받는 날이요, 가난한 자들을 구제하는 날이다. 하나님이 자기 백성을 돌아보시고 지켜주신 은혜를 기억하는 날이다. 하나님은 예수 그리스도를 통하여 우리를 저주에서 축복으로 사망에서 생명으로 역전시켜 주셨다. 날마다의 우리의 날들이 예수 안에서는 부림절인 것이다.

또 다른 관점에서 에스더를 들여다보면 핵심 포인트는 이것이다. 우리는 아직도 하나님의 언약백성인가? 조국 이스라엘로 돌아가지 않고, 희생을 싫어하고 익숙한 이방인의 삶에 길들여져 유월절이나 안식일도 제대로 지키지 못하고 죄악 세상에 사는 디아스포라 유대인이지만 그래도 하나님은 우리에게 관심을 가지시는가? 대답은 '그렇다'이다. 에스더서는 언약 아래 있는 이스라엘 백성의 보호하심을 증거하는 책이다.

2. 우연인가 필연인가?

에스더는 원래 히브리 이름으로는 "하닷사(하얀 매화라는 뜻)"이다(에 2:7). 그녀가 바사 땅에서 살면서 페르시아식 이름 에스더로 불렸는데 그 뜻은 바로 '별' 곧 스타라는 뜻이다. 에스더는 그 이름 그대로 별처럼 빛나는 스타가 되어 하나님의 영광을 나타내고 민족을 멸망의 위기로부터 구원해 낸다. 그리고 그녀의 이름은 이스라엘의 절기 부림절을 통해 오늘까지 길이 길이 빛나고 있다. 에스더가 왕후가 된다는 것은 상상조차 할 수 없는 일이었다. 바사 왕 아하수에로에게는 엄연히 왕후가 있었고 에스더는 포로로 끌려온 이민족 노예 출신에 불과했다. 그녀는 또한 부모 없는 고아로서 사촌 오빠 모르드개를 부모처럼 의지하고 외롭게 자랐다. 그러나 환경을 초월하는 하나님의 섭리의 손길은 이방 역사의 배후에서도 놀라운 시나리오를 짜고 계셨다.

우선 왕후 와스디가 폐위되는 일이 일어났다. 아하수에로 왕이 잔치를 베풀었는데 180일의 성대한 잔치가 끝나고 후속으로 다시 베푼 잔치의 7일째 되던 날 술에 취해 자기 왕후를 단장하고서 잔치 자리에 나오도록 명령을 내렸다. 이때 왕후가 왕명을 따르지 않게 되었고 이로 인해 왕의 심기가 편치 않았다. 왕이 어떻게 하면 좋을지를 신하들에게 묻자 신하들은 왕후를 폐위하라고 진언한다. 왜 하필이면 그때 왕후가 왕의 명령을 듣지 않았을까? 왜 하필이면 그때 신하들이 그렇게 심한 처벌을 청했을까? 우리는 그 이유를 알고 있다. 하나님께서 에스더를 왕후로 세우시기 위한 프로젝트를 가동하셨던 것이다.

새 왕후 간택에 관한 조서와 명령이 반포되자 모르드개가 사촌 동생인 에스더를 간택장에 내보낸다. 왜 모르드개는 그런 불가능해 보이는 엄청난 착상을 했을까? 포로로 잡혀와 살고 있는 이민족 출신인 유대인 에스더가 왕후가 된다는 것은 거의 불가능한 일인데 말이다. 간택을 위해 수산성에 들어갔을 때 궁녀들의 관리를 담당하는 헤개라는 황제의 신하를 만나게 되었는데 그가 에스더를 특별히 좋게 보았고 특별한 배려를 아끼지 않았다. 결국 이 헤개라는 궁녀 총책임자의 도움이 왕후 간택에 큰 힘이 되었다. 아하수에로 왕이 간택에 나온 모든 여자들 중에서 에스더를 최고로 총애하는 일이 벌어졌다. 그리하여 마침내 에스더가 왕후가 되는 기적이 일어난 것이다. 왜 하필이면 왕궁에서 헤개라는 사람을 만나서 큰 도움을 받게 되었을까? 왜 하필이면 왕이 그 많은 여자들 중에서 에스더를 총애하게 되었을까? 답은 말하지 않아도 알 것이다. 인간의 편에서는 모두가 우연 같지만 하나님 편에서는 필연이었다. 지금도 하나님의 섭리의 손길은 우리의 인생에 역사하고 있다. 아멘.

5월 11일

1년 1독 성경 읽기 꿀송이 보약큐티

에스더 4장~10장

| 묵 상 자 료 |

1. 이때를 위함이 아닌지 누가 알겠느냐?

에스더 4장을 보면 분위기가 갑자기 바뀌어 아말렉 사람 하만의 무서운 계획에 따라 유대인들이 모두 죽음을 당할 위기가 다가온다. 이때 강인한 믿음의 사람 모르드개가 자기의 옷을 찢고 굵은 베 옷을 입고 재를 뒤집어쓰고 공중 앞에서 대성통곡을 한다. 그리고 4:3을 보면, "유대인들도 크게 애통하여 금식하며 울며 부르짖고 굵은 베 옷을 입고 재에 누운 자가 무수하더라"고 기록되어 있다. 유대인들은 민족적 위기가 다가오자 자신들의 죄를 하나님 앞에 통회자복 하며 전능하신 하나님께 전심을 다해 금식과 기도로 매달렸다.

이때까지도 에스더는 사태의 심각성을 전혀 모르고 궁중에서 호화롭게 지내고 있었다. 그녀는 모르드개가 비상사태를 맞아 민족적 위기 앞에 하나님 앞에 부르짖어 기도하고 있을 때 좋은 옷을 하인들을 통해 보내 모르드개의 베옷을 벗기려고 하기도 하였다. 절체절명의 민족의 위기 앞에 전심으로 몸부림치는 모르드개의 마음을 그녀는 그때까지 제대로 이해하지 못하고 있었던 것이다. 이때 모르드개는 에스더에게 비장한 어조로 분명하게 말을 전한다.

"너는 왕궁에 있으니 모든 유대인 중에 홀로 목숨을 건지리라 생각하지 말라. 이때에 네가 만일 잠잠하여 말이 없으면 유대인은 다른 데로 말미암아 놓임과 구원을 얻으려니와 너와 네 아버지의 집은 멸망하리라. 네가 왕후의 자리를 얻은 것이 이 때를 위함이 아닌지 누가 알겠느냐?"(에 4:14)

이 말씀이 그녀에게 잘 박힌 못처럼 심령에 꽂혔다. 그녀는 결단을 내렸다. 내가 '죽으면 죽으리라' 하고 3일 금식 후 왕에게 나아가 자기 민족의 구원을 요청한 것이다. 왕후가 될 수 없는 상황 속에서 왕후를 만드신 하나님이 자신을 도와 이스라엘을 살리실 것을 확신하고 생명을 걸고 나아간 것이다. "이때를 위함이 아닌지 누가 알겠느냐?" 이 말씀이 지금도 나의 귓전을 때린다. 이 말씀이 어쩌면 에스더서의 핵심 요절인지 모른다. 나의 나 된 것은 다 하나님의 영광을 위해 쓰이려고 주어진 것이다. 내가 가진 모든 것들 즉, 건강이든 재능이든 물질이든 권세이든… 다 하나님이 필요하신 때에 쓰시려고 내게 주신 것이라는 것이다.

과테말라에 '알모롱가'라는 작은 산악 도시가 있다. 이 도시는 우상의 도시인데 그 지역의 수호신 '마시몽'이란 우상을 섬기는 도시로 인구 2만여 명이 사는 이 소도시에 성인 남자들은 대부분 알콜중독자들이고 폭력과 살인등의 범죄가 너무 심하여 4개의 교도소가 항상 만원 상태였다고 한다. 이때 그 알모롱가 도시에는 기독교 시설이라고는 단 하나의 가톨릭 성당만이 있었는데 그 성당에 다니던 '리스카우체 아리아노'라는 남성이 어느 무명의 전도자에게 복음을 받고 은혜를 체험하게 되었다. 그는 성경 공부를 통해 예수님을 인격적으로 영접하고 자기 도시가 변화되려면 오직 복음의 능력밖에는 다른 길이 없음을 확신하고 목사가 되어 개신교회인 갈보리 교회를 그 도시에 개척하게 되었다. 그는 먼저 자기 자신의 죄를 회개하기 시작하였고 자기 도시의 죄를 부둥켜 안고 금식하며 회개하였다. 어느 날 기도 가운데 성령의 충만함을 입은 그는 자기 교인들에게 오늘부터 영적 전쟁을 선포한다고 설교했다. 그 후 점점 그 도시에 변화가 찾아왔다. 그러자 위기를 느낀 폭력배들이 이 아리아노 목사님을 납치하여 끌고가 폭력을 휘두르고 총을 입 안에 넣고는 당장 이 도시를 떠나지 않으면 방아쇠를 당기겠다고 위협했다. 그때 이 목사님에게 성령님이 강력하게 역사하여 그는 목숨을 걸고 그들에게 자신은 결코 그 도시를 떠나지 않을 것이며 당신들이 회개하고 예수 믿기를 기도하겠다고 선언했다. 화가 난 그들은 방아쇠를 당겨버렸다. 그러나 아무리 당겨도 틱틱 소리만 나고 권총이 작동되지 않았다. 당황한 그들은 목사님을 풀어주었고 그 일 이후 교회는 더욱 힘을 얻어 노방전도와 중보기도에 힘을 쏟았다. 시간이 지나면서 알모롱가는 조금씩 변하기 시작했다. 술집 34곳이 문을 닫았고 교도소는 죄수가 없어 문화센터로 바뀌졌다. 마침내 그 도시의 94%가 그리스도에게 돌아오는 놀라운 부흥의 역사가 일어났다. 사람들은 그 도시를 거룩한 도시, 교회 도시라고 별명을 붙이기에 이르렀다. 리스카우체 아리아노 목사님은 이렇게 간증한다. 자신이 의지한 말씀은 역대하 7:14이었는데 이 말씀을 붙잡고 자기 도시를 위해 금식과 눈물로 기도하고 영적 싸움을 했더니 하나님이 역사하셨다는 것이다.

이처럼 오늘날도 모르드개와 에스더 같은 믿음의 사람들이 여기저기서 일어나 자기가 처한 직장과 도시를 위해 중보하고 기도할 때 하나님은 우리를 통해 부흥의 물꼬를 트실 것이다. 한 사람의 헌신이 천 명을 변화시키고 열 사람의 기도가 만 명을 변화시킬 것이다. 모르드개는 에스더 10장에 유대인 중에 크게 존경받고 그의 백성의 이익을 도모하며 그의 종족을 안위하였다고 하였다. 모르드개가 이스라엘을 위해 10여 년 남짓 해 낸 일을 예수 그리스도는 그의 백성의 안위를 위한 일에 영원토록 헌신하실 것이다. 아멘.

오늘의 본문 성경을 읽으시고 깨달은 점이나 기억하고 싶은 점 혹은 기도문을 기록합니다.

5월 12일

1년 1독 성경 읽기 꿀송이 보약큐티

욥기 1장~3장

| 묵 상 자 료 |

1. 욥은 어떤 책인가?

욥기기, 시편, 잠언, 전도서, 아가서 5권을 시가서 혹은 지혜서라고 분류한다. 이 다섯 권의 책은 앞의 율법서와 역사서 그리고 뒤에 나오는 선지서들과는 성격이 매우 다르다. 이전까지의 책들은 분명하고 쉬운 역사적 사실에 대한 이야기여서 이해하기가 비교적 쉬웠다. 그러나 시가서는 마치 고급반의 교재처럼 그 뜻을 얼른 파악하기가 쉽지 않다. 우리의 마음과 생각을 집중하여 살펴야 그 안의 보화를 캐낼 수 있다.

이제 시가서의 첫 번째 책인 욥기에 도착했다. 내가 개인적으로 제일 설교하기 좋아하고 친근히 하는 책이라 나는 욥기가 넘넘 반갑다. 사실 나도 욥기 38장에서 폭풍우를 대동하시고 무대에 등장하시는 하나님을 이해하기 전 까지는 욥기가 참 어려웠다. 그토록, '하나님 한번 대답 좀 해주세요'하고 수없이 고통 속에서 하나님께 왜 자기를 이렇게 괴롭히시는지 절규하며 질문을 쏟아 붓는 욥에게 하나님이 나타나셔서 욥의 질문에 대한 답변은 한마디도 안 해 주시고 오히려 욥에게 거꾸로 질문세례를 쏟아 부으신다. 하나님은 욥에게 동문서답을 하신 것이다. 하나님이 욥에게 하신 질문들을 이해하고 나자 나는 비로소 욥이 하나님께 고백했던 것처럼 전에는 욥기를 귀로 듣는 수준이었더니 이제는 눈으로 보는 것 같은 생각이 들고 욥기서가 너무 친구처럼 편해졌다. 함께 통독학교에 동참하는 학생들도 앞으로 이 교사의 설명을 주의 깊게 듣고 성경을 읽으면 욥기를 이해하는 통찰력이 뻥~ 뚫릴 것이다. 기대하셔도 된다. 욥기는 등장하는 친구들의 말들이 시어체로 되어 있어서 어렵게 느껴진다. 소소한 것에 너무 매달려 리워야단이 뭔지 베헤못이 뭔지 신경 쓰지 말고 욥기 38장에 등장하는 하나님의 질문의 핵심만 이해하면 욥기는 훨씬 쉬워진다.

2. 잘못된 사탄의 자신감

욥의 신앙을 두고 천상에서 하나님과 사탄의 내기가 벌어졌다. 욥기 1:11에는 사탄의 근거 없는 자신감이 나온다.

> "이제 주의 손을 펴서 그의 모든 소유물을 치소서 그리하시면 틀림없이 주를 향하여 욕하지 않겠나이까?' 욥 1:11

사탄은 확신했다. 만일 욥의 소유물을 다 빼앗아 버리면 '틀림없이' 주를 향하여 욕을 할 것으로 그는 내다봤다. 욥이 하나님을 잘 섬기는 이유는 당연히 축복을 쏟아 부어 주시니까 잘 섬기는 것이지 그게 아니라면 욥도 별수 없이 하나님을 원망하고 돌아설 것이라는 자기 수준에서 나온 자신감이었다. 이처럼 욥이 하나님을 배신하게 만들 수 있다는 사탄의 자신감은 틀림없이 이전에 거룩한 천사들이 반역에 가담하도록 성공한 전력에서 기인했을 것이다. 그는 하늘의 천사들 삼분의 일을 끌어다가 타락하게 만들어 땅에 내어 쫓기도록 했다(계 12:3~4). 또한 낙원에서도 한번도 죄의 경력이 없던 아담과 하와를 보기 좋게 타락시키는데 성공했던 그는 이미 타락한 인류의 한 명인 욥쯤이야 문제없이 자신의 시험을 이기지 못할 것이라고 확신했고 이를 통해 하나님의 생각이 틀렸음을 하나님께 똑똑히 증명해 보이고 싶어 했다.

그러나 하나님은 욥의 순수한 신앙을 의심하지 않았다. 욥이 세상에서 받은 물질적 축복 때문에 하나님을 사랑하는 것이 아님을 하나님은 알고 계셨다. 결국 사탄은 최대한 자신의 생각이 옳음을 반드시 증명하려고 전광석화처럼 욥의 소유물들을 숨 돌릴 틈도 없이 파괴해 버렸다. 결정타는 7명의 아들들과 세 명의 딸들을 토네이도 광풍을 불어 건물을 붕괴시키고 모든 자녀들을 한꺼번에 죽게 만든 것이었다. 하루아침에 욥은 알거지가 되었을 뿐 아니라 눈에 아른거리는 자신의 생명보다 귀한 열 자녀가 사고로 세상을 떠나 버렸다. 이 순간 사탄은 확신에 찬 표정으로 욥의 하나님을 향한 원망을 기대했을 것이다. 그러나 어찌된 일인지 성경은 놀라운 증언을 한다.

"욥이 일어나 겉옷을 찢고 머리털을 밀고 땅에 엎드려 '예배하며' 이르되 내가 모태에서 알몸으로 나왔사온즉 또한 알몸이 그리로 돌아가올지라. 주신 이도 여호와시요 거두신 이도 여호와시니 여호와의 이름이 찬송을 받으실지니이다 하고 이 모든 일에 욥이 범죄하지 아니하고 하나님을 향하여 원망하지 아니하니라"(욥 1:20~22) 아멘. 아멘. 아멘.

여기서 우리는 사탄의 약점을 분명하게 파악할 수 있다. 사탄은 무식하다. 그는 스스로 모든 것을 다 아는 척 큰 소리치고 교만하지만 믿음의 영역에 있어서는 거의 멍텅구리에 가까울 정도로 무식한 존재이다. 그는 사랑을 모른다. 사랑을 해 보지 않았으니 사랑의 속성을 알 리가 없다. 어둠의 일들, 죄짓는 일들, 교만한 일들, 쾌락을 누리는 일들은 전문가지만 빛에 관한 거룩한 일에는 무식하기 짝이 없다.

완벽하게 한 방 먹은 사탄은 여기서 하나님께 순순히 물러서지 않고 "가죽으로 가죽을 바꾸오니 사람이 모든 소유물로 자기의 생명을 바꾸올지라" 하면서 건강을 치면 틀림없이 이번에는 하나님을 욕하고 배신할거라고 했다. 여기서 가죽은 '생명'을 뜻한다. 사탄의 이 말은 욥이 자기 가죽(생명)을 위하여 모든 소유물을 포기할 수 있다는 것이며 만일 생명을 위협받게 되면 욥이 틀림없이 하나님을 배반할거라고 한 것이다. 이번에도 허락을 받은 사탄은 너무나 심한 질병으로 욥을 무자비하게 공격했다. 제대로 누울 수도 없고 잠도 이룰 수 없고 온 몸에 종기가 번져 욱신욱신 쑤셔 오는데 신음소리가 하루종일 터져 나오고 끝없는 고통 속에서 죽는 것이 차라리 낫겠다는 생각이 들 정도로 비참한 상태로 신음하게 만들었다.

이 눈 뜨고 보기 힘든 처참한 광경을 보고 마침내 욥의 부인은 하나님을 저주하고 자살해 버리자고 사탄이 원하던 모습을 보였다. 그러나 욥은 달랐다. 부인의 말을 꾸짖으며 자신의 신앙의 순전함을 지켰다. 내가 하나님께 복도 받아 누렸으니 화도 주시면 받아야 하지 않겠느냐고 말했다. 이번에도 사탄이 또 졌다. 하나님이 이기셨다!! 믿음이 승리했다. 이유를 알 수 없는 갑작스런 고난 앞에 욥은 하나님을 원망하지 않았다. 오히려 나의 가는 길을 오직 그가 아시나니 나를 단련하신 후에는 내가 정금같이 되어 나오리라고 아름답게 고백했다(욥 23:10).

사탄의 근거 없는 자신감으로 괜히 하나님의 사람만 어려움을 겪었다. 그러나 하나님도 다 생각이 있으시다. 무조건 마귀 의견을 따라 행하신 것은 아니다. 사탄이 "어찌 까닭 없이 여호와를 경외하리이까?"라고 했을 때 "사탄아 물러가라!"고 말씀하시지 않고 그의 제안을 받아들이신 것은 다 하나님의 깊은 경륜이 있었기 때문이다. 야고보 선생님은 그 부분을 이렇게 주석했다.

> "보라 인내하는 자를 우리가 복되다 하나니 너희가 욥의 인내를 들었고 주께서 주신 결말을 보았거니와 주는 가장 자비하시고 긍휼히 여기는 이시니라" 약 5:11

마귀가 읽은 수읽기의 그 너머를 하나님은 더 깊게 파악하시고 모든 일을 진행하신 것이다. 야고보 선생님의 결론을 우리도 믿어야 한다. 주는 가장 자비하시고 긍휼히 여기시는 분이다. 어떤 상황 속에서도 이 진리는 변함이 없다. 고난의 현실이 도무지 이해가 안되어도 우리는 이 진리를 꼭 붙잡고 살아가야 하리라. 아멘.

오늘의 본문 성경을 읽으시고 깨달은 점이나 기억하고 싶은 점 혹은 기도문을 기록합니다.

욥기 4장~7장

| 묵상자료 |

1. 욥이 두려워했던 것

욥기 3:25에 욥이 평소에 두려워하던 것이 자기에게 임했다고 했다.

"내가 두려워하는 그것이 내게 임하고 내가 무서워 하는 그것이 내 몸에 미쳤구나" 욥 3:25

하나님을 경외하며 악에서 떠나 경건한 삶을 살았던 욥이 평소에 무엇을 그렇게 두려워했을까? 물론 육체에 퍼진 질병의 아픔이 평온과 휴식을 빼앗아 가서 고통스러워하는 것을 보면 그가 평소에 육체의 질병을 두려워했었다고 짐작할 수도 있다. 그러나 그렇게만 생각하고 넘어가면 욥의 귀한 신앙을 과소평가하는 것이다. 욥기 23:17을 읽어 보면 욥이 "내가 두려워 하는 것이 어둠 때문이나 흑암이 내 얼굴을 가렸기 때문이 아니로다"(욥 23:17)라고 말한다.

자기의 두려움이 단순히 질병으로 인한 고통이나 흑암의 권세 때문만은 아니라고 분명히 말한다. 그가 진정으로 두려워했던 것은 고난 때문에 자신의 마음이 약해져 하나님을 배신하는 것이 정말 두려웠던 것이다. 달리 말하면 하나님과의 관계가 두절될까 봐 그걸 두려워했던 것이다. 욥기 23:14에 욥이 고백한 것처럼 하나님은 그 작정하신 것을 반드시 이루시는데 자기에게 임한 고난이 하나님의 진노와 작정에서 온 것이라면 행여 이 일로 하나님과 멀어질까 봐 두려워한 것이었다.

고통 속에서 욥이 왼쪽을 봐도 하나님을 뵐 수 없었고 오른쪽을 봐도 하나님을 만날 수 없었다. 앞으로 가도 뒤로 가도 하나님은 침묵하셨다. 이것이 진짜 욥이 두려워했던 일이었다.

겟세마네 동산에서 눈물로 이 잔을 지나가게 해 달라고 기도하셨던 주님도 단순히 육체의 고통이 두려워 그렇게 간구한 것이 아니었다. 다만 영원 전부터 단 한 번도 아버지와 불화해 본 적이 없고 항상 사랑의 관계 속에서 지내 오셨던 주님이 이제 우리의 죄 때문에 아버지에게 외면당해야 하는 그 순간이 괴로우셨던 것이다. 아버지에게 버림받는 아들의 아픔이 주님의 진정한 두려움이었던 것이다.

주님은 오늘의 우리에게 아무것도 염려하지 말고 항상 기뻐하고 모든 일에 감사하라고 하신다. 만일 그럼에도 내가 두려워해야 할 것이 있다면 다른 것이 아니고 바로 하나님에게서 멀어지는 일이 내게 일어날까 봐 그것을 두려워해야 한다.

2. 옳은 말이 어찌 그리 고통스러운고!

욥기 6:25에서 네 명의 친구들에게 집중 공격을 당하고 있던 욥은 "옳은 말이 어찌 그리 고통스러운고, 너희의 책망은 무엇을 책망함이냐?"(욥 6:25)고 소리 쳤다.

친구들의 말이 그 자체로는 틀린 말이 아니었다. 죄가 있기 때문에 고난을 당하는 것이니 지금이라도 회개하면 하나님이 긍휼히 여길 것이라는 그들의 논조는 욥도 다 알고 있는 사실이었다. 친구들의 문제는 천상에서 벌어진 일을 까마득히 모르고 그 사실을 배제한 채 다른 곳에서 고난의 이유를 찾으니 그저 상식적인 뻔한 소리만 할 뿐 욥의 사태에 전혀 도움이 되지 않았다. 도움은커녕 오히려 욥을 더 고통스럽게 했다.

자기 교회 성도가 사고로 자식이 죽어 울고 있는데 권사님이 찾아가서 하는 말이 '원래부터 없던 걸로 쳐…'라고 했다면 위로가 되겠는가? 우리는 종종 욥의 친구들 같은 말 실수를 범한다. 성경에 있는 말이라고 하여 때로는 성경을 인용하여 말하지만 상대방을 괴롭히고 가시로 찌르는 고통을 줄 때가 있다는 것이다.

목사님 가정에서 부부 싸움을 하는데 성경을 인용하여 부인이 남편에게 충고한다. "성경에 뭐라고 했어요? 예수님이 교회를 위해 생명을 버린 것처럼 아내를 사랑하라 했잖아요? 목사님이 되가지고 그것도 몰라요?" 이런 경우가 완전 욥의 친구들의 경우와 똑같다. 우리는 다투면서 나의 주장을 강조하기 위해 하나님이나 성경을 내 편으로 끌어들여서는 안 된다. 성경을 인용하려면 상대방을 공격하는 말씀을 인용하지 말고 나를 돌아보는 말씀을 인용해야 한다. "아내는 남편에게 복종하라 했는데… 이렇게 덤벼서 죄송해요." 이렇게 나와야 다툼이 그치고 평화가 임하는 것이다. 타락한 인간들은 남의 눈에 있는 티는 잘 보면서 자기 눈의 들보는 못 본다. 우리는 욥기를 읽으면서 항상 욥의 친구들 같은 우를 범하지 않도록 경고를 받아야 한다. 아멘.

오늘의 본문 성경을 읽으시고 깨달은 점이나 기억하고 싶은 점 혹은 기도문을 기록합니다.

5월 14일

1년 1독 성경 읽기 꿀송이 보약큐티

욥기 8장~10장

| 묵상자료 |

1. 시작과 끝(욥 8:7)

문맥을 보면 욥기 8:7은 수아 사람 빌닷이 한 말이다. 하나님의 말씀도 아니고 욥의 고백도 아니다. 하나님께 책망받았던 욥의 친구 중 한 사람의 말이다. 그래도 우리는 이 말씀을 아멘으로 받아들이고 나의 삶에 적용해도 되는가? 나는 된다고 믿는다. 그 이유는 다음과 같다.

첫째, 8장의 모든 빌닷의 말을 듣고 난 후 욥의 반응을 보면 알 수 있다. 욥기 9:1~2에 욥은 빌닷의 말을 긍정했다. 그 말 자체의 내용은 참으로 진리라고 수긍한 것이다. 예수님도 신약에 바리새인들의 말이 다 틀리다고 하지 않으셨다. 그들의 말은 듣되 그들의 행위는 본 받지 말라고 하셨다. 빌닷의 말의 내용은 옳은 말이었지만 그것을 욥의 상황에 적용시키는 것이 잘못이었던 것이다.

욥의 친구들이 욥에게 하나님은 의로우신 분이라고 했다면 무조건 욥의 친구들 말이기에 그 내용을 부인해야 하는가? 그것은 아닐 것이다. 하나님이 의로운 분이신 것은 누가 말을 했던 간에 만고불변의 진리이기 때문이다.

둘째, 사실 기독교 전체의 가르침에 이 말은 부합하기 때문이다. 기독교의 시작은 참으로 미약하였다. 예수님이 마구간에 태어나셨을 때에 그때에는 천사들에게 가르침을 받은 소수의 목자들과 예수님의 부모 외에는 아무도 예수님이 하나님의 아들이심을 믿는 기독교인이 없었다. 그러나 시간이 지나면서 점점 기독교는 창대하여져 갔다. 주께서 비유하신 천국은 마치 겨자씨와 같고 누룩과 같다. 수많은 박해와 환란을 당하면서도 기독교는 시작은 미약하였으니 끝은 심히 창대하리라는 말씀대로 진행되고 있다. 나중에는 얼마나 창대하게 될까? 성경대로 표현하자면 물이 바다를 덮음 같이 여호와를 아는 지식이 온 세상에 충만하게 될 것이다.

기독교의 창시자인 예수께서 새 하늘과 새 땅을 지으시고 만 왕의 왕으로 등극하시는 날 우리는 욥기 8:7을 실감하게 될 것이다. 아멘. 아멘.

2. 욥의 말 실수(욥 10장)

욥기 10장을 읽다 보면 욥이 친구들과 말로 격한 토론을 벌이다가 그만 자기도 모르게 하나님의 심기를 상하게 하는 말실수를 하는 장면을 포착하게 된다.

욥기 10:3에서 욥은 하나님이 악인의 꾀에 빛을 비추기를 선히 여긴다고 망령된 말을 내 뱉었다. 쉽게 말하자면 하나님이 마귀의 꾐에 빠져서 마귀의 생각을 선하게 생각한다고 언급한 것이다.

독자들은 설마 욥이 그런 말을 했을까 하고 귀를 의심할 수도 있다. 그러나 분명 욥이 그렇게 언급했다. 거기에 한 술 더 떠서 욥기 10:4에는 하나님도 사람처럼 눈이 있어 볼 수 있느냐고 질문을 던졌다. 참으로 기가 막힌다. 아니 사람의 눈을 누가 만드셨느데 하나님께 그런 말도 안 되는 질문을 한단 말인가? 눈을 만드신 분이 보지 않겠는가? 귀를 만드신 분이 듣지 않으시겠는가?

우리는 여기에서 왜 하나님이 욥기 38장에서 폭풍우를 대동하고 나타나셔서(하나님은 그냥 나타나셔도 인간은 거의 기절한다) 욥을 몰아 부쳤는지 그 이유를 알게 된다. 욥이 이렇게 입술로 하나님의 분노를 일으키는 부적절하고 믿음 없는 소리를 했기 때문이다.

모세도 말 한마디 잘못 하는 바람에 가나안에 못 들어 갔다.

"내가 이 백성을 위해서 물을 내랴?"

정면으로 하나님께 불순종하는 말을 화를 참지 못하고 내뱉어 버린 것이다.

사실 욥기 1장에는 하나님이 욥을 엄청 높게 평가하는 내용이 많이 나온다. 하지만 독자인 우리는 여기에서 착각하면 안 된다. 하나님이 사랑의 눈으로 봐 주셔서 그런 것이지 욥이 절대적으로 의로운 것이 아니기 때문이다.

나와 모든 그리스도인들도 마찬가지다. 예수님의 십자가 사랑 때문에 우리가 하나님을 감히 아바 아버지라 부르고 섬기는 것이지 우리 자체는 감히 주 앞에 설 수 없는 죄인들에 불과한 것이다.

그래서 우리의 자랑은 영원히 십자가 밖에 없다. 아멘.

오늘의 본문 성경을 읽으시고 깨달은 점이나 기억하고 싶은 점 혹은 기도문을 기록합니다.

5월 15일

1년 1독 성경 읽기 꿀송이 보약큐티

욥기 11장~14장

| 묵 상 자 료 |

1. 허망한 인생(욥 14장)

욥이 소발의 말에 대답하는 내용이 14장에 계속 나오는데 욥기 14장의 핵심은 둘로 나눌 수가 있다. 하나는, 허무하고 절망적인 인생에 대한 고백이다. 1절을 보면, "여인에게서 태어난 사람은 생애가 짧고 걱정이 가득하며"라고 했다. 인간은 누구나 여자의 몸에서 태어난다. 남자의 몸에서 태어나거나 동물의 몸에서 태어난 사람은 아무도 없다. 모든 사람은 어머니의 몸에서 태어난다. 그런데 욥이 이야기하기를, '여인에게서 태어난 사람은 생애가 짧고, 걱정이 가득하다'는 것이다.

결국 인생은 누구나 다 영원히 살수 없는 것이고, 짧은 인생을 살면서 모두가 다 수많은 걱정을 안고 살아간다고 말하고 있다. 그 후의 말씀을 보면, "그는 꽃과 같이 자라나서 시들며 그림자 같이 지나가며 머물지 아니하거늘"이라고 했다. 아무리 꽃이 화려하고 아름답고, 좋은 향기를 낸다고 해도 그것은 영원하지 않다. 때가 되면 시들고 땅에 떨어지고 마는 것이다.

그리고 욥기 14:7~9에는 인간은 한갓 나무보다도 못한 존재라고 한탄한다. 나무는 찍혀도 다시 자랄 수 있지만 인간은 한 번 죽어 버리면 그걸로 끝이라는 것이다. 물론 욥이 살던 시기에는 예수 그리스도의 부활의 소식이 전해지지 않던 시절이기에 이렇게 일반적으로 말할 수 있다. 그러나 오늘날의 우리는 죽어도 다시 사는 예수님 안에서의 부활의 소망을 가지고 있다. 그러므로 우리는 욥기 14장을 읽으면서 우리 인간이 허무하기는 하지만 그렇다고 나무보다도 못한 존재라는 욥의 의견에는 선뜻 동의하지 못한다.

인간은 다 죄인이고 죽음을 향해 달려 가고 있으며 인생은 단 한 번뿐인 것을 인정하지만 예수 안에 우리는 소망이 있다. 죄사함의 은혜와 영광의 천국 소망이 있다. 다시 오실 그리스도를 기다리며 새 하늘과 새 땅을 바라보고 산다. 우리는 죽어도 다시 사는 부활을 믿는다. 할렐루야!!! 아멘.

오늘의 본문 성경을 읽으시고 깨달은 점이나 기억하고 싶은 점 혹은 기도문을 기록합니다.

1년 1독 성경 읽기 꿀송이 보약큐티

욥기 15장~17장

| 묵 상 자 료 |

1. 욥이 본 부활의 예수님(욥 19장)

욥기 19장은 욥기 중에 절정을 이루는 장(章)이라고 말할 수 있다. 로마서에서 8장이 금반지의 보석이라고 한다면, 욥기에서는 19장이 바로 그렇게 말할 수 있는 보석과 같은 장이다. 욥은 빌닷의 말을 듣고 마음에 위로가 되기는커녕 오히려 번뇌와 고통이 더해졌다. 욥기 19:2~3에, "너희가 내 마음을 번뇌케 하며 말로 꺾기를 어느 때까지 하겠느냐 너희가 열 번이나 나를 꾸짖고 나를 학대하고도 부끄러워 아니하는구나"라고 쓰여있다.

그동안 우리가 욥기를 공부하면서 18장까지 욥의 친구들이 다섯 번씩이나 긴 말을 했다. 그런데 그 내용은 모두가 비난으로 가득 찬 것이었다. 그들은 인간답지 않게 냉혹했고, 무자비했으며, 친구답지 않게 위로가 없었다. 그러면서도 부끄러워하지 않았다. 욥은 욥기 19:13~21에서 그의 주변 사람들의 불친절에 대해서 이렇게 호소하고 있다.

> "나의 형제들로 나를 멀리 떠나게 하시니 나를 아는 모든 사람이 내게 외인이 되었구나 내 친척은 나를 버리며 가까운 친구는 나를 잊었구나 내 집에 우거한 자와 내 계집종들은 나를 외인으로 여기니 내가 그들 앞에서 타국 사람이 되었구나 내가 내 종을 불러도 대답지 아니하니 내 입으로 그에게 청하여야 하겠구나 내 숨을 내 아내가 싫어하며 내 동포들도 혐의하는구나 어린아이들이라도 나를 업신여기고 내가 일어나면 나를 조롱하는구나 나의 가까운 친구들이 나를 미워하며 나의 사랑하는 사람들이 돌이켜 나의 대적이 되었구나 내 피부와 살이 뼈에 붙었고 남은 것은 겨우 잇꺼풀 뿐이로구나 나의 친구야 너희는 나를 불쌍히 여기라 나를 불쌍히 여기라 하나님의 손이 나를 치셨구나 너희가 어찌 하나님처럼 나를 핍박하느냐 내 살을 먹고도 부족하냐"

이 말씀 속에서 우리는 욥의 고난을 짐작할 수 있다. 욥의 몸이 얼마나 쇠하여졌는가? 피골이 상접하여 가죽과 뼈만 남은 앙상한 몰골이 되었다. 그의 잇몸과 입술밖에는 상하지 않고 남아 있는 것이 거의 없었다. 바로 그러한 상황에서 위대한 계시의 말이 욥의 입에서 튀어나왔다. 욥기 19:23~29은 욥의 위대한 신앙 고백이다. 25절을 다 같이 읽어 보자. "내가 알기에는 나의 구속자가 살아 계시니 후일에 그가 땅 위에 서실 것이라 나의 이 가죽, 이것이 썩은 후에 내가 육체 밖에서 하나님을 보리라"

우리는 욥과 그 친구들과의 대답 속에서 이보다 더 무게 있고 중요한 구절을 발견할 수가 없다. 참으로 구약에서 보는 놀라운 계시의 말씀이다. 이제 계속 욥기를 읽어 내려가면서 우리가 느끼겠지만 이 부분을 고비로 하여, 욥에게 어울리지 않는 까다로운 불평 같은 것은 더 이상 찾아볼 수가 없게 된다. 이 부활의 소망이 그의 영혼을 진정시켰고, 그 폭풍우를 가라앉혔던 것이다. 어떻게 욥이 이와 같은 놀라운 신앙 고백을 하게 되었을까? 욥은 고통의 절정에서 세상의 친구들과 주변 사람들에게 향하던 눈을 돌이켜 하늘을 바라보았다. 그는 갑자기 세상 사람에게 호소하던 말을 중단하고 즐거운 환호성을 지르고 있다. 욥은 구속자의 부활의 영광을 믿었고 그 자신도 거기에 참여할 것을 믿었다.

이것은 외적으로 보기에 모든 상황이 절망적인 상태였을 때 그의 입에서 나온 말이었다. 이 고백은 기독교 신앙의 본질이다. 희망이라고는 조금도 찾아볼 수 없는, 거의 절망적인 상황에서도 그는 이 부활의 소망을 버리지 않았다.

영국의 래클 경이라는 사람은 해마다 크리스마스 때가 되면 헨델의 메시아를 연주하곤 했다고 한다. 오케스트라와 함께 공연을 하는데 메시아 오라토리오 중에 절정이라고 볼 수 있는 할렐루야 합창 후에 나오는 소프라노의 아리아 "I know that my redeemer lives"라는 곡을 소프라노 가수가 불렀다. 많은 청중이 "야, 참 잘한다" 하면서 듣고 있었다. 그런데 래클 경이 갑자기 지휘봉을 멈추고 노래를 중단시켰다. 이때 래클 경이 소프라노 가수에게 "너, 정말 내 주가 살아 계신 것을 믿느냐?"고 물었다. 그때 이 가수가 너무 뜻밖의 질문이라 그저 당황해서 "예, 예…" 하며 대답했다. 래클 경은 "그러면 다시 불러"하면서 지휘를 시작했다. 이때 소프라노 가수는 음정, 음색, 호흡, 박자, 감정 같은 것을 생각할 여지도 없이 하나님 보좌 우편에 계신 주님을 바라보며 노래를 불렀다. "내 주는 살아 계시고…" 아까는 '참 잘한다'고 생각하며 노래를 들었던 많은 청중들이 이번에는 너무너무 감격스러워서 눈물을 줄줄 흘리면서 들었다고 한다. 똑같은 사람이 같은 노래를 불러도 확신을 가지고 부를 때 이처럼 특별한 감동을 준 것이다. 이와 같이 확신에는 힘이 있다. 모든 고통도 절망도 딛고 일어설 힘이 있다. 욥은 구속자 되시는 예수님의 부활의 계시를 인해 확신을 얻었고 그의 고난을 견디어 갔다. 아멘.

오늘의 본문 성경을 읽으시고 깨달은 점이나 기억하고 싶은 점 혹은 기도문을 기록합니다.

1년 1독 성경 읽기 꿀송이 보약큐티

욥기 18장~20장

| 묵상자료 |

1. 내려 놓음(욥 22:21~30)

어떤 사람이 한적한 밤길을 걷다가 실족하여 언덕 밑으로 굴러 떨어졌다. 다행이 떨어지면서 밖으로 뻗어 있는 나무뿌리를 움켜잡아 땅바닥으로 떨어지지는 않아서 잠시 안도의 숨을 몰아 쉬고 있다가 위로 올라가려고 했으나 올라갈 수가 없었다. 게다가 주변이 너무 캄캄하여 아래쪽 상황을 알 수가 없었다. 그래서 밑으로 내려갈 수도 없었다. 도와달라고 소리쳤으나 아무도 돕는 자가 없었다. 그저 필사적으로 매달려서 날이 밝기만을 기다리는 것밖에 도리가 없었다.

그렇게 시간을 보내고 기진맥진 해 있는데 날이 밝아오자 주변이 점점 밝아지기 시작했고, 이 사람은 한심한 자신의 모습에 쓴 웃음을 지었다고 한다. 왜냐하면 그가 매달려 있는 곳은 땅에서 불과 1미터도 안 되는 높이였기 때문이다. 붙잡은 것을 놓기만 했다면 안전하게 땅에 닿을 수 있었을 텐데, 붙잡고 있다가 밤새 죽을 고생을 한 것이다.

또 이런 이야기가 있다. 우리나라 초대교회 시절이다. 어느 선교사가 본국에서 보내준 차를 타고 선교지를 방문한 중에 일어난 일이다. 무더운 여름날 시골길을 가고 있는데, 한 할머니가 큰 보따리를 머리에 이고 가고 있었다. 이를 안타깝게 여긴 선교사가 차를 세우고 이 할머니를 차에 태웠다. 한참 가고 있는데 자꾸 뒤쪽에서 무슨 소리가 났다. 그래서 돌아보니 이 할머니가 보따리를 머리에 이고서 앉아 있는 것이다. 그리고는 힘이 드니까 자신도 모르게 소리를 낸 것이다. 선교사가 짐을 내려놓으라고 권하자, "이 몸 하나 태워준 것도 감사한대 염치도 없이 어떻게 짐까지 내려놓을 수 있느냐"며 완강히 거절했다고 한다.

첫 번째 이야기가 불신자들의 모습이라면, 두 번째 이야기는 우리 신자들의 모습일 수 있다. 무엇이든 놓아버리면 평안하고 행복할텐데 그것을 놓지 못하는 우리들이다. 십자가 앞에 내려놓지 못하고 자기가 붙들고 가려 하니 인생이 곤고하고 힘들고 어렵다.

오늘 욥기 22:24~25 말씀, "네 보배를 진토(塵土)에 버리고 오빌의 금을 강가의 돌에 버리라 그리하면 전능자가 네 보배가 되시며 네게 귀한 은이 되시리니" 이 말씀은 우리 신앙생활의 핵심을 교훈하는 말씀이다.

우린 버림으로써 얻는다. 내 자신의 생각을 버리고 주님을 영접함으로써 구원을 얻고, 육적인 생각을 버리고 진리를 믿음으로 영적인 은사를 받는다. 세속적인 정과 욕심을 버림으로 성령을 얻게 되고, 나의 야망을 버림으로 주님이 주시는 비전을 품게 된다.

어떤 전도사님이 기도원에서 기도하다가 욥기의 이 말씀을 읽게 되었다고 한다. 네 보배를 진토에 버리라는 말씀에 따라 그는 자기의 보배가 무엇인지 먼저 메모지에 적었다. 그리고 하나씩 기도하면서 자신의 보배를 지웠다. 나중 버림을 통해 채워주시는 주님의 은혜를 체험했다고 한다.

D.L.무디는 모세의 생애를 3기로 나누어 설명을 하는데, 제1기는 I am Something, 나는 스스로 뭔가를 할 수 있다고 생각하는 시기이다. 제2기는 I am Nothing, 나는 아무것도 아니고, 아무것도 할 수 없다고 생각하는 시기이다. 그리고 제3기는 I am Nothing을 통해 주님께서 오셔서 그의 손에 사로 잡혀 쓰임 받은 시기라고 한다. 그런데 하나님은 I am Something 시기의 모세를 사용하지 않고, I am Nothing 시기의 모세를 사용하셨다는 것을 우리는 기억해야 한다.

이용규 선교사님이 쓰신 『내려놓음』이란 책에 나오는 한 몽골자매 이야기다. 예배시작 시간이 거의 다 되어 한 자매가 땀이 범벅이 되어 교회를 들어왔다. 사연인즉 소를 잃어버렸는데, 소를 찾다가 예배시간이 다 되어 소 찾기를 포기하고 예배를 드리기 위해 왔다는 것이다. 하나님께 예배를 드리기 위해 그 소중한 소까지 포기한 그 자매의 믿음에 교회의 모든 지체들이 놀라며, '예배를 위해 소를 포기한 이 자매를 실망시키지 말아달라며' 위하여 기도를 드렸다. 그리고 예배를 마쳤는데, 예배당 밖에서 소 울음소리가 들려 나가보았더니 그토록 찾아 다녔던 소가 예배당 앞에 와있었다고 한다. 내려놓고 포기했더니 주님께서 놀랍게 역사하신 것이다.

"네 오빌의 금을 강가에 던져 버리라, 그리하면 전능자가 네 보배가 되리라" 아멘.

오늘의 본문 성경을 읽으시고 깨달은 점이나 기억하고 싶은 점 혹은 기도문을 기록합니다.

5월 18일

1년 1독 성경 읽기 꿀송이 보약큐티

욥기 21장~25장

| 묵상자료 |

1. 욥기 23:10의 정확한 해석

"그러나 내가 가는 길을 그가 아시나니 그가 나를 단련시킨 후에는 내가 순금같이 되어 나오리라" 욥 23:10

이 말씀은 많은 그리스도인들에게 사랑받는 대표적인 구절들중의 하나이다. 특히 여러가지 이유로 고통받고 있는 사람들이 이 구절을 근거로 내가 받는 고통을 잘 참고 견디면 더욱 성숙된 사람이 되리라고 위안을 삼는 구절이기도 하다. 물론 그런 신앙자세가 틀린 것은 아니지만 상기 구절의 본래 의미는 약간 다른 뉘앙스를 가지고 있다.

개역성경에서 "단련하다"로 번역된 단어는 히브리어 원문에서는, "시험하다 혹은 검사하다"라는 의미를 가지고 있기 때문에 영어성경은 이를 "test 또는 try" 로 번역했다. 동일구절을 우리말의 다른 번역본으로 비교하면 아래와 같다.

공동번역 : 털고 또 털어도 나는 순금처럼 깨끗하리라.
새번역 : 나를 시험해 보시면 내게 흠이 없다는 것을 아실 수 있으련만!
천주교 성경 : 나를 시금해 보시면 내가 순금으로 나오련마는.
KJV : [when] he hath tried me, I shall come forth as gold.
NIV : when he has tested me, I will come forth as gold.

그러므로 개역성경만 읽어보면 10절의 의미를 "하나님이 나에게 시련을 주셔서 단련하면 내가 정금처럼 순수하게 변할 것이다"라고 생각하기 쉽지만, 다른 번역본을 참고해 보면 그런 뜻이 아니라, "나는 원래부터 순금처럼 깨끗하고 결백한 사람인데 왜 하나님이 나를 알아주시지 않는가" 하는 자기 변호 및 탄원을 하고 있는 내용이라는 것을 알 수 있다.

이러한 의미를 좀 더 깊이 이해하려면 욥기 23:2~10까지 전체를 연결해서 이해를 해야 하는데, 특히 7절을 읽어보면 욥이 자신의 무죄를 주장하고 있으며 이것이 10절과 상통하는 내용이라는 것을 짐작할 수 있다. 개역성경만 읽으면 7절의 의미가 조금 모호해질 수 있는데, 새번역과 공동번역 등을 함께 참고하면 욥이 자신의 무죄를 주장하고 있다는 것을 잘 알 수 있다.

개역성경 : 거기서는 정직자가 그와 변론할 수 있은즉 내가 심판자에게서 영영히 벗어나리라

새번역 : 내게 아무런 잘못이 없으니, 하나님께 떳떳하게 말씀드릴 수 있을 것이다. 내 말을 다 들으시고 나서는, 단호하게 무죄를 선언하실 것이다.

공동번역 : 그러면 나의 옳았음을 아시게 될 것이고 나는 나대로 승소할 수 있을 것일세.

그러므로 욥기 23:1~10까지의 내용을 요약하면, "나는 무죄함에도 불구하고 하나님이 주시는 고통이 너무 심하구나. 하나님이 어디 계신지 알면 그분을 찾아가서 무죄를 하소연하겠다만 도무지 알 수가 없구나. 하지만 그분은 내가 어디에서 무엇을 하는지 잘 알고 있으니 나를 평가해보시면 내가 순금처럼 깨끗함을 아실 수 있을텐데" 이런 뜻이 된다.

이렇게 앞부분과 연결해서 10절을 이해하여야 전체의 문맥이 자연스러워진다. 이어지는 욥기 23:11부터 끝까지의 내용 역시 자신은 무죄하지만 도무지 하나님의 뜻을 바꿀 수 없으니 낙심하고 두렵다는 내용들이다. 이런 뉘앙스는 개역성경만으로는 알기 어렵고 다른 번역본들을 비교해서 읽으면 이해하기 쉽다.

욥기를 읽으며 우리는 "하나님이 고난을 주셨지만 욥이 원망하지 않고 잘 참아서 나중에 더 큰 복을 받았다"는 식으로 해석하는 경향이 많이 있지만, 욥기의 내용은 그러한 것이 아니라 처음부터 끝까지 욥이 자신에게 왜 고난이 닥친 것인지 이해하지 못하고 괴로워하는 내용으로 가득 차 있다.

욥처럼 이유 없는 고통을 당하는 사람에게, "이 고통을 통해서 너도 정금처럼 단련될 것이니 잘 참아야 한다"고 섣불리 위로하는 것은 어쩌면 어설픈 종교적 가르침으로 욥을 야단치고 훈계하려던 욥의 세 친구들과 다를바 없는 일인지도 모른다.

아파하는 사람에게 어설픈 해석을 하기보다는 그저 함께 아파하고 같이 울어주는 것이 최선의 위안이 아닌가 생각한다. 우리 주변에는 고통 당하는 많은 이웃들이 있다. 욥기를 읽으며 우리는 고통받는 우리 이웃들에게 어떻게 실제적인 위로가 될 수 있을까 고민해 봐야 한다. 아멘.

오늘의 본문 성경을 읽으시고 깨달은 점이나 기억하고 싶은 점 혹은 기도문을 기록합니다.

5월 19일

1년 1독 성경 읽기 꿀송이 보약큐티

욥기 26장~30장

| 묵 상 자 료 |

1. 아, 옛날이여!! (욥 29장)

욥기 29장은 욥이 자신의 화려했던 과거의 일들을 기억하는 내용이 주를 이룬다. 하나님의 보호 가운데 큰 부를 가졌던 자신의 모습, 어렵고 힘든 사람들을 도와주던 욥의 성숙한 태도, 그랬기에 다른 사람들에게 영향력 있는 삶을 살 수 있었던 자신의 복된 과거의 삶을 회상하며 추억하고 있다.

그랬던 그가 어느 날 갑작스럽게 찾아온 이유를 알 수 없는 고난에 직면하고, 친구들은 욥의 마음을 헤아리지 못하고 고난은 죄의 결과라는 인과응보적인 논리로 책망하고 있었기에 심히 어렵고 힘든 시간을 보내고 있다.

그리고 무엇보다도 하나님과 친밀한 삶을 살다가 아무런 이유도 모른 채 더 이상 응답하지 않으시는 것 같은 하나님의 침묵으로 인해 무척이나 고통스런 하루 하루를 살아가고 있는 상황이었다.

욥의 기억 속에서 체험되었던 하나님의 은혜는 어떤 것이었는가?

욥기 29:3에서 욥은 하나님의 등불이 그의 머리를 비추시어 어둠 가운데에도 올바르게 걸어 다닐 수 있었음을 이야기한다. 하나님께서 지혜를 주셨기에 그는 올바른 판단을 내릴 수 있었고, 하나님께서 어둠을 이길 수 있도록 도와주셨음을 기억하고 있는 것이다.

또한 욥은 29:4에서 자신이 원기 왕성하였고 하나님이 자신의 장막에 기름을 발라주셨던 과거를 또한 이야기하며 그 시절을 그리워하고 있다. 몸이 아픈 사람은 건강했던 때를 떠 올리며 현실의 아픔을 잠시 잊으려 하는 경향이 있다.

욥은 맹인의 눈도 되고 다리 저는 사람의 발도 되어 주었었다. 빈궁한 자의 아버지도 되며 억울한 자들의 송사도 살펴 주었었다. 욥은 그 영광스러웠던 자신의 과거를 반추하며 그 때에는 전능자가 아직도 자신과 함께 있었다고 욥기 29:5에 고백하고 있다. 이 말은 지금은 전능자가 나를 떠나 버렸다는 회한이 서린 말이다.

그러나 우리는 욥기의 말씀을 읽으며 욥과 같은 잘못된 결론을 내리면 결코 안 된다. 욥은 결정적인 판단착오를 하고 있었다. 하나님이 자신을 그토록 잘 나가게 하고 복 주셨던 화려한 과거에는 전능자가 함께 계셨고, 지금같이 누추한 현실에는 하나님이 함께 계시지 않는다고 생각한 것은 철저히 진리를 왜곡하는 일이었다. 그것은 욥 자신의 인간적인 생각일 뿐이지 결코 진실이 아니다.

사실을 말하자면 하나님은 그 기가막힌 고통의 때에도 욥을 떠나지 않으셨고 욥과 항상 함께 계셨으며 그의 눈 깜박일 순간에도 그를 돌보고 계셨다는 것이다. 예수 그리스도는 어제나 오늘이나 영원토록 동일하신 분이시다.

우리는 믿음으로 우리의 현실과 상황을 판단해야지 내 감정으로 해서는 안 된다. 임마누엘!! 주는 나와 영원히 함께 계심을 어떤 순간이라도 우리는 의심치 말아야 한다. 아멘.

오늘의 본문 성경을 읽으시고 깨달은 점이나 기억하고 싶은 점 혹은 기도문을 기록합니다.

1년 1독 성경 읽기 꿀송이 보약큐티

욥기 31장~34장

| 묵상자료 |

1. 욥의 고난에 대한 엘리후의 새로운 발상(욥 33장)

엘리후가 욥을 비판한 핵심은 욥의 결백성에 대한 주장이다. 엘리후는 욥이 자기의 무죄를 주장하면서 했던 말들을 인용하면서 하나님은 그 어떤 사람보다도 크신 분인데 어떻게 감히 그 위대하신 분 앞에서 자기 의를 주장할 수 있느냐고 따진다.

그 후 엘리후의 발언에서 아주 중요한 전환점을 하나 발견할 수 있는데 그것은 고통의 이유만 따지지 말고, 고통의 원인이 되는 과거로부터 하나님께서 이 특별한 고통을 통하여 이루시려는 목적이 어디에 있는가를 깨닫는 미래로 선회하라는 충고였다. 이 생각은 그동안 욥의 어떤 친구들의 어떤 발언보다 훨씬 유익하다. 이와 같은 엘리후의 입장은 친구들이 물고 늘어졌던 인과응보론과는 매우 색다른 엘리후만의 공헌이라고 할 수 있다. 이런 맥락에서 엘리후는 하나님께서 다양한 방법으로 인간에게 말을 걸어오실 수 있는데 고통도 그 중에 하나라는 사실을 강조한다. 그러면서 엘리후는 사람이 충분히 주의를 기울이지 못해서 그렇지 하나님께서 인간에게 말 걸어오시는 두 가지 사례를 든다.

1) 먼저 꿈을 통하여 하나님께서 당신을 드러내실 수 있다는 것이다.

물론 특별한 경우에 하나님이 엘리후의 말처럼 꿈을 통해서도 필요하시면 말씀하시고 우리를 인도하실 수 있다. 그러나 신약시대에 사는 우리 성도들이 지나치게 꿈이나 직통계시를 의존하면 자칫 이단에 빠지기도 쉬고 마귀의 꾐에 넘어가기도 쉽다. 신약시대에는 확실한 66권의 성경이 우리 손에 주어져 있다. 우리는 성경 중심의 신앙생활을 해야 한다. 그것이 가장 안전하고 건강한 신앙생활의 비결이다. 신비주의나 신사도주의에 빠지는 위험성을 우리는 항상 경계해야 한다.

2) 두 번째로 하나님은 질병과 질병의 회복을 통하여 하나님의 섭리와 경륜을 깨닫게 하신다는 것이다 (욥 33:19~25).

예수님 시대에 수많은 병자들이 질병 때문에 예수님을 만나고 영혼과 육신이 구원받았던 것처럼 병과 치유가 하나님의 계시 수단이 될 수 있다는 것이다. 하나님은 병든 자를 중보자 같은 천사(욥 33:23)를 보내서 고쳐 주실 수도 있고 병든 자의 기도를 응답하셔서 고쳐 주실 수도 있다. 신약의 우리들에게 중보자 같은 천사는 우리 주 예수 그리스도이시다.

이러한 엘리후의 논점을 정리하자면 하나님은 우리의 질병이나 고통을 통하여 우리에게 말을 건

네 오시는 분이라는 것이다. 질병과 고통을 통해 우리가 정신을 똑바로 차리고 하나님께 돌아와 하나님의 뜻을 준행하도록 이끄시는 좋은 방편이 될 수 있다는 것이다! 이와 같은 고통에 대한 교육 훈련용 해석, 혹은 섭리 목적론적 해석이 물론 그전에 친구들의 발언 속에 간간이 내포되어 온 것이 사실이지만 엘리후의 발언에서 가장 눈여겨봐야 할 공헌이라 할 수 있을 것이다. 이런 각도에서 본다면 욥이 현재 당하는 고통은 결코 불행만이 아니고 하나님의 음성에 귀 기울여 더욱더 환한 생명의 빛(욥 33:30)을 보게 하시려는 하나님의 섭리로서 받아들일 수 있다는 것이다.

고통이 하나님의 계시를 수반할 수 있다는 엘리후의 생각은 욥의 친구들과 달리 고통에 대한 미래지향적이고 더욱더 긍정적인 해석의 문을 열어 놓았다는 점에서 고무적이다. 엘리후는 등장인물들 가운데 최연소자이지만 그동안 크게 의식하지 못했던 차원들을 생각해 볼 수 있도록 도와준다. 바로 고난에 대한 연단론적 혹은 목적론적 해석이다. 하나님은 좋은 일만 통하여 역사하지 않으시고 나쁜 일을 통해서도 교통한다는 말씀이다.

사실 고난을 받지 않았을 때는 하나님의 음성에 귀를 기울일 수 없었는데 의외로 고통 때문에 하나님의 뜻을 깨닫는 경우가 있지 않은가? 이것을 우리는 '창조적 고통' 혹은 '건설적 고통'이라고 부를 수 있는데 이사야 선지자가 이른바 '고난 받는 종'(사 52~55장)의 개념을 통하여 고난이 죄의 결과로서가 아니라 이스라엘 민족을 연단시키고 구원하시기 위한 은혜적 방편으로 해석했다.

예수님도 나면서 소경 된 사람이 자기 죄나 조상의 죄 때문이 아니고 그를 통해 하나님의 영광을 드러내기 위함이라고 말씀하심으로써(요 9:1~12) 긍정적인 해석을 내리셨다.

요셉 시대에 전 세계적인 기근이 있었다. 애굽 땅뿐만 아니라 온 세계에 임했던 심한 기근이었다. 하나님은 그 기근을 사용하셔서 야곱의 가족들이 애굽으로 가서 살게 하셨고 이스라엘 나라의 토대를 만드셨으며 요셉의 꿈이 이루어지도록 기근을 통해 역사하셨고 요셉의 형제들은 그 앞에 엎드려 절하였다.

하나님은 오늘날 우리들에게도 우리가 원치 않는 환경과 여건에 처하게 하시면서 아직까지 하나님 앞에서 숨기거나 감추고 있는 은밀한 죄가 있다면 전부 드러내서 하나님께 고백하고 하나님과의 관계를 회복하여 깨끗하게 살게 하기 위해서 혹은 더 큰 축복과 은총을 내려주시기 위해서 우리가 원치 않는 재난과 고통과 질병을 주실 수도 있다. 아멘.

오늘의 본문 성경을 읽으시고 깨달은 점이나 기억하고 싶은 점 혹은 기도문을 기록합니다.

1년 1독 성경 읽기 꿀송이 보약큐티

욥기 35장~37장

| 묵상자료 |

1. 엘리후의 결론(욥 37장)

욥기 36:22에서부터 하나님을 찬양하고 노래하라고 권하는 엘리후는 하나님의 위대하심을 스스로 찬양하면서 자신의 이야기를 37장에 마치고 있다. 엘리후는 폭풍우와 천둥, 번개 속에서 나타나는 하나님의 능력에 대해서 말하면서(36:27~37:4) 하나님께서 '헤아릴 수 없는 큰 일'을 행하신다고 고백한다(37:5). 하나님께서는 눈과 때로는 적은 비와 큰 비를 내리게 하시고, 남방의 광풍과 북방의 찬 기운을 일으키시며, 얼음을 얼게 하시고, 구름을 일으키시는 자연의 모든 일들도 무의미하거나 목적 없이 행하시지 않으시고, '그의 명하시는 것을 세계 위에 이루시고자' 행하신다.

인간의 지혜는 하나님의 일을 다 설명할 수 없다. 폭풍우가 가라앉고 하늘은 맑아지고 하늘의 별들이 빛나는 현상에서 엘리후가 발견하는 것은, 하나님의 두려운 위엄이다. 욥기 37:23~24은 엘리후의 긴 연설의 결론이라 할 수 있다. 우리는 전능자를 측량할 수 없다. 인간이 할 수 있는 일은 그를 경외하는 것뿐이다. 자연의 이치도 그렇다면, 어찌 인간에게 일어나는 모든 일들의 원인과 목적과 이유를, 인간이 자기 지혜로 다 안다고 할 수 있겠는가? 지금까지 욥과 세 친구들의 이야기는 결국 인간이 자기 지혜로 그것을 알아야겠다고 하고, 또 자기 지혜에 의존하여 이것이 원인이고 목적이라고 어리석게 단정하여 말한 것들이 었다. 엘리후의 결론은 욥이 28장에서 말한 것과 맥을 같이 한다. "주를 경외함이 곧 지혜요 악을 떠남이 명철이라 하셨느니라"(욥 28:28)

엘리후가 여기서 우리에게 제시해주는 놀라운 관점이 있다. 그것은 욥과 세 친구가 매달렸던 문제 즉, '왜' 고난이 임하였는가 하는 문제에 대한 접근을 과거의 죄가 아니라, '어떤 목적으로'라는 질문 즉, 미래에 하나님께서 하시려는 목적의 관점으로 전환시켜 주는 것이다. 문제의 초점을 원인에서 목적으로 이동시키고 있으며, '과거의 죄'에서 미래에 하나님이 하실 일-곧 구원으로 옮겨가는 것이다. 이것이 예수님께서 나면서 소경된 자를 고치실 때 접근하셨던 방식이다(요 9:1~4).

지혜는 우리가 생각하는 신학적, 과학적, 철학적 지식이 아니라고 엘리후는 말한다. 지혜는 지식이나 지적 분석이 아니라 삶의 방식이다. 즉, 하나님을 경외하는 삶의 방식을 말한다. 바울 사도는 그리스도 자신을 하나님의 지혜라고 말씀했다(고전 1:24). 하나님의 구원의 지혜는 십자가에서 나타났다.

성도는 살아가면서 하나님을 믿지만, 그럼에도 불구하고 고난과 아픔, 자기 힘으로 감당할 수 없는 연약함을 경험할 때, 그는 오히려 고난으로 말미암아 하나님을 배우며, 하나님께 더 귀를 기울이게 되고, 성령의 은혜 안에서 사는 삶을 배우며, 하나님 경외하는 삶을 살게 된다. 여기에 하나님의 지혜가 있다.

욥기의 시작을 기억하는가? 사탄이 하나님께 "욥이 어찌 까닭 없이 여호와를 경외하리이까?"(1:9) 말했었다.

이러한 저급한 사탄의 생각과는 다르게 욥과 같은 하나님의 사람들이 원하는 보상은 오직 한 가지이다. 초월하여 계시는 전능자 하나님과의 깊은 교제, 그리고 그분을 경외하는 삶, 그 자체가 하나님의 사람들에게는 가장 뛰어난 보상이다.

이제 욥기의 남은 장들이 그것을 가르쳐줄 것이다.

오늘의 본문 성경을 읽으시고 깨달은 점이나 기억하고 싶은 점 혹은 기도문을 기록합니다.

1년 1독 성경 읽기 꿀송이 보약큐티

욥기 38장~42장

| 묵상자료 |

1. 하나님의 역질문

하나님은 왜 아무 연고도 없이 그의 백성을 고난으로 몰아 부치는지 욥은 도무지 이해할 수 없었다. 그래서 하나님께서 좀 나타나셔서 속시원히 말씀해 주시기를 학수고대했다. 드디어 욥기 38장에 하나님이 등장하셨다. 그런데 폭풍우를 대동하고 나타나셨다. 그냥 나타나셔도 인간은 하나님의 출현에 사시나무처럼 떨리고 무서울텐데 폭풍우까지 대동하고 나타나셨으니 욥이 얼마나 무서웠겠는가? 폭풍우 가운데 하나님이 나타나신 이유는 욥의 말에 하나님이 분노하셨기 때문이다. 하나님은 욥에게 대뜸 "무지한 말로 생각을 어둡게 하는 자"라고 꾸짖으셨다(욥 38:2). 보통의 욥기서 독자들은 하나님의 이런 책망을 잘 모르고 그냥 1:1 말씀만을 기억하고 욥기서를 생각하기 때문에 욥기를 이해하는데 방해를 받고 왜 하나님이 고난당하는 욥에게 도리어 화를 내시는지를 이해하지 못한다.

> "우스 땅에 욥이라 불리는 사람이 있었는데 그 사람은 온전하고 정직하여 하나님을 경외하며 악에서 떠난 자더라" 욥 1:1

사실 위의 말씀은 하나님이 한 수 접어주시고 은혜로 덮으셔서 평가해 주시는 말씀이다. 실상은 인간 중에 누구도 절대적으로 온전한 사람은 아무도 없다. 아브라함도, 모세도, 다윗도, 욥도 다 연약한 죄인들이다. 그래서 욥도 고난의 처음에는 믿음으로 잘 견디고 마귀를 부끄럽게 했지만 그도 연약한 죄성을 지닌 인간인지라 친구들에게 억울하게 집중 공격을 받으며 자신을 변호하는 과정에서 하나님의 심기를 건드리는 실수를 범하였다.

욥의 말 중에서 그가 크게 실언한 것은 욥기 10장에 많이 나타난다. 욥기 10:3에서 그는 하나님이 '악인의 꾀에 빛을 비추시기를 선히 여긴다'고 발언했다. 참으로 무지한 말이었고 이치를 가리는 말이었다. 욥은 하나님이 마귀의 꾐에 속으셔서 마귀가 좋아하는 일을 하고 있다고 발언한 것이다. 이는 완전히 하나님의 깊은 수읽기를 무시하는 참람하고 망령된 말이었다. 마귀만 꾀가 있고 하나님은 생각이 없으시단 말인가? 하나님이 마귀의 꾀를 분별하시지 못할 만큼 어리석으신 분이란 말인가? 욥은 거기에 그치지 않고 10:4에 이런 믿을 수 없는 실언을 또 한다. "주께도 육신의 눈이 있나이까? 주께서 사람처럼 보시나이까?" 조금 전에는 하나님을 마귀의 꾀에 속아 악인의 꾀에 빛을 비춘다고 하더니 이제는 한 술 더 떠 인간들처럼 눈이 있어 모든 것을 살펴보시는 분이신가 하고 의문을 품는다.

눈이 없기에 자신의 이런 처지를 방관하시는 것 아니냐는 것이다. 도대체 인간의 눈을 누가 만드셨는가? 하나님이시다. 눈을 만들어 인간에게 볼 수 있도록 하신 하나님이 왜 못 보시겠는가? 귀를 만드신 하나님이 왜 못 들으시겠는가?

욥이 이토록 망령된 말을 했기 때문에 친구인 엘리후도 욥을 책망했었고 하나님도 폭풍우 가운데 나타나셔서 무지한 말로 이치를 가리는 이가 욥이라고 지적하신 것이다. 아무리 욥이 자신의 처지가 억울하고 하나님이 도무지 쳐다보시지도 않는다는 '느낌'이 들더라도 말은 바로 했어야 했다. 나의 느낌이 진리는 아니지 않는가? 우리는 느낌이나 감정으로 하나님을 섬기는 자들이 아니라 믿음으로 섬기는 자들이다. 욥의 말과는 정반대로 실상은 하나님은 욥의 모든 고난을 하나도 빠짐없이 다 바라보고 계셨다. 눈깜짝할 동안도 하나님은 지켜보셨고 그의 신음에도 하나님은 마음 아파하셨다. 다만 하나님이 정한 시간표가 이를 때까지 잠시 그 아픔을 당하도록 허락하신 것이었다.

그토록 하나님을 향해 억울하다고 열변을 토하던 욥이었건만 하나님의 가벼운 첫 질문 한마디부터 말문이 막히고 말았다. 꿀먹은 벙어리처럼 대답 못하는 욥을 향해 하나님은 계속해서 끝없는 질문세례를 퍼 부었다. 나는 하나님의 수많은 질문 가운데 한 가지가 너무나 인상 깊게 다가와 머리를 끄덕이며 그 성경에 밑줄과 동그라미를 수없이 쳤던 기억이 있다. 바로 욥기 38:26이다.

"누가 사람 없는 땅에, 사람 없는 광야에 비를 내리며 황무하고 황폐한 토지를 흡족하게 하여 연한 풀이 돋아나게 하였느냐" 욥 3 8; 26~27

나는 여러 교회에서 이 본문을 가지고 "사람 없는 광야에 내리는 비"라는 제목으로 설교를 많이 했다. 시적 감수성을 가진 나에게 이 성경 구절은 잘 박힌 못처럼 내 가슴에 선명하게 다가온다. 나는 20년 이상을 남아공에서 살며 선교를 했는데 남아공 1번 고속도로를 타고 내가 살던 집에서 케이프타운까지 가려면 1200km가 떨어져 있다. 케이프타운 가는 1번 고속도로를 하염없이 달리다 보면 사막 같은 광야가 길 양쪽에 펼쳐지고 사람 사는 흔적도 없는데 들짐승들만 가끔 풀을 찾아 다닌다. 그러다가 비가 내리면 하늘과 땅이 엉켜 하나가 되어 버린 듯 쿵쿵거리는 천둥과 번쩍이는 번개가 난무한다.

그렇다. 그 사람 없는 황량한 광야에도 비가 내리고 있었다!!

하나님은 인간들이 인지하지 못하는 장소에도 태고부터 자신이 지은 피조세계를 홀로 돌보시며 관리해 오셨다. 하나님은 그 사실을 가지고 욥을 심문하신 것이다. 누가 사람도 안 사는 광야에까지 비를 내리게 하는가? 욥은 속으로 하나님이시지요… 하고 대답했을 것이다. 그래, 그렇다면 그런 세밀한 하나님이 왜 너의 삶에는 간섭을 안 한다고 생각한거니? 하고 물으실 게 뻔하였다. 아무리 너의 작금의 현실이 광야처럼 허허롭다 하여도 사람 없는 광야에까지 비를 뿌리시는 하나님이신데 왜 너를 돌보시지 않겠느냐는 하나님의 반어법이었다.

욥은 이런 하나님의 질문 앞에 점점 고개를 끄덕이며 수긍하고 자신의 믿음 없었던 모습을 회개하기 시작한다. 그 후의 계속되는 하나님의 질문도 다 이런 복선을 깔고 있다. 하나님은 욥이 잘 모르는 베헤못이나 리워야단 같은 거대 동물들을 예로 들면서 이런 공룡이나 수천 톤 되는 거대 고래들도 하나님이 만드시고 돌아보시는데 왜 욥 너를 하나님이 못 돌보겠느냐고 따지신 것이다.

이런 끝없는 하나님의 질문 앞에 욥은 죄송하여 더 이상 견디지 못하고 항복하고 말았다. 두 손으로 그 어리석은 말을 뱉었던 자기 입을 가리며 재를 뒤집어쓰고 하나님께 용서해 달라고 빌었다. 하나님의 질문을 듣고 보니 자기의 믿음 없었던 모습이 너무나 부끄러워 견딜 수 없었던 것이다. 그는 하나님의 말씀을 들은 후, 전에는 내가 귀로 듣기만 하였는데 이제는 하나님을 눈으로 본다고 고백했다. 이제는 어떤 상황 속에서도 하나님을 끝까지 신뢰하고 흔들리지 않겠다는 다짐을 하게 되었다.

확실히 욥처럼 우리도 하나님의 말씀을 듣고 깨달음이 오면 우리의 믿음이 강해진다. 믿음은 하나님의 말씀을 들음에서 오게 되어 있는 것이다. 그리고 그 말씀을 통해 하나님이 어떤 분이신지를 확실히 깨달을 때 우리의 믿음은 한 단계 업그레이드되는 것이다. 결국 욥이 회개하고 돌이키자 하나님은 먹구름처럼 그를 감싸고 있던 고난들을 다 제거해 주셨다. 그는 다시 회복되었고 갑절의 축복을 받게 되었다. 욥을 그토록 마음 아프게 했던 욥의 네 친구들은 하나님의 지시를 따라 욥이 그들을 위해 화목을 위한 제사를 하나님께 드림으로 용서받았다. 그리고 자녀의 복을 다시 받았는데 욥의 아들들의 이름은 기록하지 않았지만 세 딸들의 이름은 성경에 기록해 놓았다. '여미마'는 '햇빛 찬란한 낮'이라는 의미가 있다. 주석가 메튜헨리는 욥이 첫째 딸의 이름을 부를때마다 캄캄한 고통의 밤이 지나고 형통의 빛이 비치는 아침 빛을 생각했을 것이라고 하였다. '긋시아'는 향기로운 냄새라는 뜻이며, '게렌합북'은 아름다운 색깔이란 뜻이다. 그야말로 욥은 이 세 딸들로 인해 고통의 아픔을 까마득히 잊어버리고 아름답고 향기로운 날들을 행복하게 지냈을 것이다. 이 땅에 딸이 없이 사는 가정들에게 삼가 안타까운 위로를 전해 드리는 바이다. 이제 욥기를 마치면서 욥처럼 이해할 수 없는 고난의 긴 터널에 갇혀 지금도 신음하는 믿음의 형제, 자매들에게 이 말씀이 위로와 힘이 되었기를 소망해 본다.

오늘의 본문 성경을 읽으시고 깨달은 점이나 기억하고 싶은 점 혹은 기도문을 기록합니다.

5월 23일

1년 1독 성경 읽기 꿀송이 보약큐티

시편 1편~3편

| 묵 상 자 료 |

1. 시편은 어떤 책인가?

시편은 하나님을 노래하고 찬양하는 내용이 주류를 이룬다. 또한 기도와 회개와 믿음의 고백들이 들어있다. 신약에서 구약을 인용할 때 가장 많이 인용된 책이 시편이다. 150개의 시편 가운데 다윗이 73개의 시편을 지은 저자이고 찬양대장 레위인 아삽이 12개의 시편을, 고라 자손들이 10개, 그 외 저자로는 솔로몬, 모세, 헤만, 에단이 있다. 모든 구약 성경이 다 예수 그리스도를 드러내는 책이지만 특별히 시편에는 수없이 예수님이 생생하게 예시되고 예언된다. 시편 말씀이 성령에 감동된 책임을 그 자체로 증거하는 것이다. 시편은 우리의 찬송이나 기도처럼 수시로 읽고 또 읽어야 한다. 시편이 나의 찬송이 되고 나의 기도가 되야 한다. 어렵게 의미를 파악하려는 노력보다는 말씀을 그대로 읽고 암송하고 친근히 하여 시편을 누리는 자세를 갖는 것이 우리 영혼에 유익을 줄 것이다.

2. 시냇가에 심기운 나무처럼 복 있는 인생

시편 1편은 그리스도인 이라면 누구나 암송하는 성경구절이다. 성경은 누가 복이 있는 사람인지를 가르쳐 준다. 시편 1편에서는 먼저 죄인들을 멀리 하는 인생이 복이 있다고 한다. 악인들과 함께 걷지도 않고 서지도 않고 앉지도 않는 사람이 복이 있다는 것이다. 세상에서 상식으로 알고 있는 그런 복과는 판이하게 다르다. 우리는 성경이 제시하는 복된 인생이 되기 위해 제대로 방향을 잡고 살아야 한다. 속도보다 중요한 것이 방향이다. 우리 인생의 철학, 가치관이 성경의 가르침을 따라 정립되어야 한다. 세상이 뭐라고 해도 우리 그리스도인의 최고의 복은 죄를 멀리하고 사는 경건한 삶이라고 믿어야 한다. 소돔, 고모라 같은 이 타락한 세상에서 죄악의 자리에 있지 아니하고 날마다 은혜로운 삶을 유지하며 살아가는 그 사람이 가장 복된 인생을 사는 것이다.

또한 성경이 말하는 복된 인생은 하나님의 말씀을 즐거워하여 밤낮으로 그 말씀을 붙잡고 묵상하는 삶을 살아가는 사람이 복 있는 자라고 하신다. 하루도 빠지지 않고 매일 말씀을 읽고 큐티하고 그 말씀을 붙잡고 기도하는 사람들은 참으로 복있는 자들이다.

세 번째로 시편 1편이 말하는 복 있는 사람은 하나님이 그 길을 인정해 주는 인생이라고 증거한다. 악인들은 영구히 의인의 회중에 들지 못하고 결국 지옥의 심판으로 망하게 되지만 의인들은 하나님이 그 삶을 의미 있게 해 주시고 구원과 상급으로 보상해 주신다. 이처럼 하나님의 궁극적인 구원과 인정을 받는 인생이 성경이 말하는 성공한 인생, 복받은 인생인 것이다. 시냇가에 심기운 나무는 사시사철 푸르고 철 따라 열매를 맺는다. 죄악을 멀리하고 말씀을 가까이하며 욥처럼 여호와께서 인정해 주시는 신앙을 가진 자들은 성경의 관점에서 가장 성공한 인생들이다. 아멘.

3. 그 아들에게 입 맞추라!

시편 2편 말씀은 전형적인 메시아 예수 그리스도에 관한 예언을 담은 시편이다. 여기에는 왕이 등극하는 모습이 나온다. 왕에 대한 이야기가 나와서 제왕시라고 말하기도 하고, 왕이 등극하는 등극시라고도 말한다. 시편 2편은 시의 운율을 따라서 3행 4연의 구절을 가지고 있다. 먼저 앞부분에 첫 3절은 우리들에게 세상은 하나님을 거부한다는 것을 보여준다.

> "어찌하여 이방 나라들이 분노하며 민족들이 헛된 일을 꾸미는가 세상의 군왕들이 나서며 관원들이 서로 꾀하여 여호와와 그의 기름 부음 받은 자를 대적하며 우리가 그들의 맨 것을 끊고 그의 결박을 벗어 버리자 하는도다" 시 2:1~3

이방 나라들과 세상의 군왕들, 관원들이 나서서 우리가 '하나님과 그의 기름 부음 받은 자를 대적하자'라고 이야기한다. 기름 부음 받은 자는 메시아, 우리 주 예수 그리스도를 의미하는데 열왕과 민족들, 세상에 관리들은 하나님을 대적하고 예수 그리스도를 대항해서 반란을 일으키고자 한다. 하나님으로부터 벗어나고자 하고 자기 마음대로 살고자 하고 하나님을 인정하고 싶지 않은 것이다. 원래 하나님이 사람을 만들었을 때는 사람과 하나님은 좋은 관계였다. 하나님은 사람을 만들 때 만물과 자연과는 다르게 하나님의 형상을 따라 만드셨다. 하나님의 이미지가 사람들 안에는 있다. 하나님이 그렇게 사람을 만들었지만 죄를 지은 후부터는 결코 하나님을 기뻐하지 않고, 하나님으로부터 피하고자 하고 하나님을 거부하고자 하고 하나님으로부터 벗어나고자 하고 자기 마음대로 살아가려고 하고 있다. 이러한 패역한 세상을 보시고 하늘에서 하나님은 웃으신다고 말한다. 하나님이 웃으신다는 것은 한 마디로 가소롭다는 것이다. 하나님이 그들을 비웃으신다는 것이다. 하나님을 거부하고, 하나님 믿는 자를 핍박, 박해하고 마치 자기들이 주인인 것처럼 행세하고 있는 세상의 바벨탑을 보시며 하나님이 웃으신다는 것이다. 하나님은 이 세상이 얼마나 가소로운지 직접 나서지도 않으시고 하나님이 왕을 세우겠다고 하셨다. 그 왕이 누구인가? 예수 그리스도이시다. 하나님은 이 땅에 예수 그리스도를 세우셔서 이 땅을 심판하시려 하신다. 그 왕을 통해서 죄와 사망의 권세를 깨트리시고 그 왕을 통해 하나님을 모욕하고 하나님을 거부하는 자들을 징계하신다.

하나님께서 그 왕을 이땅 가운데 시온에 세우시면서 왕에게 명령하신다. 너는 내 아들이라. 오늘 내가 너를 낳았도다. 여기 '낳았도다'는 말은 부활했다는 의미라고 신약 성경은 주석 한다.

"곧 하나님이 예수를 일으키사 우리 자녀들에게 이 약속을 이루게 하셨다 함이라 시편 둘째 편에 기록한 바와 같이 너는 내 아들이라 오늘 너를 낳았다 하셨고" 행 13:33

이 말씀을 보면서 기억해야 할 사실은 시편 2편을 사도 바울도 밝히 알고 있었다는 것이다. 우리가 읽는 이 본문을 사도 바울도 알고, 읽고, 외웠고, 인용했구나 생각하면 우리가 시편을 어떻게 대하여야 하는지 그 중요성을 알 것이다. 바울은 그리스도의 부활이 시편 2편에 기록되어 있다고 인용한다. 십자가의 죽음을 통해 우리의 구원을 이루게 하시고 하나님은 그리스도를 부활시킴으로 영원한 그 백성들의 왕으로 등극시키셨다. 부활은 예수님이 사망권세를 깨뜨리시고 만 왕의 왕으로 탄생하셨음을 온 세상에 선포하는 역사적 사건이었다.

그리고 시편 2편은 결론적으로 하나님을 경외함으로 그분을 섬기라고 이야기한다. 그의 아들에게 입맞추라고 이야기한다. 입 맞춘다는 것은 그분에게 복종하고 경배하는 상징의 표현이다. 하나님을 의지하는 자가 복을 받을 것이다. 여기 보면 하나님께 피하는 모든 사람은 복을 받는다고 말한다. 시편 2편의 마지막 결론은 우리에게 두 갈래 길이 있으니 선택하라는 것이다. 예수 그리스도를 영접하여 주의 자녀로 살 것인가, 아니면 하나님 섬기기를 거부하고 그의 진노로 망할 것인가 하는 선택이다.

나는 하나님의 아들에게 입맞추기를 선택하여 살고 싶다. 부활하셔서 인류의 왕으로 등극하신 그분께 나는 나의 모든 것을 의탁하며 살고 싶다. 아멘.

오늘의 본문 성경을 읽으시고 깨달은 점이나 기억하고 싶은 점 혹은 기도문을 기록합니다.

5월 24일

1년 1독 성경 읽기 꿀송이 보약큐티

시편 4편~8편

| 묵상자료 |

1. 사람이 무엇이기에 저를 생각하시나이까?

시편 8:4에는 다윗이 자신과 함께 해 주시고 끝없는 은혜를 베푸시는 하나님의 은혜가 너무 감사하여 하늘을 우러러 이렇게 고백하고 있다.

"사람이 무엇이기에 주께서 그를 생각하시며 인자가 무엇이기에 주께서 그를 돌보시나이까" 시 8:4

천지를 지으신 크고 위대하신 그분이 미미한 우리가 무엇이라고 친구처럼, 연인처럼 생각해 주시고 돌보아 주시는지 다윗은 너무나 감사하고 감격하여 이렇게 시를 적었다. 물론 구약에서의 인자라는 단어는 이 땅에 오신 하나님의 아들을 지칭하여 쓰인 경우가 대부분이다. 그러나 시편의 기법상 여기 나오는 사람이나 인자는 첫째는 다윗 자신을 말하는 것이고 동시에 하나님의 아들 예수 그리스도를 상징하는 중의법의 표현이라고 할 수 있다.

이 말씀을 묵상하다 보니 연탄길이라는 책을 써서 일약 유명 작가가 된 이철환 집사님의 간증이 마음에 떠오른다. 이철환 집사님은 지금은 연탄길이라는 책을 써 무려 430만 권이나 팔리게 한 베스트셀러 작가지만 등단 초기에는 너무나 가난하고 힘든 무명 작가였는데 그 가난한 시절에 친구가 베풀어 준 격려와 사랑을 평생 잊을 수 없다고 했다. 그의 잔잔한 얘기를 들어 보라.

"깊은 절망에 빠져 있던 어느 겨울이었습니다. 저녁 무렵 친구 봉구의 전화를 받고 인사동으로 나갔습니다. 봉구는 잠시 저를 바라보다가 새로 시작한 소설은 잘되어가냐고 물었습니다. 그럭저럭 쓰고 있다고 말했지만 앞날에 대한 확신도 없이 제자리걸음만 하고 있을 때였습니다. 잘 다니던 직장을 그만두고 몇 년째 소설에만 매달리고 있었던 터라 형편도 넉넉지 않은 시절이었습니다.

어둑할 무렵 봉구와 함께 인사동 길을 걸었습니다. 길가 한쪽에서 할머니가 강아지를 팔고 있었습니다. '와! 예쁘다.' 봉구가 호들갑을 떨며 강아지 앞에 쪼그려 앉았습니다. 싸게 드릴 테니 한 마리 사 가라고 할머니가 말했습니다. 할머니가 건넨 말에 봉구는 멋쩍게 웃기만 했습니다. '할머니, 죄송한데요. 차 마시고 밥 먹느라 돈을 다 써 버렸어요.' 봉구는 반죽 좋은 웃음을 흘리며 할머니에게 말했습니다. 할머니도 봉구를 보며 호물호물 웃었습니다.

봉구와 헤어져 버스 정거장으로 갔습니다. 버스를 타고 집으로 돌아오는 내내 어린 딸아이를 생각했습니다. 딸아이는 오래 전부터 강아지를 사 달라고 제게 졸랐습니다. 그러나 돈이 여유가 없었습니다. 다음 날이 딸아이 생일이라 마음은 더 짠했습니다.

다음날, 아내와 딸아이와 함께 명동으로 갔습니다. 칼국수도 먹었고 아내와 딸아이의 머리핀도 샀습니다. 이 집 저 집 돌아다니며 딸아이의 생일 선물로 강아지 대신 조그만 강아지 인형도 사 주었습니다. 집으로 돌아오는 버스에서 작은 목소리로 딸아이에게 노래를 가르쳐 주었습니다. 아이는 강아지 인형을 안고 제 품에서 잠들었습니다. 차창 밖에는 눈이 내리고 있었습니다. 버스에서 내려 집으로 가는 동안에도 눈은 계속 내렸습니다. 잠에서 깨어난 딸아이는 눈 내리는 하늘을 바라보며 길을 걸었습니다. 대문을 열고 집으로 들어섰을 때 딸아이 눈이 휘둥그레 졌습니다. 저와 아내의 눈도 휘둥그레 졌습니다. 작은 마당에 있는 살구나무 아래에서 강아지 한 마리가 눈을 맞고 있었기 때문입니다. 살구나무 밑동에 끈으로 매어져 있는 어린 강아지는 겁먹은 눈빛으로 우리를 멀뚱히 바라보고 있었습니다. 딸아이는 몇 걸음을 달려가 강아지를 덥석 품에 안았습니다. 살구나무 아래 편지가 놓여 있었습니다. 봉구가 남기고 간 편지였습니다.

<봉구 다녀간다. 도둑처럼 주인도 없는 집 담을 넘었다. 네 딸내미가 생일 선물로 강아지 선물 받고 싶다고 했다기에 어젯밤 너하고 헤어진 뒤 강아지 파는 할머니한테 다시 갔었다. 남은 두 마리 중에 조금 더 미운 놈을 사 가지고 왔다. 우리 집에서 하루 재우고 오늘 데려왔어. 마지막까지 남겨질 것 같은 이 강아지가 문득 가엾다는 생각이 들었다. 학교 다닐 적 내 모습 같았거든. 나처럼 못나고 공부도 못하는 애들은 어디 가나 찬밥이었으니까 예수님은 못난 사람들, 힘없는 사람들을 제일로 사랑하셨는데 말이야. 힘내라. 너는 멋진 소설가가 될 거야 나는 항상 너와 함께 있다>

봉구의 편지를 손에 들고 눈 내리는 하늘을 바라보았습니다. 금세 눈물이 흘러내려 눈 속에 한참 서 있었습니다."

이처럼 세상의 좋은 친구도 자신도 어려우면서 항상 생각해 주고 도와주려고 하는 것을 보면 도울 힘이 있으신 창조주께서 우리를 생각해 주시고 돌보아 주신다는 다윗의 고백이 마음에 더욱 와 닿는다.

오늘의 본문 성경을 읽으시고 깨달은 점이나 기억하고 싶은 점 혹은 기도문을 기록합니다.

5월 25일

1년 1독 성경 읽기 꿀송이 보약큐티

시편 9편~12편

| 묵 상 자 료 |

1. 여호와여, 일어나소서! (시 10편)

김을 매고 잡초를 제거하는 일은 농사를 지으면 하루도 빠짐없이 해야 하는 일이다. 분명히 파종을 할 때는 잡초를 없애고 알곡만을 심는다. 그런데도 논밭에는 어느새 잡초가 먼저 자란다. 그래서 논밭은 하루라도 김을 매지 않으면 알곡은 제대로 자라지 못하고 잡초만 무성하게 되기 쉽다. 그렇다고 누가 일부러 잡초를 갖다 심은 것도 아니다. 또 잡초는 보이는 대로 뽑아낸다. 그런데도 잡초는 쉽게 사라지지 않고 풍성한 수확을 방해한다.

우리 인간의 삶에도 이 잡초와 비슷한 것이 있다. 바로 죄악이다. 인간이 사는 곳은 어디든지 죄악이 함께 존재한다. 그러면서 의롭고 선하게 살고자 하는 성도를 끊임없이 방해하고 괴롭게 하는 것이 죄악이다. 지상 최고의 낙원이었던 에덴동산에도 결국 죄악이 스며들고 말았지 않는가? 그만큼 우리 인간은 죄악에 부대끼며 살 수밖에 없는 존재이다.

오늘 시편 10편 말씀도 악에 대한 탄원이 나온다. 악은 도대체 어디서 무엇 때문에 생겨났는지 또 우리를 괴롭히는 이 죄악에 대해서 우리가 어떤 태도를 취해야 하는지 성경은 수없이 우리를 가르치고 있다. 시편 10:1은 “여호와여 어찌하여 멀리 서시며 어찌하여 환난 때에 숨으시나이까”라고 외치고 있다.

악인의 횡포 때문에 고통당하는 자기를 언제까지 하나님이 멀리하시겠는가 하고 외치고 있다. 하나님께서 이제는 절대로 악인들을 그냥 버려두지 않기를 간구하고 있다. 그러면서 시편 10편에서는 악인이 어떤 자인지를 아주 자세하게 소개하고 있다. 우선 2절을 보면 악인은 어려움을 겪고 있는 사람을 더욱 심하게 괴롭히기 위해서 온갖 나쁜 지혜를 짜내는 자라고 했다. 또 악인은 욕심만 가득한 자신의 악한 계획이 늘 성공할 것이라고 자랑한다고 했다. 악인의 마음은 다른 사람을 넘어지게 하는 흉계로 가득 하고 악인의 행동은 다른 사람의 진실을 무시하는 일만 일삼는다고 했다. 바로 이런 악인 때문에 “무죄한 자”가 죽임을 당하고 외로운 자가 넘어진다고 했다. 더 나아가 4절을 보면 악인은 이렇게 말한다고 고발한다.

> “악인은 그의 교만한 얼굴로 말하기를 여호와께서 이를 감찰하지 아니하신다 하며 그의 모든 사상에 하나님이 없다 하나이다” 시 10:4

심지어 11절에서는 "그가 그의 마음에 이르기를 하나님이 잊으셨고 그의 얼굴을 가리셨으니 영원히 보지 아니하시리라 하나이다" 하고 있다.

악을 행하는 사람은 하나님께서 기억력이 나빠서 악인들이 어떤 잘못을 저질렀는지도 금방 잊어버리신다고 했다. 이렇게 악인은 인간을 괴롭히는 것은 물론이고 하나님조차도 그 존재를 부인하고 하나님의 모든 능력까지도 무시한다는 것이다.

이런 상황에서 시인은 이런 악인들의 악행을 고발하는 동시에 하나님의 도우심을 간절히 청했다. 그 어떤 악인도 심판하시고 물리치시는 하나님만을 믿고 의지했다. 시편 10:12에서 시인은 하나님께 일어나주시기를 간구한다. 그리고 14절에 "주께서는 보셨나이다 주는 재앙과 원한을 감찰하시고 주의 손으로 갚으려 하시오니 외로운 자가 주를 의지하나이다 주는 벌써부터 고아를 도우시는 이시니이다"라고 간구한다.

하나님께서 우리를 보신다는 것이다. 시인은 감찰하시는 하나님을 믿었다. 그리고 외로운 자와 고아를 도우시는 의로우신 하나님의 손길이 악한 자들을 결국 철저하게 심판하시고 응징하실 것임을 확신했다. 아멘.

오늘의 본문 성경을 읽으시고 깨달은 점이나 기억하고 싶은 점 혹은 기도문을 기록합니다.

5월 26일

1년 1독 성경 읽기 꿀송이 보약큐티

시편 13편~16편

| 묵 상 자 료 |

1. 성도의 기쁨(시 16편)

시인은 어려운 상황에 처해 있었다. "하나님이여 나를 지켜 주소서 내가 주께 피하나이다"(시 16:1)라고 하는 걸 보아 다윗이 쫓기고 있던 것이 분명하다. 시편 16:9~10에서 육체적인 안전과 죽음에 대해 말하는 것으로 보아 육체적으로 병이 들거나 목숨의 위협을 당하는 상황으로 추측할 수도 있다. 한 가지 확실한 것은 그가 매우 힘든 상황에 있었다는 것이다.

그러한 어려움 속에서도 다윗은 자신이 받았던 복에 대해 말한다. 첫째는 성도의 복이고, 둘째는 하나님의 공급하심이며, 셋째는 하나님의 인도와 보호하심이었다. "땅에 있는 성도들은 존귀한 자들이니 나의 모든 즐거움이 그들에게 있도다"(3절). 그가 가장 먼저 언급한 복이 성도들이다. 그런데 여기서 다윗이 사용한 "성도들"(거룩한 자들)은 단수일 때는 하나님을 지칭하는 말이고, 복수일 때는 천사들을 지칭할 때 사용하던 말이다. 즉, 인간들을 말할 때는 사용하지 않았던 말이다. 그러나 다윗은 하나님이나 천사들을 가리키는 것이 아니라 "땅에 있는" 이스라엘 백성들, 언약의 자손들을 얘기하고 있다. 그들을 "존귀한 자들"이라고 말한다. 바울이 빌립보 성도들을 향해서 '너희가 나의 기쁨이다'라고 말했던 것과 같다.

다윗이 말한 두 번째 복은 하나님의 공급하심이었다.

> "여호와는 나의 산업과 나의 잔의 소득이시니 나의 분깃을 지키시나이다 내게 줄로 재어 준 구역은 아름다운 곳에 있음이여 나의 기업이 실로 아름답도다" 시 16:5~6

여기 다윗이 사용하고 있는 단어들, '산업', '소득', '분깃', '기업' 등의 단어는 우리에게 익숙하다. 여호수아 15~19장에서 땅을 분배할 때 사용한 단어들이기도 하기때문이다. 다윗은 자신의 필요가 채워지고 있는 것에 대해 만족스러워하고 있다.

다윗이 말한 세 번째 복은 하나님의 인도와 보호하심이었다.

> "나를 훈계하신 여호와를 송축할지라 밤마다 내 양심이 나를 교훈하도다" 7절

하나님께서 다윗을 훈계하시고 권고하셨다. 무엇이 옳은지 그른지, 어떤 길로 가야 하는지를 말씀

해주시는 것이다. 구약에서 '밤'이라는 시간은 뭔가 생각하고 묵상하며 사색하는 시간이다. 그는 밤마다 "양심이 나를 교훈"한다고 말한다. 양심은 하나님이 우리에게 주신 마음의 율법이자 안전장치, 경고등과 같은 것이다(롬 2:14~15).

우리는 말씀을 읽으면서 다윗이 정말 주목하고 있는 것이 하나님께로부터 받은 복이 아니라, 그것을 주신 하나님 자체라는 것을 알 수 있다. 그는 존귀한 성도들에 대해 말하면서, "다른 신에게 예물을 드리는 자는 괴로움이 더할 것이라"고 말한다. 농사를 하던 사람들은 저마다 비, 바람, 해를 주관하는 신들을 섬겼다. 유일신 하나님만을 섬기던 이스라엘 백성들에게는 그러한 우상숭배는 항상 유혹거리였다. 그러나 다윗은 다른 신을 섬기는 자들이 결과적으로 얻는 것은 괴로움이라고 말한다. 다윗 이전에도 이후에도 역사가 이것을 증명했다. 사사 시대에 이스라엘 백성들은 수없이 하나님을 떠났고 그때마다 하나님은 그들을 징계하셨으며 그들이 돌이켰을 때 구원하셨다. 하나님을 섬기면 복을 받고 그렇지 않으면 심판을 받는 것이다. 다윗 이후에 솔로몬과 분열왕국의 수많은 왕들이 통치하던 때에도, 포로기에 이르기까지 이러한 역사는 계속되었다.

다윗은 모든 것들이 하나님으로부터 왔다고 말한다. "여호와는 나의 산업과 나의 잔의 소득이시니"(5절) 하나님께서 주시는 것들이 소득이 된다는 것이 아니라, 하나님 자체가 산업이고 소득이라는 것이다. 그는 주님이 나의 복이라고 하고 그 복을 세며 그 복을 주신 하나님께 생각을 모은다. 그 결과는 9절 "이러므로 나의 마음이 기쁘고 나의 영도 즐거워하며 내 육체도 안전히 살리니"이다.

주를 생각하면 기쁨과 평안이 찾아오는 것이다. 다윗은 하나님 때문에 기뻐하고 평안을 누릴 수 있었다.

"주께서 생명의 길을 내게 보이시리니 주의 앞에는 충만한 기쁨이 있고 주의 오른쪽에는 영원한 즐거움이 있나이다" 시 16:11

이것이 다윗이 내린 결론이다. 우리가 내릴 수 있는 결론이기도 하다. 주께서 우리를 생명의 길, 영생의 길로 인도하신다. 그곳에 충만한 기쁨, 완전한 만족이 있다. 이것은 일시적인 것이 아니라 영원한 것이다. 다윗은 하나님만이 자신의 복이라고 하면서 그 안에 충만한 기쁨과 영원한 즐거움이 있다고 고백하고 있는 것이다. 아멘.

오늘의 본문 성경을 읽으시고 깨달은 점이나 기억하고 싶은 점 혹은 기도문을 기록합니다.

5월 27일

1년 1독 성경 읽기 꿀송이 보약큐티

시편 17편~20편

| 묵상자료 |

1. 성경의 유익(시 19편)

무신론자들은 성경을 공격한다. 성경에 대한 공격은 최근의 일이 아니다. 그것은 인류가 처음 타락했을 때부터 있었다.

"하나님이 참으로 너희에게 동산 모든 나무의 열매를 먹지 말라 하시더냐" 창 3:1

이것은 하와에게 사탄이 한 말이다. 하나님의 말씀에 의문을 제기한 것이다. 하나님의 말씀에 대한 공격은 곧 하나님에 대한 공격이다. 사탄은 하나님의 말씀을 공격하는 것을 통해 하나님에 대한 의심을 심어주어 결국 하나님을 믿지 못하게 하는 것이다. 그것이 지금까지 이어져 오고 있다. 우리는 정말 성경에 오류가 없다고 믿는가? 성경은 믿을 만 한가? 성경으로 충분하다고 말할 수 있는가? 어떤 것을 근거로 그렇게 말할 수 있는가?

시편 19편은 하나님께서 그 '하나님의 말씀'에 대해 우리에게 직접 증언하시는 내용이다. 앞에서 던졌던 우리의 질문에 대한 하나님의 답변 "여호와의 율법은 완전하여 영혼을 소성시키며"(시 19:7)이다.

하나님의 말씀은 흠이 없다. 그 말씀이 영혼을 소성시킨다고 말한다. 또한 사도 바울은 성경에 대해 "성경은 능히 너로 하여금 그리스도 예수 안에 있는 믿음으로 말미암아 구원에 이르는 지혜가 있게 하느니라 모든 성경은 하나님의 감동으로 된 것으로 교훈과 책망과 바르게 함과 의로 교육하기에 유익하니 이는 하나님의 사람으로 온전하게 하며 모든 선한 일을 행할 능력을 갖추게 하려 함이라"(딤후 3:15~17)라고 말했다.

모든 성경은 다 하나님의 감동을 받아 기록된 신령한 말씀이다. 인간이 함부로 문학작품처럼 취급해서는 안되는 말씀이다.

"여호와의 증거는 확실하여 우둔한 자를 지혜롭게 하며 여호와의 교훈은 정직하여 마음을 기쁘게 하고" 시 19:7~8

여호와의 교훈은 정직하다. '정직'이라는 말은 일반적으로 사람에게 쓰는 말이다. 거짓을 말하지 않고 옳고 그름에 대해 확실하게 말하는 사람을 정직하다고 한다. 하나님의 말씀이 그러하다. 구부러지

거나 돌려서 말하지 않고 사실을 말한다. 분명한 의미를 정확하게 말해준다. 우리를 잘못된 길로 안내하지 않고 올바른 목적지로 가도록 알려준다. 그리고 여호와의 교훈은 우리의 마음을 기쁘게 한다고 선포한다. 주의 말씀은 우리들에게 궁극적인 기쁨과 행복을 준다.

"내가 오늘 네 행복을 위하여 네게 명하는 여호와의 명령과 규례를 지킬 것이 아니냐" 신 10:13

하나님의 말씀에 순종하라는 명령은 우리의 기쁨을 충만하게 하기 위함이다. 또 하나님의 명령과 규례의 목적은 우리의 행복을 위해서이다.

"금 곧 많은 순금보다 더 사모할 것이며 꿀과 송이꿀보다 더 달도다" 시 19:10

금보다 돈보다 하나님의 말씀이 더욱 사모할만하다고 말한다. 우리는 성경과 금을 놓고 둘 중 하나를 선택해야 한다. 금을 포기하고 하나님의 말씀을 선택하라는 것이다. 다윗은 하나님의 말씀을 꿀과 송이꿀보다 더 달다고 한다.

하와 앞에는 하나님의 말씀과 선악을 알게 하는 나무의 실과가 있었다. 무엇이 더 사모할 만한 것이었는가? 물론 하와에게는 나무의 열매가 그러했다. 먹음직도 하고 보암직도 하고 지혜롭게 할만큼 탐스러웠다. 하와는 하나님의 말씀이 아니라 선악과를 선택했다. 그것을 선택한 순간, 하나님의 말씀이 주는 유익을 버린 것이다. 하나님의 판결과 명령, 올바른 길로 인도해줄 말씀을 벗어난 것이다. 그 결과 우둔한 자들이 되었고 진정한 기쁨을 상실하였으며 눈이 어두워 무엇이 옳은 지 그른지 분별할 수 없는 상태가 되었다. 삶을 혼란스러워하며 살 수밖에 없는 자들이 되었다. 그들이 영혼은 죽은 상태가 되었다.

우리 역시 그 길을 따라왔다. 그런 상태가 되어 그런 자들과 함께 살아가고 있다. 하나님의 말씀이 가치 없는 것이 되었다. 하나님은 그들 중 몇 사람들을 불쌍히 보시고 그들을 다시 말씀으로 소성케 하셨다. 죽은 자들을 다시 살아나게 하셨다. 구원받은 우리들이 바로 그런 자들이다. 아멘.

오늘의 본문 성경을 읽으시고 깨달은 점이나 기억하고 싶은 점 혹은 기도문을 기록합니다.

5월 28일

1년 1독 성경 읽기 꿀송이 보약큐티

시편 21편~24편

| 묵 상 자 료 |

1. 사망의 음침한 골짜기를 지날 때

시편 23편은 가장 위대한 시요, 가장 아름다운 노래로서 수많은 그리스도인들이 애송하는 시편이다. 푸른 초장과 쉴만한 물가로 양들을 인도하시는 목자의 모습이 한 폭의 수채화를 연상케 한다. 그런데 이 유명한 시편에는 평화로운 모습만 그려져 있는 게 아니다. 우리가 현실에서 겪는 눈물과 고독과 질병과 실패의 모습도 그리고 있다. 본문은 그것을 '사망의 음침한 골짜기'라고 묘사하고 있다. 이 시를 쓴 다윗은 원래 자신의 직업이 양치는 목자였다. 그래서 왕이 되어서도 자신의 옛 경험을 추억하면서 이제는 자신을 양처럼 인도해 가시는 목자 되신 하나님을 노래하고 있다. 자신의 인생을 뒤돌아보면 푸른 초장 쉴만한 물가도 있었지만 사망의 음침한 골짜기도 있었다. 아들이 반란을 일으켜 다급하게 신발도 제대로 못 신고 정신없이 목숨을 위해 도망쳐야 하는 기가 막힌 골짜기도 있었다. 멀쩡한 사람이 침을 질질 흘리며 미친 사람 흉내를 내면서 목숨을 구걸해야 하는 비참한 골짜기도 있었다. 다윗은 그 아픈 기억들을 '사망의 음침한 골짜기'로 표현했다. 지금도 누군가는 인생의 이런 험한 골짜기를 눈물로 통과하고 있는 분들이 있다. 그런 상황에 처한 분들은 이 시편 23편을 거듭 거듭 읽으며 힘과 용기를 말씀에서 얻어야 한다. 우리가 이 사망의 골짜기를 지날 때 기억해야 하는 사실이 세 가지가 있다.

첫째, 이 고통의 골짜기를 내가 원해서 통과하는 것이 아니라 목자가 인도해서 이 골짜기를 지나가고 있다는 사실을 잊지 말아야 한다.

목자는 다 뜻이 있어서 이 골짜기 길로 나를 이끄셨다. 반드시 이 골짜기를 통과해야 하는 이유가 목자 편에서는 있다는 말이다. 욥의 고난의 골짜기를 우리가 보았거니와 다 하늘에 계신 하나님의 계획 속에서 일어난 일이었다. 하나님의 뜻이 아니면 공중의 새 한 마리도 떨어지지 않는다. 삼라만상의 모든 변화와 움직임에는 다 하나님의 섭리와 주권이 작동되고 있다. 모든 것이 주께로부터 나오고 주로 말미암고 주께로 돌아 간다. 주님의 뜻이 없이 되어지는 일은 이 세상에 아무것도 없다. 우리는 항상 이런 하나님의 절대 주권 사상을 가지고 주를 신뢰하고 이 고통의 골짜기를 지나 가야 한다. 시편 37:23~25에는 이런 말씀이 있다.

"여호와께서 사람의 걸음을 정하시고 그의 길을 기뻐하시나니 그는 넘어지나 아주 엎드러지지 아니함은 여호와께서 그의 손으로 붙드심이로다. 내가 어려서부터 늙기까지 의인이 버림을 당하거나 그의 자손이 걸식함을 보지 못하였도다."(시 37:23~25) 아멘.

둘째, 이 사망의 골짜기를 나 혼자 통과하는 것이 아니라는 사실을 또한 기억해야 한다. 목자가 함께 동행하고 있다. 그것도 나를 못된 짐승들로부터 보호하시기 위해 지팡이와 막대기로 무장하시고 나를 보호하시고 나를 인도하신다. 지팡이는 내 길의 방향을 지시해 주기 위해 가지고 계시고 막대기는 사나운 짐승에게서 보호해 주시기 위해 지참하고 계신다.

어떤 목자도 양들만 골짜기로 통과하게 하고 자신은 다른 길로 가는 목자는 이 세상에 없다. 목자는 골짜기를 양들과 함께 통과한다. 임마누엘! 하나님이 우리와 함께 계시는 것이다. 볼지어다. 내가 세상 끝날까지 항상 너희와 함께 있으리라(마 28:20)고 주님은 약속하셨다. 주님은 한 번 약속하시면 꼭 그 약속을 지키시는 분이다.

셋째, 이 사망의 음침한 골짜기를 지나갈 때 우리가 명심해야 하는 것은 이 골짜기는 언젠가는 반드시 끝이 있고 통과하게 되어 있는 골짜기라는 것이다. 영어 성경에는 THROUGH라는 전치사를 골짜기 앞에다 분명하게 붙여 놓았다. 통과한다는 것이다. 막혀 있지 않다는 것이다. 반드시 통과하도록 되어 있는 골짜기다.

이곳을 통과해야 저 풀이 많이 있는 초장에 다다를 수 있다. 인내하고 견디다 보면 언젠가 이 고난의 캄캄한 터널도 끝이 나게 되어 있다. 이 골짜기를 다 통과하고 나면 주께서 원수의 목전에서 내게 상(Table)을 차려서 주시면서 음식을 먹게 해 주시는 날이 이를 것이다. 원수 앞에서 상을 차려 놓고 음식을 먹는 행위는 전쟁에서 승리했음을 상징하는 표현이다.

내 인생의 혹독한 골짜기에서 낙심하지 않고 꿋꿋하게 믿음으로 목자의 손을 잡고 사망의 골짜기를 통과한 후에는 원수의 목전에서 잔치를 벌이는 기쁨의 날이 오게 되어 있다. 분명코 나의 평생에 주님의 선하심과 인자하심이 정녕 나를 따를 것이니 그 소망을 가슴에 품고 이 험한 인생의 골짜기를 지나가야 한다. 아멘.

오늘의 본문 성경을 읽으시고 깨달은 점이나 기억하고 싶은 점 혹은 기도문을 기록합니다.

1년 1독 성경 읽기 꿀송이 보약큐티

시편 25편~28편

| 묵상자료 |

1. 나의 한 가지 소원

우리가 인생에서 정말 두렵고 고통스러워서 피하고 싶은 것이 있다면 무었일까? 시편 27편은 그런 문제들을 기록하고 있다. 먼저 우리는 대적들, 원수들의 존재를 본다.

> "악인들이 내 살을 먹으려고 내게로 왔으나 나의 대적들, 나의 원수들인 그들은 실족하여 넘어졌도다 군대가 나를 대적하여 진 칠지라도 내 마음이 두렵지 아니하며 전쟁이 일어나 나를 치려 할지라도 나는 여전히 태연하리로다" 시 27:2~3

마치 나를 잡아먹으려는 것처럼 그들은 나를 대한다. 그들은 한 사람이 아니라 자신을 포위한 군대처럼 느껴진다. 그러나 다윗은 그런 상황에서 자신감 있게 승리를 외친다. 하나님이 자신의 편에 서 계심을 믿고 그는 당당한 것이다. 다윗은 이 상황 속에서 무섭지도 두렵지도 않다고 외친다. 하나님이 나의 빛이고 구원이고 능력이시기 때문이라는 것이다. 자기를 삼키려고 오는 원수들이 실족하여 넘어지는 것을 그는 이미 경험했으니 이제도 그럴 것이라고 믿는다.

우리는 하나님께서 솔로몬에게 "내가 네게 무엇을 줄꼬? 너는 구하라"고 하신 것을 안다. 솔로몬은 지혜자의 마음인 '듣는 마음'을 구했다. 하나님께서는 솔로몬이 자기를 위해서 장수나 물질 혹 원수 멸하기를 구하지 않고 지혜를 구한 것을 기뻐하시면서 그가 구하지 않은 부귀와 영광도 주시겠다고 약속하셨다. 오늘 시편 27편은 솔로몬의 아버지 다윗이 구하고 바란 것이 무엇인지를 보여준다. 그가 구한 것은 하나님의 아름다움을 보는 것이었다. 시편 27:4 이다. "내가 여호와께 바라는 한 가지 일 그것을 구하리니 곧 내가 내 평생에 여호와의 집에 살면서 여호와의 아름다움을 바라보며 그의 성전에서 사모하는 그것이라" 다윗이 평생 여호와의 집에 살기를 바란 것은 그곳이 바로 하나님의 임재가 있는 곳이기 때문이었다. 다윗은 단지 현실의 어려움을 피하려는 것이 아니라 하나님의 아름다움을 보고 싶다는 것이 소원이었다. 다윗은 인간이 누릴 수 있는 최고의 영광과 기쁨이 무엇인지 알고 있는 사람이다. 그것은 바로 하나님의 아름다움을 보는 것이었다. 나의 평생의 소원은 무었인가?

5월 30일

1년 1독 성경 읽기 꿀송이 보약큐티

시편 29편~32편

| 묵상자료 |

1. 폭풍우의 노래(시 29편)

시편 29편은 뇌성의 노래, 혹은 폭풍우의 노래로 잘 알려져 있다. 지중해에서 만들어진 많은 비구름이 팔레스틴을 지나 바산과 길르앗 초원에서 마침내 천지를 뒤흔드는 우렛소리와 함께 억수같은 비를 쏟아 부으면 온 대지는 금새 시뻘건 홍수에 뒤덮히고 레바논의 백향목은 벼락을 맞아 불탄다.

> "여호와의 소리가 물 위에 있도다 영광의 하나님이 우렛소리를 내시니 여호와는 많은 물 위에 계시도다 여호와의 소리가 백향목을 꺾으심이여 여호와께서 레바논 백향목을 꺾어 부수시도다" 시 29:3~5

그러나 주님이 풍랑을 딛고 바다 위를 걸어 제자들이 탄 배까지 오셨듯이 여호와 하나님께서 그 홍수 위에 계신다고 한다. 세찬 폭우와 가공할 우렛소리와 레바논의 백향목을 꺾어 부수는 낙뢰로 오히려 하나님의 영광과 위엄을 널리 드러내신다고 한다.

우리는 모두 평안을 원한다. 아무런 환난이나 재난도 없는 삶을 바란다. 그러나 현실은 그렇지 않다. 지중해를 끼고 있는 팔레스틴에 운명적으로 폭풍우가 몰아치듯이 우리 인생에도 폭풍우는 결코 피해가지 않는다. 그래서 때로 우리를 "시룐(헬몬의 시돈식 이름)의 들송아지"(6절) 같이 놀라 뛰게 하고 천둥과 번개에 "암사슴이 낙태하듯"(9절) 우리를 경악하게도 한다. 그러나 시인은 두려워 않고 그 많은 물 위에 계신 여호와를 바라본다. 거센 바람과 산더미처럼 밀려오는 파도 마저 다스리시는 여호와 하나님의 권능을 놓치지 않는다. 하나님은 폭풍우가 일 때 오히려 "자기 백성들에게 힘을 주시고, 평강의 복을 주신다"(11절)고 결론 짓는다. 여호와가 "홍수 위에 좌정"(10절) 하신다는 말씀은 홍수를 친히 주관하신다는 의미이며, 결코 당신의 백성들을 해치지 못하도록 통제하신다는 뜻이다. 시인의 깊은 영성을 따라서 우리도 폭풍우가 닥치고 홍수가 터질 때 오직 하나님께 영광을 돌리며 감사하며 예배해야 한다. "여호와께 그의 이름에 합당한 영광을 돌리며 거룩한 옷을 입고 여호와께 예배할지어다"(2절). 아멘.

5월 31일

1년 1독 성경 읽기 꿀송이 보약큐티

시편 33편~36편

| 묵상자료 |

1. 고난 속에서 하나님의 선하심을 맛보다

시편 34편은 '여호와가 피난처'라는 주제를 가지고 의인과 악인을 분명하게 대조하며 '여호와를 경외할 것'을 강조하고 있다.

이 시의 표제는 〈다윗이 아비멜렉 앞에서 미친 체하다가 쫓겨나서 지은 시〉로서 이 시가 사무엘상 21:10~15의 말씀을 배경으로 하고 있음을 보여준다. 이스라엘의 초대 왕이었던 사울과의 대립 속에서 다윗은 사울을 피해 블레셋 땅의 가드로 내려가 가드 왕 아기스에게로 피한다. 그때 신하들은 아기스 왕에게 골리앗을 쓰러뜨린 이스라엘의 영웅인 다윗이 장차 블레셋의 큰 위협이 될 수 있다고 설득했고, 다윗은 미친 척을 하여 자신이 위협적이지 않다는 것을 보여줌으로 위기를 모면했다. 비참하고 위험한 상황 속에서도 다윗은 죽음의 위기에서 벗어난 것으로 인하여 하나님을 찬양한다.

시인은 여호와를 항상 높여 송축하고 입술로 주를 찬양하리라고 고백한다. 찬양은 곧 여호와 하나님이 어떤 분이시며 어떤 일을 행하셨는지를 자랑하는 것이다. 구원의 하나님에 대한 자랑과 찬양을 들을 때 곤고한 자들, 비천한 처지에 놓인 사람들은 위로와 소망을 얻어 기뻐할 것이다. 함께 여호와의 광대하심을 인정하고 그의 이름을 높여 찬양하자고 권면한다(시 34:1~3).

시인은 고난과 두려움에 휩싸였지만, 여호와를 신뢰하고 간구했을 때 응답하시고 구원하시는 하나님을 경험했다. 하나님의 구원의 은혜를 경험한 시인은 이제 '우리들'을 향해 주를 바라볼 것을 권면한다. 주님을 신뢰하고 의지하는 사람은 얼굴에서 빛이 날 것이며 수치를 당하지 않을 것이다. 곤고한 자가 주께 부르짖을 때 하나님은 그 기도를 들으시고 모든 환난으로부터 구원하신다. 여호와의 사자가 주를 경외하는 자를 둘러 진을 치고 구원하시는 것이다. 여호와의 구원의 능력을 경험한 시인은 다른 사람들을 향해서도 여호와의 선하심을 맛보라고 제안하며 여호와 하나님을 의지하고 그에게 피하는 자는 복되다고 선포한다. 여호와를 경외하는 성도는 생명을 얻은 자, 진리를 가진 자로서 부족함이 없는 평안과 만족을 누릴 것이다. 자신의 능력을 신뢰하고 스스로 먹이를 찾고자 하는 젊은 사자는 궁핍하여 굶주릴지라도 여호와를 경외하고 의지하는 자는 모든 좋은 것에 부족함이 없을 것이다(시 34:4~10).

이제 시인은 지혜의 교사로서 회중들을 향해 여호와를 경외하는 법을 가르치고자 한다. 생명을 사모하는 자, 곧 복을 받아 이 땅에서 오래 살며 기쁨과 즐거움으로 살아가고자 하는 사람은 혀로 악한 말과 거짓말하는 것을 금지해야 한다. 말뿐 아니라 행동에서도 악한 일을 버리고 선한 일을 행해야 하며 화평을 추구해야 한다. 여호와 하나님의 눈은 의인을 바라보시고 그들의 부르짖음에 귀를 기울이시며 그들을 돌보신다. 반면, 여호와의 얼굴은 악을 행하는 자들을 대적하셔서 그들을 심판하시고 세상이 그들을 기억조차 할 수 없도록 자취까지 없애버리실 것이다. 여호와 하나님은 의인의 부르짖음을 들으시고 모든 환난으로부터 구원하신다(시 34:11~16).

여호와 하나님은 좌절과 낙심으로 마음 아파하는 사람들에게 가까이 계시며 진심으로 뉘우치는 사람들을 구원하신다. 의인 곧 하나님의 언약 백성이라 할지라도 많은 고난을 겪는다. 그러나 그 모든 고난으로부터 지키시고 구원하시는 하나님의 능력을 경험한다. 하나님은 의인의 모든 뼈를 보호하시고 단 하나도 꺾이지 않게 하실 것이다. 악을 행하는 자, 의인을 미워하고 모함하는 자들은 자신이 만든 함정에 빠지듯 그 악으로 인해 멸망할 것이다. 겸손히 여호와 하나님을 신뢰하고 여호와께로 피하는 자는 하나님께 심판의 형벌을 받지 않을 것이다. 여호와 하나님이 그들을 죄로부터 구원해주시기 때문이다(시 34:17~22).

시인은 생명의 위협을 받는 극심한 고난을 당했고 의인이라고 할지라도 고난을 겪는다는 것을 인정한다. 그러나 그 모든 고난은 하나님의 구원을 경험하고 여호와의 선하심을 맛볼 수 있는 기회가 된다고 고백한다. 자기 자신의 능력을 신뢰하는 교만한 자, 자신의 이익을 위해 악을 행하는 사람은 결코 여호와의 구원하심과 선하심을 경험할 수 없다. 하나님께 피하고 하나님의 도움을 경험하는 사람, 참된 평안을 누리고 고난 중에서도 즐거워하는 사람은 겸손히 하나님을 의지하며, 여호와를 경외하는 사람이다. 악한 말, 거짓말을 함부로 내뱉지 않고 삶 속에서 하나님의 뜻에 순종하여 선을 행하고 화평을 추구하는 사람이 곧 여호와를 경외하는 사람들이다.

스스로 하나님의 백성이라고 고백하는 우리에게 여호와를 경외하는 마음이 있는지 돌아봐야 한다. 그리고 그 여호와를 신뢰하고 경외하는 신앙이 구체적인 삶의 모습으로 나타나고 있는지 반성해 보자.

오늘의 본문 성경을 읽으시고 깨달은 점이나 기억하고 싶은 점 혹은 기도문을 기록합니다.

6월 1일

1년 1독 성경 읽기 꿀송이 보약큐티

시편 37편~40편

| 묵상자료 |

1. 하나님을 기다림

시편 40:1에는 다윗이 여호와를 기다리고 기다렸더니 마침내 여호와께로부터 응답이 왔다고 환호한다. 오랜 기다림 끝에 온 하나님의 응답이 너무나 좋아서 그는 새노래로 하나님을 찬송한다고 했다.

우리의 믿음 생활 가운데 중요한 부분을 차지 하는 것 중 하나가 바로 이 '하나님을 기다리는 것'이다. 믿음은 하나님을 기다리는 삶이라고 정의할 수도 있다. 한국 사람들이 못하는 것 중 하나가 바로 '기다림'이다. 그러나 신앙의 깊은 경지에 들어가기를 원하는 자라면 반드시 다윗처럼 여호와를 기다리고 기다리는 경지에 이르러야 한다. 신앙이란 하나님을 바라는 것이다. 그리고 하나님을 바란다는 것은 하나님의 시간을 기다리겠다는 의지의 고백이고 결단이다. 하나님을 기다리는 것이 결코 쉽지 않다. 아니, 정말 힘들다. 왜냐하면 하나님의 시간은 내가 생각하고 계획하고 바랬던 시간과 너무나도 다르기 때문이다. 그러나 내 때를 고집하면서 조급해지면 이런저런 문제가 생겨나게 된다. 그래서 우리는 기도한다.

"주님, 저 하나님의 때를 기다리면서 자족하길 원합니다! 그리고 정말 감사 또 감사를 고백하는 삶을 살겠습니다. 제발 좀 도와주세요. 불쌍히 여겨주세요."

그러면 하나님의 성령께서 내 안에서 나를 실제적으로 그리고 구체적으로 다스리시고 주장하기 시작하심을 느끼게 된다. 성령께서 나를 주장하신다는 가장 대표적인 증거가 그렇게 가득했던 불평/불만/짜증/분노와 같은 세상적이고 정욕적이고 불신앙적인 쓰레기들이 어느 순간 내 안에서 제거되기 시작하고, 그 자리에 감사/자족/보람/만족/긍휼/자비/인내…. 이런 신앙적인 것들로 채워지기 시작하는 것이다. 이러한 하늘의 은혜와 성령님의 내적인 만져주심과 치유를 경험하게 되면 점점 분명해지는 것은 '하나님을 기다림이 정말 중요한 신앙의 부분'이라는 확신이 들게 된다. 그래서 우리는 어제도 하나님을 기다렸고, 오늘도, 그리고 내일도 하나님을 기다려야 한다. 어떻게? 내 뜻이 아니라 하나님의 뜻이 하늘에서 이룬 것처럼 이 땅에서도 이루어지길 기도하면서 기다리는 것이다. 내가 좋아하는 앤드류 머레이 목사님이 쓰신 글의 내용이 기억난다.

"우리 모두 회개하면서 하나님을 기다리자. 시간을 들여 하나님을 기다리자. 항상 우리 죄와 연약함, 거짓된 삶의 위선을 고백하면서 하나님을 기다리자. 우리는 다른 성도의 생활과 신앙이 어떠하든지 간에 그들을 위해 온유와 사랑으로 중재하는 마음으로 기도하면서 하나님을 기다리자. 믿음과 소망과 사랑가운데 하나님을 기다리자."

오늘날 우리의 신앙생활 가운데 하나님을 기다리는 다윗의 마음을 배울 수만 있다면 우리의 신앙생활은 엄청나게 풍성해질 것이다.

시인 황지우는 이런 시를 썼다.

<너를 기다리는 동안>
네가 오기로 한 그 자리에
내가 미리 가 너를 기다리는 동안
다가오는 모든 발자국은
내 가슴에 쿵쿵거린다
바스락거리는 나뭇잎 하나도 다 내게 온다
기다려본 적이 있는 사람은 안다
세상에서 기다리는 일처럼 가슴 애리는 일 있을까
네가 오기로 한 그 자리, 내가 미리 와 있는 이곳에서
문을 열고 들어오는 모든 사람이
너였다가
너였다가, 너일 것이었다가
다시 문이 닫힌다
사랑하는 이여
오지 않는 너를 기다리며
마침내 나는 너에게 간다
아주 먼 데서 나는 너에게 가고
아주 오랜 세월을 다하여 너는 지금 오고 있다
아주 먼 데서 지금도 천천히 오고 있는 너를
너를 기다리는 동안 나도 가고 있다
남들이 열고 들어오는 문을 통해
내 가슴에 쿵쿵거리는 모든 발자국 따라
너를 기다리는 동안 나는 너에게 가고 있다.

기다림이 없는 사랑이 있으랴! 희망이 있는 한, 희망을 있게 한 절망이 있는 한. 내 가파른 삶이 무엇인가를 기다리게 한다. 민주, 자유, 평화, 숨결 더운 사랑. 이 늙은 낱말들 앞에 기다리기만 하는 삶은 초조하다. 기다림은 삶을 녹슬게 한다. 두부 장사의 풍경 소리가 요즘 없어졌다. 타이탄 트럭에 채소를 싣고 온 사람이 핸드마이크로 아침부터 떠들어대는 소리를 나는 듣는다. 어디선가 병원에서 또 아이가 하나 태어난 모양이다. 젖소가 제 젖꼭지로 그 아이를 키우리라. 너도 이 녹 같은 기다림을 네

삶에 물들게 하리라."

황지우의 시집 『게 눈 속의 연꽃』(1990)은 반독재 투쟁과 민중문학의 시대였던 1980년대와, 민주화의 열기 속에 개인의 내면과 욕망이 분출한 1990년대의 분기점에서 발간되었다. 시집 『게 눈 속의 연꽃』의 대표작인 「너를 기다리는 동안」은 아직 오지 않은 미래(未來)의 '너'를 기다리는 과정을 서술한다.

이렇게 일반적인 세상 사람들도 민주화든 통일이든 뭔가를 기다리며 시대를 살아 간다. 우리 예수의 사람들은 기다림의 달인들이 되어야 한다.

머얼리 주님의 재림을 기다리며 지상교회는 2천 년 이상을 달려왔다. 하늘의 영광과 주님과의 재회를 또한 기다리며 우리는 살아 간다.

기다림은 즐거운 권태다. 40세가 다 되어가는 어떤 교회 안의 노처녀는 이렇게 기도한다.

"하나님, 기다리다 죽겠어요…"

때로는 이렇게 하나님을 기다리는 삶이 힘들 때도 있다. 하나님은 그 기다림 속에서 우리를 깎으시고 연단시키신다. 그리고 마침내 응답이 오고 우리는 새노래로 하나님을 찬양할 것이다.

내 영혼아, 너는 잠잠히 하나님을 기다리라. 아멘.

오늘의 본문 성경을 읽으시고 깨달은 점이나 기억하고 싶은 점 혹은 기도문을 기록합니다.

6월 2일

1년 1독 성경 읽기 꿀송이 보약큐티

시편 41편~43편

| 묵상자료 |

1. 시편에 나오는 음악적인 어려운 용어들 정리

시편이 주로 찬양과 노래이다 보니 성경을 읽다 보면 어려운 음악적 용어들이 자주 나와 독자들을 신경 쓰이게 한다. 이번 기회에 그 용어들을 정리하고 넘어가자.

〈1〉 마스길 : '교훈시'라는 뜻으로 특별한 절기에 불려진 교훈적이며 명상적인 시편이다.

〈2〉 셀라 : 이 미지(未知)의 단어 '셀라'는 시편에서 71회, 하박국에서 3회 등장한다. 하박국에서도 3장에 있는 찬미의 기도 중에 들어있는 것을 보아 이 말이 '음악'과 관계된 용어라는 점은 틀림이 없는 것 같다. 그리고 이 말을 빼놓고 읽어도 전후 글의 의미를 이해하는 데는 전혀 지장이 없음을 보아 이것이 연주나 몸짓 등에 대한 신호라는 것도 분명한 듯싶다. 우리가 이 말의 뜻을 정확히 확인 못하는 이유는 어원을 모르기 때문이다. 그런 가운데서도 가장 유력하게 부각되는 히브리 어근은 '살랄'인데, '들어 올리다', '높이다'의 뜻이다. 이 '셀라'에 대해서 대체적으로 학자들은 이렇게 정리한다.

*설명1) – 신약성경이 나오기 2~3세기 전에 히브리어 성경이 헬라어로 번역이 되었는데 이 헬라어 구약성경을 우리는 「70인역」(LXX)이라 부른다. 이 「70인역」에서는 '셀라'를 '디압살마'라 번역을 했다. '음악에 있어서의 막간 여흥'이란 뜻이다. 그렇다면 '셀라'는 '잠시 멈춘다', '간주'(間奏), 또는 '더 크게' 등을 가리키는 신호일 수 있다.

*설명2) – 아람어 해석 성경이라 할 수 있는 탈굼(Targum)과 같은 유대교 전통이나 초대 교회 신학자 제롬 등은 이 단어의 뜻이 '영원히'라고 보았다. 물론 어원에 대한 확실한 근거를 제시한 것은 아니었다. 이것이 옳다면 셀라가 등장하는 곳에서는 축복송이나 코러스가 울려 퍼졌을 것이다.

*설명3) – 모빙클(Mowinckel) 같은 구약학자는, 예배에서 시편이 연주되다가 이 단어가 표시되어 있는 곳에서는 하나님을 향한 경외의 표시로 회중이 땅에 부복하도록 되어있었다고 주장한다.

일반적으로는 (1)의 설명에 점수를 많이 주는 것 같다. '셀라'라는 표시가 되어있는 곳에서 강조를 위해 악기를 더 세게 연주하거나 노래를 더 크게 하라는 신호일 가능성이 높다.

〈3〉 믹담시 : 히브리어 믹담을 그대로 음역한 것인데 시편 16편과 56~60편까지이다. 그러나 그 의미는 정확하게 알려지지 않고 있다. 어떤 신학자는 〔덮다〕라는 의미를 가진 아카드어 인 〔카타무〕에서 기원되어 속죄의 시편 곧 죄를 덮는 일에 관계된 시편을 지칭하기 위하여 사용되었다고 추측하고 있다. 이 믹담은 아마도 음악적인 명칭일 것이다. 어떤 분들은 믹담이라는 말의 의미는 금언(金言), 주옥, 황금, 광석 등의 의미를 가지고 있다고 보며 따라서 다윗의 믹담시라고 하면 황금과도 같은 시, 주옥과도 같은 시를 의미한다고 한다. 다른 시도 좋지만 그 중 극히 더 좋은 시가 바로 이 믹담시라 할 수 있다는 것이다.

〈4〉 힉가욘 : 역시 '연주 방법'을 지시하는 음악적 용어이다. 이 말은 내용상 하나의 주제가 끝났음을 알리는 표시로 이해되고 있다. 학자들은 "힉가욘"이라는 말은 '묵상하다', '슬퍼하다', '탄식하다'는 뜻을 가진 동사 '하가'에서 파생된 것으로 보고 있다. 이 말이 사실이라면, '힉가욘'은 '엄숙하게', '조용하게', '부드럽게' 연주하라는 음악 용어로 보인다. 일부 학자들은 힉가욘이 나오는 부분에서 조용하고 부드러운 하프 연주가 나왔다고 말하기도 한다.

〈5〉 여두둔 : 다윗이 성전에서 찬양으로 봉사하게 한 레위인들 중 아삽, 헤만과 함께 다윗 시대의 합창 인도자의 이름이 여두둔이이다. 말하자면 여두둔이 찬양하도록 만든 노래라는 의미이다. 시편 39편과 62편, 77편에 여두둔 형식으로 부르는 노래가 나온다.

〈6〉 스미닛 : 스미닛은 히브리어로 여덟 번째라는 뜻인데 팔현금을 말하며, 음계를 지시하는 것으로 한 옥타브 낮추거나 높이라는 기호로 쓰인 것이다.

〈7〉 소산님 : 소산님은 사랑의 노래로 알려져 있다.

〈8〉 알라못 : 역대상 15:20에도 나오고 시편 46편에도 나오는 이 말은 여성의 높은 음인 소프라노를 말한다. 원어의 뜻이 '처녀'에서 나왔다.

〈9〉 깃딧(시편 8, 81, 84편) : '기쁜 노래 가락'이란 뜻으로 포도 수확기의 노래였다. 블레셋 성읍 가드에서 전해 받은 악기로 알려져 있다.

〈10〉 식가욘(시편 7편) : 정열적이고 열광적인 노래를 의미함.

⁂ 오늘의 본문 성경을 읽으시고 깨달은 점이나 기억하고 싶은 점 혹은 기도문을 기록합니다.

시편 44편~46편

| 묵 상 자 료 |

1. 절망의 밤에 부르는 희망의 노래(시 44편)

시편 44편은 극한 절망 속에서 희망을 노래하는 고라 자손의 시이다. 고라 자손이 누구인가? 민수기 16장과 26장에 보면 레위 지파에 속한 고라는 모세의 지도력에 반기를 들었다가 땅 속으로 삼켜진 인물이다. 그러나 그 아들들은 아버지의 반역에 가담하지 않고 살아 남았다. 역대하 20:19에 따르면 고라의 자손들은 성전의 성가대원으로 나타난다. 그리고 그 이전에는 성전의 문지기였다고 한다(대상 9:19, 26:1). 시편의 표제에 등장하는 고라 자손에서 '고라'가 그 옛날 모세에게 반기를 들었던 패역한 인물이라면 그들은 그다지 명예로운 가문은 아니었을 것이다. 그렇기 때문에 그들이 훗날 성전 예배를 위해 쓰임을 받았고, 이렇게 이스라엘의 신앙을 고백하는 시편을 노래했다는 것은 쉽게 넘어갈 일이 아니다. 그들 나름대로의 아픔이 있었을 것이고, 조상의 패역함에 대한 철저한 회개와 각성이 있었기에 가능한 신앙 역전의 일이었다.

시편 44:17~22까지의 분위기는 기원전 164년경의 마카비 전쟁 당시의 상황을 알려준다고 할 수 있다. 그 당시의 이스라엘의 대적자들과 원수들은 고도로 발전된 문화인 헬레니즘 문화를 이스라엘 사람들에게 뿌리내리려고 했다. 솔직히 당시에 헬레니즘의 문화는 이스라엘의 신앙체계에 비해서 더 수준이 높아 보였고, 그들이 전하는 종교적인 이해는 이스라엘의 종교 이해를 유치한 수준으로 보게 만들었다. 원수들이 강제적으로 헬레니즘의 종교와 철학을 받아들이게 했기에 많은 이스라엘 사람들은 자신들의 종교에 대해서 회의를 느끼면서 혼란을 겪었다.

20절에 "우리가 우리 하나님의 이름을 잊어버렸거나 우리 손을 이방 신에게 향하여 폈더면"이라는 구절은 물밀듯이 밀려오는 헬레니즘의 수준 높아 보이는 문화와 사상 때문에 이스라엘의 전통적인 신앙을 상실할지도 모르는 위기의 상황을 표현하고 있다고 본다. 또한 22절에 "우리가 종일 주를 위하여 죽임을 당케 되며 도살할 양같이 여김을 받았나이다"라는 표현은 당시에 안티오쿠스 4세가 실제로 강제적인 폭력을 사용하면서 이스라엘의 신앙을 지키려는 자들을 잔혹하게 학대하며 죽였다는 것을 표현하고 있는 것이다.

시인을 포함한 이스라엘의 신앙인들은 지금 현재 패배감과 절망 속에 있다. 물론 과거에 여호와 하나님께서 수많은 기적을 일으키시면서 애굽에서 건지셨고, 광야의 40년을 지켜주셨고, 여호수아를 통해서 가나안 땅을 주셨다는 것을 알고 있다. 하나님과 함께 할 때에는 그야말로 승승장구했던 자신들이었다. 다윗과 솔로몬 시대는 그야말로 주변 민족들이 우러러보았으며, 하나님이 그들에게 있어서는 자랑거리였다. 바로 이러한 과거의 회상이 1~8절까지의 내용이라고 할 수 있다. 하나님께서 다 알아서 해주시기 때문에 우리는 전쟁에서 승리할 것이라는 확신을 노래하고 있다.

그런데 시의 분위기는 9절에서 바뀐다. '그러나'로 시작하는 9~16절까지는 더 이상 승리가 아니라 패배를 맛보게 되었고, 그 과정에서 하나님은 더 이상 우리와 함께 하지 않으신다는 좌절과 절망감을 느끼게 된 것이다. 9절에서 하나님은 우리를 버리셨고, 더 이상 우리 군대와 함께 나아가지 아니하신다. 심지어 12절에서는 이스라엘 민족을 '무료로 팔았다'는 표현까지 등장하고 있다. 15절에서 시인은 종일토록 능욕을 당하고 수치로 얼굴을 들지 못하게 되었다고 한탄하고 있다. 17~22절까지는 더욱 상황이 악화되고 있다. 패배감 속에서도 우리는 하나님을 잊지 않았고, 하나님께서 하신 약속을 어기지 않으려고 노력했다는 것이 17절에서 들려주고자 하는 말인데 그러나 상황은 여전히 호전되지 않고 있다는 것이 시인에게 있어서는 안타까운 현실이었다. 19절에서 하나님은 여전히 우리를 구하지 않고 내버려두고 있다. 22절에서 종일토록 하나님을 위하여 죽임을 당하고, 도살할 양같이 여김을 받았다고 말하고 있다.

1~8절까지의 하나님에 대한 신뢰는 9~22절까지의 절망적인 상황으로 인해서 충분히 위협을 받고 흔들릴 수 있는 상황이 되어 버렸다. 그러나 이러한 절망의 상황 속에서 여전히 시인에게 있어서 마지막 희망은 하나님이었다. 위대한 이방인의 사도였던 바울은 초대교회 교인들이 직면한 위기와 고난의 상황을 시편 44:22에서 찾았다. 로마서 8:35에서 "누가 우리를 그리스도의 사랑에서 끊으리요 환난이나 곤고나 핍박이나 기근이나 적신이나 위험이나 칼이랴"라는 질문을 던지면서 오늘 시편 44편의 22절을 36절에서 인용하고 있는 것이다. 바울은 이러한 위기의 순간이 오더라도 그것을 능히 이겨내야 한다고 강조하고 있다. 그것을 이겨낼 수 있는 힘은 바로 하나님의 사랑하심에서 찾을 수 있다.

> "내가 확신하노니 사망이나 생명이나 천사들이나 권세자들이나 현재 일이나 장래 일이나 능력이나 높음이나 깊음이나 다른 아무 피조물이라도 우리를 우리 주 그리스도 예수 안에 있는 하나님의 사랑에서 끊을 수 없으리라" 롬 8:38~39

캄캄한 밤에도 하나님은 나와 함께 계신다. 그러므로 우리는 흑암 속에서도 하나님을 찬양하며 견뎌내야 한다. 아멘.

오늘의 본문 성경을 읽으시고 깨달은 점이나 기억하고 싶은 점 혹은 기도문을 기록합니다.

1년 1독 성경 읽기 꿀송이 보약큐티

시편 47편~50편

| 묵상자료 |

1. 두려움과 부러움을 극복하다(시 49편)

이 시편 49편의 저자는 아마도 부자와 권세 있는 자들에게 많은 서러움과 고통을 당하였던 것 같다. 그러나 그가 그 문제를 벗어나는 과정이 이 시에 나타나 있고 어떻게 벗어 났는가 하는 설명이 시편 본문에 나와 있다. 그는 신앙의 지혜가 있었다. 만약에 지혜로움이 없었다면 이 시인은 부러움과 두려움 같은 컴플렉스에서 벗어나지 못했을 것이다.

5절에 그가 이렇게 이야기한다. "죄악이 나를 따라다니며 나를 에워싸는 환난의 날을 내가 어찌 두려워하랴" 두려워하랴 이 말은 더 이상 두려워하지 않는다는 이야기이다. 그 말은 곧 굉장히 두려웠었다는 이야기이기도 하다. 자기가 지낸 여러 가지 어려운 날들이 있었는데 그땐 두려움이 있긴 있었지만 이제는 두려워하지 않는다는 것이다.

비슷한 어려운 상황이 닥칠 때 어떤 사람은 담담히 감당하는데 어떤 사람은 기겁을 하고 낙심한다. 6절에 보면 그를 힘들게 하고 두려워하게 했던 것이 무엇이었는지를 얘기한다. 그것은 자기 재물을 의지하고 부유함을 자랑하는 자들이었다. 16절에 그는 선포한다. "사람이 치부하여 그의 집의 영광이 더할 때에 너는 두려워하지 말지어다" 왜 우리는 불신자들의 부유함을 두려워하지 말아야 하는가? 그 대답을 17절에 하고 있다. "죽으매 가져가는 것이 없고 그의 영광이 저를 따라가지 못함이로다"

예를 우리 가운데 들자면 대형교회에서 수만 명 목회한 목사나, 개척교회나 시골에서 몇십 명 목회한 목사가 있는데 숫자 가지고 하나님 나라에 가서 그걸로 평가받을까? 전혀 그렇지 않다. 목회 성공했다, 큰 종이다 그런 표현들도 다 인간들의 잘못된 부러움에서 나온 표현이다. 실제적으로 한국 교회 안에서 큰 교회를 해야만 발언권이 있고 총회법을 무시하고 세습을 해도 용인되는 세태이다 보니 이런 시편 기자의 말씀이 무색하게 들리지만 우리는 주의 말씀의 엄위함을 믿어야 한다. 우리 모두 다 역대 조상들에게로 돌아간다. 이 짧은 인생을 살면서 우리는 영원의 관점에서 이 세상의 부와 권세를 평가해야 한다. 그것들이 주는 상대적 박탈감과 위축감 그리고 부러움을 극복하는 것이 신앙의 깊은 경지이다. 아멘.

6월 5일

1년 1독 성경 읽기 꿀송이 보약큐티

시편 51편~54편

| 묵 상 자 료 |

1. 나의 죄를 도말하소서(시 51편)

시편 51편은 참회의 시다. 시편 6편, 38편, 51편, 102편, 130편, 143편도 참회의 시로 불린다. 죄의 뿌리는 매우 깊다. 죄는 우리가 상상할 수 없을 정도로 우리의 삶에 깊이 침투하여 우리의 삶을 오염시키고 망가뜨린다. 죄를 정확하게 직면해야 갈보리의 십자가를 경험하고 회개하게 된다. 십자가 앞으로 나아가기 전에 죄를 먼저 다루어야 한다. 그런데 많은 사람들은 자신이 얼마나 죄인인가를 모른다. 은혜의 빛이 마음 깊이 비춰져야 자신이 죄인임을 깨닫는다.

시편 51편은 다윗이 밧세바를 범한 후에 나단 선지자 앞에서 자신의 죄를 고백한 내용이다. 다윗은 범죄함으로 기도가 끊어졌다. 이것은 다윗에게 가장 큰 손실이었다. 물론 다윗이 기도했을 것이다. 그러나 그것은 형식적인 기도였다. 기도의 형식은 얼마든지 지킬 수 있다. 그러나 그의 기도는 끊어졌다. 죄는 그리스도인들에게서 기도를 빼앗아 간다. 하나님과 단절되게 한다. 기도는 방법이 아니다. 기도는 관계이다. 관계는 아주 예민한 것이다. 부부 관계, 친구의 관계는 매우 예민하다. 하나님과의 관계는 부부 관계보다 더 예민하다. 영과 영의 만남이기 때문이다. 하나님께 아무렇게나 해도 하나님을 깊이 만나 교제할 수 있을 것이라 생각하는 사람은 없을 것이다.

죄의 문제에 있어서 우리 역시 다윗과 차이가 없다. 우리는 죄인으로 살아간다. 하나님으로부터 용서받았지만, 우리는 죄를 또 짓는다. 시편 51편은 실패하고 난 후에 회복의 길로 어떻게 갈 것인가를 우리에게 알려준다. 다윗이 하나님 앞에 나아와 정직하게 기도하기까지 시간의 갭(gap)이 있었다. 시편 51:1 앞에 보면, "선지자 나단이 그에게 왔을 때"라고 기록되어 있다. 다윗이 범죄하고 1년 정도 지난 후에 선지자 나단이 다윗에게 왔다. 다윗이 회개하기 위해 하나님을 찾아간 것이 아니다. 나단 선지자가 찾아올 때까지 다윗은 죄를 은밀하게 숨겼다. 그리고 자신의 죄가 감추어졌다고 생각했다.

사무엘하 11:2에 보면, "저녁 때에 다윗이 그의 침상에서 일어나"라고 기록되어 있다. 자신의 핵심적 업무와 책임에서 빗겨나 있었다. 이것은 죄를 짓기 전에 나타나는 전조이다. 자신의 현재 영적 상태, 자신이 처한 삶의 현실을 제대로 읽고 사는 것은 쉬운 일이 아니다. 우리는 자신도 모르는 사이에 영적으로 무뎌진다. 그리고 조금씩 무너진다. 자신의 영혼을 방치하는 것이 문제이다. 자신이 영적으로 깨어있지 않을 때 무슨 일이 일어날지 장담할 수 없다. 마귀는 우는 사자처럼 우리 주변을 두루 다니며 삼킬 자를 찾고 있다. 누가 마귀의 먹잇감이 되는가? 영혼을 느슨하게 방치해 놓은 사람이다. 사람이 영적으로 둔감해진다는 것은 아주 무서운 일이다. 다윗은 영적 감수성이 예민했던 사람이다. 그러나 그가 무뎌지자 상상하기 어려운 죄를 태연하게 지었다. 그리고 죄를 은폐해 버렸다. 그런데 죄는 죄를 낳는다. 갈수록 대범해진다. 다윗은 죄를 짓고도 잊어버렸다. 나단 선지자가 오기까지…

시편 51:1에 보면, "하나님이여 주의 인자를 따라 내게 은혜를 베푸시며 주의 많은 긍휼을 따라 내 죄악을 지워 주소서"라고 기록되어 있다. 다윗은 '주의 인자', '은혜', '긍휼'이라는 단어를 사용하여 기도했다. 이것은 성경에서 매우 중요한 단어이다. 다윗은 주님의 인자, 하나님의 은혜, 하나님의 긍휼을 바라고 있다. 다윗은 자신에게 필요한 것이 무엇인지 정확하게 알고 있었다. 죄인 된 우리는 하나님의 은혜와 주의 인자하심, 하나님의 긍휼을 날마다 사모하고 갈망해야 한다.

다윗은 "내 죄악을 지워 주소서"라고 기도했다. 다윗은 기도의 서두에서부터 자신의 기도의 본론을 끄집어냈다. 이것보다 급한 것이 없다고 생각한 것이다. 은밀하게 죄를 지었는데 정신을 차려보니 죄가 뚜렷하고 선명하여 죄를 지은 사람에게는 죄책감과 수치심이 있다. 죄책감과 수치심은 인간에게 있어서 가장 무거운 짐이다. 이것이 우리의 삶을 힘들게 한다. 수치심은 쉽게 사라지지 않는다. 누가 말하지 않아도 스스로 수치심을 느낀다. 수치심은 하나님과 사람과의 관계를 가로막는다. 죄책감과 수치심은 하나님과 우리의 관계를 단절시키고, 인간관계 속에서도 거리를 만든다. 죄는 삶을 어둡게 하고, 기쁨을 잃어버리게 하고, 영적 삶의 모든 것을 파괴한다. 시편 32편에 보면, 다윗은 자신이 죄로 인해 얼마나 힘든 시간을 보냈는가를 표현했다. 시편 32:3~4에 보면, "내가 입을 열지 아니할 때에 종일 신음하므로 내 뼈가 쇠하였도다. 주의 손이 주야로 나를 누르시오니 내 진액이 빠져서 여름 가뭄에 마름 같이 되었나이다"라고 하였다.

그러나 죄 사함을 받으면, 기쁨이 찾아온다. 시편 32:1에 보면, "허물의 사함을 받고 자신의 죄가 가려진 자는 복이 있도다"라고 하셨다. 죄가 가려진 사람에게 참 행복이 있다는 것이다. 사죄의 기쁨은 근원적인 기쁨이다. 우리의 밑바닥을 다루는 것이므로 근원적이고 본질적인 것이다. 다윗은 회개를 통해 하나님께서 주시는 기쁨을 회복했다.

오늘의 본문 성경을 읽으시고 깨달은 점이나 기억하고 싶은 점 혹은 기도문을 기록합니다.

6월 6일

1년 1독 성경 읽기 꿀송이 보약큐티

시편 55편~58편

| 묵상자료 |

1. 나의 눈물을 주의 병에 담으소서!(시 56편)

다윗은 여덟 번째 아들로 태어났는데 만약 다윗의 부모가 가족계획을 세웠더라면 태어나지도 못했을 것이다. 목동으로 양을 치던 다윗은 블레셋과의 싸움터에 나가 있는 형들을 위해 도시락을 배달하다가 블레셋의 장수 골리앗이 하나님을 모독하자 자신이 나가서 싸우겠다고 자원하여 물맷돌로 골리앗을 쓰러뜨리며 일약 영웅으로 등장했다. 다윗의 인기가 하늘을 찌를 듯이 올라가자 이스라엘의 임금이었던 사울 왕이 다윗을 제거하려고 혈안이 되었다. 이 사실을 알게 된 다윗은 사울을 피해서 여기저기 망명생활을 하는데 그러다가 블레셋 사람들이 다스리던 지방에까지 들어갔다. 비록 미친 사람 흉내를 내면서 위기를 모면했지만 당시에 다윗은 그야말로 오갈데 없는 초라하고 비참한 신세였을 것이다. 이러한 다윗의 심정을 가장 잘 표현한 구절이 오늘 시편 56편의 8절에 기록되어 있다.

> "나의 유리함을 주께서 계수하셨으니 나의 눈물을 주의 병에 담으소서. 이것이 주의 책에 기록되지 아니하였나이까" 시 56:8

표준 새번역은 다음과 같이 표현하고 있다. "나의 방황을 주님께서 헤아리시고, 내가 흘린 눈물을 주님의 가죽부대에 담아 두십시오. 이 사정이 주님의 책에 기록되어 있지 않습니까?"(시 56:8)

시인이 처한 고난의 상황은 어느 정도였을까? 시인을 대적하는 원수들은 참으로 부지런하다. 그들은 종일토록 시인을 괴롭혔다. 1절과 2절에 '종일'이라는 단어는 그야말로 시인의 원수들은 자나깨나 시인을 괴롭히려는 생각만 하고 있음을 강조하고 있다. 역사적으로 다윗을 힘들게 한 사람은 블레셋 사람보다 사울 왕이었다. 사울 왕도 하나님을 믿는 사람이었는데 어느 순간 질투심과 함께 하나님께서 주신 왕이라는 직분을 자기 것이라고 생각하고는 하나님의 사람인 다윗을 추격하고 그를 죽이기 위해서 힘을 쏟아 부었다.

그러나 다윗은 이러한 원수의 억압과 핍박 속에서 두려움에 사로잡히는 순간이 오더라도 하나님을 의지하겠다고 3절에서 밝힌다. 하나님을 의지하는 사람은 어떠한 위기의 순간이 오더라도 두려워하지 않을 것이라고 시인은 4절에서 또 얘기한다. 궁극적으로 하나님이 모든 것을 다 해결해 주실 것이라는 믿음을 갖고 있기 때문이다. 그러나 인간인지라 절대로 두려워하지 않는다고 했지만 눈물은 감출 수 없었다. 그는 흐르는 눈물을 부끄러워하지 않았다. 오히려 그 눈물을 하나님의 병에 담아 달라고 기도한다. 이 눈물로 인해서 하나님은 나를 불쌍히 여기시고, 이 눈물을 통해서 나를 보살펴 주시며, 이 눈물을 통해서 하나님은 나를 구원해 주실 것이기 때문이다. 하나님은 경건한 자 즉, 하나님을 의지하는 자의 고난을 절대로 외면하지 않는다. 하나님을 신실하게 믿는 신앙인들이 고통과 슬픔 속에서 눈물로 보내는 그 많은 시간과 잠 못 이루는 밤은 하나님께서 하나도 빼놓지 않으시고 기억하고 계신다.

12절 때문에 많은 학자들은 이 시가 감사의 예배 때 사용된 시라고 이해하고 있다.

"하나님이여 내가 주께 서원함이 있사온즉 내가 감사제를 주께 드리리니…"

다윗이 무엇을 서원했을까? 아마도 13절의 내용이 서원의 내용이라고 생각된다. 한마디로 하나님께서 나를 사망에서 건지신다는 것이다. 시인은 위기의 순간에 '살려만 주신다면 내가 더욱 하나님을 열심히 믿고 감사의 제사를 드리겠습니다'라고 약속했던 것이다. 우리도 이런 서원이나 기도를 많이 한다. '하나님, 나의 기도를 들어주신다면 내가 이러이러한 것으로 주님께 감사의 제사를 드리겠습니다.' 그러나 인간은 흔히 화장실 들어갈 때와 나올 때가 다르다고 한다. 그런데 하나님과 한 약속은 하늘이 두 쪽이 나더라도 반드시 지켜야 한다. 하나님을 의지하는 사람은 하나님께 서원한 것을 반드시 지키는 사람이다.

하나님의 사람 다윗은 그 서원을 지켰다. 그는 더 나아가 하나님이 지시하지 않았는데도 자원해서 하나님의 성전을 짓겠다고 나서기도 하였다. 자신의 어려웠던 과거를 추억하면서 다윗은 내가 무엇이관대 백향목 궁에서 지내는 왕이 되었느냐면서 그의 하나님께 한없이 감사 찬양을 드렸다.

눈물 어린 빵을 먹어 보지 않은 사람하고는 인생을 논하지 말라고 했다. 다윗은 자신의 눈물을 병에 담아 달라고 하나님께 애원하며 하나님의 동정심을 자극했다. 하나님은 그의 눈물의 간구를 들으셨고 마침내 그를 광활한 곳에 우뚝 세우셨다. 지금 현실의 고통 속에서 눈물 흘리는 모든 이들에게 이 다윗의 시편이 힘이 되어지기를 기원한다. 아멘.

오늘의 본문 성경을 읽으시고 깨달은 점이나 기억하고 싶은 점 혹은 기도문을 기록합니다.

1년 1독 성경 읽기 꿀송이 보약큐티

시편 59편~62편

| 묵 상 자 료 |

1. 주의 날개 아래에…(시 61편)

성경학자들은 다윗이 왕이 된 후 압살롬의 반역과 배신을 배경으로 한 시편 중의 하나가 바로 61편으로 보고 있다. 이 당시 다윗 왕은 압살롬을 피해 유대 광야 나루터로 피신해 있었다. 그의 아들에게 느닷없이 왕위를 빼앗기고 쫓겨나 여기에서 내 인생이 끝나는가 하는 절박함 속에서 다윗의 입술 속에서 흘러나온 필사적인 기도시다. 2절 말씀은 다윗의 심정을 잘 표현하고 있는 말씀이다.

"내 마음이 눌릴 때에 땅 끝에서부터 주께 부르짖으오리니 나보다 높은 바위 위에 나를 인도하소서" 시 61:2

더 이상 일어설 수 없는 기력이 다한 상태에서 마치 세상 끝에 서 있는 것 같은 그런 감정을 느끼는 순간이었던 것 같다. 그러나 그는 절망에 머무르지 않고 그 절박한 와중에도 희망의 끈을 놓지 않았다. 무엇이 다윗을 일어나게 했을까?

"내 마음이 눌릴 때에 땅 끝에서부터 주께 부르짖으오리니 나보다 높은 바위에 나를 인도하소서" 시 61:2

다시 이 말씀을 읽어 보면 그는 기도로 힘을 얻었던 것이다. 다윗은 높은 위치에 있었지만 그는 겸손하게 절망의 순간에 하나님의 절대적인 간섭과 도우심을 위해 부르짖었다. 왕이 된 이후 높은 위치에서 자신도 모르게 마음이 높아지고 교만해졌는지도 모른다. 그러나 자신의 아들 압살롬의 반란을 경험하면서 그는 납작 낮아져 하나님께 울며 부르짖었다. 그는 마음이 눌려 있었던 절대 절망의 자리에서도 눈을 들어 전적으로 하나님을 바라보고 또 의뢰하였던 것이다.

"주는 나의 피난처시요. 원수를 피하는 견고한 망대심이라 내가 영원히 주의 장막에 거하며 내가 주의 날개 밑에 피하리이다"(셀라) 시 61:3~4

반석이신 하나님을 피난처와 망대, 장막, 새의 날개로 표현을 바꿔가며 자신이 의지할 대상이 하나님 이심을 강조한다. 특별히 하나님은 우리들이 삶의 어려운 상황 가운데 처할 때 새의 날개가 되신다는 그의 표현이 마음에 다가온다. 어미새의 날개 그늘 아래 놓여 있는 아기새는 비바람과 폭풍우가 칠 때에도 보호함을 받는다. 어미새의 날개는 새끼새에게는 안전망이요, 피할 바위와 같다. 이처럼 우리 그리스도인들은 주의 날개 아래서 위로를 받고 쉼을 얻고 하나님의 능력을 경험하게 된다. 주님은 오늘도 날개를 펴시고 우리들을 기다리고 계신다.

윌리엄 커싱이라는 유명한 목사님이 계셨다. 그는 설교를 은혜롭게 전해서 많은 성도들에게 사랑을 받았다. 그런데 어느 날 갑자기 성대가 나빠지기 시작했다. 그는 눈물의 세월을 보내다가 절망 속에서, "내가 이렇게 살아서는 안되겠다"고 결단하고는 기도하기 시작했다. 1896년 어느 날… 간절한 기도 가운데 그는 하나님의 위로를 경험하면서 음성을 듣게 된다. 그 음성을 듣고 찬양을 부르게 되고 그것을 시로 쓰게 되었다. 바로 찬송가 419장이다.

주 날개 밑 내가 편안히 쉬네 밤 깊고 비바람 몰아쳐도
아버지께서 날 지키시리니 거기서 편안히 쉬리로다
주 날개 밑 즐거워라 그 사랑 끊을 자 뉘뇨
주 날개 밑 내 쉬는 영혼 영원히 거기서 살리.

주 날개 밑 나의 피난처 되니 거기서 쉬기를 원하노라
세상이 나를 위로치 못하나 거기서 평화를 누리리라
주 날개 밑 즐거워라 그 사랑 끊을 자 뉘뇨
주 날개 밑 내 쉬는 영혼 영원히 거기서 살리.

주 날개 밑 참된 기쁨이 있네 고달픈 세상 길 가는 동안
나 거기 숨어 돌보심을 받고 영원한 안식을 얻으리라
주 날개 밑 즐거워라 그 사랑 끊을 자 뉘뇨
주 날개 밑 내 쉬는 영혼 영원히 거기서 살리 아멘.

비록 그의 목소리는 다시 소생하지는 않았지만 커싱 목사님은 아름다운 찬양시를 쏟아 내면서 하나님 앞에 특별하게 쓰임 받게 되었다. William Cusing 목사님이 경험하셨던 주님의 날개가 오늘 우리들을 기다리고 있다. 인생이 곤고하고 삶이 고통스러울 때 주님의 날개 아래로 달려가는 우리가 되어야 하겠다.

"내가 주의 날개 밑에 피하리이다" 시 61:4

오늘도 앞이 보이지 않는 미래의 불투명함이 우리를 지배하는 것 같지만 그러나 기도하면 상황은 역전된다. 슬픔이 기쁨이 되고 절망이 희망으로 바뀌어 진다. 주님은 우리들의 삶의 피난처시요, 요새가 되신다. 아멘.

6월 8일

1년 1독 성경 읽기 꿀송이 보약큐티

시편 63편~65편

| 묵 상 자 료 |

1. 하나님이여 나를 보존하소서! (시 64편)

오늘도 다윗은 '하나님이여'라는 말로 입을 연다. "하나님이여 내가 근심하는 소리를 들으시고 원수의 두려움에서 나의 생명을 보존하소서"(시 64:1)

상황이 절박할수록 말이 잘 나오지 않는다. 그렇지만 어려움이 나를 장악할 때 우리는 다윗처럼 하나님을 불러야 한다. 다윗의 간구는 이렇게 이어진다. "주는 악을 꾀하는 자들의 음모에서 나를 숨겨 주시고 악을 행하는 자들의 소동에서 나를 감추어 주소서"(시 64:2)

압살롬을 비롯한 다윗의 반대편에 있는 사람들은 다윗을 잡기 위해서 치밀하게 시나리오를 짰다. 다윗을 잡는다는 보장만 있으면 어떤 일이라라도 저지를 속셈이었다. 그래서 다윗은 하나님께 자신을 숨겨주시고, 감추어주시기를 요청한 것이다. 대적들의 모략은 갈수록 악독해진다.

"그들이 칼 같이 자기 혀를 연마하며 화살 같이 독한 말로 겨누고 숨은 곳에서 온전한 자를 쏘며 갑자기 쏘고 두려워하지 아니하는도다"(시 64:3~4)

다윗은 '칼'과 '화살'이라는 비유법을 사용하여 대적들이 저지르는 언어의 잔인함을 말하고 있다. 그들은 칼을 가는 것처럼 혀를 연마한다고 한다. 다른 사람들에게 상처를 주기 위해서 잔뜩 준비했다가 하는 말은 굉장히 폭력적이다. 매우 날카롭다. 게다가 독이 잔뜩 발린 화살촉과 같은 말을 계속해서 쏘아된다면 얼마나 큰 상처가 되는지 모른다.

원수들은 악한 목적으로 서로 격려하며 남몰래 올무 놓기를 함께 의논하고 하는 말이 누가 우리를 보리요 하였다. 악한 일을 꾸미는 일은 대부분 복수의 사람들이 한다. 즉, 악한 일에는 '공범'이 있는 것이다. 그래야 자기가 하는 일이 꼭 나쁜 일만이 아니며, 또 자기만 나쁜 사람이 아니라는 것을 증명할 수 있다고 생각하기 때문이다.

다윗의 대적들은 악을 저지르면서 '서로 격려'하였다. 그리고 몰래 올무를 놓았다. 올무는 짐승을 잡을 때 사용하는 것이었다. 그리고서 악인들은 말한다. "누가 우리를 보리요?" 자신들이 행하는 것을 아무도 모를 것이라고 생각하는 것이다. 그러나 성경은 하나님이 다 바라보고 계시다고 선포한다.

"그러나 하나님이 그들을 쏘시리니 그들이 갑자기 화살에 상하리로다 이러므로 그들이 엎드러지리니 그들의 혀가 그들을 해함이라 그들을 보는 자가 다 머리를 흔들리로다"(시 64:7~8)

3절에서 다윗의 대적들이 자기 혀를 칼같이 날카롭게 갈았고, 화살처럼 독한 말로 상대를 겨누었다고 했다. 하지만 하나님께로부터 날아오는 화살이 있을 것이라고 상상도 하지 못했을 것이다. 그 화살이 '갑자기' 날아온다고 한다. 그 의미는 예상하지 못했던 상황을 뜻한다.

다윗의 대적의 핵심에는 아히도벨과 압살롬이 있다. 그들의 마지막을 떠올려 보라. 다윗을 잡기 위해서 아히도벨이 제안한 전략이 얼마나 뛰어났던지 "사람이 하나님께 물어서 받은 말씀과 같았다(삼하 16:23)"고 성경은 증언한다. 그런데 느닷없이 압살롬은 다윗의 신하로 압살롬에게 위장 전향해 있었던 후새의 이야기도 들어보자고 했다. 후새가 말한 것은 어처구니가 없는 제안이었지만 압살롬은 후새의 계략이 아히도벨의 계략보다 낫다고 했다. 그 이유가 하나님께서 압살롬에게 화를 내리기 위해서 아히도벨의 계략을 물리치려고 했기 때문이라고 성경은 증언한다(삼하 17:14). 하나님께서 아히도벨에게 갑자기 화살을 날리신 것이다. 그 후 아히도벨은 스스로 목숨을 끊고 말았다.

압살롬도 마찬가지다. 압살롬은 발바닥부터 정수리까지 아름답지 않은 곳이 없었다. 그중에서 그의 큰 자랑거리는 긴 머리카락이었다. 하지만 그가 다윗의 군대를 피해 노새를 타고 달려가다가 상수리나무 아래를 지날 때에, 그의 긴 머리카락이 나뭇가지에 걸리고 말았다. 그래서 노새만 빠져나가고 자신은 가지에 매달린 신세가 되었다. 하나님께서 그에게 갑자기 화살을 날린 것이었다.

다윗의 인생에서 가장 큰 고난의 시기는 아들 압살롬에게 반란을 당했을 때였다. 그때에 인생에서 가장 깊은 곳까지 내려가 눈물의 골짜기를 지날 때였다. 아마 젊은 시절 사울 왕에게 쫓겨 다닐 때와 비교도 되지 않을 정도로 고통스러웠을 것이다. 그럼에도 그는 처음에는 자신의 고난과 고통을 호소하다가도 마지막에는 꼭 찬양으로 끝을 맺는다. 하늘의 하나님을 바라봄이 있었기 때문이다. 아멘.

오늘의 본문 성경을 읽으시고 깨달은 점이나 기억하고 싶은 점 혹은 기도문을 기록합니다.

6월 9일

1년 1독 성경 읽기 꿀송이 보약큐티

시편 66편~68편

| 묵 상 자 료 |

1. 시편 68편 분석하기

1) 이 시를 노래하는 사람들에게 하나님은 어떤 분이신가?

- 날마다 우리 짐을 지시는 주(19절) : 주인이 종을 위하여 짐을 져주는 법이 있는가? 절대로 없다. 하나님만 그렇다. 이게 얼마나 놀라운 일인가?

2) 하나님 앞에 선 인간을 두 종류로 구분해 보자(1~6절)

- 망해야 할 인간(1~4절)과 형통케 될 인간(5~6절) : 하나님의 백성이 되느냐 마느냐의 결단이 필요한 것이 우리 인생이다. 어중간한 상태는 없다. 연옥도 없다. 양다리도 불가하다. 오직 하나님의 백성이 되는 길만이 살 길이다.

3) 악인의 모습과 의인의 모습이 어떻게 다른가?

- 악인은 연기나 불 앞의 밀 같고(2절), 의인은 기뻐하고 즐거워함(3~4절) : 연기나 밀(초)은 위세를 발할 때는 대단한 존재 같아 보이지만 사라질 때는 흔적도 없이 사라지는 것이다. 반면에 성도의 본질은 기뻐하고 즐거워하는 것이다. 힘든 세상에서도 기뻐할 수 있는 것이 성도의 삶이다. 사망의 음침한 골짜기에서도 해를 두려워하지 않는다.

4) 이스라엘이 시내산에서 1년간 머무르면서 행진을 위한 준비를 끝내고 가나안 땅으로 출발했다. 하나님의 궤가 사흘 길을 앞서 가면서 길을 찾았다. 궤가 떠날 때 모세가 부른 찬송이 1절이다(민 10:35). 그렇다면 1절에는 성도의 어떤 고백이 담겨있는가?

- 하나님만 따라 가겠다는 고백이다 : 광야에서 이스라엘은 가시적인 하나님을 따라 길을 나섰다. 이제는 보이지 않는 하나님께서 자신들을 이끌고 계시다는 것을 믿고 대적과 싸우겠다는 고백을 하는 셈이다.

5) 하나님은 이상한 분이시다. 하늘을 타시는 분이 왜 광야에 행하시며 대로가 필요한가(4절)?

- 하늘을 타신다는 표현은 천지만물을 주관하시는 분이란 의미다. 이런 분이 광야의 자기 백성들을 위하여 광야로 오셔서 길을 인도하셨다. 하나님은 하늘 보좌를 버리고 인생을 위하여 이 땅에 오신 분이시다. 그래서 고아의 아버지가 되시고 과부의 재판장이 되셨다(5절을 '거룩한 처소로부터'로 번역할 수 있음).

6) 하나님은 천지만물을 창조하신 다음 자연법칙을 따라 운행하도록 버려두셨다고 믿는 사람도 많다. 그래서 자연은 위대하다고 외친다. 하나님은 없다고 생각하면서 그렇게 말하기도 한다. 하나님은

하늘에도 계시지만 또 어디에 계시는가?

– 고아와 과부의 처소에도 계시고(5절), 고독한 자들과 갇힌 자들의 처소에도(6절) 계신다. 하나님은 인간의 범죄로 말미암아 인간에게 직접 나타나실 수 없어서 숨어 계실 뿐(사 45:15), 결코 멀리 계시는 분은 아니다.

7) 전쟁에서 탈취물(전리품)은 군인들이 전쟁터에서 나누는 법이다. 그런데 왜 집에 있던 여자들이 탈취물을 나누는가(12절)?

– 그만큼 많았다는 의미다. 큰 승리를 거뒀다는 표현이다.

8) 힘 없이 사라지는 것을 가리켜 바람에 나는 겨와 같다고 하는데 여기서는 하나님께서 물리치신 대적이 무엇과 같은가?

– 살몬에 날리는 눈과 같다(14절) : 높은 살몬산에 쌓인 눈이 바람에 날리는 장면을 상상해보자. 바람이 조금만 불어도 흩날리다가 때로는 눈사태가 되어 쏟아지기도 한다.

9) 하나님은 어느 산에 계시는가?

– 바산(15절)? 성경에 그런 말씀은 없었는데 이상하다? 하나님은 산에 계시지 않는다. 굳이 그렇게 말하라면 시온산이겠지만 그것도 산이라는 의미가 아니라 성전이라는 의미다. 로마 그리스 신화에는 신들의 처소가 주로 산이다. 높은 산의 웅장한 모습이 신의 성품과 닮았다고 생각한 탓일까? 바산의 산을 하나님의 산이라고 하는 것은(15절) 하나님께서 거하시는 곳이라는 의미가 아니라 하나님의 산이라고 불릴만큼 높은(장엄한) 산이라는 의미다. 참고로 바산은 요단 동편의 산악지대에 있다. 북쪽은 헤르몬 산, 서쪽은 갈릴리 바다와 요단 강 상류, 남쪽은 야르묵 강, 동쪽은 야울란 산으로 경계되는 광대한 지역을 가리킨다. 남부는 비옥한 평원으로서 목초가 풍부하고, 물도 넉넉하여 가축을 치는데 아주 좋은 목초지였다.

10) 16절의 '높은 산들'이란 바산의 높은 봉우리들을 가리킨다. 이 산들이 어느 산을 질투하는가?

– 하나님께서 계시려 하는 산은 시온 산을 가리킨다 : 그래서 15절의 바산의 산은 하나님의 산이 아니라 하나님의 산이라 불릴만한 큰 산이라는 의미로 해석해야 하는 것이다. 실제로 시온 산은 그리 높은 산이 아니다. 주변에 더 높은 봉우리가 많다. 그렇게 장엄한 것도 아니다. 그럼에도 하나님께서 계시기에 더 높은 산들이 시기한다고 하는 것이다. 잘 나가는 이방의 왕들보다 초라하더라도 하나님을 모시고 있는 유다의 왕이 부러움의 대상이라는 것이다.

11) 18절은 일종의 개선행진이다. 승리한 군대가 개선할 때 포로들을 끌고 왔다. 높은 곳이란 하나님께서 거하시는 시온 산을 가리킨다. 시온 산이 그리 높지 않은데 하나님께서 계시기 때문이다. 반역자들로부터도 선물을 받으신다는 것은 완전한 승리를 의미한다. 이 18절은 예수 그리스도의 승리를 상징하며 이 구절이 에베소서 4:8에 인용되었다. 예수 그리스도의 승리에 대한 예표라는 것이다.

12) 하나님께서 심판을 행하시면 원수의 머리를 깨뜨리실 것이다. 철저하게 심판하신다는 의미다. 그 전에 원수들이 도망가서 숨어버리면 어떻게 하신다고 하는가?

– 반드시 찾아내신다(22절) : 험악한 산맥 바산이나, 바다 깊은 곳에 숨더라도(22절) 스스로 기어 나

오게 해서 심판하신다.

13) 하나님은 성소의 하나님(24~28절)만이 아니라, 어떤 하나님이신가(29~31절)?

- 열방의 하나님 : 하나님께서 이스라엘을 선택하시고 그들에게 복을 주신 것은 그들만을 위함이 아니다. 세상의 모든 민족이 하나님께로 돌아오게 하시려는 과정일 뿐이다. 장차 모든 세상 나라가 하나님의 나라가 될 것이다(계 11:15). 열방을 세 종류의 짐승으로 표현한다. 갈밭의 들짐승은 애굽의 나일강변의 야생동물로 제일 사나운 무리를 가리키고, 그 다음은 수소, 제일 약한 것이 송아지다. 30절의 '은 조각'은 29절의 주께 드리는 '예물'의 낮춤말이다. 모든 열방들, 대적하는 무리들을 제압하는 의미에 포함된 말이다. 그 결과로 애굽인, 구스인이 하나님을 향하여 나올 것이며, 손을 들 것이다.

14) 하나님의 역사를 기억하고 회상하며, 또 장차 하실 일을 기대하는 사람의 최종 결론은 무엇인가?

- 열방을 향하여 여호와께 영광을 돌리라고 선포하게 된다(32절) : 성도가 하나님께 돌려드릴 수 있는 최종적인 것은 감사 찬송이다. 여기에 땅의 왕국들이 동참하기를 바라는 것이다. 특히 32절의 '찬송'은 악기를 연주하는 것을 의미하는 단어다. 온 세상이 악기를 동원하고 목소리를 높여서 하나님을 찬양하는 장면을 염두에 두고 있는 셈이다. 아멘.

⁂ 오늘의 본문 성경을 읽으시고 깨달은 점이나 기억하고 싶은 점 혹은 기도문을 기록합니다.

6월 10일

시편 69편~72편

| 묵상자료 |

1. 미움 받은 자의 절규(시 69편)

시편 69편에는 미움받고 버림받는 한 사람의 모습이 등장하고 있다. 그는 죽기 직전의 자리에까지 내몰렸다. 그리고 자기 가족에게마저 낯선 존재가 되었다.

1절에 보니 "물들이 내 영혼에까지 흘러 들어왔나이다"라고 부르짖고 있다. 2절에 보면 이렇게 자신의 온 몸을 향해 물이 차고 들어온 상황이 더 진전된다. "나는 설 곳이 없는 깊은 수렁에 빠지며 깊은 물에 들어가니 큰 물이 내게 넘치나이다." 이제 깊은 물에 서서히 빠져 들어가는 모습을 그리고 있다. 열심히 허우적대지만 힘이 빠져 이제는 물 속에 빠져들어가는 모습이다. 시인이 왜 이렇게까지 막다른 골목으로 몰렸을까? 4절에 보니 이유가 없다고 말하고 있다. 자기는 이유를 모르겠다고 말한다. "까닭없이 나를 미워하는 자가 나의 머리털보다 많고 부당하게 나의 원수가 되어 나를 끊으려 하는 자가 강하였으니 내가 빼앗지 아니한 것도 물어 주게 되었나이다."

아무런 이유 없이 자기를 미워하는 자가 머리카락보다 많다고 한다. 자기를 끊어버리려고 하는 원수가 많을 뿐만 아니라 그들이 너무 강하다고 표현하고 있다. 이 시편을 다윗이 지어 불렀다면 그가 사울 왕으로부터 미움을 받아 끔찍한 일을 겪은 것을 떠올릴 수 있다. 다윗은 이스라엘 내에 발붙일 곳이 없었다. 이방 땅을 떠돌아다녀야 했다. 나중에 왕이 되었지만 그의 말년에는 한 때 아들 압살롬의 반역으로 인해 또다시 발붙일 곳이 없이 쫓겨 다녀야 했다.

그런데 놀랍게도 시인은 그렇게 대적들에 의해 수장되는 그 아득한 순간에도 하나님께 기도한다. 3절을 보라. "내가 부르짖음으로 피곤하여 나의 목이 마르며 나의 하나님을 바라서 나의 눈이 쇠하였나이다." 계속되는 고난 가운데서 시인은 계속해서 하나님을 찾았다. 자신의 목이 쉴 정도로 부르짖었다. 시인은 목이 쉰 것뿐만 아니라 눈도 쇠하였다. 뭔가를 뚫어지게 쳐다보면 눈이 아프다. 눈이 침침해진다. 믿음은 이렇게 고난을 피해가는 것이 아니라 고난 속에서 하나님을 처절하게 바라보고 찾는 것이다.

이제 시인이 겪은 더 끔찍한 고통, 그의 마음에 새겨졌을 법한 트라우마를 살펴보자. 시인은 내적으로 더 큰 상처를 입었는데 그것은 그의 가족으로 인한 것이었다. 시편 69:8을 보자. "내가 나의 형제에게는 객이 되고, 나의 어머니의 자녀에게는 낯선 사람이 되었나이다." 한 배에서 태어난 형제들이 자기를 향해 이방인 취급을 했다. 사실 예수님도 이 땅에서 이렇게 가족에게마저 낯선 존재가 되었었다.

이상한 사람 취급을 받았다. 예수님이 소위 말해서 출가를 하고는 집도 절도 없이 떠돌아다닌다. 가족들이 대책회의를 열고 친척들까지 동원된다. 저 예수가 정신이 나갔다고 그래서 집에 데려와야 된다고 말이다. 그래서 친척들이 몰려왔다. 자기 형제들이 자기를 찾는다는 말에 예수님이 대답하셨다. "누가 내 형제요, 자매요, 모친이냐? 하나님의 말씀을 듣는 사람이 형제요, 자매요, 모친이라"고 하셨다. 다윗의 고통에서 우리는 예수님의 고통을 보게 된다.

이제 시인이 자신의 우매함을 고백하는 모습을 살펴보자. 사람들이 다 원수가 되어 자신의 목숨을 위협할 뿐만 아니라 가족들도 그것을 나 몰라라 하는 상황에서 시인이 할 수 있는 것이 무엇이었겠는가? 하나님께 부르짖는 것뿐이었다. 그런데 그 순간에 시인은 다소 엉뚱한 고백을 한다. 5절 말씀이다.

"하나님이여, 주는 나의 우매함을 아시오니, 나의 죄가 주 앞에서 숨김이 없나이다."

시인은 자신이 까닭 없이 미움을 받고 있고, 부당하게 수장당하고 있다고 말했다. 그런데 다음 순간에 하나님을 향해 자신은 참으로 어리석다고, 자신은 참으로 죄가 많다고 말하고 있는 것이다.

이 5절은 성경을 묵상하는 많은 하나님의 백성들을 당황하게 만든다. '도대체 이 시인이 하나님께 기도하는 내용이 무엇이냐?' 하는 문제이다. 고난 가운데 처한 시인은 겸손하게 자신을 돌아본다. 자신은 우매하고 죄 많은 인생일 뿐이라고 고백한다. 어쩌면 이런 다윗의 모습이 보통의 우리들의 수준을 뛰어 넘는 탁월한 영성의 대가의 모습이 아닐까 싶다.

보통의 우리는 남에게 미움을 당하고 가족들에게까지 배척을 당하면 자기 연민과 남에 대한 원망의 마음으로 가득 차게 된다. 그 순간에 자기의 허물을 고백하기란 여간 어려운 일이 아니다. 그러나 우리도 이제 다윗의 이런 영성을 본받아 고난 속에서 자신의 허물과 죄를 고백하는 수준으로 나아가야 하겠다. 아멘.

오늘의 본문 성경을 읽으시고 깨달은 점이나 기억하고 싶은 점 혹은 기도문을 기록합니다.

6월 11일

1년 1독 성경 읽기 꿀송이 보약큐티

시편 73편~76편

| 묵상자료 |

1. 영적침체와 회복(시 73편)

우리가 교회를 다니면서 가장 흔하게 고민하는 문제를 이야기해주는 시편 73편을 살펴보자. 이 시편은 아삽이 지은 시이다. 아삽은 다윗과 솔로몬 시대의 찬양 봉사자이고, 합창단의 지휘자였다. 또한 그는 언약궤 앞에서 놋 심벌즈를 켜는 사람으로 시편을 열두 편이나 지은 인물이다. 성경에서는 그를 '선견자'라 호칭하기도 한다. 그의 후손들이 성전에서 찬송을 부르는 직무를 맡았으며, 특히 바벨론 포로에서 귀환한 그의 자손들은 성전 기공식 때 찬송을 부르기도 했다.

그런 경건한 하나님의 사람 아삽이 시편 73편을 보면 심각한 딜레마에 빠졌다. 선한 사람들이 힘들게 살고, 악인은 잘 사는 것이 보이면서 의문이 생기게 된 것이다.

"참으로 하나님은 이스라엘을 선하게 대하시며, 마음이 깨끗한 자들에게는 더욱 그리 하십니다. 그러나 이제 나는 그 사실을 믿을 수 없게 되었습니다. 내 믿음을 다 잃어버린 것 같습니다. 왜냐하면 악한 사람들이 잘 사는 것을 보고 나는 그런 교만한 사람들에게 질투를 느꼈기 때문입니다. 그들은 마음에 갈등도 없고, 몸은 건강하고 강합니다. 그들에게는 우리가 겪는 어려움들이 없고, 다른 사람들처럼 불행한 일들도 일어나지 않습니다."(시 73:1~5).

한 술 더 떠서 악인들은 교만하고 폭력을 휘두르며 사는데도 아무런 심판도 받지 아니하고 떵떵거리며 살아 간다.

"그들이 일평생 아무런 고통도 없이 건강하게 지내며 다른 사람들과 같이 어려움을 당하거나 병으로 고생하는 일도 없으니 교만을 목걸이로 삼고 폭력을 옷으로 삼는구나. 그들의 마음은 악을 토하고 그들의 탐욕은 하늘 높은 줄 모른다."(시 73:4~7)

하나님께서는 하나님 백성에게 참으로 선하시다는 것이 아삽이 확신하는 진리였는데 자기가 실제로 겪은 경험은 그렇지 않았던 것 같다. '진리'와 '경험'이 충돌하는 현장을 만나게 된다. 많은 사람들이 가난과 질병으로 고통, 고난을 당하지만 악인들에게는 그런 고통마저 없어 보인다. 그들은 교만하기 짝이 없다. 우리가 살아가면서 느끼는 것과 비슷한 경험을 아삽이 한 것이다. 그러다 미침내 성전에 들어가 해결책을 찾았다.

"내가 이 얽힌 문제를 풀어 보려고 깊이 생각해 보았으나, 그것은 내가 풀기에는 너무나 어려운 문제였습니다. 그러나 마침내 하나님의 성소에 들어가서야, 악한 자들의 종말이 어떻게 되리라는 것을 깨닫게 되었습니다."(시 73:16~17)

고통 중이던 아삽이 '하나님의 성소'로 들어갔다. 그는 늘 성소에서 일하던 자였다. 어느 날 성소에서 기도하고 찬양하다가 성령의 감동으로 큰 깨달음을 얻게 되었다. 악인들이 지금 있는 그곳이 보기에는 평안하고 아름다워 보이지만, 그곳은 미끄러운 곳임을 알게 되었다. 종말의 때에 그들이 높은 그곳에서 미끄러져 파멸에 이를 것임도 알았다.

"아, 그렇구나. 악인들의 번성과 번영은 한 여름 밤의 꿈과 같구나. 꿈에서 깨어나면 그들의 멸망이 얼마나 무서운 것인지를 알게 되는구나."

마침내 시인은 "하나님께 가까이함이 내게 복이라"(시 73:28) 이렇게 고백한다. 그리고 자신이 바보처럼 어리석은 생각을 잠시나마 했던 것을 가슴 치며 회개하였다. 우리의 영적 상태가 약해지면 시험에 들고 시험에 들면 진실을 꿰뚫어 보는 통찰력이 약해진다. 그때 시편 73편에 나오는 마귀가 주는 속삭임이 들린다. 불평과 의심이 물밀듯이 다가온다. 시험 든 심령으로 사물을 보면 사실을 왜곡 과장해서 보게 된다. 마귀는 왜곡, 과장 보도의 달인이다. 세상이 부러워 보이거나 남이 부러워 보이기 시작하거든 우리는 얼른 마귀가 문 앞에 이른 줄 알아 차려야 한다. "사탄아 물러가라!!!" 우리는 즉시 외쳐야 한다. 그리고 감사와 기쁨을 얼른 회복해야 한다. 시편 73편의 아삽의 솔직한 간증은 이처럼 우리에게 큰 유익과 교훈을 준다. 아멘.

기 도

주님… 지금 벼랑 끝에 선 사람들이 많습니다. 힘들어 한숨 짓는 당신의 백성들을 돌아보아 주소서. 다윗의 하나님, 아삽의 하나님, 우리의 하나님도 되시오니 우리를 긍휼히 여겨 주옵소서. 예수님의 이름으로 기도합니다. 아멘.

오늘의 본문 성경을 읽으시고 깨달은 점이나 기억하고 싶은 점 혹은 기도문을 기록합니다.

6월 12일

1년 1독 성경 읽기 꿀송이 보약큐티

시편 77편~79편

| 묵 상 자 료 |

1. 이스라엘의 민족사(시 78편)

시편 78편은 역사 속에 계시된 하나님의 구원과 심판을 노래함으로써 이스라엘 백성에 대해 교훈하기 위한 목적을 갖고 있는 지혜시이다. 특히 시인은 단순히 이스라엘의 역사적 사실에 대한 회고에서 그치지 않고 일종의 역사 철학을 제공함으로써 앞으로 이스라엘 백성이 마땅히 가져야 할 하나님과의 지혜로운 관계를 제시하고 있다.

시편 78편을 내용 별로 구분하면 역사 전승의 목적(1~8절), 은혜를 망각한 죄(9~16절), 그리고 하나님을 시험 한 죄(17~31절), 거짓 회개의 죄(32~39절), 감사치 않은 죄(40~53절), 우상 숭배의 죄(54~64), 마지막으로 하나님의 회복의 은총(65~72절)이 기록되어 있다.

이 시를 통하여 시인은 하나님의 분명한 개입에도 불구하고 끊임없이 반역하는 이스라엘 백성의 현저한 불순종을 분명히 지적하고 있다. 아울러, 그럼에도 불구하고 하나님의 자비와 은혜는 여전히 계속되며 철저한 하나님의 경륜에 의해 인간들의 역사가 진행됨을 밝혀 주고 있다.

시인은 이스라엘 백성에게 자신의 말에 귀를 기울여 교훈을 받으라고 명하였다. 시인이 이스라엘 백성을 내 백성이라고 부른 것은 하나님의 대리자로서 교훈을 선포하고 있음을 보여준다. 하나님의 교훈은 전혀 새로운 것이 아니라 이미 이스라엘 백성들이 들었던 것이며 알았던 것일 뿐만 아니라 열조가 전해주었던 것이다. 우리는 시인의 이같은 고백에서 기독교 교육의 중요성과 필요성을 발견하게 된다.

하나님께서 이스라엘 백성들에게 율법을 주신 목적은 '저희로 그 소망을 하나님께 두며 하나님의 행사를 잊지 아니하고 오직 그 계명을 지키게'하려는 데 있다. 그러나 이스라엘 백성들은 하나님께 범죄하였다. 하나님께서 이스라엘 백성에게 보여주신 구원의 능력과 기사가 그렇게 많고 놀라움에도 불구하고 그들은 계속해서 범죄하여 지존자를 배반했다고 시인은 고발한다. 그들은 근본적으로 불신앙의 악한 마음을 가지고 있었으므로 광야에서 하나님의 은혜를 체험했음에도 불구하고 하나님을 배반하고 불평하였다.

이스라엘 백성이 광야에서 하나님을 거역하여 범죄하는 일을 반복했으나 하나님께서는 그들의 죄를 즉각적으로 심판하지 않으셨다. 만일 그러했다면 이스라엘 백성은 광야에서 전멸했을 것이다. 시인은 이것을 하나님의 자비하심 때문이라고 진술한다. 이스라엘을 향한 하나님의 자비하심은 하나님께서 그들의 열조와 맺으신 언약으로부터 말미암았다. 하나님께서 그토록 긍휼을 베풀어 주셨지만 그들은 감사하기보다 오히려 하나님께 패역하였고 교만하였다. 그러한 이스라엘 백성의 죄로 인하여 하나님께서는 슬퍼하셨다.

이스라엘은 하나님께로부터 구원을 받아 가나안 땅을 기업으로 받는 기적의 역사를 체험했음에도 불구하고 하나님의 명령을 거역함으로 하나님을 시험하는 죄를 범했다. 가나안 땅에 정착한 이스라엘 백성은 그곳에 거하던 이방 족속들을 진멸하라는 하나님의 말씀을 순종치 아니하므로 그들이 섬기던 우상숭배의 죄에 빠지게 되었다. 하나님께서 언약의 계명을 주실 때 가장 핵심 되는 것이 하나님 이외의 어떠한 신도 만들지 말고 우상을 숭배하지 말라는 것이었다. 시인은 하나님께서 이스라엘의 우상숭배에 분노하사 그들을 미워하고 실로의 장막에서 떠나시고 대적의 손에 붙이셨다고 했다.

이스라엘 민족은 야곱의 열두 아들을 중심으로한 열두 지파로 형성되어져 있었다. 이스라엘 지파 중의 지도적 위치는 유다 지파가 감당했다. 다윗 왕으로부터 시작된 유다 지파의 두드러진 역할은 가시적으로는 바벨론의 침략으로 인한 유다 왕국의 멸망 때까지 계속되었다. 영적으로는 그 지파에서 예수 그리스도가 탄생하셨고 지금도 통치하고 계심으로 현재까지 계속되고 있다.

우리는 시편 78편을 통해 과거의 역사가 주는 교훈을 되새기는 것이 얼마나 중요한가를 알 수 있다. 많은 사람들이 역사의 교훈을 철저히 인식하지 못했기 때문에 악한 길로 가는 경우가 허다하다. 역사에서 교훈을 얻지 못하는 민족은 소망이 없다. 그러므로 우리는 과거에 살았던 사람들의 삶을 거울로 삼아 교훈을 얻고 의의 길로 걸어 가기를 힘써야겠다. 아멘.

오늘의 본문 성경을 읽으시고 깨달은 점이나 기억하고 싶은 점 혹은 기도문을 기록합니다.

6월 13일

시편 80편~82편

| 묵상자료 |

1. 아리송한 시편 81:15의 한국어 번역

보통의 우리 교인들이 다 보고 있는 한글 개역 성경을 읽다가 시편 81:15을 만나 아리송하여 읽고 또 읽어도 이게 뭔 말을 하는 건지 한국 사람인데도 한국 말을 알아듣기가 힘들다.

"여호와를 미워하는 자는 그에게 복종하는 체할지라도 그들의 시대는 영원히 계속되리라" 시 81:15

아니 여호와를 미워하는 자들의 시대가 영원히 계속된다고? 이게 말이나 되는 소린가? 세상에 성경을 이렇게 번역해 놓고 아무 설명이나 각주도 없이 독자에게 알아서 이해하라는 성경 번역 위원들의 배짱이 놀랍기만 하다. 자신들이 번역을 해 놓고 한국말로 분명 읽어 보고 검토했을 텐데 자신들은 이 한국 문장이 이해가 되었단 말인가? 참으로 답답하고 안타까운 생각이 든다. 여호와를 미워하는 자는 그에게 복종하는 체하여도 그들의 시대는 영원히 계속 된다니 이게 무슨 말인가? 할 수 없이 NIV 영어 번역을 찾아본다.

"Those who hate the Lord would cringe before him, and their punishment would last forever."(NIV) (주를 미워하는 자들은 그 앞에 움츠려 들게 되고 그들을 향한 심판은 영원히 계속될 것이다)

너무나 명료하고 아무런 혼동도 없다. 그러면 도대체 한국어 번역은 왜 그렇게 한 것이고 그 의미는 무엇일까? 물론 한국어 번역 중 쉬운 성경에는 영어 성경처럼 번역되어 있다. "하나님을 미워하는 자들이 모두 그 앞에서 고개를 숙일 것이다. 그들은 영원히 형벌을 받게 될 것이다."(쉬운 성경)

대한 성서 공회 임원이셨던 민영진 목사님은 이 구절을 영어 번역이 옳다는 것으로 해석했다. 민영진 목사님의 의견을 들어 보자.

"하나님을 미워하는 자들이 하나님께 진정으로 순종하지 않고 순종하는 체만 하여도 복을 받고 오래 오래 산다"는 메시지를 시편 81:15에서 "절대로!" 읽어 내서는 안 된다. '하나님을 미워하는 자들' 곧 '하나님의 원수(怨讐)들'이, 아무리 하나님께 거짓으로 복종하는 체하더라도, 그러한 자들이 하나님께 영원한 복을 받는다는 것은 여기 시편 81편에서뿐만 아니라 성경전서 어디에도 그 유사한 사상이 없다(비록 악인이 잠시 낙과 부를 누리며 사는 현실을 본다 하더라도). 하나님을 미워하는 자들이 하나님께 복종을 가장하여, 곧 하나님을 속여서, 하나님으로부터 복을 받아낸다는 것은, 그것도 영원한 복을 받아낸다는 것은, 성경 안에서는 도대체가 있을 수가 없는 사상이다. 히브리어 원문 "메사네 아도나이

예칵하슈-로 비히 이탐 레올람" 을 문자 그대로 직역을 하면 대체적으로 다음과 같다. "주님을 미워하는 자들은 주님께 복종하는 체한다. 그리고 그들의 시대는 영원까지 이를 것이다."

이것을 루터는 다음과 같이 번역하였다.

"그리고 주님을 미워하는 자들은 그에게 굴복했어야만 했다. 그리고 이스라엘의 시대는 영원히 지속되었을 것이다."

독일어 공동번역은 약간 달리 번역하였다.

"주님을 미워하는 자들은 모두 이스라엘에게 아첨을 할 것이고 그러한 상태는 영원히 지속될 것이다."

문제의 난해구가 아무리 이렇게 여러 가지로 번역이 될 수는 있어도, 이 여러 번역들 중에 어느 한 번역도 결코 "하나님을 미워하는 자들이 하나님을 속여 순종을 가장하여 하나님으로부터 영원한 복을 받는다"고 하는 해석을 합당하다고 지지해 주는 번역은 없다고 할 것이다.

이처럼 때로는 하나님의 말씀은 아무리 많이 읽어도 늘 난해하고 어렵다. 수많은 학자들의 원어적, 문법적, 문화적, 역사적 지식을 참고해야 할 때가 많다. 그래서 신학교가 필요하고 그래서 신학자가 필요하고 성경 교사가 필요한 것이다. 신천지나 하나님의 어머니를 따르는 하나님의 교회 같은 이단들도 다 성경공부에 열심이다. 아니 자기들이 성경을 제일 잘 아는 것처럼 착각하고 살고 있다. 그런 어처구니없는 영적인 교만이 이단을 만드는 것이다. 우리는 시편 81:15같은 말씀을 대하면서 겸손한 마음으로 우리가 성경에 대해 얼마나 무식한 자들인지를 자각하고 더욱 말씀을 배우고 연구하는데 노력을 경주해야 하겠다.

오늘의 본문 성경을 읽으시고 깨달은 점이나 기억하고 싶은 점 혹은 기도문을 기록합니다.

6월 14일

1년 1독 성경 읽기 꿀송이 보약큐티

시편 83편~85편

| 묵상자료 |

1. 내 마음에 있는 시온의 대로

시편 84편은 시편 중에서도 진주와 같이 빛나는 시편이다. 성전 봉사자로 평생을 살던 고라 자손들이 지은 주옥 같은 시이다. 이 시에서 시인은 그 마음에 시온의 대로가 있는 자는 복이 있다(시 84:5)고 노래한다. 고속도로는 빠른 시간의 연결을 보장한다. 마음에 시온의 대로가 깔린 사람은 항상 지상에 살아도 하늘에 그 마음이 빠르게 닿아 있다. 우리의 마음에는 늘상 품고 사는 생각들이 자리하고 있다. 내가 제일 많이 마음에 품고 사는 것은 무엇일까? 시인 류시화는 그대가 내 곁에 있어도 나는 항상 그대가 그립다고 했다.

내 마음에는 항상 아프리카 선교의 비전이 자리잡고 있다. 언젠가 하나님이 기회를 주시면 남아공에 선교 마을을 꾸미고 3,300명의 아프리카 54개 국가에서 고생하는 한국 선교사님들의 쉼터를 마련하여 그분들이 수시로 와서 힘을 얻고 가게 하고 싶다. 그리고 남부 아프리카의 흑인 목사님들에게 성경 통독 운동을 일으켜 아프리카에 말씀운동을 통한 건강한 교회 부흥의 날이 오게 하는데 여생을 모두 드리다가 아프리카에 뼈를 묻는 것이 내 마음에 가득한 생각들이다.

시편 84편의 기자는 마음에 시온의 대로가 있는 사람은 시온성에 있는 예루살렘 성전을 사모하여 상사병이 들어 몸이 쇠약해지도록 연모하는 자라고 하였다. 주의 장막이 얼마나 사랑스러운지 세상에서 천 날보다 주의 성전에서의 한 날이 더 좋아서 주의 제단에 문지기로 있는 것이 너무 행복하다고 노래한다. 고라 자손들은 실제적으로 대를 이어 성전의 문지기로 봉사하고 살았다. 우리가 은혜받으면 나타나는 현상 가운데 하나가 그 마음에 시온의 대로가 뚫리는 것이다. 항상 교회가 그립고 교회가 가고 싶고 예배가 귀하게 느껴진다. 세상에서의 재미있는 오락 보다도 교회에 나가 기도하고 예배하고 성도들과 교제하는 것이 최고의 복된 시간으로 여겨지는 것이다. 그러나 은혜가 메마르고 사탄의 시험에 내 영혼이 노출되면 반대 현상이 일어나 교회가 싫어지고 교회가 멀어 진다. 시인은 주의 집에서 참새도 제비도 안식을 얻는다고 노래했다. 그때나 지금이나 건강한 신앙은 하나님 중심, 성경 중심, 교회 중심의 신앙이다. 아멘.

6월 15일

1년 1독 성경 읽기 꿀송이 보약큐티

시편 86편~88편

| 묵 상 자 료 |

1. 시편으로 기도하기

시편 86편은 하나님이 몹시도 사랑했던 다윗의 기도문이다. 요즘 나는 기도할 때 시편을 펼쳐놓고 그 시편의 인도를 따라 기도하기를 좋아한다. 탁월한 영성의 소유자들이 기도했던 기도의 내용들을 하나 하나 따라 하다 보면 나도 그들의 기도 영성에 물들어 더욱 기도에 힘을 얻고 기도의 문이 활짝 열리는 것을 종종 체험한다.

"여호와여 나는 곤고하고 궁핍하오니 귀를 기울여 내게 응답하소서" 시 86:1

다윗의 기도는 심플하다. 복잡하거나 미사여구를 사용하지도 않는다. 그저 하나님을 한 번 부르고는 바로 단도직입적으로 자신의 형편을 아뢴다. 우리도 그렇게 기도해 보자.

"아버지~ 내가 목마르오니 귀를 내게 귀울여 나의 기도를 응답해 주소서…"

"나는 경건하오니 내 영혼을 보존하소서 내 주 하나님이여 주를 의지하는 종을 구원하소서" 시 86:2

다윗은 하나님과 친밀하기에 자신에 대해 경건하다는 말을 스스럼없이 한다. 여기서 경건하다는 말의 의미는 자기를 자랑하는 교만이 아니라 자신은 하나님의 은총을 입은 자라는 뜻이다. 내가 주의 은총을 입은 자이니 내 영혼을 보존해 달라고 요구한다. 그리고 주를 의지하는 자신을 구원해 달라고 한다. 여기서의 구원은 영생을 의미한다기 보다는 어려움에서 건져내 달라는 뜻이다. 우리도 이렇게 기도해 보자.

"아버지, 나는 주의 은총으로 주의 백성이 된 자가 아닙니까? 내 아버지여, 주만을 바라보는 이 종의 형편을 살펴주셔서 어려움에서 건져 주소서."

"주여 나를 긍휼히 여기소서 내가 종일 주께 부르짖나이다" 시 86:3

당신은 하루 종일 주께 기도해 본 적이 있는가? 다윗은 종일 주께 부르짖었다. 하루 종일 슬픈 새처럼 부르짖으며 주의 긍휼을 요청했다. "주여… 많은 시간을 들여 주께 기도로 나아 갑니다. 저를 긍휼히 여겨 주소서."

"주여 내 영혼이 주를 우러러 보오니 주여 내 영혼을 기쁘게 하소서" 시 86:4

우리가 기도할 때 단 한 번이라도 내 영혼을 기쁘게 해 달라고 기도해 본 적이 있을까? 없다면 우리도 다윗에게 배워 그렇게 기도해 보자.

"아버지, 내가 주를 우러러 보오니 내 영혼을 기쁘게 해 주옵소서."

"주는 선하사 사유하기를 즐기시며 주께 부르짖는 자에게 인자함이 후하심이니이다 여호와여 나의 기도에 귀를 기울이시고 나의 간구하는 소리를 들으소서 나의 환난 날에 내가 주께 부르짖으리니 주께서 내게 응답하시리이다" 시 86:5~7

주님은 선하셔서 죄를 용서해 주시기를 즐기신다. 그리고 그에게 간구하는 자에게 인자하심으로 역사하신다. 그러한 하나님의 성품을 알기에 담대하게 나의 간구를 응답해 달라고 부르짖는다.

"아버지, 주는 선하셔서 나의 허물을 사유해 주시기를 즐거이 하시오니 감사합니다. 그 사유하심에 힘을 얻고 종이 간구하오니 나의 기도에 응답해 주소서."

"은총의 표징을 내게 보이소서 그러면 나를 미워하는 저희가 보고 부끄러워하오리니 여호와여 주는 나를 돕고 위로하심이니이다" 시 86:17

구약에 사사 기드온도 주 되시는 표징을 보여 달라고 기도한 적이 있다. 오늘 본문에 다윗도 동일한 기도를 하고 있다. 우리도 이렇게 기도해 보자.

"아버지, 나에게 주님이 날 사랑하시고 내 기도를 들으신다는 싸인을 하나 보여주세요. 주님은 나의 영원한 위로자이십니다." 아멘.

오늘의 본문 성경을 읽으시고 깨달은 점이나 기억하고 싶은 점 혹은 기도문을 기록합니다.

6월 16일

1년 1독 성경 읽기 꿀송이 보약큐티

시편 89편~92편

| 묵 상 자 료 |

1. 하나님의 사람 모세의 기도

시편 90편은 지상 최고의 하나님의 종으로 일컬어지는 모세의 기도가 실려 있다. 이 시편 90편은 참으로 소중한 말씀이다. 성경은 모세 이후에 인간들 중에는 다시는 모세와 같은 선지자가 일어나지 못하였다고 한다(신 34:10). 그는 얼굴에 광채가 나서 사람들이 제대로 쳐다보기가 힘들어 수건을 사용하여 얼굴을 가려야 했다. 하나님을 친구처럼 대면하여 보았던 그 위대한 하나님의 사람은 기도를 할 때 어떤 내용으로 간구했을까? 그의 기도의 내용이 궁금하지 않은가? 우리의 기도와 어떻게 다를까? 연구해 볼만하지 않은가?

나는 수십 번도 더 되게 시편 90편을 소리내어 읽으며 모세의 기도를 따라 해 보았다. 모세가 하나님께 기도하던 모습을 연상하며 그의 기도를 반복했다. 이제는 달달 외우게 되었다. 모세의 기도를 분석해 보니 그의 기도의 핵심은 하나님의 위대하심과 인생의 유한함을 고백하면서 은총을 베푸셔서 자신의 손으로 하는 일이 견고하게 설 수 있도록 해 달라는 요지의 기도였다.

확실히 똑같은 인생을 살아도 어떤 사람은 하는 일이 견고하고 흔들리지 않고 레바논의 백향목처럼 푸른 감람나무처럼 청청하게 뻗어가지만 어떤 사람은 하는 일이 늘 흔들리고 불안하다. 기초가 모래 위에 세워져 있는 집 같다. 그래서 하나님의 사람의 기도의 결론은 하나님의 은총을 구하는 것이었다. 내게 은혜 주셔서 내 손의 일을 견고케 하소서라는 간구였다.

확실히 신앙의 고수일수록 기도가 단순하고 심플하다. 복잡하지 않다. 겸손하게 자신의 한계를 직시하고 오직 여호와의 얼굴을 구하며 그 은총의 손길을 열망하는 것이다. 우리도 모세의 기도를 본받아 주님의 은총을 구하며 오늘을 살아야겠다. 아멘.

오늘의 본문 성경을 읽으시고 깨달은 점이나 기억하고 싶은 점 혹은 기도문을 기록합니다.

6월 17일

1년 1독 성경 읽기 꿀송이 보약큐티

시편 93편~100편

| 묵 상 자 료 |

1. 온 땅이여 여호와를 찬양하라!!!

시편 100편은 감사의 노래이다. 기쁨으로 여호와를 섬기며 노래하면서 그 앞에 나가 경배하는 찬송시다. 감사함으로 그 문에 들어가며 찬송함으로 그 궁정에 들어가서 그에게 감사하며 그의 이름을 송축하라고 외치고 있다. 그리고 온 땅과 만물들에게 여호와를 찬양하라고 명령하고 있다.

우리를 구원하신 목적은 그를 예배하며 그를 찬송케 하기 위함이다. 감사와 찬송은 성도의 마땅한 의무다. 내가 찬송하지 않으면 돌들이 소리지를 것이다. 여호와는 이스라엘의 찬송 중에 거하고 계신다. 지금도 하늘 보좌에서는 천군 천사들의 찬송이 계속되고 있다. 우리가 찬송할 때 천사도 가담한다. 이와 같이 구원받은 우리는 어떤 상황에서든지 감사와 찬양을 드리느라 바쁜데 주를 알지 못하는 세상 사람들은 기쁨과 감사를 잊어버리고 사망의 종 노릇 하며 살고 있다. 사랑에 목말라 외로움과 우울증 그리고 세상에 대한 환멸 속에 살아 가는 사람들이 너무 많다. 하나님은 사랑이신데 하나님을 모르니 사랑이 메마르고 고독과 비교의식, 피해의식 속에 기쁨을 잃어버리고 사는 것이다. 많은 사람들에게 애송되는 "청파동을 기억하는가"라는 시를 쓴 최승자 시인도 안타깝게도 그 마음에 하나님이 없으니 절망의 시를 많이 지었다. 그녀의 절규를 들어 보라.

일찍이 나는

일찍이 나는 아무 것도 아니었다. 마른 빵에 핀 곰팡이. 벽에다 누고 또 눈, 지린 오줌 자국. 아직도 구더기에 뒤덮인 천년 전에 죽은 시체. 아무 부모도 나를 키워 주지 않았다.
쥐구멍에서 잠들고 벼룩의 간을 내먹고 아무 데서나 하염없이 죽어 가면서 일찍이 나는 아무 것도 아니었다. 떨어지는 유성처럼 우리가 잠시 스쳐갈 때 그러므로, 나를 안다고 말하지 말라. 나는 너를 모른다. 나는 너를 모른다.
너, 당신, 그대, 행복. 너, 당신, 그대, 사랑. 내가 살아 있다는 것, 그것은 영원한 루머에 지나지 않는다.

1980년대 대표적인 여성시인의 한 사람인 최승자. 그녀의 시는 송곳의 언어로 위선적인 세계와 정면으로 맞선 하나의 살의(殺意)였다. 이 시에는 폐광과 같은 유폐와 자기 방기가 있다. 시인은 '곰팡이'와 '오줌 자국'과 '죽은 시체'에 자기 존재의 흔적을 견준다. '나'라는 존재는 세상의 귓가를 정처 없이 떠돌다 사라지고 마는 '영원한 루머'일 뿐이라고 말한다. 자신의 삶을 저주받은 운명이라고 감히 말하며 아예 내 존재의 근거를 박탈해 버리려는 이런 듣기 거북한 발언은 그녀의 다른 시편에서도 흔하게 있다. 그녀에게 "이 조건 반사적 자동 반복적/ 삶의 쓰레기들// 목숨은 처음부터 오물이었다."(미망(未忘) 혹은 비망(備忘) 2).

그녀는 이 세계가 치유 불가능할 정도로 깊이 병들어 있다고 보았다. 세계가 비명으로 가득 차 있고, 탐욕의 넝마이며, 치명적인 질환을 앓고 있는데 누군들 그곳서 생존을 구걸하겠는가. 그러므로 내 존재를 루머도 없게 치워달라고 할밖에. 세월은 길고 긴 함정일 뿐이며 오직 슬퍼하기 위해 이 세상에 태어났다고 서슴없이 말하던 시인. "허무의 사제" 최승자 시인은 세상을 혹독하게 앓고 시를 혹독하게 앓았다.

나는 아무의 제자도 아니며
누구의 친구도 못 된다
잡초나 늪 속에서 나쁜 꿈을 꾸는
어둠의 자손, 암시에 걸린 육신

어머니 나는 어둠이에요
그 옛날 아담과 이브가
풀섶에서 일어난 어느 아침부터
긴 몸뚱어리의 슬픔 이예요 〈자화상〉

시편 100편의 감사의 시를 읽으면 대낮에 있는 기분인데 최승자의 이런 절망의 지독한 메아리를 들으면 캄캄한 밤에 있는 것 같다. 혹 누가 나를 비판할지 모르겠다. 왜 목사라는 분이 그런 불신자의 시를 길게 인용 하냐고… 하지만 우리가 누리는 이 믿음 안에서의 구원이 얼마나 크고 위대한지는 가끔 불신자들의 의식세계와 비교해 볼 때 더 확연히 드러나는 것이 아니겠는가?

아침에 떠 오르는 태양에 감사하는 자들은 혹독한 흑암을 경험한 자들이기에 이런 시를 인용하는 나를 용납하라.

그리스도인은 바울이 로마서에서 말했던 것처럼 낮에 속한 자들이다(롬 13:13). 그래서 낮에 속한 우리에게는 빛 가운데 거하며 새처럼 감사의 노래를 부른다. 감사를 잊어버리면 우리는 존재 가치가 없는 한갓 루머에 불과한 교인으로 전락하기 쉽다.

세상은 어둠 속에서 사랑 없어 절망하는데 우리 성도들은 항상 시편 100편에서 살아야 한다. 오늘도 시편 100편의 정원에 거닐면서 감사의 제사를 드리고 찬송으로 춤추는 하루가 되어 보자. 아멘.

6월 18일

1년 1독 성경 읽기 꿀송이 보약큐티

시편 101편~103편

| 묵상자료 |

1. 지붕 위의 외로운 참새(시 102편)

시편 102편은 고난당한 자가 마음이 상하여 그의 근심을 여호와 앞에 토로하는 기도라고 표제어에 적혀 있다. 누구나 인생을 살다 보면 고난의 파도가 밀려올 때가 있다. 그리스도인에게는 그러한 시기에 기도와 말씀이 우리의 피난처가 된다는 사실이 감사하다. 힘들 때마다 시편 102편을 나지막이 읊조리며 하나님께 기도하자. 2절에서 시인은 "나의 괴로운 날에 주의 얼굴을 내게서 숨기지 마소서 주의 귀를 내게 기울이사 내가 부르짖는 날에 속히 내게 응답하소서" 이렇게 부르짖는다.

그는 계속해서 자기의 괴로움을 토로하기를 자신은 너무 슬퍼서 음식이 목에 넘어가지 않고 마음이 풀같이 시들고 말라 버렸으며 탄식으로 신음하고 살이 뼈에 붙어 해골처럼 되었다고 하소연한다. 그리고 너무 힘든 자신의 모습이 광야의 올빼미 같고 황폐한 곳의 부엉이 같다고도 하며 밤에 잠을 못 자고 뒤척이며 지붕 위의 외로운 참새 같은 자신의 고독을 하나님 앞에 주절주절 아뢰고 있다. 욥이 당한 고난 같은 아픔을 이 시인이 겪고 있는 듯하다. 심지어 9절에서는 물을 한 모금 마시려는데 눈물이 그치지 않아 물인지 눈물인지 모를 액체를 마시는 자신의 처량한 신세를 한탄하기도 한다.

시편 102편의 기자는 지금 지붕 위의 외로운 새처럼 외딴 섬의 고독 속에 갇혀 있다. 주변의 사람들이 많지만 그들은 다 원수가 되어 시인을 해하려고 미칠 듯이 날뛰고 있다(8절)고 말한다. 고통이 너무 심해 시편 기자는 마침내 병이 들었다. 23절에 "그가 내 힘을 중도에 쇠약하게 하시며 내 날을 짧게 하셨도다"라고 하는 것을 보면 그는 자신의 생명이 곧 끝날 것 같은 예감이 들었던 것 같다. 그래서 그는 최후의 희망인 여호와를 붙들고 눈물로 애원한다.

"나의 하나님이여 나의 중년에 나를 데려가지 마옵소서…"(시 102:24)

그는 아직 팔팔한 중년의 나이였다. 세상을 등지기에는 너무나 젊었다. 이대로 죽기에는 너무나 억울하고 서글퍼서 그는 하나님께 '나를 중년에 데려가지 말아 달라고' 애원했다. 죽음의 문턱에서 극도의 외로움 속에서 지붕 위의 외로운 참새처럼 짹짹거리는 이 시편기자의 한숨 소리가 들리는 듯하다. 시인 정호승은 그의 시 "수선화"에서 외로운 자들을 향해 이렇게 충고했다.

"울지 마라 외로우니까 사람이다. 살아간다는 것은 외로움을 견디는 일이다. 공연히 오지 않는 전화를 기다리지 마라. 눈이 오면 눈길을 걸어가고 비가 오면 빗길을 걸어 가라. 갈대 숲에서 가슴 검은 도요새도 너를 보고 있다. 가끔은 예수님도 외로워서 눈물을 흘리신다. 새들이 나뭇가지에 앉아 있는 것도 외로움 때문이고 네가 물가에 앉아 있는 것도 외로움 때문이다. 산 그림자도 외로워서 하루에 한

번씩 마을로 내려온다. 종소리도 외로워서 울려 퍼진다."

이 시인이 그리스도인인지 아닌지는 잘 모르지만 참 좋은 위로의 시를 쓴 것 같다. 그는 공연히 오지 않는 전화를 기다리지 말고(부질없는 인간들의 정에 메달리지 말고) 눈이 오면 눈 길을 걸어가고 비가 오면 빗길을 걸어 가야 한다고 한다. 이 시의 제목은 "수선화"인데 그리스 신화에 이 꽃에 대한 이야기가 나온다. 나르시스라는 미소년이 물속을 들여다보다가 물 속에 비친 자기 모습의 아름다움에 홀려 그곳을 떠나지 못하다가 결국 물에 빠져 죽어서 수선화로 피어났다는 이야기다. 이런 나르시시즘(narcissism)에서 모티브를 얻어 응답 없는 사랑의 쓸쓸함과 외로움을 인간 존재의 숙명으로까지 확대하고 있는 작품이 바로 이 정호승의 "수선화"다. 우리가 자기애(自己愛)에 빠지는 순간 절망의 늪을 빠져나오지 못한다. 그러나 시편 102편을 쓴 기자는 다행히도 나르시시즘에서 눈을 돌려 하나님에게로 그의 시선을 향한다.

"천지는 없어지려니와 주는 영존하시겠고 그것들은 다 옷같이 낡으리니 의복같이 바꾸시면 바뀌려니와 주는 한결같으시고 주의 연대는 무궁하리이다."(시 102:26~27) 아멘.

결국 광야의 올빼미처럼 슬퍼하던 시인은 하나님을 바라보고 하나님의 영원한 존재하심으로 인해 위안을 받는다. 그리고 그의 마지막 고백은 희망으로 끝을 맺는다.

"주의 종들의 자손은 항상 안전히 거주하고 그의 후손은 주 앞에 굳게 서리이다 하였도다."(시 102:28) 비록 자신의 세대에는 힘듦과 아픔이 있지만 전능하신 하나님의 은혜로 자신의 후대가 견고하게 설 것을 감사하면서 끝을 맺는다. 기독교는 이렇게 항상 해피앤딩이다. 처음에는 미약하나 나중은 심히 창대하다. 지붕 위의 참새 같은 그대여, 외로운 수선화 같은 그대여, 섬처럼 고립되지 말고 자신에게서 눈을 돌려 하나님을 바라보고 힘을 얻으라.

오늘의 본문 성경을 읽으시고 깨달은 점이나 기억하고 싶은 점 혹은 기도문을 기록합니다.

6월 19일

1년 1독 성경 읽기 꿀송이 보약큐티

시편 104편~106편

| 묵상자료 |

1. 온 땅에 가득한 하나님의 부요(시 104편)

전체 150편의 시편들 가운데서 시편 제104편은 특히 위대하고 아름다운 시이다. 이 시편 104편은 우리에게 하나님의 창조세계를 구석구석 살피고 있는 한 시인을 발견하게 한다. 이 시인의 관찰 속에는 온갖 피조물이 들어있다. 그는 하늘과 땅과 산과 골짜기와 바위와 샘과 바다를 바라보는가 하면, 그 안의 구름과 바람과 우렛소리와 불꽃과 물을 관찰한다. 그는 또 해와 달을 응시하며 빛과 흑암과 밤을 묵상한다. 그의 눈에는 사자, 들나귀, 산양, 너구리 같은 산야의 각종 짐승들이 보이는가 하면, 학을 위시한 공중의 새들과 바다 속의 크고 작은 동물들도 보인다. 시인의 눈은 레바논 백향목이나 잣나무 같은 나무들에서부터 풀과 채소에까지 닿으며 그 식물들이 내는 포도주, 기름 등 온갖 양식에까지 이른다.

그러나 이 시편 104편 속에서의 시인의 눈은 그 어떤 피조물이 아니라 그 모든 것을 지으신 창조주 하나님을 향한다. 그는 자연의 거대함을 노래하는 것이 아니라, 하나님의 위대하심을 찬양하고 있다. 1절에서 시인은 이렇게 입을 연다. "내 영혼아 여호와를 송축하라 여호와 나의 하나님이여 주는 심히 위대하시며 존귀와 권위로 옷 입으셨나이다." 그는 만물을 조화롭게 하시는 하나님의 지혜와 사랑, 그리고 창조주의 아름다움을 경탄하고 있다.

2~4절은 그것을 이렇게 시적으로 표현하고 있다. "주께서 옷을 입음 같이 빛을 입으시며 하늘을 휘장 같이 치시며 물에 자기 누각의 들보를 얹으시며 구름으로 자기 수레를 삼으시고 바람 날개로 다니시며 바람을 자기 사신으로 삼으시고 불꽃으로 자기 사역자를 삼으시며."

빛도 하늘도 물도 구름도 바람도 불꽃도 마치 당신의 옷처럼 휘장처럼 날개처럼 수레처럼 사신처럼 사역자처럼 다 마음대로 사용하시는 하나님을 보이고 있는 것이다. 시인은 또 그 어떤 피조물도 하나님께서 명하시면 거역할 수 없음을 말한다.

6~9절을 보자. "옷으로 덮음 같이 주께서 땅을 깊은 바다로 덮으시매 물이 산들 위로 솟아올랐으나 주께서 꾸짖으시니 물은 도망하며 주의 우렛소리로 말미암아 빨리 가며 주께서 그들을 위하여 정하여 주신 곳으로 흘러갔고 산은 오르고 골짜기는 내려갔나이다. 주께서 물의 경계를 정하여 넘치지 못하게 하시며 다시 돌아와 땅을 덮지 못하게 하셨나이다."

깊은 바다의 물도 하나님의 뜻대로 흐른다는 것이다. 그뿐 아니다. 모든 생명체가 살고 죽는 것이 다 하나님의 손에 달렸음을 본문 28~29절은 이렇게 노래한다. "주께서 주신즉 그들이 받으며 주께서 손을 펴신즉 그들이 좋은 것으로 만족하다가 주께서 낯을 숨기신즉 그들이 떨고 주께서 그들의 호흡을 거두신즉 그들은 죽어 먼지로 돌아가나이다."

그러면서 시인은 "여호와여 주께서 하신 일이 어찌 그리 많은지요 주께서 지혜로 그들을 다 지으셨으니 주께서 지으신 것들이 땅에 가득하니이다… 내가 평생토록 여호와께 노래하며 내가 살아 있는 동안 내 하나님을 찬양하리로다"라고 주께 찬양을 돌린다.

주위에 온통 답답하고 짜증나는 일뿐이고 하나님은 계시는지 안 계시는지 모르겠고 도무지 감사할 일이 없는 것 같이 여겨지는 상황이라 할지라도, 우리 주변의 모든 일들, 모든 사물, 모든 현상들 속에 살아계시고 크고 놀랍게 역사하시는 사랑과 능력의 하나님을 우리는 발견해야 한다.

믿음의 눈을 가진 사람에게는 감사와 찬양을 돌릴 일이 너무나 많다. 우리 모두는 시편 104편의 저자가 가졌던 하나님의 창조세계를 구석구석 살필 줄 아는 시인의 마음을 지녀야 하겠다. 우리도 그처럼 우리를 둘러싼 하늘과 땅과 산과 골짜기와 바위와 샘과 바다를 바라보며 그 안의 구름과 바람과 우렛소리와 불꽃과 물을 보며 창조주를 생각해야 한다. 또 해와 달을 응시하며 빛과 흑암과 밤을 묵상할 수 있어야 하겠다.

공기와 물을 주셔서 호흡하고 마시며 살게 하시고 낮을 주셔서 일하게 하시고 밤을 주셔서 잠자며 쉬게 하시는 하나님의 놀라운 손길을 볼 줄 알아야 하겠다. 참으로 하나님이 지으신 세상을 찬찬히 바라보면 하나님의 위대하심과 부요하심에 우리는 감탄하지 않을 수 없다. 아멘.

오늘의 본문 성경을 읽으시고 깨달은 점이나 기억하고 싶은 점 혹은 기도문을 기록합니다.

6월 20일

1년 1독 성경 읽기 꿀송이 보약큐티

시편 107편~109편

| 묵상자료 |

1. 주여, 감사드리나이다! (시 107편)

어느 교회에서 예수님의 12제자에 대해 성경공부를 하고 있었다. 어떤 여자 집사님이 갑자기 이렇게 질문을 했다.

"목사님, 어째서 주님께서는 가룟 유다와 같은 못된 사람도 제자로 택하셨습니까? 전 도무지 이해할 수가 없는데요?"

이 말을 들은 목사님은 빙그레 웃으시더니 다음과 같이 대답하셨다고 한다.

"나는 그것보다 더 이상한 것이 한 가지 있습니다. 그것은 바로 주님께서 왜 나같은 사람을 택하셨는지 하는 것입니다."

이 말에 그 집사님은 크게 깨닫고 고개를 끄덕이며 감사의 눈물을 흘렸다고 한다. 참으로 창조주 하나님께서 죄악으로 더럽혀진 인생을, 특히 나를 구원해 주시고 사랑해 주시니 이 얼마나 감사한 일인가?

시편 107편은 시편의 제5권 첫 번째 시이다. 1권과 2권은 비탄시가 많은데 5권은 환희에 찬 감격으로 하나님에 대해 감사와 찬양을 드리는 것이 많이 수록되어 있다. 본시도 하나님을 향한 감사, 찬양시이다. 본시는 바벨론 포로(BC 586－538년)에서 귀환한 것을 배경으로 하고 있다. 그리고 자신들을 구원해 주신 하나님의 크신 사랑과 은총을 살펴보면서 하나님의 주권적 구원섭리에 감사하고 찬양하라고 권면하고 있다. 왜 포로로 잡혀 갔었던가? 백성들이 말씀에 불순종하고 우상숭배함으로 하나님을 격노케 했기 때문이었다. 그러한 못된 그들을 하나님은 이제 회복케 하시는 은총을 베푸셨다.

> "여호와께 감사하라 그는 선하시며 그 인자하심이 영원함이로다 여호와께 구속함을 받은 자는 이같이 말할지어다. 여호와께서 대적의 손에서 저희를 구속하사…" 시 107:1~2

이것은 이스라엘 백성들이 바벨론 포로생활에서 귀환한 사실을 가리키고, 나아가 구원받은 성도들의 죄로부터의 구속을 예표한다.

> "저희가 광야 사막길에서 방황하며 거할 성을 찾지 못하고 주리고 목마름으로 그 영혼이 속에서 피곤하였도다" 시 107:4~5

이스라엘의 포로생활에서의 고달픔을 출애굽 후 광야에서 겪었던 일들에 비교하여 말하고 있다.

"이에 저희가 그 근심 중에 여호와께 부르짖으매 그 고통에서 건지시고" 시 107:6

하나님은 이스라엘 백성들이 바벨론 포로 생활을 하고 있을 때 자기들의 죄와 잘못을 회개하고 구해 달라고 울부짖으며 기도할 때 외면하지 않으시고 구원하셨다.

"여호와의 인자하심과 인생에게 행하신 기이한 일을 인하여 그를 찬송 할지로다" 시 107:8

우리네 구원받은 인생은 우리를 위해 기이한 일을 행하신 하나님을 찬양하는 것이 영원토록 우리들의 할 일이다. 주님의 십자가는 천국에 가서도 영영히 부를 성도의 찬송 제목이다. 아멘.

오늘의 본문 성경을 읽으시고 깨달은 점이나 기억하고 싶은 점 혹은 기도문을 기록합니다.

1년 1독 성경 읽기 꿀송이 보약큐티

시편 110편~112편

| 묵상자료 |

1. 하나님을 경외하는 자의 복된 삶 (시 112편)

이 세상에는 수많은 사람들이 살고 있다. 그 중에는 부유한 사람도 있고 가난한 사람도 있고 뛰어난 사람도 있고 무언가 부족해 보이는 사람도 있다. 어떤 이들은 복받은 삶을 사는 것 같고 누군가는 박복한 삶을 사는 것 같다. 과연 어떤 사람이 복있는 사람이고 어떤 사람이 박복한 사람일까?

성경이 말하는 복있는 사람의 기준은 물질의 부유함이나 세상 높은 지위에 있지 않고 그 사람의 마음이 하나님을 경외하고 사랑하는지에 달려 있다고 말씀하고 있다.

시편 112편은 앞에 나온 111편과 짝을 이루는 쌍둥이 시로 알려져 있는데 1절을 보면 복있는 사람의 두 가지 특징을 말하고 있다. 첫째는 여호와를 경외하는 것이고, 둘째는 하나님의 계명 즉, 말씀을 즐거워하는 것이다. 계명을 즐거워한다는 것은 말씀을 듣기를 좋아하거나 공부하는 정도를 넘어서는 의미를 가지고 있는데 이것은 하나님 말씀 하나하나를 마치 보화를 발견한 것처럼 적극적으로 기뻐하는 것을 의미한다. 2절은 "그의 후손이 땅에서 강성함이여 정직한 자들의 후손에게 복이 있으리로다"라고 한다. 하나님을 경외하고 하나님의 말씀을 즐거워하는 사람의 복이 그의 후손에게까지 이어질 것이라고 하시는 것이다. 3절은 "부와 재물이 그의 집에 있음이여 그의 공의가 영구히 서 있으리로다" 라고 한다. 하나님의 말씀을 사랑하는 자에게는 하나님께서 모든 좋은 것을 부족함이 없게 주시며 거기에 더해서 그의 공의가 영구히 서있을 것이라 하신다. '공의가 영원히 서 있다'는 표현은 하나님의 통치를 묘사하기 위해 사용되는 표현인데 여호와를 경외하는 자가 여호와를 그대로 닮았을 뿐만 아니라 한걸음 더 나아가서 하나님의 통치를 이 땅에서 구현하고 있다는 것을 뜻한다. 4절은 "정직한 자들에게 흑암 중에 빛이 일어나나니 그는 자비롭고 긍휼이 많으며 의로운 이로다"라고 노래한다. 하나님의 사람들은 어지럽고 혼란스러운 어두운 세상에서도 말씀의 빛에 비추어 살아가기 때문에 길을 잃지 않는다. 또한 하나님의 백성은 다른 사람에 대해 자비롭고 긍휼함이 많다. 4절의 "자비롭고 긍휼함이 많다"로 번역 말씀은 111편 4절의 "은혜로우시고 자비로우시도다"라는 표현과 히브리어로는 완전히 동일하다. 하나님을 경외하는 사람은 하나님의 성품을 닮아 다른 이들에게 자비와 긍휼을 베풀어 주는 사람이 되고 의로운 삶을 추구한다. 7절부터 9절은 이렇게 하나님을 닮은 모습으로 살아가는 '여호와를 경외하는 자'가 받게 되는 추가적인 축복의 결과를 말씀하고 있다. 그는 흉한 소문을 두려워하지 않을 것이고 하나님을 신뢰하기에 흔들리지 않게 된다. 흉한 소문은 전쟁이 일어난다거나 전염병이 퍼진다거나 경제가 더 나빠질 것이라는 소문을 말할 수 있다. 그러나 하나님의 말씀을 사랑하는 자는 크게 두려워하지 않는다. 하나님이 허락하시지 않으면 그 어떤 일도 일어나지 않는다는 것을 알기 때문이고 하나님이 일단 허락하신 일이라면 그것이 결국에는 나에게 합력하여 유익이 될 것이라고 믿기 때문이다. 9절에 나오는 재물을 흩어 빈궁한 자들에게 주는 자에게 약속한 '뿔이 영광 중에 들린다'는 표현은 존귀함을 얻게 된다는 의미이고, 왕권과 같은 귀한 직분을 수행하게 된다는 뜻이다. 하나님은 여호와를 경외하는 자를 높이 들어서 사용하신다. 그 이유는 그의 삶의 모습이 하나님의 모습을 그대로 닮아 있기 때문이다. 존귀하신 여호와 하나님을 따르는 삶을 사는 자를 하나님께서 존귀하게 해 주신다고 말씀하시는 것이다.

그리고 오늘 본문 마지막 10절은 "악인은 이를 한탄하여 이를 갈면서 소멸되리니 악인들의 욕망은 사라지리로다" 하는 말씀으로 마치고 있다.

악인들의 이런 모습은 시편 1편에 나오는 악인들의 모습과 비슷하다. 악인들이 의인의 모습을 보면서 이를 갈지라도 그들의 욕망은 허망한 것이 될 것이고 바람에 나는 겨와 같이 흩어져서 아무것도 남지 않을 것이다. 악한 자가 얻는 성공과 출세는 이처럼 허망하다. 그러나 하나님 백성의 의는 영원할 것이다. 아멘.

오늘의 본문 성경을 읽으시고 깨달은 점이나 기억하고 싶은 점 혹은 기도문을 기록합니다.

6월 22일

1년 1독 성경 읽기 꿀송이 보약큐티

시편 113편~117편

| 묵상자료 |

1. 우상이 아니라 하나님께 영광을 돌려야 한다(시 115편)

시편 115편은 기록자를 알 수가 없다. 이 시의 배경은 이스라엘이 극한 위기에 처해 있을 때에 하나님께 부르짖어 구원을 받은 후 모든 영광을 하나님께 돌리는 감격스러운 찬양시이다. 민족적 위기이기에 어떤 이들은 히스기야왕 시절 앗수르의 침공때 기도하여 십팔만오천 명의 앗수르 군대가 전멸당하고 난 후 부른 노래라고 하지만 확실하지는 않다. 시 115편에서 주시는 하나님의 음성을 들어보자.

첫째, 모든 영광을 여호와께 돌리라고 말씀하시고 계신다(시 115:1~3).

사람은 타락해서 하나님의 은총을 입지 않고서는 생명이 유지될 수도 선한 일을 할 수 있는 능력도 원초적으로 없다. 그래서 모든 일의 열매의 결과를 하나님께 돌리는 것, 이것이 하나님께 영광을 돌리는 일이다. 이와 같은 생각, 이와 같은 언어, 이와 같은 행동이 습관화되고 생활화되어 있는 사람이 행복한 사람이다. 계속해서 하나님의 은총을 받을 수 있는 복있는 사람이다. 나의 나 된 것은 하나님의 은혜라고 고백한 바울의 삶이 바로 이런 삶이다.

둘째, 하나님과 대조해서 이 세상의 신인 우상의 무능을 알라고 말씀하시고 계신다(시115:4~8).

우상은 생명이 없는 사람의 수공물이다. 입이 있어도 말하지 못하고 눈이 있어도 보지 못하고 귀가 있어도 듣지 못하고 코가 있어도 맡지 못하고 손이 있어도 만지지 못하고 발이 있어도 걷지 못하고 목구멍으로 소리도 못 내는 것이 우상이다. 이같이 무능한 수공물을 의지하는 자 또한 아무것도 얻을 수 없다. 이렇게 무지하고 불쌍한 사람들이 지구촌에 가득 차 있는데 그 중에 우리를 선택하시고 구원시켜주시고 아버지라 하나님을 부르게 하신 주님께 우리는 모든 영광을 돌려야 한다.

셋째 "여호와를 의지하는 자에게 복이 임한다"라는 것을 말씀하고 계신다(시 115:9~18)

사람이 짧은 생애를 살아가면서 위기에 처할 때가 많이 있다. 건강의 위기가 올 때도 있고 경제적 위기가 올 때도 있다. 가정의 위기가 올 때도 있고 신앙의 위기가 올 때도 있다. 국가적 위기가 올 때도 있고 교회의 위기가 올 때도 있다. 그때 여호와를 의지하라는 것이다.

히스기야는 건강의 위기 생명의 위기 때 여호와를 의지하여 통곡하며 눈물로 기도했다. 그리하여 15년 생명의 연장을 받았다. 엘가나와 한나는 가정의 위기가 왔을 때 여호와를 찾아 부르짖고 의지함으로 위기를 극복하고 행복한 가정을 회복하였다.

초기 예루살렘교회가 박해로 인하여 위축되고 흔들릴 때 신앙의 위기 교회의 위기를 극복하기 위해 함께 모여 여호와를 전적으로 신뢰하여 부르짖어 기도할 때 성령 충만이 임하고 담대함이 생겨 교회를 세우고 재생산을 위한 제자훈련과 선교에 힘을 쏟을 수 있었다.

여호와를 의지하면 영생의 복뿐만 아니라 이 세상에서도 평강의 복 찬송의 복이 임한다. 할렐루야!! 아멘.

오늘의 본문 성경을 읽으시고 깨달은 점이나 기억하고 싶은 점 혹은 기도문을 기록합니다.

1년 1독 성경 읽기 꿀송이 보약큐티

시편 118편~119편

| 묵상자료 |

1. 의인의 장막에서 흘러나오는 소리

시편 118:15에는 의인의 장막에서 새어 나오는 소리가 있다고 한다. 나는 어려서 전라도 벌교 시골 마을에 살면서 이웃 집에서 나오는 여러 소리들을 듣고 자랐다. 뒷집은 항상 조용했다. 앞 집은 항상 라디오에서 흘러나오는 노래 가락이 흥겨웠다. 옆집은 자주 싸우는 소리가 진동했다. 죽여라, 살려라, 난리였다. 오른쪽 옆 집은 깔깔 거리는 아이들 웃음소리가 자주 들렸다. 동네에 예수 믿는 사람들이 거의 없어 찬송 소리나 기도 소리는 듣지 못했다.

시편 118:15에 보면 예수 믿는 의인의 장막에서는 첫째로 기쁜 소리가 들린다고 한다. 만일 당신이 아파트에 사는데 윗집에서 늘 기쁨의 소리, 웃음 소리, 즐거운 소리가 끊이지 않는다면 그 집은 예수 믿는 집일 가능성이 많다고 봐야 한다. 성경은 항상 기뻐하라, 범사에 감사하라고 가르치기 때문에 성도의 집에서는 기쁨의 소리가 나올 수밖에 없다. 성경은 성령에 취하면 술 취한 사람들이 기분 좋은 것처럼 기쁨이 넘친다고 가르친다. 예수님은 성령으로 기뻐하시는 모습을 자주 보여주셨다. 사람들이 주님의 기적과 표적을 보고서도 마음이 강퍅하여 주를 영접하지 않을 때 하늘을 우러러 하나님께 오히려 감사하며 옳소이다, 이렇게 된 것이 아버지의 뜻이니이다 하시며 하나님을 아는 것이 모든 사람에게 다 허락된 것이 아니고 어린아이 같이 겸손한 자들에게만 허락된 것임을 말씀하셨다. 예수님처럼 성령에 충만하고 모든 것을 하나님의 뜻에 맡기며 사는 그리스도인들은 항상 기뻐하는 삶을 살아가게 되어 있다. 그래서 의인의 장막은 항상 분위기가 밝고 활기차고 즐겁다. 나는 가끔 잠을 잘 때도 아내를 겁나게 웃기는 바람에 아내가 깔깔거리며 침대에서 웃을 때가 많다. 짧은 인생 웃고 살아도 금방 지나간다. 짜증내고 불평하며 사는 것은 어리석은 인생이다.

마더 테레사 여사는 자기 방 입구에다 다음과 같은 글귀를 적어 놓고 들어가며 나오며 보았다고 한다. "I WILL CHOOSE JOY EVERY TIME!!!. 난 항상 기쁨을 선택할거야!!!" 인생은 선택의 연속이다. 우리는 기뻐하기로 아예 작심을 하고 오늘도 살아 가야 한다. 그것이 우리를 향하신 하나님의 뜻이다. 내가 주안에서 한번 크게 웃을 때에 마귀는 한걸음 물러 간다. 내가 우울할 때에 마귀는 틈을 탄다. 의인의 장막에는 항상 웃음소리가 나와야 한다. 아멘.

두 번째는 시편 118:15에서 의인의 장막에서 나오는 소리가 구원의 소리라고 하였다. 의인의 장막에서는 예배하는 소리, 찬송 소리, 기도 소리가 흘러나온다는 것이다. 말씀을 읽는 소리가 구원받은 사람의 집에서는 흘러나온다. 영적인 소리가 나오는 것이다. 그런 의인의 장막은 행복이 가득하다. 향기로운 집이다. 소망이 넘치는 집이다. 예수를 구주로 삼고 사는 집은 확실히 나오는 소리가 이렇게 다르다. 오늘 우리 집에서는 어떤 소리가 흘러 나가는가?

2. 시편 119편 - 말씀에서 힘을 얻다!

성경 중에서 제일 짧은 장은? 시편 117편이다. 제일 긴 장은? 시편 119편이다. 전자는 단 2절 뿐이지만 시편 119편은 무려 176절까지 있다. 이 긴 성경은 한결같이 하나님의 말씀을 주제로 하고 있다. 개인적으로 시119편은 에스라의 작품이 아닐까 생각하고 있다. 그는 말씀을 사모하고 평생을 말씀 연구에 바쳤으며 말씀의 사람이었다. 시편 119편을 읽으면 저자의 말씀 사랑이 절절이 배여 있음을 알게 된다. 그는 마음이 상하도록 말씀을 사모한다고 했다.

"주의 규례들을 항상 사모함으로 내 마음이 상하나이다" 시 119:20

이 말씀의 뜻은 너무 말씀을 사모함으로 자신의 마음과 영혼의 에너지가 소진될 정도라는 것이다. 말씀에 혹 빠져서 에너지를 너무 소모함으로 기진맥진할 정도의 지경까지 가 본 경험이 당신에게는 한 번이라도 있는가? 어떤 사람은 너무 심하게 노느라고 기진맥진하기도 하지만 말씀을 사모하여 그로기 상태까지 가는 경우는 매우 희귀한 경우일 것이다. 그리고 그는 돈을 좋아하는 것보다 더 말씀을 좋아한다고 했다.

"주의 입의 법이 내게는 천천 금은 보다 좋으니이다" 시 119:72

그는 하나님의 말씀의 맛이 어찌 그리 단지 자기 입에 꿀보다 더 달다고 하였다(시 119:103). 그래서 그 말씀을 사랑하므로 하루 종일 그 말씀을 읊조린다고 하였다(시 119:99). 여기서 읊조린다는 뜻은 하루 종일 그 말씀을 생각하고 묵상한다는 뜻이다. 어떤 날은 그 말씀을 읽고 싶어서 새벽에 깨어 말씀을 본다고 하였다(시 119:148~149). 그래서 그는 환란 날에 자신을 살려 달라고 기도하면서 그 이유로 자신이 하나님의 말씀을 사랑한 것을 언급했다.

"내가 주의 법도들을 사랑함을 보옵소서 여호와여 주의 인자하심을 따라 나를 살리소서" 시 119:159

그가 얼마나 말씀을 좋아하고 사랑했는지를 나타내 주는 결정적인 진술은 또 있다.

"나의 나그네 집에서 주의 말씀이 내 노래가 되었나이다" 시 119:54

그는 평생을 살면서 말씀이 그 입에 노래가 되어 흘러나왔다. 그의 평생은 말씀과 함께 흘러 갔다. 말씀을 연인 삼고 살았다. 말씀을 기억하고 말씀을 연구하고 말씀을 지키는 것이 그의 낙이었다. 말씀을 더 깨닫는 것이 그의 평생 소원이었다(시 119:34). 그가 이토록 사랑한 말씀은 그에게 어떤 유익을 주었을까? 우선 하나님의 말씀이 그를 위로하고 살렸다고 그는 "이 말씀은 나의 고난중의 위로라 주의 말씀이 나를 살리셨나이다"(시 119:50)고 고백한다.

그리고 말씀은 그를 죄에서 보호했으며 자신의 영혼을 깨끗하게 했다고 했다. "청년이 무엇으로 그 행실을 깨끗하게 하리이까 주의 말씀을 따라 삼갈 것이니이다, 내가 범죄하지 아니하려 하여 주의 말씀을 내 마음에 두었나이다"(시 119:9,11).

그는 말씀의 힘이 아니었다면 자신이 고난 중에 망하였을 거라고 "주의 법이 나의 즐거움이 되지 아니하였더면 내가 내 고난 중에 멸망하였으리이다"(시 119:92)라고 고백했다.

전 세계에서 지금도 이 성경 통독 운동에 참여하는 많은 분들도 시편 기자와 동일한 말씀에 대한 사모함과 열정이 있음을 나는 느끼고 있다. 이 말세에 우리의 영혼을 지키는 길은 말씀밖에 없다. 이 운동은 주님 오실 때까지 계속 해 나갈 것이다.

기 도

주님… 영감 넘치는 시편을 읽고 묵상할 수 있는 복을 주셔서 감사합니다. 우리의 심령에 늘 말씀의 영감이 가득하게 도와 주소서. 말씀 사랑에 대한 열정을 더하여 주소서. 주의 말씀이 우리를 살리시기 때문입니다. 예수님의 이름으로 기도합니다. 아멘.

오늘의 본문 성경을 읽으시고 깨달은 점이나 기억하고 싶은 점 혹은 기도문을 기록합니다.

6월 24일

1년 1독 성경 읽기 꿀송이 보약큐티

시편 120편~125편

| 묵 상 자 료 |

1. 나를 지키시는 하나님(시 121편)

시편 121편은 바벨론 포로생활 끝에 예루살렘으로 귀환하는 여행길에 무명의 시인이 지은 '여행자의 노래'로 알려지고 있다. 또한 이스라엘 백성들이 유대인의 명절에 예루살렘 성전을 향하던 길에 불렀던 '순례자의 노래'이기도 하다. 이 시편 121편을 읽으며 우리는 다음과 같은 교훈을 받는다.

1) 위를 바라보는 눈이 열려야 한다

시편 기자는 "내가 산을 향하여 눈을 들리라 나의 도움이 어디서 올꼬"라고 스스로에게 묻는다. 그리고 스스로에게 대답한다. "나의 도움이 천지를 지으신 여호와 에게서로다"

인생의 순례길에서 우리는 부득불 우리를 막아서는 산을 직면하게 된다. 높은 산을 직면할 때 성도는 그 산보다 더 높이 계시는 하나님께로 눈이 열려야 한다. 성도가 위를 바라볼 때 우리는 나의 문제들을 하나님의 관점으로 새롭게 볼 수 있게 된다. 문제에 직면하였을 때 제일 먼저 누구에게로 달려가는가?

2) 우리를 지키시는 하나님

시편 121편에 하나님께서 우리를 지키신다는 말이 여섯번이나 등장한다. 시편 기자는 하나님만이 우리를 보호하실 수 있다는 것을 거듭거듭 강조하고자 하였던 것이다. 사도 바울은 로마서 8:38~39의 말씀을 통해 어떠한 장소와 시간을 불문하고 그 무엇도, 그 누구도 우리를 우리 주 그리스도 예수 안에 있는 하나님의 사랑에서 끊을 수 없음을 선포하였다. 죤 스토트 목사님은, "나로 하여금 더 이상 당신을 붙잡은 내 연약한 손길에서 위안을 찾지 않게 하소서. 당신이 나를 붙잡으신 강한 손아귀 그 안에서만 나는 경외하며 기뻐합니다"라고 고백하였다.

나의 약함으로 인해 나의 손은 하나님을 종종 놓치지만 하나님의 손은 절대 나를 놓치지 않으신다. 전능하시고 사랑이 많으신 하나님께서는 택하신 백성을 어떤 상황에서도 보호하시고 궁극적으로 이기게 하시는 하나님이시다.

3) 환난 가운데 이기게 하시는 하나님

하나님께서는 하나님의 자녀들에게 쉴만한 그늘을 만들어 주실 수 있을 만큼 가까이 계신다. 하나님께서는 예수 그리스도의 십자가를 통하여 하나님의 자녀들을 위하여 가장 구체적인 그늘을 만들어 주셨다. 이 그늘로 피하는 자는 낮의 해와 밤의 달의 위험으로부터 온전히 보호받게 될 것이다. 하나님의 함께하심을 가장 분명하게 맛보는 시간은 푸른 초장과 쉴만한 물가의 시간이 아니라 사망의 음침한 골짜기일 때라는 것은 실로 역설적이다. 인생에서 하나님께서 가장 함께 하시지 않을 것 같은 시간에 하나님께서는 가장 선명하게 우리와 함께 하신다. 가혹한 삶의 고난으로 신음할 때 하나님께서 부어주신 과분한 은혜를 보는 눈이 열리곤 하는 것은 신앙의 신비이다.

이 세상의 누가 나의 영혼을 귀히 여기고, 나의 영혼의 아픔을 알며, 나의 영혼을 건지시고, 나의 영혼을 소성시키시고, 나의 영혼을 받아 줄까? 하나님께서는 우리의 영혼을 영원토록 지키시는 하나님이시다. 아멘.

오늘의 본문 성경을 읽으시고 깨달은 점이나 기억하고 싶은 점 혹은 기도문을 기록합니다.

1년 1독 성경 읽기 꿀송이 보약큐티

시편 126편~131편

| 묵 상 자 료 |

1. 복 있는 가정의 특징-시편 127편

세상에 어떤 대단한 가정이나 가문도 전능하신 하나님께서 세워주시고 지켜 주시지 않으면 소용없다. 사무엘하 3:1에 "다윗의 집은 점점 강하여 가고 사울의 집은 점점 약하여 가니라"고 한 말씀에서도 분명하게 증명하고 있다.

본문 시편 127편은 지혜의 왕 솔로몬의 작품으로 "성전에 올라가는 노래" 중의 하나로 많은 사람들에게 사랑을 받는 명시이다.

1) 하나님께서 기초를 세워주시는 가정이 복된 가정이다

1절에 "여호와께서 집을 세우지 아니하시면 세우는 자의 수고가 헛되며"라고 말씀했다. 여기서 집은 건물이 아니라 가문을 말하는 것이다. 세상 사람들은 돈 많고 힘이 있으면 무엇이든지 할 수 있고 자기 집안을 번성시킬 수 있다고 생각한다. 그러나 한 나라의 흥망성쇠(興亡盛衰)와 가문과 개인의 생사화복은 하나님의 손에 전적으로 달려 있다.

1절 하반절에 "여호와께서 성을 지키지 아니하시면 파수군의 경성함이 허사로다"라고 하였다. 아무리 건물을 화려하고 웅장하게 짓고 보초를 세우고 철옹성과 같은 벽을 세웠어도 하나님께서 지켜주시지 않으면 그들의 수고가 다 헛되다는 말씀이다. 세계 여러 곳의 성의 성주는 건물을 짓고 주변을 돌아가면서 강을 만들어 누구도 접근하지 못하게 하였지만 결국 내란으로 망하게 되는 경우가 많았다. 악명 높은 독재자 히틀러도 결국은 스스로의 권총으로 생을 마감하지 않았는가? 하나님께서 지켜주시는 개인이나 가정은 두려워할 것이 없다. 시편 121편을 읽어 보면 "너를 지키시는 여호와 하나님은 졸지도 아니하시고 주무시지도 아니하시기에 낮의 해가 너를 해치 못하며 밤의 달도 너를 상하게 하지 못하리라"고 기록되어 있다. 시편 91편에서는, "지존자의 은밀한 곳에 거하는 자는 전능하신 자의 그늘 아래 거하게 되고 주님은 우리의 피난처요 요새요 의뢰하는 하나님이시니 저가 우리를 새 사냥꾼의 올무에서와 극한 염병에서 건지실 것이기에 천인이 내 곁에서 만인이 내 우편에서 엎드려지나 이 재앙이 내게 가까이 못하리로다"라고 약속하셨다.

2) 하나님이 단잠을 주시는 가정이 복된 가정이다

"그러므로 여호와께서 사랑하시는 자에게는 잠을 주시는도다" 시 127:2

하나님은 자기가 사랑하는 자에게 단잠을 허락하시는 분이시다. 사람은 잠을 제대로 못 자면 다음 날 활동을 제대로 할 수 없다. 잠 잘 자는 사람은 복받은 사람이다. 잠은 지친 자에게 휴식을 주며 원기를 회복시켜 준다. 예레미야 31:26에 보면, "내가 깨어보니 내 잠이 달았더라"라는 말씀이 있다. 하나님은 피곤한 예레미야에게 꿀 같은 단잠을 주신 적이 있으시다. 세상에서 크게 출세하지 못하고 큰 돈을 모으지 못하였다 하여도 집에서 가족과 함께 단잠을 잘 수 있는 사람은 행복하고 복된 사람이다. 가정은 가족들이 쉬는 안식처이다. 잠을 주시는 하나님은 그 가정에 단순히 신체적인 수면뿐만 아니라 평강을 주신다는 뜻이다. 대궐 같은 집에 살면서 서로 싸우고 불화 하는 것보다 초가 집에 살아도 화목하고 평강이 넘치는 가정이 복받은 가정인 것이다.

3) 하나님께서 자손의 복을 주시는 가정이 복된 가정이다

본문 3~5절에, "보라 자식들은 여호와의 기업이요 태의 열매는 그의 상급이로다. 젊은 자의 자식은 장사의 수중의 화살 같으니 이것이 그의 화살통에 가득한 자는 복 되도다 그들이 성문에서 그들의 원수와 담판할 때에 수치를 당하지 아니하리로다"라고 말씀했다.

자녀는 한 가문의 가장 중요한 유산이요 상속 재산이다. 아무리 번성한 가문이라도 자식이 없으면 그 재산과 유산은 물려질 수가 없다. 그래서 한국 사람들은 옛날부터 자식농사가 최고의 중요한 농사라고 했다. 또한 태의 열매인 자식은 하나님이 주시는 가장 소중하고 큰 상급이라고도 했다. 상급이라는 말의 히브리어는 "사카르"인데 종이나 군사들 그리고 목자들이 받는 임금을 뜻한다. 즉, 수고의 대가로 받는 보상이다. 자식은 여호와 하나님께서 가정에 주시는 가장 큰 보상이요 축복이요 상급이라는 말씀으로 해석된다.

젊은 자의 자식은 장사의 수중의 화살과 같다고 했다. 화살은 적을 공격할 때 사용하는 가장 중요한 무기로 자녀는 부모의 자랑이요 나이든 부모를 지켜 주는 병기와도 같은 것이다. 자녀를 많이 둔 것은 힘이 강한 장사의 화살 통에 화살이 가득한 것과 같다고 성경은 말한다. 그래서 옛날부터 자식이 잘 되면 부모들이 큰 소리를 쳤다. 성문에서 원수와 담판할 때 수치를 당하지 않는다는 것이다. 구약시대에 "성문"은 재판이 시행되는 곳으로 적이나 원수와 충돌이 일어나는 곳을 말하는데 자식을 잘 둔 부모는 원수와 다투거나 담판을 할 때에 수치를 당하거나 무시당하지 않는다. 누구도 함부로 할 수 없다.

함께 통독에 참여하는 모든 분들의 가정이 이와 같이 복된 가정이 되기를 예수님의 이름으로 축복한다. 아멘.

6월 26일

1년 1독 성경 읽기 꿀송이 보약큐티

시편 132편~135편

| 묵상자료 |

1. 다윗의 맹세 하나님의 맹세(시 132편)

이 시는 크게 두 연으로 편집되어 있다. 첫째 연(1~10절)은 다윗의 맹세이고, 둘째 연(11~18)은 하나님의 맹세이다.

다윗과 하나님이 각자의 맹세를 통해 서로에 대한 신실한 헌신을 다짐하고 있다. 그러나 오늘 여기서는 "그가 여호와께 맹세하며 야곱의 전능자에 서원하기를"(2절)하며 시작되는 다윗의 맹세보다 "여호와께서 다윗에게 성실히 맹세하셨으니 변하지 아니하실지라"(11절)며 시작되는 하나님의 맹세를 확인해 보자.

1) 자식의 축복

"…이르시기를 네 몸의 소생을 네 왕위에 둘지라" 시 132:11

하나님이 당신의 성실한 맹세로 다윗의 소생에 대한 왕위를 보장하고 계신다. 반드시 다윗의 자식으로 하여금 왕위를 계승하게 하시겠다는 약속이다. 무엇보다도 "네 몸의 소생"을 책임져 주신다. 반드시 왕위에 오르게 하신다. 그것도 당대뿐 아니라 "… 그들의 후손도 영원히 네 왕위에 앉으리라"(12절)고 하셨다.

2) 양식의 축복

"내가 이 성의 식료품에 풍족히 복을 주고 떡으로 그 빈민을 만족하게 하리로다" 시 132:15

팔레스틴은 원래 땅이 메마르고 물이 부족한 곳이다. 특히 예루살렘은 시온 산 꼭대기에 건설한 성이다. 그러나 거기에도 하나님이 거하시면 축복의 샘이 터진다. 하나님의 축복이 그의 보좌로부터 흘러 넘쳐 모든 사람이 풍족하고 만족해 할 것이라고 하셨다.

우리도 시편의 다윗처럼 다짐해 보자. 평생 "그의 계신 곳으로 들어가 그의 발등상 앞에서 엎드려 예배하리라"(7절)고 서원하자. 그러면 날아가는 미물의 새 한 마리도 먹이시고, 저 들판의 이름없는 풀한 포기도 다 입히시는 분이 그의 계신 성막에 들어가 발등상 앞에 엎드려 자주 예배하기를 즐겨하는 자의 일용할 양식을 풍족히 보장해 주시지 않겠는가?

3) 구원의 축복

"내가 그 제사장들에게 구원을 옷 입히리니 그 성도들은 즐거이 외치리로다" 시 132:16

구원의 즐거움을 풍성히 누리게 하시겠다는 약속이다. 이것은 곧 제사장들이 "구원"을 선포하면 백성들이 즐거움으로, 감사로 화답케 하시겠다는 뜻이다. 이는 결국 성전에서 선포되는 말씀에 늘 은혜 받게 하시겠다는 약속인 것이다. 교회를 드나들며 강단에서 선포되는 말씀을 듣는다고 누구나 다 감동을 느끼며 은혜를 받는 것은 아니다. 설교를 들을 때마다 구원의 즐거움을 체험하며 감사함으로 화답하는 축복을 누리자.

4) 원수를 이기고 면류관을 쓰는 축복

"내가 그의 원수에게는 수치를 옷 입히고 그에게는 왕관이 빛나게 하리라" 시 132:18

하나님은 다윗이 하나님의 발등상 앞에 엎드려 평생을 경배하며 지내기를 서원하였을 때 다윗의 원수들을 파하시고 그에게 빛나는 왕관을 씌워주시겠다고 맹세하셨다. 그리고 그 말씀은 다 성취되었다. 할렐루야! 복되신 하나님을 찬송하자. 아멘.

오늘의 본문 성경을 읽으시고 깨달은 점이나 기억하고 싶은 점 혹은 기도문을 기록합니다.

6월 27일

1년 1독 성경 읽기 꿀송이 보약큐티

시편 136편~139편

| 묵 상 자 료 |

1. 나를 지으심이 신묘막측 함이라!

시편 139편은 시편 중의 왕관이란 별명을 갖고 있을 정도로 유명한 말씀이다. 이 시편을 보면 다윗의 신앙적인 깊이나 하나님께 대한 탁월한 지식이나 아름다운 표현력이 독자를 압도한다. 시편 139:1~6까지는 다윗의 모든 것을 아시는 하나님에 대해서 쓰고 있다. 사람들은 남들이 날 이해하지 못해 속상하다고 한다. 정치가의 인생을 살았던 다윗은 더욱더 그랬을 것이다. 정치판에서는 오늘 나와 대사를 모의했던 사람이 언제 적이 돼서 그걸 약점으로 쥐고 위협할지 모른다. 다윗의 최측근이었던 요압 장군이 나중에 그런 관계가 되었다. 다윗은 누구에게도 자신을 다 알릴 수 없었다. 그러나 오늘 다윗은 자신의 모든 것을 알고 계신 한 분 하나님을 발견하고 놀라워하고 있다. 자기의 현실과 치부를 속속들이 알고 계시지만 항상 곁을 지켜주시는 하나님의 신비를 경험하고 기이하다고 하는 것이다. 결코 드러내고 싶지 않은 나를 이미 아시고, 나도 감당하기 힘든 나를 완벽하게 이끄시는 하나님을 진짜 경험한 사람들은 더 이상 고독하지 않게 된다.

오늘 다윗의 시를 읽어보면 오랜 시간 쫓기고 유리해야 했던 그의 생애와 고독했던 삶이 넌지시 묻어 나온다. 그러나 그는 그 모든 상황 속에서 함께 하셨던 하나님의 임재를 분명하고 확신 있게 시로 남기고 있다. 본문을 보면 하나님이 자기를 어떻게 알고 있는지 구체적으로 표현하고 있다. 마치 내 머리 위에 감시카메라가 달려 있듯이 그렇게 하나님의 눈이 나의 일거수일투족을 항상 따라다닌다고 말한다. 다윗은 하나님이 자기의 속마음까지 다 아신다고 했다. 1절을 보면 "주께서 나를 살펴보셨으므로 나를 아신다"고 했다. 2절에서는 "나의 앉고 일어섬을 아신다"고 했다. 4절에서도 "내 혀의 말을 알지 못하시는 것이 하나도 없다"고 한다. 원어를 직역하면 '아직 혀에 말이 있기도 전에' 벌써 아셨다는 뜻이다. 입에서 우물거리고 아직 꺼내 놓지 않은 말도 주님은 아신다는 것이다. 다윗처럼 하나님이 나를 끊임없이 주목하신다는 것이 매 순간 믿어지는 신앙이 우리에게도 반드시 필요하다. 5절에서 다윗은 확신에 차서 말하고 있다. "주께서 나의 앞뒤를 둘러싸시고 내게 안수하셨나이다." 이것은 단지 하나님이 나와 함께 하신다는 상징적인 표현이 아니라 실제 위기에서 그의 목숨을 건져주신 사실을 고백하는 것이다. 사울 왕이 다윗 한 사람을 잡아 죽이지 못한 것은 기적 중의 기적이다. 어떻게 수천 명을 동원해서도 그렇게 번번이 다윗을 놓칠 수가 있는가? 하나님께서 다윗을 앞뒤로 둘러싸고 죽음에 넘겨주지 않으신 것이었다. 우리의 앞뒤에도 하나님이 에워싸고 계신다. 모든 상황을 이겨나갈 지혜를 주시고 환경을 매만지시는 하나님의 손이 우리 위에 역사하고 있다는 사실을 잊지 말자.

7~12절까지는 어느 곳에나 계시는 무소부재의 하나님에 대해서 말하고 있다. 7절에 보면 "내가 주의 영을 떠나 어디로 가며 주의 앞에서 어디로 피하리이까"라고 고백한다. 다윗의 생애에 밧세바를 연모해서 불륜을 저지르고, 남편인 우리야를 전쟁터에 보내 고립시켜 죽게 했던 범죄의 순간들이 있었다. 그 순간 다윗은 하나님의 눈을 피하고자 했을 것이다. 탐욕과 갈망이 우리 안에 비누거품처럼 부글거릴 때 하나님의 눈을 피하고 싶다. 그러나 결코 하나님을 피할 수는 없다. 하나님께는 모른다는 것이 불가능 하시다.

8절에도 "내가 하늘에 올라갈지라도 거기 계시고 스올에 내 자리를 펼지라도 거기 계시다"고 한다. "내가 새벽 날개를 치며 바다 끝에 가서 거주할지라도…" 모든 것을 벗어나 저 바다 끝에 가서 거주하고 싶은 마음을 다윗은 수도 없이 경험했다. 사방을 에워싸며 점점 다가오는 사울 왕의 추격 속에서 죽음의 공포를 날마다 느낄 때 얼마나 그 상황을 벗어나고 싶었겠는가? 하나님이 우리가 어느 곳을 가도 거기에 계신 것은 우리를 붙드시기 위해서이다. 11절과 12절은 다윗이 도망치고 싶던 순간이 얼마나 절망적이었는지 시적으로 표현하고 있다. 그래서 그의 절망이 더 슬프게 느껴지는 것 같다. 표준새번역에는 "어둠이 와락 나에게 달려들어서, 나를 비추던 빛이 밤처럼 되라고 한다 해도"라고 되어 있다. 우리의 삶에 불현듯 덮치는 어둠의 순간이 행복하고 밝았던 내 삶 전체를 영원히 흑암처럼 만들어 버릴 것 같은 때를 말한다. 그때 다시는 빛났던 순간으로 돌아갈 수 없을 것 같은 절망이 엄습한다. 사방을 더듬거려도 탈출구를 찾을 수 없을 것 같은 어둡고 막막한 상황에 빠질 때가 누구에게나 다 있다.

그러나 다윗이 지나고 보니 주님 앞에는 어둠도 어둠이 아니더라고 고백한다. 깜깜한 어둠인줄 알았는데 주님 안에서는 어둠이 결코 우리를 삼킬 수 없다는 것이다. 다윗이 끝이 없을 것 같던 십년 동안의 어둠의 터널을 지나왔다. 우리에게 지금 있는 어둠도 주님 안에서는 결코 어둠이 아니다. 우리가 예수님을 구주로 믿을 때 우리의 모든 영적 어둠이 벗겨지는 것이다.

끝으로 14~21절은 하나님의 기묘하신 창조에 대해서 말하고 있다. 다윗은 하나님이 자기의 삶을 추적하며 돌보시고 인도하시는 이유를 창조에서 발견한다. 하나님이 나를 창조하셨다는 사실은 하나님의 보호와 인도를 더욱 확신하게 하는 것이다. "주께서 내 내장을 지으시며 나의 모태에서 나를 만들었나이다." 하나님이 왜 나를 만드셨겠냐는 것이다. 다 목적이 있으셨기 때문에 만든 것이고 그래서 나를 그 목적대로 인도해 가신다는 것이다.

인체의 신비를 생각하면 하나님의 지혜가 얼마나 상상을 초월하는 지를 인정하지 않을 수가 없다. 귀가 얼마나 정교하게 설계되고 제작된 것인지 생각해 보라. 귀는 음파를 수집해서 고막에 전달한다. 음파는 고막을 진동시키는데, 고막은 10억분의 1센티미터 정도로 흔드는 미세한 진동을 감지할 수 있다고 한다. 그 진동이 귀 속에 있는 체액으로 흘러 들어간다. 그리고 신경자극으로 전환되어 뇌로 전달하고 뇌는 다양한 음파를 구분해서 사람 소리, 음악 소리, 동물 소리를 구분해서 인식해 내는 것이다. 얼마나 신비한가?

심장은 어떤가? 심장은 하루 10만 번 작동하며 5.8톤의 피를 끊임없이 펴 올린다. 핏줄의 총길이는

12만km다. 지구둘레가 4만km이니 지구의 세 바퀴 길이의 핏줄이 우리 안에 있는 셈이다. 아무리 생각해도 신묘막측 하기만 하다.

그런데 시편 기자는 또 하나의 경이로운 사실을 기록하고 있다. 하나님은 단지 우리의 육체만 신비하게 만든 것이 아니라는 것이다. "내 형질이 이루어지기 전에 벌써 주의 눈이 보셨고 나를 위해 정한 날이 하루도 되기 전에 주의 책에 다 기록되었다"는 것이다. 우리의 몸만 우주처럼 기묘하게 조직하고 짜맞추신 게 아니다. 우주와 같은 우리 일생 전체도 하나님께서 설계해 놓으셨다는 것이다. 우리가 태아로 잉태되어 아직 한 날도 되기 전에 하나님의 전지하신 직관으로 장차 우리가 어떤 삶을 살지를 다 책에 기록해 놓았다는 것이다.

모든 것을 순간적으로 꿰뚫어 아시는 전지하신 직관력은 하나님만 갖고 계신 능력이다. 예수님께서도 사람의 마음을 아셨다. 베드로가 주님을 부인할 것과 또다시 회개하고 교회를 세울 인물이 될 것을 아셨던 것이 바로 하나님의 직관이다. 하나님의 직관은 장차 우리가 몇 살에 무슨 일을 하고, 어떤 결혼상대를 선택하고, 어떤 직장을 갖고, 아이를 몇 명이나 낳을 것이고, 언제 어떤 병에 걸릴 것이고, 이것을 다 아신다는 것이다. 그리고 그것을 하나님의 책에 다 기록하셨다는 것이다. 우리가 멋대로 생각하고 내 자유의지로 선택하며 살아가는 모습을 단순하게 예견해서 그것만 적어 놓은 것이 아니다. 거기엔 우리의 자유로운 선택에 어떻게 하나님께서 개입하셔서 우리를 선하게 인도하실지 꼼꼼한 수들을 계획 해 놓으셨다는 것이다. 17절에서 다윗은 "주의 생각이 내게 어찌 그리 보배로운지, 그 수가 어찌 그리 많은지"에 대해 감탄을 쏟아 내고 있다. 참으로 놀랍고 경이로우신 하나님이시다. 할렐루야. 아멘.

오늘의 본문 성경을 읽으시고 깨달은 점이나 기억하고 싶은 점 혹은 기도문을 기록합니다.

6월 28일

1년 1독 성경 읽기 꿀송이 보약큐티

시편 140편~144편

| 묵상자료 |

1. 왕의 기도시 (시 144편)

시편 144편은 왕의 기도이다.

"여호와여 사람이 무엇이기에 주께서 그를 알아주시며 인생이 무엇이기에 그를 생각하시나이까" 시 144:3

다윗은 이렇듯 겸손한 고백과 함께 하나님을 찬양한다.

"나의 반석이신 여호와를 찬송하리로다. 그가 내 손을 가르쳐 싸우게 하시며 손가락을 가르쳐 전쟁하게 하시는도다" 시 144:1

그렇다. 주님은 우리 인생의 반석이요 우리 가정의 반석이시다. 주님은 반석 위에 세운 집은 비가 내리고 창수가 나고 바람이 불어도 무너지지 않지만 모래 위에 세운 집은 비가 내리고 창수가 나고 바람이 불면 무너진다(마 7:25~27)고 하셨다. 세계 최강의 내진 설계를 자랑해 온 일본의 가옥, 건물, 심지어 원자력 발전소까지도 규모 9.0의 지진과 10m 높이의 쓰나미 앞에서는 무력했다. 주님을 우리의 인생과 가정의 반석으로 삼아야 한다. 그래야 흔들리거나 무너지지 않는다. 그리고 다윗은 2절에서 그의 사랑을 고백한다.

"여호와는 나의 사랑이시요" 시 144:2

우리도 다윗처럼 이런 고백을 할 수 있는가? 요한일서 4:19은 "우리가 사랑함은 그가 먼저 우리를 사랑하셨음이라"고 했다. 바울 사도는 "하나님을 사랑하는 자 곧 그의 뜻대로 부르심을 입은 자들에게는 모든 것이 합력하여 선을 이룬다"(롬 8:28)고 했다. 하나님이 우리를 먼저 사랑하셨다니 이 얼마나 황송한 말씀인가? 벌레 같은 우리가 뭐 잘난 존재고, 하나님은 또 뭐가 아쉬우셔서 우리를 사랑하시되 독생자를 주시기까지 사랑하셨다는 걸까?

"하나님이여 내가 주께 새 노래로 노래하며 열 줄 비파로 주를 찬양하리이다" 시 144:9

새 노래로, 열 줄 비파로 악기를 동원하여 주를 찬양하는 다윗 왕의 모습을 본다. 다윗왕은 평생을 노래하며 주를 찬양한 사람이다. 그는 대대로 주를 찬양하겠다(시 145:4)고 맹세한 사람이다.

요한계시록에 소개되는 천상의 예배 실황을 보면, 4장에는 보좌 주위 네 생물의 찬양, 5장에는 이십사 장로들의 찬양, 7장에는 인치심을 받은 십사만사천 명의 찬양이 이어진다.

찬양은 영원한 것이다. 찬양은 지상에서 끝나지 않는다. 이 땅에 있을 때 찬양을 많이 하는 사람이 천국문화에 잘 적응할 것이다. 아멘.

오늘의 본문 성경을 읽으시고 깨달은 점이나 기억하고 싶은 점 혹은 기도문을 기록합니다.

6월 29일

1년 1독 성경 읽기 꿀송이 보약큐티

시편 145편~150편

| 묵상자료 |

1. 호흡이 있는 자마다 찬양하라! (시 150편)

시편의 제일 마지막 장인 150편은 전체가 6절에 불과한 짧은 시지만 "찬양"이라는 어휘가 무려 11회나 등장하는 "찬양의 시"이다.

"성소에서 찬양", "궁창에서 찬양", "능하신 행동을 찬양", "위대하심을 찬양", "나팔소리로 찬양", "비파와 수금으로 찬양", "소고 치며 찬양", "현악과 통소로 찬양", "큰 소리 제금으로 찬양", "높은 소리 제금으로 찬양", "호흡이 있는 자마다 찬양"하라고 한다.

더구나 "하나님을 찬양하라"는 뜻인 "할렐루야"로 시작해서 "할렐루야"로 끝나는 시이기도 하다.

존 번연은 "지옥에는 비명이 가득하고 천국에는 찬양이 가득하다"고 했다.

왜 그럴까? 세상 노래가 세상 사람들을 즐겁게 한다면 찬양은 하나님을 기쁘시게 하는 노래기 때문이다. 팝 가수들의 열창이 젊은이들을 열광하게 하듯 성도들의 찬양은 하나님을 가장 영화롭게 한다. 그래서 시인은 "그의 성소에서 하나님을 찬양하며 그의 권능의 궁창에서 그를 찬양 할지어다"(1절)라고 했다.

찬양은 단순히 입으로 부르는 노래가 아니다. 영혼으로 부르는 신앙고백이요, 감사의 고백이요, 사랑의 고백이요, 곡조에 담아서 바치는 기도요, 하나님을 경배하는 예식이다.

요한계시록 4, 5장에 소개되는 천상의 예배 실황을 보라! 이 시편 150편처럼 그야말로 찬양으로 시작해서 찬양으로 끝난다. 설교는 없어도 "거룩하다 거룩하다 거룩하다"며 부르는 네 생물, 24장로, 천군천사, 흰옷 입은 성도들의 찬양이 압권이다.

찬양은 예배의 한 순서가 아니라 그 자체가 이미 필요충분조건의 예배임을 기억하자.

"호흡이 있는 자마다 여호와를 찬양 할지어다 할렐루야" 시 150:6

이것은 누구나 하나님을 찬양해야 한다는 "당위"를 가리키지만 그렇다고 "호흡이 있는 자"면 누구나 다 하나님을 찬양할 수 있다는 뜻은 아니다.

에베소서 5:18이다. "술 취하지 말라 이는 방탕한 것이니 오직 성령으로 충만함을 받으라" 그리고 나서 이어지는 19절이다. "시와 찬송과 신령한 노래들로 서로 화답하며 너희의 마음으로 주께 노래하며 찬송하며"

"시와 찬송과 신령한 노래"로 하나님을 찬양하는 일은 결코 거저 되지 않고 성령 충만해야 가능하다. 하나님을 찬양하는 일은 음악적인 자질보다도 성령 충만의 결과이다.

어째서 그럴까? 찬양이란 단순한 노래가 아니라 신앙고백이며 하나님을 경배하는 것이며 은혜에 대한 응답이며 기도이기에 그렇다. 하나님은 노래 잘 부르는 사람의 찬양보다 성령 충만한 사람의 찬양을 통해 더 큰 영광을 받으신다. 우리의 삶이 늘 성령으로 충만하여 무엇보다 찬양이 풍성하길 소망한다.

오늘의 본문 성경을 읽으시고 깨달은 점이나 기억하고 싶은 점 혹은 기도문을 기록합니다.

잠언 1장~3장

| 묵 상 자 료 |

1. 잠언은 어떤 책인가?

잠언은 지혜의 왕 솔로몬이 지었고 다만 끝부분의 30장은 아굴이, 31장은 르무엘 왕의 어머니가 지은 것으로 이미 구원받은 하나님의 백성들이 어떻게 이 세상을 지혜롭게 살아야 하는지를 보여주는 책이다. 어떤 학자들은 솔로몬이 청년기에 아가서를, 중년기에 잠언을, 노년기에 전도서를 썼을 거라고 짐작한다. 당시에 많은 나라의 원근 각처에서 수많은 사람들이 솔로몬을 만나 그의 지혜의 말을 들으려 했다. 스바 여왕은 남방 지역에서 그를 만나려고 먼 여행을 하기도 하였다. 일천 번제로 하나님을 기쁘게 하여 제사드릴 때에 하나님은 솔로몬에게 나타나 그가 구한 지혜와 지식을 선물하셨다. 이제 우리도 스바 여왕처럼 명성이 자자한 솔로몬 왕을 찾아가 잠언에서 그의 지혜의 말을 직접 들어 보자.

2. 성경이 강조하는 지혜의 정체

잠언은 지혜를 유독 강조하고 있다. 지혜가 길거리에서 부르며 광장에서 사람들을 소리쳐 모아 지혜를 얻지 못하면 재앙을 면치 못할 것이라 외친다(잠 1:20~33). 지혜는 생명나무와 같아서 지혜를 얻는 자는 영원한 영생을 얻고 또한 땅에서도 장수와 부귀를 누리며 정금이나 진주보다 귀한 복된 삶을 살게 한다고 강조한다(잠 3:13~18). 이토록 귀중한 지혜는 도대체 무엇을 말하는 것인가? 보통 사전에는 지혜란 남보다 나은 지식과 판단력을 가지고 더 좋은 것을 선택하는 힘이라고 적혀 있다. 그러나 성경에서 말하는 지혜는 이런 상식적인 정의를 초월하는 특별한 것이며 생활 속의 지혜뿐만 아니라 영적인 깊은 의미도 포함하고 있다. 지혜는 구약 언어인 히브리어로는 '호크마'이고 신약 언어인 헬라어로는 '소피아'라고 하는데 이번 기회에 성경적인 지혜에 대해서 확실하게 정리하고 넘어가 보자.

1) 성경에서 말하는 지혜는 삼위일체 하나님을 지칭한다

골로새서 2:3에는 이렇게 적혀 있다. "그(예수) 안에는 지혜와 지식의 모든 보화가 감추어져 있느니라"

하나님의 구원의 비밀인 그리스도 안에는 구원과 복된 삶을 위한 지혜와 지식의 보화가 석류알처럼 감추어져 있다. 모든 지혜의 원천은 하나님이시다. 하나님은 그의 무한한 지혜로 이 세상을 창조하셨다. 성령은 지혜의 영으로서 사람들을 감동시켜 성경을 기록하게 하셨고 그 말씀을 깨닫는 지혜를 주신다. 예수님도 직접 잠언 8장의 지혜와 명철을 자신과 연관시키셔서 마태복음 11:19에 "지혜는 그 행한 일로 인하여 옳다 함을 얻느니라"고 하셨다. 그 당시 사람들이 예수님을 먹기를 탐하고 포도주를 즐기는 사람이요 세리와 죄인들의 친구라고 비방하였다. 그렇다면 그 전에 와서 활동하던 세례 요한이 음식도 절제하고 포도주도 멀리 하면서 세상 죄를 멀리 떠나 광야에서 살면서 하나님의 뜻을 전했을 때 그들은 세례 요한을 뭐라고 평가했던가? 세례 요한을 귀신들렸다고 몰아 부쳤다. 그들은 피리를 불어도 춤추지 않았고 슬피 울어도 함께 애곡하지 않았던 것이다. 지혜는 그 행한 일(=열매)을 인하여 평가받는다. 주님의 행하신 십자가와 부활의 삶으로 말미암아 주님은 인류의 메시아로 증명되었다. 하나님의 구원의 지혜의 총체가 예수님이란 사실이 증명되었다. 그래서 바울도 고린도전서 1:30에서 예수님은 하나님으로부터 나와서 우리에게 구원의 지혜가 되셨다고 선포했다.

2) 여호와를 경외하는 것이 지혜의 근본이요, 거룩하신 자를 아는 것이 명철이다

시편 14:1에 "어리석은 자는 그 마음에 이르기를 하나님이 없다 하도다"라고 하였다. 세상에서 가장 어리석고 무식한 것이 창조주 하나님을 모르는 것이다. 이는 부모를 부인하는 불효자식처럼 그 근본을 부인하는 자들이니 얼마나 무지한가? 자신의 생명이 하나님께로부터 왔고 그 하나님 때문에 숨을 쉬고 공기를 마시고 물과 음식을 먹으며 살고 있는데 그 하나님을 무시하면서 다른 학문을 추구한다면 아예 처음 기초공사부터 잘못된 것이다. 내가 이 세상에서 제일 처음 성경 말씀을 내 눈으로 본 구절이 잠언 1:7이었다. 중학교 1학년 때 전라도 벌교에서 미션 스쿨에 들어가 복도에 걸려있던 교장 선생님 집무실 앞 액자의 글귀에서였다.

"여호와를 경외하는 것이 지식의 근본이거늘 미련한 자는 지혜와 훈계를 멸시하느니라" 잠 1:7

우주 물리학자 스티븐 호킹 박사는 저 광활한 우주를 연구하면서도 그는 하나님을 인정치 않는 무신론자가 되었다. 우주가 빅뱅으로 스스로 폭발하여 생겼고 수억 년의 세월을 거치면서 점점 진화하여 오늘의 형태를 이루었다고 그는 믿는다. 아니 우주가 뻥튀기도 아니고 어떻게 스스로 대폭발을 통해서 생성된다는 말인가? 도대체 하나님이 아니시면 누가 우주를 폭발시켰단 말인가? 나중 스티븐 호킹 같은 무신론자들은 하나님 앞에 서서 심판을 받을 때에 하나님을 알지 못했던 자신들의 무지함에 치를 떨 것이다.

나는 우리 아이들 세 명을 키울 때에 말을 배우기 시작할 때부터 기독교 교리를 가르쳤다. 하나님, 예수님, 성령님… 우리 아이들은 말을 아예 기독교 교리로 배웠다. 아직 발음도 불분명한 어린아이에게 나는 반복해서 가르쳤다. 예수님은 누구신가? 왜 예수님은 십자가에서 죽으셨는가? 누가 세상을 지으셨는가? 어떻게 해야 구원을 받는가? 하루는 이웃 교회의 선배 목사님이 우리 집에 방문하셨는데 두 살짜리 우리 하영이에게 별생각 없이 누가 세상을 만드셨지? 라고 물으셨다. 어린아이가 "하나님"

하고 대답하니 깜짝 놀라시면서 또 물으셨다. 예수님은 누구시지? "하나님의 아들이요." 아이구 잘 아네… 그럼 예수님이 어디에서 죽으셨지? "십자가에서요". 왜? "내 죄 때문에요." 그 날 선배 목사님은 엄청 충격을 받으셨던 것 같다. 병아리 같은 조그만 아이가 꼬박꼬박 구원의 도리를 대답하니 놀라셨던 것이다.

우리 모든 그리스도인 부모들은 확실히 알아야 한다. 여호와를 경외하는 것이 지식의 시작이요, 여호와를 아는 것이 명철이다. 아무리 세상에서 아이큐가 좋고 박사 학위를 받아도 하나님을 경외하지 않는 자식은 참으로 어리석은 자식인 것이다. 영, 수 과외는 못 시켜도 성경 과외는 시켜야 한다. 고3이라도 무조건 여름 수련회에 보내야 한다. 학교에서 보충수업 한다고 방해하면 부모가 나서서 선생님을 설득하여 수련회에 보내 은혜받게 해야 한다. 한국 교회 주일학교와 중고등부가 약해져 가고 있다. 위기다. 선교지가 멀리만 있는 것이 아니고 한국 교회의 중고등부가 선교의 현장이다. 부산에 거주하는 중·고등학생들 겨우 4%가 교회를 나간다고 하니 모슬렘 국가의 신자 비율과 별 차이가 나지 않는다. 우리는 경각심을 가지고 정신을 차려 한국 교회의 다음 세대들 심령 부흥 운동에 나서야 한다.

오늘의 본문 성경을 읽으시고 깨달은 점이나 기억하고 싶은 점 혹은 기도문을 기록합니다.

7월 1일

1년 1독 성경 읽기 꿀송이 보약큐티

잠언 4장~6장

| 묵상자료 |

1. 마음을 지키는 것의 중요성

"모든 지킬 만한 것 중에 더욱 네 마음을 지키라. 생명의 근원이 이에서 남이니라" 잠 4:23

성경은 마음을 지키는 것의 중요성을 강조하고 있다. 생명의 근원, 곧 죽고 사는 것이 마음먹기에 달렸다는 것이다.

성경에 마음이란 단어가 1116번이나 나오는데 마음이란 생각, 계획, 뜻과 같은 단어로 함께 사용되어지고 있음을 성경 여러 곳에서 볼 수 있다(창 6:5, 신 8:5, 삼상 27:1, 사 10:7 등).

마음, 생각, 계획, 뜻이란 행동하기 전의 상태로 인간 행동의 원천이라고 할 수 있을 것이다. 그래서 우리가 평소에 어떤 마음과 생각을 갖느냐에 따라 행동이 그대로 나타나게 된다. 또한 행동에 따라 습관이 생기고 습관에 따라 그 사람의 인격이 형성된다.

그러면 이토록 중요한 우리의 마음을 어떻게 하면 잘 지킬 수 있을까?

먼저, 하나님의 말씀을 마음에 늘 새기며 살아가면 마음을 지킬 수 있다고 성경은 가르쳐 준다.

"내 아들아 내 말에 주의하며 나의 이르는 것에 네 귀를 기울이라 그것을(말씀) 네 눈에서 떠나게 말며 네 마음속에 지키라" 잠 4:22~23

하나님의 말씀이 늘 우리 마음에 거할 때에 세상을 이길 수 있는 힘이 주어진다. 그러기에 복 있는 사람은 하나님의 말씀을 즐거워하며 주야로 그것을 묵상하는 자라고(시 1:2) 하셨으며, "내 말이 너희 안에 거할 때 무엇이든지 원하는 대로 구하라 그리하면 이루리라"(요 15:7)고 예수님은 말씀하셨다.

소년 다니엘이 왕의 음식상의 진미를 먹는 것이 하나님의 말씀에 맞지 않다고 생각하고 그 어떤 환란이 와도 신앙을 지켜 나가기로 마음을 정하고 그것을 실천한 내용이 다니엘 1장에 나온다. 그렇게 어려서부터 하나님의 말씀으로 무장하고 마음을 지키고 살았더니 하나님은 그의 일생을 축복하사 선지자로서뿐 아니라 정치가로서 3대에 걸쳐 왕을 모시는 훌륭한 총리로 역사의 한 페이지를 위대하게 장식하게 하셨다.

또한 우리의 마음을 지키는 비결은 우리 혀의 말을 삼가 조심해야 한다는 것이다.

"구부러진 말을 네 입에서 버리며 비틀어진 말을 네 입술에서 멀리하라" 잠 4:24

위 말씀처럼 우리의 언어와 마음은 긴밀하게 영향을 서로 주고받는다. 마음에 가득한 것이 언어가 되어 나오기도 하지만 거꾸로 말을 어떻게 하느냐에 따라 우리 마음과 기분이 확 달라지기도 한다. 마음이 무섭고 불안하여 울고 있는 아이를 엄마가 품에 안고 "괜찮아… 괜찮아…" 하고 달래는 말을 해주면 아이의 마음은 금방 평안해진다. 그러므로 우리의 마음을 지키려면 항상 믿음의 말을 선제적으로 내뱉고 "주여!" 하고 외치면서 기도할 때 연약한 우리 마음을 지키기가 쉬워지는 것이다.

마지막으로 우리 마음을 지키는 비결을 성경은 우리 눈으로 보는 것에서 힌트를 제시하고 있다.

"네 눈은 바로 보며 네 눈꺼풀은 네 앞을 곧게 살펴" 잠 4:25

모범을 보이는 믿음의 사람을 가까이하며 늘 은혜스러운 것을 보고 사는 사람은 마음을 지키기가 쉽지만, 잘못된 세상 것을 자꾸 보면 마음이 흐려진다는 것이다. 우리 눈으로 무엇을 자주 보느냐가 우리 마음을 지키는데 결정적인 역할을 한다. 요즈음 시대는 시각적으로 음란하고 선정적인 영상물이 성적 타락을 유발시키고 있다. 또한 폭력을 일삼는 영화나 드라마를 자주 보게 되면 우리 마음은 강퍅하게 된다. 모두가 잘못된 것을 자꾸 눈으로 보다가 마음을 바로 지키지 못하게 되고 마음의 둑이 무너지는 순간 우리는 범죄하게 되는 것이다.

오늘의 본문 성경을 읽으시고 깨달은 점이나 기억하고 싶은 점 혹은 기도문을 기록합니다.

7월 2일

1년 1독 성경 읽기 꿀송이 보약큐티

잠언 7장~9장

| 묵상자료 |

1. 두 여인의 초대(잠언 9장)

잠언에서 인생 길을 가는 동안 우리가 만날 수밖에 없는 두 여인을 소개한다. 그 두 여인은 지혜라고 불리는 여인과 음녀로 불리는 여인이다. 이 두 여인은 각각 음식을 차려 놓고 길을 가는 청년들을 부르며 자기 집으로 들어오라고 초대한다. 그러면 각 청년은 자신의 인생 길에서 두 여인 중 한 여인을 선택하여 그 집에 들어간다. 잠언은 그 표현을 "누구와 식사를 하느냐?"로 질문한다. "지혜 여인과 식사를 할 것이냐 아니면 미련한 계집과 할 것이냐?"

잠언은 지혜와 어리석음을 여인으로 각각 의인화하여 그 여인들의 초청과 그리고 인생의 길을 가는 청년들의 선택을 그려준다. 인생 길을 걷는 청년이 서로 다른 이 두 여인의 초청 사이에서 선택을 하고 있으며 그 선택의 결과를 말해주고 있다. 그러면 지혜 여인을 선택하는 청년의 특성과 그 결과는 무엇이고 어리석은 탕녀를 택하는 청년의 특성과 그 결과는 무엇일까? 이 내용을 본문 잠언 9장은 기가 막힌 대칭 구조로 기술하고 있다.

먼저 지혜 여인의 집이 소개되고 있다. 그 집은 일곱 기둥으로 세워진 집이다. 일곱이라는 숫자는 상징으로서 완전을 의미한다. 따라서 일곱 기둥의 집이란 흔들림이 없는 안전한 집, 완전한 만족을 주는 참된 안식처를 뜻하는 것이다. 2절에는 지혜 여인이 차려놓은 잔치 상이 보인다. 고기와 포도주가 풍성하게 놓인 잔칫상이다. 잔칫상을 차려 놓은 지혜 여인은 성중 높은 곳에 올라가 지나가는 사람을 부르며 외친다. 14절을 보면 미련한 탕녀도 성중 높은 곳에 올라가 자기와 함께 식사를 하자고 부르짖고 있다. 지혜 여인은 정성껏 진실한 잔치를 마련하여 진정한 잔치를 제공하였으나, 이 미련한 계집은 도적질한 음식으로, 또한 독이 든 썩은 음식을 차려 놓고 손님을 초대한다. 그리고 자기에게로 들어오는 손님을 사망으로 인도한다. 악한 계집의 속임수인 것이다.

"도둑질한 물이 달고 몰래 먹는 떡이 맛이 있다 하는도다" 17절

이는 거짓으로 사람을 기만하는 사탄의 음성이다. 함께 누군가를 속이며 불의를 행하자는 제안이다. 그런데 놀랍게도 어리석은 자들과 교만하고 거만한 자들은 그 음녀의 음성을 듣고 따라간다. 그리고 그 여인과 죄를 범한다. 세상 신들을 섬긴다. 그리고 그 결과는 18절의 스올이다. 지혜 여인이 어리석은 탕녀를 보니 그 미련한 계집은 수없이 많은 영혼들을 그녀의 엉덩이에 깔고 앉아 있다. 그 창녀

의 집을 들여다 보니 그 집안에는 온갖 해골과 뼈들과 함께 썩은 시체들로 가득하다. 이 악한 계집은 그 시체들을 엉덩이 아래에 살짝 숨겨 놓은 것이다. 즉, 그 탕녀에게 빠진 자들마다 잡아 먹힌 것이다. 그런줄도 모르고 지혜 여인의 음성을 거절하는 거만한 자들마다 그 미련한 계집의 집으로 들어간다. 그리고 그 문에 들어가는 순간, 그들은 다시는 빠져나올 수 없는 스올에 떨어진다.

그리스도인들이여! 영적인 음행을 주의하자. 이단을 주의하자. 사탄 숭배를 하는 더러운 광란의 음악들과 접신을 돕는 뉴에이지 운동 및 온갖 종류의 신사도 운동을 철저하게 경계하자. 더럽고 음란한 세속 음악과 영상을 멀리하자. 거짓 교회인 로마 가톨릭 교회와 종교통합 운동을 경계하기 바란다. 마리아 숭배및 교황 숭배를 멀리하기 바란다. 로마 가톨릭은 큰 음녀로서 인류 역사상 지금까지 참된 성도들의 피를 가장 많이 흘리게 했고 참된 복음의 가장 큰 원수로 입증되었기 때문이다.

또한 동성연애를 죄가 아니라고 주장하는 거짓 교회들과 종교 다원화를 외치는 거짓 선지자들을 멀리하기 바란다. 이는 지혜 여인을 노골적으로 대항하는 미련하고 악하고 교만하고 거만한 탕녀의 음성이기 때문이다. 놀라운 것은 영적 음행은 반드시 육적인 음행과 병행한다는 사실이다. 영적으로 음행하는 많은 교단들이 동성애를 지지하게 되는 것은 그리 이상한 현상이 아니다. 이는 영적 음행은 곧바로 육적인 음행과 연결되기 때문이다. 이 세상이 성적으로 음란한 것은 그 만큼 이 시대가 영적으로 음란하다는 증거이다. 앞으로 이 세상은 더욱 음란하여질 것이고, 음행은 더욱 많아지고 음행의 수법이나 질도 끝없이 악하여질 것이다. 온 세상이 인터넷으로 하나되면서 가장 번성하는 사업은 음란 사업이며, 바벨탑처럼 인권이라는 슬로건 하에 세상이 하나가 되면서 더욱 강렬하여지는 욕구는 동성애와 변태와 음행과 이혼과 간음이다. 그리고 영적으로는 기독교 통합이라는 가면 아래 복음을 제거하고 결국 거대한 종교 통합으로 나아가는 마지막 영적 미혹이 온 세상에 가득하게 될 것이다.

오늘의 본문 성경을 읽으시고 깨달은 점이나 기억하고 싶은 점 혹은 기도문을 기록합니다.

7월 3일

잠언 10장~11장

| 묵상자료 |

1. 악인의 길과 지혜자의 길(잠 10장)

솔로몬은 잠언 삼천을 말하였고 노래는 일천 다섯개를 지었다(왕상 4:32). 그런데 성경 잠언서에는 잠언 약 374개가 소개되어 있다. 즉, 3천 개의 솔로몬의 잠언 중에서 일부를 간추려 성경에 수록한 것이다. 그래서 많은 경우에 잠언을 읽다 보면 각각의 절이 독립되어 있고 서로 관계가 없어 보인다. 잠언 10장을 읽어 보면 의로운 자와 악한자에 대한 교훈이 나온다. 하나님께서는 의인을 지키신다고 하신다. 시편 34:10은 "젊은 사자는 궁핍하여 주릴지라도 여호와를 찾는 자는 모든 좋은 것에 부족함이 없으리로다." 이렇게 선포한다.

의인은 하나님을 경외하는 자이다. 우리가 다 죄인이지만 하나님의 은혜 안에서 의롭다 함을 받는다.

잠언 10장은 또한 악인에 대해서 말한다. 악인은 불법으로 물질을 얻었기에 그 물질이 도리어 근심을 가져다주며, 그 물질로 인해 가정 불화가 생기거나 더 큰 범죄를 일으키기도 한다고 경고한다.

그러나 하나님께서 주시는 복은 근심이 따르지 않는다. 미련한 자는 행악으로 즐거움을 삼지만(23절), 그러나 명철한 자는 하나님을 아는 지혜에서 더 큰 즐거움을 얻는다. 지혜로운 자는 진리의 소중함을 알기에 영적인 지식을 소중히 받아들이며 간직하지만 미련한 자는 진리에 관심이 없다.

우리가 그냥 겉으로 볼 때는 악인과 의인의 삶이 별차이가 없어 보인다. 그러나 하나님의 눈 앞에서는 하늘과 땅의 차이가 난다.

솔로몬은 잠언을 통해 악한 길을 버리고 하나님을 경외하는 지혜자가 되라고 반복해서 호소한다.

오늘의 본문 성경을 읽으시고 깨달은 점이나 기억하고 싶은 점 혹은 기도문을 기록합니다.

7월 4일

1년 1독 성경 읽기 꿀송이 보약큐티

잠언 12장~14장

| 묵상자료 |

1. 사람은 자기 손으로 행한대로 복을 받는다(잠 12:14)

"사람은 입의 열매로 말미암아 복록에 족하며 그 손이 행하는대로 자기가 받는니라" 잠 12:14

이 말씀을 쉽게 말하면 사람들은 자기 입술의 열매대로 채워지며 자신의 선한 행위를 따라 복을 받는다는 뜻이다. 그래서 우리는 말을 복되게 하고 손으로 선을 행하기에 힘써야 한다.

잠언 3:27에도 "네 손이 선을 베풀 힘이 있거든 마땅히 받을 자에게 베풀기를 아끼지 말며 네게 있거든 이웃에게 이르기를 갔다가 다시 오라 내일 주겠노라 하지 말라"(잠 3:27~28)고 권면하고 있다.

이 말씀에 "베풀 힘이 있거든"이라고 말하고 있다. 이는 베풀 힘이 있을 때도 있고 없을 때도 있다는 뜻이다. 누군가에게 베풀 힘을 우리에게 주시는 분은 하나님이시다. 우리는 선을 베풀기 위해 내가 받은 힘이 무엇인지 알아야 하고, 또한 누구에게 그 힘을 사용해야 하는지 알아야 한다. 사실 우리는 각각 남들보다 나은 어떤 힘이 있다. 따라서 선을 베풀 수 없는 사람은 이 세상에 아무도 없다. 그 이유는 어떤 면이든 내가 남에게 줄 수 있는 것이 있기 때문이다. 성경은 힘이 있는 자는 마땅히 받을 자에게 베풀어야 할 뿐만 아니라, 기회가 있을 때 베풀어야 한다고 말한다. 마땅히 선을 행할 기회를 놓치게 되는 가장 주된 요인은 미루는 것이다. 지금은 아니지만 다음에 하겠다는 것이다.

특히 그리스도인들에게는 성령께서 선을 강권하실 때가 있다. 우리의 양심을 찌르시며 어떤 착한 일을 요구하실 때가 있다. 복음을 전하고 싶은 마음을 강하게 주시거나 특정인을 구제하고 싶은 마음을 강하게 주신다. 또는 교회를 재물이나 재능으로 섬기고자 하는 마음을 주시기도 한다. 그때 기회를 놓치지 말고 선을 베풀어야 한다. 선을 행할 때는 타이밍이 대단히 중요하다. 특별한 경우 어떤 사람에게 너무나 작은 도움이라도 무한하게 큰 가치가 되는 때가 있다. 하지만 그때가 지나면 더 이상 그 누구의 도움도 큰 의미가 되지 않는다. 가장 필요한 때 받는 도움은 꿀처럼 달고 생수처럼 시원하지만, 기회가 지나간 후에 돕겠다는 것은 아무런 의미가 없고 또한 가치도 사라지게 되는 것이다.

"누가 이 세상의 재물을 가지고 형제의 궁핍함을 보고도 도와줄 마음을 닫으면 하나님의 사랑이 어찌 그 속에 거하겠느냐 자녀들아 우리가 말과 혀로만 사랑하지 말고 행함과 진실함으로 하자" 요일 3:17~18

"그러므로 우리는 기회 있는 대로 모든 이에게 착한 일을 하되 더욱 믿음의 가정들에게 할지니라" 갈 6:10

"지혜 있는 자는 궁창의 빛과 같이 빛날 것이요 많은 사람을 옳은 데로 돌아오게 한 자는 별과 같이 영원토록 빛나리라" 단 12:2~3

그러므로 선을 행할 힘이 있고 기회가 주어질 때, 특히 마땅히 우리의 선대를 받아야 할 사람이 나타났을 때 우리는 그리스도를 사랑하고 존경하는 마음으로 즉각적으로 선한 일을 실행해야 한다. 주저함이 없이 즐거움으로 그리스도 안에서 하나님을 의식하며 기꺼이 행하여야 하는 것이다. 그러한 자들은 하늘의 별과 같이 빛날 것이다. 아멘.

오늘의 본문 성경을 읽으시고 깨달은 점이나 기억하고 싶은 점 혹은 기도문을 기록합니다.

7월 5일

1년 1독 성경 읽기 꿀송이 보약큐티

잠언 15장~17장

| 묵 상 자 료 |

1. 뇌물 예찬?

잠언 17:8 "뇌물은 그 임자가 보기에 보석 같은즉 그가 어디로 향하든지 형통하게 하느니라"을 읽으면 뇌물을 예찬하는 듯한 뉘앙스를 풍긴다.

이 말은 뇌물을 쓰는 자가 성공한다는 뜻의 뉘앙스를 풍긴다. 표면상 이 잠언은 뇌물에 대해서 긍정적으로 말하는 것 같다. 실제로 세상에서 뇌물은 많은 기회를 제공해주고 문제를 해결해 주는 역할을 한다. 그래서 잠언의 다른 부분에서도 이런 뇌물의 속성에 대해서, "은밀한 선물은 노를 쉬게 하고 품안의 뇌물은 맹렬한 분을 그치게 하느니라"(잠 21:14)고 말하고 있다.

그러나 본문을 주의 깊게 살펴보면 좀 다른 느낌을 줄 수도 있다. 본문의 주인의 눈이란 "뇌물을 주는 주인의 눈에"라는 말이다. 이것이 이 본문을 이해하는 열쇠가 될 수 있다.

그래서 이 본문에서 가르치는 뇌물의 기능은 보편적인 사실이나 진리가 아니라 뇌물 공여자의 판단이자 견해라는 것이다. 그의 생각에는 뇌물이 '보석'이라는 것이다. 그의 판단에는 뇌물이 모든 닫힌 문을 열어주는 '마법의 돌'이 된다는 것이다. 그리고 본문은 이 단어를 제일 앞에 내세워서 그것을 강조하고 있다. 그러니까 뇌물을 바치는 자의 의견이나 관점을 우리는 이 잠언이 주는 일반적인 교훈으로 삼아서는 안될 것이다.

부산 고신대학의 구약 학자 신득일 교수님은 여기서 뇌물이 '마법의 돌'이라는 은유로 쓰인 것은 경멸적인 의미가 있어 보인다고 하였다. 아마도 저자는 그 뇌물을 중시한 것을 조소하면서 그 표현을 썼을 것이라는 것이다.

우리가 아는 대로 성경에서 말하는 '형통'이나 '성공'은 하나님의 법을 따라서 신실하고 공의롭게 살아갈 때 주어지는 것이지 사람을 뇌물로 매수해서 일을 성취하려 해서는 안 되는 것이다. 그리고 잠언을 읽으면서 때로는 반어법적인 표현이 있으므로 그 의미를 잘 파악해야지 문자대로 받아들여서는 성경의 의도를 왜곡할 수가 있으니 주의해야 한다.

예를 들어 남의 말을 하는 것은 별식과 같이 맛 있다고 잠언이 이야기한다고 해서 문자 그대로 아~, 맛있는 별식 한번 먹어보자 하면서 남의 흉을 보는 것을 성경이 장려하는 듯이 받아들인다면 이는 크게 잘못된 것이다.

보증을 서는 것도 마찬가지다. 성경 전체의 가르침은 하나님 사랑, 이웃 사랑이다. 집안의 형님이 있는데 사업하다가 사업에 실패하여 힘이 있는 나에게 찾아와 보증을 서 달라고 도움을 청할 때 당신이라면 성경 잠언을 인용하면서 성경에 하지 말라고 했으니 나는 도와줄 수 없다고 하겠는가? 형제가 어려운 일을 당할 때 내 일처럼 도와야 하는 것이 마땅한 형제의 도리가 아닌가? 나에게 도울 힘이 있거든 돕는 것이 옳다. 성경을 문자적으로 해석하여 자기 편한대로 적용하는 위험성을 우리는 경계해야 한다. 물론 만일 보증을 서주었는데 일이 잘못된다면 그 결과까지도 자신이 100프로 책임지겠다는 각오가 섰을 때에만 희생할 각오로 도와야 한다는 것이다.

최근에 한 여자 집사님이 나에게 개인적인 연락을 하여 선교 사명이 있는데 남편이 가기 싫어하니 나 혼자라도 노록수 선교사님이 있는 아프리카로 가면 어떻겠느냐고 내게 물어왔다. 나는 안됩니다, 하고 딱 잘라 말했다. 그랬더니 그 여성 성도가 성경을 인용하였다. 예수님은 네 부모, 처자라도 부인하지 않으면 내 제자가 되지 못하리라고 하였는데 왜 안되냐는 것이다.

이렇듯 성경을 문자적으로 해석하거나 전체 사상을 무시하고 자기 편리한 대로 인용하면 잘못되기가 쉽다. 이단들도 다 성경을 잘못 해석하여 이단이 된다. 그러므로 성경을 읽을 때 좋은 교사의 지도가 있어야 하고 겸손한 마음과 바른 신학적 바탕이 있어야 한다.

오늘의 본문 성경을 읽으시고 깨달은 점이나 기억하고 싶은 점 혹은 기도문을 기록합니다.

7월 6일

1년 1독 성경 읽기 꿀송이 보약큐티

잠언 18장~20장

| 묵상자료 |

1. 말은 뿌린 대로 그 열매를 맺는다

말이 인생을 만든다. 내 인생은 나의 말 때문에 행복해지기도 하고 불행해지기도 한다. 부정적인 말, 불평의 말, 원망의 말, 미움의 말, 짜증의 말들이 자신을 불행하게 만들고 삶을 실패하게 만든다. 그러나 하나님이 기뻐하시는 믿음의 말, 감사의 말, 위로의 말, 격려의 말을 하고 살면 인생이 풍성해진다.

오늘 우리들이 함께 읽는 잠언에서는 지혜의 왕 솔로몬이 계시를 받아 인생의 복은 지혜로운 말에 달렸다고 교훈하고 있다. 솔로몬 왕은 아들 르호보암과 백성들을 염두에 두고 사람의 말이 인생의 성패를 결정한다고 교훈하고 있는 것이다.

잠언 18:20에 보면 자신이 말한 대로 자신의 인생이 배가 고프게 되거나, 배가 부르게 된다고 한다. 그러므로 부요한 인생을 살고 싶다면 항상 긍정적이고 감사하며 소망의 말을 하라는 것이다.

잠언 18:21에는 죽고 사는 것이 혀의 힘에 달렸으며, 혀가 말한 대로 혀의 열매를 먹게 된다고 강조하고 있다. 하나님은 말대로 열매를 맺게 하신다. 축복의 말, 덕스러운 말, 승리의 말을 많이 해서 그 열매를 누리는 자가 지혜로운 자이다.

민수기 14:28에, 여호와의 말씀에 내 삶을 두고 맹세하노라 너희 말이 내 귀에 들린 대로 내가 너희에게 행하리라고 하셨다. 우리는 우리의 말이 불행과 행복을 결정하고, 하나님께서 내 말을 들으시고 인생의 열매를 주심을 믿고 혀를 조심스럽게 잘 사용해야 한다. 이스라엘 백성이 40년을 광야에서 뺑뺑이 돌며 고통스런 삶을 산 것은 그들의 원망스러운 말이 하나님의 귀에 들렸기 때문임을 우리는 잊지 말아야 한다.

어떤 사람들은 교회를 다니면서도 항상 한숨과 불평이 습관이 되어 그것을 버리지 못하는 자들이 있다. 우리들의 생활이 아무리 힘들고 어려워도 부정적인 말, 실패의 말을 삼가하고 믿음의 말을 성령의 도움으로 선포하므로 복되고 행복한 인생을 살아야겠다. 아멘.

7월 7일

1년 1독 성경 읽기 꿀송이 보약큐티

잠언 21장~23장

| 묵상자료 |

1. 지혜보다 더 중요한 것

"세상에서 가장 귀한 것은 지혜다. 그러나 지혜보다 더 귀한 것은 하나님을 신뢰하는 믿음이다." 이런 생각을 가지고 잠언 21장을 읽어야 한다. 잠언은 초반부에 우리에게 세상에서 가장 귀한 것이 지혜라고 가르쳐 주었다. 지혜는 우편 손에 장수가 있고 좌편 손에 부귀가 있으므로 지혜를 얻는 것은 은, 금을 얻는 것보다 낫고 귀하기는 진주보다 낫다고 하였다(잠 3:14~16).

잠언 21장의 본문도, "지혜로운 자는 용사의 성에 올라가서 그 성이 의지하는 방벽을 허느니라(잠 21:22)"라고 말함으로 지혜는 힘보다 강하다는 것을 말해 주고 있다. 여기 "용사의 성"이란 힘으로 정복할 수 없는 견고한 성을 표현해 주는 말이다. 이런 성을 누가 정복할 수 있겠는가? 그러나 이런 성일지라도 지혜로운 자는 그 성을 정복할 수 있다고 본문은 말하고 있다. 이처럼 지혜는 물질보다도 명예보다도 귀하고 그리고 용사의 힘보다도 강하다. 그러므로 지혜는 세상에서 정말 가치 있고 귀한 것이다.

그러나 본문은 이런 지혜보다 더 귀한 것이 있다고 말해 주고 있다. "지혜로도, 명철로도, 모략으로도 여호와를 당하지 못하느니라"(잠 21:30).

여기 "여호와를 당하지 못한다"는 말은 여호와와 겨누어 이길 수 없다는 말이다. 그러므로 지혜가 세상에 가장 귀하고 강한 것이지만 지혜보다 더 귀하고 강한 것은 하나님을 의뢰하는 우리의 믿음이다. 하나님은 창조주 되시며 만유의 주재(主宰)자이시다. 따라서 모든 지혜와 판단과 일의 성사(成事)는 하나님께로부터 나온다. 그러므로 뛰어난 지혜자가 자신의 지혜로 무엇을 성취하려고 할지라도 하나님께서 그것을 허락지 않으신다면 그 일은 성사될 수 없다. 이처럼 모든 것이 하나님께 의존되어 있기 때문에 잠언은 우리에게 "여호와를 경외하는 것이 지식의 근본"이라고 말한 것이다.

특별히 잠언 21:1 "왕의 마음이 여호와의 손에 있음이여 마치 봇물과 같아서 그가 임의로 인도하시느니라"는 하나님께서 만유의 주되심이 우리에게 어떤 의미인지 잘 말해 주고 있다.

세상에서 "왕"이라는 직책은 자신이 원하는 것이면 무엇이나 할 수 있는 직책이다. 그래서 고대 왕국에서는 왕의 말은 법이 가지고 있는 권위에 준(準)하는 권위를 가졌던 것이다. 그러므로 왕이 명하면 누구도 그 명을 거역할 수 없었다. 본문은 이처럼 권세를 가지고 있는 왕일지라도 "그 마음이 여호와의 손에 있다"라고 말한다.

이 말은 하나님은 왕이라도 자신의 뜻에 따라 임의로 인도하실 수 있다는 말이다. 이것은 마치 농부가 물을 자신이 원하는 이랑 어디 곳이든지 임의로 돌리 수 있는 것과도 같다. 따라서 지혜로도, 명철로도, 모략으로도 여호와를 당할 수 없는 것이다. 이와 같은 사실은 비록 우리에게 지혜가 없을지라도 지혜의 근원 되시는 하나님께 나아가 구할 때 지혜로운 사람들이 스스로 자신의 삶을 경영하는 것보다 더 지혜로운 삶을 살 수 있다는 것을 말해 준다.

이처럼 우리가 스스로 지혜로운 자가 되는 것보다 하나님의 주권을 믿는 믿음을 가지고 그분의 인도하심을 받으며 산다면 그것이 더욱 지혜롭게 살 수 있는 길이 될 것이다. 이렇게 살고자 하는 자에게 기도는 세상에서 가장 지혜롭게 살 수 있도록 이끌어 주는 은혜의 수단이다. 실제로 "하나님의 하나님 되심(Lordship)"에 대한 믿음이 기도로 표현된다면 기도하는 사람이야 말로 하나님을 믿는 믿음 안에 사는 사람이고 또한 기도하는 사람은 언제나 지혜로운 삶을 살 것이다. 아멘.

오늘의 본문 성경을 읽으시고 깨달은 점이나 기억하고 싶은 점 혹은 기도문을 기록합니다.

7월 8일

1년 1독 성경 읽기 꿀송이 보약큐티

잠언 24장~26장

| 묵상자료 |

1. 추수하는 날에 얼음냉수 같은 자

잠언 25:13을 보면, "충성된 사자는 그를 보낸 이에게 마치 추수하는 날에 얼음 냉수 같아서 능히 그 주인의 마음을 시원케 하느니라"고 하였다. 여기서 '추수하는 날'이란 팔레스틴 지방에서 보리 수확이 시작되는 4월 중순부터 밀 추수가 시작되는 6월 초 이후의 기간을 가리키며, 이때는 매우 더운 계절이다. 또한 '얼음 냉수'에 해당하는 원문은 본래 '눈의 차가움'이란 뜻으로 일반적으로 북쪽 헬몬 산으로부터 흘러내려오는 눈이 녹은 물이다.

이 더운 계절에, 그것도 곡식을 추수하느라 힘겨운 노동을 하여 숨이 막히고 목이 마를 때 눈이 녹은 차가운 물을 마신다면 정말 속까지 시원할 것이다. 따라서 솔로몬은 지금 충성된 사자가 어려운 일을 마치고 돌아와 '모든 일이 잘 해결되었습니다'라는 보고를 할 때 이를 들은 왕이나 주인의 기쁨을 본 절의 묘사를 통해 표현하고 있다. 그리고 실제로 솔로몬 자신이 일국의 왕으로서 수많은 신하와 대사들을 파견했을 것임을 감안하면 이는 자신의 생생한 경험을 이야기한 것이라고 할 수 있다.

우리는 성경 속에서도 이처럼 충성된 사자의 예들을 많이 발견할 수 있다. 예컨대 엘리에셀은 아브라함이 백 세되어 얻은 아들의 신부감을 찾아오라는 사명을 받고 떠났을 때 기도하는 자세로 임함으로써 리브가라는 훌륭한 신부감을 데리고 돌아왔다. 그리고 이때 아브라함의 기쁨이 바로 이와 같았을 것이다(창 24장).

그런가 하면 모세는 이스라엘 백성을 애굽에서 인도해 내라는 사명을 받고 떠나 사명을 훌륭히 완수했다. 때문에 그가 이스라엘 백성을 이끌고 시내산에 섰을 때 바로 그곳에서 모세를 보내셨던 하나님의 기쁨 또한 바로 이와 같았을 것이다. 그리고 이러한 예들은 여호수아와 사무엘, 다윗과 엘리야, 다윗의 30용사, 이사야와 예레미야 등 하나님의 충성된 종들을 통해 무수히 발견할 수 있고 신약 시대에 그 절정을 이룬다고 할 수 있다. 이는 하나님께서 창세전부터 계획하셨던 구원의 계획이 그리스도와 그 종들을 통해 온전히 이루어졌기 때문이다. 그리하여 그리스도께서 십자가를 통해 구원을 위한 모든 일을 이루시고(요 19:30), 하나님께로 올라가셨을 때, 또한 사도 바울이 이방을 위한 그릇으로 택함 받아 온 땅에 복음을 편만이 전하였다고 보고 드렸을 때(롬 15:19) 하나님의 기쁨이 바로 이와 같았을 것이다.

하나님께서 그리스도께는 가장 높은 자리를(빌 2:9~11), 엘리야와 같은 종에게는 불병거를 보내어 하늘로 올리시는 축복을(왕하 2:11), 사도 바울과 같은 종에게는 의의 면류관(딤후 4:8)을 예비해 놓으신 것처럼 하나님의 마음을 시원케 하는 자들에게 말할 수 없는 칭찬과 상급을 베푸실 것이다.

우리들은 하나님의 뜻을 이루기 위하여 부름을 받았고 보냄을 받은 자들이다. 하나님께서 부르신 목적과 의도를 바르게 깨달아 사명을 잘 수행하여 우리들의 주인인 하나님의 마음을 시원케 해 드리는 자들이 되어야 한다.

의무적으로 일을 처리하는 데에서 그치는 것이 아니라 주인의 마음(의도)까지도 읽어 주인이 원하는 그 이상으로 일을 처리하는 지혜로운 종이 되어야 하며, 더 나아가 주인이 신뢰할 수 있는 종이 되어야 함을 교훈하고 있다.

오늘의 본문 성경을 읽으시고 깨달은 점이나 기억하고 싶은 점 혹은 기도문을 기록합니다.

7월 9일

1년 1독 성경 읽기 꿀송이 보약큐티

잠언 27장~31장

| 묵상자료 |

1. 음녀의 자취

"내가 심히 기이히 여기고도 깨닫지 못하는 것 서넛이 있나니 곧 공중에 날아 다니는 독수리의 자취와 반석 위로 기어 다니는 뱀의 자취와 바다로 지나다니는 배의 자취와 남자가 여자와 함께 한 자취며 음녀의 자취도 그러하니라 그가 먹고 그의 입을 씻음 같이 말하기를 내가 악을 행하지 아니하였다 하느니라" 잠 30:18~20

잠언 30장은 아굴이 지은 잠언이다. 아굴은 잘 알려져 있지 않은 무명의 현자이다. 솔로몬 시대에 살았던 사람으로 추정되며 자기 제자 이디엘과 우갈에게 들려주는 말이 잠언 30장이다. 그는 자신을 짐승에 견주며 하나님 앞에 어리석은 자라고 겸손하게 고백하며 잠언을 시작한다. 그가 본문에 기이히 여기는 것이 몇가지 있다고 하면서 동물들 얘기를 하다가 갑자기 사람에게 방향을 바꾸어 음녀의 자취가 배가 물위로 지나간 자취와 같다고 하면서 음행을 하고도 시치미 떼고 죄지은 적이 없다고 거짓말 하는 음녀의 거짓을 고발하고 있다. 하나님의 심판대 앞에 서면 우리의 모든 거짓이 다 벌거벗은 것처럼 드러나게 될 것이다. 우리의 음란과 우리의 거짓됨과 우리의 악행이 다 드러나 심판 받게 되어질 것이니 이 잠언의 음녀처럼 남이 안 보았다고 죄를 숨기며 살 것이 아니라 예수님의 십자가 앞에 나아가 우리의 죄를 고백하고 그 피로 씻음 받아야 할 것이다.

몇해 전 한국에는 서지현 검사의 성추행 폭로 이후로 미투 운동이 확산되었다. 법을 집행하는 기관에서 일하는 최고의 엘리트들의 세계도 이렇게 썩고 음란하게 타락되어 있다는 사실이 큰 충격이었다. 한국 사회는 지금 음행으로 썩지 않은 곳이 없다고 한다. "서른, 잔치는 끝났다"는 시집으로 유명한 최영미 시인도 언젠가 방송에 직접 나와 한국 문단에 만연한 성추행 사실을 만천하에 고발했다.

한국의 젊은이 선교단체의 하나인 복음학교를 이끄시는 김용의 선교사님은 한국 교회의 청년들이 거의 다 음행의 덫에 걸려 있다고 탄식하였다. 31살 늦은 나이로 군대에 갔다 온 우리 아들 하영이의 말을 들어 보니 군대에서 자신이 충격 받은 사실은 군인들 거의가 다 음행을 즐기고 있으며 그런 경험이 없는 자신 같은 경우는 거의 천연기념물처럼 여기고 신체에 무슨 이상이 있는 사람 취급하는데 질려버렸다고 한다. 예수 믿는 군인들은 다를 것 아니냐고 물었더니 별로 차이가 없다는 말에 나는 도저히 믿을 수가 없었다. 지금 세상은 음란으로 홍수를 이루고 있다. 여기에 크리스천들도 정신없이 함께 휩쓸려 들어가고 있다. 초등학교 학생들의 입에서도 씨~로 시작하는 욕설이 아무렇지도 않게 흘러나온다. 세상 갈 데까지 다 갔다.

주님은 말세가 되면 노아 홍수전과 같이 사람들이 시집가고 장가 가고 세속에 물들어 소돔, 고모라의 사람들 같이 될 것이라 예언하셨다. 이런 말세에 살고 있는 우리 그리스도인들은 날마다 이런 불법하고 음란한 환경들 속에서 살면서 괴롭기 한이 없다. 영화 한편 보고 싶어도 더러운 욕설이 너무 난무하여 보기가 무섭다. 이 시대에 영적으로 살아 남는 길은 성경 통독 운동밖에 없다는 확신을 가지고 이 일이라도 혼신의 힘을 다하여 섬기려 한다.

오늘의 본문 성경을 읽으시고 깨달은 점이나 기억하고 싶은 점 혹은 기도문을 기록합니다.

7월 10일

1년 1독 성경 읽기 꿀송이 보약큐티

전도서 1장~3장

| 묵상자료 |

1. 헛되고 헛되며 헛되고 헛되니 모든 것이 헛되도다

이 세상에서 가장 부유했던 솔로몬이 인생의 좋은 것을 누리는 것은 헛되다고 말하고, 무소불위의 권력을 누리고 여러 업적을 남긴 그가 자기가 한 모든 것이 헛되다고 한다. 심지어 웃음을 미친 짓이라 하고 죽는 날이 출생하는 날보다 낫다고 하니 해도 해도 너무한 지독한 염세주의가 아닌가? 가장 지혜로운 왕으로 유명한 그가 아는 것이 병이고 공부하는 건 다 쓸 데 없다고 한다.

몇 년 전 일본 삿뽀로에 존경하는 선배 선교사님이신 박영기 선교사님이 시무하시는 삿뽀로 성서교회에 가서 말씀을 나눌 기회가 있었는데, 선배님은 나를 데리고 삿뽀로에 있는 미우라 아야꼬 문학 박물관을 안내해 주셨다. 내가 고등학교 시절에 그녀의 자서전적인 책인 "이 질그릇에도"를 읽고 너무 감동받아 며칠간 밥맛을 잃을 정도였다. 그토록 강렬한 인상을 남겨준 미우라 아야꼬의 고향이 눈 많이 내리는 삿뽀로였던 것이다. 철저한 무신론자였던 그녀가 어떻게 그리스도인이 되었을까? 그것은 놀랍게도 전도서의 헛되고 헛된 허무주의 표현을 읽고 그녀가 성경에 끌리게 된 후부터이다. 당시에 그녀는 폐결핵을 앓으며 세상의 허무함에 깊이 잠겨 있을 때였다. 그러다 우연히 성경 전도서를 읽게 되었는데 솔로몬의 이런 극단적인 허무주의 표현들을 보고 가슴에 다가와 성경을 계속 읽던 중 그리스도를 발견하고 회심하게 된 것이다. 사실 전도서를 끝까지 읽어 보면 무조건 헛되다는 것을 말하는 책이 아님을 알게 된다. 하나님이 없는 인생, 하나님이 없는 지혜, 하나님이 없는 희락이 헛되다는 것이지 하나님을 경외하고 하나님의 말씀 안에 있는 인생은 복되다는 것이 진짜 결론이다.

> "일의 결국을 다 들었으니 하나님을 경외하고 그의 명령들을 지킬 지어다 이것이 모든 사람의 본분이니라 하나님은 모든 행위와 모든 은밀한 일을 선악 간에 심판하시리라" 전 12:12~13

얼마 전 나는 송솔나무 집사님을 남아프리카에서 만나 그의 플룻 연주와 간증을 들을 기회가 있었다. 너무 너무 은혜스러웠다. 세계적인 플루리스트로서 부와 명예를 다 누릴 수 있음에도 가장 낮은 곳을 찾아 다니며 영혼을 울리는 연주로 복음을 전하는 그는 드라마 〈허준〉, 〈이산〉, 〈동이〉 의 메인 연주와 많은 영화음악을 작곡한 유명인이다. 그의 간증을 한번 들어 보자.

"저는 어렸을 때부터 부유한 환경에서 자랐습니다. 여름에 수영장에 가고 싶다고 하면 시내 최고급 호텔에 가서 식사를 하고 수영을 하곤 했습니다. 그러던 어느 날 갑자기 아버지 회사가 부도가 나서 빚쟁이들이 아버지를 찾는 전화가 빗발쳤고, 누나와 나는 학교로 찾아올지도 모를 그들을 피해 다녀야 했습니다. 어머니와 누나와 나는 다음 날 미국 이모네로 갑자기 떠났습니다. 1988년 2월 추운 겨울날, 저는 미국 JFK공항에 도착했습니다. 우리를 데리러 온 이모부는 낡고 작은 차에 짐을 실었고 우리는 좁은 골목을 지나 아주 허름한 2층짜리 다세대 주택 앞에서 섰고, 그곳에서 11명이 1년을 살았습니다. 한국에서 전교 1등을 하던 누나는 바로 중학교에 들어갔지만 늘 꼴찌만 하던 저는 ABC도 몰랐기에 원래는 6학년에 올라가야 하는 나이에 4학년으로 몇달 뒤 들어갔습니다. 학교만 가면 키도 작고 나이도 어리고 운동도 못하는 동양 아이를 아이들은 괴롭혔고, 쉬는 시간이면 한대씩 툭툭 치고 지나갔습니다. 1달러 25센트의 점심 급식비를 아끼려 어머니는 도시락을 매일 싸주셨는데 아이들은 우유를 내 도시락에 붓기도 했고, 저는 너무 맞아서 귀가 찢어져 피가 나거나 사물함에 갇히기도 했습니다. 제가 학교에서 아이들의 비난과 놀림을 피할 곳은 오직 화장실이었습니다. 하루는 변기 위에 쭈그리고 앉아 하나님께 따지듯이 물었습니다.

'하나님, 왜 내가 미국에 와서 이런 고통을 당해야 하나요? 누나는 똑똑하게 만들어 주셔서 엄마의 사랑을 받게 하시면서, 왜 저는 키도 작고 공부도 못해서 맨날 야단만 맞게 하시는 거냐고요!'

저는 울며 부르짖었습니다. 그때 성령님이 처음으로 제게 오시는게 느껴졌습니다. '얘야~ 내가 여기 있잖아… 너와 늘 함께 있잖아~ 내가 너랑 친구해주면 되잖니?'

음성이 들리는데 서러워서 눈물이 쏟아졌습니다. '사람들은 내 이름도 부르지 않아요. 누나의 동생이라고만 해요. 나는 태어나지 말았어야 되는 것 아닌가요? 실수로 태어난 거 아니냐고요!'

'그렇지 않단다. 나는 네 머리카락까지 세는 너의 하나님이란다. 내가 널 만들었단다.'

저는 환청인지 뭔지 알 수 없었지만 하나님을 친구로 받아들이라는 말씀을 무작정 믿고 의지하고 싶었습니다. 순간 심장이 뜨거워지면서 마음 속 무언가 단단한 반석 같은 게 만들어지는 것 같았습니다. 그때 어디선가 플룻 소리가 들려왔습니다. 한국에서 몇 달 배운 게 전부였는데 미국에서 들으니 너무 반가워 그 소리를 따라 밴드부실에 갔습니다. 선생님은 나보고 플룻을 한번 불어보라고 하셨고, 저는 한국에서 도레미파솔라시도와 나비야 정도만 겨우 불었는데 불현듯 한번도 불어보지 않은 애국가의 멜로디가 생각이 나서 불었습니다. 나도 선생님도 놀랐습니다. 선생님은 그 플루트를 주시면서 밴드부에 매일 나오라고 하셨습니다. 그날부터 나는 정말 열심히 불었습니다. 나도 할 수 있는 무언가가 있다는 게 기뻤고, 무엇보다 누군가로부터 인정받았다는 게 더 좋았습니다.

어느 날 어머니에게 말했습니다. '나도 줄리어드 프리스쿨 시험을 치고 싶어요.' 어머니와 누나는 황당해하며 아무나 줄리어드를 가는 줄 아느냐 레슨비가 얼마나 비싼데 우리 형편에는 불가능하다며 혼을 내셨습니다. 정식 레슨 없이 시험 기회는 단 한번만 준다는 조건으로 겨우 허락을 맡은 저는 정말 열심히 연습을 했고, 시험 보는 날, 어머니는 일을 하셔야 했기에 혼자서 뉴저지에서 맨하튼까지 혼자 시험을 보러 갔습니다. 저는 쟁쟁한 아이들의 옷차림과 악기, 부모님들의 보살핌에 기가 죽었고 어차피 떨어질 거라고 생각해서 제스처까지 해가며 열심히 연주했습니다. 일주일 뒤 줄리어드에서 온 우편물을 먼저 잡아든 누나는 비웃으며 '야, 불합격 통지가 어떻게 일주일 만에 오니? 창피하지도 않니? 이제 엄마 속 좀 그만 썩이고 또 시험 치겠다는 소리 절대 하지마.' 경험이 많은 누나는 줄리어드에 붙으면 한 달이나 두 달 후에 연락이 오고, 떨어지면 2주일 뒤에 연락이 온다고 했기 때문에 저는 당연히 떨어진 줄 알았습니다. 그런데 갑자기 어머니의 통곡 소리가 들렸습니다. 저는 혹시 아버지한테 온 편지를 보고 우시는 줄 알고 가슴이 철렁했습니다. 그런데 어머니는 나를 보더니 갑자기 끌어안고 우셨습니다. "얘야, 네가 줄리어드에 붙었어. 그것도 장학금을 받고…'

저는 그렇게 13세에 줄리어드 프리스쿨에 들어갔습니다. 하나님의 도우심이 아니면 도저히 불가능한 일이 일어난 것입니다. 저는 그 후부터 나를 나 되게 하신 하나님의 은혜에 보답하기 위해 살아왔습니다. 유명해진 뒤로 한번은 유럽 공연을 가서 2천 만원짜리 풀룻을 잃어버리는 일을 당했습니다. 몹시 상심하고 있던 제게 주의 음성이 들렸습니다.

'네가 그때 잃어버린 풀룻 때문에 마음이 아프구나… 넌 그때 그보다 더 중요한 것을 잃어버렸어. 바로 나에 대한 첫사랑이야….'

저는 그 음성을 듣고 몹시 울고 회개하며 다시 나를 열세 살에 기적으로 줄리어드에 입학시키신 하나님에 대한 첫사랑을 회복하려 애를 썼습니다.

송솔나무 집사님의 간증은 언제 들어도 은혜가 되고 눈물이 난다. 우리도 일의 결국을 다 들었으니 하나님을 경외하고 그의 명령들을 지키고 살자. 아멘.

오늘의 본문 성경을 읽으시고 깨달은 점이나 기억하고 싶은 점 혹은 기도문을 기록합니다.

7월 11일

1년 1독 성경 읽기 꿀송이 보약큐티

전도서 4장~6장

| 묵상자료 |

1. 소유에 집착 말라!

해 아래 인생들은 대체적으로 소유에 집착하면서 살아가는 경향이 있다. 소유가 많아지면 그만큼 삶이 만족스럽고 평안할 것이라고 생각하기 때문에 세상 사람들은 조금이라도 소유를 더 늘리기 위해서 온갖 수고를 아끼지 않는다. 그런데 솔로몬은 전도서 5장에서 그것이 얼마나 부질없는 일인지를 잘 일깨워주고 있다. 1~7절의 말씀에는 해 아래 인생이 아무리 수고를 해도 하나님이 복을 주지 않으면 인생은 그 수고의 열매를 제대로 누릴 수 없음을 설명하고 있다. 8~9절의 말씀에는 해 아래 인생이 아무리 수고해도 그 열매를 누리지 못하는 또 다른 이유를 말한다. 사회구조 때문에 그렇다는 것이다. 해 아래 인생이 있는 곳에는 어디나 학대가 있고 착취가 있는데 그 때문에 인생이 수고해도 그 열매를 제대로 누릴 수 없다는 것이다.

10~17절에는 왜 인생들이 그토록 소유에 집착해서 살아가는지를 설명하는데 잘못된 확신 때문에 그렇다는 것이다. 세상 사람들은 돈이 많으면 만족을 누릴 수 있고, 문제를 해결할 수도 있고, 마음에 평안도 누릴 수 있고, 안전을 보장받을 수 있다고 생각을 한다는 것이다. 그러나 솔로몬은 오늘 본문을 통해서 그 모든 것이 잘못된 생각임을 일깨워주고 있다. 솔로몬은 결론적으로 18~20절에서 소유에 집착하지 말고, 무엇을 먹든지, 무엇을 마시든지, 무엇을 하든지 간에 다 하나님의 은혜인 줄 알고서 그것을 누리고 살라고 말씀하고 있다. 바로 그것이 하나님께서 우리에게 주신 인생의 분복임을 일깨워주고 있다.

대개 여성들이 일반적으로 갱년기가 되면 의외로 우울증에 시달리는 분들이 많다. 갑자기 인생에 허무해지고 의미가 없고 사는 재미가 없어지는 것이다. 남편도 재미없고 그토록 집착했던 자식들도 중요하지도 않고 그저 자살하고픈 충동이 밀려온다는 것이다. 이것은 그리스도인이라고 해서 예외일 수 없다. 내 감정이 내 맘대로 안되기 때문이다. 항상 말씀을 가까이하고 기도로 내 감정을 숨기지 않고 하나님께 아뢰어야 한다. 하나님과 친근한 관계를 유지하며 매일매일을 살아가는 것 그것이 지혜로운 전도자의 권면처럼 이 세상에서 낙을 누리고 사는 길이다. 아멘.

7월 12일

1년 1독 성경 읽기 꿀송이 보약큐티

전도서 7장~9장

| 묵 상 자 료 |

1. 지나치게 의인이 되지 말라?

전도서 7:16은 많은 사람들에 의해서 오해를 받아왔다. 여기서 전도자가 일상생활에 필요한 '중용의 도'를 가르치고 있다고 오해하는 것이다.

"지나치게 의인이 되지도 말며 지나치게 지혜자도 되지 말라"는 말은 '그냥 적당히 세상과 타협하면서 살아라'는 말로 들리기 쉽다. 그러나 이것은 전도자의 가르침이 아니다. 예수님도 "의에 주리고 목마른 자는 복이 있다"(마 5:6)고 하셨다. 전도자는 결코 의로운 삶을 반대하지 않는다.

본문의 의미는 '자신이 의롭다고 주장하지 말고 스스로 지혜롭다고 주장하지 말라'는 뜻이다. 전도자는 바리새인과 같이 '자기 의'에 도취되거나 자신이 다 아는 것처럼 행동하는 것을 경고하고 있는 것이다. 세상에는 죄를 전혀 범치 않은 의인은 없다고 한다(전 7:20). 전도자는 멸망과 죽음으로 인도하는 '자기 의'라는 위선과 교만의 잘못된 지혜를 정죄한다. 이것이 올바른 본문의 이해이다.

그런데 이 구절을 문맥 가운데서 해석하면 조금 다른 의미가 된다. 앞의 문맥에서 "자기의 의로움에도 불구하고 멸망하는 의인이 있고 자기의 악행에도 불구하고 장수하는 악인이 있다"(전 7:15)는 말은 하나님의 약속과 좀 다르다. 하나님은 이스라엘에게 의인의 장수를 약속하셨다. 그래서 일찍 죽는 자는 의롭지 않다는 생각을 하게 될 수도 있다. 그래서 더 지나치게 의로워야 한다고 생각하게 될 가능성이 있다. 그들은 장수를 보장받기 위해서 더 왕성하게 의를 추구해야 한다고 생각하게 되었다(Greidanus의 견해). 이것은 하나의 유혹이기 때문에 그런 지나친 의는 삼가야 한다는 것이 전도자의 경고다. 우리가 아무리 의로워도 하나님으로 하여금 우리 생명을 연장하시도록 할 수는 없다.

생명을 연장하기 위해서 그리고 타인으로부터 의를 인정받기 위해서 완벽을 추구하는 것은 인간의 한계를 받아들이기를 거부하는 주제넘은 일이다. 이런 차원에서 본문은 지나치게 의인이 되지 말라고 한 것이다.

오늘의 본문 성경을 읽으시고 깨달은 점이나 기억하고 싶은 점 혹은 기도문을 기록합니다.

7월 13일

1년 1독 성경 읽기 꿀송이 보약큐티

전도서 10장~12장

| 묵상자료 |

1. 전도서 12장의 교훈

전도서 12장은 곤고한 날이 이르기 전에 너의 창조주를 기억하라고 한다. 여기서 '곤고한 날'은 노년에 맞게 되는 고통의 날을 말한다. 청년의 때를 즐거운 때라고 본다면 노년의 때는 괴로운 날이라는 것이다. 사는 낙이 없기 때문이다. 이어서 노년을 묘사하는 여러 가지 비유의 이야기가 2절~6절까지 이어진다.

'해와 빛과 달과 별들이 어둡기 전에'는 두 가지 의미가 있다. 그것은 사람이 나이가 먹어감에 따라 시력도 약해져 모든 빛들이 희미하게 보인다는 것과 황혼기에 접어 들수록 삶의 기쁨이 쇠퇴해진다는 것이다. 두 가지 다 틀린 말은 아닐 것이다.

또한 '비 뒤에 구름이 다시 일어나기 전에'라는 말도 비슷한 비유로 삶의 즐거움이 연이어 쇠퇴해지기 전에 즉, 사람이 더 늙고 쇠약하기 전에 하나님을 기억하라는 말이다. '집을 지키는 자들이 떨 것이며' 라는 말은 집을 인간의 몸으로 비유하여 볼 때 늙으면 사람의 기력이 약해져 손과 팔이 힘이 없이 떨게 되는 경우가 생긴다. 그런 현상을 빗대어 한 말로 노인 수전증이라고 보면 될 것 같다.

'힘 있는 자들이 구부러질 것이며'란 말도 아무리 힘센 장사라고 하더라도 늙어지면 뼈가 약해져 허리 등이 굽는다는 뜻이다. '맷돌질하는 자들이 적으므로 그칠 것이며'란 말은 음식을 잘 섭취하지 못한다는 뜻으로 맷돌을 치아로 비유해 늙어지면 치아가 빠져 음식을 골고루 씹지 못해 소화 기능을 제대로 할 수 없다는 말이다.

'창들로 내다보는 자가 어두워질 것이며'란 말은 시력이 약해져 사물을 제대로 식별하지 못 한다는 것이다. '길거리 문들이 닫혀질 것이며' 라는 말은 귀가 어두워 잘 듣지 못한다는 것이다.

'맷돌 소리가 적어질 것이며'라는 말은 음식을 씹는 소리가 적어 진다는 것으로 치아가 빠졌기 때문이다. '음악 하는 여자들은 다 쇠하여질 것이며'라는 말은 청각 기능에 약해져 노래 소리를 듣지 못한다는 뜻이다.

'살구나무가 꽃이 필 것이며'라는 말은 노인들의 머리가 백발이 된다는 것이다. 살구나무는 아몬드 열매를 맺는 나무로 그 꽃은 봉우리 질 때는 분홍색이나 만개된 후에는 흰색으로 보인다고 한다. '메뚜기도 짐이 될 것이며' 라는 말은 그렇게 하찮고 미미한 것이라도 노인이 되면 힘이 없어져 버겁다는 것이다.

'은 줄이 풀리고 금 그릇이 깨어지고. 항아리가 샘 곁에서 깨지고 바퀴가 우물 위에서 깨지고'라는 말은 노인들이 결국 죽음을 맞이한다는 뜻이다.

고대 근동 지방에서 보통 잘 사는 집에서는 금으로 등잔을 만들어 높은 곳에 은 줄로 매어 달았다고 한다. 집안 전체를 밝히기 위해서이다. 하지만 그 은 줄이 끊어지면 아무리 금으로 만든 등잔이라도 합금으로 만들었기 때문에 깨진다. 그렇게 아무리 고귀한 사람이라도 늙으면 죽는다는 의미이다. 또 그 사회에서는 깊은 우물 속에서 물을 길어 올릴 때 두레박을 바퀴에 연결하여 끌러 올렸다고 한다. 그것이 떨어지면 항아리와 함께 바퀴도 깨지듯이 그렇게 사람이 늙어가면 쇠약해져 죽음에 이르게 된다는 것이다.

청년의 때 창조주 하나님을 기억하라는 말은 진리 중의 진리이고 지혜 중의 지혜라고 할 수 있을 것이다. 해가 뜨면 반드시 지는 시간이 다가오듯이 모든 것이 시작과 끝이 있다. 인생을 만약 크게 두 부분으로 나눈다면 젊을 때와 늙을 때, 건강할 때와 건강하지 않을 때, 결혼하기 전과 결혼한 후 그리고 살 때와 죽을 때로 나눌 수 있다.

모든 것은 다 때가 있다. 씨를 심을 때와 거둘 때가 있고 꽃이 필 때도 있고 질 때도 있다. 전도자는, "육체가 다시 흙이 되기 전에, 영이 그것을 주신 하나님에게 돌아가기 전에 그 분을 기억하라"고 했다. 흙에서 취해진 육신은 다시 흙으로, 하나님이 주신 영혼은 다시 하나님께로 돌아 간다. 아무리 위대한 사람이라도 이 운명을 거슬릴 수 없다. 어리석은 사람은 끝이 없는 것처럼 산다. 지혜로운 사람은 반드시 끝이 있다는 것을 기억하고 산다. 아멘.

오늘의 본문 성경을 읽으시고 깨달은 점이나 기억하고 싶은 점 혹은 기도문을 기록합니다.

7월 14일

1년 1독 성경 읽기 꿀송이 보약큐티

아가서 1장~3장

| 묵상자료 |

1. 내 사랑하는 자는 내게 속하였고 나는 그에게 속하였도다(아 2:16)

아가서는 사랑의 노래다. 솔로몬이 사랑하여 결혼한 술람미 여인과의 달콤한 러브 스토리이다. 술람미 여인이 애굽의 공주였는지 아니면 솔로몬이 가꾸던 포도원 지기의 딸이었는지는 사람마다 견해를 달리 한다. 이 사실적이면서도 극적인 연가에는 솔로몬 왕과 그가 사랑한 술람미 여인이 주인공으로 등장하고 조연들도 있는데 예루살렘의 딸들과 술람미 여인에게 포도원의 고된 일을 시켜 그녀를 검게 타게 한 오빠들(아 8:8~9)이 그들이다.

이 책을 우리는 쉽게 생각하거나 별로 은혜롭게 여기지 아니하고 무시하는 경향이 있다. 그러나 아가서를 대하는 유대인들의 자세는 전혀 다르다. 그들은 유월절 명절 때마다 아가서를 펼쳐서 공개적으로 읽는다. 이스라엘을 향한 하나님의 절절한 사랑이야기로 그들은 이 책을 거룩하게 받아들인다. 우리도 이번 기회에 시간이 좀 걸리더라도 아가서에 대해 깊이 있게 묵상하고 아가서에 나타난 그리스도와 우리의 사랑이 얼마나 깊고 오묘한 것인지 깨달아야 한다. 아가서를 해석할 때 지나치게 풍유적으로 해석하거나 문자적으로만 해석해서는 안 된다. 다음과 같은 몇 가지 원칙들을 가지고 아가서를 읽어야 한다.

1) **문자적으로 읽는다** – '유방'은 여성의 가슴을 가리키는 것이지 신약과 구약을 가리키는 것이 아니다. 모든 단어와 표현은 문자적으로 읽어야지, 내용이 관능적이라고 해서 지나친 상상력을 동원하며 원 의미를 비틀어서는 안 된다. 성경해석자의 일차적 목표는 '저자의 의도'이며, 솔로몬이 이 연애시를 썼을 때 원 의도는 일차적으로 문자적 원 의미일 것이다.

2) **문학성을 고려하여 읽는다** – 우리는 문자적으로 아가서를 읽어야 함과 동시에, 또한 문학성을 고려하면서 이 책을 읽어야 한다. 시는 여러모로 은유와 직유 등을 포함하고 있으며, 병행이나 다른 장치들을 사용해서 아름다운 표현을 추구하고 있기 때문에 그것을 고려하여 읽어야 한다는 의미이다.

예를 들자면, 아가서 4:8의 "내 신부야 너는 레바논에서부터 나와 함께 하고 레바논에서부터 나와 함께 가자 아마나와 스닐과 헤르몬 꼭대기에서 사자 굴과 표범 산에서 내려오너라"라는 말은 신부가 지금 '레바논'에 살고 있다는 의미가 아니라, 레바논, 아마나, 스닐, 헤르몬 꼭대기, 사자, 표범 등의 거리적으로 멀고 위협적인 것들에 둘러싸여 있다는 이미지를 사용하여 여자가 범접할 수 없는 곳에 있으며, 따라서 남자는 여성에게 신중하고 조심스럽게 마음을 열라고 요청하는 것이라고 해석해야 한다. 이러한 해석은 아가서가 '시(詩)'임을 염두에 두고 해석하는 방식이며 시를 읽는 자연스러운 해석 방법이다.

3) **배경을 고려하여 읽는다** – 예를 들면 아가서 2:1의, "나는 샤론의 수선화요 골짜기의 백합화(나리꽃)로다"라는 여자의 말을 읽을 때는 당대 이스라엘에서 샤론의 수선화와 골짜기의 나리꽃이 어떤 의미를 지니고 있는지 알아야 한다. 급하게 읽으면 '음. 이 여자는 지금 자기가 예쁘다고 자랑을 하고 있군….' 하고 생각할지 모르지만 당대의 샤론은 비옥한 이스라엘의 북부 해안 평야였고 그곳에서는 수선화와 나리꽃이 수도 없이 흔하게 피고 지곤 했다고 한다. 따라서 지금 여자는 "나는 길거리의 나리꽃처럼 그저 흔한 여자일 뿐인걸요."라고 말하며 자기연민에 빠져 있는 것이다. 그래야 아가서 2:2의 "여자들 중에 내 사랑은 가시나무 가운데 나리꽃 같도다"라는 말을 진심으로 이해할 수 있다. 남자는 이렇게 말하는 것이다. "여자여, 만일 당신이 흔하디 흔한 나리꽃이라고 말한다면, 당신 주변의 여자들은 그저 가시덤불에 불과할 뿐이에요."라는 의미인 것이다. 상황을 아는 것은 이렇게 원 의미를 파악하는데 도움을 준다.

4) **그러나 하나님의 말씀으로 읽는다** – 이것이 가장 중요한 원칙이다. 우리가 알아야 하는 사실은 아가서가 단순한 사랑시가 아니라 '하나님의 성령으로 영감 된 하나님의 말씀'이라는 것이다. 하나님의 구원은 전인적(全人的)이다. 즉, 그분은 우리의 교회 생활과 기도, 예배에 관한 것만 구원하시는 것이 아니라 우리의 학교와 일터 가정과 연애까지 모든 것을 구원하신다. 하나님께서는 우리의 성(性)도 구원하신다. 왜냐하면 이 모든 것이 그분께서 지으셔서 우리에게 주신 것이며 또한 이 모든 것이 죄로 인해 왜곡되었기 때문이다. 우리는 세상의 미디어를 통해서 잘못된 결혼과 연애, 성에 대하여 배웠고 그것은 죄로 인해 오염된 개념들이다. 하나님은 그분께서 구원하시는 백성들을 이러한 죄로부터 꺼내 주시기 위해 '사랑의 지혜'를 주시기 원하셨다. 이것이 바로 아가서의 역할이다.

아가서에서 우리는 데이트하는 연인들을 만나고(1~2장), 그들은 갈등하기도 하고(5:2~8), 서로 애타하기도 하며(3:1~5), 이윽고 결혼한다(3:6~11). 여기서 우리는 한 커플의 사랑시를 보며 결혼, 성, 데이트, 사랑에 대한 전반적인 지혜와 가르침을 얻을 수 있다. 성은 부정한 것이 아니다. 쾌락도 부정한 것이 아니다. 성과 쾌락을 지으신 분은 하나님이시며 마귀는 그것을 만들지 못했다. 마귀가 하는 것은 성과 쾌락을 비틀고 왜곡하는 것이지 그것을 만든 것이 아니다. 따라서 우리는 이 모든 것을 누리고 기뻐하되 바르게 기뻐하고 바르게 누리는 법을 알아야 하는 것이다. 이렇게 바르게 연애와 결혼을 하는 것은 구속받은 자들의 마땅한 삶인 동시에, 죄로 오염되었기 때문에 구원을 받아야 하는 영역이기도 한 것이다.

아가서는 '구속받은 결혼 이야기'이다. 미국 유니온 신학교의 구약신학 교수였던 필리스 트리블(Phyllis Trible)은 창세기와 아가서를 비교하여 연구하였다. 두 성경 본문 간의 여러 병행을 지적하는데, 몇 가지만 꼽아서 생각해 보자. 첫째, 두 본문 다 무대는 동산이다. 둘째, 에덴의 불순종은 죽음을 낳았지만 아가서에서 말하는 사랑은 죽음보다 강력하다. 세째, 아담과 하와의 죄로 인해 발생한 성적인 수치심(창 3:10)은 아가서에 나타난 부부에게는 발견되지 않는다. 그들은 서로 성적으로 부끄러움 없이 하나된다. 무엇보다 창세기 3장의 커플과는 달리 이들의 욕망은 회심한 모습이다. 범죄의 결과로 아담과 하와는 서로를 지배하고 다스리려는 욕구를 가지게 되었는데 그러나 여기 이 구원받은 사랑스러운 커플이 무엇이라 말하는지 보라.

"내 사랑하는 자는 내게 속하였고 나는 그에게 속하였도다"(아 2:16)

이들은 자신을 상대에게 내어 준다. 이들은 상대를 지배하려고 하지 않고 상대를 섬기려고 한다. 남편은 아내를 위해 죽기까지 자신을 내어주려고 하고, 아내는 남편을 사모하며 순복하고 기대한다. 이들의 결혼은 구원받은 자의 모습인 것이다. 그래서 필리스 트리블은 아가서를 '구속받은 사랑의 노래'(Love's Lyrics Redeemed)라고 부른다. 이처럼 실로 우리의 연애와 결혼은 죄에서 구원을 받아야 한다. 죄악된 우리는 구원이 필요하며, 우리의 죄는 연애와 결혼에 엄청난 영향을 미치기 때문에 구원을 받아야 한다. 우리의 삶에서 우리를 가장 상처 입히는 것이 무엇인가? 바로 연애와 결혼이다! 이별과 이혼 뒤에는 우리의 죄가 있으며, 그것은 때로 주변 사람들까지도 엄청난 고통에 빠뜨리게 한다. 그래서 우리는 구원이 필요하다. 감사하게도 그리스도께서는 십자가에서 죽으심으로 우리의 죄를 대속하셨으며, 능히 우리를 악한 죄로부터 건지실 수 있다. 존 파이퍼의 말을 들어 보자.

> "남편은 아내의 유익을 위하여 기꺼이 고난을 당하려는 자세를 취해야 합니다. 이런 자세는 외부의 침해로부터 아내를 보호하기 위해 어려움을 감수하는 것뿐 아니라, 심지어 아내로부터 받는 실망과 오해와 모욕을 견디는 것까지도 포함됩니다. 이러한 사랑이 가능한 이유는 그리스도께서 남편과 아내 모두를 위해 죽으셨기 때문입니다. 그들의 죄가 사해졌습니다. 남편과 아내 어느 쪽도 죄로 인해 서로에게 고통을 끼칠 필요가 없게 되었습니다. 그리스도께서 이미 그 고통을 짊어지셨습니다. 이제 우리는 용서받은 두 죄인으로서 악을 선으로 갚을 수 있게 되었습니다."

아가서는 이렇듯 '구속받은 자들의 결혼'을 묘사하는 사랑시이다. 이 시를 읽고 이해함으로 우리는 구속받은 연애와 결혼이 어떤 것인지 알 수 있으며, 또한 어떻게 연인과 배우자를 대해야 하는지를 볼 수 있다. 실로 이 책은 우리의 결혼을 "구원하는 지혜"(딤후 3:15)를 주는 것이다!

하지만 그리스도인들은 여기서 멈추지 않는다. 예수님께서는 성경이 "모세와 모든 선지자의 글로 시작하여 모든 성경에 쓴 바 자기에 관한 것"이라고 말씀하셨기 때문이다(눅 24:27). 즉, 모든 성경은 우리 구주 예수 그리스도에 관한 것이며, 모든 성경을 통하여 예수 그리스도는 밝히 드러나신다. 이는 아가서도 예외가 될 수 없다. 따라서 우리는 일차적으로 아가서를 사랑, 성, 결혼, 데이트에 대한 구원의 지혜로 받아들이지만, 더 나아가 이 시가 '솔로몬보다 더 크신 분인 예수 그리스도의 사랑에 대한 이야기라고도 받아들여야 한다. 이것은 본문에 없는 의미를 끼워 넣는 알레고리적 해석과는 다르다.

오히려 신약성경의 빛 아래에서 아가서의 진정한 의미를 깨닫는 것이다. 그래서 우리는 문자적인 해석으로 시작하여 진정한 사랑의 근원이신 그리스도께로 나아가야 한다. 즉, 솔로몬으로 시작하여 솔로몬이 진정으로 예표하고 있는 원형이신 예수님께로 나아가는 것이다.

아가서는 우리를 더욱 잘 사랑하는 사람으로 만들어 줄 것이다. 술람미 여인은 솔로몬 왕을 수풀가운데 사과나무 같다고 말한다(아 2:3). 작은 잡목이 가득한 숲에서 사과나무는 눈에 확 띄었을 것이다. 이와 같이 사랑하는 사람은 항상 눈에 확 들어온다. 뜨거운 볕에 지친 여인이 사과나무 그늘에 앉아서 쉴 수도 있었다. 더불어 그 열매도 마음껏 먹을 수 있었다. 사과나무와 같은 솔로몬 왕과 함께 있는 것은 여인에게 쉼과 기쁨을 주었다. 여인이 솔로몬 왕을 얼마나 사랑하는지 병이 날 지경이었다. 그녀는 솔로몬 왕과 영원히 함께 하고 싶었다. 그래서 예루살렘의 딸들을 향해 내 사랑이 원하기 전에는 흔들지 말고 깨우지 말라고 부탁한다(아 2:7).

술람미 여인은 자신을 향한 왕의 사랑이 깃발과 같다고 표현했다(아 2:4). 깃발은 기쁨과 승리를 의미한다. 연인의 사랑은 그녀로 하여금 기쁨과 자랑이 되게 하였다. 솔로몬 왕과 여인의 사랑은 하나님과 성도, 만 왕의 왕이신 예수님과 그분의 신부인 교회와의 사랑의 관계를 보여준다. 아멘.

⁂ 오늘의 본문 성경을 읽으시고 깨달은 점이나 기억하고 싶은 점 혹은 기도문을 기록합니다.

7월 15일

1년 1독 성경 읽기 꿀송이 보약큐티

아가서 4장~8장

| 묵상자료 |

1. 사랑에 빠지면 나타나는 현상들

아가서를 읽어 보면 사랑에 빠진 연인들의 특징이 나타난다. 주님과 나와의 관계가 이런 사랑의 관계 속에 있는지 말씀의 거울로 스스로를 살펴보자.

1) 연인이 예뻐 보이고 서로의 매력에 푹 빠지게 된다

솔로몬은 게달의 장막처럼 검은 피부의 술람미 여인을 애굽의 준마라고 표현하면서 나의 사랑 나의 어여쁜 자라고 하며 갖은 미사여구를 다 동원하여 그녀의 눈과 뺨과 가슴과 모습들을 칭찬하기에 바쁘다.

이에 질세라 술람미 여인도 병이 날 정도로 연모한다고 하면서 꿈에서도 그를 잊지 못하고 솔로몬의 매력에 푹 빠진다. 인간은 사랑에 빠지면 상대의 모습이 다 좋아 보이고 매력적으로 보인다. 사랑은 서로에게 폭풍 칭찬을 하게 한다. 그러나 사랑이 식으면 서로 싸우고 약점만 눈에 보이기 시작한다. 사랑은 상대의 허물을 덮어 버리는 신비한 묘약이다. 나와 같은 죄인을 사랑하시는 주님은 나의 허다한 허물을 다 덮어주시고 동이 서에서 먼 것처럼 나의 죄과를 멀리 옮겨 주신다. 이렇게 귀하고 고마운 주님을 우리가 어찌 사랑하지 않을 수 있겠는가?

2) 세상이 아름답게 보이고 살맛이 난다

"나의 사랑 나의 어여쁜 자야 일어나서 함께 가자 겨울도 지나고 비도 그쳤고 지면에는 꽃이 피고 새가 노래할 때가 이르렀는데 비둘기의 소리가 우리 땅에 들리는구나 무화과 나무에는 푸른 열매가 익었고 포도나무는 꽃을 피워 향기를 토하는구나 나의 사랑 나의 어여쁜 자야 일어나서 함께 가자" 아 2:10~13

사랑에 빠지니 모든 감각들이 살아난다. 꽃이 피어 아름다운 것을 시각적으로 인지하고 새가 우는 소리를 청각으로 듣는다. 무화과 열매를 미각적으로 파악하고 꽃 향기를 후각으로 흠향한다.

그래서 가수 최백호는 애인과 너무 멀리 떨어져 있는 것을 한탄하면서 '새 봄이 오면 뭐 하노 그자? 우리는 너무 멀리 떨어져 있는데…'라고 노래 불렀다. 사랑하는 사람이 있기에 꽃피는 봄도 의미가 있는 것이며 인생도 살 맛이 나는 것이다.

내가 가끔 선교지에서 흥얼거리는 가곡 중에 '망향'이라는 노래가 있다. 같은 고향 벌교 사람인 채동선 씨가 만든 노래라서 좋아한다기보다는 그 가사가 너무 맘에 다가와서 좋아하게 되었다.

꽃피는 봄 사월 돌아오면 이 마음은 푸른 산 저 넘어
그 어는 산 모퉁길에 어여쁜 님 날 기다리는 듯
철따라 핀 진달래 산을 덮고 머언 부엉이 울음 끊이잖는
나의 옛 고향은 그 어디런가 나의 사랑은 그 어디멘가
날 사랑한다고 말해 주렴아 그대여 내 맘 속에 사는 이 그대여
그대가 있길래 봄도 있고 아득한 고향도 정들 것일레라

우리에게는 예수님이 계시기에 인생 사는 즐거움이 있다. 살 맛이 난다. 세상 사람 날 부러워 아니하여도 나도 역시 그들이 부럽지 않다. 예수님의 신부 된 것 생각만 하면 할렐루야 찬송이 저절로 난다. 오늘도 함께 성경 통독에 참여하는 모든 분들에게 봄 날의 새 같은 주님과의 사랑 노래가 끊이지 않는 하루가 되기를 축원한다. 아멘.

⁂ 오늘의 본문 성경을 읽으시고 깨달은 점이나 기억하고 싶은 점 혹은 기도문을 기록합니다.

7월 16일

1년 1독 성경 읽기 꿀송이 보약큐티

이사야 1장~3장

| 묵상자료 |

1. 이사야서는 어떤 책인가?

이사야부터 말라기까지 17권의 선지서가 이제 우리를 기다리고 있다.

이사야는 왕족출신의 고위 관리로 높은 신분이었으나 하나님의 부르심을 받고 그의 전 생애를 주를 위해 아낌없이 헌신하였다. 때로는 3년 동안 옷을 벗은채로 다니며 애굽이 당할 수치를 온 몸으로 퍼포먼스를 하였고 두 아들의 이름도 이스라엘의 역사의 패망과 남은자가 돌아올 것을 암시하는 이름을 지어 불렀다. 큰 아들의 이름은 스알야숩으로 남은자가 돌아오리라는 뜻이고 둘째 아들의 이름은 노략을 빨리 행함이라는 뜻이다. 둘째 아들의 이름대로 이 아들이 태어나 엄마, 아빠라고 부르기도 전에 북이스라엘은 앗수르에게 먹혀 노략 당하고 패망하고 말았다. 이렇듯 그의 모든 일생은 하나님과 관련된 희생과 헌신의 연속이었고 나중에는 악한 왕 므낫세의 핍박을 받아 나무 톱으로 켜서 죽임을 당하였다. 이사야는 신약 성경에서 신명기, 시편과 더불어 가장 많이 인용되는 성경으로 구약의 복음서라는 별명을 가지고 있고 예수님의 처녀를 통한 탄생과 십자가의 고난이 생생하게 예언되어 있는 놀라운 성경이다. 주님은 공생애 초기에 안식일에 회당에 들어 가셔서 두루마리 구약성경을 건네받으시고 성경을 낭독하실 때에 이사야 61장을 펼치시고 읽으셨다.

> "주의 성령이 내게 임하셨으니 이는 가난한 자에게 복음을 전하게 하시려고 내게 기름을 부으시고 나를 보내사 포로 된 자에게 자유를 눈 먼 자에게 다시 보게 함을 전파하여 눌린 자를 자유롭게 하고 주의 은혜의 해를 전파하게 하려 하심이라." 눅 4:18~19

회당에 모인 유대인들이 왜 저 사람이 저 성경을 읽었지? 하고 의아해서 예수님을 주목하고 있는데 주님은 놀랍게도 "이 글이 오늘 너희 귀에 응하였느니라"고 선포하셨다.

이렇듯 이사야서는 예수님에 관한 예언으로 가득 차 있다. 이사야는 크게 두 부분으로 나누어 지는데 1장~39장과 40장~66장이다. 전반부는 이스라엘과 열국의 죄를 지적하고 회개를 촉구하며 그들의 패망을 예언하는 것이 주 내용이고, 후반부는 회복과 구원의 노래이다. 이사야의 어휘력과 이미지를 표현하는 웅변적 표현 능력의 탁월성은 이사야서를 읽는 독자들을 놀라게 한다.

2. 오라 우리가 서로 변론하자! (사 1장)

이사야 1:8~9 "딸 시온은 포도원의 망대 같이, 참외밭의 원두막같이, 에워싸인 성읍같이 겨우 남았도다 만군의 여호와께서 우리를 위하여 조금 남겨 두지 아니하셨더면 우리가 소돔 같고 고모라 같았었으리로다"을 보자.

하나님은 이스라엘을 완전히 심판하지 않으시고 포도원의 망대처럼 참외밭의 원두막처럼 조금 남겨 두셨다. 하나님은 이스라엘 백성에게 은혜로 남는 자를 주셨다. 하나님이 이스라엘 백성을 다시 회복시키고자 하시는 소망을 가지신 것이다. 하나님께서는 이스라엘의 남은 자를 통하여 메시아를 보내시고자 하셨고 그 메시아를 통하여 이스라엘과 세계만민을 구원하고자 하셨다.

이스라엘 백성들은 열심히 종교 생활을 하였다. 말씀에 보면 이들은 무수한 제물을 바쳤다. 수양의 번제와 살진 짐승의 기름을 하나님께 드렸다. 수송아지나 어린 양이나 숫염소의 피를 드렸다. 그들은 월초와 안식일과 여러 부흥성회로 자주 모였다. 그리고 손을 펴고 기도하였다. 그러나 하나님은 이들이 모여서 제사를 드리는 것이 아무 유익이 없다고 말씀하셨다. 그들의 제물을 기뻐하지 않는다고 하셨다. 하나님과 그들 사이를 죄가 막고 있었다. 신앙생활은 하나님 앞에서 하는 것인데 그들은 신앙생활을 사람들에게 보이기 위해서 하였다. 사람들이 뭐라고 할까 봐 예배에 나가고 사람들이 안 좋게 볼까 봐 헌금을 드렸다. 하나님은 행위도 보시지만 더 중요한 것은 그 마음을 보시는 분이시다. 우리는 마음과 행위로 함께 예배를 드려야 한다.

하나님은 이스라엘 백성에게 우리가 서로 변론하자고 하신다. 과연 창조주 하나님을 사랑하고 이웃을 사랑했는지 따져 보자는 것이다. 그러면 하나님도 조목조목 말씀하시겠다고 하신다. 그들은 하나님과 일대일로 서서 자신의 죄를 생각해 보아야 한다. 하나님 앞에서 잘못된 죄를 회개해야 한다. 유대인들이 죄를 회개하기만 하면 하나님은 그들의 죄를 용서해 주셨다. 그들의 죄는 진홍 같고 주홍 같아서 잘 지워지지 않았다. 그러나 아무리 붉을지라도 하나님은 흰눈처럼 양털처럼 희게 해 주신다. 하나님은 우리의 죄를 깨끗이 씻어주신다. 자신의 아들의 보배로운 피로 우리의 죄를 씻어주신다. 아멘.

오늘의 본문 성경을 읽으시고 깨달은 점이나 기억하고 싶은 점 혹은 기도문을 기록합니다.

7월 17일

1년 1독 성경 읽기 꿀송이 보약큐티

이사야 4장~6장

| 묵 상 자 료 |

1. 이사야가 본 하나님의 환상(사 6장)

이사야 6장에는 이사야가 하나님을 뵌 체험이 기록되어 있다.

그가 하나님의 영광을 보니 주님은 지극히 높은 보좌에 앉으셨고 그 옷자락이 성전에 가득했다고 한다. 죄인의 눈에는 하나님이 보이지 않지만 영의 눈을 열어주시면 바로 우리 위에 하나님이 계시고 그 영광의 옷자락이 보좌에 가득 차 있는 것을 보게 되는 것이다.

2절에 보면 하나님의 주위에는 스랍들이 모시고 섰다고 기록되어 있다. 천사들은 하나님께 대한 찬사도 감히 직접 말하지 못하고 저희끼리 말을 주고받는 것을 본다.

"아, 너무 거룩하시다. 거룩하시다. 거룩하시다."

천사들이 하나님을 뵐 때마다 절로 이런 찬사가 터져 나온다는 것이다. 높은 지위에 있는 사람에게 '어쩜 그렇게 훌륭하십니까?'라고 아무나 말할 수 있는 게 아니다. 꽤 각별하고 친근한 사이에서나 칭찬도 찬사도 직접 할 수 있는 것이다. 이사야 43:21에 보면, "이 백성은 내가 나를 위하여 지었나니 나의 찬송을 부르게 하려 함이니라"고 말씀하신다. 우리는 하나님 앞에서 마음껏 찬송도 부르고 마음껏 감사의 표현을 올릴 수 있는 특별한 존재들로 부름을 받았다는 것이다. 자녀들이 부모 앞에서 노래도 부르고 재롱도 부리며 가정을 행복하게 했던 때가 있는 것처럼 하나님이 그런 기쁨을 느끼시려고 우리를 자녀로 삼으셨다는 말씀이다.

하나님의 영광과 마주 본 이사야 선지자는 죄를 깨닫게 되었다. 하나님의 영광을 체험한 사람들의 공통적인 특징은 먼저 자기의 죄를 깨닫고 두려워한다는 것이다. 죄인의 자격으로 절대로 봐서는 안 될 하나님을 얼떨결에 봐 버린 것을 한탄한다. 하나님의 공의 앞에 선 이 난감한 이사야의 죄 문제가 어떻게 해결되었을까? 6절에 보면 천사가 제단 위에 핀 숯을 가져다 이사야의 입에 대고 네 죄가 사해졌다고 말한다.

이 부분을 잘 보셔야 한다. 제단 위엔 지금 이사야의 죄를 대신한 제물이 타올라야 그의 죄가 사해지는 것인데 제물이 없으니 이사야는 하나님의 공의 앞에서 죽어야 한다. 그런데 희생 제물 없이 제단에서 타던 숯이 그의 죄를 사라지게 했다는 것이다. 레위기 1:8을 보면 이런 말씀이 나온다. 아론의 자손 제사장들은 그 뜬 각과 머리와 기름을 단 위 불 위에 있는 '나무'에 벌여 놓을 것이며 제단에 제물을 올려놓고 태울 때 놋그물에 제물을 그냥 놓는 것이 아니라 반드시 '나무'를 깔라고 하셨다. 이 말씀은 나무 위에 달려 희생제물이 되신 예수님을 상징하고 있는 것이다. 하나님의 심판의 불이 붙은 이 나무

토막은 인간의 모든 죄를 짊어지고 심판을 당하신 우리 주님이시다. 그러므로 오늘 이사야의 죄를 제거한 핀 숯은 예수님을 상징하는 것이 명백하다. 오늘 이사야는 희생제물 없이 죄가 사해진 것에 엄청난 충격을 받는다. 우리가 레위기에서 살펴보았듯이 죄를 지은 자는 반드시 희생제물이 대신 죽어야 죄를 용서받는다. 희생제물 없이 죄가 사해진 것은 이사야가 그동안 알고 지켜온 율법으로 상상 못할 일이었다. 오늘 이사야가 이 경험을 통해 깨달은 것은 율법이 아닌 하나님의 은혜로 죄인이 구원받게 된다는 메시지인 것이다. 이사야는 하나님의 은혜로 죄인을 구원하러 오실 메시아의 탄생을 가장 많이 예언한 선지자다. 예수님이 내 죄를 대신해 모든 심판을 받으셨음을 믿는가? 그래서 우리가 하나님을 아버지라 부르며 오직 주님의 공로로 영원한 나라 천국의 영광을 상속받게 된 것을 믿는가?

두 번째로 하나님의 영광을 본 이사야는 하나님의 일군으로 자원한다. 그는 구원받은 감격에 얼떨떨하고 구름 위에 뜬 느낌이었을 것이다. 그때 하나님의 음성이 그에게 들린다. "내가 또 주의 목소리를 들으니 주께서 이르시되 내가 누구를 보내며 누가 우리를 위하여 갈꼬?"(사 6:8). 하나님의 생각과 마음을 대변해 줄 사람을 찾는 주님의 음성에 그는 즉각 자원한다. "그 때에 내가 이르되 내가 여기 있나이다. 나를 보내소서 하였더니"(사 6:8).

지금도 하나님의 사랑과 용서를 체험한 사람들이 하나님의 부르심에 전적으로 순종하여 자원한다. 아프리카 케냐 선교사로 헌신하고 있는 한 여성 선교사가 있다. 그녀가 처음 미국에서 케냐로 선교사로 파송 받을 때 크리스천 기자와의 인터뷰에서, "자매는 왜 아프리카와 같이 위험한 곳에 가려느냐"는 말에 이렇게 대답했다고 한다.

"형제님, 하나님의 뜻이 아닌 곳이 세상에서 가장 위험한 곳입니다."

우리가 하나님을 위해 헌신의 길을 가겠다는 결단과 마음이 있다면 하나님이 선한 목자가 되셔서 안전한 길로 인도해 주신다. 하나님 없이 가는 우리의 길이 제일 위태롭고 험난한 길임을 믿고 오직 하나님의 뜻을 따라 살아가는 우리가 되어야 한다. 아멘.

오늘의 본문 성경을 읽으시고 깨달은 점이나 기억하고 싶은 점 혹은 기도문을 기록합니다.

7월 18일

1년 1독 성경 읽기 꿀송이 보약큐티

이사야 7장~9장

| 묵상자료 |

1. 임마누엘로 오신 예수님(사 7:14)

이사야 선지자의 글은 구약의 복음서라 불리우리만큼 그 안에 예수 그리스도에 대한 예언이 풍부하다. 그 중 이사야 7:14 "그러므로 주께서 친히 징조를 너희에게 주실 것이라 보라 처녀가 잉태하여 아들을 낳을 것이요 그의 이름을 임마누엘이라 하리라"은 선명하게 처녀를 통하여 임마누엘 메시아가 이 세상에 오실 것이 예언되어 있다.

마태는 이사야 선지자의 이 예언의 글을 기억하여 마리아가 성령의 능력으로 예수를 잉태한 것은 선지자 이사야의 글의 말씀이 이루어진 것이라고 구약을 잘 알고 있는 유대인들을 향해 분명하게 증거하였다(마 1:23).

그런데 기독교 장로회 측의 어떤 목사는 여기 이사야 7:14의 이사야 선지자의 예언은 처녀 잉태설을 뒷받침하는 구절이 아니라고 인터넷 글에 주장하고 있다. 이사야 7:14에 나타난 '처녀'란 히브리어 단어가 '젊은 여자'를 뜻하는 단어이지 남자를 알지 못하는 처녀라는 뜻이 아니라는 것이다. 그래서 마태가 인용한 마태복음 1:23도 마태가 실수하여 잘못 안용하고 있다는 어처구니 없는 망언을 하고 있다.

최근 아프리카를 방문하여 필자와 함께 목회자 세미나를 인도한 독일의 루디거 목사님이 우리에게 눈물을 흘리면서 비통하게 호소한 간증이 있다. 그것은 백 년 전까지만 하더라도 독일 교회가 강건하여 아프리카에 선교사들을 무수히 파견하고 힘있게 복음을 전하였는데 백 년 전에 자유주의 신학이 등장하여 성경을 문학적으로, 인간의 말로 접근하기 시작하면서 독일 교회의 부흥의 불길이 사그라져 버렸다는 것이다.

나는 인터넷에서 소위 기독교 장로회 총회 홈피라고 하는 곳에서 버젓이 이사야 7:14의 임마누엘 예언을 부인하는 글을 읽으며 소름이 끼쳤다. 이토록 우리의 신앙에는 신학적 바탕이 중요하다. 자유주의 신학에 물들면 성경을 하나님의 말씀으로 믿지 아니하고 인간의 지식으로 분석하고 해부하여 이단에 빠지기 쉽고 타락하기 쉽다.

7월 19일

1년 1독 성경 읽기 꿀송이 보약큐티

이사야 10장~12장

| 묵 상 자 료 |

1. 장차 이루어 질 주님의 왕국(사 11장)

"그때에 이리가 어린 양과 함께 살며 표범이 어린 염소와 함께 누우며 송아지와 어린 사자와 살진 짐승이 함께 있어 어린 아이에게 끌리며 암소와 곰이 함께 먹으며 그것들의 새끼가 함께 엎드리며 사자가 소처럼 풀을 먹을 것이며 젖 먹는 아이가 독사의 구멍에서 장난하며 젖 뗀 어린 아이가 독사의 굴에 손을 넣을 것이라 내 거룩한 산 모든 곳에서 해 됨도 없고 상함도 없을 것이니 이는 물이 바다를 덮음 같이 여호와를 아는 지식이 세상에 충만할 것임이니라 그 날에 이새의 뿌리에서 한 싹이 나서 만민의 기치로 설 것이요 열방이 그에게로 돌아오리니 그가 거한 곳이 영화로우리라" 사 11:6~10

이사야 7장~10장에는 북이스라엘과 남유다의 멸망에 관한 암울한 예언이 나온다. 그러나 바로 이어서 11장에서 메시아 왕국의 도래에 관한 말씀을 전한다. 메시아가 이 땅에 와서 메시아 왕국이 펼쳐지면 어떤 현상이 생기는가?

1) 평화가 임한다

메시아 왕국이 도래하면 모든 피조물들이 더불어 사는 평화로운 세상이 된다(6-8절). 그때는 사자가 소처럼 풀을 먹으면서 육식동물이 초식동물이 된다. 상생과 공존은 주님의 꿈이고 수많은 믿음의 선진들의 꿈이었다. 평강의 왕이신 예수님이 통치하는 나라는 평화가 강물같이 흐르는 나라이다.

2) 여호와를 아는 지식이 충만해진다

메시아가 오시고 여호와의 영광이 나타날 때 여호와를 아는 지식이 세상에 충만하게 된다(9절). 물이 바다를 덮음같이 여호와를 아는 지식이 온 세상에 가득하게 되는 것이다.

3) 남은 자가 회복된다

이새의 아들인 다윗의 후손으로 오게 될 메시아가 만민들로부터 높임 받는 메시아 왕국이 도래하면 열방이 주님께 돌아오고 주님의 몸 된 교회도 영광스럽게 될 것이다(10절). 유대인들 가운데 주 예수께 돌아올 자들이 많이 일어날 것이다.

4) 최종적으로 승리한다

하나님은 구원받은 이스라엘을 돌아오게 하실 때 큰 길을 준비해서 승리의 개선장군처럼 돌아오게 하실 것이다(사 11:15~16). 그 말은 결국 성도는 최종적으로 승리하게 된다는 말씀이다.

세상 소망은 시간이 지나면서 약해진다. 꽃은 피어난 후 곧 시든다. 젊음과 물질과 명예와 권세는 조만간 한 여름 밤의 꿈처럼 허망하게 사라진다. 돈이 좋긴 하지만 돈을 믿었다가 돈에게 배신당한 경험도 얼마나 많은가? 욕망은 영원히 채워지지 않는다.

오직 예수님을 소망으로 삼고 찬란한 꿈과 비전을 가지고 나가자. 현실이 힘들어도 낙심하거나 불평하지 말라. 예수님을 꼭 붙들고 살면서 세상이 잘 흔들지 못하는 사람이 되자. 예수님 안에 있으면 죽는 것도 유익하다(빌 1:21). 성도의 시련은 걸림돌이 아닌 디딤돌이 된다. 진실과 선은 무기력해 보이고 세상은 거짓과 악의와 추함이 지배하는 것처럼 보이지만 결국 예수 그리스도와 그를 따르는 자들이 승리한다. 아멘.

오늘의 본문 성경을 읽으시고 깨달은 점이나 기억하고 싶은 점 혹은 기도문을 기록합니다.

7월 20일

1년 1독 성경 읽기 꿀송이 보약큐티

이사야 13장~15장

| 묵상자료 |

1. 아침의 아들 계명성(사 14:12~17)

하나님은 모든 권세 위에 뛰어나신 주권자이시다. 따라서 누구든 그의 면전에서 교만하게 구는 자들은 단호히 엄벌하신다. 그 누구도 하나님 앞에서 교만해서 좋을 사람은 없다. 우리는 개인뿐 아니라 권력이나 막강한 군사력을 가지고 남에게 횡포를 부리는 강대국들도 경계해야 한다. 이스라엘과 열방을 가릴 것 없이 역사를 통해 교만을 나타냈던 나라들은 다 멸망했고 스올에 떨어졌다.

"네가 네 마음에 이르기를 내가 하늘에 올라 하나님의 뭇 별 위에 내 자리를 높이리라 내가 북극 집회의 산 위에 앉으리라" 사 14:13

"계명성"은 아침에 가장 빛나는 샛별, 즉, 금성을 말한다. 이 별은 아프리카에서도 선명하게 볼 수 있다. 그런데 성경은 이 별을 "루시퍼"라 하여 타락한 천사인 사탄을 상징하는 별로 명명한다. 사탄은 그 어떤 별보다 아름답고 또 밝게 빛난다. 지혜롭고 강하다. 루시퍼는 본래 많은 것을 가진 유능한 천사장이었다. 그런데 교만에 빠지고 말았다. 루시퍼가 자기의 자리를 "뭇 별 위에 높이겠다"고 한 것은 모든 천사들 위에 군림하겠다는 노골적인 교만을 드러낸 것이다. "북극 집회의 산 위에" 앉겠다는 것도 인간 세상까지도 자기가 지배하겠다는 야욕을 과시한 것이다. 이것은 자기의 분수와 지위를 망각하고 하나님의 권위와 주권에 도전하는 어리석음을 범한 것이다.

바벨론의 느브갓네살 왕 역시도 인간 이상의 존재가 되고자 했을 때 사탄의 먹잇감이 되고 말았다(단 4:30). 자만과 교만이 천사를 사탄으로 타락시킨 주범이다. 사탄은 인류의 조상인 아담과 하와도 그렇게 하나님처럼 되라는 교만한 유혹으로 타락에 이르게 했다.

"가장 높은 구름에 올라가 지극히 높은 이와 같아지리라 하는도다" 사 14:14

일개 천사장이 "아침의 아들 계명성" 처럼 빛남을 뽐내며 온갖 교만한 허영을 다 부리더니 결국은 "지극히 높은 이와 같아지겠다"고 벼른다. 이처럼 사탄은 언제나 하나님을 대적하고 하나님의 영광에 도전하여 자신이 그 하나님의 자리를 차지하고자 한다. 그래서 하나님이 루시퍼를 응징하사 하늘에서 추방하신 것이다.

"이제 네가 스올 곧 구덩이 맨 밑에 떨어짐을 당하리로다" 사 14:15

사탄과 그 졸개들인 귀신들, 그리고 그의 하수인들인 각종 우상 종교들과 적그리스도들은 모두 지옥의 가장 깊은 구덩이에 떨어지게 된다.

그러나 우리 주 예수님은 하나님의 본체셨음에도 하나님과 동등됨을 취하지 아니하시고 자신을 낮추어 종의 형체를 가지셨다. 그래서 하나님이 그를 지극히 높여 하늘과 땅과 땅 아래 있는 모든 존재로 하여금 예수님 앞에 무릎을 꿇게 하신 것이다. 교만한 자는 낮추시고 겸손한 자는 높이신다는 하나님의 말씀이야 말로 만고불변의 진리이다. 아멘.

오늘의 본문 성경을 읽으시고 깨달은 점이나 기억하고 싶은 점 혹은 기도문을 기록합니다.

7월 21일

1년 1독 성경 읽기 꿀송이 보약큐티

이사야 16장~19장

| 묵 상 자 료 |

1. 역사를 주관하시는 하나님(사 17장)

이사야 17장 말씀에는 세상의 많은 민족들과 많은 나라들이 서로 충돌하고 싸우는 모습이 나온다. 그들의 싸우는 모습이 거대한 물결이 밀려오듯이 무섭게 몰려와서 세상을 초토화시켜버린다. 그러나 하나님께서 한 번 꾸짖으면 마치 폭풍 가운데 티끌처럼 날아가 버린다고 했다.

1) 민족들이 서로 소동을 피우고 충돌하여 자웅(雌雄)을 겨룬다 할지라도 그 모두 가소로울 뿐임을 알아야 한다(사 17:12)

"슬프다 많은 민족이 소동하였으되 바다 파도가 치는 소리 같이 그들이 소동하였고 열방이 충돌하였으되 큰 물이 몰려옴 같이 그들도 충돌하였도다" 사 17:12

여기서 말하는 것은 국가적 충돌만이 아니다. 지금도 세상에서는 각 정권, 각 정파, 각 단체, 각 종파… 등등 인간들이 모인 곳에서는 항상 헤게모니 쟁탈전이 치열하다. 일본이라는 나라도 마찬가지다. 그들은 자식들에게 남에게 피해를 주면 안된다고 가르치면서도 수많은 이웃 나라 사람들을 죽이고 엄청난 피해를 입혔다. 그럼에도 불구하고 진정한 사과 한 번 제대로 하지 않고 얼마전에는 경제보복 조치를 취해 한국을 압박하기도 하였다. 이는 모두 어리석은 짓들이다. 하나님께서 한심하게 보시는 행동들이다.

2) 하나님이 한 번 꾸짖으면 그들은 전부 바람의 겨처럼 날아가 버린다는 것을 알아야 한다(사 17:13)

13절을 보면 "열방이 충돌하기를 많은 물의 몰려옴과 같이 하나 주께서 그들을 꾸짖으시리니 그들이 멀리 도망함이 산에 겨가 바람 앞에 흩어짐 같겠고 폭풍 앞에 떠도는 티끌 같을 것이라"고 했다. 우리는 이사야 40:15 말씀 "보라 그에게는 열방이 통의 한 방울 물과 같고 저울의 작은 티끌 같으며 섬들은 떠오르는 먼지 같으리니"을 반드시 기억해야 한다.

세상의 모든 나라들은 하나님 앞에서 '툭' 치면 산산이 부서져서 사라질 물 한 방울, '훅' 불면 날아가서 없어질 작은 티끌 같은 존재들이라는 것이다. 그들은 아침이 오기 전에 없어져 버릴 것이다. 이사야 17:14 상반절에는, "보라 저녁에 두려움을 당하고 아침이 오기 전에 그들이 없어졌나니"라고 했다. 하나님께서 꾸짖으면 열방은 하루아침에 사라져서 없어질 것이다.

3) 역사 속에서 노략과 강탈을 일삼는 자들은 반드시 자기 보응을 받게 된다는 것을 기억해야 한다

이사야 17:14 하반절 "이는 우리를 노략한 자들의 몫이요 우리를 강탈한 자들의 보응이니라"을 보자. 이것은 역사 속에서 악행을 저지른 사람을 반드시 하나님께서 심판하신다는 말씀이다. 일본인들은 일제 36년 동안 우리나라를 지배하며 엄청난 인권유린과 자유를 빼앗아 갔다. 하나님께서는 남을 해치고 짓밟고 빼앗는 사람을 반드시 꾸짖는다는 것을 기억해야 한다. 우리는 세상을 짓밟는 자가 아니라 세우는 자가 되어야 하며, 사람들에게 상처 주는 자가 아니라 치료하는 자가 되어야 하며, 세상을 황폐하게 만드는 자가 아니라 아름답게 가꾸는 자들이 되어야 한다.

"오, 주님. 우리 대한민국을 기억하여 주옵소서…." 아멘.

오늘의 본문 성경을 읽으시고 깨달은 점이나 기억하고 싶은 점 혹은 기도문을 기록합니다.

7월 22일

1년 1독 성경 읽기 꿀송이 보약큐티

이사야 20장~22장

| 묵상자료 |

1. 파수꾼이여, 밤이 어떻게 되었느냐?

"두마에 관한 경고라. 사람이 세일에서 나를 부르되 파수꾼이여 밤이 어떻게 되었느냐 파수꾼이 이르되 아침이 오나니 밤도 오리라 네가 물으려거든 물으라. 너희는 돌아 올지니라 하더라" 사 21:11~12

이사야 선지자는 21장에서 바벨론의 멸망을 예언한다. 이 세상에 영원한 제국은 없다. 영원한 권세도 없다. 그야말로 화무십일홍이요, 권불십년이다. 10일 이상 피는 꽃이 없고 10년 이상 가는 권세가 없는 것이다. 그러나 오직 하나님의 나라와 그의 권세는 무궁하다. 이스라엘 주변 국가의 흥망성쇠를 차례로 예언하던 이사야 선지자는 바벨론의 패망을 예언한 후 이제는 화살을 돌려 두마를 향해 경고하는 것이 본문이다.

두마를 언급하는 바로 다음에 세일이란 지명이 나오는 것을 보면 에돔 족속들을 향한 예언임을 알 수 있고 두마는 에돔을 지칭하는 표현으로 이해할 수 있다. 한 에돔 사람이 파수꾼에게 묻는다.

"파수꾼이여! 밤이 어떻게 되었느냐?"

파수꾼은 대답하기를, "아침이 곧 오지만 밤도 올 것이라"고 답한다. 자기 민족의 상황을 묻는 질문에 파수꾼은 곧 밝은 아침이 오지만 머지않아 밤 같은 패망의 날이 임할 것이니 안심하지 말고 회개하고 하나님께로 돌아오라고 경고하는 것이다.

우리 성도들도 종종 이 질문을 던져야 한다.

"파수꾼이여, 밤이 어떻게 되었느냐?"

내 영혼이 어떤 상태이며 또한 우리 나라가 어느 지경에 있으며 한국 교회의 현주소가 어떠한지 우리는 깨어 있는 자들에게 물어야 한다.

작금의 조국은 세계적 팬데믹 사태까지 터져 더욱더 위기감을 느끼게 한다. 그러나 우리 대한민국은 특별한 하나님의 사랑과 보호하심 가운데 여기까지 생존해 온 나라다. 36년의 일제 지배를 견뎌내고 독립하였으며 동족 상잔의 비극을 딛고 잿더미에서 일어난 특별한 민족이다. 하나님이 보우하사 세계가 놀라는 경제성장과 세계선교를 펼치고 있는 나라이다. IMF의 위기도 온 백성이 허리띠를 졸라메고 극복한 저력 있는 나라이다.

우리가 이 위기를 잘 견뎌내기만 하면 오히려 화가 변하여 복이 될 것이다. 하나님이 우리 나라를 지켜 주시면 일본이건 중국이건 북한이건 두려울 것이 없을 것이다.

"오, 주님. 우리를 불쌍히 여겨 주시고 그 권능의 팔로 보호하여 주소서.
이스라엘을 애굽에서 이끄신 그 능력으로 우리를 지켜 주소서.
예수님의 이름으로 기도합니다." 아멘.

오늘의 본문 성경을 읽으시고 깨달은 점이나 기억하고 싶은 점 혹은 기도문을 기록합니다.

7월 23일

1년 1독 성경 읽기 꿀송이 보약큐티

이사야 23장~25장

| 묵상자료 |

1. 하나님이 준비하실 잔치(사 25장)

이사야 24장~27장은 구약의 묵시록으로 알려져 있다. 주변 나라들의 흥망성쇠를 차례로 예언하던 이사야 선지자는 이제 우주적 심판과 종말을 선포한다. 이사야 25:2을 보면, 하나님께서는 그 모든 것들을 무너지게 하신다고 한다. 또 "외인의 궁성이 성읍이 되지 못하게 하신다"고 했는데, 외인이란 악한 이방인, 즉, 하나님의 백성들의 땅을 침략했던 주변의 강한 나라들인 앗수르, 바벨론 등을 말한다. 하나님께서는 이런 나라들의 성읍이 무너질 것이라고 말씀하시는 것이다.

그들의 성읍이 무너진 결과가 무엇인가? 스스로 강하다고 자부하던 교만한 나라들이 하나님 앞에 굴복하게 되는 것이다. 이사야 25:4~5을 보자.

"주는 포학자의 기세가 성벽을 치는 폭풍과 같을 때에 빈궁한 자의 요새이시며 환난 당한 가난한 자의 요새이시며 폭풍 중의 피난처시며 폭양을 피하는 그늘이 되셨사오니 마른 땅에 폭양을 제함 같이 주께서 이방인의 소란을 그치게 하시며 폭양을 구름으로 가림 같이 포학한 자의 노래를 낮추시리이다." 아멘.

여기 "빈궁한 자"와 "가난한 자"란 약자들을 의미한다. 약자들은 비굴하지만 어쩔 수 없이 강자들에게 의지해서 그들의 자비를 구걸하면서 산다. 그게 세상이다. 그런데 이제 그들은 더 이상 세상의 강자들에게 매달려 살지 않아도 된다. 하나님께서 그들에게 피난처가 되시기 때문이다. 하나님께서는 포학자의 기세가 폭풍 같을 때 빈궁한 자의 요새가 되시는 것이다. 폭풍 중의 피난처이며, 폭양을 피하는 그늘이 되신다.

그리고 본문은 하나님께서 약자들을 위해 잔치를 여신다고 말씀함으로 절정에 이른다. 파티는 가난하고 빈궁한 자들에게는 그림의 떡이다. 이런 것들은 그야말로 강자들의 것이다. 그러나 이사야 25:6~8은 하나님의 잔치를 우리에게 보여준다.

"만군의 여호와께서 이 산에서 만민을 위하여 기름진 것과 오래 저장하였던 포도주로 연회를 베푸시리니 곧 골수가 가득한 기름진 것과 오래 저장하였던 맑은 포도주로 하실 것이며 또 이 산에서 모든 민족의 얼굴을 가린 가리개와 열방 위에 덮인 덮개를 제하시며 사망을 영원히 멸하실 것이라. 주 여호와께서 모든 얼굴에서 눈물을 씻기시며 자기 백성의 수치를 온 천하에서 제하시리라. 여호와께서 이같이 말씀하셨느니라." 아멘.

할렐루야! 예수님께서도 천국을 혼인 잔칫집에 비유하신 적이 있다. 하나님께서는 최고의 메뉴로 상을 차리실 것이다. 그리고 민족들의 얼굴을 가린 가리개와 열방 위에 덮인 덮개, 즉, 사람들로 하여금 하나님을 따르지 못하게 방해하던 모든 장애물들을 제거하실 것이다. 그리하여 여호와를 아는 지식이 물이 바다를 덮음 같이 온 세상에 충만하게 하실 것이다. 그리고 약한 자들의 눈물을 닦아주실 것이다. 뿐만 아니라 사망이 영원히 사라진다. 그래서 그 잔치는 생명의 잔치가 된다.

그야말로 요한계시록에 예언된 새 예루살렘의 모습 그대로를 구약의 이사야 선지자가 생생하게 예언해 주고 있다. 이 소망이 우리 믿는 자들에게는 항상 남아 있다. 아멘.

오늘의 본문 성경을 읽으시고 깨달은 점이나 기억하고 싶은 점 혹은 기도문을 기록합니다.

1년 1독 성경 읽기 꿀송이 보약큐티

이사야 26장~28장

| 묵상자료 |

1. 아름다운 포도원(사 27:1~6)

날래고 꼬불꼬불한 뱀 리워야단(사 27:1)은 하나님께 반역하는 불신 세계를 가리키며 여기서는 구체적으로 앗수르와 바벨론 등의 갈대아 왕국을 뜻한다. 하나님은 견고하고 크고 강한 칼을 가지신 심판주이시다. 따라서 아무리 강하고 날랜 리워야단일지라도 능히 제압하실 수 있다. 그분은 리워야단을 벌하시며 바다에 있는 용을 죽이시리라(1절)고 하셨다.

그런데 적대적이며 파괴적인 뱀, 곧 리워야단에 대해서는 이토록 혹독하신 하나님이 당신의 포도원인 교회에 대해서는 무한하신 은혜를 베푸사 기쁨으로 노래 부르게 하신다고 한다(2절).

> "나 여호와는 포도원 지기가 됨이여 때때로 물을 주며 밤낮으로 간수하여 아무든지 이를 해치지 못하게 하리로다" 사 27:3

교회는 분명 하나님의 아름다운 포도원이고 여호와는 포도원 지기이시다. 여호와는 당신의 특별하고도 소중한 포도원인 교회를 많은 수고와 관심으로 돌보신다. 때때로 물을 주며 밤낮으로 간수하여 아무든지 이를 해치지 못하게 지키시므로 교회는 극상품 포도 열매를 맺어 그 하나님을 영화롭게 해야 옳다.

> "사람이 내 안에 거하지 아니하면 가지처럼 밖에 버려져 마르나니 사람들이 그것을 모아다가 불에 던져 사르느니라, 너희가 열매를 많이 맺으면 내 아버지께서 영광을 받으실 것이요 너희는 내 제자가 되리라"
> 요 15:6, 8

부디 포도원 지기로 하여금 보람과 기쁨의 노래를 부르게 하자. 풍성한 극상품 포도로 포도원 지기를 영화롭게 하자.

> "나는 포도원에 대하여 노함이 없나니 찔레와 가시가 나를 대적하여 싸운다 하자. 내가 그것을 밟고 모아 불사르리라" 사 27:4

알곡만을 골라 뿌린 밭에 가라지가 나듯 극상품 포도만을 심고 물을 주며 밤낮으로 관리한 여호와의 포도원에도 심지도 원치도 않은 찔레와 가시가 나서 포도원 지기를 대적하며 힘들게 한다. 그럼에도 포도원 지기는 결코 흥분하거나 노하지 않는다.

"원수가 이렇게 하였구나… 둘다 추수 때까지 함께 자라게 두라. 추수 때에 내가 추수꾼들에게 말하기를 가라지는 먼저 거두어 불사르게 단으로 묶고 곡식은 모아 내 곳간에 넣으라 하리라" 마 13:28~30

포도원 지기는 이미 찔레와 가시가 어디서 왔으며 어떻게 처리하고 심판할 것인지에 대한 복안이 다 서 있으시다. 우리가 염려할 필요가 없다. 찔레와 가시를 너무 두려워 말라. 그 처분은 오직 포도원 지기에 맡기면 된다. 지금 포도원 지기가 찔레와 가시를 용납하고 있다면 그것 역시도 다 알곡을 위해서이다.

우리가 지상교회를 섬기다 보면 때로는 찔레와 가시의 시험으로 힘들고 괴로울 때도 많다. 그러나 오늘의 말씀은 우리에게 힘과 위로를 제공한다. 하나님께서 자신의 포도원을 위하여 찔레와 가시를 밟으시고 모아 불에 사르신다고 하시기 때문이다.

그리고 장차 주님이 재림하여 오시면 악한 것들을 다 모아 심판하시고 영원히 자신의 백성들에게 찬송과 영광을 받으실 것이니 이 소망을 가지고 낙심하지 말고 담대하게 전진하는 우리가 되자. 아멘.

오늘의 본문 성경을 읽으시고 깨달은 점이나 기억하고 싶은 점 혹은 기도문을 기록합니다.

7월 25일

1년 1독 성경 읽기 꿀송이 보약큐티

이사야 29장~31장

| 묵 상 자 료 |

1. 어려운 용어들 설명

오늘의 본문을 읽다 보면 혹 독자가 어려워 할만한 표현이나 용어가 있어 다시 한 번 독해를 돕기 위해 설명을 드린다. 이번 기회에 잘 공부에 두시면 앞으로 이사야서를 읽을 때 두고두고 큰 도움이 될 것이 이사야 22:1에 나오는 '환상의 골짜기'에 관한 경고는 예루살렘을 향한 경고이다. 그들은 심판 날 바벨론의 침략을 받고 지붕으로 도망가 적을 피해보려 하지만 소용없다. 결국 결박되어 노예로 끌려 간다.

*엘람 사람, 기르 사람

이사야 22:6에 나오는 이들은 나중 바벨론을 무너뜨리는 메대와 바사 사람들을 말한다.

♦ 젖 떨어져 품을 떠난 자들

이사야 28:9에 나오는 이 표현은 문맥상 이스라엘 사람들이 선지자의 말을 듣고 회개하기는커녕 우리를 젖을 막 뗀 어린 아이인줄 아는가? 하면서 선지자의 충고를 조롱하는 말이다.

♦ 경계에 경계를 더하며 경계에 경계를 더하며 교훈에 교훈을 더하며 교훈에 교훈을 더하되 여기서도 조금 저기서도 조금 하는구나

이사야 28:10의 이 말이 무슨 뜻이냐 하면, 이스라엘 백성들과 관원들이 술이 취해 선지자의 말을 조롱하면서 지껄이는 소리다. 선지자가 목이 터져라고 그들의 멸망을 예언하며 경계의 선포를 하는데도 그들은 술에 취해 본문의 표현같이 조롱조로 지껄였다. 쉽게 말하면 선지자가 너무 말이 많다는 것이다. 똑 같은 말이 이사야 28:13에도 나오는데 여기는 하나님께서 그들의 말을 들으시고 그들의 표현을 그대로 흉내 내시면서 그들을 심판하시겠다는 말씀이다.

♦ 아리엘

이사야 29:1에 있는데 '하나님의 사자'라는 뜻으로 그 성의 견고함을 가리킨다. 반면 '하나님의 화로'라는 뜻으로 쓰일 경우에는 향이 꺼지지 않는 하나님의 제단이 있는 곳을 가리킨다. 이사야 29:7~8은 이것이 예루살렘의 이름임을 알려주며 하나님의 사자 아리엘은 이스라엘의 불신앙 때문에 적의 침략을 받을 것임을 경고한다.

7월 26일

1년 1독 성경 읽기 꿀송이 보약큐티

이사야 32장~35장

| 묵상자료 |

1. 지금은 회개하며 주의 은혜를 구할 때이다(사 32장)

이사야는 오늘 본문에서 유다의 어리석은 죄를 계속하여 지적하고 있다. 본문 9절부터 14절까지 표준 새번역 성경으로 한번 읽어 보자.

"안일하게 사는 여인들아, 일어나서 나의 목소리를 들어라. 걱정거리가 없이 사는 딸들아, 내가 하는 말에 귀를 기울여라. 걱정거리가 없이 사는 딸들아, 일 년이 채 되지 못하여 몸서리 칠 일이 생길 것이다. 포도농사가 망하여 거둘 것이 없을 것이다. 안일하게 사는 여인들아, 몸부림쳐라, 걱정거리가 없이 사는 여인들아, 몸서리쳐라. 맨몸이 되도록 옷을 다 벗어 버리고 베로 허리를 둘러라. 밭농사와 포도농사를 망쳤으니, 가슴을 쳐라. 나의 백성이 사는 땅에 가시덤불과 찔레나무가 자랄 것이니, 가슴을 쳐라. 기쁨이 넘치던 모든 집과 흥겨운 소리 그치지 않던 성읍을 기억하고, 가슴을 쳐라. 요새는 파괴되고 붐비던 도성은 텅 비고 망대와 탑이 영원히 돌무더기가 되어서 들나귀들이 즐거이 뛰노는 곳, 양 떼가 풀을 뜯는 곳이 될 것이다" 사 32:9~14

이 본문이 특별히 여인들을 대상으로 말하고 있지만, 이들은 유다 나라 전체의 상황을 대표하고 있다. 이들은 농사를 짓고 추수하는 시기에 당장 눈에 보이는 수확에 만족하고 즐거워했다. 그들에게 의지의 대상은 하나님이 아니었다. 자신들에게 즐거움을 주는 것은 재물이었고 그들의 마음은 하나님에게서 떠나 있었다. 하나님은 선지자 이사야를 통해 유다의 이런 어리석은 죄들을 지적하고 그 죄로 인해 그들이 겪게 될 혹독한 시련을 경고했다. 하지만 그 경고로만 끝나지 않았고 하나님은 그들이 돌아오기를 간절히 바라며 그들에게 회복의 메시지도 전해주셨다. 이사야 32:1이다. "보라 장차 한 왕이 공의로 통치할 것이요 방백들이 정의로 다스릴 것이며"

하나님은 공의와 정의로 통치할 한 왕, 그리고 그를 중심으로 하는 새로운 정권을 세우실 것을 말씀하셨다. 이 왕은 이후 종교를 개혁하여 바른 신앙을 세운 히스기야나 요시야 왕을 의미한다고 볼 수도 있지만, 궁극적으로 예수 그리스도를 의미한다. 즉, 예수 그리스도의 통치를 통해 궁극적인 회복이 임할 것을 말씀하시는 것이다. 그리고 예수 그리스도의 통치 모습을 3가지 비유로 묘사했다.

첫째, 예수 그리스도의 통치는 '백성들이 광풍과 폭우를 피하는 피난처와 같이 될 것이다'고 말한다. 마치 폭풍을 만난 배가 항구에 들어와 험한 파도로부터 보호를 받으며 안식을 취하는 것처럼 백성들은 그의 통치 아래 보호와 안식을 누리게 될 것을 예언하고 있다.

둘째, 예수 그리스도의 통치는 '메마른 땅에 흐르는 냇물과 같을 것이다'고 말한다. 물이 흐르는 곳마다 말라붙어 있던 땅에 새로운 생기가 돌고 살아나는 것처럼, 그분의 통치는 강퍅함으로 메말라 있는 모든 사람의 마음에 생기를 줄 것이다.

셋째, 예수 그리스도의 통치는 '큰 바위 그늘처럼 될 것이다'고 말한다. 그리고 이러한 예수 그리스도의 통치로 인해 이사야 32:3~4은 막혔던 눈, 귀, 마음, 입 등 모든 것이 회복될 것임을 말하고 있다. 그리고 이사야 32:15~20은 예수 그리스도의 통치로 인해 무너진 사회 곳곳이 변화될 것임을 말씀하며 소망의 메시지를 던져주고 있다.

주 예수께서 재림하여 오시면 광풍과 폭우 속에 있는 자들에게, 물이 없어 메말라 있는 자들에게, 쬐는 뙤약볕으로 기진맥진한 자들에게 쉼과 생명의 역사가 일어날 것이다. 아멘.

오늘의 본문 성경을 읽으시고 깨달은 점이나 기억하고 싶은 점 혹은 기도문을 기록합니다.

7월 27일

1년 1독 성경 읽기 꿀송이 보약큐티

이사야 36장~39장

| 묵상자료 |

1. 히스기야의 기도

이사야 36장부터 39장까지는 이사야 선지자 당시의 왕이었던 히스기야의 굵직한 스토리가 다시 소개되어 있다. 북쪽 이스라엘을 삼켰던 앗수르의 산헤립 왕이 쳐들어와 유다의 모든 견고한 성들을 쳐서 취하고는 예루살렘을 에워싸고 협박한다. 그는 자신의 휘하 장수 랍사게에게 대군을 주어 예루살렘을 포위하게 하고 유다 방언으로 하나님을 조롱하며 항복을 종용한다. 이 절체절명의 순간에 기도의 사람 히스기야 왕은 굵은 베옷을 입고 하나님의 성전으로 나아가 신하들과 함께 기도하였다. 그는 이사야 선지자에게도 기도를 요청하고 적군이 보낸 협박문을 하나님의 제단 앞에 펼쳐 놓고 다음과 같이 하나님께 아뢰었다.

"그룹 사이에 계신 이스라엘 하나님 만군의 여호와여, 주는 천하 만국에 유일하신 하나님이시라 주께서 천지를 만드셨나이다 여호와여 귀를 기울여 들으시옵소서 여호와여 눈을 뜨고 보시옵소서 산헤립이 사람을 보내어 살아 계시는 하나님을 훼방한 모든 말을 들으시옵소서. 여호와여 앗수르 왕들이 과연 열국과 그들의 땅을 황폐하게 하였고 그들의 신들을 불에 던졌사오나 그들은 신이 아니라 사람의 손으로 만든 것일 뿐이요, 나무와 돌이라 그러므로 멸망을 당하였나이다 우리 하나님 여호와여 이제 우리를 그의 손에서 구원하사 천하 만국이 주만이 여호와이신 줄을 알게 하옵소서 하니라."(사 37:16~20) 아멘.

이 기도가 하나님의 보좌에 상달되었다. 이사야는 사람을 보내어 왕의 기도가 하나님께 상달되어 응답을 받았다고 기별해 주었다. 이사야 37:21에 보면 "네가 앗수르의 산헤립 왕의 일로 내게 기도하였도다"라고 하나님은 말씀하시므로 우리의 기도를 세세히 들으시는 하나님이심을 증거하셨다. 그리고 그 기도에 역사하시어 하나님께서 사자를 보내어 앗수르 군을 치시매 18만 5천 명의 시체가 하루아침에 들판에 나뒹굴었다. 그들이 조롱하던 하나님에게 그들은 힘 한 번 제대로 써 보지 못하고 나가떨어진 것이다. 그리고 산헤립 왕은 자기 나라에 돌아가 신전에서 우상에게 제사하다가 아들들에게 비참하게 살해당하고 만다. 자신의 힘을 믿고 기고만장 하던 그의 최후가 이토록 어이없이 물거품처럼 사라져 버린 것을 보면 하나님 앞에 우리가 아무것도 아닌 들풀과 같은 존재임을 알게 한다.

그리고 38장부터 히스기야가 병들어 죽게 되었을 때 어떻게 그 죽음의 병에서 기도로 회복되었는지를 기록하고 있다. 그는 병이 깊어 죽을테니 유언을 남기라는 사망 통지를 선지자에게 받았지만 포기하지 않고 이번에도 기도로 나아갔다. 그는 모든 위기의 순간에 기도가 체질화되어 있는 신앙을 가진 자였다. 그는 슬프게 통곡하며 하나님께 자신이 우상들을 치우고 하나님을 기쁘게 했던 과거의 선한 행위를 기억해 달라고 기도했다. 이 기도가 또 하나님을 움직였다. 하나님은 이사야 선지자의 입술을 통해 "내가 네 기도를 들었고 네 눈물을 보았노라"고 하셨다. 그리고 15년의 생명을 더 연장해 주셨다. 히스기야의 이름의 뜻을 아시는가? 그 뜻은 '여호와는 강하시다', 혹은 '여호와는 나의 힘이시다'는 것이다. 히스기야는 약했지만 그가 의지한 하나님은 강하셨다. 우리는 약하지만 우리 하나님은 강하시다. 이 강하신 하나님을 믿고 사는 우리들은 히스기야처럼 '기도'를 통해 그 강하신 하나님을 체험하고 살아야 한다. 우리의 삶은 히스기야처럼 기도가 체질화되어야 한다.

히스기야가 25세에 왕이 되어 15년 동안 선정을 베풀고 종교개혁을 일으키고 다윗의 길로 행하였고 위기의 순간마다 하나님의 보좌를 움직이는 기도로 위기를 돌파하여 그가 15년을 더 살게 되었는데… 문제는 축복 후에 오는 안일함과 교만함이 그의 발목을 잡았다. 그가 15년을 더 살면서 바벨론 왕이 보낸 사절단에게 예루살렘 성전의 모든 기구와 보화를 낱낱이 자랑하며 보여준 것이 이사야 선지자의 책망을 받게 하였다. 그리고 새롭게 생명을 연장 받고 난 다음 얻은 아들인 므낫세가 문제의 왕이 되었다. 아버지를 닮지 않은 그의 폭정과 우상숭배는 급기야 유다 멸망의 단초가 되었다.

이런 비극적인 히스기야의 후반기의 생애를 보면서 어떤 사람들은 차라리 병들었을 때에 기도하지 말고 죽었던 것이 오히려 축복이었을 거라고 생각하는 분들도 있다. 그러나 솔로몬이 기도하여 지혜를 얻고 부귀영화를 누렸던 것이 끝까지 좋은 결과로 이어지지 못했다고 해서 그가 응답으로 얻은 지혜나 번영 그 자체가 잘못된 것은 아니다. 히스기야가 15년을 더 살게 된 것은 분명 축복이었다. 문제는 이 축복을 우리가 끝까지 잘 선용하는 것이 중요하다.

혹 우리도 크나큰 응답을 받고 주께서 내 인생에 큰 복을 주실 때에 히스기야의 실수를 반면교사로 삼아 그 교훈을 마음에 꼬옥 새기고 겸손하게 축복을 감당하는 우리가 되어야 하겠다. 아멘.

오늘의 본문 성경을 읽으시고 깨달은 점이나 기억하고 싶은 점 혹은 기도문을 기록합니다.

7월 28일

1년 1독 성경 읽기 꿀송이 보약큐티

이사야 40장~42장

| 묵 상 자 료 |

1. 두려워하지 말라, 나는 네 하나님이 됨이니라

이 말씀은 꼭 암송해야 한다.

"두려워하지 말라 내가 너와 함께 함이니라 놀라지 말라 나는 네 하나님이 됨이니라 내가 너를 굳세게 하리라 참으로 너를 도와 주리라 참으로 나의 의로운 오른손으로 너를 붙들리라" 사 41:10

내가 존경하는 미국의 존파이퍼 목사님은 위험이 따르는 새로운 도전을 해야 할 때, 자신이 가장 자주 사용하는 약속의 말씀 중 한 구절이 이사야서 41:10 말씀이라고 했다. 3년 동안 체류하기 위해 독일로 떠나는 날, 그의 부친께서는 멀리서 그에게 전화를 걸어 이 약속의 말씀을 들려주셨다고 한다. 독일에 있는 3년 동안 그는 속으로 500번 정도는 이 말씀을 되뇌면서 엄청난 스트레스를 견뎌냈다고 한다. 항상 이사야 41:10은 그에게 평강을 가져다 주었던 말씀이었다.

내가 또한 평소에 존경하는 한국 부산의 이삭교회 원로이신 정진섭 목사님은 자신이 신학대학원을 다닐 때 너무나 건강이 안 좋고 경제적으로도 힘들어 학교를 휴학하고 힘들게 지낼 때가 있었다고 한다. 하루는 우울한 기분으로 병원에 치료차 갔는데 원장님이 믿는 성도였는지 병원 벽의 액자 속에 커다랗게 이사야 41:10 성경 구절이 적혀 있었다고 한다.

이 말씀이 눈에 들어 오자 자신의 마음을 억누르고 있던 모든 어둡고 칙칙한 염려와 근심들이 눈 녹듯이 사라지고 용기가 생겼다고 한다.

이사야 선지자는 성령에 감동되어 이스라엘의 심판과 위로를 동시에 선포했다. 그들의 죄악으로 그들이 비록 포로로 잡혀가지만 그것으로 끝이 아니라는 것이다. 하나님이 도와주시겠다고 하신다. 그의 권능의 오른손으로 붙들어 주시겠다고 다짐하신다. 그래서 주 안에 있는 우리는 두려워할 필요가 없다는 것이다.

나는 근심의 먹구름이 마음에 몰려오면 "주안에 있는 나에게 딴 근심 있으랴"(370장)를 반복해서 부르며 기도한다. 처음에는 물이 무릎에 차는 것처럼 무덤덤 하다. 그래도 계속 반복해서 4절까지 부르면서 주여~ 부르짖다 보면 어느새 근심은 사라지고 어려움을 대면할 용기가 생긴다. 담대함이 솟아난다. 그리고는 내 앞길 멀고 험해도 주님을 잘 따라 가게 된다. 문제가 없어지는 것이 아니라 믿음이 생겨 그것을 감당하게 만든다는 것이다.

이렇게 의인은 오직 믿음으로 살아가는 것이다. 믿음으로 구원받은 우리는 그 후로도 계속해서 믿음으로 헤엄 치며 살아 간다. 두려워 말라는 주님의 음성이 우리를 강한 용사로 만드시는 능력의 말씀이다. 아멘.

오늘의 본문 성경을 읽으시고 깨달은 점이나 기억하고 싶은 점 혹은 기도문을 기록합니다.

이사야 43장~45장

| 묵상자료 |

1. 너는 내 것이라!

인생에게 가장 중요한 문제는 창조주 하나님 아버지를 만나 자기 정체성을 찾는 것이다. 과연 나는 누구인가? 우리는 하나님 앞에 보배롭고 존귀한 자라고 성경은 말한다. 또한 우리는 하나님의 소유라고 하신다.

스코틀랜드의 한 숲 속에서 아주 더럽고 지저분한 개가 발견되었다. 몹시 굶주려 있었고 병을 앓고 있었다. 사람들은 '저 개가 뉘 집 개냐'고 쳐다보면서 지나갔다. 한 경찰관이 지나가다가 그 개를 보았더니 목덜미에 이름표가 달려있었다. 그 이름표를 유심히 봤더니 그 이름은 '밥스'라는 개인데 그 밑에 이런 글이 쓰여 있었다. '이 강아지는 왕궁에 속한 강아지입니다.' 경찰관은 깜짝 놀랐다. 즉시 강아지를 데리고 가서 목욕을 시켜주고 약을 발라주고 잘 먹여주었다. 그리고 그 강아지를 왕에게 전달해주었다. 국왕 부처가 에든버러에 휴가를 왔다가 강아지를 잃어버렸던 것이다. 얼마나 국왕이 기뻐했는지 모른다. 그 강아지는 바로 국왕의 소유였다. 소유주가 누구냐가 중요하다. 나와 당신의 소유주는 누구인가? 우리가 숲 속에 버려져 지저분하고 몹시 굶주려 병까지 앓고 있는 개와 같은 상태라 할지라도 만일 내가 하나님께 속한 자라면 아무도 나를 무시할 수 없다. 나의 주인이 누구인가가 중요하다. "내가 너를 지명하여 불렀나니 너는 내 것이다"라고 주님은 이사야 43장에서 천명하신다. 나와 여러분의 가슴에는 다음과 같은 명찰이 붙어 있다.

"이 사람은 하나님께 속한 하늘의 로얄 패밀리이다!"

누구나 자기 소유에 대해서는 강한 애착을 갖는다. 하나님도 마찬가지이시다. 우리가 하나님의 소유만 되면 아무 걱정할 것이 없다. 하나님이 다 책임 지신다. 세상살이를 하며 때로 피할 수 없는 고난의 물을 만나고 또 불을 만나지만 하나님은 약속하신다.

> "네가 물 가운데로 지날 때에 내가 너와 함께 할 것이라 강을 건널 때에 물이 너를 침몰하지 못할 것이며 네가 불 가운데로 지날 때에 타지도 아니할 것이요 불꽃이 너를 사르지도 못하리니" 사 43:2

나아가 하나님은 애굽을 주고도 나와 바꾸지 않으시고 구스와 스바를 주고도 안 바꾼다고 하신다. 그만큼 하나님은 그의 소유인 나를 소중하게 여기시는 것이다. 성경의 용어 중 "속량(Redemption)"이란 단어는 매우 소중한 말이다. 그것은 노예 시장터에서 물건을 사고 팔 때 쓰이던 용어였다고 한다. 한 부자가 불쌍한 노예 한 사람을 보고 흥정을 한다.

"이 놈 얼마지요?"
"50만 원입니다."
"40만 원에 깎아 줘요."
"아직도 꽤 쓸만합니다. 45만 원 내고 가져 가슈."

이렇게 흥정하여 45만 원에 그 노예를 산 부자는 놀랍게도 그 자리에서 노예 문서를 찢어 버리고는 너는 이제 자유이니 평안히 자유인의 삶을 살라고 은혜를 베푼다. 바로 그때 사용되는 용어가 "속량(Redemption)"인 것이다. 즉, '일정한 값을 지불하고 사서 자유롭게 해 줌'이라는 뜻이다. 우리가 신앙생활 하면서 이 용어 하나만 제대로 알고 있어도 감격적인 신앙생활을 할 수 있다. 본문 이사야 43장에서는 우리를 애굽을 속량물로 주고 사서 우리를 소유 삼았다고 하지만 신약에서는 애굽과 비교할 수 없이 더 비싼 하나님의 아들의 피를 팔아서 우리를 속량하셨다고 선포한다.
"

"우리는 그리스도 안에서 그의 은혜의 풍성함을 따라 그의 피로 말미암아 속량 곧 죄사함을 받았느니라" 엡 1:7

예수님은 우리를 죄와 사망에서 자유케 하시려고 기꺼이 값을 치루셨는데 그것이 바로 십자가에서의 죽으심이다. 그가 채찍에 맞음으로 우리가 나음을 얻고 그가 징계를 받음으로 우리가 평화를 누리는 것이다. 우리가 얼마나 보배롭고 존귀한가 하면 바로 천하 보다 더 비싼 예수님의 피 값으로 사서 하나님의 소유가 된 자들이라는 것이다. 우리는 우리 자신의 정체성을 이렇게 바로 정립하고 있어야 한다. 지금 당장 유튜브에 '박종호, 너는 내것이라'를 쳐서 한번 찬양을 들으신 후 계속 말씀 공부를 해보자.

"내 이름으로 불려지는 모든 자 곧 내가 내 영광을 위하여 창조한 자를 오게 하라 그를 내가 지었고 그를 내가 만들었느니라" 사 43:7

하나님의 소유된 우리는 하나님께 영광을 돌려야 한다. 하나님을 찬송하라고 하나님이 우리를 아들의 보배로운 피로 속량하셨다. 하나님이 나를 지명하여 불렀다고 한다. 이는 나를 가시나무에서 백합화처럼 콕 찍어서 선택하셨다는 것이다. 아가서의 말씀처럼 예루살렘에 희고 아름다운 처녀들이 많은데 게달의 장막같이 검고 촌스러운 나를 그의 신부로 찍으셨다는 것이다. 얼마나 감사한가? 우리는 그 사랑을 도장같이 새기고 그분의 이름을 깃발처럼 높여 찬양하며 감사하고 살아야 한다. 할렐루야!!

1년 1독 성경 읽기 꿀송이 보약큐티

이사야 46장~48장

| 묵 상 자 료 |

1. 축복과 구원의 하나님 (사 48:1~13)

이사야는 이사야 48장을 통해 한 가지 진리를 말하고자 한다. 그것은 우리의 어리석음과 무지, 완고함과 패역을 하나님께서 미리 알고 계셨음에도 불구하고 기꺼이 우리에게 회복과 구원을 주신다는 사실이다.

우리의 부족한 모습을 하나님께서 너그럽게 받아 주시고 노하기를 더디하시는 이유는 무엇일까? 우리가 하나님의 사랑을 받을만한 존재이기 때문일까? 아니다. 바로 하나님의 이름과 영광을 위해서이다(사 48:9).

'하나님의 이름을 위한다'는 것은 하나님께서 과거에 믿음의 선조들과 맺었던 이스라엘 민족의 축복언약에 대한 성실한 이행을 의미한다. 또한 '하나님의 영광을 위한다'는 것은 사랑의 근원자라는 영예를 의미한다. 이처럼 하나님께서는 악으로 가득한 이스라엘의 삶에 언약 이행과 사랑 실천을 위해 축복으로 다가오시는 분이셨다. 하나님께서는 이스라엘의 고집스러운 불신앙에도 불구하고 그들을 위해서 비밀스러운 새 일을 계획하셨다. 이전에 상상하지 못했던 새롭고 놀라운 일이었다. 바로 고레스 왕을 통해 하나님의 백성이 바벨론 포로 상황에서 이스라엘로 귀환하는 사건이었다.

구원자가 되시는 하나님께서는 하나님의 자녀가 구원받을 수 있도록 길을 마련해 주신다. 구원의 과정에서 우리가 할 수 있는 것은 하나님의 음성을 듣고 순종하는 것뿐이다. 하나님께서 준비해 놓으신대로 바벨론에서 걸어 나오기만 하면 된다. 하나님께서 페르시아의 고레스를 통해 바벨론을 멸망시키고 이스라엘 백성을 구원하신 것처럼, 독생자 예수 그리스도를 통하여 우리를 구원하신다.

우리 주 예수 그리스도도 고레스처럼 죄와 지옥의 포로가 되어 있는 우리들을 십자가로 해방시키시는 분이시다. 아멘.

오늘의 본문 성경을 읽으시고 깨달은 점이나 기억하고 싶은 점 혹은 기도문을 기록합니다.

1년 1독 성경 읽기 꿀송이 보약큐티

이사야 49장~51장

| 묵상자료 |

1. 이사야가 예언하는 예수 그리스도(사 49장)

구약의 복음서라 불리우는 이사야서는 전 장에 걸쳐 그리스도가 선명하게 예언되어 있다. 그 중 이사야 49장에는 여호와의 종의 모습으로 예수님이 등장한다. 그분은 원수를 정복하고 열방에 구원을 베풀기 위한 하나님의 무기이시다. 또한 주님은 이스라엘이 실패한 일 즉, 하나님의 구원을 온 세상에 알리는 일을 온전히 성취하시는 분이시다. 주님은 이방인들을 하나님께 인도하는 빛이시고(사 49:6), 하나님이 열조에게 하신 약속들을 성취하시는 하나님의 언약이시다(사 49:8). 또한 이스라엘의 포로에서의 귀환은 메시아가 오실 때 이루어 질 구원받은 백성들의 영원한 자유와 회복의 그림자이다.

> "주 여호와가 이같이 이르노라 내가 뭇 나라를 향하여 나의 손을 들고 민족들을 향하여 나의 기치를 세울 것이라" 사 49:22

우리가 신앙생활 하다 보면 가끔 정말 하나님이 나를 돌보시고 계시는가 의심이 들 때도 있을 것이다. 그러나 이사야 선지자의 입술을 통하여 하나님은 말씀하신다.

"여인이 어찌 그 젖 먹는 자식을 잊겠으며 자기 태에서 난 아들을 긍휼히 여기지 않겠느냐 그들은 혹시 잊을지라도 나는 너를 잊지 아니할 것이라 내가 너를 내 손바닥에 새겼고 너의 성벽이 항상 내 앞에 있나니…"(사 49:15~16)

어머니는 끔찍이도 자식을 아끼고 사랑한다. 잠을 자는 동안에도 아기의 칭얼대는 소리를 듣고 일어나 젖을 먹인다. 기저귀를 갈아주고 위험한 것을 주변에서 치워 준다. 그리고는 아기를 안고 예뻐서 자꾸 볼을 비비며 뽀뽀를 한다. 육신의 엄마도 이와 같을진대 하물며 하늘의 하나님은 얼마나 그 백성을 사랑하시고 챙기시겠는가? 그러므로 우리는 어려운 인생길을 걸어갈 때에도 욥이 했던 신앙고백처럼 담대해야 한다. 이사야 선지자는 장차 오실 예수님을 반복해서 선명하게 예언하고 있다. 동정녀를 통해서 오실 것과 만민에게 구원의 반석이 되어 구원을 베푸실 것과 영원한 천년왕국의 왕으로 오실 것까지 말씀하고 있다. 성경을 읽으면 읽을수록 예수님이 우리의 구원자이심을 확실히 알게 된다. 아멘.

8월 1일

1년 1독 성경 읽기 꿀송이 보약큐티

이사야 52장~54장

| 묵상자료 |

1. 이사야 53장의 놀라운 복음

이사야 53장은 '고난 받는 종'에 대한 기록이다. 여기에 예수 그리스도의 십자가 죽음과 부활이 완벽하게 예언돼 있다. 설교의 '황태자'로 불리는 찰스 스펄전 목사는 이사야 53장을 성경의 '지성소'라고 불렀고 복음의 핵심이 가장 잘 농축돼 있다고 강조했다. 종교개혁자 마르틴 루터는 기독교인이라면 이사야 52:13~53:12을 모두 암송해야 한다고 했다.

이사야 53장은 고난주일이나 성탄절 설교에서 단골 본문으로 등장한다. 이 성경은 복음을 믿지 않는 세대를 향한 외침이 담겨 있다. 예수 그리스도는 세계 4대 성인 중 한 분으로 그쳐서는 안 된다. 세상은 그분을 통해 창조되고 타락한 인류는 그분을 통해 구속되며 창조의 목적은 그분을 향해 완성된다. 이 악한 시대의 풍조와 유혹으로부터 우리를 지켜 줄 수 있는 것은 오직 하나, 예수 그리스도의 십자가를 통해 드러난 하나님의 사랑을 알고 믿고 누리는 것이다. 이런 의미에서 이사야 53장은 그리스도가 누구이신지, 세상에서 그분이 어떤 대우를 받으실 것이며 또한 어떻게 대속을 성취하실 것인지 우리에게 구체적으로 보여주고 있다.

이사야서의 예언을 믿지 않으려는 현대 비평가들이 있다. 신학계 일부에서는 예언이 하도 정확해 저자가 한 명이 아니라 수 세기에 걸쳐 세 명 이상 존재했을 거란 주장이 있었다. 하지만 1947년 사해사본 발견으로 이들 비평가들은 심각한 타격을 입었다. 사해사본이 이전 사본보다 무려 1000년 이상 앞선 것으로 판명됐고 그 형식과 내용도 오늘의 성경과 다르지 않다는 것이 확인되면서 이사야서는 한 명의 저자가 쓴, 한 권의 책으로 증명됐기 때문이다.

믿지 않기로 철저하게 작정하지 않는 이상 이사야 53장을 공부하면서 복음을 떠올리지 않는 것은 불가능하다. 이사야 53장에는 우리의 죄를 대속하기 위한 그리스도의 희생이 가장 잘 기술돼 있다.

"그가 찔림은 우리의 허물을 인함이요 그가 상함은 우리의 죄악을 인함이라 그가 징계를 받음으로 우리가 평화를 누리고 그가 채찍에 맞음으로 우리가 나음을 입었도다 우리는 다 양 같아서 그릇 행하며 각기 제 길로 갔거늘 여호와께서는 우리 무리의 죄악을 그에게 담당시키셨도다 그가 곤욕을 당하여 괴로울 때에도 그 입을 열지 아니하였음이여 마치 도수장으로 끌려가는 어린 양과 털 깎는 자 앞에 잠잠한 양 같이 그 입을 열지 아니하였도다 그가 곤욕과 심문을 당하고 끌려 갔으니 그 세대중에 누가 생각 하기를 그가 산 자의 땅에서 끊어짐은 마땅히 형벌 받을 내 백성의 허물을 인함이라 하였으리요 그는 강포를 행치 아니하였고 그 입에 궤사가 없었으나 그 무덤이 악인과 함께 되었으며 그 묘실이 부자와 함께 되었도다 여호와께서 그로 상함을 받게 하시기를 원하사 질고를 당케 하셨은즉 그 영혼을 속건제물로 드리기에 이르면 그가 그 씨를 보게 되며 그 날은 길 것이요 또 그의 손으로 여호와의 뜻을 성취하리로다 가라사대 그가 자기 영혼의 수고한 것을 보고 만족히 여길 것이라 나의 의로운 종이 자기 지식으로 많은 사람을 의롭게 하며 또 그들의 죄악을 친히 담당하리라 이러므로 내가 그로 존귀한 자와 함께 분깃을 얻게 하며 강한 자와 함께 탈취한 것을 나누게 하리니 이는 그가 자기 영혼을 버려 사망에 이르게 하며 범죄자 중 하나로 헤아림을 입었음이라 그러나 실상은 그가 많은 사람의 죄를 지며 범죄자를 위하여 기도하였느니라 하시니라" 사 53:5~12 아멘.

오늘의 본문 성경을 읽으시고 깨달은 점이나 기억하고 싶은 점 혹은 기도문을 기록합니다.

8월 2일

1년 1독 성경 읽기 꿀송이 보약큐티

이사야 55장~57장

| 묵상자료 |

1. 지금 알고 있는 걸 그때도 알았더라면

"지금 알고 있는 걸 그때도 알았더라면 내 가슴이 말하는 것에 더 자주 귀 기울였으리라. 더 즐겁게 살고, 덜 고민했으리라.
금방 학교를 졸업하고 머지 않아 직업을 가져야 한다는 걸 깨달았으리라. 아니, 그런 것들은 잊어 버렸으리라. 다른 사람들이 나에 대해 말하는 것에는 신경 쓰지 않았으리라.(중략)
사랑에 더 열중하고 그 결말에 대해선 덜 걱정했으리라. 설령 그것이 실패로 끝난다 해도 더 좋은 어떤 것이 기다리고 있음을 믿었으리라.
더 많은 용기를 가졌으리라. 모든 사람에게서 좋은 면을 발견하고 그것들을 그들과 함께 나눴으리라.
지금 알고 있는 걸 그때도 알았더라면.
나는 분명코 춤추는 법을 배웠으리라"

위 시는 류시화 시인이 번역하여 알려진 외국시이다. 이 시가 마음에 와 닿는 것은 우리가 살다가 후에 알게 되는 것을 과거의 어떤 시점에서는 알 수 없기에 많은 것을 잃고, 후회하곤 하는 모든 사람들의 마음을 대변해주고 있기 때문이다.

우리가 현재 일어나고 있는 일들의 결말을 앞당겨 알 수 있다면 얼마나 좋겠는가? 그러나 현실에서 우리는 현재 진행되고 있는 일들이 어떻게 풀려갈지 알 수 없다. 우리들의 생각과 하나님의 생각은 다르며, 우리의 길과 하나님의 길은 다르기 때문이다. 하나님을 섬겼던 이스라엘 백성들도 우리들처럼. "지금 알고 있는 걸 그때도 알았더라면" 했던 순간들이 많았다. 결과를 알았더라면, 자신들의 생각과 길을 그렇게 고집하지 않았을 것이다.

이사야 55:3에, "너희는 귀를 기울이고 내게로 나아와 들으라" 말씀한다. 이사야서는 하나님의 말씀에 귀 기울이고 들으면, 그들의 영혼이 살 것이라고 한다. 더 나아가서 6절에 보면, "너희는 여호와를 만날 만한 때에 찾으라 가까이 계실 때에 그를 부르라"고 하신다.

7절에는 심지어 악인과 불의한 자들도 초대하고 계신다. 7절, "악인은 그의 길을 불의한 자는 그의 생각을 버리고 여호와께로 돌아오라"

8절에서는 이렇게 선포하신다. "내 생각은 너희의 생각과 다르며 내 길은 너희의 길과 다름이니라"

철저하게 하나님과 그들과의 생각의 다름, 차이가 있음을 말씀하고 계신다. 다음 구절에, "이는 하늘이 땅보다 높음 같이 내 길은 너희의 길보다 높으며 내 생각은 너희의 생각보다 높음이니라"고 하신다.

하나님의 생각은 인간들의 생각과 다를 뿐 아니라, 하늘과 땅만큼이나 엄청난 차이가 있다는 것을 우리는 알아야 한다.

유진 피터슨 목사님은 우리들이 쉽게 빠지는 신앙적 오류에 대해서 다음과 같이 말한다. 우리가, "하나님과 우리 사이에 존재하는 실질적인 차이를 인정하지 않고, 막연하게 하나님이 우리의 욕망을 들어주실 것이라 기대하는 것" 그것이 우리가 하나님과의 관계에서 자주 범하는 오류라는 것이다.

현대를 사는 우리는 자칫하면 우리 자신의 생각대로만 살면서 어느덧 자기 중심적인 자아의 노예로 살아가게 되는 위험이 많다. 오늘 이사야 55장 말씀은 우리에게 도전을 준다. 하나님 생각과 길이 나와 다를지라도, 하나님의 높은 생각을 낮은 자의 모습으로 따라 가며, 때론 하나님의 길을 기다리며 살기를 요청하고 있다는 것이다. 아멘.

오늘의 본문 성경을 읽으시고 깨달은 점이나 기억하고 싶은 점 혹은 기도문을 기록합니다.

8월 3일

1년 1독 성경 읽기 꿀송이 보약큐티

이사야 58장~60장

| 묵상자료 |

1. 일어나라, 빛을 발하라! (사 60장)

한국의 유명한 문학가 이어령 교수님에게는 가슴 아픈 이야기가 있다. 이 교수님은 항상 글을 썼고 책만 읽었다고 한다. 하지만 그사이 가족이 겪어야 했을 고통은 헤아리지 못하였다. 그렇게 바쁘게 지내다가 딸이 암에 걸려 일찍 세상을 등지게 된다. 그때 홀로 남은 아버지는 지난 날을 자책하고 눈물을 참아가며 딸에게 우편번호 없는 편지를 보낸다. "딸에게 보내는 굿나잇 키스"라는 책을 통해서…

> "딱 한 번이라도 좋다. 낡은 비디오테이프를 되감듯이 그 때의 옛날로 돌아가자. 나는 펜을 내려놓고, 읽다만 책장을 덮고, 두 팔을 활짝 편다. 너는 달려와 내 가슴에 안긴다. 내 키만큼 천장에 다다를 만큼 널 높이 들어 올리고 졸음이 온 너의 눈, 상기된 너의 뺨 위에 굿나잇 키스를 하는거다."

많은 생각을 하게 하는 이야기이다. 건강할 때 마음껏 사랑해야겠다는 생각을 갖게 한다. 바쁜 일손을 멈추고… 하나님께서도 이스라엘 민족에게 편지를 쓰셨다. 오늘 본문 말씀도 그러한 관점에서 보면 훨씬 가까이 다가온다. 이사야 60장의 배경은 이스라엘 민족이 바벨론에서 돌아와 정착하려고 애쓰고 있을 때를 미리 내다본다. 바벨론에서 돌아왔지만 아주 혼란한 때였다. 이 혼란한 시기를 내다보고 하나님께서는 선지자 이사야를 통하여 말씀하신다. 이사야 60:1~2 "일어나라 빛을 발하라 이는 네 빛이 이르렀고 여호와의 영광이 네 위에 임하였음이니라 보라 어둠이 땅을 덮을 것이며 캄캄함이 만민을 가리려니와 오직 여호와께서 네 위에 임하실 것이며 그의 영광이 네 위에 나타나리니" 말씀이다.

예수님은 장차 여호와의 영광의 빛으로 우리에게 나타나실 것이다. 어둠이 땅을 덮으며 캄캄한 죄악이 만민을 가리울 때 천지를 진동하는 나팔소리가 울려 퍼지며 하늘에 태양보다 찬란한 여호와의 영광이 임하실 것이다. 아멘.

8월 4일

1년 1독 성경 읽기 꿀송이 보약큐티

이사야 61장~63장

| 묵상자료 |

1. 메사아가 오시면 회복이 일어난다(사 61장)

이사야서는 66장까지 있는데 벌써 63장까지 왔다. 이 마지막 부분의 클라이맥스는 이스라엘의 회복이다. 이스라엘의 회복은 다른 말로 시온의 회복이고, 시온의 회복은 다른 말로 온 인류의 회복이다. 죽을 것 같은 바벨론 포로생활을 하면서 이스라엘 백성들이 가장 원했던 것은 민족을 되찾는 회복이었다. 사실 회복은 우리 모두의 주제이다. 교회에도, 가정에도, 내 심령에도 회복이 필요하다. 이사야 선지자는 60장부터는 회복에 관한 노래를 부르고 있다.

> "일어나라 빛을 발하라 이는 네 빛이 이르렀고 여호와의 영광이 네 위에 임하였음이니라 보라 어두움이 땅을 덮을 것이며 캄캄함이 만민을 가리우려니와 오직 여호와께서 네 위에 임하실 것이며 그 영광이 네 위에 나타나리니 열방은 네 빛으로, 열왕은 비취는 네 광명으로 나아오리라" 사 60:1~3

회복이란 하나님의 영광의 광채가 내게 임한 것을 의미한다. 나는 아무 것도 아닌 어둠, 쓰레기였는데 갑자기 빛이 온 것이다. 빛이 오니 어둠이 사라지고 어둠이 사라질 때 모든 저주, 죄, 절망, 좌절, 병, 가난, 미움도 소리 없이 떠난 것이다. 이것이 회복이다. 이사야서 61장에도 회복에 대한 말씀이 나오는데 조금 표현이 다르다. 회복은 성령의 기름부으심이라는 것이다. 하나님의 영광이 있는 곳에 성령님이 임재하신다.

> "주 여호와의 신이 내게 임하셨으니 이는 여호와께서 내게 기름을 부으사 가난한 자에게 아름다운 소식을 전하게 하려 하심이라 나를 보내사 마음이 상한 자를 고치며 포로된 자에게 자유를, 갇힌 자에게 놓임을 전파하며 여호와의 은혜의 해와 우리 하나님의 신원의 날을 전파하며 모든 슬픈 자를 위로하되 무릇 시온에서 슬퍼하는 자에게 화관을 주어 그 재를 대신하며 희락의 기름으로 그 슬픔을 대신하며 찬송의 옷으로 그 근심을 대신하시고 그들로 의의 나무 곧 여호와의 심으신바 그 영광을 나타낼 자라 일컬음을 얻게 하려 하심이니라" 사 61:1~3

61장에서는 회복을 '주 여호와의 신이 내게 임하였으니'라는 말로 표현한다. 바람이 불면 잘난 사람이나 못난 사람이나 바람을 맞게 되어 있다. 마찬가지로 주의 영이 임하면 기름부음을 받게 되어 있다. '기름을 부었다'라는 뜻의 이름이 '메시아'이다. 메시아는 히브리어로 '기름부음을 받은 자'라는 뜻이다. 구약에서는 왕과 예언자와 제사장에게만 기름을 부었다. 왕과 예언자와 제사장 역할을 온전히 할 수 있는 분은 인류에서 오직 한 분, 예수 그리스도뿐이시다.

메시아는 가난한 사람들에게 좋은 소식을 전한다. 복음은 부요한 사람에게 오는 것이 아니다. 오만한 사람, 잘난 사람, 똑똑한 사람, 권력이 있는 사람, 세상을 통치하는 사람에게는 예수님이 들어올 자리가 없다. 심령이 가난한 사람이 복이 있다. 육체적, 영적, 정신적으로 마음이 가난한 사람, 비어 있는 사람에게는 복음이 전파되기 쉽다.

메시아가 그들에게 하는 사역은 무엇인가? 첫째, 마음이 상한 자를 치유하고 감싸준다. 둘째, 포로에게 자유를 선포한다. 셋째, 하나님의 은혜의 해와 하나님의 보복의 날을 선포한다. 그리고 슬퍼하는 모든 사람을 위로한다. 이것이 기쁜 소식, 아름다운 소식, 좋은 소식 곧 복음이다. 주님은 누가복음 4:18~19에서 이 이사야 61장의 예언이 주 예수님에게 직접 이루어 졌음을 담대히 선포하셨다.

할렐루야! 이사야가 부르는 회복의 노래를 읽으며 우리는 소망 중에 행복하다. 오, 주 예수여 어서 오시옵소서!!! 마라나타. 아멘.

오늘의 본문 성경을 읽으시고 깨달은 점이나 기억하고 싶은 점 혹은 기도문을 기록합니다.

8월 5일

1년 1독 성경 읽기 꿀송이 보약큐티

이사야 64장~66장

| 묵 상 자 료 |

1. 하나님 말씀을 듣고 떠는 자(사 66장)

이사야 66장은 이사야의 결론이다. 이사야 1장과 비슷하다. 5절을 보자. "여호와의 말씀으로 말미암아 떠는 자들아 그의 말씀을 들을지어다 이르시되 너희 형제가 너희를 미워하며 내 이름으로 말미암아 너희를 쫓아내며 이르기를 여호와께서는 영광을 나타내사 너희 기쁨을 우리에게 보이시기를 원하노라 하였으나 그들은 수치를 당하리라 하셨느니라. 떠드는 소리가 성읍에서부터 들려오며 목소리가 성전에서부터 들리니 이는 여호와께서 그의 원수에게 보응하시는 목소리로다."

여호와의 말씀을 인하여 떠는 자들은 하나님의 말씀을 들으라고 하신다. 이스라엘 형제들이 와서 말씀대로 사는 자를 핍박한다. 형제들이 신앙 공동체에서 진실한 신자를 쫓아냈다. 여호와께서 영광을 나타내사 너희의 기쁨을 보이시길 원한다고 빈정되었다. 여호와의 이름까지 들먹이며 형제를 쫓아낸다. 그러면서 제사는 드린다. 이들은 하나님의 말씀을 인하여 떨지 않는 악한 자들이었다. 하나님은 여호와를 경외하지 않는 자들을 심판하신다. 그들이 시끄럽게 떠들며 도망가게 하신다. 반면에 하나님의 말씀을 인하여 핍박을 참고 견디는 자를 크게 축복하신다고 말씀하신다.

7~8절을 보자. "시온은 진통을 하기 전에 해산하며 고통을 당하기 전에 남아를 낳았으니 이러한 일을 들은 자가 누구이며 이러한 일을 본 자가 누구이냐 나라가 어찌 하루에 생기겠으며 민족이 어찌 한 순간에 태어나겠느냐 그러나 시온은 진통하는 즉시 그 아들을 순산하였도다."

하나님은 믿음으로 사는 자의 자녀를 축복하신다. 한 사람의 자녀를 임신하고 해산하고 키우는 것이 얼마나 힘이 드는가? 하나님은 시온이 진통 없이 자녀를 갖게 하신다. 우리가 한 사람의 제자를 양성하는 것이 얼마나 어려운가? 그런데 하나님은 온전한 성령의 은혜로 한 민족이 태어나며 한 나라가 생겨나게 하신다. 참으로 놀라운 일이다.

9절을 보라. "여호와께서 이르시되 내가 아이를 갖도록 하였은즉 해산하게 하지 아니하겠느냐 네 하나님이 이르시되 나는 해산하게 하는 이인즉 어찌 태를 닫겠느냐 하시니라."

여호와께서 아이를 갖게 하셨다. 그러면 하나님이 해산도 하게 도우신다. 포로로 끌려가 있던 이스라엘 백성이 조국으로 돌아가 나라를 세우려면 피 흘리며 독립전쟁을 치르지 않으면 안 되는 일인데 하나님은 이들이 이런 고통을 치르지 않고 순식간에 바벨론에서 귀환해 나라를 세우도록 해주셨다. 하나님은 베드로가 복음을 전했을 때 3천 명, 5천 명씩 회개하여 교회가 생성되게 하셨다.

15절을 보자. "보라 여호와께서 불에 둘러싸여 강림하시리니 그의 수레들은 회오리바람 같으리로

다. 그가 혁혁한 위세로 노여움을 나타내시며 맹렬한 화염으로 책망하실 것이라."

주님은 불에 둘러 싸여 강림하신다. 그의 수레들은 회오리 바람과 같다. 그의 혁혁한 위세로 노여움을 나타낸다. 예수님은 이와 같이 다시 오실 것이다. 예수님이 다시 오실 때는 심판주로 오시는 것이다.

16, 17절을 보라. "여호와께서 불과 칼로 모든 혈육에게 심판을 베푸신즉 여호와께 죽임당할 자가 많으리니 스스로 거룩하게 구별하며 스스로 정결하게 하고 동산에 들어가서 그 가운데에 있는 자를 따라 돼지 고기와 가증한 물건과 쥐를 먹는 자가 다 함께 망하리라, 여호와의 말씀이니라." 주님은 강림하셔서 죄악된 자들을 심판하시는데 불과 칼로 진실한 신자들을 핍박하는 자들을 심판하신다. 여호와께 죽임을 당할 자가 많다. 신전의 한 중간에 선 여사제의 뒤를 따라 동산에 들어가려고 목욕재계하는 자들, 돼지, 길짐승, 들쥐의 고기를 먹는 자들이 모두 함께 망한다. 그들이 하는 일과 그들이 꾸미는 것도 모두 끝장 나게 하신다.

마지막절 24절을 보라. "그들이 나가서 내게 패역한 자들의 시체들을 볼 것이라 그 벌레가 죽지 아니하며 그 불이 꺼지지 아니하여 모든 혈육에게 가증함이 되리라."

이 말씀은 예수님이 재림 때에 심판하시는 말씀이다. 하나님은 택한 자들을 축복하지만 하나님을 떠난 자들을 심판하신다. 그들은 나가서 하나님께 패역한 자들의 시체를 볼 것이다. 그 벌레가 죽지 않고 불은 꺼지지 않는다. 모든 혈육에게 가증함이 될 것이다. 하나님 앞에서 패역한 자들은 벌레가 죽지 아니하고 영원히 타오르는 유황불 지옥에 던져져 영원히 심판을 받을 것이라는 말씀이다. 마가복음 9:48에 지옥은 구더기도 죽지 않고 불도 꺼지지 않는다고 하신다. 당시의 사람들에게는 이사야의 예언이 너무나 비현실적으로 보였을 것이다. 바벨론의 포로로 끌려간 그들에게 하나님 나라의 소망은 너무나 비현실적이다. 그러나 이사야는 하나님 나라를 소망하며 살았다. 하나님은 이사야의 꿈대로 이루어주셨다. 바벨론 포로가 돌아왔고 지금은 수많은 이방인들이 하나님을 예배하고 있다. 이사야처럼 우리도 새 하늘과 새 땅을 꿈꾸며 살아야 한다. 아멘.

오늘의 본문 성경을 읽으시고 깨달은 점이나 기억하고 싶은 점 혹은 기도문을 기록합니다.

8월 6일

1년 1독 성경 읽기 꿀송이 보약큐티

예레미야 1장~2장

| 묵상자료 |

1. 예레미야는 어떤 책인가?

예레미야는 이사야보다 약 100년 후에 활동한 선지자이며 남유다 말기에 활동하다 예루살렘 멸망을 눈으로 목도하며 애가를 지어 애통해 한 눈물의 선지자이다. 그보다 먼저 사역한 선지자들보다 먼저 성경에 배치된 것은 단지 분량이 많아서이다. 그의 생애는 이사야처럼 참으로 눈물과 아픔과 박해와 고난으로 점철된 생애였다. 그는 하나님의 명령으로 평생 결혼도 하지 아니하고 독신으로 지냈으며 동족들에게 '친 바벨론 주의자'로 찍혀 매국노로 배척당했다. 예루살렘 성전의 총감독이었던 바스훌에게 성전 파괴의 예언을 했다는 이유로 체포되어 기둥에 목줄로 매여 박해를 받기도 했고 거짓 선지자 하나냐에게 위협을 당하기도 하였으며 수많은 살해 위험 속에 살다가 유다가 망하자 바벨론이 제공한 주택과 좋은 조건들을 거절하고 남은 백성들과 함께 지내다가 결국 주님의 이름을 위해 순교를 당하였다.

그는 하나님이 자신에게 더 이상 이 백성을 위해 기도하지 말라고 하시며 모세와 사무엘이 와서 기도해도 안들을 것이라는 가슴 아픈 명령을 받고 잠시 침묵하기도 했지만 가만히 있으면 있을수록 더욱 중심이 불붙는 것 같아서 견디지 못하고 다시 거리로 뛰어나가 하나님의 말씀을 외쳤던 진정한 하나님의 종이었다. 그는 하나님과의 언약을 깨뜨리고 우상숭배 하는 유대인들의 죄악을 깨우쳐 주기 위해 아홉 가지 상징적인 이미지를 사용하여 말씀을 전달하였다.

1) **살구나무 가지** – 이 가지가 꺾여지는 것처럼 타락한 이스라엘은 망할 것이다. 그리고 살구나무의 히브리어 발음이 '지킨다' '이루어진다'라는 발음과 비슷하다고 한다. 그래서 살구나무 환상은 하나님의 말씀이 반드시 지켜 지고 이루어 진다고 하는 확신을 주는 환상으로 보는 분들도 있다.

2) **북으로부터 기울어 진 끓는 가마** – 하나님께서 북방 민족 바벨론을 일으켜 이스라엘을 덮칠 것이다.

3) **베 띠** – 예레미야의 허리에 메었던 베 띠를 썩게 하여 유대의 패망을 예고함.

4) **토기장이와 진흙** – 하나님은 토기장이 이시다. 이스라엘이 하나님을 버렸으므로 하나님도 그들을 토기장이가 진흙을 다루는 것처럼 다루시고 깨뜨리실 것이다.

5) **깨진 옹기** – 우상을 섬긴 대가로 그들은 옹기처럼 깨질 것이다.

6) **무화과 두 광주리** – 좋은 무화과 광주리는 포로가 되어 바벨론에 끌려가는 백성들을 말함. 그들은 하나님이 보호하셔서 다시 돌아올 것임. 나쁜 무화과 광주리는 남아 있을 백성들을 말하는데 그들은 조롱과 멸시를 당할 것임(렘 24:1~10).

7) **멍에** – 예레미야는 줄과 멍에를 만들어 목에 걸고 예언했는데 이는 그 백성들이 바벨론 왕을 노예로 섬길 것을 예언한 것이다(렘 27:1~11).

8) **큰 돌들을 바로의 궁전 축대에 진흙으로 발라 감춤**(렘 43:8~13) – 큰 돌은 장차 바벨론 왕이 애굽을 정복할 것을 보여줌.

9) **유브라데 강에 던져진 책** – 바벨론 멸망을 상징(렘 51:59~64).

놀랍게도 애굽의 패배와 바벨론의 멸망을 예언한 예레미야의 예언은 그대로 적중했다. 예레미야 선지자는 또한 바벨론에게 망한 후 정확히 70년 만에 이스라엘이 회복되어 다시 고향으로 돌아오게 될 것을 예언한 선지자다(렘 29:10). 선지자의 이 말이 나중 바벨론에 잡혀가 그곳에서 살았던 다니엘 같은 경건한 유대인에게는 너무나 큰 위로가 되어 다니엘은 이 예레미야 선지자의 말을 책에서 발견하고 엉엉 울면서 감격하여 하나님께 그 약속을 붙들고 기도하였고 마침내 꿈에 그리던 고국으로 귀환하는 축복을 맛보았다. 이와 같이 기록된 하나님의 말씀은 오늘의 우리 성도들에게는 엄청난 위로요 힘이다.

2. 부름 받은 예레미야

예레미야 1:1~3에는 예레미야의 활동 시기에 대한 이야기가 나오는데 그는 유다의 요시야 왕 재위 13년부터 하나님의 말씀을 선포하기 시작해서 시드기야 재위 11년에 예루살렘이 무너질 때까지 활동했다. 요시야 왕 재위 13년은 기원전 627년이고, 시드기야 재위 11년은 기원전 587년이다. 그 기간이 대략 40년이다. 그 시절은 앗시리아 제국이 약해지고 바벨론 제국이 패권을 장악해 가던 때였다. 대제국의 패권은 주변의 작은 나라들에 영향을 미친다. 작은 나라들은 제국의 말을 듣고 생존을 보장받든지 아니면 패망을 감수해야만 했다.

오늘날 한국에서 좌파니 우파니 나누어 시국을 보는 의견이 팽팽하게 나뉘는 것처럼 바벨론의 패권 앞에서 유다 사람들의 의견이 크게 나뉘었다. 한쪽에서는 이집트와 동맹을 맺어서 바벨론과 맞서야 한다고 주장한 사람들이 있었고, 다른 한쪽에서는 그건 너무 무모하니 양쪽으로 치우치지 말고 중간 노선을 지키면서 국가의 미래를 내다보자고 주장한 사람들이 있었다. 나라나 어떤 집단이나 위기라고 느낄 때 여론은 대체적으로 강경한 입장으로 기울어진다. 수많은 정치인들과 지도자들이 나서서 이집트와의 군사동맹을 통해서 바벨론을 격퇴시켜야 한다고 주장했다. 두 가지 점에서 이런 주장은 여론의 힘을 얻었다. 하나는 하나님이 자신들의 백성을 바벨론의 공격에서 지켜 주신다는 믿음이었다. 그들이 볼 때 바벨론은 하나님을 대적하는 나라였다. 하나님의 백성이 이런 나라의 압력에 굴복할 수는 없다는 것이다. 그럴바에야 나서서 싸우다가 장렬한 최후를 맞는 게 옳다는 것이다. 일견 박수를 받을 만한 주장이다.

다른 하나는 이집트가 군사적으로 자신들을 도와줄 수 있다는 확신이었다. 이집트는 실제로 유다를 도와서 바벨론과 전쟁을 벌이기도 했다. 이렇게 국론이 갈릴 때는 최고 정치 지도자의 판단이 중요하다. 유다 왕 시드기야는 강경파의 입장을 받아들였다. 왕 자신의 판단이라기보다는 당시 귀족들의 압력에 굴복한 것이다. 시드기야가 주전파의 목소리가 아니라 주화파의 목소리에 귀를 기울였다면 유다의 운명도 달라졌을지 모른다. 바로 이런 시기에 예레미야 선지자는 자신의 분명한 목소리를 냈다. 유다 왕과 귀족들과 백성 모두를 향해서 바벨론에게 항복하는 게 살길이라고 말했던 것이다. 예레미야는 하나님께서 유다를 심판하기 위해서 바벨론을 선택한 것이라고 생각했다. 그걸 거부하는 건 하나님에게 맞서는 것이다. 예레미야의 말을 당시 유다 사람들은 어떻게 생각했겠는가? 예레미야의 입장을 지지하는 사람들은 극소수였고, 왕과 대다수 정치 지도자들은 한 목소리로 예레미야를 반대했다. 그리고 그를 마치 바벨론에 나라 팔아먹는 매국노라고 분노했다.

예레미야의 소명이 오늘 우리에게 던져 주는 교훈은 무엇인가? 무엇보다 그가 하나님의 말씀을 받았다는 것이 중요하다. 그것을 예레미야 1:9이 그림처럼 묘사하고 있다.

"여호와께서 그의 손을 내밀어 내 입에 대시며 여호와께서 내게 이르시되 보라 내가 내 말을 네 입에 두었노라."

공동번역은 "나는 이렇게 나의 말을 너의 입에 담아준다"고 번역했다. 어머니가 숟가락에 밥을 퍼서 어린아이의 입에 넣어주는 듯한 모습이다. 예레미야가 하나님의 말씀을 정말 정확하게 깨달아 선포할 수 있었다는 뜻이다. 예레미야는 이런 소명의 경험이 분명했기 때문에 그 어려운 운명을 헤쳐 나갈 수 있었다.

⁂ 오늘의 본문 성경을 읽으시고 깨달은 점이나 기억하고 싶은 점 혹은 기도문을 기록합니다.

1년 1독 성경 읽기 꿀송이 보약큐티

예레미야 3장~5장

| 묵상자료 |

1. 회개(렘 3장)

"타인의 아내가 된다 하자. 남편이 그를 다시 받겠느냐?" 렘 3:1

예레미야는 3:1~5에서 유다 백성들을 자기 남편에 대해 배도한 아내로 묘사한다. 예레미야는 신명기 24:1~4의 율법으로 거슬러 올라간다. 이 혼인법 조항에 따르면 불미스러운 일로 이혼당한 여자가 이혼 후 다른 남자와 결혼했을 경우 전 남편은 그 여자와 다시 재혼하지 못하도록 금지되었다. 이러한 배경을 염두에 두고 예레미야는 1절에서 논쟁조로 3가지를 연속 질문한다. 첫째, 가령 사람이 그의 아내를 버리므로 그가 그에게서 떠나 타인의 아내가 된다 하자. 남편이 그를 다시 받겠느냐? 둘째, 그리하면 그 땅이 크게 더러워지지 아니하겠느냐? 셋째, 네가 많은 무리와 행음하고서도 내게로 돌아오겠느냐? 이에 대한 대답은 당연히 "아니오"이다. 재결합은 있을 수 없는 일이다.

그런데 유다 백성의 현 상황은 이러한 율법적 상황보다 더 심각하다. 그들은 여호와 하나님과 합법적으로 이혼한 상태가 아니라 정상적인 관계 속에서 부정을 행한 것이다. 그것도 강요에 의한 것이 아니라 자발적으로 행했다. 게다가 다른 "한" 남자만 상대한 것도 아니고 "여러 명"에게 마치 고멜이 했던 것과 같은 방식으로 창녀 짓을 했던 것이다. 정상적이고 합법적인 이혼 상태에서 한 번이라도 재혼을 했어도 본 남편에게로 돌아가는 것이 법적으로 불가능한데, 하물며 이런 지경에까지 이른 유다 백성이 본 남편 되시는 하나님께 되돌아가는 것은 더더욱 불가능한 일이다.

인간의 능력으로는 회개가 불가능하다면 어떻게 해야 회개가 가능한가? 여기에서 인간의 능력을 넘어선, 초월적인 하나님의 은혜가 필연적으로 요구된다. 인간은 회개함으로 구원받는 것이 아니라 구원받았기 때문에 회개할 수 있는 것이다. 하나님의 은혜가 인간의 회개를 가능하게 하는 것이다. 따라서 회개는 인간의 능력이나 공로의 결과가 아니고 오로지 하나님만 주실 수 있는 은혜의 결과이다.

2. 입에 발린 회개와 계속되는 악행

"보라 네가 이같이 말하여도 악을 행하여 네 욕심을 이루었느니라" 렘 3:5

가나안의 신들(바알)에 대한 끊임없는 행음에도 불구하고 백성들은 그들이 원하는 땅의 풍요를 얻지 못했다. 여기에서 예레미야가 말하는 "행음"이란 하나님과 더불어 우상을 함께 섬기는 종교 혼합적인 행동을 가리킨다. 예레미야는 하나님과 그의 백성의 관계를 부부관계로 이해한다(렘 2:2; 참조. 호 2:16). 이미 하나님과 결혼한 백성이 또 다른 정부인 가나안의 신 바알을 섬긴다면 이는 곧 간음이요 행음이라는 것이다. 예레미야의 표현에 의하면 그들은 "창녀의 낯을 가져서 수치를 모른다"(렘 3:3). 유다의 뻔뻔스러움은 도에 지나쳤다.

3. 언니 이스라엘의 파경을 옆에서 보고도 계속되는 동생 유다의 위험한 장난

"그의 반역한 자매 유다가 두려워하지 아니하고 자기도 행음함을 내가 보았노라" 렘 3:8

예레미야 3:6~10의 내용은 요시야왕 때 예레미야에게 임한 말씀들이다. 예레미야는 여기에서 이미 멸망당한 북이스라엘의 운명을 거론하면서 남유다의 그칠 줄 모르는 악행에 대하여 질타를 가한다. 북이스라엘 백성들도 바알 숭배에 심취해 있었다(렘 3:6). 예레미야는 하나님이 이스라엘의 간음으로 인하여 그들을 내어쫓았고 이혼서까지 주었다고 말한다. 이는 주전 722년에 있었던 북 왕국의 멸망을 가리키는 것이다(왕하 17:7~18).

놀라운 사실은 자매인 남유다 백성들이 이 모든 사건들을 옆에서 지켜보았음에도 불구하고 그들은 두려워 아니하고 아무런 거리낌없이 행음을 계속하였다는 것이다. 그들은 자매국가의 파국이 웅변하는 교훈을 전혀 깨닫지 못한다.

이 점에 있어서 유다의 죄는 이스라엘의 그것보다 훨씬 더 크다고 할 수 있다(렘 3:11). 북이스라엘은 배도하여 그 결과 국가의 멸망이라는 엄청난 고난을 당했지만 그래도 그들은 이전에 선례가 없었다는 점을 호소할 수 있었을 것이다. 그러나 남유다는 자매나라인 북이스라엘이 당한 사건을 통한 경고를 받고서도 자기의 길을 바꾸지 않았다는 비난을 면할 수 없게 되었다.

오늘의 본문 성경을 읽으시고 깨달은 점이나 기억하고 싶은 점 혹은 기도문을 기록합니다.

8월 8일

1년 1독 성경 읽기 꿀송이 보약큐티

예레미야 6장~8장

| 묵 상 자 료 |

1. 거짓 신앙에 대한 예레미야의 경고

거짓된 종교는 가장 심각한 결과를 가져올 수 있다. 거짓됨을 드러내는 것은 예레미야의 설교에서 자주 나타나는 주제였다. 그는 무가치하고 깨어진 터진 웅덩이 같은 거짓 신들의 어리석음을 비웃었다(렘 2:13). 그는 하나님의 권위 없이 평화를 설교했던 거짓 선지자들과 끊임없이 충돌했다(렘 8:9~11). 그는 또한 그의 시대를 특징 지웠던 거짓 안전을 비난했다. 역설적이게도, 국가적 재앙을 눈 앞에 둔 바로 그 세대에 사람들은 아무 걱정 없이 종교가 그들을 심판에서 면제해 줄 것이라는 확신에 차 있었다. 예레미야 7장에 나오고 종종 '성전 설교'라고 일컬어지는 이 메시지는 매우 가증한 예배에 대한 하나님의 경고를 선포하기에 우리의 아픈 곳을 찌른다.

이 성전 설교에서 가장 현저하고 정신이 번쩍 들게 하는 가르침들 중 하나는 위선이 가장 좋은 곳들에 존재할 수 있다는 가르침이다. 주님은 예레미야에게 '주의 전의 입구에 서 있으라'고 지시하셨다(2절). 여기서의 요점은 정신을 차리게 하는 것이다. 이것은 이방인들이나 예루살렘 뒷골목의 폭도들이나 심지어 배교자들을 향한 메시지가 아니었다. 반대로, 그것은 사회에서 겉으로 가장 종교적인 이들을 향했다. 그것은 도시에서 가장 보수적이고 정통적인 교회의 구성원들이었던 존경할 만한 교회 다니는 사람들을 향했다. 이 사람들은 바른 장소에 갔을 뿐만 아니라 '주님을 예배하기 위한' 바른 이유로 그곳에 갔다(2절). 겉으로 볼 때는 모든 것이 정상적으로 보였다. 그들은 옳은 것들을 행하면서 옳은 곳에 있었다. 예레미야가 이러한 예배자들에게 회개를 촉구했다는 사실(3절)은 그러한 예배 의식이 그 예배자가 하나님과 바른 관계에 있음을 보장해 주지 않는다는 것을 너무나 분명하게 보여준다. 기계적인 예배는 그저 위선자를 위한 빈약한 위장일 뿐이고 어떠한 교회도 예외가 될 수 없으며 그 예배의식들이 아무리 옳을지라도 예외일 수 없다.

영감을 받은 통찰력으로 예레미야는 그가 사역하던 지역의 교인들 가운데 나타난 위선의 두 가지 표시들을 인식했다. 우선, 위선적 예배자들은 거짓 교의(敎義)를 지지했다. 세 번 반복되고 있는 "여호와의 성전"이라는 문구는 외양적으로는 정통적인 예배자들의 신앙고백을 나타낸다(4절). 이 "여호와의 성전"이란 문구의 반복은 성전의 영적인 본질보다는 구조물에 대한 잘못된 신뢰를 보여준다. 그 성전은 하나님의 현존의 상징이었고 그곳엔 하나님께서 모든 적들에 대항해 그분의 거처를 지키심에 대한 긴 역사적 유래가 있었다. 그 "성전 신학"은 여호와께서 거하시기 위해 선택하셨던 그 장소에 어떤 마법적인 요소를 부여했다. 그들은 하나님께서 성전의식에서 원하셨다고 자신들이 생각했던 것을 그분께 드림으로 자신들이 계속해서 하나님을 "행복하게" 할 수 있을 것이라고 추정했다. 하나님은 그곳에 머무시고 모든 일들은 잘 풀릴 것이라 생각했다. 그들은 여호와 하나님을 신뢰한 것이 아니라 전통과 성전건물과 의식에 대해 신뢰했다.

"종교적 삶"과 "실제적 삶" 사이의 분리는 위선의 공통적 특징이다. 성전에서의 지속적인 예배에도 불구하고, 그들의 생활 방식은 하나님의 율법에 대한 무시와 하나님의 거룩하심에 대한 경시를 드러냈다. 그들이 범했던 죄들의 목록은 십계명의 양쪽 부분을 모두 어겼다. 참된 종교는 마음속에 거룩하게 살아 가고자 하는 열망을 생기게 한다. 삶은 반드시 신앙고백과 일치해야 한다.

예레미야 7:11은 본문에서 가장 정신이 번쩍 들게 하는 말씀이다.

"내 이름으로 일컬음을 받는 이 집이 너희 눈에는 도둑의 소굴로 보이느냐 보라 나 곧 내가 그것을 보았노라. 여호와의 말씀이니라."

비록 성전이 하나님의 이름으로 인하여 거룩하게 되었기에 그곳은 가장 거룩한 장소여야 했지만, 그곳은 도둑의 소굴, 악한 자들의 은신처가 되어버렸다. 이스라엘은 모든 상상 가능한 범죄들을 성전 밖에서 저지르고 난 뒤(9절) 성전에 들어와서는 자신들이 구원을 얻었다고 공언했다(10절). 성전은 그들의 은신처였고 그곳에서 그들은 율법의 요구와 처벌로부터 면제받고자 했다. 하지만 하나님은 "내가 그것을 보았노라"고 선언하셨다(11절). 하나님은 정확히 그들이 어느 곳에 있었는지 아셨고, 성전은 그들에게 결코 안전한 곳이 아니었다. 슬프게도, 이스라엘의 미련한 생각은 시대를 거쳐 지속된다. 많은 사람들은 교회를 은신처로 만들어 왔고 만약 그들이 교회에 다니거나 잠들기 전 기도에서 죄송하다고 말할 수만 있다면 자신들이 어떤 일을 행하든지 모든 것이 괜찮을 것이라고 생각한다. 그러나 하나님은 우롱당할 수 있는 분이 아니시다. 하나님은 여전히 보고 계신다. 참된 신앙은 위선자들에게 어떠한 피난처도 제공해 주지 못한다. 생명력 없는 종교에 대한 하나님의 경고는 모세의 시대로부터 예레미야 시대에 이르기까지 영감 있는 설교의 최우선 순위이자 공통 요소였다.

오늘의 본문 성경을 읽으시고 깨달은 점이나 기억하고 싶은 점 혹은 기도문을 기록합니다.

8월 9일

1년 1독 성경 읽기 꿀송이 보약큐티

예레미야 9장~11장

| 묵상자료 |

1. 부끄러움을 아는 것이 회개의 시작이다(렘 8장)

"그들은 가장 작은 자로부터 큰 자까지 다 욕심 내며 선지자로부터 제사장까지 다 거짓을 행함이라 그들이 내 딸 내 백성의 상처를 가볍게 여기면서 말하기를 평강하다, 평강하다 하나 평강이 없도다 그들이 가증한 일을 행할 때에 부끄러워하였느냐 아니라 조금도 부끄러워하지 않을 뿐 아니라 얼굴도 붉어지지 아니하였느니라" 렘 8:10~12

예레미야 선지자가 활동하던 시대의 유대인들은 얼굴에 철판을 깔고 부끄러워하지 않았다. 재앙이 닥쳐오고 있는데도 거짓 선지자들은 평강하다, 평강하다고 백성들의 기호에 비위 맞추느라 바빴다. 지금 한국 교회도 교인들이 교회를 옮길까 봐 죄악을 제대로 책망하지 못하고 조엘 오스틴 목사처럼 '잘되는 나'만 강조하고 기복신앙을 장려하는 교회가 많다. 하나님을 기쁘시게 하기보다 '교회성장' 신화에 편승하여 사람의 눈치를 보는 교회로 변질되어 버리면 하나님의 인정을 받기는 힘들게 된다. 거짓 선지자들이 얼굴에 철판 깔고 평강을 외칠 때에 예레미야는 가슴을 치고 멍에를 목에 메고 다니며 백성들에게 화가 임할 것을 경고했다. 그는 늘 "슬프다. 내 마음이 병들 정도로 슬프고 애통하다"고 울부짖으며 밤낮으로 울고 다녔다(렘 8:18). 신약성경에도 세상과 짝하는 세속적인 교인들을 향하여 책망하시며 너희 웃음을 애통으로 바꾸라고 준엄하게 경고하였다.

아직도 우리의 모습에 하나님 앞에 자복하고 우는 모습이 있다면 거기에는 소망이 있다. 성령께서 예레미야를 읽어 가는 우리 모두에게 회개와 눈물의 은혜를 회복시켜 주시기를 소망한다. 눈물의 선지자의 글을 읽으며 우리도 마음을 강퍅케 하지 말고 주 앞에 나의 죄를 인하여 울자. 심히 부패한 나의 마음에 보혈의 피로 정결함을 입혀 주시도록 간구하자. 부끄러움을 아는 것이 회개의 시작이다. 미성숙한 어린 아이들은 방에다 쉬를 하고도 전혀 부끄러움이 없다. 어리기 때문이다. 마찬가지로 신앙이 미성숙한 신자들은 죄에 대한 감각이 없다. 또한 술에 취하면 부끄러움을 모르게 된다. 신자가 세속화되고 세상에 취하면 부끄러움을 모르고 뻔뻔하게 된다. 반대로 신자가 성령에 충만하게 되면 죄를 부끄러워하고 회개하기에 이른다. 아멘.

8월 10일

1년 1독 성경 읽기 꿀송이 보약큐티

예레미야 12장~14장

| 묵상자료 |

1. 선지자의 질문(렘 12:1~5)

"여호와여 내가 주와 변론할 때에는 주께서 의로우시니이다 그러나 내가 주께 질문하옵나니 악한 자의 길이 형통하며 반역한 자가 다 평안함은 무슨 까닭이니이까" 렘 12:1

예레미야 선지자는 자신의 고향 아나돗 사람들이 자신을 죽이려는 음모를 꾸미고 있다는 사실 앞에 마음의 큰 상처를 받은 것 같다. 예레미야는 자신의 내면 속에 감추어진 감정을 하나님 앞에 숨김없이 내보였다. 왜 악한 자들이 형통한 삶을 살고 있느냐는 것이었다. 하나님은 의로우신 분이신데, 하나님의 의로움과 모순되는 일들이 도처에서 일어나고 있는 현실을 선지자는 이해할 수가 없었다. 하나님 말씀을 선포하는 자신에게는 살해와 음모와 갖가지 핍박이 뒤따르는 반면에 자신을 죽이려는 악한 자들은 형통한 삶을 누리고 있는 까닭이 무엇이냐는 것이었다.

"주께서 그들을 심으시므로 그들이 뿌리가 박히고 장성하여 열매를 맺었거늘 그들의 입은 주께 가까우나 그들의 마음은 머니이다" 렘 12:2

여기에서 악인은 나무에 비유되고 있는데, 그 나무가 뿌리를 내리고 크게 자라서 열매를 맺게 된 것은 하나님께서 그 나무를 심으셨기 때문이라는 것이다. 그런데 이 악인들이 어떤 자들인가? 하나님을 섬기는 자들인데 그들의 입은 주께 가까이 있고 마음은 멀리 있는 자들이라고 하였다. 그런데 이런 자들을 하나님이 심으시고 자라게 하셨다는 사실이다. 예레미야의 갈등이 바로 여기에 있었다.

선지자는 하나님이 자신의 속 마음 까지도 감찰하시는 분이시라는 사실을 알고 있었다. 또한 악인들이 마지막에는 하나님 앞에 심판 당할 것도 알고 있었다.

"언제까지 이 땅이 슬퍼하며 온 지방의 채소가 마르리이까 짐승과 새들도 멸절하게 되었사오니 이는 이 땅 주민이 악하여 스스로 말하기를 그가 우리의 나중 일을 보지 못하리라 함이니이다."(렘 12:4)

악인들로 인해 남유다 땅이 하나님의 진노로 땅과 짐승과 새들까지도 멸절될 것이라는 사실 앞에 선지자는 탄식하고 있다. 더욱 안타까운 것은 악인들은, "선지자가 자신들의 나중을 보지 못하고 죽을 것이라"고 떠들고 있다는 것이다.

예레미야 선지자의 의문에 하나님은 직접적으로 대답하지 아니하시고 당시에 잘 알려진 격언으로 우회적인 답변을 하셨다.

"만일 네가 보행자와 함께 달려도 피곤하면 어찌 능히 말과 경주하겠느냐 네가 평안한 땅에서는 무사하려니와 요단 강 물이 넘칠 때에는 어찌하겠느냐" 렘 12:5

다시 말하면 고향 사람들에 의한 핍박은 기껏 사람과 달리기 하는 정도에 불과하지만 앞으로 닥쳐올 핍박은 마치 말과 달리기 시합을 하는 것과 같다는 의미이다. 즉, 지금과 비교할 수 없을 만큼 핍박이 요단강 물이 넘치듯이 예레미야에게 앞으로 찾아올 것이라는 말씀이다. 이것은 예레미야 선지자에게 마음을 굳게 먹고 더 큰 어려움에 대비하라는 말씀이었다.

때로 우리 하나님은 내가 묻는 질문에 직접적이고 확실한 대답보다는 그 모든 의문은 하나님의 주권을 믿고 하나님의 손에 맡기고 우리는 우리에게 닥쳐올 일에 믿음으로 잘 대응하며 살아내야 한다는 응답을 주시는 경우가 있다.

예레미야 선지자는 나중에야 결국 이스라엘이 망하고 하나님의 뜻이 선명하게 들어 났을 때 하나님의 마음을 다 이해할 수 있었다. 지금은 우리가 거울을 보는 것 같이 희미하지만 그날에는 모든 것이 확실히 들어 날 것이다. 주의 주권과 신실하심을 믿고 우리는 우리의 믿음 생활에 더욱 주의하며 주를 기쁘시게 하는 삶을 살아야 하리라. 아멘.

오늘의 본문 성경을 읽으시고 깨달은 점이나 기억하고 싶은 점 혹은 기도문을 기록합니다.

8월 11일

1년 1독 성경 읽기 꿀송이 보약큐티

예레미야 15장~17장

| 묵상자료 |

1. 마음의 부패 (렘 17:5~11)

"여호와께서 이와 같이 말씀하시니라 무릇 사람을 믿으며 육신으로 그의 힘을 삼고 마음이 여호와에게서 떠난 그 사람은 저주를 받을 것이라. 그는 사막의 떨기나무 같아서 좋은 일이 오는 것을 보지 못하고 광야 간조한 곳, 건건한 땅, 사람이 살지 않는 땅에 살리라 그러나 무릇 여호와를 의지하며 여호와를 의뢰하는 그 사람은 복을 받을 것이라 그는 물 가에 심어진 나무가 그 뿌리를 강변에 뻗치고 더위가 올지라도 두려워하지 아니하며 그 잎이 청청하며 가무는 해에도 걱정이 없고 결실이 그치지 아니함 같으리라" 렘 17:5~8

사막의 떨기나무는 잎이 없이 가지와 가시만 있다. 그것은 물이 없고 뜨거운 태양이 내리 쬐는 곳에 있기 때문이다. 그래서 그 나무는 별로 쓸 데가 없다. 시냇가에 심겨진 나무는 물을 많이 흡수하기 때문에 잎이 무성하고 많은 열매를 맺을 수 있다. 그 나무는 사람들에게 많은 유익을 준다. 무릇 사람을 믿고 육신으로 힘을 삼고 하나님을 떠난 사람은 사막의 떨기나무 같이 좋은 일을 보지 못할 것이고 건조한 사람이 살지 않는 땅에 살게 될 것이라고 했다. 하지만 하나님을 의지하는 사람은 물가에 심겨진 나무처럼 복될 것이라고 했다.

물질을 의지하는 자는 물질이 없어질 때 고통을 당한다. 사람을 의지하는 자는 사람이 상처를 줄 때 고통을 당한다. 우상을 의지하는 자는 그것이 원하는 것을 해줄 수 없다는 것을 알게 될 때 고통을 당한다. 그러나 하나님을 의지하는 자는 항상 변함없이 평안을 얻고 소망 가운데 살 수 있다. 그것은 물질과 사람은 가변적이고 하나님은 불변적이시기 때문이다. 사람은 지혜와 사랑과 능력이 한계가 있지만 하나님은 무한하시기 때문이다. 그래서 물질을 목적삼지 말고 사람을 믿지 말고 하나님과 하나님 말씀을 믿어야 한다.

예레미야 17:9에, "만물보다 거짓되고 심히 부패한 것은 마음이라 누가 능히 이를 알리요마는"이라고 했다. 만물보다 거짓되고 심히 부패한 것은 마음이다. '마음'은 사람의 의지의 좌소이다. 생각과 행동을 지배한다. 사람의 마음은 어떤 것보다도 더럽고 그것을 완전히 깨끗게 할 자가 없다. 예수님께서도 마가복음 7:21~23에서, "속에서 곧 사람의 마음에서 나오는 것은 악한 생각 곧 음란과 도둑질과 살인과 간음과 탐욕과 악독과 속임과 음탕과 질투와 비방과 교만과 우매함이니 이 모든 악한 것이 다 속에서 나와서 사람을 더럽게 하느니라"고 하셨다. 바울은 이를 육체의 소욕이라고 했다. 이것은 인간이 태어날 때부터 가지고 있는 죄성, 곧 육체의 욕망이다.

갈라디아서 5:19~21에, "육체의 일은 현저하니 곧 음행과 더러운 것과 호색과 우상 숭배와 주술과 원수 맺는 것과 분쟁과 시기와 분냄과 당 짓는 것과 분열함과 이단과 투기와 술 취함과 방탕함과 또 그와 같은 것들이라 전에 너희에게 경계한 것 같이 경계하노니 이런 일을 하는 자들은 하나님의 나라를 유업으로 받지 못할 것이요"라고 했다.

이 육체의 소욕은 성령의 소욕을 거스려 원하는 것을 하지 못하게 한다. 갈라디아서 5:17에 "육체의 소욕은 성령을 거스르고 성령은 육체를 거스르나니 이 둘이 서로 대적함으로 너희가 원하는 것을 하지 못하게 하려 함이니라"라고 말씀했다.

잠언 4:23에는, "모든 지킬 만한 것 중에 더욱 네 마음을 지키라 생명의 근원이 이에서 남이니라"고 했다. 이 육체의 소욕을 제어하기 위해서는 성령의 소욕을 따라야 한다. 갈라디아서 5:16에, "내가 이르노니 너희는 성령을 따라 행하라 그리하면 육체의 욕심을 이루지 아니하리라"고 가르쳐 주신다. 아멘.

오늘의 본문 성경을 읽으시고 깨달은 점이나 기억하고 싶은 점 혹은 기도문을 기록합니다.

8월 12일

1년 1독 성경 읽기 꿀송이 보약큐티

예레미야 18장~20장

| 묵 상 자 료 |

1. 바스훌의 핍박과 그에 대한 예언(렘 20:1~6)

남유다에게 하나님의 재앙이 임한다는 예언을 선포한 예레미야 선지자는 고향 아나돗 사람들에게만 핍박을 당한 것이 아니라 종교적으로 당시에 하나님의 성전의 총감독이었던 바스훌에게도 핍박을 당하였다. 바스훌은 예레미야를 때리고 그를 차꼬를 채워 성전의 어느 방 한 칸에 가두었다. 바스훌은 다음 날 예레미야를 풀어주는 회유책을 사용하였지만 예레미야는 자신의 사명을 조금도 굽히지 않고 예언의 말씀을 3가지로 선포하였다.

첫째는 바스훌의 이름이 바꾸어진 것을 선포하였다. 예레미야는 하나님이 바스훌의 이름을 "마골밋사빕"으로 바뀌어졌음을 선포하였다. "마골밋사빕"이라는 이름의 뜻은 "사방의 두려움"이란 의미를 가지고 있다. 이름이 바뀌었다는 것은 곧 사명이 바뀌어졌다는 것을 의미하기도 하는 것이다. 하나님의 성전의 총감독으로써 백성들에게 평안을 빌어주어야 할 제사장이 '사방의 두려움으로 벌벌 떠는 자'로 바뀌었다는 것이다. 그 두려움이 어떤 것인가? 자기는 물론이고 자기와 가까운 사람들이 모두 원수들의 칼에 죽임을 당하고 포로로 잡혀가거나, 그것을 목격하는 두려움이었다. 예레미야 선지자는 남유다를 멸망시키는 그 실체가 바벨론이라는 사실을 밝히고 있다. 그러나 성전의 총감독이었던 바스훌은 이러한 사실을 까맣게 모르고 있었다. 바스훌은 하나님이 우리와 함께 하시므로 절대로 이러한 재앙은 없을 것이라고 백성들을 거짓으로 가르쳤다.

예레미야와 바스훌이 다른 점은 무엇인가? 예레미야는 하나님 편에서 하나님 마음을 가지고 시대를 볼 줄 아는 자였다면 바스훌은 자신의 마음에서 자신의 유익을 위해 사명을 감당하는 자였다. 참 종과 거짓 종의 차이점은 종이 한 장 차이이다. 어떤 마음으로 나를 바라보고, 시대를 바라보는가의 차이이다. 진실로 하나님 말씀 안에서 오직 예수의 마음으로 시대를 바라보는 자들이 참된 종들이다.

둘째는 모든 보물을 바벨론에게 넘길 것이라는 것이다(렘 20:5). 옛날이나 오늘이나 거짓된 세력들이 가장 아끼는 것은 세상의 재물들이다. 하나님은 그들이 아끼던 그 보물들을 다 바벨론에게 빼앗기게 할 것이다. 거짓 복음의 특징 중에 하나는 물질주의로 흐르는 경향이다. 예수 믿는 자가 천국에 대해 소망을 두지 않고 이 땅의 것에 더 소망을 두고 살아가고 있다면 그 사람의 신앙은 가짜일 가능성이 농후하다. 당시에 거짓 종 바스훌의 재산은 얼마나 되었을까? 아마도 어마어마한 재물을 가지고 있었을 것이다.

셋째로 바스훌이 바벨론에서 죽을 것을 선포하였다. 바스훌만 포로가 잡혀가서 죽을 것이 아니라 그의 가족들과 바스훌의 거짓 예언을 들은 자들도 모두 그와 같을 것이라고 하였다. 하나님의 종들은 정신차리고 바른 사명을 감당해야 할 것이고 성도들도 정신 바짝 차리고 말씀을 분별해서 들어야 할 것이다. 우리가 아무 음식이나 마구 먹지 않듯이 하나님의 영적인 말씀도 아무 것이나 들어서는 안 된다. 요한계시록에서는 마지막 때에 거짓 종들이 전하는 말씀들이 쑥물이 되어 사람들의 영혼들을 죽일 것이라고 하였다.

"이 별 이름은 쓴 쑥이라 물의 삼분의 일이 쓴 쑥이 되매 그 물이 쓴 물이 되므로 많은 사람이 죽더라" 계 8:11

쑥물 같은 말씀을 먹으면 영적인 소경이 되고 영적인 귀머거리가 되고 강팍한 심령들이 되어 아무리 하나님 말씀을 들어도 깨닫지 못하게 되는 것이다. 남유다 시대에도 백성들이 예레미야가 전하는 하나님의 말씀을 깨닫지 못했던 것은 바스훌 같은 거짓 종들에게 미혹되어 영적인 귀머거리가 되었고 영적인 소경이 되었기 때문이었다.

오늘의 본문 성경을 읽으시고 깨달은 점이나 기억하고 싶은 점 혹은 기도문을 기록합니다.

8월 13일

1년 1독 성경 읽기 꿀송이 보약큐티

예레미야 21장~23장

| 묵 상 자 료 |

1. 땅이여, 땅이여, 땅이여, 여호와의 말을 들을지니라

눈물의 선지자 예레미야는 예레미야 22:21에서 예루살렘을 바라보며 이렇게 탄식한다.

"네가 평안할 때에 내가 네게 말하였으나 네 말이 나는 듣지 아니하리라 하였나니 네가 어려서부터 내 목소리를 청종하지 아니함이 네 습관이라" 렘 22:21

참 기가 막힌 습관도 다 있다. 유대 백성은 하나님의 목소리를 청종하지 않는 것이 어려서부터 습관이 되어 있었다. 그래서 예레미야 선지자는 땅이여, 땅이여, 땅이여 여호와의 말을 들으라고 세 번이나 외치며 피를 토하는 탄식을 내뱉고 있다. 그러면서 유다의 왕 여호야긴에 대해 무서운 심판의 예언을 한다. '네 자손 중 형통하여 다윗의 왕위에 앉아 유다를 다스릴 사람이 다시는 없을 것임이라'(렘 22:30)는 예언은 섬뜩한 저주이다. 시드기야가 여호야긴이 끌려 간 후 유다의 섭정자로 있었지만 실제적인 유다의 마지막 왕은 여호야긴이었다. 어려서부터 습관처럼 불순종하던 그들의 종말은 선지자의 경고 그대로 되었다. 성경은 지금의 우리 성도들에게도 말세의 징조를 미리 힌트를 주면서 최후 심판을 경고하고 있다. 우리는 등불 들고 신랑 되신 예수님의 재림을 기다리며 이 시대를 살고 있다. 슬기로운 다섯 처녀들처럼 은혜의 기름을 충분히 준비하여 신랑 되신 예수님 다시 오실 때 맞이하는 복된 자들이 되어야겠다.

2. 하나님의 말씀을 도둑질하다

예레미야 23:30에는 참 희한한 도둑이 등장한다. 돈이나 패물을 훔치는 도둑이 아니라 '하나님의 말씀'을 도둑질하는 강도들이 있다는 것이다. 그들이 누구일까?

"여호와의 말씀이라 그러므로 보라 서로 내 말을 도둑질하는 선지자들을 내가 치리라" 렘 23:30

그들은 이스라엘의 선지자들이었다. 예레미야서를 읽다 보면 수없이 거짓되고 악행을 일삼는 선지자들을 책망하시는 대목이 발견된다. 제사장과 선지자가 타락하면 그 나라는 막장임을 증명한다. 인류 역사에서 그 나라가 망할 때는 항상 징조가 나타나는데 마지막으로 종교지도자들이 타락하는 모습을 보여준다. 이스라엘과 유다도 똑같았다.

그들은 하나님의 말씀을 도둑질했다. 하나님이 하시지도 않으신 말을 자기들 맘대로 조작하여 '하나님의 엄중한 말씀이라'라고 백성들에게 선포했다. 범죄한 백성들을 따끔하게 질책하며 하나님께 이끌기는커녕 평안하다, 평안하다 하며 인간들의 비위를 맞추었다. 돈을 사랑하고 뇌물을 받고 재판을 굽게 했으며 심지어 선지자들이 음행을 저질렀다. 또 어떤 선지자들은 꿈을 꾸었다고 말하며 개꿈을 하나님의 말씀인양 전파하였다.

> "내 이름으로 거짓을 예언하는 선지자들의 말에 내가 꿈을 꾸었다, 꿈을 꾸었다고 말하는 것을 내가 들었노라" 렘 23:25

성경말씀을 제쳐두고 꿈이나 환상, 예언을 좋아하고 그런 것을 말씀보다 위에 두는 것을 하나님은 몹시 싫어 하신다. 예레미야서에 나타나는 대표적인 거짓 선지자는 하나냐와 시드기야와 스마야다. 하나냐는 하나님의 뜻과 정 반대되는 말을 백성들에게 하나님의 말씀이라고 전하면서 참 선지자인 예레미야를 오히려 거짓 선지자라고 덮어 씌웠다. 결국 하나냐는 하나님의 심판을 받고 죽었다. 바벨론에 포로로 잡혀 갔던 스마야 선지자는 예레미야의 예언이 적힌 편지를 바벨론에서 받고 예레미야의 말을 거짓이라고 공박하는 편지를 써 보낸 희한한 자인데 그의 악행으로 인해 하나님은 그의 자손을 모두 멸하셨다(렘 29:32).

오늘 우리가 사는 한국 교회의 목사님들과 선교지의 선교사들의 모습은 어떠한가? 훌륭한 목사님, 선교사님들도 많지만 그 중에는 조심해야 할 자들도 많이 섞여 있다. 자기 욕심과 명예심을 비전이라는 그럴듯한 이름으로 포장하여 야망을 채우거나 세습이나 교인들을 성폭행하는 등 불건전한 파행으로 물의를 일으켜 한국 교회에 먹칠을 하는 경우도 종종 있다.

말세에는 사람들이 귀가 가려워서 진리의 말씀을 싫어하고 솔깃하고 감각적인 것을 따라 우르르 몰려 다닌다. 얼마전 피디수첩이라는 시사 프로에 천주교의 나주 성모동산의 사기행각이 적나라하게 파헤쳐져 보도되었다. 하나님이 금하시는 우상숭배인 마리아상을 숭배하는 것도 모자라 마리아 상에서 피눈물이 난다고 자작극을 벌여 사람들을 현혹했는데 무지한 인간들은 지금도 수천 명씩 관광버스를 대절하여 그 기적의 현장을 찾는다고 한다. 말세에는 거짓 선지자들을 조심해야 한다.

오늘의 본문 성경을 읽으시고 깨달은 점이나 기억하고 싶은 점 혹은 기도문을 기록합니다.

8월 14일

1년 1독 성경 읽기 꿀송이 보약큐티

예레미야 24장~26장

| 묵 상 자 료 |

1. 한 마디도 감하지 말고 모두 전하라(렘 26장)

칼빈은 성경이 가는데까지 가고 성경이 멈추는 데서 멈추어야 한다고 했다. 사도 요한도 말하기를, "내가 이 두루마리의 예언의 말씀을 듣는 모든 사람에게 증언하노니 만일 누구든지 이것들 외에 더하면 하나님이 이 두루마리에 기록된 재앙들을 그에게 더하실 것이요, 만일 누구든지 이 두루마리의 예언의 말씀에서 제하여 버리면 하나님이 이 두루마리에 기록된 생명나무와 및 거룩한 성에 참여함을 제하여 버리시리라."(계 22:18~19)고 하였다. 하나님의 말씀을 더해서 전해서도 안 되지만 전해야 할 말씀을 전하지 않아서도 안 된다.

예레미야 선지자는 하나님 말씀을 가감하지 않고 전할 때 자신에게 찾아오는 아픔과 어려움이 어떤 것일지를 잘 알고 있었을 것이다. 그러나 예레미야는 자신의 개인적인 생각보다는 하나님 말씀을 온전히 전하는 것이 사명자의 본분임을 깨닫고 하나님 말씀을 그대로 선포하였다. 예레미야 선지자의 성전 설교는 앞서 예레미야 7장에서 있었다. 그때는 성전 문 입구에서 예언했었는데 예레미야 26장은 성전 뜰에 들어가서 예언하고 있다. 성전 설교를 할 때가 여호야김 초기였던 B.C. 608년으로 볼 때 남유다가 멸망 받기 전 약 22년 전임을 알 수 있다. 남유다가 진실로 선지자의 말을 듣고 회개할 수 있는 기간이 얼마든지 있었다는 것을 알 수 있다.

"내가 이 성전을 실로 같이 되게 하고 이 성을 세계 모든 민족의 저줏거리가 되게 하리라" 렘 26:6

실로는 이스라엘 백성들이 가나안 땅에 들어와서 처음으로 법궤를 모셔둔 곳이며 가나안 입성 초기에 예배 중심지였다. 그러나 주전 1050년에 블레셋과의 전쟁에서 패배한 후에 법궤를 빼앗기고 실로는 파괴되었다. 그로부터 실로는 예레미야 당시에도 폐허로 변해 있었다. 남유다 백성들이 회개하고 하나님께 돌아오지 아니할 때 그들이 그렇게 자랑하는 웅장한 예루살렘 성전이 자신들의 눈앞에 폐허로 변한 실로처럼 될 것이라는 선포였다. 예레미야 26:7에 보면 예레미야 선지자의 말을 제사장들과 선지자들과 모든 백성들이 들었다고 했다. 그러나 하나님의 말씀을 듣고 난 그들의 반응은 회개하는 모습이 아니라 예레미야 선지자를 죽이려고 했다.

"제사장들과 선지자들과 모든 백성이 예레미야를 붙잡고 말하기를 네가 반드시 죽어야 하리라" 렘 26:8

모세의 율법에 의하면 여호와의 이름으로 '거짓 예언'하는 것은 사형에 해당하는 죄목이었다. 그들은 예레미야 선지자가 거짓 예언을 하고 있다고 판단했다. 하나님이 임재하고 계시는 성전과 그 성전이 있는 예루살렘 성읍은 어떤 경우에도 파괴될 수 없다고 굳게 믿고 있던 그들에게는 여호와의 이름으로 성전 파괴를 예언하는 예레미야가 거짓 선지자로 보였던 것이다.

모든 사람들은 예레미야의 예언을 믿으려 하지 않았고 오히려 예레미야를 거짓 선지자로 죽이려고 했다. 우리의 영적 귀가 어두우면 아무리 하늘의 소리를 들려주어도 깨닫지 못한다. 오늘날도 예레미야 시대와 다를 바 없는 시대이다. 신천지를 비롯한 희한한 이단들이 날뛰는 시대이다. 주여, 우리의 영안을 열어 주소서! 아멘.

오늘의 본문 성경을 읽으시고 깨달은 점이나 기억하고 싶은 점 혹은 기도문을 기록합니다.

8월 15일

1년 1독 성경 읽기 꿀송이 보약큐티

예레미야 27장~29장

| 묵상자료 |

1. 앞이 캄캄한 절망 중에 희망의 빛으로 다가오시는 주님(렘 29장)

"만군의 여호와 이스라엘의 하나님께서 예루살렘에서 바벨론으로 사로잡혀 가게 한 모든 포로에게 이같이 이르노라 너희는 집을 짓고 거기 거하며 전원을 만들고 그 열매를 먹으라 아내를 취하여 자녀를 생산하며 너희 아들로 아내를 취하며 너희 딸로 남편을 맞아 그들로 자녀를 생산케 하여 너희로 거기서 번성하고 쇠잔하지 않게 하라 너희는 내가 사로잡혀 가게 한 그 성읍의 평안하기를 힘쓰고 위하여 여호와께 기도하라 이는 그 성이 평안함으로 너희도 평안할 것임이니라 만군의 여호와 이스라엘의 하나님이 이같이 말하노라 너희 중 선지자들에게와 점쟁이에게 미혹되지 말며 너희가 꾼 꿈도 곧이 듣고 믿지 말라 내가 그들을 보내지 아니하였어도 그들이 내 이름으로 거짓을 예언함이라 여호와의 말씀이니라 나 여호와가 이같이 말하노라 바벨론에서 칠십년이 차면 내가 너희를 권고하고 나의 선한 말을 너희에게 실행하여 너희를 이곳으로 돌아오게 하리라 나 여호와가 말하노라 너희를 향한 나의 생각은 내가 아나니 재앙이 아니라 곧 평안이요 너희에게 미래와 희망을 주는 것이니라 너희가 내게 부르짖으며 내게 와서 기도하면 내가 너희들의 기도를 들을 것이요,너희가 전심으로 나를 찾고 찾으면 나를 만나리라 나 여호와가 말하노라 내가 너희에게 만나지겠고 너희를 포로 된 중에서 다시 돌아오게 하되 내가 쫓아 보내었던 열방과 모든 곳에서 모아 사로잡혀 떠나게 하던 본 곳으로 돌아오게 하리라. 여호와의 말이니라 하셨느니라" 렘 29:4~14 아멘.

인생을 살다 보면 예기치 못한 먹구름이 몰려와 앞이 캄캄해지는 낙심의 순간이 누구에게나 한 번쯤은 닥쳐온다. 불행은 항상 예고편도 없이 갑작스럽게 덮친다. 2008년 10월 9일… 그 날은 나와 아내에게는 결혼 23주년이 되는 날이었다. 그날 아내는 아프리카 선교지에서 불과 몇 시간 전 미소를 지으며 설교하러 차를 타고 떠난 남편이 교통사고로 차가 전복되어 생사를 오가는 중상을 입었다는 비보를 들어야 했다. 갑자기 닥친 일이라 처음에는 온 몸이 떨려 사고현장을 달려 갈 힘도 없었다고 한다. 그 캄캄한 순간에 기도하던 아내에게 하나님은 예레미야 29장의 말씀을 생생하게 들려주었다고 한다.

"나 여호와가 말하노라 너희를 향한 나의 생각은 내가 아나니 재앙이 아니라 평안이요 너희에게 미래와 소망을 주는 것이니라" 렘 29:11

이 말씀이 레마처럼, 생방송처럼 자신의 심령에 울려 퍼졌을 때 희망이 생겼고 절망을 믿음으로 밀어내고 현장에 달려와 피투성이가 된 남편을 위로하며 담대히 기도해 줄 수 있었다.

이스라엘 백성들이 피눈물을 흘리며 고향산천을 등지고 낯설은 타국에 포로로 끌려가 고통당하고 있을 때 그 절망의 순간에 빛 같은 하나님의 말씀이 선지자 예레미야의 편지를 통해 그들에게 전달되었다. 울음을 그치고 한숨을 그만 쉬고 편한 마음으로 살라고 하셨다. 장가도 가고 농사도 짓고 하나님의 때를 기다리며 살다 보면 좋은 날이 반드시 그들에게 올 것이라는 말씀이었다. 언제 단 한 번이라도 하나님의 말씀이 틀린 적이 있었던가?

당신에게도 인생의 어느 날에 갑자기 천둥치고 폭풍우가 쏟아지는 날이 이르거든… 예레미야 29장을 꺼내 읽으시기를 권해 드린다. 하나님의 소망의 말씀을 반복해서 읽다 보면 갑자기 용기가 생긴다. 힘이 솟구친다. 하나님이 살아계시는데 왜 용기를 잃어야 하겠는가? 아멘.

오늘의 본문 성경을 읽으시고 깨달은 점이나 기억하고 싶은 점 혹은 기도문을 기록합니다.

1년 1독 성경 읽기 꿀송이 보약큐티

예레미야 30장~32장

| 묵 상 자 료 |

1. 부모와 같은 하나님의 마음

"그때에 그들이 다시는 이르기를 아비가 신 포도를 먹었으므로 아들들의 이가 시다 하지 아니하겠고 신 포도를 먹는 자마다 그 이가 심 같이 각기 자기 죄악으로만 죽으리라 나 여호와가 말하노라 보라 날이 이르리니 내가 이스라엘 집과 유다 집에 새 언약을 세우리라. 나 여호와가 말하노라 이 언약은 내가 그들의 열조의 손을 잡고 애굽 땅에서 인도하여 내던 날에 세운 것과 같지 아니할 것은 내가 그들의 남편이 되었어도 그들이 내 언약을 파하였음이니라 나 여호와가 말하노라 그러나 그날 후에 내가 이스라엘 집에 세울 언약은 이러하니 곧 내가 나의 법을 그들의 속에 두며 그 마음에 기록하여 나는 그들의 하나님이 되고 그들은 내 백성이 될 것이라. 그들이 다시는 각기 이웃과 형제를 가리켜 이르기를 너는 여호와를 알라 하지 아니하리니 이는 작은 자로부터 큰 자까지 다 나를 앎이니라 내가 그들의 죄악을 사하고 다시는 그 죄를 기억지 아니하리라 여호와의 말이니라" 렘 31:29~34

오늘 본문 속에는 여러 가지 새롭게 깨닫게 해주시는 말씀들이 적지 않다. 특히 새언약에 대한 내용도 언급되는 중요한 장이라 여겨진다. 예레미야 이전까지 아버지의 죄가 자식에게까지 영향을 미친다는 입장으로 말씀이 주어졌다. 그런데 예레미야에 와서는 아버지가 신포도를 먹었다고 아들의 이가 시다 할 수 없다고 말한다. 즉, 아버지의 죄에 대한 결과가 아들에게까지 이르지 않도록 하는 것에 대해서 말씀하고 있다는 것이다. 이는 하나님의 법이 시대를 따라서 달라진 것이 아닌가 하는 생각이 들게 된다.

그러나 그렇지 않다. 이것은 자식을 키워본 사람이라면 누구나가 이해할 수 있는 방식이다. 자식을 바르게 키우고자 하는 부모의 마음에는 변화가 없다. 그러나 바르게 자식을 키우는 방식에는 계속 변화가 있다. 자식이 어떤 큰 죄를 저지르기 전까지는 그 죄에 대한 결과를 좀 과장하게 된다. 왜냐하면 그래야 자녀에게 더 크게 각인되고, 그 죄 근처로 가지 않게 되기 때문이다. 법정적 교육이라기보다는 목양적, 교육적 지침이라고 볼 수 있다. 그러나 막상 자식이 그 죄를 지었을 때, 부모는 달라진다. 그 죄에 대한 과도한 벌까지 지지 않도록 한다. 그 자녀가 지은 죄에 대해서만 책임 질 수 있도록 하는데 최선을 다할 것이다. 법정적 의미에서만 죄의 책임을 따지게 된다.

하나님이 지금 이스라엘에게 부모이기 때문에 이와 같은 태도를 취하시는 것이다. 기준이 오락가락하는 부모가 아니시다. 자녀가 죄를 짓기 전과 죄를 지은 후에 대한 부모의 입장은 달라질 수밖에 없는 것이다. 이것은 부모가 되어 자녀를 키워본 사람은 누구나가 공감하는 논리다.

예레미야 31장에서 우리는 우리의 부모가 되시는 하나님의 진심을 발견하게 된다. 한 번 자기 백성들이 실패하는 것을 지켜보신 하나님은 이제는 새언약을 돌판이 아닌 백성들의 심령에 적으시겠다고 하신다.

성령이 오셔서 우리에게 하시는 중요한 일은 하나님의 말씀을 생각나게 하시고 깨우쳐 주시는 사역이다. 성령이 오시므로 예레미야를 통해 하신 본문의 예언은 놀랍도록 성취되었다. 아멘.

오늘의 본문 성경을 읽으시고 깨달은 점이나 기억하고 싶은 점 혹은 기도문을 기록합니다.

8월 17일

1년 1독 성경 읽기 꿀송이 보약큐티

예레미야 33장~35장

| 묵상자료 |

1. 부르짖어 기도하자!

성경은 하나님을 신뢰하는 사람을 통해서 하나님이 어떤 역사를 일으키시는지 보여주는 책이다. 한 사람 아브라함을 통해 하나님이 다스리시는 이스라엘 나라가 시작되었고, 한 사람 요셉을 통해 애굽과 세계가 가뭄으로부터 구원을 받았다. 한 사람 모세를 통해 이스라엘이 출애굽을 했고, 한 사람 사무엘을 통해 미스바 공동체가 하나님을 경험했다. 한 사람 다윗을 통해 하나님이 약속하신 모든 땅이 회복되었고, 한 사람 느헤미야를 통해 무너진 성벽이 재건되었다. 아무리 아담 한 사람으로 말미암아 온 세상이 죄로 가득하게 되었다 할지라도, 하나님께 순종하는 한 분 예수 그리스도로 말미암아 모든 인류가 사망권세를 깨뜨리고 구원을 얻게 하시듯, 오늘 믿음으로 부르짖는 한 사람으로 말미암아 회복의 역사를 일으키시고자 하는 것이다.

하나님이 쓰실 정도가 되려면 환경도 어느 정도 뒷받침이 되어야지 우리처럼 형편없는 환경에 있는 사람들이 무엇을 할 수 있느냐고 말하는 사람이 있다. 그러나 하나님만 신뢰하고 끝까지 부르짖어 기도하기를 쉬지 않는다면 하나님은 어떤 형편에 있다고 할지라도 역사를 일으키시는 분이시다. 이것을 잘 보여주는 것이 오늘 본문 말씀이다.

예레미야 선지자는 당시 유일하게 하나님과 교통이 열려 있는 선지자였다. 그런데 이 예레미야 선지자가 지금 어디에 있는가? 1절을 보면 예레미야 선지자가 시위대 뜰에 갇혀 있었다고 말한다. 시위대 뜰은 왕궁 안에 죄수를 감금하기 위해 설치한 감옥이었다.

이것이 당시의 영적 수준이었다. 나라는 바벨론에 망해버렸다. 민족의 희망이 다 끊어져버렸다. 하나님의 사람을 감옥에 넣어 두는 세상이니 무슨 소망이 있었겠는가? 바로 그때에 감옥에 있던 예레미야에게 하나님의 말씀이 임하였다고 한다. 하나님이 어떤 분이신가? 감옥을 뚫고 임하시는 분이시다. 인간이 만든 그 어떤 장애물도, 인간이 가진 그 어떤 제약도, 우리 하나님에게는 문제가 되지 않는다.

그렇다면 하나님은 이렇게 시위대 뜰 감옥 안에 있던 예레미야에게 무엇을 말씀하시고자 나타나셨을까? 하나님은 먼저 예레미야에게 자신이 누구이신지 분명하게 말씀하신다(렘33:2). 하나님이 누구이신가? "일을 행하시는 여호와, 그것을 만들며 성취하시는 여호와"이시다. 하나님은 예레미야가 지금 어떤 처지에 있는 것과 관계없이 반드시 일을 행하시는 분이시라고 말씀하시며 일을 만들고 성취하시는 하나님이시라고 선포하신다. 그리고 3절에서 하나님은 예레미야에게 명령을 하신다.

"너는 내게 부르짖으라 내가 네게 응답하겠고 네가 알지 못하는 크고 은밀한 일을 네게 보이리라."

아멘.

감옥에 갇혀 있던 예레미야에게 주신 명령이 무엇인가? 그것은 기도하라는 말씀이다. 부르짖으라는 명령이다. 오늘 우리도 마찬가지이다. 오늘 우리의 문제는 우리의 암울한 환경이 아니다. 오늘날 교회의 가장 큰 문제는 오늘 하나님의 백성들이 기도를 포기하는 것이다. 하나님은 오늘도 환경에 굴하지 않고, 살아계신 하나님께 엎드려 하나님의 이름을 부르는 사람을 찾고 계신다.

지금 우리나라는 더욱 기도할 때이다. 환경을 보고 포기하지 말자. 내가 기도할 때 나를 통해 나의 주변이 살게 된다. 이스라엘이 망한 것은 나라의 힘이 없어서가 아니었다. 하나님은 "이 땅을 위하여 성을 쌓으며 성 무너진 데를 막아서서 나로 하여금 멸하지 못하게 할 사람"(겔 22:30)을 찾다가 찾지 못했기 때문이라고 말씀하셨다.

존 낙스가 한 말처럼, "기도하는 한 사람이 기도 없는 한 민족보다 강하다"는 사실을 기억해야 할 것이다.

오늘의 본문 성경을 읽으시고 깨달은 점이나 기억하고 싶은 점 혹은 기도문을 기록합니다.

8월 18일

1년 1독 성경 읽기 꿀송이 보약큐티

예레미야 36장~38장

| 묵 상 자 료 |

1. 수난 당하는 선지자

예레미야 38장 이하를 읽으면 하나님의 귀한 선지자 예레미야가 얼마나 고생의 떡을 먹으며 험난한 수난을 당하는 지가 기록되어 있다. 그는 뚜껑이 덮인 웅덩이에 갇혀 며칠을 캄캄한 웅덩이 속에서 고문을 당하기도 했으며 걸핏하면 감옥에 갇혀 지냈다. 죄목은 자기 민족의 패망을 예언한다는 이유였다. 왕 앞에서도 왕의 잘못을 지적하고 회개치 않으면 멸망을 면치 못할 것이라고 하였으니 환영을 받을리 만무하였다. 더구나 친 애굽 정책을 선호하는 왕과 고관들에게 애굽을 따르면 망할 것이고 바벨론에게 항복하면 살 길이 있을거라고 줄곧 주장하는 바람에 더욱 핍박을 받게 되었다.

사실 그는 자기 의견이나 자기의 정치적 견해를 피력한 게 아니고 하나님이 그에게 주신 말씀에 의거하여 충직하게 하나님의 뜻을 전하였으나 그들은 예레미야의 말을 하나님이 주신 말씀으로 알아듣지 못했다. 그것이 그들의 불행이었다. 천금 같이 소중한 선지자가 그들 곁에 있었건만 무지한 그들은 참된 하나님의 사람을 알아보지 못했다. 타락한 그들이었기에 영적 안목을 갖출 수가 없었던 것이다. 지금도 복된 성도들은 참된 목자를 만난다. 그러나 신천지의 이만희나 하나님의 교회 안상홍 같은 인간들을 만나면 불행이다.

예레미야 선지자는 바벨론이 유다 나라를 완전히 정복했을 때에 평소 우호적인 바벨론 주의자라고 소문난 까닭인지 바벨론의 정복자들이 그에게 선대했다. 그러나 바벨론에 가서 좋은 조건으로 살 수 있는 안일한 삶을 거절하고 그는 남아있는 불쌍한 자기 백성들을 위해 끝까지 조국에 남아 하나님의 말씀을 백성들에게 전파했다. 남은 자들에게 애굽으로 가지 말고 고국에 남아 살라고 하나님의 뜻을 전했지만 그들은 바벨론에서 세운 총독 그다랴를 죽이는 반역을 일으키고 예레미야 선지자까지 강제로 끌고 애굽으로 내려가 버렸다. 예레미야는 애굽에 가서도 끝까지 진리의 말씀을 선포하는 일을 중단하지 않았고 애굽은 결국 바벨론에게 먹히고 바벨론도 나중 패망할 것을 예언하였다. 그의 일생은 하나님의 말씀을 사람 눈치보지 않고 담대히 전하는 삶으로 일관하였고 환경에 따라 타협하지 않았다. 오, 주님… 우리도 고난을 영광으로 알고 주를 섬기게 하소서! 아멘.

8월 19일

1년 1독 성경 읽기 꿀송이 보약큐티

예레미야 39장~41장

| 묵상자료 |

1. 시드기야의 최후

예레미야 39장은 예루살렘 성의 함락을 기록하고 있다. 하나님은 남쪽 유대인들과 그들의 지도자 시드기야 왕의 불순종을 마침내 벌하셨다(렘39:1~10). 시드기야는 위기가 닥쳐도 왕이니 도망칠 수 있을거라 생각했을 것이다. 그러나 바벨론 군사들이 밤 중에 도망가던 그를 추격하여 사로잡았다. 그리고 그의 두 눈을 뽑았다. 시드기야가 마지막으로 본 것은 자신의 두 아들의 처형 모습이었다. 그는 눈에 보이는 애굽의 힘과 우상들을 의지하고 살다가 결국 두 눈을 제거당하고 어둠 속에서 생을 마감하게 되었다. 그는 성경에, "너희 죄가 정녕 너희를 찾아 낼 줄 알라"(민 32:23)는 말씀을 나중에야 절실히 후회하며 깨달았을 것이다. 참된 하나님의 선지자 예레미야가 그토록 살 길을 제시해 주었건만 그는 끝끝내 하나님의 말씀을 무시하고 자기 생각에 옳은 데로 행동하다가 그런 비참한 최후를 맞이했다.

반면에 하나님은 선지자 예레미야를 환란 날에 안전하게 보호해 주셨다. 자유로운 몸이 되었을 때 예레미야는 안락한 삶을 포기하고 그의 백성들과 함께 조국에 남아 그들을 섬기기로 결심한다. 그는 진실로 선한 목자의 마음을 가진 하나님의 충직한 종이었다.

오늘 우리에게도 시드기야의 길과 예레미야의 길이 놓여 있다. 넓은 길과 좁은 길이다. 어느 길을 선택하며 인생을 살아갈 지는 전적으로 내가 결단해야 할 문제이다.

주님… 시드기야는 자신의 정치적 견해가 선지자의 말씀보다 더 옳다고 생각하고 고집을 부리다가 그토록 처참한 결말을 맞이하고 말았습니다. 오늘날도 정치를 교회에서 선동하는 거짓 선지자자들이 많이 있습니다. 오직 예수의 십자가 복음만을 전하는 한국 교회가 되게하여 주옵소서. 예수님의 이름으로 기도합니다. 아멘.

오늘의 본문 성경을 읽으시고 깨달은 점이나 기억하고 싶은 점 혹은 기도문을 기록합니다.

8월 20일

1년 1독 성경 읽기 꿀송이 보약큐티

예레미야 42장~44장

| 묵 상 자 료 |

1. 하나님은 그들을 왜 열흘 동안 기다리게 하셨나? (렘 42장)

예레미야 42:1~6까지는 요하난 군대장관과 그가 구출해 낸 유다 왕국의 잔류민들이 예레미야 선지자를 찾아와서 자기들이 나아갈 길을 알려 달라고 하나님께 기도해 주기를 요청한다. 그들이 하나님께 응답 받고자 했던 것은 그 땅에 잔류하는 것이 좋은지 아니면 안전한 애굽으로 피난가는 것이 좋은지 하는 것이었다.

예레미야 선지자는 그 부탁을 받고, 그들의 말대로 하나님께 기도하고, 응답을 받으면 조금도 숨김없이 알려주겠다고 약속을 한다. 그리고 십일이 지나서야 하나님의 응답이 그에게 임했다. 5절과 6절에 보면 무슨 말씀을 하시던지 하나님의 말씀대로 순종하며 따르겠다는 그들의 마음가짐과 결의가 가상하고 흠잡을 데 없어 보이는데 하나님께서는 왜 그 즉시 응답하지 않으시고 십일 동안이나 기다리게 하셨을까? 하나님께서 여호난 일행들에게 주신 하나님의 응답이 기록된 구절이 10절에서 12절까지 담겨있다.

> "너희가 이 땅에 여전히 거하면 내가 너희를 세우고 헐지 아니하며 너희를 심고 뽑지 아니하리니 이는 내가 너희에게 내린 재앙에 대하여 뜻을 돌이킴이니라 나 여호와가 말하노라 너희는 그 두려워하는 바벨론 왕을 두려워 말라. 내가 너희와 함께 하여 너희를 구원하며 그의 손에서 너희를 건지리니 두려워 말라 내가 너희를 긍휼히 여기리니 그로도 너희를 긍휼히 여기게 하여 너희를 너희 본향으로 돌려보내게 하리라 하셨느니라" 렘 42:10~12

하나님은 그들에게 애굽으로 내려가지 말고, 유다 땅에 머물러 정착하라고 하신다. 10절에 보면, "이는 내가 너희에게 내린 재앙에 대하여 뜻을 돌이킴이니라"라고 하시며 다시 긍휼을 베푸실 것을 약속하셨다. 이들에게 적용되는 말씀대로라면 바벨론에 포로로 끌려간 생명의 길을 택한 사람들보다 더 좋은 환경에서 거주할 수 있게 보장하신 것이다. "뜻을 돌이킴이니라"는 한 구절 속에 담겨있는 그 말씀의 무게와 그 중요성을 알아보는 사람에게는 복이요, 생명이지만 몰라보는 사람에게는 한낱 돼지목에 진주 목걸이일 뿐이었다.

그런데 어찌된 일인지 그들은 하나님의 말씀대로 순종하기를 거부했다. 참으로 안타까운 상황이 벌어진 것이다. 처음 그들이 예레미야에게 나아 와 겸손하게 하나님의 뜻을 물었을 때는 하나님이 무슨 지시를 하시던지 하나님의 말씀에 그대로 순종하는 삶을 살리라 결심하였지만 열흘이라는 기간이 지나는 동안 그들이 처음에 가졌던 각오와 결심은 홀연히 사라져 버렸다는 것이다.

결국 "열흘"이란 기간은 외식의 껍데기에 포장되어 있던 가면이 벗겨지고, 그들의 믿음 없고 완악한 참 모습이 실체화되어 드러나는 기간이었다.

우리는 예레미야 42장을 읽으면서 중요한 교훈을 받아야 한다. 그것은 작은 일부터 하나님 말씀에 순종하는 연습을 평소에 매일 계속 해야 한다는 것이다. 그런 연습을 충실히 해 두어야 목숨이 걸려있는 결정적인 순간이 다가왔을 때도 머뭇거리거나 주저하지 않고, 거침없이 하나님 말씀만 바라보고 과감히 내 운명을 그분 앞에 내 던질 수 있다는 것이다. 늘 하나님 말씀에 순종하는 것이 몸에 베어있지 않으면 에레마야 42장에 나오는 이스라엘 백성들 같은 어처구니없는 모습이 내 삶에 재현될 수 있음을 명심해야 한다.

오늘의 본문 성경을 읽으시고 깨달은 점이나 기억하고 싶은 점 혹은 기도문을 기록합니다.

8월 21일

1년 1독 성경 읽기 꿀송이 보약큐티

예레미야 45장~47장

| 묵 상 자 료 |

1. 바룩에게 하시는 하나님의 말씀(렘 45:1~5)

오늘의 본문은 예레미야의 서기요 그의 오랜 친구였던 바룩에 대한 하나님의 예언이다.

시간적으로는 44장보다 훨씬 전의 말씀이다. 여호야김 왕 제4년이니까 B.C. 605년에 있었던 말씀이다. 3절에 보면, "네가 일찍이 말하기를 화로다 여호와께서 나의 고통에 슬픔을 더하셨으니 나는 나의 탄식으로 피곤하여 평안을 찾지 못하도다"라고 기록되어 있다. 누구보다 경건하고 신실했던 하나님의 사람이요 예레미야의 소중한 동역자이며 서기관이었고 절친한 친구였던 바룩(축복받은 자)은 그의 이름만큼이나 집안 배경도 좋았다. 아버지도 동생도 고위관료였다. 그런 그의 신분이 그가 예레미야를 돕는데도 유리했다. 그런 바룩이었지만 하나님께 뭐라고 호소했는가? "화로다 여호와께서 나의 고통에 슬픔을 더하셨으니 나는 나의 탄식으로 피곤하여 평안을 찾지 못하도다"라고 했다. 그는 선지자를 통해 말씀하시는 하나님의 예언을 필기하면서 자기 조국 유다가 비참하게 망할 것이라는 사실로 인해 너무나 가슴 아파하고 슬퍼했다.

바룩의 이런 호소와 슬픔에 대해 하나님은 이렇게 말씀하셨다. 이것은 오늘 우리에게도 대단히 소중한 깨우침이다. 예레미야 45:4을 보자.

> "너는 그에게 이르라. 여호와께서 이와 같이 말씀하시기를 보라 나는 내가 세운 것을 헐기도 하며 내가 심은 것을 뽑기도 하나니 온 땅에 그리하겠거늘."

하나님이 모든 것을 주관하신다는 하나님의 절대주권을 강조하시는 말씀이다. 하나님은 우리에게 평안을 주기도 하시고 심판을 행하기도 하신다. 하나님이 언제 세우고 언제 허시는지, 언제 심으시고 언제 뽑으실 지는 전적으로 주님의 주권에 달려 있다.

요셉처럼 형들에게 이유 없이 배신을 당해도 거기에는 미처 내가 알지 못하는 하나님의 뜻이 있다. 노예로 팔려가도 하나님의 섭리가 있고, 억울한 옥살이를 해도 거기에 하나님의 뜻이 있다. 적어도 하나님의 판단에는 그게 다 필요하기에 그렇게 하시는 것이다. 하나님이 우리가 잘 되는 것을 싫어하셔서 고난을 주시는 게 아니다.

예레미야 45:5 하반절이다.

“네가 가는 모든 곳에서는 내가 너에게 네 생명을 노략물 주듯 하리라 여호와의 말씀이니라”

아무리 국가적 재난이 오고 위기가 와도 하나님이 세우신 종 예레미야를 도와 충성된 신앙을 보인 바룩은 하나님께서 책임지고 그 생명을 보호해 주시겠다고 위로하신다.

사실 바룩의 슬픔은 자신의 개인적인 위험 때문이 아니라 그의 조국의 패망을 인함이었지만 하나님은 유다를 심판하시기로 작정하셨기에 그 뜻을 돌이키지는 않으셨다. 그러나 바룩에게 이르신 말씀의 핵심은 하나님이 깊은 섭리를 가지고 개인이나 나라를 심거나 뽑거나 하시니 하나님의 선하심을 믿고 하나님의 뜻을 따르라는 메시지였다.

오늘날처럼 큰 위기와 혼란 속에 있는 우리 대한민국의 백성 된 우리에게 본문 말씀은 많은 교훈을 던져준다.

오늘의 본문 성경을 읽으시고 깨달은 점이나 기억하고 싶은 점 혹은 기도문을 기록합니다.

8월 22일

1년 1독 성경 읽기 꿀송이 보약큐티

예레미야 48장~50장

| 묵 상 자 료 |

1. 모압의 심판이 주는 교훈(렘 48장)

48장은 선민 유다와 직간접적으로 관계를 맺고 있던 주변 열방을 향한 예언이다. 그 중 모압에 대한 예언이 들어 있다. 모압은 사해 동편에 위치하고 있으면서 암몬과 더불어 아브라함의 조카인 롯의 자손의 나라로서 이스라엘과는 혈연적으로 매우 가까운 나라이지만 이스라엘 자손이 애굽에서 나와 가나안 땅으로 들어가려 할 때부터 이스라엘을 대적하며 역사 속에서 늘 적대적 관계로 일관하였을 뿐 아니라 우상 숭배의 관습을 이스라엘에게 전달하여 이스라엘로 하여금 극심한 신앙적 타락과 부패에 빠지게 하였던 나라이다. 1~10절은 안일함에 빠져 있는 모압이 당하게 될 파괴, 살육, 수치, 절규, 도주 등의 참상을 그리고 있고 11절~25절은 우상 숭배에 빠져 있는 모압이 당하게 될 심판을, 26절~34절은 교만함에 빠져 있는 모압에 대한 멸망을 예언하고 있다. 그리고 35~47절까지는 모압의 함락이 선포되고 있다.

7절을 보면, "네가 네 업적과 보물을 의뢰하므로 너도 정복을 당할 것이요 그모스는 그의 제사장들과 고관들과 함께 포로되어 갈 것이다"고 하였다. 여기에서 말하는 업적은 그들이 노동을 통해서 얻은 것들이다. 그리고 보물은 모압에 대한 심판을 다루는 본 장에서 종종 언급되는 것으로 그들이 지닌 부를 상징하는 것이다. 비옥하고 물이 많은 강을 중심으로 그들은 갖가지 생산품들을 많이 축적할 수 있었으며 막대한 부를 쌓을 수 있었다.

모압인들은 견고한 성채와 요새를 소유하였을 뿐만 아니라 풍족한 소득으로 인하여 막대한 부를 축적하고 있었고 그들은 자신들이 소유한 것에 대해 그것을 너무 맹신하여 자신들의 신과 같이 생각하였다. 그러한 부요와 그들의 우상 그모스가 그들을 영구히 지켜줄 거라 기대하고 있었지만 결코 그렇지 못했다.

11절을 보면 모압은 젊은 시절부터 평안하고 포로도 되지 아니하였으므로 마치 술이 그 찌끼 위에 있고 이 그릇에서 저 그릇으로 옮기지 않음 같아서 그 맛이 남아 있고 냄새가 변하지 아니하였도다고 하였다. 여기서 모압의 젊은 시절부터라는 말은 비교적 오래된 그들의 건국 초기부터의 예언이 선포될 당시까지를 지칭하는 말로 별다른 어려움이 없이 형통하고 풍요롭게 살 던 시간들을 말한다. 그들을 찌끼가 고스란히 남아있는 맛 좋은 술로 묘사하였다. 대개 맛이 좋은 술은 오랜 기간 숙성하여 술의 수면 위에 찌꺼기가 그대로 남아 있을 때라고 한다. 중요한 것은 이러한 술이 되기 위해서는 숙성이 될 때까지 그 술을 이 독에서 저 독으로 옮겨서도 안 되며 최적의 환경 가운데에서 온전하게 보전해야 맛 좋은 술이 빚어지게 된다고 한다. 그런데 하나님께서는 바로 모압이 이러한 술과 같은 자들이라고 하신 것이다. 그들은 이스라엘처럼 열국의 침략을 받은 것도 아니고 먹고 살 길이 없어서 굶어 죽는 나라도 아니었다. 오히려 반대로 고원지대에 위치한 요새를 이용해 철옹성처럼 국방을 강화하였고 비옥한 국토를 기반으로 풍족한 농축산물을 비축하여 넘치도록 풍요로운 삶을 영위하였다.

모압이라는 이방의 땅에 대한 심판 예언을 하던 예레미야는 그들이 이방 민족이고 하나님께서 택하지 않으신 백성이라고 해서 무덤덤한 반응을 보이지 않았다. 자신의 민족이 아님에도 불구하고 그는 모압의 심판 예언에 대해 눈물로 반응한다.

우리도 모압의 심판을 생각하면서 우리 안에 있는 죄에 대해서 심각하게 생각해 봐야 한다. 하나님이 죄를 얼마나 미워하시는지 그 죄로 말미암아 심판하실 수밖에 없으신 하나님을 생각하며 독생자를 우리 위해 내어 주셔서 우리의 죄를 대신 담당케 하시고 피흘려 십자가에 죽게 하신 하나님의 마음을 헤아려 보아야 한다. 우리 안에 있는 육신의 정욕들, 이생의 자랑들, 안목의 정욕들을 내어 놓고 회개해야 한다.

오늘의 본문 성경을 읽으시고 깨달은 점이나 기억하고 싶은 점 혹은 기도문을 기록합니다.

8월 23일

1년 1독 성경 읽기 꿀송이 보약큐티

예레미야 51장~예레미야애가 1장

| 묵 상 자 료 |

1. 예레미야애가는 어떤 책인가?

예레미야애가는 이스라엘의 장례식에서 많이 인용되는 책으로서 시온 딸의 죽음, 즉 예루살렘 성과 성전의 파괴됨을 통곡하며 탄식하는 노래이다. 오늘의 수난당하는 교회를 향한 탄식이며 동시에 하나님을 향한 회개의 고백이기도 하다. 패망한 조국에 대한 불평이 아니라 죄를 슬퍼하며 회개하면서 하나님의 긍휼을 구하는 노래이다.

"여호와의 인자와 긍휼이 무궁하시므로 우리가 진멸되지 아니함이니이다 이것들이 새로우니 주의 성실하심이 크시도소이다" 애 3:22~23

"여호와여 주는 영원히 계시오며 주의 보좌는 대대에 이르나이다. 주께서 어찌하여 우리를 영원히 잊으시오며 우리를 이같이 오래 버리시나이까? 여호와여 우리를 주께로 돌이키소서 그리하시면 우리가 주께로 돌아 가겠사오니 우리의 날들을 다시 새롭게 하사 옛적 같게 하옵소서" 애 5:19~21

바벨론에게 빨리 항복하고 도움이 안될 애굽을 의지하지 말고 차라리 포로로 잡혀가는 것이 낫다는 예레미야의 말을 들은 왕이나 백성들 모두 예레미야를 배신자요, 반민족적 매국노라고 오해하고 죽이려 했다. 그러나 그의 애가서를 읽으면 그가 실상은 얼마나 나라를 사랑한 애국자였는가를 확실이 알 수 있다. 정작 자신은 바벨론에 가는 것을 포기하고 조국에 남아 유다에 남겨진 초라한 백성들을 위해 하나님의 말씀으로 수종들었다. 그러면서 끌려간 자들을 위해서도 편지를 보내어 격려하며 위로하였던 참으로 충성되고 신실한 하나님의 종이었다. 하나님 눈에 넣어도 안 아플만큼 소중한 하늘나라의 일군이었다. 애가서 곳곳에서 선지자의 땅이 꺼질듯한 눈물 어린 탄식이 배어 나온다. '슬프다'라는 심정의 고백이 자주 등장한다. 애가서는 시편 119편처럼 히브리 알파벳 순서를 따라 5장 전체를 기록하고 있는 독특한 비탄의 시이다. 히브리 알파벳이 22개이므로 3장을 제외하고 모두 22절로 되어 있는 이유가 그것 때문이다. 3장도 66절로서 22개의 알파벳의 3배수이다. 지금은 예레미야처럼 우리 민족의 위기상황을 가슴에 품고 우리 그리스도인들이 모두 눈물로 기도할 비상시국이다.

8월 24일

1년 1독 성경 읽기 꿀송이 보약큐티

예레미야애가 2장~5장

| 묵 상 자 료 |

1. 옛적 같게 하옵소서!

애가서 마지막 부분은 선지자가 옛적 같게 해 달라는 간구를 하면서 끝을 맺는다. 이것이 예레미야의 마지막 기도였다.

> "여호와여 주는 영원히 계시오며 주의 보좌는 대대에 이르나이다 주께서 어찌하여 우리를 영원히 잊으시오며 우리를 이같이 오래 버리시나이까 여호와여 우리를 주께로 돌이키소서 그리하시면 우리가 주께로 돌아 가겠사오니 우리의 날들을 다시 새롭게 하사 옛적 같게 하옵소서" 애 5:19~21

이 말씀은 내가 고등학교 시절 학생신앙운동(SFC)을 하던 때, 동계수련회에서 은혜받은 주제의 말씀이기도 하다. 눈물에 젖어 민족의 패망을 슬퍼하던 선지자는 하나님께 자기 민족을 옛적 같게 해 달라고 간구한다. 옛적은 어떠하였는가? 선지자는 아마도 이스라엘 나라 통일 왕국시대의 융성을 마음에 생각하고 있었으리라. 성군 다윗 왕 시대를 추억하는 것이다. 다윗은 하나님의 마음에 합한 사람으로 사방 여러 나라를 정복하여 태평세월을 구축했고, 영적으로 성전건축까지 구상하고 하나님을 크게 기쁘게 했던 왕이었다. 그런 날이 다시 이스라엘에게 온다면 얼마나 좋겠는가? 현재는 어떠한가? 하나님 대신 우상을 섬기되 그것도 이방인들이 주로 섬기던 가증한 우상, 허무맹랑한 우상을 섬기는 패역을 저질러 하나님께 매를 맞고 버림을 당한 신세이다. 마치 부모 잃은 고아와 같고 남편이 없는 과부와 같다. 부녀들이 이방 오랑캐들에게 욕보임을 당하고, 높은 자들은 나무에 달려 죽임이 되며, 노인들은 멸시를 받고, 소년과 아이들은 무거운 짐을 져야 했으며, 나라가 망하여 기쁨이 없고 영광이 떨어져 남들에게 조롱을 당하며 종살이하던 상황이다.

이런 절망의 밤에 선지자는 다시 새롭게 하사 옛적 같은 은혜를 회복시켜 달라고 기도하는 것이다. 여기서 우리의 날을 다시 새롭게 하옵소서 한 것은 바벨론의 압제 하에 있는 유다 민족을 권고하여 광복(光復)의 새 시대를 주시라는 간절한 기도이다. 옛적을 그리워하는 마음은 회개하는 마음이요, 하나님을 갈망하는 마음이다. 영적 부흥의 때를 사모하는 마음이다. 우리 한국 교회에도 이러한 은혜가 임하기를 소원해 본다. 아멘.

1년 1독 성경 읽기 꿀송이 보약큐티

에스겔 1장~3장

| 묵상자료 |

1. 에스겔은 어떤 책인가?

에스겔은 제사장 가문 출신으로 2차 바벨론 포로 시기에 여호야긴 왕과 함께 잡혀 가서 바벨론의 그발강가에서 살았다.

그가 포로로 잡혀 간지 5년 후부터 예언 사역을 했는데 이때가 그의 나이 30세였다. 제사장의 직무를 시작할 수 있는 나이였다. 이 책은 바벨론에 잡혀 간 유다 자손들에게 주는 메시지이다. 또한 이방 여러 나라들을 향한 예언도 포함되어 있다. 하나님은 참으로 자비하신 아버지이시다. 자신을 배반한 집 나간 여인 같은 그 백성들이라 할지라도 포로 시기의 유대인들을 에스겔 같은 선지자를 세우셔서 말씀하시고 위로하시고 소망을 주시고 죄가 얼마나 무서운 결과를 가져왔는지를 끊임없이 교훈하시기 때문이다. 결국 포로로 잡혀가서 거기서 멸절되지 않게 하시고 다시 그루터기처럼 일어나 자기들의 조국으로 돌아와 훼파된 예루살렘 성전을 재건케 하시는 하나님은 정말로 고마운 아버지이시다. 선지자를 통해 말해보았자 그들이 완악하여 듣지 아니하는 고집 센 노새 같은 백성들이었지만 그들이 듣든지 아니 듣든지 계속해서 말씀하시는 하나님은 얼마나 신실하신가!

에스겔서는 환상도 많고 비유도 많아서 어려운 책으로 독자에게 다가온다. 구약의 계시록이란 별명이 붙을 정도이다. 그러나 다 이해할 수는 없지만 주시는 교훈은 많다. 다 이해하려고 욕심을 부리면 어려워진다. 안식년 때 한국에 머무는 동안 여러 교회에서 설교를 한 적이 있는데 목욕탕교회란 별명이 있는 서울의 우리들 교회라는 교회에 두 번 가서 주일 부흥회를 인도한 적이 있다. 그때 담임이신 김양재 목사님에게 인상 깊은 간증을 들었다. 젊은 나이에 갑자기 남편과 사별하고 고통 속에 지낼 때 너무나 삶이 고달프고 힘들었는데 우울증에 빠지지 않고 자살하지 않고 꿋꿋하게 버틸 수 있었던 힘은 바로 날마다 에스겔서를 큐티 하면서였다고 하셨다. 에스겔서를 매일매일 읽으며 노트에 자신의 큐티를 적고 그 말씀 붙들고 필사적으로 기도하면서 그 암울한 인생의 터널을 통과하였다고 하셨다. 목숨을 걸다시피 하고 큐티에 매달린 것 때문에 나중 하나님에게 쓰임 받았다고 김양재 목사님은 간증하셨다. 말씀 묵상이 이렇게 중요한 것이다. 나에게는 에스겔서가 참 어려운 책 같은데 이 책을 붙들고 그렇게 열심히 큐티를 하며 힘을 얻었다니 확실히 하나님의 말씀은 사람을 살리는 능력을 가지고 있음을 다시금 실감하게 된다.

2. 네 생물과 바퀴에 관한 환상

에스겔 1장을 펼쳐 읽자마자 우리는 네 생물과 바퀴의 환상 때문에 이 책이 어려워지기 시작한다. 그러나 설명을 듣고 나서 읽으면 조금은 쉬우리라 믿는다. 에스겔이 본 네 생물은 하나님의 일을 수종드는 하나님의 천사들에 관한 이상(vision)이었다. 그들은 하나님의 뜻을 위한 날개와 하나님의 일을 봉사하기 위한 손을 가지고 있었다. 그 생물들은 사람, 사자, 황소, 독수리의 얼굴을 가졌는데 그것들은 각각 지능, 용맹, 힘, 그리고 날으는 능력을 상징하는 것이다.

그들은 성령의 지시가 떨어지면 서로 밀접한 연락을 취하면서(날개가 서로 둘씩 이어져 있음) 번개 같은 기동력으로 그들의 직무를 수행했다. 바퀴의 이상(vision)은 이스라엘의 하나님 여호와께는 막강한 군대가 있어서 완벽한 기동력으로 하나님의 뜻을 수행한다는 것이다. 그것은 바벨론의 군사력에 주눅이 든 에스겔에게 하나님의 위대성을 보여주기 위함이었다.

그 바퀴가 땅에 닿아 있는 것(겔 1:15)은 하나님께서 이 세상 사건들에 깊이 관여하고 계신 것을 보여주며 바퀴 둘레에 눈이 가득한 것(18절)은 하나님께서 지상의 모든 사건을 일일이 다 보고 계시므로 그가 모르는 가운데 발생하는 일은 결코 있을 수 없다는 것을 가르쳐 준다.

생물의 머리 위에 있는 수정 같은 궁창과 생물들의 날개 소리를 통해서 에스겔은 전능하신 하나님 앞에는 세상의 모든 일들이 보잘 것 없다는 것을 깨달았다. 특히 많은 물소리와 군대의 소리와 전능자의 음성과도 같은 생물들의 날개 소리를 통하여, 그렇게 막강해 보였던 바벨론과 그 군대가 실상은 두려운 것이 아니라는 사실을 알게 된다. 아멘.

오늘의 본문 성경을 읽으시고 깨달은 점이나 기억하고 싶은 점 혹은 기도문을 기록합니다.

8월 26일

1년 1독 성경 읽기 꿀송이 보약큐티

에스겔 4장~6장

| 묵상자료 |

1. 에스겔의 행위 예언

에스겔은 390일을 좌편으로만 누워 자야 했다. 그리고 40일은 반대로 우편으로만 누워 자야 했다. 그날들은 북이스라엘과 남유다가 범죄한 햇수를 보여주는 것이었다. 하나님의 아픈 마음을 주의 종 에스겔만이라도 조금 실감해보라고 하나님은 그런 행동 예언을 명하신 것이었다. 그 14개월 동안 에스겔은 또한 정해 주신 조그마한 양의 음식만을 먹어야 했는데 그것은 패망 후에 예루살렘에 남은 사람들이 먹게 될 음식을 보여주는 것이었다. 그것도 사람의 똥으로 음식을 해 먹으라고 하셨지만 에스겔이 호소하여 쇠똥으로 대신할 수 있게 해 주셨다. 그 백성들이 당할 고통을 미리 시연해 보이는 퍼폰먼스였던 것이다.

거기에다가 머리털과 수염을 깍아야 했는데 이것은 유대인 남자 성인으로서는 아무도 하지 않는 특이한 풍습이었다. 머리털은 기근과 칼에 죽임을 당하거나 유배를 당하게 될 예루살렘 사람들을 상징하는 것이었다. 이와 같은 힘든 행위 예언을 에스겔 선지자는 순종함으로 감당했다.

몇해 전 나는 선교지 마다가스카르에서 외국인에게 돈을 노린 자해 공갈단 같은 자에게 느닷없이 길을 걷다가 뒤에서 자전거로 급습을 당하여 심하게 넘어지는 바람에 부상을 입었다. 아내가 집에 있는 파스를 있는대로 붙여주긴 했지만 시간이 갈수록 팔이 아프고 부어 왔다. 아무래도 뼈가 부러졌는지 병원에 가서 X레이를 찍어봐야 하는지 고민이 되었다. 원래 2008년의 선교지에서 당한 교통사고로 이미 뼈가 10군데나 부러진 경험이 있어 장애인이 된 나의 상태였기에 조그만 다쳐도 나는 힘들 수밖에 없었다. 그 괴한은 자기가 뒤에서 나를 자전거로 덮치고도 스스로 넘어진 후 죽겠다고 일어나지를 않았다. 사람들은 몰려들어 자기들 동족 편을 들고 경찰을 부른다 하며 협박을 하였지만 너희들 맘대로 해봐라 하면서 난 그냥 절룩거리며 집으로 돌아왔다.

선교가 아무리 힘들어도 앞서간 선지자들의 수고에 비하면 아무런 불평도 할 수 없을 것이다. 이사야, 예레미야, 에스겔 선지자들의 고통을 생각해 보면 오늘의 우리의 삶은 차라리 사치에 가깝다고 할 것이다.

8월 27일

1년 1독 성경 읽기 꿀송이 보약큐티

에스겔 7장~9장

| 묵 상 자 료 |

1. 혐오스러운 성전에서의 우상 숭배

에스겔 8장은 우리를 경악케 한다. 하나님께 예배드리기 위해 지어진 예루살렘 성전에서 가증한 우상 숭배가 자행되고 있었던 것이다. 이는 오늘날로 말하면 예배 시간에 교회당에 무당을 불러 놓고 불상을 가져와 염불을 외우고 있는 상황과 같은 것이다. 이런 해괴한 일들을 이스라엘 백성들이 자행했으니 하나님의 심정이 얼마나 기가 막히셨겠는가?

히스기야의 아들이었던 악명 높은 므낫세 왕이 예루살렘 성전 안 제단 문 어귀에 바알 우상을 세워 놓고 우상 숭배를 하였다. 하나님의 분노를 불러 일으키는 우상 숭배의 죄를 그들은 성전 앞에서 서슴없이 자행하였던 것이다. 심지어 성전 내에 70명의 장로들이 모여 비밀스러운 방을 만들어 놓고 우상을 섬겼다. 거기에서 행해진 우상숭배는 각양 곤충과 가증한 짐승과 모든 이방신들을 섬기는 것이었는데 특히 곤충과 짐승 우상은 애굽에서 배운 것이었다. 에스겔이 환상 가운데 본 또 다른 가증스러운 광경은 이스라엘 여인들이 성전 북문에 앉아 이방신 '담무스'를 섬긴 사실이었다.

담무스는 고대 바벨론 시대부터 숭배된 남신(男神)으로 여신 이슈타르와 함께 생산의 신으로 숭배되었다. 에스겔이 환상으로 본 그들의 우상숭배는 그뿐만이 아니었다. 성전 현관과 제단 사이에서 25명이 여호와의 전을 등지고 낯을 동으로 향하여 동방 태양에 경배하는 참람한 광경을 보았다. 이런 패악한 태양신 우상 숭배는 므낫세 왕 때부터 성행하여 예루살렘이 패망할 때까지 계속되었다. 동방 태양에 경배하던 25인은 24제사장 반열의 대표자와 대제사장을 포함한 숫자였을 것이다. 왕도 타락하고 백성들의 지도자들인 장로들도 타락하고 여자들과 제사장들까지 이토록 천인공노할 우상숭배에 빠졌으니 그들이 망하지 않은 것이 오히려 이상할 지경이었던 것이다.

오늘 우리 교회 안을 살펴보자.

교회에 다닌다고 하면서 무당을 찾아다니고 음행과 돈의 노예가 된 자들이 많다. 거짓말도 예사로 한다. 이것은 성전 안에서 우상을 숭배하여 하나님의 진노를 촉발했던 이스라엘 백성들과 똑 같은 모습이다. 한국 교회가 회개하지 않으면 우리에게는 소망이 없다.

8월 28일

1년 1독 성경 읽기 꿀송이 보약큐티

에스겔 10장~13장

| 묵상자료 |

1. 에스겔13:18의 해석

"이르기를 주 여호와의 말씀에 사람의 영혼을 사냥하고자 하여 부적을 모든 팔뚝에 꿰어 매고 수건을 키가 큰 자나 작은 자의 머리를 위하여 만드는 부녀들에게 화 있을찐저, 너희가 어찌하여 내 백성의 영혼을 사냥하면서 자기를 위하여는 영혼을 살리려 하느냐" 겔 13:18

언뜻 이 구절을 읽으면 무슨 뜻인지 이해하기가 어렵다. 위 본문은 당시 유다의 거짓 여선지자들의 행동인데 이것이 무엇을 의미하는가에 대해서는 대체로 두 가지 견해가 있다. 하나는 그들이 선포한 예언을 잘 설명하기 위해서 취한 행위라는 견해로 부적은 편안한 안식을, 머리의 '수건'은 자유와 승리를 상징하는 것이라고 보는 것이다. 또 다른 견해는 하나의 미신적인 행위라고 보는 견해인데 주술이 담긴 부적을 신의 지시를 받는 방편으로서 팔뚝에 달아 매고, 사람들의 머리에는 수건을 얹어 예언을 받을 준비를 시킨 것이라고 보는 견해이다(바울 성경 연구 씨리즈, 에스겔 p76에서 참고).

예레미야처럼 에스겔 선지자도 거짓 선지자들의 비리를 낱낱이 지적하고 그들이 받을 심판을 엄중히 경고한다. 우리가 사는 이 시대도 너무나 많은 거짓 선지들이 횡행하고 있다. 현재 아프리카에서도 각종 거짓 선지자와 이단들이 아프리카 교회를 바이러스처럼 병들게 하고 있다. 희한한 부흥사들이 여기저기 태형 텐트를 치고 사람들을 모아 부흥회를 한다. 심지어 사람들을 속이기 위해 서로 짜고 집회 중 사람을 쓰러지게 하고 죽은 척 한 다음 관에 집어 넣고 관에 안수하고 기도하여 그 사람을 살려내는 퍼포먼스를 한다. 무지한 청중들은 환호성을 지르고 가짜 목사에게 속아 헌금을 바친다. 물도 팔고 기름도 팔면서 거기에 강사가 안수하여 기도하였기에 능력이 있어 무슨 병이든지 낫는다고 속여 장사를 한다. 여호와의 증인들이 집집마다 전도하러 다니고 있고 시온주의라는 아프리카의 대표적 이단들이 뭇사람들의 영혼을 사냥하고 있다.

이런 혼돈스러운 아프리카 땅에서 오직 예수, 오직 성경을 부르짖으며 한국 선교사들이 분전하고 한다. 아프리카 대륙을 향한 한국 교회의 관심이 더 필요한 때이다.

8월 29일

1년 1독 성경 읽기 꿀송이 보약큐티

에스겔 14장~16장

| 묵상자료 |

1. 마음 속에 있는 우상들(겔 14장)

예루살렘 성전 안에 있던 가증한 우상들을 보았던(겔 8장) 에스겔 선지자는 이제 바벨론에 포로로 살고 있던 장로들의 마음 속에 있는 우상들을 보았다.

> "인자야 이 사람들이 자기 우상을 마음에 들이며 죄악의 거치는 것을 자기 앞에 두었으니 그들이 내게 묻기를 내가 조금인들 용납하랴 그런즉 너는 그들에게 말하여 이르라 나 주 여호와가 말하노라 이스라엘 족속 중에 무릇 그 우상을 마음에 들이며 죄악의 거치는 것을 자기 앞에 두고 선지자에게 나아오는 자에게는 나 여호와가 그 우상의 많은대로 응답하리니 이는 이스라엘 족속이 다 그 우상으로 인하여 나를 배반하였으므로 내가 그들의 마음에 먹은대로 그들을 잡으려 함이니라" 겔 14:3~5

하나님은 그들을 유다에서 바벨론으로 유배시키심으로 그들을 징계하셨다. 그러나 그 진노 중에도 자비를 베푸셔서 그들의 목숨을 살려두셨다. 그러나 그 모든 일에도 불구하고 그들은 회개하지 않았다. 그럼에도 선지자에게 하나님의 뜻을 물으며 영적인 사람들인 체 했다. 그러나 하나님은 그들의 속을 들여다보시고 그들의 죄악을 하나님의 종에게 알려 주셨다. 그래서 하나님은 그 당시라면 노아나 다니엘이나 욥이 와서 중보 기도해도 예루살렘의 완전 멸망을 구할 수 없을 거라고 하셨다.

우리 인간은 좀처럼 변하지 않는다. 우리 생각에는 죄 때문에 망하여 포로로 잡혀간 이스라엘의 장로들이라면 완전히 변하여 회개하고 새사람 될 것 같지만 실제는 그들은 변화되지 않았다.

우리 마음속에는 어떤 우상들이 남아 있는가 스스로 살펴보자. 그리고 그 죄들을 토설하고 주께로 돌이키자. 아멘.

오늘의 본문 성경을 읽으시고 깨달은 점이나 기억하고 싶은 점 혹은 기도문을 기록합니다.

1독 성경 읽기 꿀송이 보약큐티

에스겔 17장~19장

| 묵 상 자 료 |

1. 배신자 예루살렘의 가증한 죄악

"이르기를 주 여호와께서 예루살렘에 대하여 말씀하시되 네 근본과 난 땅은 가나안이요 네 아비는 아모리 사람이요 네 어미는 헷사람이라 너의 난 것을 말하건대 네가 날 때에 네 배꼽줄을 자르지 아니하였고 너를 물로 씻어 정결케 하지 아니하였고 네게 소금을 뿌리지 아니하였고 너를 강보에 싸지도 아니하였나니 너를 돌아보아 이 중에 한 가지라도 네게 행하여 너를 긍휼히 여긴 자가 없었으므로 네가 나던 날에 네 몸이 꺼린바 되어 네가 들에 버리웠었느니라 내가 네 곁으로 지나 갈 때에 네가 피투성이가 되어 발짓하는 것을 보고 네게 이르기를 너는 피투성이라도 살라 다시 이르기를 너는 피투성이라도 살라 하고 내가 너로 들의 풀 같이 많게 하였더니 네가 크게 자라고 심히 아름다우며 유방이 뚜렷하고 네 머리털이 자랐으나 네가 오히려 벌거벗은 적신이더라 내가 네 곁으로 지나며 보니 네 때가 사랑스러운 때라 내 옷으로 너를 덮어 벌거벗은 것을 가리우고 네게 맹세하고 언약하여 너로 내게 속하게 하였었느니라 나 주 여호와의 말이니라" 겔 16:3~8

에스겔 16장은 하나님을 배반하고 우상숭배에 빠진 이스라엘을 비유하여 남편을 배반하고 다른 남자와 관계를 맺는 음부라고 하였다. 버려진 핏덩이를 데려다가 돌보고 키워주었더니 나중 교만하여져서 하나님께 등을 돌린 유대 민족을 향한 하나님의 질투와 심판이 적나라하게 표현되어 있다.

처음 들에 버려졌던 아이는 이스라엘을 상징한다. 유대 민족이 어떻게 형성되었던가? 이스라엘의 초기 족장시대에 아브라함과 이삭과 야곱은 큰 세력도 없이 가나안에 얹혀 살았었다. 당시에 그들은 가나안의 패권을 쥐고 있던 아모리인들과 헷 사람들의 눈치를 볼 수밖에 없었고 외국인이요 나그네였다. 그들의 뿌리는 아직 견고하지 못했다. 그래서 본문 성경에 네 근본은 가나안이요, 아버지는 아모리 사람, 어머니는 헷사람이라 표현하였다. 그 속에서 시작된 이스라엘의 국가 형성 과정은 누군가 도와주지 않으면 안 되는 갓 태어난 유아의 경우처럼 매우 위태했었다. 아기가 태어났는데 탯줄도 자르지 아니하고 누군가 돌봐주는 이가 없었다는 것은 오직 여호와 하나님께서 인간들의 외부적인 도움이 없이 이스라엘을 키워내셨다는 것을 강조하는 표현이다. 그들은 나중 애굽에서 종살이하며 피투성이가 되어 울부짖었었다. 그 모습을 보고 아무도 도와주지 않았으나 하나님께서 그들을 바로의 폭정에서 보호해 주셔서 그들은 마침내 주님의 은혜로 들의 풀같이 많게 되었다. 제법 국가를 이룰 만큼 자랐다. 그러나 그들의 모습은 벌거벗은 사람처럼 제대로 틀을 갖추지 못하고 있었는데 하나님께서 모세를 통해 그들에게 율법을 주시고 나라의 기틀을 마련해 주셨다. 그리고 가나안 땅을 정복케 하시어 그들의 머리에 화관을 씌워 주시고 다윗 왕조를 세워주셔서 주변 나라들이 부러워하고 심지어 조공을 바칠 정도로 강대한 나라를 만들어 주셨다.

그러나 그들은 이때부터 자기 힘으로 그런 위업을 이룬 줄 알고 교만해지기 시작하더니 변질되어 하나님께 등을 돌리고 이방 나라의 신들을 바람난 여인처럼 음란하게 섬기고 애굽을 하나님처럼 의지하기 시작했다. 소돔, 고모라의 형제들이나 되는 것처럼 타락한 죄들이 이스라엘 전역에 난무했다. 몸을 파는 것을 직업으로 하는 여자들은 남자들에게 돈이나 선물을 받고 음행을 하지만 이스라엘은 오히려 자기들의 돈을 남자들에게 주어 가면서 음행을 행하였다고 하나님은 탄식하셨다. 불쌍하고 천한 그들을 하나님이 보호하시고 사랑과 정성으로 키워 놓았더니 그들은 바람난 여자처럼 남편을 배신하고 동네 여러 남자들과 음행을 저지르고 다니므로 하나님의 진노가 예루살렘에 임했다고 에스겔 16장은 신랄하게 고발하고 있다.

인간들이 무엇이관대 하나님은 배신당한 연인처럼 질투하시기까지 사랑하실까? 한 번 택하시고 사랑하시면 결코 변하지 않으시고 끝까지 언약을 지키시며 돌아보신다. 타락하여 배반하면 끝까지 추적하여 매를 때려서라도 돌이키게 하시고 결국은 독생자까지 보내셔서 말씀을 들려주신다.

나는 개인적으로 사랑하는 사람에게 배신을 제대로 당해 보지 않아 실감하지는 못하지만 애인에게 배신당한 하나님의 마음이 얼마나 쓰라리고 기가 막히셨을까 생각하면 하나님이 참 안되셨다는 생각까지 든다. 하나님은 자신의 찬송을 부르게 하시려고 이스라엘을 열국 중에서 자기 것으로 택하셨건만 그들은 나중에 우상에게 찬양을 돌렸다. 하나님의 영광을 나타내라고 그들에게 복을 주었더니 그들은 하나님께 받은 복을 우상의 제물로 갖다 바쳤다. 참 질이 나쁜 족속들이다. 그런 인간들을 완전히 멸절시키시지 않으시고 다시 회복시키시어 하나님을 다시 섬기게 하시는 주님의 사랑을 생각하면 그의 인자하심과 성실하심이 너무나 크고 놀라워 우리는 주님께 감사하지 않을 수 없다.

오늘의 본문 성경을 읽으시고 깨달은 점이나 기억하고 싶은 점 혹은 기도문을 기록합니다.

8월 31일

1년 1독 성경 읽기 꿀송이 보약큐티

에스겔 20장~22장

| 묵상자료 |

1. 여호와의 칼(겔 21장)

에스겔 21장 전체는 하나님의 심판의 칼로 인해 유다 왕국이 멸망하고 바벨론이 유다를 침공하며 시드기야가 비참한 최후를 맞는다는 내용이다. 덧붙여 암몬에게 내려질 완전한 멸망도 예언되었다. 일단 21장에 나오는 어려운 표현들을 공부해 두면 유익할 것이다.

♦ **내 칼**(겔 21:5) – '칼'은 이스라엘의 죄악을 심판하시는 심판의 도구를 말한다. 구체적으로는 B.C. 612년에 앗수르를 멸망시키고, B.C. 605년에는 갈그미스 전투에서 애굽을 격퇴하여 당대의 지배권을 장악한 바벨론을 말한다. '내 칼'이라고 하신 것은 하나님이 사용하시는 도구로 바벨론이 선택되었다는 의미이다.

♦ **내 아들의 규**(겔 21:10) – '내 아들'은 시드기야를 의미하고 '규'는 왕권을 상징한다. 같은 절에 나오는 모든 나무는 주변 국가를 상징하며 특히 가장 큰 강대국이었던 바벨론을 가리킨다. 시드기야는 시국을 잘 분별하지 못하여 바벨론을 업신여기다가 두 눈이 뽑히고 비참하게 끌려 갔다.

♦ **넓적다리를 칠지어다**(겔 21:12) – 극한 슬픔과 탄식을 표현할 때 나타내는 행위이다(렘 31:19). 가슴을 치는 행위보다 더 극한 상황에서 쓰는 표현이다.

♦ **랍바**(겔 21:20) – 당시 암몬의 수도였고, 현재는 요르단의 수도인 암만을 말한다.

♦ **화살들을 흔들어**(겔 21:21) – 이는 고대 근동 지역에 살던 사람들이 전투의 성공과 실패를 결정할 때 사용하는 일종의 점으로 화살을 화살통에 넣어 흔든 후 먼저 나오는 화살을 좋은 점괘로 선택했다.

♦ **희생제물의 간을 살핌**(겔 21:21) – 고대 근동 지역의 사람들은 피가 고여 있는 간을 생명이 거하는 장소로 생각하여, 제물을 신에게 드린 후 그 간의 색깔을 살펴보고 전투의 향배를 짐작하였다.

♦ **칼을 그 칼집에 꽂을지어다**(겔 21:30) – 암몬 족속에게 하는 말로, 바벨론의 침공에 대해 대적하지

말라는 뜻이다.

특별히 에스겔 21:3~4을 보면 여호와의 칼이 의인과 악인 모두에게 임할 것이라고 하는 말씀이 의미심장하다.

"이스라엘 땅에게 이르기를 여호와의 말씀에 내가 너를 대적하여 내 칼을 집에서 빼어 의인과 악인을 네게서 끊을지라. 내가 의인과 악인을 네게서 끊을 터이므로 내 칼을 집에서 빼어 무릇 혈기 있는 자를 남에서 북까지 치리니" 겔 21:3~4

사실 이스라엘과 유다가 타락하여 하나님의 분노를 촉발하므로 그들이 이방족속에게 삼킨바 되었지만 그 나라가 망하여 백성들이 죽고 혹은 포로로 끌려 갈 때 그 모든 백성들이 모두가 다 악한 자만 있는 것은 아니었다. 그 중에는 에스겔이나 예레미야 그리고 다니엘 같은 출중한 하나님의 사람들도 섞여 있었다. 그러나 그러한 의인들도 함께 망하는 운명을 피하지는 못하였다. 국가는 공동 운명체이다. 다니엘 같은 믿음의 사람도 포로가 되어 끌려 갔다. 그래서 나만 의로운 것이 중요한 것이 아니라 민족 공동체가 하나님 앞에서 바로 서는 것이 중요한 것이다.

조국 대한민국을 위해 우리가 날마다 기도해야 할 이유가 여기에 있다.

오늘의 본문 성경을 읽으시고 깨달은 점이나 기억하고 싶은 점 혹은 기도문을 기록합니다.

9월 1일

1년 1독 성경 읽기 꿀송이 보약큐티

에스겔 23장~25장

| 묵 상 자 료 |

1. 오홀리바를 고친 충격요법(겔 23장)

에스겔 23장은 역사적으로 볼 때에 설교자들이 가장 설교를 하지 않은 본문 중 하나이다. 그 이유는 내용이 어려워서가 아니라 표현이 적나라해서 회중 가운데서 봉독하기가 민망하기 때문이다. 디모데후서 3:16을 보면 "모든 성경은 하나님의 감동으로 된 것으로 교훈과 책망과 바르게 함과 의로 교육하기에 유익하다"고 기록되었다. 에스겔 23장도 성도들을 교훈하고, 책망하고, 바르게 하고, 의로 교육하기 위해서 성령의 감동으로 기록된 말씀이다. 때로는 민망한 표현이 나올지라도 그러려니 하고 읽어야 한다.

에스겔 23장의 이야기는 애굽 땅에서 시작한다. 애굽 땅에서 한 여인이 두 딸을 낳았다. 그런데 두 딸은 어려서부터 행실이 단정치 못했다. 에스겔 23:4에 보면 그 언니의 이름은 오홀라이며, 동생은 오홀리바이다. 오홀라는 북왕조 이스라엘을 상징하며, 오홀리바는 남유다를 상징한다. 어려서부터 행실이 단정치 못한 두 자매를 하나님이 자신의 소유로 삼으셨다. 아내로 삼으셨다는 것이다. 그런데 두 자매의 행실은 이렇게 훌륭한 남편을 만나고 자녀를 낳은 후에도 변함없이 간음을 행했다. 그래서 남편 되신 하나님이 진노하셨다. 그들과 연애하던 이방 남자들은 사랑이 변하여 미움이 되어 오홀라를 죽이고 오홀리바를 고통 주며 심문하는 존재가 되었다.

북왕국 이스라엘은 백성들이 하나님께 예배하기 위해서 예루살렘으로 가는 것을 두려워했다. 여로보암은 이것을 싫어하여 금송아지 두 개를 만들어 단(이스라엘의 북쪽)과 벧엘(남쪽)에 하나씩 놓고 산당을 만들고 레위 사람이 아니 다른 사람들을 제사장으로 임명하고, 절기도 비슷하게 만들어 '짝퉁종교'를 만들었다. 하나님을 섬긴다고 하면서 사실은 제멋대로 종교를 만들어 낸 것이다. 그래서 북왕국은 제멋대로 장막을 짓고, 종교를 만들었다고 그 이름을 오홀라(그녀의 장막)라고 붙이게 된 것이다.

르호보암은 유다와 베냐민 두 지파만을 모아 남왕국 유다를 형성했다. 남왕국 유다의 수도는 예루살렘이었다. 예루살렘에는 하나님의 성전이 있었다. 레위인들이 제사장이었고, 하나님 말씀을 따라 절기를 지켰다. 그래서 신앙생활을 올바로 하려고 하는 사람은 예루살렘 남쪽으로 몰려들었다. 그러므로 남 왕국을 '나의 장막이 그녀 안에 있다' 의미인 오홀리바로 이름을 지은 것이다.

에스겔 23장의 구조는 단순하다. 1~10절까지는 오홀라의 죄이고 11~21절까지는 오홀리바의 죄이다. 22~49절까지는 두 자매를 하나님이 심판하는 내용이다.

오홀리바는 언니 오홀라 보다 자신이 훨씬 의롭다고 생각하는 자만심에 빠져 있었다. 오홀리바는 큰 착각을 하고 있었다. 예수님 당시에도 남왕국 유다 사람들은 사마리아 사람들을 멸시했다. 에스겔이 예언할 당시에도 마찬가지였다. 남왕국 유다는 예루살렘에 성전이 있고 다윗에게 주신 하나님의 언약이 있고, 다윗의 후손들이 왕조를 지키고 있고, 레위인들이 제사장이고 하나님의 말씀에 따라 절기를 지키고 있었다. 경건의 모양은 모두 갖추고 있었지만 경건의 능력은 없었다.

오홀리바는 연애하던 바벨론에 침공을 받아 멸망당했다. 에스겔 23:22이다.

"그러므로 오홀리바야 나 주 여호와가 말하노라 내가 너의 연애하다가 싫어하던 자들을 격동시켜서 그들로 사방에서 와서 너를 치게 하리니"

우리는 오늘 누구와 연애하고 있는가? 세상인가? 하나님인가?

오늘의 본문 성경을 읽으시고 깨달은 점이나 기억하고 싶은 점 혹은 기도문을 기록합니다.

1독 성경 읽기 꿀송이 보약큐티

에스겔 27장~28장

| 묵 상 자 료 |

1. 두로에 대한 애가(겔 7장)

에스겔 7장부터 많은 부분을 할애하여 두로와 시돈에 대한 심판을 선포한다. 두로는 당시 지중해에서 동서남북을 연결하는 가장 중요한 무역 도시로서 그 성을 중심으로 매우 부요하며 강성한 나라를 형성하고 있었다. 그들은 스스로를 온전히 아름답다고 자찬했다. 두로는 마주 대하는 섬이 있었고 그 섬이 더 중심이었는데 "네 땅이 바다 가운데 있음이여(겔 7:4)"라고 말씀하신 것과 같다. 두로를 세운 자들은 그 아름다움을 긍지로 여기며 부요한 물질로 아름답게 꾸미는데 열중했다고 한다.

당시 두로의 영광은 실로 찬란했다. 그들은 스닐(헤르몬 산)의 잣나무 판자로 배를, 레바논의 백향목으로 돛대를, 바산의 오크나무로 노를, 깃딤섬의 회향목으로 상아 갑판을, 애굽의 수놓은 베로 돛을 만들어 깃발을 삼았고, 엘리사 섬의 청색, 자색 베로 차일(갑판 위의 천막)을 만들었다. 시돈과 아르왓 사람들은 뱃사공들이었고, 두로의 박사들은 선장들이었고, 그발의 노인들은 배의 틈을 막는 자들이었고, 바사와 룻과 붓 사람들, 또 아르왓 사람들은 두로의 병사들이었고, 그들은 방패와 투구를 갖추었다.

두로는 당시에 세계적 무역 항구이며, 거기에는 다시스의 은과 철과 주석과 납, 야완과 두발과 메섹의 노예들, 놋그릇들, 도갈마의 말들과 전마(戰馬)들과 노새들, 드단의 상아와 흑단, 아람의 남보석, 자색 베, 수놓은 것, 가는 베, 산호, 홍보석, 유다와 이스라엘의 밀, 꿀, 기름, 유향, 다메섹의 포도주, 흰 양털, 단의 백철, 계피, 창포, 드단의 짐승을 탈 때 까는 담요, 아라비아와 게달의 어린양, 숫양, 염소, 수바와 라아마의 각종 고급 향재료와 보석과 황금, 간네, 에덴, 스바, 앗수르, 길맛의 청색옷, 수놓은 물품들 등 없는 것이 없을 정도로 부요하고 화려한 해양국가였다. 그러나 이렇게 풍부하고 부요하고 강성했던 두로가 속절없이 멸망할 것이라고 에스겔은 선포한다. 본 장의 교훈은 우리의 현재의 부요와 영광이 아무리 두로와 시돈처럼 크다 할지라도 우리가 범죄하고 교만하여 하나님과 대적이 되면 다 멸망할 수밖에 없다는 것이다. 이 애가대로 두로는 오늘날 그 영광의 흔적이 없고 6천 명 정도의 사람들이 사는, 그물 말리는 빈곤한 어촌에 불과하다고 한다.

9월 3일

1년 1독 성경 읽기 꿀송이 보약큐티

에스겔 29장~32장

| 묵 상 자 료 |

1. 애굽을 위한 애가(겔 29장)

에스겔 29장~32장 네 장에 걸쳐 성경은 애굽의 멸망에 대해 길게 예언하고 있다.

하나님은 애굽의 패망에 대한 슬픈 애가를 지어 여러 나라 여자들이 구슬프게 그 노래를 부르게 하셨다(겔 32:16). 애굽은 당시의 많은 나라들이 사자처럼 용맹하고 약소국을 보호해 줄 존재로 여겼으나 하나님의 평가는 달랐다. 그들이 사자가 아니라 큰 악어라고 하셨다(겔 32:2). 이 큰 악어가 강을 휘저어 강을 더럽게 하였는데 함께 사는 다른 물고기들에게 큰 피해를 입혔다. 이는 애굽의 우상숭배가 주변국에 영향을 미쳐 다른 나라들까지 더럽힌 것을 말하는 것이다.

그들은 한때 레바논의 백향목 같이 번성하기도 하였다. 그러나 하나님은 애굽왕의 두 팔을 사정없이 꺾어 버리셨다. 바벨론 왕의 팔은 들어주고 바로의 팔은 꺾어 버리셔서 결국 바벨론에게 패퇴하게 만드셨다. 하나님이 내 팔을 들어 주시는냐, 꺾어 버리시느냐는 내 운명을 결정한다. 복싱 경기를 마치고 심판이 양 선수의 손을 잡고 있다. 누구의 손이 올라가느냐가 승패를 나타낸다. 이와 같이 하나님은 우리의 손을 잡고 계신다. 내 손을 올려주시면 나는 인생의 승자가 된다. 그러나 하나님이 내 팔을 내리시면 나는 패자의 삶을 피할 수가 없다. 뭇 나라와 모든 인생의 흥망성쇠가 하나님의 의중에 달려 있는 것이다. 애굽은 이전의 강국 앗수르가 망한 것처럼 망하게 될 것이라고 에스겔은 예언한다. 앗수르가 망하여 음부로 내려간 것처럼 그들도 구덩이로 내려 갈 것이다.

"나 주 여호와가 말하노라 그가 음부에 내려가던 날에 내가 그를 위하여 애곡하게 하며 깊은 바다를 덮으며 모든 강을 쉬게 하며 큰 물을 그치게 하고 레바논으로 그를 위하여 애곡하게 하며 들의 모든 나무로 그로 인하여 쇠잔하게 하였느니라 내가 그로 구덩이에 내려가는 자와 함께 음부에 떨어뜨리던 때에 열국으로 그 떨어지는 소리를 인하여 진동하게 하였고 물 대임을 받은 에덴의 모든 나무 곧 레바논의 뛰어나고 아름다운 나무들로 지하에서 위로를 받게 하였느니라 그러나 그들도 그와 함께 음부에 내려 칼에 살륙을 당한 자에게 이르렀나니 그들은 옛적에 그의 팔이 된 자요 열국 중에서 그 그늘 아래 거하던 자니라 너의 영화와 광대함이 에덴 모든 나무 중에 어떤 것과 같은고. 그러나 네가 에덴 나무와 함께 지하에 내려갈 것이요 거기서 할례 받지 못하고 칼에 살륙 당한 자 중에 누우리라 이들은 바로와 그 모든 군대니라. 나 주 여호와의 말이니라 하라" 겔 3 1:15~18

애굽이 망하여 그 백성들이 죽어 지옥에 떨어 졌는데 미리 지옥에 와 있던 이전에 망했던 주변 나라들의 영혼들이 지옥에서 위로를 받았다고 한다. 왜냐면 그 막강하던 애굽도 결국은 망하여 자기들이 있는 음부에까지 내려오니 그것을 보고 위로를 받는다는 것이다. 당시 음부 즉, 지하 구덩이 지옥으로 떨어진 나라들은 애굽뿐만 아니라 앗수르, 엘람, 메섹과 두발, 에돔, 시돈 등의 나라가 성경에 언급되어 있다. 모두 애굽 이전에 교만하여 망했던 나라들이다. 그들이 지옥에서 서로 마주쳐 보면서 서로를 인해 조금의 위로를 받는다는 게 불쌍하다. 나만 지옥 온 게 아니구나… 하는 것이 그들에게는 조금의 위로는 될지 모르겠지만 천국 가는 것에 비교할 수가 있겠는가? 지금도 예수 믿고 천국 가자고 사람들에게 전도하면 완악한 사람들은 복음을 거절하면서 혹시 지옥이 있다고 해도 나만 지옥 가는 것이 아닐 테니 괜찮다고 스스로를 위로하며 멸망길에서 나오려 하지 않는다.

그런데 이 애굽의 패망의 애가를 읽으면서도 우리가 놓치지 말아야 할 것은 모든 열국이 다 음부로 떨어졌어도 '이스라엘의 멸망'에 대해서는 단 한 번도 음부로 떨어졌다고 기록되어 있지 않다는 것을 기억할 필요가 있다. 이는 이스라엘의 죄악이 그들보다 적다거나 그들에게 선한 모습이 조금이라도 남아 있어서가 결코 아니다. 순전히 '하나님의 언약을 받은 백성'이라는 점 때문임을 명심해야 한다.

우리가 천국에 이를 때 내가 남보다 착해서가 아니라 순전히 예수님의 보혈의 공로 때문임을 잊으면 안되는 것이다. 왜 하나님은 애가를 지어 애굽의 패망에 대한 슬픈 노래를 부르게 하셨는가? 그것은 애굽이 불쌍하기 때문에서가 아니었다. 슬픔의 노래는 사람들의 마음을 움직인다. 열국의 여인들이 하나님의 징계를 받아 망한 애굽의 애가를 부를 때 하나님의 백성들에게 이 노래는 무서운 교훈이 될 것이기 때문이었다.

오늘날 하나님을 알지 못하는 세상 사람들이 인생의 허무함과 속절없음을 노래할 때 그것을 듣는 우리 그리스도인들은 어떤 교훈을 받는가? 아~! 하나님이 마음에 없으니 저들이 저런 노래를 부르는구나 하고 우리는 그들에 대한 연민의 정을 갖고 그들에게 복음을 전해야겠다는 소원을 품게 된다. 어쨌든 애굽의 슬픈 노래를 지어 부르게 하신 하나님은 그 노래를 듣는 모든 자들에게 인생의 허망함과 하나님의 영원성을 생각케 하시려는 의도가 있으셨다.

오늘의 본문 성경을 읽으시고 깨달은 점이나 기억하고 싶은 점 혹은 기도문을 기록합니다.

9월 4일

1년 1독 성경 읽기 꿀송이 보약큐티

에스겔 33장~35장

| 묵상자료 |

1. 나 여호와가 거기 있었느니라(겔 35장)

에스겔 35장은 이스라엘의 원수인 에돔의 멸망을 예언하고 있다. 그런데 에스겔 35장에 에돔의 멸망이 처음 나오는 것이 아니고 에스겔 25장에도 이미 에돔의 멸망이 예언되어 있다(겔 25:12~13). 에돔의 남쪽인 데만에서부터 북쪽 끝인 드단까지 황무지가 되리라고 예언한다.

에서의 후손인 에돔은 아말렉과 함께 구약시대의 하나님의 백성인 이스라엘의 최고의 원수였다. 우리는 에스겔 35장을 읽으면서 한 가지 질문이 떠오른다. '에스겔 25장에서 이미 에돔의 멸망이 예언되었는데 왜 에스겔 35장에서 또 언급하는가?' 하는 것이다. 에스겔 33장 이후의 주제는 이스라엘을 회복시키겠다는 것인데 왜 에돔의 멸망을 이스라엘의 회복을 말씀하는 가운데 끼어 넣어 다시 언급하는 것일까? 답은 에돔의 멸망과 이스라엘의 회복을 비교하는데 목적이 있다. 즉, 이스라엘도 죄를 지었고 에돔도 죄를 지었지만 에돔은 영원히 황무하여 회복되지 않고 이스라엘은 심판을 받아도 회복이 된다는 것을 비교하고자 하는 것이다.

에돔은 한때 이스라엘과 유다가 망해서 그것이 자기 차지가 되었다고 좋아했었다. 에스겔 35:10이다.

"네가 말하기를 이 두 민족과 이 두 땅은 다 내게로 돌아와서 내 기업이 되리라 하였도다 그러나 나 여호와가 거기 있었느니라"

이 본문에서 두 민족은 이스라엘과 유다이다. 이스라엘과 유다가 망했을 때 그들은 좋아하며 자신들의 기업으로 삼으려고 획책하였다. 그러나 그때에 그곳에 하나님이 계셔서 그 말을 모두 듣고 있었다. 그들이 한 말은 하나님을 대적하는 말이었다. 왜냐하면, 큰 자가 작은 자를 섬기겠다고 하나님은 말씀하셨기 때문이다. 그런데 에돔은 오히려 하나님이 틀렸다고 대들었다. 에스겔 35:13이다.

"너희가 나를 대적하여 입으로 자랑하며 나를 대적하여 여러가지로 말한 것을 내가 들었노라"

그래서 하나님은 에돔에 대한 심판을 말씀하시며 영원히 일어나지 못할 것이라고 선언하셨다(겔 35:4,6,9). 에돔은 바벨론의 느부갓네살 왕에게 결정타를 맞고, 헬라 제국의 알렉산더 대왕에게 정복당해 망했다. 그리고 에돔은 하스모니안 왕조 때에 모두 할례를 받고 이스라엘에 편입되었다. 결국 에돔은 정체성을 상실해 버리고 역사의 무대에서 완전히 사라지고 말았던 것이다.

에돔과 이스라엘은 모두 죄를 지어 하나님의 심판을 받았다. 그러나 에돔은 망했고 이스라엘은 회복되었다. 에스겔 35장이 에돔의 영원한 멸망을 예언한 장이라고 한다면 에스겔 36장은 이스라엘은 심판 받아도 회복된다는 내용이다.

에스겔 35:10을 다시 보자. "네가 말하기를 이 두 민족과 이 두 땅은 다 내게로 돌아와서 내 기업이 되리라 하였도다. 그러나 나 여호와가 거기 있었느니라(the LORD was there)."

히브리어로 '나 여호와가 거기 있었느니라'는 '여호와 삼마'이다. 에스겔의 마지막 절은 48:35인데 회복될 이스라엘 땅에 관한 예언의 말씀이다.

"그 사면의 도합이 일만 팔천척이라 그날 후로는 그 성읍의 이름을 여호와 삼마라 하리라." 아멘.

하나님의 이름 가운데 에스겔서에만 나오는 이름이 '여호와 삼마'이다. 이스라엘이 쓰러질 때 에돔 족속이 즐거워하면서 하나님을 향해서 대적하며 비웃었지만 하나님이 그곳에 계셨다. 살아계신 하나님이 돌보시는 땅을 에돔이 어떻게 함부로 차지한단 말인가? 가나안 땅은 여호와 삼마의 은혜가 있다. 하나님이 그곳에 계신다. 하나님은 당신의 백성은 징벌해도 때가 되면 고토에서 회복시키지만 에돔은 영원히 멸망시키신다. 이스라엘 백성이 때로는 악하여 징벌을 받을지라도 에돔처럼 영원히 황무하지 않게 되는 이유는 여호와 삼마의 하나님이 그들과 함께 계시기 때문이다.

교회가 약하고 미련하고 때로는 세상보다 더 악한 죄를 저지른 경우가 있다 할지라도 교회가 망하지 않고 확장되는 이유는 우리가 잘나서가 아니다. 여호와 삼마, 하나님이 그곳에 계시기 때문이다. 하나님은 교회에 계시며, 진리를 보존하시고, 성령의 능력을 부으시고, 악한 사단의 모든 공격에서 보호하셔서 영광을 받으신다. 아멘.

오늘의 본문 성경을 읽으시고 깨달은 점이나 기억하고 싶은 점 혹은 기도문을 기록합니다.

1년 1독 성경 읽기 꿀송이 보약큐티

에스겔 36장~38장

| 묵 상 자 료 |

1. 마른 뼈들의 환상(겔 37장)

에스겔이 본 유명한 마른 뼈의 환상이 에스겔 37장에 적혀 있다. 에스겔이 살던 시대는 이스라엘 역사상 가장 암울하고 절망적인 시대였다. 이스라엘이 하나님의 백성이었지만 하나님을 떠나 부정과 우상숭배로 가득 찬 배역의 삶을 살았기에 하나님께서는 강대국 바벨론을 사용해 이스라엘 백성들을 심판하시고 고난을 주셨다. 예루살렘 성은 함락되고 솔로몬 성전은 훼손되고 이스라엘 백성은 오랜 세월 포로 생활을 했다.

그러나 이것이 결론이 아니었다. 하나님께서 회복의 은혜를 베푸신 것이다. 주님은 어느 날 에스겔을 불러 마른 뼈들이 가득한 골짜기로 데려가 놀라운 환상을 보여주셨다. 가죽도 없고 힘줄도 없이 뼈만 남아 흐트러진 마른 뼈들은 패배하여 절망 속에 빠진 이스라엘 백성의 모습을 나타낸다. 마른 뼈를 보는 에스겔에게 하나님께서 처음 하신 말씀이 "인자야 이 뼈들이 능히 살겠느냐"는 질문이었다. 에스겔은 "주께서 아시나이다" 하고 대답했다. 이때 하나님께서 뼈들에게 살아나라고 명령하라는 지시를 내리셨다. 죽은 뼈들에게 말하는 모습을 상상해 보라. 에스겔은 하나님의 명령을 좇아 즉시 뼈들에게 명령했다. 그때에 기적이 일어나 마른 뼈들이 살아났다. 그런데 그 안에 아직 생기가 없었다. 이때 하나님은 또 생기에게 명령하여 그들에게 들어가라고 하라 하셨다.

하나님의 성령이 역사할 때 능력이 나타난다. 에스겔이 하나님의 명대로 대언하니 동서남북 우주에 숨어있는 하나님의 생명의 에너지가 죽은 시체 안으로 들어가 시체가 움직이게 되고 군대가 되었다.

우리 현대인들은 상식적이고 이성적인 것은 익숙해서 잘 알고 있지만 이런 영적 활동 같은 하나님의 기적에 대해서는 경험이 없기 때문에 두려워하며 신뢰하지 못하는 경향이 있다. 그러나 예수님은 지상에 계실 때 성령의 생기를 하나도 의심 없이 과감하게 그대로 사용하셨다. 이 세상에서는 내가 할 수 있는 것이 있고 하나님 만이 하실 수 있는 일이 있다. 에스겔 37:12을 보자.

> "그러므로 너는 대언하여 그들에게 이르기를 주 여호와의 말씀에 내 백성들아 내가 너희 무덤을 열고 너희로 거기서 나오게 하고 이스라엘 땅으로 들어가게 하리라"

나는 우리 모두가 절망의 무덤에서 나오길 축원한다. 병에서, 귀신의 속박에서 절망에서 나와 찬송을 부르고 기도하고 뛰는 기적이 있길 선포한다. 통독을 함께 하는 여러분에게 하나님의 성령의 생기가 들어가 모든 일에 의욕이 있고 담대한 군사처럼 승리의 삶을 누리길 원한다.

에스겔 37:15부터는 회복과 부활의 메시지가 선포되는데 이스라엘이 더 이상 둘이 아니라 하나로 통일될 것을 예언한다. 그리고 그 통일 왕국의 지도자는 다윗이 될 거라고 하신다(겔 37:24). 그리고 그 통일 왕국에 하나님의 처소가 영원히 함께 할거라고 약속하신다(겔 37:29).

이는 장차 도래할 메시아 왕국을 예언하는 성경이다. 다윗 왕은 예수 그리스도를 예표하는 것이다. 주 예수께서 영원토록 왕이 되셔서 그의 백성들을 온 세상에서 모으시고 통일왕국을 이루사 천년 동안 새 하늘과 새 땅에서 다스릴 것이다. 아멘. 할렐루야!

에스겔 37장은 독자에게 새예루살렘과 메시아의 천년왕국을 증거하는 요한계시록을 대하는 것 같은 느낌을 준다. 우리를 위해 회복과 메시아 왕국을 예비하신 하나님께 존귀와 영광과 감사를 올려드리자. 아멘.

오늘의 본문 성경을 읽으시고 깨달은 점이나 기억하고 싶은 점 혹은 기도문을 기록합니다.

9월 6일

1년 1독 성경 읽기 꿀송이 보약큐티

에스겔 39장~41장

| 묵 상 자 료 |

1. 새 성전에 대한 환상

에스겔 40장에서 48장까지는 새 성전에 대한 환상을 기록하고 있는데 에스겔서의 마지막 단원이다. 이 마지막 부분을 크게 세 가지 요점으로 나누면 다음과 같다. 40장에서 43장까지는 회복된 새로운 성전에 대한 환상이고, 44장에서 46장까지는 새로운 성전을 통해서 다시 회복된 새로운 예배에 대한 예언이고, 47장과 48장은 하나님이 회복된 백성들에게 다시 주시는 새로운 기업에 대한 약속이 기록되어 있다. 세 가지 요점을 기억하자. "새로운 성전, 새로운 예배, 새로운 기업."

에스겔서 40장에서 48장까지의 예언이 구체적으로 어떤 시기를 겨냥한 것인가에 대해서는 다양한 해석들이 있다. 성경의 예언 해석에서 가장 어려운 부분 가운데 하나가 바로 이 역사적 시기에 관한 문제이다. 그 이유는 성경의 예언자들이 앞 일을 예언할 때 마치 망원경으로 들여다보듯이 역사를 보기 때문이다. 즉, 어느 한 시기만 보지 않고 연이어진 산등성이를 보듯이 역사를 본다는 것이다. 이렇게 할 때 두 사건 사이에는 상당한 시간적 간격이 있음에도 불구하고 바로 연이어진 사건인 것처럼 느껴진다. 우리가 망원경으로 산을 바라볼 때 한 망원경의 렌즈 안에 가까운 거리에 있는 광경과 좀더 먼 곳에 있는 광경이 같이 잡히는 것과 마찬가지라고 할 수 있다.

에스겔서 40~48장의 내용은 포로로 끌려갔던 이스라엘 백성들이 이스라엘 땅에 다시 돌아와서 성전을 짓고 다시 하나님을 예배하기 시작할 것이라는 사실에 관한 예언이다. 그러나 한 걸음 더 나아가서 그것은 신약 시대에 메시아 되신 예수 그리스도로 말미암아 이루어질 새로운 언약의 시대에 관한 상징적인 교훈들을 함축시킨 예언으로도 볼 수 있다.

에스겔 40장 서두에 한 사람이 등장한다. 척량하는 장대를 지닌 어떤 사람은 성육신 하시기 전의 예수 그리스도이시다. 예수님은 이 땅에 육신을 입고 오시기 전, 구약 시대에도 종종 나타나셨는데 그때에 두 가지 모습으로 등장하셨다. 하나는 일시적으로 잠깐 나타나셨다가 사라지시는 천사의 모습으로 구약 시대에 활동하시기도 하셨고 또 하나의 형태는 사람의 모습이다. 예수님이 사람처럼 등장하셨다. 특정한 어떤 인간이 아니라 사람의 모습으로 나타나셔서 어떤 사역을 성취하시는 성자 하나님, 그것이 구약의 그리스도의 모습이었다. 에스겔 40:4을 보자.

"그 사람이 내게 이르되 인자야 내가 네게 보이는 그것을 눈으로 보고 귀로 들으며 네 마음으로 생각할지어다… "

하나님이 그에게 보이시는 모든 계시와 하나님의 말씀을 눈으로 보고 귀로 들으며 마음으로 생각하라는 것이다. 하나님의 말씀에 대한 하나님의 백성들의 전인격적인 응답을 강조할 때 이 세 가지 표현이 항상 등장한다. "귀로 듣고 눈으로 보고 마음으로 생각하라." 요한계시록 1:3을 보면 계시록의 첫 번째 메시지를 기록하면서 다음과 같이 말씀하셨다.

"이 예언의 말씀을 읽는 자와 듣는 자들과 그 가운데 기록한 것을 지키는 자들이 복이 있나니 때가 가까움이라"

이제 40:5 이하의 말씀을 살펴보자. 여기에는 앞으로 새롭게 회복될 성전의 담 그리고 문, 성전의 층계, 성전의 현관 등 여러 가지 이미지들이 계속 나온다.

그러나 한 가지 매우 중요한 것이 있는데 그것은 6절과 10절에 나오는 동쪽을 향한 문이다. 성전이 무너질 때 동쪽 문을 통해서 어떤 사건이 일어났던가? 하나님의 성령께서 동쪽 문으로 서서히 떠나가시던 장면을 기억할 것이다(겔 10장). 우리는 하나님의 영광의 임재가 동쪽 문을 떠나서 동쪽에 있는 감람산으로 올라가서 서서히 예루살렘 시가지를 넘어 성전과 그 백성을 떠나가시는 모습을 보았었다. 이제 새로운 성전이 회복될 것을 예언하면서 이 성전의 중요한 것으로 동문이 또 한 번 강조되고 있는 것이다.

에스겔 42:20을 보자.

"그가 이와 같이 그 사방을 척량하니 그 사방 담 안 마당의 장과 광이 오백 척씩이라. 그 담은 거룩한 것과 속된 것을 구별하는 것이더라"

이렇게 주님의 계획대로 성전이 회복되면서 마지막으로 담이 세워진다. 그 담을 통해서 담 안의 거룩한 것과 담 밖의 속된 것이 구별된다. 하나님의 말씀은 우리를 세속에서 구별시켜 주는 담과 같은 역할을 한다. 오늘도 말씀을 우리 마음에 품고 사는 우리가 되어야겠다. 아멘.

오늘의 본문 성경을 읽으시고 깨달은 점이나 기억하고 싶은 점 혹은 기도문을 기록합니다.

1년 1독 성경 읽기 꿀송이 보약큐티

에스겔 42장~48장

| 묵상자료 |

1. 주의 영광이 성전 동편으로 돌아오다(겔 43장)

에스겔 43장은 주님의 영광이 성전으로 돌아오는 감격스런 장면이 나온다.

"그 후에 그가 나를 데리고 문에 이르니 곧 동향한 문이라 이스라엘 하나님의 영광이 동편에서부터 오는데 하나님의 음성이 많은 물소리 같고 땅은 그 영광으로 인하여 빛나니" 겔 43:1~2

이스라엘 백성들은 이 구절을 읽으면서 아마도 펑펑 눈물을 흘렸을 것이다. 이것은 매우 감격적인 장면이기 때문이다. 성전에서 하나님의 영광이 떠나갔었다. 그리고 오랫동안 성전도 무너지고 백성들도 버림받은 상태로 있었다. 그러나 하나님의 뜻을 따라서 성전은 회복될 것이고 주의 백성들은 다시 하나님을 경외할 것이다. 그들은 우상을 버리고 죄를 떠날 것이다. 그렇게 할 때 하나님의 영광이 다시 돌아온다.

여기서 흥미있는 사실을 한 가지 발견할 수 있는데 하나님의 영광이 떠날 때는 서서히 떠났었다(겔 10장). 한 단계 한 단계씩 떠났다. 교회가 망할 때도 조금씩 조금씩 망한다. 한꺼번에 망하는 것이 아니다. 사람이 부패할 때도 조금씩 조금씩 자신도 모르게 부패한다. 우리 개인의 신앙 생활도 마찬가지이다. 한꺼번에 하나님과의 관계가 끊어지지 않는다. 한 가지 한 가지, 주님을 향한 열심을 서서히 잃어가기 시작한다. 그리고 다른 것에 관심을 서서히 갖기 시작한다. 그와 동시에 나와 함께했던 하나님의 영광도 내게서 서서히 떠나가는 것이다.

그러나 놀라운 사실은 이스라엘 백성들의 회개와 함께 다시 하나님의 영광이 돌아올 때는 한순간에 돌아온다는 것이다. 이것이 부흥이다. 하나님의 영광이 회복될 때에는 서서히 회복되는 것이 아니다. 어느 날 갑자기 터진다. 수많은 사람들이 회개하고 주를 향해서 달려오며 회개하는 역사가 폭발적으로 한순간에 일어난다. 교회 역사를 보면 이런 놀라운 부흥이 일어날 때가 있었다. 백성들이 회개했을 때 하나님의 영광이 다시 돌아왔다.

이제 에스겔 43:3을 보자.

"그 모양이 내가 본 이상(異象) 곧 전에 성읍을 멸하러 올 때에 보던 이상 같고 그발 하숫가에서 보던 이상과도 같기로 내가 곧 얼굴을 땅에 대고 엎드렸더니"

성전을 회복하시기 위해서 돌아오신 주님은 성전을 심판하시던 바로 그분이라는 것이다. 그분은 어제나 오늘이나 영원토록 동일하시다. 자기 백성들이 죄악 속에 빠졌을 때에 심판하시던 주님은 그 백성들이 회개했을 때 다시 회복시키시는 동일하신 주님이라는 사실을 우리는 이 장면에서 확인한다. 계속해서 4절을 보자.

"여호와의 영광이 동문으로 말미암아 전으로 들어가고"

이제 완전한 성전이 되었다! 하나님의 영광이 떠나가면 성전이 아니다. 건물 자체는 아무런 의미가 없다. 건물이 성전 모양을 갖추었기 때문에 성전인 것이 아니다. 거기에 하나님의 영광이 임재하시기 때문에 성전인 것이다.

에스겔서는 '여호와 삼마'로 마치고 있다. '여호와께서 거기 계신다'라는 복된 말씀이다. 이스라엘 백성의 불순종으로 예루살렘 성전을 떠났던 하나님의 영광은 주의 긍휼과 자비에 힘입어 용서함을 받고 새 예루살렘에 다시 임하여 거기 영원히 자신의 백성들과 여호와 삼마로 함께 하신다. 이것이 에스겔의 결론이요, 기독교 복음의 총 결론이다. 그래서 성경의 마지막 책인 요한계시록도 새 예루살렘의 영광을 보여주며 마치는 것이다.

여호와 삼마!

주께서 거기 자기 백성들과 함께 계신다는 이 사실이 우리에게는 너무나 중요한 복된 진리이다. 아멘.

오늘의 본문 성경을 읽으시고 깨달은 점이나 기억하고 싶은 점 혹은 기도문을 기록합니다.

9월 8일

1년 1독 성경 읽기 꿀송이 보약큐티

다니엘 1장~3장

| 묵상자료 |

1. 다니엘은 어떤 책인가?

다니엘서와 에스겔서는 신약의 요한계시록과 함께 '묵시문학'이라고 불리운다. 하나님께서 꿈과 환상으로 미래에 일어날 일들을 계시해 주시는 내용이 들어 있기 때문이다. 다니엘서는 영원한 하나님 나라와 만 왕의 왕이신 예수 그리스도의 통치를 선명하게 보여주는 책이다. 다니엘 2장에 나오는 바벨론 왕 느브갓네살의 꿈은 그 후 전개될 세계사를 하나님이 미리 뚜렸하게 보여주는 계시의 방편으로 주어진 것이었다. 느브갓네살이 꾼 꿈에는 한 거대한 신상이 나오는데 이는 세상 나라들을 말하는 것이었고 머리가 순금, 가슴과 두 팔은 은, 배와 넓적다리는 놋, 종아리는 쇠, 발은 쇠와 진흙으로 되어 있었던 것은 바벨론과 메대 바사, 그리스와 로마 그리고 열국으로 이어지는 세계 역사를 미리 보여주는 예언의 말씀이었다. 결국에는 산에서 뜨인 돌 하나가 나타나 그 신상을 가루처럼 부셔 버리고 이 돌이 점점 커져서 온 땅을 덮는 태산을 이루는 것은(단 2:45) 우리 주 예수 그리스도가 오셔서 세상 나라를 심판하시고 새 하늘과 새 땅을 만드시고 영원히 다스리실 것을 생생하게 보여주시는 놀라운 계시의 말씀이다. 할렐루야!

다니엘서는 바벨론에게 예루살렘이 멸망한 때부터 로마에 의해 예루살렘이 다시 멸망할 때까지의 긴 역사를 다룬다. 시간적으로는 600년 이상의 역사를 미리 바라보고 더 나아가 인류의 최후와 그리스도의 재림까지의 역사를 내다보고 있다. 다니엘서는 독특하게도 모두 히브리어로 되어 있지 않고 2장 4절에서 7장까지는 다니엘이 살았던 이방의 언어인 아람어로 기록되어 있다.

다니엘서의 구조는 1장부터 6장까지는 비교적 읽기 쉽지만 7장부터 마지막까지는 예언들과 묵시로 되어 있어 난해하다. 그러나 이스라엘과 주변국들에 대한 이해가 있다면 예언들을 깨닫는데 도움이 될 것이다. 신구약 중간사에 대한 지식도 필요하다. 즉, 바벨론, 페르시아, 헬라, 그리고 알렉산더 대왕 이후의 분열된 네 나라들과 이후 대통일을 이룬 로마 제국에 대한 이해가 필요한 것이다. 10장~12장은 다니엘서의 결론이다. 모두가 예언들로 되어 있는데 이것은 다니엘 때부터 약 300년 이후에 일어날 일들이다. 즉 알렉산더 대왕 죽음 이후 네 나라로 나뉘어 팔레스타인을 중심으로 서로 쟁탈전을 벌이는 상황이다. 특히 안티오커스 4세인 에피파네스가 이스라엘에게 행할 악한 일들과 그의 종말에 대한 것이다. 그 예언 속에는 동시에 세상 종말과 예수 그리스도의 재림도 함께 포함된다.

다니엘 11:32에 보면, "오직 자기의 하나님을 아는 백성은 강하여 용맹을 떨치리라"고 했다. 아무리 세상의 불신 세력들이 교회를 무시하고 핍박해도 다니엘과 세 친구들처럼 믿음으로 담대하게 나아가면 하나님은 승리를 주실 것이다. 하나님과 하나님의 말씀을 알면 알수록 강하여 지며 용맹을 떨치게 되어 있다.

2. 그리 아니하실지라도…

"사드락과 메삭과 아벳느고가 왕에게 대답하여 이르되 느브갓네살이여 우리가 이 일에 대하여 왕에게 대답할 필요가 없나이다. 왕이여 우리가 섬기는 하나님이 계시다면 우리를 맹렬히 타는 풀무불 가운데서 능히 건져 내시겠고 왕의 손에서도 건져 내시리이다 그리 아니하실지라도 왕이여 우리가 왕의 신들을 섬기지도 아니하고 왕이 세우신 금 신상에게 절하지도 아니할 줄을 아옵소서" 단 3:16~18

사단이 성도들을 넘어뜨리고 실패하게 만드는 방법 가운데 하나가 위협과 속임수를 가지고 타협하게 만드는 것이다. 사단은 거짓의 아비라, 속임수에 능해서 성도들로 하여금 마귀와 타협하게 만들고, 죄와 타협하게 만들어서 우리를 넘어뜨리고 패배케 만든다.

본문에 보면, 바벨론 왕 느부갓네살이 큰 금신상을 만들어 놓고 나팔과 모든 악기 소리가 들릴 때, 모든 백성은 그 앞에 엎드려 절하라고 명령을 내렸다. 그러나 다니엘의 세 친구 사드락과 메삭과 아벳느고는 우상에게 절하는 것은 십계명의 제1, 2계명을 범하는 무서운 죄가 되므로 단호하게 거절했다. 지금껏 타락한 이스라엘 백성들에게 질렸던 우리들은 이 장면에서 정말 박수를 치고 싶을 정도로 카타르시스를 느낀다. 당연히 살아계신 하나님이 우리를 지켜주시겠지만 설령 그리 아니하실지라도 우상에게 절할 수 없고 목숨을 잃으면 잃겠다고 단호히 버틴 것이다. 이 말을 들은 느부갓네살 왕은 화가 머리끝까지 나서 낯빛이 변하여 풀무불을 평소보다 칠 배나 뜨겁게 하여 세 청년을 묶어서 집어넣어 버렸다. 그런데 그 세 청년을 집어넣던 사람은 불이 너무 뜨거워 타 죽었는데도 그 세 청년은 그 안에서 불 속에서 죽지 않고 돌아다니는데 자세히 보니 하나님의 아들의 모양을 한 사람 하나가 그들과 같이 하여 네 사람이 빙글빙글 돌아다니고 있었다. 왕이 깜짝 놀라서 "지극히 높은 신 하나님의 종, 사드락, 메삭, 아벳느고야! 이리 나오라"고 불렀다. 참으로 간사한 왕이다. 나와 보니 세 청년만 나왔는데 옷도 안 타고 머리카락 하나도 타지 않고 살아난 것을 보고 왕이 하나님을 높이 찬양하면서 그들을 모함하던 사람들은 다 쪼개어 죽이고 그들의 집을 거름터로 삼았다는 말씀이다.

여기서 우리는 이 세 청년의 타협하지 않는 굳센 신앙에 놀란다. 극렬히 타는 풀무불에서도 건져 주실 것을 믿을 뿐 아니라 그렇지 않고 타 죽더라도 우상 앞에 절대로 절하지 않겠다는, 타협이 없는 신앙이 참으로 존경스럽다. 그 불 속에서 함께 하시던 인자 같은 이는 예수님이셨다. 마귀는 오늘날도 우리로 하여금 무서운 공갈과 위협과 핍박으로 타협하게 만들고 자기 앞에 무릎 꿇게 하려고 온갖 계략을 다 쓰고 있다. 그러나 우리는 다니엘의 세 친구들 같은 담대한 신앙으로 맞서야 한다. 진실한 신앙은 어떠한 핍박의 위협 앞에도 타협하지 않고 신앙의 지조를 지키는 것이다. 이런 사람들을 통하여 하나님의 영광이 드러나고 하나님은 놀라운 기적과 축복을 베푸신다.

기독교 역사상 빛을 남기고 많은 은혜를 끼친 위대한 성도들은 어떤 핍박의 위협 앞에서도 이렇게 타협하지 않고 신앙의 지조를 지켰던 것이다. 훌륭한 신자일수록 작은 죄라도 두렵게 여긴다. 마귀는 처음에 죄 같지도 않게 보이는 작은 죄를 가지고 와서 성도를 유혹하기도 한다. 그러나 그것이 나중에 무서운 결과를 가져온다. 큰 산을 불태우는 것이 처음엔 작은 성냥불 하나로 시작한다. 그까짓 작은 성냥불은 어린 아기가 밟아도 꺼지고 한 방울의 비가 떨어져도 꺼질텐데 무슨 문제가 되겠냐고 생각하지만, 결국은 큰 산을 불태우며 많은 재산 피해와 인명 피해를 내는 것이다. 알코올 중독도 처음 한두 번은 기분 좋다고 마시기 시작하다가 나중에 폐인이 된다. 투전으로 재산 다 날리고 패가망신하는 것도 처음에는 재미 삼아 하다가 그렇게 된다는 것이다.

오늘 우리에게도 다니엘서에 나타난 '그리 아니하실지라도'의 신앙이 요구된다. 내가 섬기는 하나님이 살아계신다면 당연히 하나님이 모든 환란에서 나를 건지실 것이지만 설령 그리 아니하셔도 우리는 하나님을 배반하고 살 수는 없는 것이다. 아멘.

오늘의 본문 성경을 읽으시고 깨달은 점이나 기억하고 싶은 점 혹은 기도문을 기록합니다.

9월 9일

1년 1독 성경 읽기 꿀송이 보약큐티

다니엘 4장~6장

| 묵상자료 |

1. 역전시키시는 하나님(단 6장)

다니엘이 결국 사자굴에 떨어졌다.

하나님께 기도하는 것을 금하려고 마귀는 간사한 사람들을 충동질하여 다니엘의 기도생활에 태끌을 걸었다. 우리의 삶에도 신앙을 지키려다가 사자굴에 떨어지는 순간이 있다. 인간적인 모든 노력이 끝장나고 누구도 도울 수 없는 상황에 놓일 때가 있다. '이에 돌을 굴려다가 굴 아구를 막으매', 그들은 아무도 구해줄 수 없도록 사자굴을 봉인했다. 예수께서 십자가에 달려 죽으신 후 돌무덤에 머문 순간이 겹친다. 모든 희망이 끝난 절망의 순간이다(마 16:21). 다리오 왕은 다니엘을 향해 마지막으로 외쳤다.

"너의 항상 섬기는 네 하나님이 너를 구원하시리라"

모든 것이 다 끝난 절망의 순간, 오직 하나님의 손을 의지해야 한다. 다니엘이 사자 굴에 빠진 그 시간 동안, "왕이 궁에 돌아가서는 밤이 맞도록 금식하고 그 앞에 기악을 그치고 침수를 폐하니라"라고 쓰여있다. 아무것도 먹지 않고 뜬눈으로 밤을 새웠다는 것이다. 위기의 순간, 절망의 순간에 금식하며 기도해야 한다. 하나님은 그 위기의 순간에 누군가 다니엘을 위해 깨어 기도하게 하셨다.

다음날 일찍 왕이 다니엘을 부르며 질문하니 다니엘이 대답했다.

"나의 하나님이 이미 그 천사를 보내어 사자들의 입을 봉하셨으므로 사자들이 나를 상해치 아니하였사오니 이는 나의 무죄함이 그 앞에 명백함이오며 또 왕이여 나는 왕의 앞에서도 해를 끼치지 아니하였나이다."

이 사건은 단순히 사자굴에서 살아나온 신기한 스토리가 아니다. 다니엘이 믿는 하나님이 구원하기에 능하신지 아니신지, 계시는지 안 계시는지를 드러내는 사건이었다.

하나님이 다니엘을 털끝 하나 상하지 않도록 지켜주셨다. 어떻게 이런 기적이 가능했나? "이는 그가 자기 하나님을 의뢰함이었더라." 믿음은 의뢰다. 사자굴에 빠졌을 때 곧 삶에서 만나는 위기의 순간에 무엇을 의뢰하는지 드러난다. 의뢰는 신뢰를 바탕으로 한다. 신뢰는 경외다. 경외는 하나님을 바라보는 믿음의 시선이다.

시편 기자는 이렇게 기도했다.

"사람들이 종일 나더러 하는 말이 네 하나님이 어디 있느뇨 하니 내 눈물이 주야로 내 음식이 되었도다…내 영혼아 네가 어찌하여 낙망하며 어찌하여 내 속에서 불안하여 하는고. 너는 하나님을 바라라 그 얼굴의 도우심을 인하여 내가 오히려 찬송하리로다" 시 42편

다니엘을 죽이려고 했던 자들은 자기들이 남을 죽이려고 파놓은 함정에 빠져서 비참한 죽음을 당했다. 타인에게 '함정을 파는 인생'은 자기 스스로 그 함정에 빠진다. 우리는 주 예수의 최후 승리를 믿는다. "너희가 선한데 지혜롭고 악한데 미련하기를 원하노라 평강의 하나님이 속히 사단을 너희 발아래서 상하게 하시리라(롬 16:19)"라는 말씀을 기억해야 한다. 때가 이르면 하나님께서 친히 사단을 멸하신다. 다니엘은 시대와 상황을 넘어(바벨론, 메대-바사로 권력이 바뀌어도) 끝이 아름다운 인생, 끝까지 아름다운 인생이었다.

시대와 상황은 변한다. 돈과 권력, 인기와 건강은 변한다. 변하는 것을 의지하면 변하는 것들이 무너져 내리는 날, 자신이 의지하던 것들과 함께 망한다. 하지만 영원하신 하나님의 말씀을 의지하며 하나님을 경외하는 인생은 어떤 시대와 어떤 환경, 어떤 인생의 문제를 만나도 흔들리지 않는다.

다니엘처럼 '비가 오고 창수가 나는 날'에도 우리의 인생이 하나님을 경외하는 믿음의 반석 위에 세워지길 소망한다. 아멘.

오늘의 본문 성경을 읽으시고 깨달은 점이나 기억하고 싶은 점 혹은 기도문을 기록합니다.

9월 10일

1년 1독 성경 읽기 꿀송이 보약큐티

다니엘 7장~8장

| 묵상자료 |

1. 숫양과 숫염소 환상(단 8장 설명)

다니엘서를 읽을 때 8장과 11장의 어려운 이상(vision)을 잘 이해만 하면 전체적으로 쉬워진다. 그래서 특별히 독해하기가 어려운 8장과 11장을 시간을 들여 살펴보자.

> "내가 이상을 보았는데 내가 그것을 볼 때에 내 몸은 엘람도(道) 수산 성에 있었고 내가 이상을 보기는 을래 강변에서니라 내가 눈을 들어 본즉 강가에 두 뿔 가진 숫양이 섰는데 그 두 뿔이 다 길어도 한 뿔은 다른 뿔보다도 길었고 그 긴 것은 나중에 난 것이더라 내가 본즉 그 숫양이 서와 북과 남을 향하여 받으나 그것을 당할 짐승이 하나도 없고 그 손에서 능히 구할 이가 절대로 없으므로 그것이 임의로 행하고 스스로 강대하더라" 단 8:1~4

을래강은 수산성 부근의 강이다. 숫양은 뒤에 20절에 해석된 대로 메대와 바사 나라를 상징하고, 나중에 난 더 긴 뿔은 바사 나라를 가리킨다. 메대와 바사는 바벨론 동쪽 지역의 나라였고 서쪽(바벨론)과 북쪽(소아시아)과 남쪽(애굽)을 향해 세력을 확장해 갔다.

> "내가 생각할 때에 한 숫염소가 서편에서부터 와서 온 지면에 두루 다니되 땅에 닿지 아니하며 그 염소 두 눈 사이에는 현저한 뿔이 있더라 그것이 두 뿔 가진 숫양 곧 내가 본 바 강가에 섰던 양에게로 나아가되 분노한 힘으로 그것에게로 달려가더니 내가 본즉 그것이 숫양에게로 가까이 나아가서는 더욱 성내어 그 숫양을 쳐서 그 두 뿔을 꺾으나 숫양에게는 그것을 대적할 힘이 없으므로 그것이 숫양을 땅에 엎드러뜨리고 짓밟았으나 능히 숫양을 그 손에서 벗어나게 할 이가 없었더라 숫염소가 스스로 심히 강대하여 가더니 강성할 때에 그 큰 뿔이 꺾이고 그 대신에 현저한 뿔 넷이 하늘 사방을 향하여 났더라" 단 8:5~8

'땅에 닿지 않음'은 그의 움직임이 굉장히 빠름을 나타낸다. 숫염소는 21절에 해석된 대로 서쪽 지역의 헬라 나라를 가리키고(21절) 그 현저한 뿔은 그 첫째 왕인 알렉산더 대왕을 가리킨다. 그것이 두 뿔 가진 숫양의 두 뿔을 꺾었다. 즉, 메대와 바사를 정복한 것이다. 그러나 그 숫염소가 강성할 때에 그 큰 뿔이 꺾이고 뿔 넷이 하늘 사방을 향하여 났듯이, 알렉산더 대왕의 죽음 이후 그 나라는 그의 네 장군들에 의해 서쪽의 캣산더 왕국(헬라와 마케도냐 지역), 동쪽의 실루커스 왕국(수리아, 바벨론, 인도 지역), 북쪽의 리시마쿠스 왕국(트레이스, 비두니야, 소아시아 지역), 남쪽의 프톨레미 왕국(애굽 지역) 등 넷으로 나뉘었다.

"그 중 한 뿔에서 또 작은 뿔 하나가 나서 남편과 동편과 또 영화로운 땅을 향하여 심히 커지더니 그것이 하늘 군대에 미칠 만큼 커져서 그 군대와 별 중에 몇을 땅에 떨어뜨리고 그것을 짓밟고 또 스스로 높아져서 군대의 주재를 대적하며 그에게 매일 드리는 제사를 제하여 버렸고 그의 성소를 헐었으며 범죄함을 인하여 백성과 매일 드리는 제사가 그것에게 붙인 바 되었고 그것이 또 진리를 땅에 던지며 자의로 행하여 형통하였더라" 단 8:9~12

숫염소의 네 뿔 중 하나는 수리아 지역의 실루커스 왕국을 가리키고 거기에서 난 작은 뿔은 실루커스의 제8대 왕 역사적으로 악명 높았던 안티오커스 4세를 가리킨다. 그는 자신을 신의 화신(化身)이라고 불렀으므로 '에피파네스'라는 별명이 붙었다. 그 당시 역사를 기록한 마카비 1서에 보면, 안티오커스 왕은 예루살렘과 유다의 도시들에 다음과 같은 칙령을 내렸다.

『유대인들은 이교도들의 관습을 따를 것, 성소 안에서 제사를 드리지 말 것, 안식일과 절기들을 지키지 말 것, 이교의 제단과 신당을 세울 것, 돼지와 부정한 동물들을 제물로 잡아 바칠 것, 남자 아이들에게 할례를 주지 말 것, 모든 종류의 음란과 모독의 행위로 스스로를 더럽힐 것(마카비 1서 1:44~50)』

안티오커스 4세는 하나님을 대적하고 하나님의 백성 이스라엘을 핍박한 매우 악한 왕이었다.

"내가 들은즉 거룩한 자가 말하더니 다른 거룩한 자가 그 말하는 자에게 묻되 이상에 나타난바 매일 드리는 제사와 망하게 하는 죄악에 대한 일과 성소와 백성이 내어준 바 되며 짓밟힐 일이 어느 때까지 이를꼬 하매 그가 내게 이르되 2300주야까지니 그때에 성소가 정결하게 함을 입으리라 하였느니라" 단 8:13~14

2300주야는 2300일 즉, 약 6년 반을 가리킨다. 그것은 안티오커스 왕이 유대의 대제사장 오니아스 3세를 죽인 때(주전 171년)로부터 예루살렘 성전을 더럽힌 때(주전 167년)를 거쳐서 안티오커스 왕이 마침내 죽은 때(주전 164년)까지 약 6년 반을 가리킨다고 주석가들은 해석한다. 안티오커스 왕이 죽음으로 예루살렘 성전은 다시 정결하게 되었다.

다니엘 8장의 교훈은 무엇인가?

첫째로, 우리는 성경의 예언이 구체적으로 주어지고 구체적으로 성취됨을 깨닫고 성경의 예언을 다 믿고 순종해야 한다는 것이다. 메대, 바사 나라와 헬라 나라에 대한 예언, 또 헬라의 첫 번째 왕이 죽은 후에 그 나라가 넷으로 나뉘어질 것과 또 그 중 한 나라에서 무서운 폭군이 등장할 것 등이 구체적으로 예언되었고, 그 예언은 3, 4백 년 후에 그대로 이루어졌다. 이것이 성경의 예언이다. 성경의 예언은 그대로 이루어진다. 그러므로 신약성경에 예언된 종말의 예언들, 특히 예수 그리스도의 재림과 천국에 대한 예언도 말씀대로 성취될 것이다. 아멘.

둘째로, 세상에서 성도에게 핍박이 있음을 알고 대비해야 한다. 안티오커스 4세 때에 무서운 핍박이 있었다. 그는 적그리스도의 표상이었다. 주의 재림 직전에도 성도에게 환난과 핍박이 있을 것이다(마 24:9~10; 행 14:22). 적그리스도가 나타날 것이며 마지막 대핍박의 때가 올 것이다(계 13:7, 15-18).

셋째로, 우리는 핍박자들과 대적자들이 마침내 멸망당할 것을 알고 그들을 두려워하지 말아야 한다는 것이다. 주께서 재림하실 때 그들은 멸망을 당하며(살후 2:8), 장차 산 채로 유황 불못에 던지울 것이다(계 19:19-20). 우리는 몸만 죽일 수 있는 자들을 두려워하지 말고 몸과 영혼을 지옥에 멸하시는 하나님만 두려워하고(마 10:28), 천국과 영생을 소망하며 살아가야 한다. 아멘.

오늘의 본문 성경을 읽으시고 깨달은 점이나 기억하고 싶은 점 혹은 기도문을 기록합니다.

9월 11일

1년 1독 성경 읽기 꿀송이 보약큐티

다니엘 9장~10장

| 묵상자료 |

1. 하나님의 사람 다니엘의 기도(단 9장)

하나님의 사람 다니엘은 말씀을 늘 가까이하고 기도를 쉬지 않는 사람이었다.

그는 예레미야 선지자의 서책을 통하여 바벨론의 포로 생활이 70년이라는 것을 알게 되었다. 말씀이 생활 속에 습관화 되어있는 자가 하나님의 사람이다. 그의 마음은 말씀으로 가득 차 있었다! 성령은 다니엘로 하여금 예레미야 선지자의 예언을 생각나게 하셨다.

또한 하나님의 사람 다니엘은 자기 민족의 죄를 가슴에 안고 금식하며 회개하던 기도의 사람이었다. 그는 70년 만에 그들의 복역의 때가 끝날 것을 깨닫고 그 일이 정말로 이루어지도록 금식하며 기도에 전념하였다. 마침내 하나님은 다니엘의 기도를 들으셨고 가브리엘 천사를 파견하시어 다니엘을 격려하셨다. 하나님이 얼마나 다니엘을 귀중하게 생각하셨으면 천사중의 으뜸천사인 가브리엘 천사를 그에게 특사로 보내셨겠는가!

다니엘 9장에 나타난 다니엘의 기도 내용을 자세히 관찰해 보면 그의 기도는 너무나 겸손하고 진실하며 하나님의 마음을 움직일만한 간절함이 엿보인다. 그는 일단 자기와 자기 민족이 하나님께 크게 범죄하였다고 솔직히 자백한다. 그런 후에 하나님의 사랑과 긍휼에 의지해서 자기 민족에게 자비를 베풀어 달라고 간구한다. 왜냐하면 이스라엘은 하나님의 이름의 명예가 걸려 있는 백성이기 때문이라는 것이다.

이처럼 다니엘의 기도의 특징은 회개의 기도요. 약속의 말씀을 단단히 붙잡고 하는 기도요. 하나님의 긍휼과 자비에 의지하여 간구하는 기도였다. 그러한 다니엘의 기도는 응답을 받았고 이스라엘 민족은 70년 만에 해방되었으며 다니엘은 꿈에 그리던 조국으로 귀환할 수 있었다.

이스라엘 민족이 크게 범죄하여 주의 진노를 가져왔지만 그래도 그 민족에게는 예레미야나 이사야 그리고 다니엘, 에스겔 같은 조국을 살리는 믿음의 사람들이 함께 섞여 있었다는 것이 큰 재산이었다.

우리 대한민국도 곳곳에 이러한 믿음의 사람들이 있는 줄 믿는다. 아멘.

9월 12일

1년 1독 성경 읽기 꿀송이 보약큐티

다니엘 11장~12장

| 묵 상 자 료 |

1. 마지막 때에 구원 얻을 자(단 12장)

참으로 하나님의 말씀인 성경은 놀라운 계시의 책임에 틀림이 없다. 시작부터 미래를 꿰뚫어 보시는 하나님, 당신의 백성들을 진리의 길로 인도해 주시기 위하여 앞으로 일어날 사건들을 상세하게 보여주시는 하나님을 성경은 가르쳐 준다. 다니엘서는 지구의 역사를 바벨론 시대부터 예수께서 재림하실 시기인 바로 우리가 살고 있는 이 시대까지를 분명하게 보여주고 있으며 마지막 시대의 모든 중요한 사건들을 확실하게 조명하여 주고 있다. 그러나 성경 예언의 사건들은 하나님께서 인류를 어떻게 구원하시는가 하는 구속사적인 면에서 사건들을 다루고 있는 것이지, 인류의 역사 그 자체를 설명하기 위해서 사건들을 다루고 있는 것은 아니다. 이러한 이유 때문에 성경에는 중국이나 러시아에 대한 예언들이 등장하지 않는다.

> "그때에 네 민족을 호위하는 대군 미가엘이 일어날 것이요 또 환난이 있으리니 이는 개국 이래로 그때까지 없던 환난일 것이며 그때에 네 백성 중 무릇 책에 기록된 모든 자가 구원을 얻을 것이라" 단 12:1

다니엘 12장은, '그때에 하나님의 백성들을 보호하기 위하여 대군 미가엘이'일어날 것이라고 한다. 왜냐하면 '개국 이래로 없던 환난'이 일어날 것이기 때문이다. 여기에서 "그때"가 어느 때인지에 대하여서 먼저 이해할 필요가 있다. 또한 개국 이래로 없던 환난이란 무슨 환난을 말하는 것인지를 생각해 보아야 한다. 다니엘 12장을 시작할 때에 왜 "그때에"라고 했을까? 물론 그것은 11장 마지막의 사건이 일어나는 바로 "그때"를 가리키기 때문이다. 그렇다면 다니엘 11장 마지막 부분에 기록된 사건의 때는 무엇이었는가? 그것은 다름이 아니라, 적그리스도(마귀의 악한 세력들)가 분노하여 나아가서 하나님의 참 백성들을 죽이기 위하여 공격할 때이다. 바로 그러한 마지막 환난과 핍박인 짐승의 표의 환난이 생기는 "그때에" 미가엘이 주의 백성들을 보호하기 위하여 일어난다는 것이다.

여기서 "네 민족" 즉, 다니엘의 민족이라고 했는데 그들은 유대인들일까? 아니다. 마지막 시대에는 유대인들만 미가엘의 보호를 받는 것이 아니다. 오늘날 중동 지방에 있는 유대인들 중에 누가 예수 그리스도를 메시아로 믿고 있는가? 오직 소수의 메시아닉 주(유대인들 중 예수 믿는 사람들)가 있을 뿐이다. 그러므로 "네 민족"이란 다니엘과 같은 품성을 가지고, 다니엘처럼 하나님께 충성을 다하며, 다니엘처럼 성경의 진리를 믿는 자들을 의미하는 것이다.

마지막 시대의 환난의 시간에 당신의 충성스런 백성들을 보호하기 위하여 미가엘이 일어날 것이다. 앞으로 하나님의 백성들을 향한 마지막 핍박의 때가 올 것이다. 마치 중세기 종교 암흑시대 동안 수천만 명이 순교 당했던 것과 같은 환난이 곧 우리에게 다시 일어나게 될 것이다. 하나님의 마지막 백성들인 여자의 남은 무리가 마지막 환난 속에서 죽음을 당면하게 될 때에 그들을 보호하기 위하여 예수께서 특별히 일어나셔서 성도들을 위하여 천사장 미가엘을 대동하시고 싸우게 될 것이다. 왜냐하면 그 전쟁은 매우 특별하고 중요한 전쟁이기 때문이다. 마지막 환난을 위해서 준비할 때는 바로 지금이다. 그런데 왜 마지막 환난을 "개국 이래로 없던 환난"이라고 부를까? 과거에 국가들이 생겨난 이래로 그러한 적이 없다는 뜻이다. 상식적으로 생각해 보아도 앞으로 오는 환난은 과거에 있어 본 적이 없는 최대의 것이 될 것이다. 그 스케일이 전 세계적인 것이 될 것이다. 지금처럼 전 세계의 경제가 하나로 뭉쳐져 있고 일일 생활권 안에 들어와 있는 교통과 통신의 발달로 더욱더 그러할 것이다. 사단이 마지막 시대를 위하여 준비한 환난은 참으로 엄청날 것이다. 마귀가 주의 참 백성들과 진리를 미워해서 마지막 환난을 불러올 때 주님은 자기 백성들을 위하여 미가엘을 보내시고 우리를 보호하실 것이다.

이때에는 "책"에 기록된 자들만 구원받는다고 했다. 무슨 책일까? 하늘나라의 생명책을 말한다.

"죽임을 당한 어린양의 생명책에 창세 이후로 녹명되지 못하고 이 땅에 사는 자들은 다 짐승에게 경배하리라" 계 13:8

2. 1290일과 1335일의 예언

"많은 사람이 연단을 받아 스스로 정결케 하며 희게 할 것이나 악한 사람은 악을 행하리니 악한 자는 아무도 깨닫지 못하되 오직 지혜 있는 자는 깨달으리라 매일 드리는 제사를 폐하며 멸망케 할 미운 물건을 세울 때부터 천이백구십 일을 지낼 것이요 기다려서 천삼백삼십오 일까지 이르는 그 사람은 복이 있으리라 너는 가서 마지막을 기다리라 이는 네가 평안히 쉬다가 끝날에는 네 업을 누릴 것임이니라" 단 12:10~13

다니엘 12:6에서 천사는 예수 그리스도께 언제 이러한 일들이 끝이 나겠느냐고 질문했다. 천사가 예수께 물었던 질문의 요점은 도대체 언제가 되어야 성도들을 향한 마귀의 공격과 계략이 올바로 밝혀지고 심판되겠냐는 것이다. 언제쯤 하나님의 참 교회를 변호하시고 판단해 주시겠냐는 것이다. 천사의 이러한 질문에 대한 예수 그리스도의 답변은 다음과 같은 두 가지이다.

첫 번째, 하나님의 백성들은 적그리스도를 통하여 가해지는 사단의 공격과 시련을 받으면서 오히려 연단을 받고 믿음이 생겨 정결함을 입게 될 것이라는 것이다. 시련과 고난은 우리를 정결케 하는 방법들 중 하나이다. 악한 자들은 깨닫지 못하지만 지혜 있는 자들은 즉, 의로운 생애를 사는 하나님의 백성들은 깨닫게 될 것이다. 우리의 생애 가운데서 진리 때문에 의를 위하여 핍박당하는 경험들이 있는가? 주님께서는 그런 자들의 품성을 연단케 하셔서 마지막 환난을 통과할 수 있는 믿음을 주신다. 마지막 환난을 통과하는 믿음, 순교하는 믿음이 하루 아침에 갑자기 오는 것이 아니다. 매일매일 주님과 함께 살면서 성령의 은혜와 능력을 받으면서 마귀와 싸워 이기는 자들, 시험과 유혹을 승리하는 자들이 바로 마지막 시대의 믿음을 준비하게 될 것이다.

두 번째, 세상의 끝은 '한 때 두 때 반 때'를 지나면 환란이 가중될 것이지만 하나님께서 성도들을 위하여 단계적으로 급격해지는 환란을 축소하신 하신 다음에(마 24:22), 그 끝이 있을 것을 약속하셨다. 결국 매일 드리는 제사를 폐하며 멸망케 할 미운 물건을 세울 때부터(마 24:15) 1,290일, 그리고 1,335일 등이 지나야 끝이 오는데 악한 자는 깨닫지 못하고 오직 지혜 있는 자만 깨닫게 된다고 한다.

이 숫자에 대한 성경 학자들의 의견이 많이 있지만 우리는 여기서 굳이 그 숫자를 궁금해할 필요가 없다. 이것은 사도 바울이, "형제들아 너희는 어두움에 있지 아니하매 그 날이 도적같이 너희에게 임하지 못하리니 너희는 다 빛의 아들이요, 낮의 아들이라(살전 5:4~5)"고 말한 것처럼 하나님 편에 서서 진리를 따라 사는 자들은 그날이 언제 오든지 구원의 날이요, 축제의 날일뿐이다. 굳이 이 숫자들을 꿰어 맞추려다가 내가 타인들보다 월등한 성경 지식을 가진 양 교만할 필요도 없고 이단이 될 필요도 없다.

다만 우리는 아멘, 주 예수여 오시옵소서. 마라나타! 하면서 살아가면 되는 것이다.

오늘의 본문 성경을 읽으시고 깨달은 점이나 기억하고 싶은 점 혹은 기도문을 기록합니다.

9월 13일

1년 1독 성경 읽기 꿀송이 보약큐티

호세아 1장~3장

| 묵 상 자 료 |

1. 호세아는 어떤 책인가?

예레미야가 남유다의 멸망을 외친 것처럼 호세아는 북이스라엘의 패망을 경고한 선지자다. 특히 호세아서에서는 패역한 이스라엘을 부도덕한 아내로 묘사하고 있는데 이것은 그 당시의 자기 백성을 향한 하나님의 마음을 대변하고 있다. 정절을 버린 아내처럼 이스라엘이 참 남편이신 하나님을 버렸다는 메시지를 전하라는 것이 본서의 주제이다.

상당수의 학자들은 호세아 선지자가 실제로 음란한 여자를 취하여 아내로 삼은 것이 아니고 가상적 예언을 한 것이라고 해석한다. 그 이유는 기생이나 부정한 여인과 결혼하는 것이 율법에 어긋나기 때문이며 또한 그처럼 부정한 여자와 함께 살았다면 제대로 선지자의 사역을 감당할 수 없었을 거라는 것이다. 그러나 그런 견해는 호세아서의 역사성을 부정하고 있다는 점에서 받아들이기 곤란하다. 본문에서 호세아의 아내를 '디블라임의 딸 고멜'(호 1:3)이라고 그녀의 출신을 분명히 밝히고 있으므로 그녀는 가상적 인물이 아니고 실제의 인물이었다.

종종 하나님은 자기 종들에게 예언 사역을 시킬 때 선지자들의 몸과 삶으로 직접 퍼포먼스를 하게 하시어 그것을 예언의 도구로 사용하신 적이 있으셨다. 에스겔에게 390일 동안 왼쪽으로 눕고 40일 동안 오른쪽으로 누워 있으라고 지시하셨다(겔 4:4~8). 이는 이스라엘 백성의 죄악의 날을 짊어지고 선지자가 대신 고통 당하는 퍼포먼스를 통해 그 백성에게 그들의 죄의 대가가 얼마나 혹독한 결과를 초래할지를 보여주는 표징이었다. 그리고 아내의 죽음에도 애도하지 말라고 하셨다(겔 24:17~18). 이는 배도한 유다가 망할 때 아무도 그것을 애도할 사람들이 없다는 것을 상징으로 보여주기 위함이었다. 또한 자기 목에 멍에를 메고 거리를 다니므로 장차 그들이 남의 나라의 쇠사슬에 매여 노예가 되어 끌려갈 것을 몸으로 생생하게 보여 주였다.

호세아도 하나님의 명령으로 부정한 여인 고멜과 결혼하고 세 아이를 낳았다. 그런데 그 아이들의 이름도 하나님이 정해준 대로 이름을 지었는데 당시의 시대상과 하나님의 마음을 담은 이름들이었다. 첫째 아이의 이름은 '이스르엘'이었는데 이는 '하나님이 흩으신다'라는 의미이다. 결국 이스라엘은 앗수르의 침공을 받고 흩어져 살게 되었다. 둘째 아이의 이름은 '로루하마' 였는데 뜻은 '긍휼히 여김을 받지 못하는 자'라는 것이었다. 셋째는 '로암미'로서 '내 백성이 아니다'라는 뜻이다.

나중에는 그들의 이름을 다 긍정적으로 바꿔주심으로 진노 가운데서도 긍휼을 베푸시는 회복의 하나님을 증거하셨다. 하나님은 호세아 2:15 말씀대로 아골 골짜기로 소망의 문을 삼아 주시겠다고 하셨다. 호세아의 아내 고멜처럼 하나님을 자주 배신하는 이스라엘이었지만 하나님은 끝내 버리시지 아니하시고 소망을 포기하지 않으셨다.

3장에서 집 나간 아내를 다시 데려오기 위해 호세아는 은 열다섯 개와 보리 한 호멜 반을 주는 장면이 나온다. 이스라엘을 향한 하나님의 사랑이 상징적으로 표현된 것이다. 내가 너를 애굽 땅을 주고 바꾸겠느냐, 구스 땅을 주고 바꾸겠느냐? 너는 내 것이라고 하시던 주님의 말씀을 생각나게 한다(사 43:3). 신약에는 하나님은 나 같은 죄인을 구속하시려고 그 아들 존귀하신 예수님의 목숨 값으로 나를 사서 하나님의 영원한 백성으로 삼으셨다. 나는 고멜과 같이 타락한 자이나 하나님은 그 아들을 희생하시면서까지 나를 포기하지 않으시고 사랑해 주신 것이다.

호세아서부터 시작된 12권을 소선지서라고 부른다. 유대인들은 구약 성서를 계산할 때 12권의 소선지서를 한 권의 책으로 보았다. 그들이 이 책들을 소선지서로 분류한 것은 그 내용이 대선지서보다 부족해서가 아니라 그 책들의 분량이 비교적 적기 때문이었다.

호세아서의 주제는, "오라 우리가 여호와를 참되게 알고 그분께로 돌아가자!"이다. 타락한 백성들이 해야 할 일은 회개하고 참되게 하나님께로 돌아가는 것이다. 호세아서를 통해 우리는 하나님이 얼마나 그분의 백성들을 사랑하시는지, 그분만을 사랑하고 의지하기를 원하시는지 알 수 있다.

오늘의 본문 성경을 읽으시고 깨달은 점이나 기억하고 싶은 점 혹은 기도문을 기록합니다.

호세아 4장~6장

| 묵상자료 |

1. 하나님이 원하시는 것

"나는 인애를 원하고 제사를 원하지 아니하며 번제보다 하나님을 아는 것을 원하노라" 호 6:6

호세아 6:6의 말씀은 하나님께서 자신이 원하시는 것을 직접 표현하시는 매우 인상적이고도 분명한 하나님의 뜻을 기록하고 있다. 하나님께서 마음 깊은 곳에서부터 갈망하시는 한 가지가 있다면 그것은 바로 긍휼과 하나님을 아는 지식이라는 것이다. 예수님께서는 마태복음에서 이 말씀을 두 번 인용하셨다. 한 번은 마태복음 9장에서 인용하셨는데, 예수님께서 세리 마태의 집에 들어가셔서 세리들과 죄인들과 함께 먹고 마실 때에, 그것을 비난하던 바리새인들을 향해 "너희는 가서 내가 긍휼을 원하고 제사를 원하지 아니하노라 하신 뜻이 무엇인지 배우라 나는 의인을 부르러 온 것이 아니요 죄인을 부르러 왔노라 하시니라"(마 9:13) 말씀을 상기시키셨다.

또 한 번은 마태복음 12장에서 인용하셨는데, 예수님의 제자들이 안식일에 배가 고파 곡식 밭의 이삭을 따서 먹고 있을 때에, 안식일을 어겼다고 비난하던 바리새인들을 향해 인용하셨다.

"나는 자비를 원하고 제사를 원하지 아니하노라 하신 뜻을 너희가 알았더라면 무죄한 자를 정죄하지 아니하였으리라"(마 12:7)

긍휼을 아는 사람은 하나님을 아는 사람이다. 본문 호세아 6:6에서는 인애와 하나님 아는 것을 짝을 맞추어서 기록하고 있다. 인애에 대한 실천과 인식이 얼마나 중요한 것이기에, 그것을 가리켜 하나님 아는 것이라고 표현하였겠는가? 호세아 4:1을 보자.

"이스라엘 자손들아 여호와의 말씀을 들으라 여호와께서 이 땅 주민과 논쟁하시나니 이 땅에는 진실도 없고 인애도 없고 하나님을 아는 지식도 없고"(호 4:1)

호세아 선지자의 시대에는 이스라엘 땅에 진실도 없고 인애도 없고 하나님을 아는 지식도 없었다고 기록하고 있다. 이 말씀에서도 우리는 진실과 긍휼과 하나님을 아는 지식의 상관관계를 발견할 수 있다. 우리가 하나님을 아는 지식을 가지고 있다면 우리에게는 진리와 긍휼의 마음이 있을 것이다. 호세아 4:6에서도 이렇게 기록하고 있다.

"내 백성이 지식이 없으므로 망하는도다 네가 지식을 버렸으니 나도 너를 버려 내 제사장이 되지 못하게 할 것이요 네가 네 하나님의 율법을 잊었으니 나도 네 자녀들을 잊어버리리라"

이스라엘 백성에게 하나님에 대한 지식이 전혀 없었던 것은 아니었다. 바리새인들도 구약성경과 율법에 대한 지식이 없었던 것이 아니었고 그들은 정통 율법 박사들이었다. 그러나 그들은 하나님에 대한 단편적인 지식을 가지고 주님을 바르게 알지 못했기 때문에 지옥을 향해 갈 수밖에 없었다. 오늘날 많은 사람들이 하나님에 대한 지식을 가지고 있지만 그러나 그것이 온전치 못하고 바르지 못하기 때문에 망하는 길로 가고 있는 것이다.

"그러므로 너희는 하나님이 택하사 거룩하고 사랑받는 자처럼 긍휼과 자비와 겸손과 온유와 오래 참음을 옷 입고 누가 누구에게 불만이 있거든 서로 용납하여 피차 용서하되 주께서 너희를 용서하신 것 같이 너희도 그리하고 이 모든 것 위에 사랑을 더하라. 이는 온전하게 매는 띠니라" 골 3:12~14

우리가 긍휼이 풍성하신 하나님을 아는 사람이라면 우리는 긍휼히 여기는 심정과 친절과 겸손한 마음과 온유함과 오래 참음을 가질 수 있을 것이다. 그리스도께서 나를 용서하신 사랑이 어떠한 것인지 아는 사람이라면 우리도 다른 사람들을 용서할 수 있을 것이다. 우리가 지나온 길은 죄악과 오류와 실수투성이지만, 주님은 우리를 긍휼히 여기시고, 용서하시고, 격려하시면서, 친절하게 한발 한발 이끌어주셨다.

우리도 형제 자매들에 대해 이러해야 한다. 또한 다른 영혼들을 인도할 때에도 이러해야 한다. 어떤 사람의 잘못과 오류를 발견했다고 해서 그것만 집중하지 말아야 한다. 하나님께서 우리를 못나고 더럽고 어리석은 모습 그대로 사랑하시고 긍휼히 여기신 것처럼, 우리도 다른 사람들을 있는 모습 그대로 사랑하고 긍휼히 여길 수 있어야 한다.

마지막으로 호세아 6:1~3을 읽어 보자.

"오라, 우리가 여호와께로 돌아가자 여호와께서 우리를 찢으셨으나 도로 낫게 하실 것이요 우리를 치셨으나 싸매어 주실 것임이라 여호와께서 이틀 후에 우리를 살리시며 셋째 날에 우리를 일으키시리니 우리가 그의 앞에서 살리라 그러므로 우리가 여호와를 알자. 힘써 여호와를 알자 그의 나타나심은 새벽빛같이 어김없나니 비와 같이 땅을 적시는 늦은 비와 같이 우리에게 임하시리라 하니라"(호 6:1~3) 아멘.

오늘의 본문 성경을 읽으시고 깨달은 점이나 기억하고 싶은 점 혹은 기도문을 기록합니다.

1년 1독 성경 읽기 꿀송이 보약큐티

호세아 7장~11장

| 묵상자료 |

1. 달궈진 화덕과 뒤집지 않은 전병

호세아 7장에는 이스라엘의 죄악 된 상태를 8절에 '뒤집지 않은 전병'이라고 했다. 빵을 구울 때 한 면만 구우면 그 쪽만 지나치게 타서 먹기 어렵게 된다.

어떤 사람은 영적인 생활만 중시하여 땅의 생활을 잃어버리게 하고 어떤 사람은 지상의 생활만 중시하여 하늘의 생활(골 3:1, 위에 것)을 잃어버리게 된다. 어떤 사람은 은혜를 중시하는데 의를 소홀히 하며, 의를 중시하는 어떤 사람은 은혜가 약하다. 어떤 사람은 객관적인 진리를 중시하지만 성령의 사역을 소홀히 한다. 즉, 그리스도의 십자가 복음의 이미 완성하신 역사를 중시하고 내면의 주관적인 체험은 소홀히 한다. 어떤 사람은 성령의 체험을 중시하되 지식을 소홀히 한다. 어떤 사람은 쉽게 한 면만을 보고 전체적인 조망을 보지 못한다. 어떤 한 진리에 치우쳐서 기타 다양한 진리를 소홀히 한다. 하나님이 우리에게 원하시는 것은 한 면으로 치우치는 것이 아니라 전체를 중시하는 것이다.

하나님은 우리가 생명이 자라고 지식이 더하게 하며 사랑하는 마음만이 아니라 불의를 미워하는 마음을 갖게 하신다. 뒤집지 않은 전병이 사람의 배고픔을 채울 수 없는 것처럼 한 면으로 치우친 신앙의 사람들은 영적으로 배고픈 사람들의 필요를 채울 수 없다. 그러니 성도들은 진리의 한 면의 매우 좋은 것만 보지 말고 균형 잡힌 신앙을 견지해야 한다. 그렇지 못해서 이단에 빠지는 수가 허다하다.

또한 7장에는 이스라엘을 향하여 '달궈진 화덕'(호 7:4)이라고 하는데 이는 악한 생각으로 불붙은 그들의 상태를 말한다. 그리고 '어리석은 비둘기'(호 7:11)라고도 했는데 원래 비둘기는 자기 집을 잘 찾아가지만 이 백성들은 어리석어 본 집인 하나님의 품을 잘 찾지 못한다는 것이다.

또한 '속이는 활'(호 7:16)이라는 표현도 나오는데 이것은 과녁을 처음에는 잘 맞추더니 나중에는 변질되어 엉뚱한 방향으로 화살을 쏘아 대는 활과 같다는 것이다. 하나님을 향하지 않고 이방의 우상을 향하는 그들의 방향착오를 지적하는 말씀이다.

2. 에브라임이 받을 심판(호 9장~10장)

에브라임이라는 이름은 '갑절의 열매를 맺다'라는 뜻이다. 호세아 선지자는 9장, 10장에서 그 이름의 의미를 그가 전하는 메시지의 기초로 사용하였다. 갑절의 열매를 맺어야 할 그들이 심판을 받아 추수 때 거두어 들일 열매가 아예 없을 것이다. 왜냐하면 기근이 임할 것이고 하나님이 이스라엘의 땅을 심판하실 것이기 때문이다. 에브라임은 더 이상 열매를 풍성히 맺는 땅으로 기억되지 못할 것이다. 얼마나 그 이름과 정 반대되는 비극이란 말인가! 가정에서는 자녀의 열매도 맺지 못할 것을 예언하고 있다. 유대인들은 전통적으로 자녀를 많이 잉태하는 태를 언제나 복된 것으로 여겼다(시 127:3~5). 그러나 심판이 임하면 그들은 유산하는 태를 오히려 복되다 하는 참혹한 상황이 올 것이다.

에브라임(이스라엘)이 무엇을 잘못한 것인가? 그들은 두 주인을 섬기며 우상숭배에 빠졌다. 그들은 잘못된 땅에 잘못된 씨를 뿌리고는 풍성한 추수를 기대하는 어리석은 자들이었다.

오늘날 우리 나라의 형편이 심히 난관에 처해 있다. 그리스도인조차도 둘로 나뉘어 의견이 갈린다. 나라를 위해 기도하는 내용이 약간씩 다르다. 그러나 나라 사랑하는 마음만큼은 동일하리라 믿는다.

우리가 우리의 죄들을 회개하고 다니엘처럼 조국의 앞날을 위해 끊임없이 기도할 때 전능하신 하나님이 우리를 보호해 주실 것을 믿는다. 아멘.

오늘의 본문 성경을 읽으시고 깨달은 점이나 기억하고 싶은 점 혹은 기도문을 기록합니다.

1년 1독 성경 읽기 꿀송이 보약큐티

호세아 12장~14장

| 묵 상 자 료 |

1. 복음으로 끝나는 호세아서 (호 14장)

호세아서는 복음으로 끝을 맺는다. 하나님은 그렇게 무서운 심판의 말씀을 하시다가도 마음이 순간 돌아서셔서 자기 백성인 에브라임, 이스라엘을 놓지 않으시는 것이다. 어떤 신학자는 '사람은 멸하기 위해서 사람을 벌하고 하나님은 그 사람을 고치기 위해서 징계하신다.'고 했다. 하나님이 심판을 하시고 칼이 성읍을 치고 빗장을 깨뜨리게 하시지만 '이것이 내가 너희를 버리거나 놓으려는 것은 결코 아니다.'라고 하신다. 이것이 바로 복음인 것이다.

"내가 저희의 패역을 고치고 즐거이 저희를 사랑하리니 나의 진노가 저에게서 떠났음이니라 내가 이스라엘에게 이슬과 같으리니 저가 백합화같이 피겠고 레바논 백향목같이 뿌리가 박힐것이라 그 가지는 퍼지며 그 아름다움은 감람나무와 같고 그 향기는 레바논 백향목 같으리니 그 그늘 아래 거하는 자가 돌아올찌라 저희는 곡식같이 소성할 것이며 포도나무같이 꽃이 필 것이며 그 향기는 레바논의 포도주같이 되리라 에브라임의 말이 내가 다시 우상과 무슨 상관이 있으리요 할찌라 내가 저를 돌아보아 대답하기를 나는 푸른 잣나무 같으니 네가 나로 말미암아 열매를 얻으리라 하리라" 호 14:4~8

'그 그늘 아래 거하는 자가 돌아올지라'라는 말씀은 하나님의 날개아래 보호받는 자들이 회복될 것임을 말한다. 교회는 피난처 되신 그리스도의 그늘 아래 돌아온 사람들이다. 교회는 뜨거운 사막의 햇볕의 피해로부터 보호해 주는 보호막이 있는 곳이다. 하나님이 궁극적으로 이스라엘 백성의 패역을 치료해 주시고 저희를 다시 사랑해주시겠다고 약속하신다.

그리하여 이스라엘은 다시는 우상을 가까이하지 않는 신실한 하나님의 백성들이 될 것이다. 백합화같이 피어나고 레바논의 백향목처럼 뻗어 갈 것이다. 결국 호세아서도 이렇게 복음으로 끝을 맺는다. 우리는 선지자들도 동일하게 복음을 말하고 있다는 것에 놀라움을 금하지 못한다. 특히 호세아 14:4~8은 복음의 결정판이다. 할렐루야!

1년 1독 성경 읽기 꿀송이 보약큐티

요엘 1장~3장

| 묵 상 자 료 |

1. 요엘은 어떤 책인가?

요엘은 아모스와 비슷한 시기에 활동한 선지자이다. 요엘서의 배경을 보면 당시 두로, 시돈, 블레셋이 이스라엘에 자주 군사적 위협을 가했음을 보게 된다. 오랜 가뭄과 엄청난 메뚜기 떼의 습격으로 유대 땅에는 초목이 보이지 않을 정도였고 심각한 경제적 타격으로 남 왕국은 허약할 대로 허약해진 상태였다. 요엘은 이 자연재해를 예시로 들어 하나님의 심판을 설명한다. 메뚜기 떼가 죄의 심판이라면 주의 날(여호와의 날)에 하나님이 내리실 심판은 비교도 안될 정도로 극심할 것이다. 그래서 요엘은 그들에게 회개를 촉구한다.

"너희는 옷을 찢지 말고 마음을 찢고" 요엘 2:13

요엘서의 주제는 '주의 날'이다. 이 주제는 3장으로 되어 있는 짧은 요엘서에 다섯 번이나 언급되며 구약 전체적으로는 8명의 선지자가 19번 사용했다(사 2:12,13:6,9, 겔 13:5,30:3, 암 5:18,20, 옵 15절, 습 1:7,14, 슥 14:1, 말 4:51).

여호와의 날이 이르면 혹독한 기후 변화와 우주적 격변, 크고 두려운 재앙들이 들이 닥친다. 죄인들에게는 무서운 심판의 날이지만 택한 백성들에게는 성령이 부어지고 축복과 번영이 약속된 날이다. 신약에 와서 베드로는 사도행전 2장에서 요엘 2:28~32을 인용한다. 그래서 혹자는 사도행전 2장의 성령 강림과 주 후 70년의 예루살렘 멸망을 이 요엘서의 궁극적 성취로 해석한다. 그러나 크고 두려운 여호와의 날은 아직 온전히 이르지 않았다. 사도행전 2장의 성취는 하나의 예고편이요, 맛보기로 주어진 것이다. 말세란 예수님이 이 땅에 오신 후 다시 재림하시어 심판하실 때까지를 말하는데 이 시기는 회개하는 자에게 성령이 부어지고 각양 은사가 주어지는 시기이다. 우리가 살고 있는 지금은 크고 두려운 여호와의 심판의 날이 더욱 가까운 말세중의 끝부분의 시기이다. 우리는 정신차리고 깨어 주님 맞을 준비를 하고 있어야 한다.

2. 이른 비와 늦은 비

"시온의 자녀들아 너희는 너희 하나님 여호와로 말미암아 기뻐하며 즐거워 할지어다 그가 너희를 위하여 비를 내리시되 이른 비를 너희에게 적당하게 주시리니 이른 비와 늦은 비가 예전과 같을 것이라" 욜 2:23

우리 나라와는 기후가 달라 이스라엘에서 이른 비는 10월부터 12월 사이에 내려 모판을 준비하고 파종하기에 적합한 환경을 마련해 준다. 이른 비가 안 내리면 파종을 할 수가 없다. 늦은 비는 3월과 5월 사이에 내려 곡식과 과일이 무럭무럭 자라 결실을 맺는데 결정적인 역할을 한다. 늦은 비가 안 내리면 곡식과 과일이 탐스럽게 영글 수가 없다. 우리를 지으신 이가 여호와시요, 우리를 돌보시는 이가 여호와시다. 하나님이 내 인생에 이른 비와 늦은 비를 내려 주셔야 우리는 결실할 수 있다. 하나님을 의지하고 살 수밖에 없는 인생인 것이다. 나의 나 된 것은 다 하나님의 은혜이다. 아멘.

3. 세 골짜기의 이름

"민족들은 일어나서 여호사밧 골짜기로 올라 올지어다 내가 거기에 앉아서 사면의 민족들을 다 심판하리로다" 욜 3:12

요엘서에는 세 골짜기의 이름이 나온다. 먼저 요엘 3:12에 나오는 여호사밧 골짜기를 보자. 여호사밧은 '야훼께서 심판하시다'는 뜻이다. 이 골짜기의 위치가 불분명하지만 이 심판이 예루살렘 근처에서 일어날 것이라고 말한 다른 선지자들이 있다(겔 38:18~23, 단 11:45, 슥 9:14~16). 이것은 마지막 날 하나님께서 떨치고 일어나셔서 열국을 그 백성 이스라엘(예수 믿는 사람들)을 위하여 멸망시키실 것을 예언한 말씀들이다. 이 열국의 심판은 마태복음 25:31~46에도 자세히 예수님께서 직접 예언하셨다. 여호사밧 골짜기는 하나님께서 열국을 심판하시는 상징적 골짜기이다. 요엘 3:14에 나오는 '심판의 골짜기'는 선고된 심판을 집행하는 곳으로서 앞서 언급한 여호사밧 골짜기와 같은 곳이다. 그리고 요엘 3:18에 나오는 싯딤 골짜기가 있다. 아카시아 나무로 유명한 이 골짜기는 사해 북쪽 해안가에 위치했으며 약속의 땅에 입성하기 전 이스라엘 민족이 마지막으로 들렀던 곳인데 이스라엘 백성들이 이 골짜기에서 모압 여자들과 음행하기를 시작했던 곳이다(민 25:1). 후일에 주님이 다스리는 천년왕국이 도래하면 모든 죄의 흔적이 사라지고 이 계곡으로 생명의 강이 흐르게 하실 것이라고 성경은 예언한다(슥 14:8).

"그 날에 산들이 단 포도주를 떨어뜨릴 것이며 작은 산들이 젖을 흘릴 것이며 유다 모든 시내가 물을 흘릴 것이며 여호와의 성전에서 샘이 흘러나와서 싯딤 골짜기에 대리라" 욜 3:18 아멘.

9월 18일

1년 1독 성경 읽기 꿀송이 보약큐티

아모스 1장~4장

| 묵상자료 |

1. 아모스는 어떤 책인가?

아모스는 예루살렘 남쪽 약 16킬로미터 지점에 위치한 드고아 출신의 선지자다. 그는 에스겔처럼 제사장 가문이나 이사야처럼 귀족 가문도 아니고 양치는 목자였고 뽕나무를 재배하는 평범한 농부였다(암 7:14). 그의 동시대 선지자들로는 요나, 호세아, 이사야가 있다. 아모스는 이스라엘의 참된 예배의 부재와 공의의 실종의 두 가지 죄를 지적했다. 허울 좋은 예배 의식은 있었지만 진심으로 하나님을 섬기지 않았고 이웃에 대해 하나님이 세우신 공의의 기준도 따르지 않았다. 아모스 9:11은 유명한 성경 구절이다.

"그 날에 내가 다윗의 무너진 장막을 일으키고 그것들의 틈을 막으며 그 허물어 진 것을 일으켜서 옛적과 같이 세우고 그들이 에돔의 남은 자와 내 이름으로 일컫는 만국을 기업으로 얻게 하리라 이 일을 행하시는 여호와의 말씀이니라"(암 9:11) 아멘.

다윗의 후손인 우리 주님 예수 그리스도께서 이 땅에 오셔서 이 예언이 성취되었다.

초대교회에서 예루살렘 공의회가 열리고 바울과 바나바가 이방인에게 복음을 전한 후 그들의 할례받는 문제로 첨예하게 논쟁이 있었을 때 야고보가 일어나 이 아모스 선지자의 성경을 인용하며 이방인들에게 복음 전하는 것을 적극적으로 지지하며 율법의 무거운 짐을 그들에게 지우지 말 것을 건의하였다(행 15:13~21).

다윗의 무너진 장막이 일으켜지는 이 예언은 예수님께서 재림하시어 만 왕의 왕으로 즉위하시는 날 완벽하게 성취될 것이다. 아모스 선지자는 이스라엘과 유다 그리고 주변의 여섯 나라들을 향하여 그들의 죄악을 지적하고 여호와의 심판을 선언하였다.

하나님은 아모스서를 통해 우리에게 공의와 공평을 행하고 가난하고 환란 당하는 이웃을 돌아보라고 교훈하신다. 아멘.

오늘의 본문 성경을 읽으시고 깨달은 점이나 기억하고 싶은 점 혹은 기도문을 기록합니다.

9월 19일

1년 1독 성경 읽기 꿀송이 보약큐티

아모스 5장~9장

| 묵상자료 |

1. 강력한 심판 선언(암 9장)

아모스 선지자가 마지막으로 선포하는 메시지는 비타협적이고 불관용적인 하나님의 심판에 대해 엄중하게 증언하고 있다. 숨어도 소용이 없고(암 9:3) 망해서 천하에 불쌍하게 되어도 봐주지 않으며(암 9:4), 심지어 죽어도 소용없다(암 9:2)고 하신다. 이스라엘의 죄가 신앙의 본질을 무너뜨리는 죄였기 때문이었다. '죄는 미워해도 사람은 미워하지 말라'는 말이 있지만, 하나님은 단호하시다. 하나님은 단지 '악'이라는 추상적인 대상만을 미워하시고 눈에 보이지 않는 사탄과의 전쟁만 선포하시는 것이 아니라, 그 악을 행하는 자와 사탄의 노예가 된 자들에 대해서도 심판을 선포하신다. 죄뿐 아니라 죄를 범한 사람도 하나님의 미움의 대상이 된다. 의인이 겪는 환난은 사실은 시험과 도전이며 피할 구멍이 있으나(고전 10:13), 악인이 당한 심판에는 피할 곳이 없다. 하나님의 심판은 죽어서도 피할 수 없는 것이기 때문이다(암 9:2). 그래서 회개는 선택이 아니라 필수이다. 불완전한 피조물인 우리 인간을 죄인과 의인으로 나누는 기준은 "회개하는 믿음"이다. 입으로만 "주여, 주여"하는 믿음이 아니라, 자기 잘못으로부터 돌이켜서 날마다 자기를 죽이고 하나님께 돌아오는 자가 주의 참 된 백성인 것이다.

하나님께서는 피할 길 없는 철저한 심판을 선포하는 아모스 선지자를 통해 이 사실을 일러주려 하셨다. 원칙 없는 관용, 근본 없는 포용, 처벌이 생략된 용서는 하나님의 자비와는 무관하다. 하나님께서는 죄인에 대하여 마지막 한 푼까지 다 받아내신 후에 용서하시는 분이신 것이다(마 5:26). 그러나 회개하고 속죄할 의사가 분명한 사람에게까지 죄에서 돌이킬 기회를 주지 않고 무자비한 비난으로 난도질하는 것은 하나님의 방식이 아니다. 하나님의 심판은 돌아오게 하시는 심판이지 죽이는 것이 목적인 심판이 아니기 때문이다. 하나님을 알고, 하나님께 돌아오는 백성들은 또한 그분의 완전한 회복의 구원을 알게 된다(암 9:11-15). 하나님께서는 회복의 역사 가운데에서 "새 일"을 행하신다(사 43:19). 그리고 그분의 새 일은 '자비'와 '정의'라는 서로 대립하기 쉬운 가치의 연합으로 나타난다. 자비로우면서 정의롭기가 쉽지 않다. 하지만 하나님에게는 가능하시다. 우리 민족에 공평과 정의가 강물같이 흐르는 날이 이르기를 간절히 소망한다.

9월 20일

1년 1독 성경 읽기 꿀송이 보약큐티

오바다 1장~요나 1장

| 묵상자료 |

1. 오바댜는 어떤 책인가?

오바댜는 단 한 장 21절로 되어 있어 구약에서 제일 짧은 책이다. 에돔의 멸망을 예언하는 내용이 주를 이룬다. 에서의 후손인 에돔은 창세기에서 하나님이 두 민족이 싸우리라고 예언하신 것처럼 항상 이스라엘을 미워했다. 바벨론이 유다를 침공했을 때 에돔은 수수방관하고 오히려 유다의 멸망을 원했다. 극심한 환란의 때에 형제 나라의 도움을 기대했지만 에돔은 오히려 그들의 적군의 편이 되어 유다의 패망을 기뻐했다. 이러한 에돔에 대해 심판을 선언하는 것이 오바댜서이다. 1절부터 하나님은 에돔에 대해 선전포고를 하셨다. 자신의 사자들을 보내셔서 에돔을 치라 하신다.

"너희는 일어날 지어다 우리가 일어나서 에돔과 싸우자" 옵 1:1

에돔은 지리적으로 사해 남쪽 험한 산악 지역 높은 위치에 자리를 잡고 있어 쉽게 공략할 수 없는 요새였다. 그리고 많은 재물과 용맹한 군사들이 많아 그들은 스스로 교만에 사로 잡혀 있었다. 북아프리카와 유럽 그리고 아시아를 이어주는 중요한 무역로인 유명한 '왕의 대로'가 동쪽 고원을 따라 나있었다(민 20:17을 보라). 이스라엘이 출애굽 하여 에돔 나라를 통과하게 해 달라고 부탁했을 때 그들은 냉정하게 거절했다. 그럼에도 그 때는 하나님은 에돔을 대적하지 말고 다른 길로 멀리 돌아가라고 하셨다. 그러나 세월이 흘러 유다의 멸망을 기뻐하는 에돔의 교만함을 보고 하나님은 오바댜를 통해 그들의 완전한 멸망을 선언하신다. 역사적으로 에돔은 사울 왕의 시대에 이스라엘과 맞서 싸웠고 솔로몬 시대에 이스라엘의 속국이 되었다. 여호사밧 때에 반기를 들었고 여호람 왕 때 유다의 지배에서 벗어 났다. 아마샤 때 다시 정복되었지만 아하스 때 다시 자유를 얻었다. 나중 그들은 팔레스틴 남부 지역으로 이주하여 이두매인들로 알려지게 되었다(에돔의 헬라식 발음이 이두매다). 예수님 탄생 시 헤롯 대왕은 바로 이 이두매 출신 왕이었다. 그가 아기 예수님을 죽이려 한 것은 어떤 의미에서는 야곱과 에서의 반목의 연장이었다. 이두매 족속은 주 후 70년 유대인들과 함께 예루살렘 반란에 가담했고 로마 장군 티투스에 의해 완전 궤멸되었다. 그 후 오바댜의 예언대로 이두매 족속은 역사에서 완전히 자취를 감추었다.

2. 요나는 어떤 책인가?

요나서를 읽으면 하나님은 이스라엘뿐만 아니라 열방의 다른 나라들도 사랑하시는 선교의 하나님이심을 알게 된다. 하나님은 한국도 사랑하시지만 북한 사람들도 사랑하시고 일본도 사랑하시고 세계 모든 열방을 다 사랑하신다. 모두가 회개하고 다 주께로 돌아와 구원 얻기를 원하시는 것이다. 성경을 보면 하나님은 악한 왕 아합이 회개하자 그 심판을 유보하신 적이 있다. 앗수르의 수도 니느웨는 그 악독함이 하늘에 가득 찬 도시였다. 그래서 하나님은 선지자 요나를 보내 40일 후에 이 성이 멸망하리라고 선포했다. 그런데 의외의 상황이 벌어졌다. 니느웨의 성주로부터 모든 백성들이 금식하며 베옷을 입고 엎드려 하나님께 회개하기 시작한 것이다. 열렬한 이스라엘 민족주의자요, 극우 보수주의자였던 요나는 그들이 회개함으로 하나님이 심판을 보류하시자 몹시 못 마땅해했다. 이때 하나님은 박 넝쿨을 예비하시어 요나를 뜨거운 태양 볕에서 보호하셨다가 다시 마르게 하시어 그를 힘들게 했다. 불평하던 요나에게 너는 박 넝쿨 하나의 소멸에도 아쉬워하면서 좌우를 구별 못하는 아이들만 12만 명이나 되는 이 큰 성이 멸망하는 것을 애석해하지 않는다고 책망하셨다. 우리는 결단코 요나 같은 신자들이 되어서는 안 된다.

요나는 철저한 유대인 보수주의자였다. 자기 민족만 최고이고 나머지는 다 심판받고 망해야 할 나라들이라고 생각했다. 나는 40년 이상 예수님을 믿어 오면서 한국 교회 안에서 요나처럼 지나친 극우 보수주의자들을 너무 많이 보아 왔다. 완전 요나 판박이다. 내 교회, 내 교단, 내 나라가 무조건 최고다. 마음을 넓혀 모두를 품으려 하지 않는다. 이런 편협한 신앙 때문에 한국에 장로교단만 해도 수백 개가 되는 웃지 못할 일이 현실화된 것이다. 이런 모습 때문에 불신자들에게 교회가 조롱을 받는다.

또한 요나서를 읽다 보면 여호와 이레 준비하시는 하나님을 발견하게 된다. 요나가 사명을 저 버리고 다시스로 가는 배를 타고 도망 갈 때 하나님은 태풍을 예비하셔서 요나의 길을 막으셨다. 그리고 그가 바다에 던져졌을 때 하나님은 이미 큰 물고기를 준비하셔서 요나를 삼키게 하셨다. 또한 니느웨의 회개와 심판을 면하게 됨을 보고 불평하는 요나를 깨우치기 위해 하나님은 박넝쿨을 준비하셨다. 우리의 인생에도 이와 같이 하나님은 준비하시는 '여호와 이레'의 하나님이시다. 오늘도 '여호와 이레'의 하나님을 체험하며 살자.

오늘의 본문 성경을 읽으시고 깨달은 점이나 기억하고 싶은 점 혹은 기도문을 기록합니다.

1년 1독 성경 읽기 꿀송이 보약큐티

요나 2장~4장

| 묵상자료 |

1. 하나님을 믿는 자의 잘못된 분노

신약 복음서에 나오는 비유 가운데 아침에 온 사람, 정오에 온 사람, 오후에 온 사람이 똑같이 하루 품삯을 받게 되자 아침에 온 사람들이 분노하더라는 예수님의 가르침은 자신들의 기득권을 주장하고 싶어 했던 이스라엘을 깨우쳐주시기 위해 들려주신 말씀이었다.

그런데 사실, 이 메시지는 이미 요나서와 같은 책을 통해 오래 전부터 선포되었던 주제였다. 예수님의 말씀은 "내가 선하므로 네가 악하게 보느냐?"라는 질문으로 끝나고, 요나를 향한 하나님의 말씀은 "네가 성내는 것이 옳으냐?"라는 질문으로 끝나는데 가만히 보면 두 질문이 같은 질문임을 알 수 있다.

사람이 기득권에 취하게 되면 '다른 사람에게도 지금 내가 누리고 있는 것들이 필요하다'는 생각에 이르지 못하게 된다. 자신이 누리던 것들을 다른 사람에게 빼앗기지 않을까 하는 이기심에 생각의 길목이 가로막혔기 때문이다.

요나는 그동안 하나님께서 그분의 백성들에 대하여 오래 참으시고 수없이 용서하시던 그 자비로운 사랑이 이방인들에게 주어지는 것은 "부당하다"고 생각했다. 왜냐하면 하나님은 그동안 아브라함의 하나님, 이삭의 하나님, 야곱의 하나님으로 알려져 있었기 때문이다.

하나님이 이방인에게 자비를 베푸시는 것에 대한 요나의 분노는 단순한 질투의 감정으로 인한 것이라기 보다는 기득권을 위협받는 자가 느끼는 두려움에서 비롯된 증오라고 보아야 할 것이다. 기득권을 누리던 사람들은 그것을 빼앗기게 되면 극도의 증오심을 표출한다. 기득권을 빼앗길 위기에 놓인 사람이 그것을 지키려고 싸우기 시작하게 되면, 그때부터는 생명 따위는 안중에도 없는 파렴치한이 되기 쉽다. 사람의 인격과 존엄 같은 것들을 철저히 무시하게 되며, 자기 인격도 포기하고 남의 인격도 함부로 짓밟게 되는 경우가 많은 것이다.

요나는 좌우 구분이 안 되는 어린 아기만 12만 명이 넘는 큰 도시가 통째로 멸망하기를 간절하게 바랬고, 그 뜻이 이루어지지 않자 "죽고 싶다"고 외칠 정도로 극도의 분노에 휩싸였다. 아마 요나에게 '기자의 펜'을 허락했다면 니느웨를 무너뜨리기 위해 어마어마한 가짜 뉴스들을 만들어냈을 것 같다. 하나님을 믿는다고 해도 사고가 요나처럼 경직되면 정말 무서운 고집불통의 크리스찬이 될 수 있음을 우리는 명심해야 한다.

그러나 하나님은 그 성에 있는 가축들까지도 아끼시는 분이셨다. 가나안 땅을 점령하려고 들어가는 여호수아에게 '남김없이 쓸어버리라'고 하셨다던 그 하나님만 알고 있는 사람에게는 낯선 모습이 아닐 수 없을 것이다. 사실은 세상 전체를 아끼시는 이 자비로운 모습이 하나님의 참모습이시다. 그분이야말로 이 세상을 존재하게 하신 어머니와 같은 근본이시기 때문이다.

자비심을 잃은 신앙인은 자기도 모르는 사이에 기득권을 위해 싸우는 광신도로 돌변한다. 뭔가 중요한 것을 빼앗길 것이라는 강박관념이 사람의 이성을 마비시켜서 앞뒤 구분 없이 할퀴고 물어뜯게 만든다.

요나는 하나님께 불쾌한 감정을 드러내었다. 요나의 이러한 반응은 요나 이야기 전체에서 가장 어리둥절한 대목이다. 생각해보면 요나 입장에서는 최악의 우려가 현실이 되었다. 자신이 사력을 다해 저지하려 했던 일이 벌어졌다. 그는 하나님을 자신만의 상자 안에 담아 두려 했다. 어쩌면 하나님보다 자신의 신념을 더 믿었을지 모른다. 오늘날 한국 교회 안의 수많은 목사, 선교사, 장로, 권사님들 중 요나 같은 분들이 너무 많다는 사실이 안타깝다.

"여호와께서 이르시되 네가 수고도 아니하였고 재배도 아니하였고 하룻밤에 났다가 하룻밤에 말라 버린 이 박 넝쿨을 아꼈거든, 하물며 이 큰 성읍 니느웨에는 좌우를 분변하지 못하는 자가 십이만여 명이요 가축도 많이 있나니 내가 어찌 아끼지 아니하겠느냐" 욘 4:10~11

요나서 이야기는 이것이 전부이다. 대답 없는 질문으로 불쑥 끝나버린다. 막은 내린 셈이고, 갑작스러운 엔딩은 이 이야기의 적용을 독자에게로 넘긴다.

성경에서 대부분의 선지서들은 선지자의 메시지에 그 초점을 맞춘다. 하지만 요나서는 선지자의 메시지가 아니라 선지자에게 초점을 맞춘 유일한 선지서이다. 그러므로 요나의 모습, 요나의 삶이 곧 독자들에게 주는 메시지인 것이다. 그리고 그 메시지는 요나와 동일한 모습을 가지고 있는 우리 자신들을 돌아보게 만든다.

오늘의 본문 성경을 읽으시고 깨달은 점이나 기억하고 싶은 점 혹은 기도문을 기록합니다.

9월 22일

1년 1독 성경 읽기 꿀송이 보약큐티

미가 1장~3장

| 묵상자료 |

1. 미가는 어떤 책인가?

미가는 이사야 선지자와 동시대에 사역했다. 이사야는 '유다와 예루살렘'에 관해 말씀하고 미가는 '사마리아와 예루살렘'에 관해 말씀한다. 미가는 주로 평민들을 상대로 사역하고 이사야는 주로 왕실을 상대로 사역했다. 미가는 두 개의 큰 사건을 예언한다. 하나는 예루살렘의 멸망에 대한 것이고 다른 하나는 메시아의 탄생에 관한 것이다(미 5:2).

미가는 북이스라엘이 앗수르에게 멸망당할 것을 예언하면서 앗수르의 군대가 성읍들을 차지하며 나라가 멸망하는 환상을 본다. 또한 성 안에 사는 부자들의 탐심과 바닥에 떨어진 경제와, 정의가 사라진 사회에서 가난한 자들의 어려움을 지적했다. 특히 제사장들의 탐욕을 지적하며 몹시 비통해 하였다. 그러나 다른 선지서들처럼 예외 없이 회복에 대한 약속도 주어진다. 장차 모든 민족이 말씀을 들으러 예루살렘으로 올 것이며 베들레헴에서 메시아가 태어나고 환란 가운데서 믿음을 지키는 자들이 거룩하게 쓰임 받을 것이다.

그리고 마지막 6~7장에서 백성들의 회개를 촉구한다. 미가서 6:3~5에서 다음과 같은 감동적인 하나님의 음성이 들린다.

"내가 언제 너를 힘들게 한 적이 있느냐? 내가 언제 너를 실망시킨 적이 있느냐? 내가 너에게 어떻게 행했는지를 기억하라. 출애굽 하여 광야에서 너희를 인도할 때와 약속의 땅을 정복할 때 싯딤에서 길갈까지의 일을 기억하라. 너희는 내가 베푼 구원과 사랑과 은혜에 감격할 것 외에 무엇이 있느냐?"

참으로 지당하신 말씀이다.

우리는 미가서에 기록된 말씀대로 우리의 모든 죄를 깊은 바다에 던져 버리시고 구원과 은혜를 베풀어 주신 하나님께 감사할 것밖에 없다. 아멘.

오늘의 본문 성경을 읽으시고 깨달은 점이나 기억하고 싶은 점 혹은 기도문을 기록합니다.

9월 23일

1년 1독 성경 읽기 꿀송이 보약큐티

미가 4장~7장

| 묵상자료 |

1. 여호와께서 이스라엘과 변론하시다(미 6장)

미가 6:3에 보면 주께서 이스라엘 백성을 향해서 "내 백성아, 내가 무엇을 네게 행하였으며 무슨 일로 너를 괴롭게 하였느냐? 너는 내게 증언하라"(미가 6:3) 이렇게 한탄하신다.

오죽 했으면 하나님께서 이렇게 물으셨을까? 정말 하나님의 이 질문을 들으니 나는 주 앞에 아무 할말이 없다.

하나님은 단 한 번도 이스라엘을 괴롭게 한 적이 없으시다. 오직 주님께서 하신 일이 있다면 그들을 애굽의 종노릇 하는데서부터 모세를 보내어 구원해 내시고 약속의 땅으로 이끄셔서 축복하신 일밖에 없다.

그러나 이스라엘은 백성은 그들의 구원자 여호와 하나님을 배반하고 우상을 섬기기를 수없이 반복하였다. 하나님은 바람난 아내를 찾아 나선 호세아 선지자처럼 그러한 이스라엘 백성을 끝없는 사랑과 자비로 용서하시고 그들을 회복시키시고 새롭게 하시는데 집중하셨다.

하나님은 그것도 모자라 우리에게 독생자 예수님을 보내주시어 십자가 위에서 우리를 위해 죽게하시기까지 우리를 위해 희생하시고 구원의 길을 열어 주셨다. 이러한 우리의 아버지 하나님 앞에 우리는 언제까지 하나님의 마음을 아프시게 하고 성령을 슬프게 하는 모습을 보여야 할 것인가?

오, 주여!

우리에게 성령의 은혜를 더하여 주셔서 주님의 마음을 슬프게 하는 백성이 아니라 주님의 기쁨이 되는 우리가 되게 하여 주옵소서. 아멘.

오늘의 본문 성경을 읽으시고 깨달은 점이나 기억하고 싶은 점 혹은 기도문을 기록합니다.

9월 24일

1년 1독 성경 읽기 꿀송이 보약큐티

나훔 1장~3장

| 묵상자료 |

1. 나훔은 어떤 책인가?

이 책은 요나서에서 회개하던 니느웨의 심판에 대한 예언으로 가득 차 있다. 요나가 메시지를 전한 후 약 150년이 지나고 나훔 선지자의 입을 통해 하나님은 다시금 관영한 그들의 죄악을 인해 멸망 받을 것을 선포하신다. 이 예언은 선포 이후 18년 만에 그대로 이루어졌다. 니느웨는 그 잔인함과 야만성으로 인해 '피의 성'이라고 불리웠다. 또 영적 음행인 우상숭배와 마술을 행하는 일들이 성행했다. 그것으로 여러 나라를 미혹했는데 이것이 니느웨 멸망의 원인이다. 하나님은 니느웨가 범람하는 물로 진멸될 것을 예언하셨다. 은과 금 아름다운 기구가 풍부했던 니느웨가 공허하고 황폐 해 질 것이라 하셨다. 그들은 결국 신흥 강국 바벨론과의 전쟁에서 패퇴하였다.

사람들은 앗수르 제국의 역사를 허구라고 생각하였다. 그러다가 19세기 중반에 영국의 고고학자 오스틴 헨리 레이어드가 니느웨의 유적을 발견하면서 앗수르의 역사성이 입증되었다. 성벽의 길이가 무려 13킬로미터에 달했고 높이가 60미터로 엄청난 두께의 강력한 성벽이었다. 도시 변두리에는 30층이 넘는 사원들이 금과 은으로 화려하게 꾸며져 있었다. 이런 거대 도시가 물과 흙으로 덮여 오랜 세월을 잊혀져 있다가 2,455(B.C.609~A.D.1846)년 만에 그 존재가 세상에 다시 알려진 것이다. 니느웨가 아무리 강대한 요새의 도시라 해도 하나님이 그를 대적하시면 그 멸망을 피할 수 없음을 나훔은 역사의 예를 들어 예언했다(나 3:8~10). '노아몬'이라는 도시는 천혜의 요충 도시였는데 그곳은 강 사이에 있었고 바다를 끼고 있었다. 거기에 구스의 용병이 있었고 애굽도 지원군이 되었다. 그러나 가장 안전하다고 믿었던 '노아몬'도 결국 멸망하였다. 그 도시는 역사에서는 기록되지 않았지만 나훔 당시에는 누구나 아는 잘 알려진 도시였다. 이러한 노아몬도 견디지 못했는데 니느웨가 버틸 수 있겠는가? 하고 선지자는 묻는다.

나훔을 통해 우리는 아무리 강대한 나라도 하나님의 심판을 피하지 못함을 배운다. 지금의 미국도 중국도 일본도 하나님 앞에 겸손해야 한다. 역사의 주인은 하나님이시다.

주여, 우리 한반도를 불쌍히 여기소서… 아멘.

9월 25일

1년 1독 성경 읽기 꿀송이 보약큐티

하박국 1장~3장

| 묵 상 자 료 |

1. 하박국은 어떤 책인가?

하박국은 3장으로 된 짧은 책이지만 신약에서 바울과 히브리서 기자가 요긴하게 인용할 만큼 중요한 책이다. 하박국은 하나님께 자신의 풀리지 않는 질문을 던진다.

첫째는 왜 유다의 죄가 그토록 넘치는데 하나님은 침묵하시고 아무런 조치를 취하시지 않는가 하는 의문이었다. 이 질문에 대해 하나님은 답변하셨다. 장차 갈대아인들(바벨론)을 보내어 유다의 죄를 심판하시겠다는 대답이었다. 이 하나님의 답변을 듣고 하박국은 또 다른 질문을 던진다. 하나님은 정결하시고 의로운 분이신데 왜 유다의 죄를 심판하시기 위해 유다보다 더 악한 바벨론을 사용하셔서 유다를 심판하시느냐는 의문이었다. 이 질문에 대해서도 하나님은 답변해 주셨다. 결국 때가 이르면 바벨론도 멸망시키신다는 것이다. 그리고 그 유명한 말씀을 하셨다.

"의인은 그의 믿음으로 말미암아 살리라" 합 2:2~4

바벨론의 망할 때도 정해져 있었다. 그러므로 더딜지라도 기다리라는 것이다. 바울은 이 구절을 인용하여 로마서 1:17과 갈라디아 3:11에 '이신칭의'(믿음으로 의롭게 되는 진리)의 교리를 설명하였다. 히브리서 기자는 히브리서 10:38에 이 구절을 인용하면서 환란의 때에도 뒤로 물러서지 말고 믿음으로 담대히 전진해야 함을 강조하였다. 성도의 삶은 하나님을 신뢰하고 믿음으로 살아가는 것이 정석이다. 내 생각에 이해가 안되고 시간이 너무 지체되는 것 같아도 가장 완벽한 타이밍에 하나님은 그분의 역사를 이루실 것이다. 그러므로 하박국 3장의 결론처럼 환경이 실망스럽고 힘들어도 우리는 오직 여호와로 인하여 즐거워하며 나의 구원의 하나님을 인하여 기뻐해야 한다. 하박국은 하나님의 답변을 통해 은혜를 받고 먼 미래에는 물이 바다를 덮음 같이 여호와의 영광을 인정하는 것이 온 세상에 가득할 날을 미리 바라보고 기뻐하였다(합 2:14). 사슴의 앞 발은 뒷발 보다 짧다. 그래서 높은 곳을 껑충껑충 잘 뛰어오를 수가 있다. 나의 삶에 하나님을 신뢰하는 믿음이 주어질 때 우리는 고난의 험준한 산비탈도 사슴처럼 뛰어오르며 극복할 수가 있게 된다. 아멘.

9월 26일

1년 1독 성경 읽기 꿀송이 보약큐티

스바냐 1장~3장

| 묵 상 자 료 |

1. 스바냐는 어떤 책인가?

스바냐는 이사야처럼 왕족 출신의 선지자인데 그는 히스기야 왕의 증손자였다. 스바냐는 하박국처럼 3장으로 되어 있는데 1장은 유다에 다가올 하나님의 심판, 2장은 열방에게 임할 하나님의 진노, 3장은 심판 후에 다가올 유다의 회복에 대한 말씀이다.

스바냐서에는 요엘서처럼 '여호와의 날'이라는 단어가 무려 20번이나 나온다. 심판을 예언하는 말씀이다. 심판의 대상들도 자세히 언급하는데 사람, 짐승, 공중의 새, 바다의 물고기, 악인들, 우상과 우상 숭배자들, 범죄자들, 여호와를 찾지도 않고 구하지도 않는 자들이다. 한마디로 총체적으로 다 멸망시키겠다는 것이다. 그 무서운 심판을 유다와 예루살렘과 주변 나라들에 선포한 선지자는 끝으로 회복의 약속을 한다. 그리고 우리가 거의 다 암송하고 있는 그 유명한 사랑의 말씀으로 마지막을 장식한다.

> "너의 하나님 여호와가 너의 가운데 계시니 그는 구원을 베푸실 전능자이시라 그가 너로 말미암아 기쁨을 이기지 못하시며 너를 잠잠히 사랑하시며 너로 말미암아 즐거이 부르며 기뻐하시리라 하리라" 습 3:17

이 말씀을 암송하고 있노라면 우리 손자 엘림이가 생각난다. '할아버지' 발음이 잘 안되어 '할비'라고 나를 부르던 이 녀석은 내가 잠잠히 사랑하며 기쁨을 이기지 못하며 즐거워하는 녀석이다. 비록 멀리 떨어져 있어 카톡 영상 통화로 얘기하지만 엘림이를 보면 미소가 지어 진다. 하나님도 나를 보시고 이렇게 사랑하신다니 너무나 감사할 뿐이다.

오늘의 본문 성경을 읽으시고 깨달은 점이나 기억하고 싶은 점 혹은 기도문을 기록합니다.

9월 27일

1년 1독 성경 읽기 꿀송이 보약큐티

학개 1장~스가랴 1장

| 묵상자료 |

1. 학개는 어떤 책인가?

학개 선지자는 스룹바벨과 함께 바벨론에서 제1차 포로 귀환 때 예루살렘으로 돌아온 레위 사람이다.

학개서의 제일 큰 목적은 포로에서 돌아온 유대인들이 성전건축을 다시 할 수 있도록 격려하기 위한 것이다. 그 당시에 여러 가지 반대에 부딪혀 성전건축이 중단된 상태에 있었다. 다니엘 2장으로 되어 있는 이 학개서는 성전 건축을 위한 격려의 메시지로 가득 차 있다. 비록 스룹바벨의 성전이 솔로몬 성전보다 적을지라도 주께서 평강을 주실 것이며 이 성전의 나중 영광이 이전 영광보다 크리라고 격려했다. 그 성전 건축을 독려하는 말씀 중에 메시아가 오시리라는 예언도 하였다.

"또한 모든 나라를 진동시킬 것이며 모든 나라의 보배(사모하는 것)가 이르리니 내가 이 성전에 영광이 충만하게 하리라 만군의 여호와의 말이니라" 학 2:7

모든 나라의 보배, 모든 나라의 사모하는 것은 예수 그리스도, 메시아를 상징하는 것이다. 주께서 오시면 하나님의 영광이 새 예루살렘 성전에 충만하게 될 것이다. 만군의 여호와의 말씀은 그대로 성취되었고 또 성취될 것이다. 아멘.

2. 스가랴는 어떤 책인가?

스가랴는 학개서와 함께 바벨론 포로에서 귀환한 이스라엘 백성들을 향한 메시지이다. 스가랴는 소선지서 중 가장 긴 책으로 14장까지 있는데 난해한 환상이 많아 구약의 묵시록 중 한 권으로 불리운다. 스가랴서의 특징으로서는 에스겔서와 같이 상징적 환상이 많고 이사야서와 같이 메시아에 대한 예언이 많다. 스가랴가 미리 본 예수님의 모습은 다음과 같다.

(1) 붉은 말을 타고 화석류나무에 서 계신 모습(슥 1:8)
(2) 보좌에 앉으신 통치자의 모습(슥 2:10~13)
(3) 거룩한 제사장의 모습(슥 3:8)

(4) 하늘의 높은 제사장의 모습(슥 6:12~13)

(5) 나귀를 탄 통치자의 모습(슥 9:9~10)

(6) 은 30의 예수님 몸값(슥 11:12~13)

(7) 그 은으로 토기장이의 밭을 삼(슥 11:13)

성경은 얼마나 놀랍고도 신비한 책인가?

주님 오시기 수백 년 전에 벌써 선지자의 입을 통해 은 30에 팔릴 것과 새끼 나귀를 타고 예루살렘에 입성할 것까지 자세히 예언하였고 그것은 한치의 오차도 없이 그대로 역사 속에서 실현되었다.

오늘의 본문 성경을 읽으시고 깨달은 점이나 기억하고 싶은 점 혹은 기도문을 기록합니다.

9월 28일

1년 1독 성경 읽기 꿀송이 보약큐티

스가랴 2장~4장

| 묵 상 자 료 |

1. 스가랴 4장까지에 나오는 어려운 환상들과 그 의미들

♦ 말을 탄 네 사자(슥 1:8~17)

붉은 말을 타고 화석류나무 사이에 있는 분은 예수님이셨다. 이 하나님의 사자가 다른 색깔의 말을 탄 천사들을 이끌고 예루살렘을 위로하고 축복하시며 학대했던 열방들을 심판하실 것이라는 환상이었다.

♦ 네 개의 뿔과 네 명의 공장(대장장이)(슥 1:18~21)

하나님께서 이스라엘을 흩어지게 한 네 나라(바벨론, 메대-바사, 헬라, 로마)를 멸망시킬 것이다.

♦ 척량줄을 잡은 사람(슥 2:1~13)

척량줄을 잡은 것은 예루살렘을 재건하시려는 하나님의 마음을 보여주며 여호와 자신이 그 거룩한 성의 성전이 되실 것이다.

♦ 더러운 옷을 입은 대제사장 여호수아(슥 3:1~10)

이스라엘 백성의 추악한 죄를 상징하여 더러운 옷을 입었으나 나중에는 그 죄를 없애버리시고 영광스런 모습을 가지게 하신다.

♦ 순금 등대와 두 감람나무(슥 4:1~14)

다섯째 환상이 잠이 깜박 든 스가랴를 깨운다. 스가랴는 칠흑같이 어두운 밤에 환하게 빛나는 순금 등잔대와 기름 그릇, 그리고 그 위에 있는 일곱 등잔을 본다. 등잔대 옆에는 두 감람나무가 있어 감람유를 제공하니 등잔의 불꽃은 오래도록 꺼지지 않는다. 두 감람나무는 당시의 여호와의 두 종 총독 스룹바벨과 제사장 여호수아를 의미한다. 이들을 통해 하나님의 성전이 완성될 것이다. 당시 상황으로 보아 하나님의 성전을 세우는 일은 사람의 힘이나 능력으로 할 수 없었다. 오직 하나님의 성령으로 가능한 일이었다. 당시의 사람들은 작은 일의 날이라고 멸시했지만 스룹바벨이 머릿돌을 놓기 시작한 성전 건축의 역사는 하나님의 은총으로 반드시 완성되게 될 것임을 암시하는 환상이었다.

오늘날도 하나님은 사람의 힘과 능력으로 불가능한 일을 성령의 능력으로 완성하시고 이루시는 권능의 하나님이시다. 환경이 아무리 절망적이고 위협적이라 할지라도 '큰 산아 네가 무었이냐? 네가 스룹바벨 앞에서 평지가 되리라'고 외치며 믿음으로 전진할 때 주님의 큰 기적을 체험할 것이다. 아멘.

오늘의 본문 성경을 읽으시고 깨달은 점이나 기억하고 싶은 점 혹은 기도문을 기록합니다.

9월 29일

1년 1독 성경 읽기 꿀송이 보약큐티

스가랴 5장~7장

| 묵상자료 |

1. 날아가는 두루마리 환상(슥 5:1~4)

이 환상은 최후 심판을 말하고 있다. 두루마리는 길이 9미터, 넓이 4.5미터나 되는 매우 큰 책이었다. 그 날아가는 큰 두루마리에는 거짓말하는 죄와 거짓 맹세하는 죄의 심판이 기록되어 있었다. 칼빈은 이 두 가지 죄는 십계명을 상징하는 죄라고 해석하였다. 최후 심판 날이 오면 각 사람의 지은 죄가 낱낱이 드러나고 기록된 책에 의해 심판 받을 것이다. 당신의 죄가 큰 두루마리 책에 낱낱이 기록되어 당신 앞에 날아 다닌다면 결코 그 죄값을 피하지 못할 것이다. 그 다가올 심판이 무서운가? 그렇다면 지금 주 예수님 앞에 자신의 모든 죄를 다 고백하고 그 보혈에 적시움을 받으라. 지금이 회개할 때요, 지금이 구원의 때이다.

2. 에바 가운데 앉은 여인 (슥 5:5~10)

'에바'란 곡식의 양을 재는데 사용하는 됫박인데 여기의 에바 가운데 앉아 있는 여인은 죄와 반역을 상징하는 이스라엘 백성들이다. 여인이 에바에 앉은 모습은 곡식이 그릇에 채워지듯이 이스라엘의 죄가 가득한 것을 상징한다. 그 에바가 납조각으로 밀봉된 것은 회개치 않는 그들의 완악함을 말한다. 에바가 옮겨지는 것은 그들이 망하여 바벨론으로 옮겨 질 것을 또한 말한다.

3. 네 대의 전쟁 병거 (슥 6:1~8)

당대의 4대 제국 바사, 바벨론, 헬라, 로마를 말하나 궁극적으로 열방들에 대한 여호와의 심판을 말한다. 이처럼 성경은 반복해서 인류가 하나님 앞에서 모두 궁극적인 심판을 받을 것을 수없이 예언하고 있다. 피난처는 예수 그리스도의 십자가이다. 거기에 인류의 유일한 구원의 길이 있다. 아멘.

9월 30일

1년 1독 성경 읽기 꿀송이 보약큐티

스가랴 8장~14장

| 묵상자료 |

1. 회복의 하나님(슥 10장)

스가랴 10장은 스가랴 선지자에게 말씀해 주신 유대 나라의 구원과 회복에 관한 희망의 메시지이다. 이 부분은 두 단락으로 나눌 수 있는데 첫 번째 단락은 과거에 대한 훈계이고, 두 번째 단락은 미래에 대한 선포이다. 본문의 이미지는 출애굽이다. 즉, 출애굽을 연상시키면서 새로운 출애굽을 꿈꾸게 하는 것이다. 이로서 포로 된 유대 백성들은 귀환의 소망을 가지게 된다.

'봄비가 올 때에 여호와 곧 구름을 일게 하시는 여호와께 비를 구하라'고 했다. 이 말은 실은 유대 백성들을 꾸짖는 말씀이다. 고대 서아시아 사람들은 비를 관리하면서 풍요를 주관하는 신이 구름을 타고 다닌다고 믿었다. 그 신이 바로 바알이다. 문제는 흉년이 들면 이스라엘 백성들도 그 바알신을 생각한다는 것이다. 그래서 이 말씀이 서두에 나온 것이다. 구름을 일게 하시는 분은 여호와라고 분명하게 선언함으로써 이스라엘 백성들의 죄의식을 불러 일으켜 이어지는 선포된 메시지를 겸손하게 받아들이게 하기 위함이다.

"드라빔들은 허탄한 것을 말하며 복술자는 진실하지 않은 것을 보고 거짓 꿈을 말한즉 그 위로가 헛되므로 백성들이 양 같이 유리하며 목자가 없으므로 곤고를 당하나니"라고 했다. 드라빔은 사람 상반신의 형상을 한, 은이나 금 혹은 나무로 만든 우상으로 복을 빌거나 점을 치는데 사용된 가정의 수호신이었다. 따라서 이 물건은 여호와 하나님을 섬기는 이스라엘 백성들이라면 배척해야 할 것이었다. 하지만 그들은 미래를 점치기 위해 드라빔과 복술자를 의존했던 것이다. 그들은 그들의 삶의 주관자가 누구인지 망각했기 때문에 드라빔이나 점술을 사용했던 것으로 결과는 더 방황에 빠질 뿐이었다. 이 말은 그 시대 참 목자가 없음을 한탄하는 동시에 이스라엘 백성들의 불신앙과 미련함을 꼬집는 말이기도 하다.

"그들이 고난의 바다를 지나갈 때에 바다 물결을 치리니 나일의 깊은 곳이 다 마르겠고 앗수르의 교만이 낮아지겠고 애굽의 규가 없어지리라"고 했다. 그 말은 돌아오는 이스라엘 백성들이 고통의 바다를 지나고 넘실거리는 바다 물결을 이길 것이라는 말이다. 그 이유는 나일 강이 다 말라 바닥을 드러내고 앗시리아의 교만이 꺾이고 애굽을 다스리던 힘이 사라질 것이기 때문이다. 즉 앗수르의 교만이나 애굽의 왕권이 다시 하나님 백성의 구출을 방해할 수 없다. 이로서 제2의 출애굽이 일어난다는 것이다. 첫 번째처럼 홍해의 물결을 쳐 마른 땅을 건너게 하신 분이 그들의 하나님이기 때문이다.

"내가 그들을 긍휼히 여김으로 그들이 돌아오게 하리니 그들은 내가 내버린 일이 없었음 같이 되리라"고 하나님은 유다 백성들에게 말씀했다. 유다 사람들은 꿈만 같았을 것이다. 나라를 잃은 백성들이 그것도 단체로 유배지에서 고향으로 돌아갈 수 있었기 때문이다. 앗수르, 바벨론, 그리고 페르시아에 의해 멸족된 족속이 한 두 족속이 아닌 상황에서 말이다. 더 놀라운 사실은 한번도 하나님께 버림받지 않은 자처럼 대해주겠다는 하나님의 말씀이다.

우리 하나님은 그런 분이시다. 아무리 죄를 많이 지은 사람이라도 죄 없다고 여기기를 좋아하시는 분이시다. 심판 받아 마땅한 죄인임에도 불구하고 그 심판을 모른 척 외면하시는 분이시다. 더 나아가 죄값으로 반드시 죽어야 할 사람을 오히려 대신하여 자신의 아들을 죽이는 분이시다. 이것이 칭의의 은혜이다. 대속하시는 하나님이시다. 아멘.

오늘의 본문 성경을 읽으시고 깨달은 점이나 기억하고 싶은 점 혹은 기도문을 기록합니다.

10월 1일

1년 1독 성경 읽기 꿀송이 보약큐티

말라기 1장~4장

| 묵 상 자 료 |

1. 말라기는 어떤 책인가?

드디어 구약의 마지막 책에 이르렀다. 이제 마지막 선지자의 입을 통해 우리는 하나님의 말씀을 듣는다. 말라기는 시간적으로도 성경에서 맨 마지막에 기록된 책이다. 선지자의 시대가 마감된다고 하여 말라기서를 '예언의 봉인'이라고 부른다. 놀랍게도 이 마지막 선지자는 다시 오실 메시아를 언급하면서 엘리야를 소개하며 기대와 여운을 남긴다. 이 말라기서는 이스라엘이 포로 생활에서 돌아와 성전과 성벽을 재건하고 새롭게 살려고 노력했지만 초기의 감격은 사라지고 냉랭한 신앙생활을 하고 있는 이스라엘 백성들을 향해 외치는 말씀이다. 말라기가 지적하는 그들의 죄는 형식주의 신앙이었다. 신약에 예수님께서 겉만 번지르한 형식적인 바리새인들의 신앙을 얼마나 질타하셨던가? 말라기서는 신약과 구약을 잇는 다리 역할을 하는 책이다.

말라기 4:5~6은 누가복음 1:17과 연결된다.

"보라 여호와의 크고 두려운 날이 이르기 전에 내가 선지자 엘리야를 너희에게 보내리니 그가 아버지의 마음을 자녀에게로 돌이키게 하고 자녀들의 마음을 그들의 아버지에게로 돌이키게 하리라 돌이키지 아니하면 두렵건대 내가 와서 저주로 그 땅을 칠까 하노라 하시니라" 말 4:5~6
"

"그가 또 엘리야의 심령과 능력으로 주 앞에 먼저 와서 아버지의 마음을 자식에게 거스리는 자를 의인의 슬기에 돌아오게 하고 주를 위하여 세운 백성을 준비하리라" 눅 1:17

여기에서 말라기 선지자가 예언한 엘리야는 예수님의 길을 예비한 신약의 세례 요한을 지칭하는 것이었다. 이와 같이 말라기서는 앞으로 오실 메시아를 예언하면서 구약시대를 신약으로 연결하는 책이다. 또 우리가 잘 아는 십일조 헌금에 대한 권면의 말씀도 있다. 말라기 3:10은 온전한 십일조를 주님께 드려서 하나님을 시험해 보라 하신다. 우리는 다니엘과 세 친구들처럼 굳이 하나님을 시험해 볼 필요가 없다. 주님의 복음 전파와 교회의 성장을 위해 소득의 십일조를 당연히 드려야 한다. 아멘.

10월 2일

1년 1독 성경 읽기 꿀송이 보약큐티

마태복음 1장~3장

| 묵 상 자 료 |

1. 마태복음은 어떤 책인가?

신약 27권의 책은 4개의 복음서로 출발한다. 예수 그리스도의 생애와 그 말씀을 다루고 있는 복음서가 신약의 처음에 네 번이나 반복되어 편집되어 있는 것은 매우 의미 있는 일이다. 우리는 계속 반복해서 예수님의 생애와 그 말씀을 들을 필요가 있다.

네 개의 복음서 중 처음 3권을 공관복음이라고 한다. 이는 서로 보는 눈이 비슷하다는 것이다. 그러나 요한 복음은 특이하다. 시작부터가 예수님의 탄생부터가 아니고 태초에 있었던 말씀으로 시작한다. 마태복음은 유다의 사자(Lion)로 오신 예수님을 강조하는데 유대인들이 고대하는 메시아가 바로 나사렛 예수이심을 드러내는 책이다. 마가복음은 섬기는 종으로 오신 예수님을 강조하고 누가복음은 온 세상을 구속하신 희생제물이신 '사람'으로 오신 모습을 부각하며 요한복음은 예수님의 신성(神性)을 강조한다.

마태복음은 특히 유대인들을 염두에 두고 기록했고 마가복음은 로마인들에게, 누가복음은 이방인들에게, 요한복음은 모든 민족에게 예수님을 특별히 증거한다. 마태라는 이름은 '주님의 선물'이라는 뜻을 가지고 있는데 레위의 다른 이름이다. 그는 전직이 세금쟁이였다가 예수님의 사도가 되었다. 그는 유대인들에게 예수가 메시아임을 증거하기 위해 유대인들이 잘 아는 구약 성경을 수없이 인용하며 선지자들이 예언한 그 그리스도가 바로 나사렛 예수임을 드러내려고 노력했다. 심지어 마태는 하나님의 이름을 사용할 때도 유대인들이 민감하게 생각하는 측면을 고려해 다른 복음서의 저자들이 '하나님의 나라'라고 할 때 마태는 '천국'이라고 바꾸어 표현하므로 함부로 하나님의 이름을 부르는 것을 조심했다. 이제 마태가 기록한 예수님의 이야기 속으로 들어가 보자.

2. 예수님의 족보를 읽을 때 참고할 사항(마 1장)

1) **5명의 여성의 이름** - 유대인들의 족보에 여성의 이름이 등장하는 것은 특이한 일이다. 다말은 시아버지를 유혹하기 위해 창녀로 가장한 가나안 여인이었다(창 36:13~30). 라합은 이방인 기생이었다(수 2:1). 룻은 모압 여인이었다(룻 1:3). 밧세바는 남의 아내의 신분으로 다윗과 간음했다(삼하 11장). 그리고 마리아는 처녀로서 하나님의 권능으로 아이를 가졌다. 이 족보에 등장한 여인들은 각각 하나님의 은혜가 어떤 것인지를 증거하는 인물들이다.

2) **살몬은 라합에게서 보아스를 낳고…이새는 다윗왕을 낳으니라** - 이 족보는 모든 사람을 열거한 것이 아니다. 라합(여호수아 시대)과 다윗 사이에 약 400년의 세월이 경과되었으므로 이 족보는 여러 세대를 건너뛴 셈이다

3) **요람은 웃시야를 낳고** - 역대상 3:10~12을 보라. 마태는 아하시야, 요아스, 아마샤를 건너 뛰고 바로 요람(여호람)에서 웃시야로 넘어감으로써 요약판 족보를 시용하고 있다. 17절에서 드러나듯 마태는 예수님의 족보를 균형이 맞는 3개의 부분으로 나누기 위해 의도적으로 족보를 축소한 것으로 보인다.

4) **요시야는 여고냐와 그의 형제들을 낳으니라** - 여기서 마태는 요시야와 여고냐 사이의 한 세대를 건너 뛴다(대상 3:14~16). 여고냐는 여호야긴 혹은 고니야라고도 불리운다. 이 족보에 여고냐가 등장하는 것은 흥미로운 일이 아닐 수 없다. 왜냐하면 그의 후손이 다윗의 위에 영원히 앉지 못하리라는 저주가 그에게 선언되었기 때문이다(렘 22:30). 예수님은 요셉으로 연결되는 왕가의 후손이지만 요셉의 실제 아들이 아니었고 따라서 이 족보를 따라 내려오는 육체적 후손이 아니었기 때문에 이 저주가 예수님을 피해 갔던 것이다.

5) **마리아에게서 그리스도라 칭하는 예수가 나시니라** - 이것은 전체 족보에서 반복된 남자가 '낳았다'는 단어가 사용되지 않은 유일한 구절이다. 예수님은 마리아의 몸을 빌려 하나님의 성령의 권능으로 이 땅에 오셨다. 이것은 예수님이 요셉의 육체적인 후손이 아니라는 말이다. 다만 이 족보를 통해 우리는 예수님이 법적으로 다윗 왕가의 후손으로서 왕의 권리를 가지신 아브라함과 다윗의 언약의 후손이라는 사실을 확인한다.

3. 아기와 그의 어머니 마리아(마 2:11)

마태복음 2:11에는 동방 박사들이 별을 보고 도착했을 때 마리아와 요셉은 마구간에 있지 않고 집에 있었다(눅 2:7). 마태는 아기 예수님과 관련해 마리아를 언급할 때는 언제나 아기를 먼저 등장시킨다(마 2:11, 13, 14, 20, 21을 보라). 이것은 성령에 감동된 성경이 얼마나 세밀하게 예수님을 중요하게 여기는지를 증거하는 대목이다. 오늘날 천주교에서 마리아를 숭배하고 마리아 조각상을 세워 놓고 그 앞에 기도하는 것은 참으로 성경에 반하는 우상숭배의 죄이다.

4. 나사렛 사람이라 칭하리라

사도행전 22:8에 보면 주님은 스스로를 나는 나사렛 예수라 하셨다. 이 나사렛은 유명하지도 않았

고 구약 성경에서 단 한 번도 언급되지 않은 마을이다.

빌립의 전도를 받은 나다나엘이 '나사렛에서 무슨 선한 것이 날 수 있느냐?'(요 1:45~46)라고 말한 것으로 보아 이곳은 당시에 전혀 중요하게 여겨지지 않은 마을이었다. 나사렛 사람이라고 칭하리라는 예언은 구약에 구체적으로 그 구절이 없는데 마태가 이렇게 말한 것은 이사야 53장의 예언을 생각했는지 모른다. 아무도 그를 주목하지도 않았고 괄시와 배척을 받을 것이라 예언한 선지자의 글이 나사렛 출신 예수님이란 말에 정확히 드러난다.

오늘의 본문 성경을 읽으시고 깨달은 점이나 기억하고 싶은 점 혹은 기도문을 기록합니다.

10월 3일

1년 1독 성경 읽기 꿀송이 보약큐티

마태복음 4장~6장

| 묵 상 자 료 |

1. 사탄도 성경을 인용한다

마태복음 4장에 예수님이 시험받으시는 장면이 나온다. 우리는 육신의 정욕에 이끌리어 마귀에게 시험을 받지만 예수님은 성령에 이끌리어 시험을 받으셨다. 성령께서는 첫 번째 아담은 마귀를 이기지 못하고 타락했지만 예수님은 마귀에게 승리하실 것을 확실히 아셨던 것이다. 예수님은 기록된 성경을 가지고 마귀를 이기셨다. 주님이 성경을 가지고 응수하시자 마귀도 성경구절을 인용해 예수님을 시험했다.

"기록되었으되… 발이 돌에 부딪히지 않게 하리로다" 마 4:6

이처럼 사탄 역시 성경 구절을 인용한다는 것을 명심하자. 그는 본래의 의미를 완전히 비틀어 하나님을 신뢰하는 것에 대한 구절을 틀리게 해석해 하나님을 시험하는 것을 정당화하기 위해 성경을 잘못 인용했다. 오늘날의 이단들도 사탄의 시험에 속아 이와 똑같은 짓을 하고 있다.

요한계시록의 말씀을 신천지에서는 엉뚱하게 인용하여 그들의 총회장 이만희에게 일어난 실상이 요한계시록의 내용이라고 생뚱맞은 해석을 한다.

예수님은 또 다른 성경구절로 마귀의 입을 막았지만 신천지나 다른 이단에 빠진 자들은 오히려 교회에서 신앙생활 잘하고 있는 하나님의 백성들을 이단으로 끌고 가기 위해 혈안이 되어 있으니 우리는 바른 말씀으로 무장하여 이 말세에 멸망할 이단에 빠지지 않도록 주의해야 한다.

함부로 아무에게나 비밀리에 성경 공부하는 것을 철저히 조심해야 한다. 유튜브에 나오는 설교나 가르침도 잘 분별해서 들어야 한다. 아멘.

오늘의 본문 성경을 읽으시고 깨달은 점이나 기억하고 싶은 점 혹은 기도문을 기록합니다.

10월 4일

1년 1독 성경 읽기 꿀송이 보약큐티

마태복음 7장~9장

| 묵상자료 |

1. 귀신 들린 자를 고쳐주신 예수님(마 8:28~34)

성경을 읽으면 예수님은 바다의 광풍도 잔잔케 하시고 질서를 주셨다. 오늘 본문에는 광인을 자유케 하시고 질서를 주신다. 죄로 인하여 사단이 들어오고 사단은 질서를 깨뜨린다. 그러나 예수님은 사단을 쫓아내시고 우리에게 질서를 회복시켜주시는 분이다. 마태복음 8:28을 보자. "또 예수께서 건너편 가다라 지방에 가시매 귀신 들린 자 둘이 무덤 사이에서 나와 예수를 만나니 그들은 몹시 사나워 아무도 그 길로 지나갈 수 없을 지경이더라."

예수님이 갈릴리 호수를 건너서 가다라 지방에 가셨다. 그곳은 데가볼리에 속한 거라사 지방이라고도 한다. 그곳에서 귀신들린 자 둘이 무덤에서 나와서 예수님을 만났는데 그들은 가정과 사회를 떠나서 무덤에 살고 있었다. 귀신은 사람과의 관계를 끊게 만든다. 무덤은 시체가 있는 더러운 곳이다. 사단은 더러운 곳을 좋아한다. 그들은 몹시 사나워서 아무도 그곳으로 지나가지 못하게 하였다. 귀신이 들어가면 온순한 사람도 사나워진다. 다른 사람을 해치는 일을 한다. 그들이 예수님을 만났다.

29절을 보자. "이에 그들이 소리 질러 이르되 하나님의 아들이여" 귀신이 먼저 예수님을 알아보고 찾아와 엎드렸다. 귀신들은 영적인 존재여서 예수님을 하나님의 아들로 잘 알아보았다. 제자들도 아직은 예수님을 하나님의 아들로 제대로 알아보지 못하였지만 귀신은 귀신같이 알고 있었다. 귀신은 예수님을 알지만 예수님과 관계 맺기를 싫어했다. 29절 뒷부분이다. "우리가 당신과 무슨 상관이 있나이까 때가 이르기 전에 우리를 괴롭게 하려고 여기 오셨나이까 하더니"

예수님이 오신 목적은 마귀를 멸하시기 위해서이다. 요한일서 3:8에는 하나님의 아들이 나타나신 것은 마귀의 일을 멸하려 하심이라고 말씀하신다. 다른 복음서에는 예수님이 귀신에게 "더러운 귀신아 그 사람에게서 나오라"고 명하셨다고 하지만 마태복음에는 예수님이 아무 말씀도 하지 않았는데 귀신이 먼저 달려와서 자신을 괴롭히지 말라고 요청한다. 마태는 예수님이 오시기만 해도 귀신이 놀라서 달아나는 것을 강조하고 있는 것이다. 예수님의 권세가 얼마나 큰지 귀신은 예수님을 보기만 해도 무서워 벌벌 떨었다.

30~31절을 보자. "마침 멀리서 많은 돼지 떼가 먹고 있는지라 귀신들이 예수께 간구하여 이르되 만일 우리를 쫓아 내시려면 돼지 떼에 들여보내 주소서 하니" 귀신은 자신이 쫓김 당할 줄을 알았지만 순순히 물러가려고 하지 않았다. 그들은 돼지에게 들어가고자 하였다. 돼지는 더러운 동물이다. 돼지는 먹는 것이나 자는 것이 더럽다. 귀신은 이렇게 더러운 것을 좋아한다. 귀신은 더러운 돼지를 좋

아하고 더러운 죄를 좋아한다. 우리가 귀신에게서 자유하려면 영,육을 깨끗게 해야 한다. 우리 마음이 죄사함을 받고 깨끗해지면 우리의 내면에 더러운 것들이 떠나고 성령이 역사하신다. 귀신들은 돼지들과 함께 동반 자살하고자 하였다. 귀신은 죽이는 자이다. 귀신은 사람을 죽이고자 하고 그것도 안되면 돼지라도 죽이고자 한다. 32절을 보자. "그들에게 가라 하시니 귀신들이 나와서 돼지에게로 들어가는지라 온 떼가 비탈로 내리달아 바다에 들어가서 물에서 몰사하거늘." 예수님은 귀신을 돼지에게 들어가라고 허락하셨다. 예수님은 왜 돼지들의 희생을 허락하셨을까? 예수님은 돼지 2,000마리보다 한 생명을 더 귀히 여기셨던 것이다.

"치던 자들이 달아나 시내에 들어가 이 모든 일과 귀신 들린 자의 일을 고하니 온 시내가 예수를 만나려고 나가서 보고 그 지방에서 떠나시기를 간구하더라" 마 8:33~34

돼지 치던 자들은 돼지가 죽은 것을 시내 사람들에게 알렸다. 돼지는 죽었지만 귀신들렸던 자는 온전하여지고 치료받은 소식을 전하였다. 이 소식을 들은 동네 사람들은 예수님께 손해 배상을 청구하지는 않았지만 예수님이 그 지방에서 떠나시기를 간구하였다. 그들은 한 생명보다 돼지들을 더 귀히 여겼던 것이다.

가다라 지방은 이런 물질적인 가치관으로 귀신이 살기에 좋은 곳이었다. 이들은 돈 때문에 예수님을 잃는 잘못을 범하였다. 귀신은 하나님보다 돈을 좋아하는 자들과 함께 있기를 좋아한다. 귀신은 지금도 우리 가운데서 활동한다. 인간을 절망하게 하고 자살하게 하는 것은 바로 귀신이 하는 짓이다. 서로 싸우게 하고 미워하게 하는 것도 귀신이 하는 짓이다. 지금 우리 사회에 가장 심각한 두 가지 문제는 절망과 분열이다. 우리나라는 자살률이 너무 높다. 노인에서 청소년들까지 자살을 한다. 이는 사단이 부추겨서 하는 무서운 살인행위이다.

예수님은 귀신들을 쫓아내고 우리에게 생명을 주시고 더 풍성히 주시는 분이시다. 아멘!

오늘의 본문 성경을 읽으시고 깨달은 점이나 기억하고 싶은 점 혹은 기도문을 기록합니다.

1년 1독 성경 읽기 꿀송이 보약큐티

마태복음 10장~12장

| 묵 상 자 료 |

1. 주님이 부르시고 세우신 열두 사도(마 10장)

주님은 사도들을 세우기 위해 미리 준비하셨다. 주님은 그 자리에 모여 있는 무리 중에서 즉흥적으로 12사도를 뽑은 것이 아니다. 이들을 세우시기까지 오래도록 기다리셨다. 많은 목회자들이 교회의 일군들을 뽑는 일에 너무 조급하게 서두르는 데서 여러 가지 부작용이 일어나 교회의 혼란을 가져오는 경우가 많다. 교회 직분자들은 결코 서둘러 뽑을 일이 아니다. 직분자를 세우기 전에 "먼저 시험하여 보고 그 후에" 세워야 한다.

교회에는 여러 가지 많은 그릇들이 필요하다. 주님이 세우신 사도들을 보면 직업적으로, 성품적으로 여러 가지로 다양하다. 예수님은 애초부터 가룟 유다가 자신을 팔 것을 알고 제자로 택하셨다. 그 이유는 아버지의 뜻을 따르기 위해서였는데 아버지의 뜻은 기록된 성경을 응하게 하려는 것이었다. 주님은 하나님의 뜻을 이루시는 일을 양식으로 삼으셨기 때문에 자신에게 무거운 십자가라 할지라도 하나님의 말씀을 따르는 생애를 사셨던 것이다.

주님은 사도들을 세우시기 전에 기도하셨다. 이같은 일은 누가복음에 자세히 기록되어 있다.

> "이 때에 예수께서 기도하시러 산으로 가사 밤이 맞도록 기도하시고 밝으매 그 제자들을 부르사 그 중에 열둘을 택하여 사도라 칭하셨다" 눅 6:12

우리 주님의 이와 같은 사실은 직분자들을 세울 때 반드시 기도가 선행되어야 한다는 사실을 우리에게 교훈해 준다.

1) **베드로** : 베드로는 갈리리 바다에서 어부 노릇을 하다가 주님의 부르심을 받고 가족들과 생업을 버리고 주님을 따라 열두 제자 중 예수님의 수제자가 된 사람이다. 그는 안드레의 형제로 본명은 시몬이다. 예수님께서 그에게 수리아어로 게바란 이름을 주셨는데 이를 번역하면 베드로이며 곧 반석이란 뜻이다. 그의 성품은 매우 급하고 정열적이었다. 그는 주님의 이름을 세 번이나 부인했으나 곧 회개하므로 그의 사도 직분이 가룟 유다처럼 떨어지지 않고 그 직분을 훌륭하게 감당해 냈다. 구전에 따르면 베드로는 바울과 함께 로마에서 사역하다가 박해를 피하여 가던 중 주님이 나타나서 일깨워 주심으로 다시 로마로 돌아가 순교하였다고 전해져 오고 있다.

2) **안드레** : 안드레는 베드로의 형제로써 갈릴리 해변에서 일하다가 세례 요한의 제자가 된 사람이다. 그는 선생인 세례 요한으로부터 예수의 이름을 듣고 예수를 따른 제자이다. 안드레는 소아시아의 헬라에서 복음을 전하다가 십자가에 달려 순교했다고 전해지고 있다.

3) **야고보** : 야고보는 세베대의 아들로 사도 중 큰 야고보로 불려진다. 그 아우 요한과 함께 갈릴리 해변에서 어부 생활을 하다가 베드로의 형제와 함께 주님의 부르심을 받았다. 그는 사도 중 제1차로 순교를 당했는데 주 후 44년경에 헤롯 왕에 의해 죽임을 당했다.

4) **요한** : 그는 야고보의 형제로 우레의 아들이란 별명을 가졌었지만 나중 성숙되어 사랑의 사도가 되었다. 주님의 특별한 사랑을 받았으며 말년에 밧모섬에 유배되어 요한계시록을 썼다.

5) **빌립** : 벳세다 출신의 제자로 나다나엘을 주님께 인도한 사람이다.

6) 바돌로매 : 일반적으로 나타나엘과 같은 사람이라고 알려져 있다.

7) **도마** : 요한복음에는 디두모란 이름으로 나오기도 한다. 그는 주님의 부활을 의심하다가 주님 손의 그 못 자국을 보고 믿었다.

8) **마태** : 마태복음을 기록한 제자로 그의 본 이름은 레위이다.

9) **야고보** : 이는 알패오의 아들로 작은 야고보로 불려진다.

10) **다대오** : 유다라고도 부르며 수리아와 아라비아 메소포타미아에서 전도하고 페르샤에서 순교했다는 전설이 있다.

11) **시몬** : 그는 가나안 사람이라는 사실밖에 다른 기록이 없다.

12) **가룟 유다** : 이 사람은 은 30에 예수님을 팔고 그로 인하여 가책을 받고 목메어 자살했다.

우리가 이들 열두 제자들에게서 얻을 수 있는 교훈은 그들은 세상에서 존경받을 만한 인격이나 직업을 가졌던 사람들이 아닌 평범한 사람들었다는 사실이다. 고린도전서 1장에 보면 "하나님께서는 세상에서 천한 것들과 멸시받는 것들과 없는 것들을 택하사 있는 것들을 폐하려 하신다"고 하셨다. 아멘.

오늘의 본문 성경을 읽으시고 깨달은 점이나 기억하고 싶은 점 혹은 기도문을 기록합니다.

10월 6일

1년 1독 성경 읽기 꿀송이 보약큐티

마태복음 13장~15장

| 묵상자료 |

1. 가나안 여인의 기적을 부른 답변(마 15:21~28)

얼마 전 나는 선교지에서 새벽 5시에 기상하여, 짐바브웨에서 온 티치 형제랑 레소토에서 온 모태오 목사랑 셋이 선교관에 모여 오늘의 바이블타임 순서를 따라 마태복음 15:21~28을 읽었다.

귀신들린 어린 딸을 필사적으로 고쳐보려고, 예수님 계신 곳을 악착같이 알아내어 기어이 주를 독대하고 기가막힌 답변으로 예수님의 능력을 끌어낸 가나안 여인의 모습이 많은 감동을 주었다. 얼마나 그녀의 기적을 끌어낸 답변에 매료되었던지… 그 말씀 붙잡고 기도하는데 두 시간이 10분처럼 후딱 지나갔다.

그녀의 답변은 섭섭할 수밖에 없는 상황에서 서운한 감정을 드러내지 않고, 오히려 기적의 물꼬를 트는 기가 막힌 믿음의 반전을 가져온 대답이었다. 신앙생활을 하다 보면 때로 하나님께 섭섭한 감정이 생기곤 한다. 특별히 그분이 나를 개처럼 취급하시는 것 같을 때… 서운해서 눈물 없는 마른 울음을 속으로 종종 울곤 했다. 부질없는 투정인줄 알면서도 남들의 너무나 편파적인 것 같은 하나님 사랑에 대한 간증을 들을 때… 은혜가 되기는커녕 나는 주님께 섭섭한 마음이 들었다. 아니, 누구는 처음부터 아예 주님의 일에는 관심도 없이 적당히 신앙생활하며 세상 것 누리며 살고 있는데 주님이 기도의 종들을 보내셔서 '너는 나의 종이다' 수없이 일러주시고 기적을 베풀어 치유하셔서 신학공부 하게 하시고 결국 순종했더니 많은 열매가 나타나고 자식들이 허벌나게 잘 되었다고 한다. 나는 중학교 1학년 때부터 예수님께 확 빠져서 미리 자수하여 고1 때부터 목사 되겠다고 하고… 주님이 뭐라 아무 말씀 안 하셨어도 대학 2학년 때부터 선교사로 가겠다고 슬슬 기었건만… 나는 늘 찬밥 신세란 생각이 들곤 했다. 우리 동기 목사는 교인이 만 명이 모이고 세계적인 부흥사로 날린다는데… 이런 허접하고 수준 낮은 나의 섭섭함을 강타해 버리는 그 가나안 여인의 한마디, "주여, 제가 개(dog)인 것은 틀림없습니다만, 주님이 아셔야 할 것은 개도 주인이 돌아보는 존재라는 사실입니다. 개도 주인의 밥상에서 떨어진 부스러기를 먹고 사나이다…"

이 여인은 왜 사랑의 주님이 나를 개 취급하느냐고 따지지 않았다. 섭섭하게 생각하지 않았다. 당연한 것으로 받아들였다. 원래 유대인들은 이방인들을 그렇게 취급해 왔으니까… 서운해 하고 불평하는 대신 그녀는 겸손하게 자신의 처지를 받아들이고 개도 주인의 상에서 나오는 부스러기를 먹고 사는 존재임을 상기시켜 드렸다.

이 대답이 결정타였다. 주님의 마음이 눈 녹듯이 풀어 지시고 그녀에게 네 딸이 지금 나았다고 선언하셨다. 결정적인 기도 한마디가 기적을 불러온 것이다. 중언부언 많은 말을 해야 하나님이 우리의 기도를 들어주시는 것이 아니다. 주님의 귀에 번쩍 뜨이는 핵심적인 말로 기도를 해야 효과가 빠르다.

그래서 나도 이 여인에게 배워 주님께 기도했다.

"예, 주님…저는 이 환경도 제게 과분합니다. 주의 은혜가 족합니다. 개도 주인이 키우는데 자녀인 저를 왜 주님이 돌보시지 않겠습니까? 저에게도 예비하신 은혜를 더하여 주세요…"

말씀을 붙잡고 기도하면 기도가 실감이 나고 힘이 있다. 그래서 성경이 중요하다. 말씀을 아는 것이 기도에까지 영향을 미친다. 나는 이 말씀으로 큰 은혜의 기도 시간을 가졌다. 우리는 성경을 통해 믿음을 배워가야 한다. 기도를 배워가야 한다. 겸손을 배워 가야 한다. 자족하고 감사하는 마음을 배워 가야 한다. 아멘.

오늘의 본문 성경을 읽으시고 깨달은 점이나 기억하고 싶은 점 혹은 기도문을 기록합니다.

10월 7일

1년 1독 성경 읽기 꿀송이 보약큐티

마태복음 16장~18장

| 묵상자료 |

1. 교회의 권세

예수님께서 교회에 관해 처음 말씀하신 것은 바로 오늘 마태복음 16장에 나와 있다.

마태복음 16장을 보면 가이사랴 빌립보라는 곳에서 예수님이 제자들에게 중요한 질문을 하셨다. "사람들이 나를 누구라고 하느냐?" 제자들은 다양하게 말하였다. 세례 요한이 살아났다고 하기도 하고 엘리야나 예레미야라고 하기도 한다고 하였다. 묵묵히 들으시던 예수님은 그렇다면 너희들은 나를 누구라고 생각하느냐고 물으셨다. 이때 베드로가 대답하였다. 마태복음 16:16이다.

"주는 그리스도시요. 살아계신 하나님의 아들이십니다"

이 고백의 의미는 놀랍다. 주님께서는 거의 수천 년 동안 구약 성경의 선지자들이 예언하며 기다렸던 바로 그 "메시아"라는 고백이다. 단순한 인간이 아니라, 살아 계신 하나님의 아들이라는 기막히게 정확한 고백이었다. 이 말을 들은 예수님은 너무도 기뻐하셨다. 17절에 예수께서 그에게 말씀하신다. "시몬 바요나야 너는 복이 있다 너에게 이것을 알려 주신 분은 사람이 아니라 하늘에 계신 나의 아버지시다" 그러시면서 곧 교회에 대한 말씀을 하신다. 이 베드로의 고백이 교회의 기초였던 것이다. 교회의 회원이 되기 위해서는 "주는 그리스도시요 살아계신 하나님의 아들입니다"라는 고백을 할 수 있어야 한다. 교회를 오래 다녔다고 해서 교회의 회원이 저절로 되는 것이 아니다. 참된 신앙고백 위에 교회는 세워진다. 이어 예수님께서는 교회에 관한 세 가지를 말씀하셨다.

첫째로, 교회의 소유권에 관한 말씀이다. 18절, "나도 너에게 말한다. 너는 베드로다. 내가 이 반석 위에 내 교회를 세우겠다." 이 구절을 우리말로 읽을 때는 밋밋하지만 원어를 읽을 때는 재미있다. 베드로는 돌이라는 뜻이다. 그래서 '너는 돌이다. 이 돌 위에 교회를 세우리니' 이런 뜻이다. 앞의 돌은 페트로스 남성 명사이고 뒤의 돌, 반석은 페트라 여성 명사로 쓰였다. 그러므로 페트로스의 고백을 페트라 즉, 반석으로 보고, 그런 고백 위에 교회를 세우신다는 의미로 읽혀지게 된다. 인간 베드로 위에 교회가 세워지는 것이 아니라 베드로가 한 고백 위에 교회가 세워진다는 것이다. 베드로를 첫 교황으로 삼게 된 가톨릭은 페트로스와 페트라를 동일시해 버리는 성경 해석의 오류에 빠져 있음을 변명할 수 없을 것이다. 교회는 목사님의 것도 아니고 장로님의 소유도 아니다. 예수님의 교회이다. 예수님의 교회이기 때문에 예수님의 소원을 좇아서 사역을 하여야 한다.

둘째로, 교회의 능력에 관한 말씀이다.

18절 하반절에, "음부의 권세가 이기지 못하리라"라고 하셨다. 음부는 원어로 하데스(Hades)로서 죽은 사람이 가는 곳이다. 교회를 죽음의 능력이 정복하지 못한다고 했다. 죽어 가는 사람에게 생명을 주는 곳이 교회이다. 멸망해서 지옥으로 가야 될 사람을 영생의 천국으로 안내하는 곳이 교회이다. 공산주의자들은 종교는 아편이라고 생각하는데 중국의 문화혁명 때 모택동이 선교사들을 다 쫓아내고 목사는 다 감옥에 투옥시키고 교회 문들을 닫았다. 그러다가 모택동이 죽고 등소평이 들어섰는데 놀라운 일이 벌어졌다. 모택동이 정권을 잡았을 당시의 기독교들의 숫자가 100만 명밖에 되지 않았는데 등소평이 들어섰을 때에는 기독교인들의 숫자가 1000만 명 이상이 되어 있는 것을 발견한 것이다. 어떻게 이런 일이 일어날 수 있었을까? 하나님께서 직접 역사하신 것이다. 목사도 없고 교회도 없고 성경도 없었지만 예수님의 이름으로 기도할 때 병이 나았고, 귀신을 쫓을 때 미친 사람이 나았던 것이다. 하나님의 교회는 능력을 갖고 있다. 교회는 사람들이 모인 단체가 아니라 초자연적인 성령의 능력이 역사하는 공동체이기 때문이다.

셋째로, 교회의 권위에 관한 말씀이다.

19절에, "내가 너에게 하늘 나라의 열쇠를 주겠다. 네가 무엇이든지 땅에서 매면 하늘에서도 매일 것이요, 땅에서 풀면 하늘에서도 풀릴 것이다". 여기서 열쇠는 권위의 상징이다. 통치권을 주겠다는 것이다. 천주교에서는 마태복음 16:19을 기초로 구원의 결정권을 교황이 갖고 있다고 생각한다. 그러나 그 다음에 있는 본문 말씀을 볼 때에 주님께서 말씀하신 의도는 그것이 아니라는 것을 알 수 있다. 물론 베드로에게 특별한 역할을 맡기신 것은 사실이다. 예를 들면 오순절에 성령이 내려왔을 때 교회를 대표해서 설교를 했던 분이 베드로였다. 사마리아 사람들에게 복음을 전했을 때에도 베드로가 갔을 때에 성령이 내렸다. 이방인에게 처음 복음을 전하고 성령이 임하도록 한 것도 베드로였다. 하나님께서는 베드로 한 사람을 통하여 성령이 임하시게 함으로써 유대인이나, 사마리아인이나, 이방인들 모두가 다 한 교회의 지체라는 것을 보여주셨다. 그러나 19절의 약속이 반드시 베드로에게만 주신 것이 아니다. 이 똑같은 약속의 말씀을 다른 제자들에게도 주셨기 때문이다. 교회가 교회되기 위해서는 예수님이 주신 권위를 인정하고 행사해야 한다. 하나님께서는 교회에서 주님의 이름으로 기도하고 결정하면 하늘에서도 그 결정을 인정해 주신다고 했다. 엄청난 책임이다.

10월 8일

1년 1독 성경 읽기 꿀송이 보약큐티

마태복음 19장~21장

| 묵 상 자 료 |

1. 오후 5시에 포도원 품꾼으로 발탁된 사람(마 20:1~16)

마태복음 20:1을 보면 주님께서는 천국은 마치 품꾼을 얻어 포도원에 들여보내려고 이른 아침에 나간 집 주인과 같다고 하셨다. 주인은 하루 한 데나리온씩 품삯을 주기로 품꾼들과 약속하고 그들을 포도원에 들여보낸다. 당시는 하루 한 끼 먹기도 힘들었던 시절이었으므로 이른 아침 첫 번째로 주인의 택함을 받아 하루 종일 일할 수 있게 되었다는 것은 그 자체가 큰 복이었다. 주인은 제 삼시, 곧 우리 시간으로 오전 9시에 다시 장터에 나가보니 아직도 일자리를 찾지 못한 사람들이 있었다. 주인은 그들에게도 상당한 품삯을 약속하고 포도원에 들어가 일하게 했다. 뿐만 아니라 주인은 12시와 오후 3시에도 그렇게 했다. 그런데 오후 5시에 나가 보니, 아직도 빈둥거리며 놀고 있는 사람들이 있었다. 주인이 그들에게, "너희는 어찌하여 종일토록 놀고 여기 섰느뇨?"라고 하자, 그들은 "우리를 품꾼으로 쓰는 이가 없음이니이다"고 했다.

새벽 인력시장에 나가보면 튼튼하고 기술을 가진 일 잘하게 생긴 사람들부터 차출되어 간다. 시간이 지나면 기술도 없고 약해 보이는 사람들만 남는다. 아마도 오후 5시까지 남아 있게 된 사람들은 기술도 없고 품꾼으로 쓰기에 합당하지 않은 여러모로 부족한 자들이었을 것이다. 오후 5시가 되도록 포도원에 들어가지도 못하고 거리에서 빈둥거려야 되는 이들의 심정이 어떠했겠는가? 이제 한 시간만 지나면 해가 저물고, 하루를 공치고 빈손으로 집으로 돌아가야 한다. 내일 양식이 걱정이다. 아내와 자식들이 눈에 아른거린다. "우리를 품꾼으로 쓰는 이가 없음이니이다"라는 힘없는 그들의 대답 속에 인생의 비애가 묻어 난다. 주인은 그들의 형편을 안타깝게 여기시고 그들에게도 "너희도 포도원에 들어가라"고 하셨다. 그들에게 이 말이 얼마나 놀랍고도 기쁜 소리였겠는가? 비록 한 시간밖에 일할 수 없지만, 그로 인해 많은 품삯을 기대할 수도 없었지만, 그들은 공치지 않고 일할 수 있게 되었다는 그 사실 하나만으로도 날아갈 듯이 기뻤을 것이다. 그들은 비록 짧은 한 시간이었지만 주인에 대한 감사함으로 온 마음과 힘을 다해 성실히 일했을 것이다.

드디어 날이 저물어 품삯을 지불하는 시간이 되었다. 주인은 청지기에게 일러 나중 온 자로부터 시작하여 먼저 온 자까지 품삯을 주라고 했다. 오후 5시에 온 사람들은 겨우 한 시간밖에 일하지 않았기 때문에, 한 데나리온의 품삯을 받을 것이라고는 생각하지 못했을 것이다. 그런데 전혀 기대하지도 않았던 한 데나리온의 품삯을 받게 되었다. 이들이 받은 한 데나리온의 품삯은 아침 일찍이 택함을 받아 포도원에 들어가 하루 종일 일한 일군들이 받는 품삯이었다. 그러므로 이것은 그 당시 노동관습에 비추어볼 때 대단히 충격적인 일이 아닐 수 없었다. 그들은 주인의 은혜에 놀라 어안이 벙벙했을 것이다. 그런데 이를 지켜보던 먼저 온 자들도 깜짝 놀랐을 것이며 한 시간 일한 사람이 한 데나리온씩 받았는데 나머지 사람들은 당연히 더 많은 품삯을 받을 것으로 기대했을 것이다. 그러나 그들에게도 똑같이 한 데나리온의 품삯이 주어졌다. 이것은 주인이 처음 포도원에 들여보낼 때 그들과 약속한 하루 품삯이다. 그러므로 주인은 그들에게 정당한 품삯을 지불한 것이었다.

그러나 아침 일찍부터 포도원에 들어와 일한 사람들의 반응이 어떠하였는가? 마태복음 20:11~12에 보면 그들은 주인을 원망했다. 세상적인 가치관으로 보면 이들의 원망은 일견 일리가 있어 보인다. 그러나 사실 그들은 자신들의 정당한 품삯을 받았다. 그러므로 주인이 한 데나리온을 주었다고 해서 원망할 이유가 하나도 없었다. 오히려 비록 한 시간 밖에 일하지 않았지만 그들에게도 똑같이 하루치의 품삯을 주신 주인의 인자하심과 큰 은혜에 도리어 감사하고, 그런 훌륭한 주인이 이 세상에 어디 있느냐며 존경해야 했다. 사실 세상에 이런 은혜로운 주인이 어디에 있겠는가?

이 비유에서 상식을 벗어난 고용주, 곧 집주인의 너그러운 모습을 하나님의 모습으로 제시해 주고 있다. 이 비유는 고용주의 보상 방식이 일반 경제 원리를 벗어난 것이기는 하지만, 그것이 결코 부당한 것이 아니라는 점을 강조해 주고 있다. 고용주가 마음먹은 대로 할 수 있던 그 시대적 상황 속에서 이 비유의 고용주는 일반적으로 악한 고용주들의 보상 원리와 정반대였다. 이는 인간의 공정함의 원리를 뛰어넘은 관대함과 은혜의 원리이다. 그의 보상의 원리는 받을 것보다 적게 받은 자는 아무도 없되, 어떤 이들은 자신들의 기대보다 훨씬 더 많이 받는 원리였다. 하지만 처음부터 수고한 노동자들은 이처럼 관대한 보상 방식에 대해 불평을 하였는데 그들이 불평하는 이유는 자신들이 받을 정당한 보상을 받지 못했기 때문이 아니라, 자신들보다 적게 일한 자들이 자신들과 동일한 보상을 받았기 때문이었다. 이 모습은 아마도 맨 처음 제자로서 예수님의 사역 기간 내내 누구보다 더 많은 일을 했다고 생각하고 그에 대한 더 많은 보상을 기대하는 12제자의 모습을 연상케 한다. 하나님 나라는 세상적 원리와 전혀 다른 하나님 자신의 원리, 곧 은혜와 사랑의 원리가 적용되는 나라이다.

오늘의 본문 성경을 읽으시고 깨달은 점이나 기억하고 싶은 점 혹은 기도문을 기록합니다.

10월 9일

1년 1독 성경 읽기 꿀송이 보약큐티

마태복음 22장~24장

| 묵상자료 |

1. 외식하는 서기관과 바리새인들(마 23장)

마태복음 23장을 보면 예수님이 아주 격한 어조로 어떤 이들을 비판한다. 13절은 "화 있을진저 외식하는 서기관과 바리새인들이여 너희는 천국 문을 사람들 앞에서 닫고 너희도 들어가지 않고 들어가려 하는 자도 들어가지 못하게 하는도다"하셨고, 25절에는 "화 있을진저 외식하는 서기관과 바리새인들이여 잔과 대접의 겉은 깨끗이 하되 그 안에는 탐욕과 방탕으로 가득하게 하는도다"고 하셨다. 그리고는 33절에서 엄청난 저주의 말씀을 하신다. "뱀들아 독사의 새끼들아 너희가 어떻게 지옥의 판결을 피하겠느냐."

여기서 예수님에 의해서 지목당한 이들은 두 부류의 사람들이다. 하나는 서기관이고 다른 하나는 바리새인이다. 서기관은 율법을 전문적으로 연구하는 학자들이었다. 이들은 율법을 사람들에게 가르쳤다. 오늘날로 말하면 신학교수였다. 그들은 종교와 사회의 규범을 세워가는 일을 했다. 당시의 유대사회에서 특별히 존경받는 사람들이었다. 당시 사람들은 대다수가 문맹이었는데 그들에게 글자를 마음대로 다룰 줄 아는 서기관은 범접하기 어려운 대상이었다. 바리새인은 율법을 실제의 삶에서 실천하는 이들을 가리킨다. 이들은 세상과 타협하지 않고 순수하게 하나님 신앙을 지키려고 노력했다. 누가 봐도 서기관들과 바리새인들은 당시 사람들에게 존경을 받아 마땅한 사람들이었다.

그런데 예수님은 서기관과 바리새인들을 콕 집어서 모욕감을 느낄 정도로 강하게 비판했다. 우리가 복음서를 통해서 알고 있는 예수님은 웬만해서 다른 이들을 비판하지 않는 분이셨다. 제자들을 부르고, 하나님 나라를 선포하고, 병든 사람을 치료하고, 사람들과 함께 어울려서 먹고 마시면서 사귀는 일만 해도 바쁘기에 다른 사람을 굳이 비판하는 일은 예수님에게 별로 의미가 없었다. 그리고 서기관들과 바리새인들이 모두 이런 가혹한 비판을 받아야 할 정도로 잘못된 것은 아닐 것 같은데, 그들 중에서도 반듯하게 율법을 실천하려고 노력하는 사람들이 적지 않았을 것인데, 왜 예수님은 서기관들과 바리새인들 모두가 인격 파탄자인 것처럼 혹독하게 비판하신 걸까?

오늘 본문이 가리키고 있는 그들의 문제는 대략 세 가지이다.

첫째, 그들은 말만 하고 실천이 없었다. 이게 율법 전문가들의 한계였다. 율법을 말로 설명하기는 쉽지만 그대로 살기는 어렵기 때문이다.

둘째, 그들은 무거운 짐을 남에게만 맡기고 자신들은 손가락 하나 움직이려고 하지 않았다. 그들도 물론 짐을 지려는 시늉은 할 것이다. 또는 다른 이들이 볼 때 짐을 지는 것처럼 보이는 경우도 있을 것이다. 처음에는 나름으로 진정성 있게 시작할지 몰라도 서기관과 바리새인으로 사는데 타성에 젖으면 무거운 짐은 아래 사람에게 맡기는 걸 당연하게 여기게 된다. 목사들에게 이런 위험성이 많다.

셋째, 그들은 자신을 남에게 돋보이게 하는 일에 매달렸다. 이게 가장 심각한 문제로 보인다. 그 내용이 5~7절에 자세하게 나온다. '경문 띠'를 넓게 하고, 옷 술을 길게 한다. 경문 띠는 성구를 넣은 상자이고 옷 술은 옷단에 다는 장식이다. 이런 복장은 어디를 가든지 눈에 확 드러난다. 잔치의 윗자리와 회당의 높은 자리를 좋아하고, 시장에서 문안 받는 것과 사람들에게 랍비라 불리는 걸 좋아했다.

신앙생활이 위선에 빠질 수 있는 위험성은 서기관들과 바리새인들에게만 있는 게 아니라 오늘 우리 기독교인들에게도 똑같이 있다.

"너희 중에 큰 자는 너희를 섬기는 자가 되어야 하리라 누구든지 자기를 높이는 자는 낮아지고 자기를 낮추는 자는 높아지리라" 마 23:11~12

예수님은 당시 모든 사람들에게 수치의 대상이었던 십자가에 처형당했다. 초기 기독교는 바로 그 예수님을 하늘의 영광을 버리고 땅의 비천한 몸으로 오셨다고 찬양했다. 하나님의 아들이 가장 낮은 자리에 내려오셨다는 사실로부터 기독교 신앙은 시작되는 것이다.

서기관들과 바리새인들의 핵심 문제는 위선이었다. 위선은 속과 겉이 다른 것이다. 우리가 낮아진 마음을 가지려고 힘쓸 때 이런 외식하는 자리에서 벗어 날 수 있을 것이다.

오늘의 본문 성경을 읽으시고 깨달은 점이나 기억하고 싶은 점 혹은 기도문을 기록합니다.

10월 10일

1년 1독 성경 읽기 꿀송이 보약큐티

마태복음 25장~28장

| 묵 상 자 료 |

1. 착하고 충성된 종(마 25: 14~23)

미련한 처녀와 슬기 있는 처녀의 비유가 주 재림 시, 준비된 성도와 예비치 못한 성도가 어떻게 될 것인가에 대한 교훈이라면 이 달란트의 비유는 주 앞에 설 때 모든 성도가 제각기 그 행한 바에 따라 주님으로부터 받을 상급을 말씀해 주고 있다.

> "이는 우리가 반드시 그리스도의 심판대 앞에 드러나 각각 선악간에 그 몸으로 행한 것을 따라 받으려 함이라" 고후 5:10

예수님은 비유에서 어떤 사람이 타국에 갈 때 그 종들을 불러 자기 소유를 맡김과 같다고 하셨다. 어떤 사람이란 바로 예수님을 가리킨 것이며 타국이란 주님이 부활하신 후 하나님께로 가시는 그의 승천을 의미한다. 그 종들이란 모든 성도들을 말하며 자기 소유를 맡기셨다는 말은 하나님의 교회를 위해 모든 성도들에게 주시는 각가지 은사를 말한다.

이 달란트는 받는 액수가 제각기 다르다고 하셨다. 참고로 당시의 한 달란트가 오늘날의 일용직 노동자의 20년 월급에 해당하는 큰 액수였는데 대략 4억 정도의 큰 돈이었다. 한 사람은 다섯 달란트, 한 사람은 두 달란트, 다른 한 사람은 한 달란트를 받았다. 그런데 이 비유에서 제각기 다른 액수를 받은 일은 그리 중요한 사실이 아님을 알 수 있다. 한 달란트와 두 달란트의 차이보다 두 달란트와 다섯 달란트의 차이는 더 크지만 이런 일에 차별을 두지 않고 둘에게 똑같이, "잘 하였도다 착하고 충성된 종아 네가 작은 일에 충성하였으매 내가 많은 것으로 네게 맡기리니 네 주인의 즐거움에 참예할지어다"는 칭찬을 하셨다.

우리는 교회의 어떤 직분을 맡든지 그것이 상급을 받는 일에 영향을 받는 일이 된다고 생각하면 착각이다. 큰 도시 교회에서 수고하는 종이나 농촌 벽지에서 작은 교회를 담임하는 종이나 그가 받을 상급은 그가 얼마나 충성했는냐에 달려있지 다른 데 원인이 있는 것이 아니라는 것이다.

자기 종들에게 그 재능대로 달란트를 맡겼던 주인은 반드시 돌아와서 그 종들과 더불어 회계할 것이라고 말씀하셨다. 오랜 후에 돌아온다고 하셨다. 돌아온다는 말씀은 주님의 재림을 뜻하는 것이다. 주님은 그의 재림에 대하여 오랜 후라고 말씀하셨다. 예수님이 친히 말씀하신 종말의 징조가 다 이루어진 후의 일이므로 오랜 후라고 하신 것이다. 그러나 "생각지 않은 날 알지 못하는 시간에 그 종의 주인이 이른다"고 하셨다(마 24:50). 주인이 돌아오면 "저희와 함께 회계"할 것이라고 하셨다. 회계는 달란트를 받고 장사한 그들의 모든 결과를 드러낼 것이다. 주님으로부터 칭찬을 받은 두 종은 달란트를 받은 즉시 바로 가서 그것으로 장사했다. 이들은 주인이 자기들에게 달란트를 준 목적을 분명히 알았던 것이다. 그것으로 장사하여 이익을 남기라는 뜻임을 알고 받은 그 길로 장사를 시작한 것이다.

그들이 장사를 했다고 한 말은 자기의 재능을 가지고 열심히 주의 일에 임한 자세를 말한다. 우리가 여기서 알아야 할 일은 주님이 원하시는 하나님의 교회의 핵심적인 일(장사)은 복음을 전하는 일이며 기도하는 일이다.

그들은 착하고 충성된 종이란 칭찬을 들었다. 주인이 이들에게 "네가 작은 일에 충성하였다"고 하신 말씀은 우리가 엄청나게 생각하는 아무리 큰 것 같은 일도 하나님 앞에서는 지극히 작은 일임을 알아야 하며, 한편 아무리 작은 일로 보이는 일이라도 그 일을 잘 감당하면 놀라운 상급을 받는다는 사실을 가르쳐 주신 말씀이다. 여기의 작은 일은 규모를 말한다기 보다 몇 안되는 소수의 일(영어 성경에는 a few things라고 번역되어 있음)을 말한다.

이처럼 충성된 종에게 주시는 상급에 대하여 "내가 많은 것으로 네게 맡기리니 네 주인의 즐거움에 참예할 지어다"고 하셨다. 주인의 즐거움은 하늘의 영광의 자리를 말한다(계 3:21). 더 많은 것으로 맡기신다고 하신 말씀은 주님이 우리를 높여 주시는 영광을 말한다. 아멘.

오늘의 본문 성경을 읽으시고 깨달은 점이나 기억하고 싶은 점 혹은 기도문을 기록합니다.

10월 11일

1년 1독 성경 읽기 꿀송이 보약큐티

마가복음 1장~3장

| 묵상자료 |

1. 마가복음은 어떤 책인가?

마태가 유대인들을 대상으로 마태복음을 쓴 반면 마가는 로마인 신자들, 특히 이방인들을 대상으로 삼은 것으로 보인다.

그는 시간을 로마 체계에 맞춰 말하며(막 6:48, 막 13:35) 유대인의 풍습을 세심하게 설명하고 있다(막 7:3~4, 막 14:12, 15:42). 그는 마태복음과 누가복음에서 발견되는 족보와 같은 유대적인 요소를 생략한다. 구레네 사람 시몬을 언급할 때는(막 15:21) 그가 루포의 아버지임을 밝히는데 루포는 로마 교회의 주요 교인이었다(롬 16:13). 이러한 증거들로 보아 마가복음이 로마에 사는 이방인 독자들을 위해 기록되었다고 추정하는 것이다.

마가는 베드로와 친한 동역자인데 사도행전에 '마가라 하는 요한'으로 등장한다(행 12:12). 베드로가 감옥에서 천사의 도움으로 빠져나와 찾아갔던 집이 바로 요한 마가의 집이었다. 요한 마가는 바나바의 조카였으며(골 4:10), 바울의 1차 전도 여행 때 바울과 바나바와 동행했다. 그러나 밤빌리아에서 도중에 마가는 일행을 떠나 예루살렘으로 돌아와 버렸다(행 13:13). 이로 인해 2차 전도여행 때 마가를 포함시킬지의 여부를 놓고 바나바와 바울이 심하게 다투고 바울과 바나바는 결별했다(행 15:37~40).

요한 마가의 이런 우유부단함은 나이가 들면서 사라졌다. 골로새서 4:10에 바울은 마가가 오면 환영하라고 했다. 빌레몬 24절에서는 마가를 바울은 자신의 동역자 목록에 포함시켰고 훗날 디모데에게 "네가 올 때에 마가를 데리고 오라 그가 나의 일에 유익하다"고 했다(딤후 4:11). 그가 실패 후 유용한 사역자로 회복된 것은 베드로의 영향이 컸다고 짐작된다. 베드로가 마가와 친밀한 관계를 맺었다는 것은 베드로가 마가를 "내 아들 마가"라고 부르는데서 알 수 있다(벧전 5:13). 베드로 자신도 실패했던 경험이 있었다. 그는 자신의 경험을 오히려 겸손의 기회로 삼아 한때 실패한 마가를 강한 사역자로 일으켜 세워 하나님 나라에 귀한 일군이 되게 하였다.

2. 사역을 시작하신 그리스도(막 1:9~20)

마가복음 1:9~20을 읽으면 독특한 사건들이 석류알처럼 알차게 들어 있다. 본문의 문체는 마가의 특징을 따라 간결하다. 우리 주님의 공생애의 시작 과정에 있어서의 세례, 광야에서의 시험받으심, 설교의 시작, 그리고 제자들을 부르신 일들이 이 열한 구절 안에 다 들어 있다.

우선 주님이 세례 받으실 때에 하늘에서 들렸던 소리를 생각해 보자. 우리는, "하늘로서 소리가 나기를 너는 내 사랑하는 아들이라 내가 너를 기뻐하노라 하시니라"라는 말씀을 읽는다(막 1:11). 그 소리는 바로 하나님 아버지의 음성이었다. 그 소리는 영원부터 아버지와 아들 사이에 있어 왔던 긴밀한 사랑을 확인시켜 주는 소리였다. 아버지는 아들을 사랑하사 만물을 다 그 손에 주셨다(요 3:35). 하나님은 우리들을 '그리스도 안에서' 주님의 의로써 옷 입혀졌고 정결케 된 자들로 보신다. 그래서 아들 안에서 우리를 사랑하시고 기뻐하신다.

다음으로 우리는 주님이 "때가 찼고 하나님 나라가 가까왔으니 회개하고 복음을 믿으라"고 하시는 말씀을 읽는다(막 1:15). 노아로부터 지금까지 충직한 종들의 설교의 취지는 언제나 똑 같았다. "회개하고 믿으라"는 것이었다. 사도 바울도 자신이 마지막으로 에베소의 장로들을 만났을 때에 그들에게 가르쳤던 내용의 요지가 '하나님께 대한 회개와 주 예수께 대한 믿음'이었다(행 20:21). 회개와 믿음은 언제나 모든 충성스러운 사역자들의 가르침의 주요한 주제이다. 우리 인간들이 하나같이 다 타락하여 죄인 된 것을 생각하면 죄의 회개와 주 예수를 믿는 믿음은 아무리 강조해도 지나치지 않는 영원한 복음의 진리이다.

그리고 주님이 첫 제자들에게 주신 사명에 대한 것을 살펴보자. 주님은 "나를 따라오너라 내가 너희로 사람을 낚는 어부가 되게 하리라"고 하셨다. 제자들은 영혼을 낚는 어부의 사명을 부여받았다. 그들은 사람들을 어둠에서 끌어 내어 빛으로 인도하고 사단의 권세로부터 하나님께로 나아 오도록 인도해야 했다. '사람을 낚는 어부'라는 말은 목회의 소임을 표현하고 있는 신약성경 최초의 명령이다. 이 말에는 목사, 장로, 집사라는 명칭보다 더 깊은 의미가 있다. 특히 목회자들이 이 말씀을 마음에 새기고 살아야 한다. 단순한 예배 집행자가 아니라 그는 영혼을 낚는 어부의 사명을 가진 자이다. 어부는 고기를 잡으려고 애쓴다. 어부들은 고기를 잡기 위해 수고하며 인내한다. 목회자도 이와 같아야 한다. 구령의 열정을 잃어버린 목회자는 더 이상 참된 제자가 아닌 그저 먹고 살기 위한 직업꾼일 뿐이다.

오늘의 본문 성경을 읽으시고 깨달은 점이나 기억하고 싶은 점 혹은 기도문을 기록합니다.

10월 12일

1년 1독 성경 읽기 꿀송이 보약큐티

마가복음 4장~6장

| 묵상자료 |

1. 비유로 말씀하신 예수님(막 4장)

마가복음 4:11~12을 보면 예수님께서 비유로 말씀하신 이유를 "이는 그들로 보기는 보아도 알지 못하며 듣기는 들어도 깨닫지 못하게 하여 돌이켜 죄사함을 얻지 못하게 하려 함이라 하시고"(막 4:12) 라고 설명하셨다.

이 말씀은 이사야 6장에 예언된 말씀의 성취이다. 이사야 선지자를 사명자로 세우시면서 하나님은 이사야의 말씀 사역이 매우 힘들 것임을 분명히 일러주셨다. 아무리 이사야가 이스라엘이 패망할 것이니 제발 회개하고 멸망을 피하라고 외쳐도 이 백성들이 마음이 완악하여 회개하지 않을 것이고 결국 예루살렘이 망하고 70년이 지난 후에라야 다시 백성들의 심령이 회복될 것임을 하나님은 미리 내다보고 계셨던 것이다.

사실 비유는 누구나 알아듣기 쉽게 하기 위하여 하는 것이지만 그것도 하나님의 은혜가 있는 사람에게 이해가 되는 것이지 아무리 쉽고 명료한 말씀이라도 성령의 은혜가 없으면 전혀 깨닫지 못한다.

하나님의 은혜를 입은 심령은 비유로 전파되는 천국의 말씀이 이해가 되지만 강퍅한 심령에는 아무리 쉬운 비유라도 그림의 떡처럼 믿음과 회개의 역사를 일으키지 못한다.

당신은 하나님의 말씀이 가슴에 다가오는가? 천국이 믿어지고 예수님이 진리이심이 믿어 지는가? 그것은 당신이 창세 전부터 하나님의 택한 백성이라는 증거이다. 이사야 선지자에게 말씀하신 것처럼 하나님은 멸망당할 자들에게는 결코 깨달음의 은혜를 허락하시지 않는다.

하나님의 말씀이 꿀송이처럼 달고 하나님의 말씀을 날마다 사모하며 사는 사람들은 정말 특별한 복을 받은 그 마음이 옥토밭과 같은 사람들이다. 아멘.

오늘의 본문 성경을 읽으시고 깨달은 점이나 기억하고 싶은 점 혹은 기도문을 기록합니다.

10월 13일

1년 1독 성경 읽기 꿀송이 보약큐티

마가복음 7장~9장

| 묵 상 자 료 |

1. 고르반(막 7: 1~13)

바리새인들은 예수님의 제자들 중 몇몇이 씻지 않은 손으로 빵을 먹는 것을 보고서 예수님께 문제를 제기한다(막 7:2,5). 마가는 그것이 왜 문제가 되는지 그의 이방인 독자들을 위해 부연 설명한다(막 7:3~4). 음식 먹기 전 손을 씻는 관습을 '장로들의 전통'이라고 규정한다. 사실 율법에서 손 씻는 규정은 제자장들이 제사를 드리는 상황과 연관되어 있다(출 30:18~21). 그런데 정결을 중요하게 생각하는 바리새인들은 랍비들의 논의 과정에서 이 규정을 자신들이 음식 먹는 상황에 확대 적용하여 이 관습을 모든 유대인들이 지켰다고 마가는 진술한다.

마가는 시장에서 돌아왔을 경우에는 몸 전체를 씻고서야 음식을 먹는 관습도 언급하는데(막 7:4), 이러한 관습은 시장의 특성상 부정한 사람이나 물건을 접촉할 위험이 크기 때문에 정결을 좀 더 확실히 확보하기 위해 생겨났을 것으로 보인다. 잔과 항아리와 놋그릇과 침대를 씻는 전통도 부연한다. 이러한 전통은 부정해진 물건들에 관한 레위기 규례들로부터 유래한 것일 것이다(레 15장).

바리새인들은 예수님께 따졌다.

"어찌하여 당신의 제자들은 장로들의 전통을 따라 행하지 아니하고 더러운 손으로 빵을 먹습니까"(막 7:5)

바리새인들과 서기관들의 문제에 대해 예수님은 먼저 자신들의 전통에 근거하여 제자들을 책잡는 그들의 문제를 이사야 29:13을 인용하면서 반박하신다. 예수님 보시기에 그러한 바리새인들과 서기관들은 마치 입술로는 하나님을 공경하나, 그들의 마음은 하나님에게서 멀리 떠나 있던 이사야 시대의 이스라엘 백성들처럼 위선적이다. 정결례에 대한 그들의 열심에도 불구하고 그들은 하나님을 헛되이 예배하며, 사람의 규칙들을 교훈으로 가르치는 과거 이스라엘 백성의 실수를 반복하고 있었다.

이사야 예언의 인용으로 그들의 내면적 문제를 지적하신 예수님은 이제 그들이 그처럼 중요하게 여기는 전통과 관련해 질책하신다.

"너희는 하나님의 계명을 버리고 사람의 전통을 붙들고 있다"(8절)

이 질책의 핵심은 두 종류의 규례의 근원과 연관된다. 하나님으로부터 비롯된 규례는 '계명'으로서 절대적 권위를 갖지만, 사람으로부터 비롯된 규례는 '전통'에 불과하여 절대적이지 않다. 그런데 그들은 하나님의 계명은 버리고 사람의 전통은 붙들고 살고 있었다. 바리새인들은 자신들의 전통 역시 하나님으로부터 온 것이라 갖다 붙이고, 그 전통이 계명과 상충되는 것이 아니라 그것을 감싸는 울타리 역할을 한다고 생각했던 것이다.

주님은 그러한 생각에 찬물을 끼얹으신다. 그들이 사람의 전통을 붙들고 오히려 하나님 계명을 버리는 문제의 근원을 지적하신 것이다.

네 아버지와 어머니를 공경하라(출 20:12, 신 5:15). 아버지나 어머니를 욕하는 자는 사형에 처하라(출 21:17). 이 계명들을 무시하는 장로들의 전통으로 고르반 규정을 문제 삼으셨다. 바리새인들은 자기들이 소유한 물질에 관하여 '고르반(하나님께 드릴 예물이 되었다)'이라고 말하기만 하며, 그 물질을 여전히 자신들이 소유하면서도 부모에 대한 물질적 공경의 의무를 회피할 수 있었다. 예수님은 이러한 고르반 규정이 부모를 말로 모욕하는 것이 아니라 경제적 후원 측면에서 모욕하는 것임을 지적하신다. 부모공경의 5계명을 어기는 것이다.

히브리어 '고르반'은 예물, 제물 등의 의미를 갖는다. 우리에게 이처럼 교묘히 사람의 전통으로 하나님의 계명을 저버리는 모습은 없는가?

교회의 전통이 성경의 메시지와 어긋난다면 우리는 어떻게 할 것인가? 가톨릭은 그들의 전통에 성경을 종속시켰다. 종교개혁은 성경으로 돌아가자는 운동이다. 말씀만이 우리의 잣대요 그 앞에 우상화된 모든 것은 철저히 깨어져야 우리 삶에 진정한 종교개혁이 일어나는 것이다.

우리 속에 고르반은 없는가? 자신의 유익을 위해 하나님의 이름을 망령되이 사용한다면 하나님께서 죄를 물으실 것이다.

오늘의 본문 성경을 읽으시고 깨달은 점이나 기억하고 싶은 점 혹은 기도문을 기록합니다.

10월 14일

1년 1독 성경 읽기 꿀송이 보약큐티

마가복음 10장~12장

| 묵상자료 |

1. 가장 중요한 계명(막 12장)

"모든 계명 중에 첫째가 무엇이니이까?"

율법에 정통하다는 한 서기관이 주님께 그렇게 물었다. 당시 그들의 율법에는 613개(십계명의 글자 수)의 계명이 있고 그 중 365개(1년)가 부정형이고 248개(인간 몸을 구성하는 각 부분 개수)가 긍정형의 명령이다. 특히 그들은 무거운 계명과 가벼운 계명을 구분했다. 그리고 그 중 어느 계명이 가장 중요한지에 대해서도 서로 토론하곤 했다.

예수님도 율법의 계명 중 더 중요한 것이 있음을 암시하는 말씀들을 하셨다. – "누구든지 이 계명 중 지극히 작은 것 하나라도 버리고 또 그같이 사람을 가르치는 자는 천국에서 지극히 작다 일컬음을 받을 것이요"(막 5:19), "화 있을진저 외식하는 서기관들과 바리새인들이여 … 율법의 더 중한 바 정의와 긍휼과 믿음은 버렸도다."(마 23:23)

계명을 주신 하나님이 동일하시기에 율법의 하나를 어기는 것도 하나님 앞에서 죄인이 되기에 충분하다. 어쩌면 서기관들이 이 질문을 선택한 이유가 예수님께서 어느 한 계명을 고르면 그럼 다른 것은 어겨도 괜찮냐는 식으로 반문을 하려고 생각했을 것이다. 혹 그들은 예수님께서 당연히 자신들이 그동안 전해온 율법과는 다른 말씀을 하실 것이라고 생각했을 것이다. 그래서 그것으로 흠을 잡으려고 한 것이다.

> "예수께서 대답하시되 첫째는 이것이니 이스라엘아 들으라 주 곧 우리 하나님은 유일한 주시라 네 마음을 다하고 목숨을 다하고 뜻을 다하고 힘을 다하여 주 너의 하나님을 사랑하라 하신 것이요" 막 12:29~30

예수님은 주저함 없이 말씀하신다. 예수님을 시험하는 사람들 입장에서는 신중하게 고른 함정 질문이었겠지만, 모든 지혜의 근본이신 예수님 입장에서는 어려울 것 없는 질문이다. 예수님은 '쉐마'라고 불리는 신명기 6:4~5의 말씀을 그대로 인용하셨다. 사실 이스라엘 백성들에게는 더 이상의 다른 말씀이 없을 정도로 친숙한 말씀이다. 이 말씀은 아침, 저녁의 예배 때마다 암송하여 반복해서 드리는 신앙 고백의 일부였고, 그들의 팔과 이마에 차는 경문이라 불리는 상자에 넣는 말씀 중 하나로서 그들의 신앙을 대변했다.

예수님은 여기서 말씀을 끝내실 수도 있었는데 거기에 덧붙여서 "둘째"를 말씀하신다. 그리고 이

둘을 합하여 "이보다 더 큰 계명은 없느니라"고 말씀하셨다.

"둘째는 이것이니 네 이웃을 네 자신과 같이 사랑하라 하신 것이라 이보다 더 큰 계명이 없느니라"
막 12:31

둘째 계명도 마찬가지로 "사랑하라"가 핵심이다. 그런데 이번에는 대상이 다르다. 하나님이 아닌 "이웃"을 사랑하라고 하신다.

예수님께서 말씀하신 가장 큰 계명은 이것이다. 우리 모든 것의 모든 것으로 하나님을 사랑하고 우리 자신처럼 이웃을 사랑하는 것이다. 아멘.

오늘의 본문 성경을 읽으시고 깨달은 점이나 기억하고 싶은 점 혹은 기도문을 기록합니다.

1년 1독 성경 읽기 꿀송이 보약큐티

마가복음 13장~16장

| 묵 상 자 료 |

1. 아리마대 요셉의 헌신(막 15장)

주님이 십자가에서 죽으신 후 주님의 시신을 장례 치르는 일은 누구나 쉽게 할 수 있는 일이 아니었다. 어떤 불이익을 당할지 몰랐기 때문이다. 신명기 21:23에 의하면 유대인들은 나무에 달린 자의 시체를 밤새 두지 못한다. 그 땅을 더럽히는 일이기 때문이다. 이때 생각지도 못했던 사람이 등장한다. 마가복음 15:43을 보면, "아리마대 사람 요셉이 와서 당돌히 빌라도에게 들어가 예수의 시체를 달라 하니 이 사람은 존경받는 공회원이요 하나님의 나라를 기다리는 자라"고 하였다. 성경을 보면 이렇게 늘 꼭 필요한 때에 꼭 필요한 사람들이 준비되어 있다. 나귀가 그렇고 다락방이 그렇고 구레네 사람 시몬이 그랬다.

아리마대 요셉은 산헤드린 공회의 회원으로서 막강한 권력을 가진 사람이었다. 그리고 존경받는 사람이었다. 힘을 가졌지만 존경은 받지 못하는 사람도 있는데 그는 힘도 갖고 존경도 받는 자였다. 마태복음에는 그가 주님의 제자였다고 말한다(마 27:57). 그러나 드러나지 않은 제자였다. 당시에 주님을 믿는 관원들이 있었지만 의회에서 쫓겨나는 것이 두려워 드러내지 못한 자들이 있었다(요 12:42). 그런 그가 이제는 담대하게 자신을 드러낸다. 그리고 주님의 시신을 장례 치렀다. 지금은 제자임을 드러내는 것이 어느 때보다 위험할 때였고 주님을 위해 뭔가 해도 아무런 이익을 기대할 수 없는 때였다. 이 일을 하므로 공회에서 쫓겨나고 권력도 부도 잃을지 모른다. 그럼에도 그는 그러한 순간에 당당하게 자신을 드러내고 주님을 위한 마지막 봉사를 했다. 그는 그동안 드러내지 못했음을 죄송하게 생각했을 것이다. 그러나 이제 그는 모든 것을 잃더라도 더 늦기 전에 주님을 위해 봉사하는 길을 선택하였다. 세마포를 준비하고 자기를 위해 준비했던 무덤을 드렸다. 주님은 부자가 천국 가기가 심히 어렵다고 말씀하신 적이 있지만 부자인 요셉은 예수님을 위해 헌신함으로 하나님이 은혜 주시면 부자도 크게 쓰임 받을 수 있음을 증거해 주고 있다.

주님은 이와 같은 숨은 헌신자들을 오늘날도 많이 보유하고 계신다. 그리고 적절히 사용하셔서 주님 나라의 역사를 이루어가고 계신다. 할렐루야! 아멘.

10월 16일

1년 1독 성경 읽기 꿀송이 보약큐티

누가복음 1장~3장

| 묵상자료 |

1. 예수의 모친 마리아(눅 1:26~33)

우리는 누가복음 1:26~33을 읽으며 역사상 최대의 기적적인 사건에 대한 예고를 듣게 된다. 그것은 바로 하나님이 인간이 되셔서 처녀의 몸을 빌려 이 땅에 오시는 예수 그리스도의 성육신 사건이다. 이 말씀을 읽을 때마다 우리들은 경이와 사랑, 그리고 찬양이라는 복합적인 감정을 억제할 수 없다.

우리들은 본문을 통해서 인류의 구세주가 상상을 초월할 정도로 비천하게 출생하셨음을 발견하게 된다. 주의 강림을 예고한 가브리엘은 나사렛이라 불리는 갈릴리 지방의 한 촌으로 보내심을 받았다. 주의 모친으로 존경받는 마리아 역시 명문 가문의 좋은 혜택이라고는 전혀 받지 못하고 있었다. 마리아의 고향이나 아니면 지금 그녀가 머물고 있는 곳은 도대체 '위대하다'라고 말할 수 있는 것이라고는 아무것도 없는 실정이었다. 천지만물을 호령하시는 전능자께서 마리아의 거처를 나사렛으로 지정하기보다는 예루살렘으로 정하실 수도 있었을 것이고, 또 마리아가 가난한 여인보다는 예수님의 모친이 되기 위해서 한 부요한 서기관의 자손으로 태어나도록 섭리하실 수도 있었을 것이다. 하지만 메시아의 초림은 그렇게 고귀한 모습이 아니었다. 그의 비천함은 잉태와 출생 당시부터 시작된 것이다. 하나님께서 그것을 우리들에게 허락하셨음에도 불구하고 사람들은 가난을 멸시하고 그것을 부끄러워 한다. 하지만 예수님께서 자발적으로 취하신 삶의 조건이 바로 가난하고 비천한 삶이었음을 우리는 명심하지 않으면 안 된다. 부자를 존경하는 것이 당시의 일반적 경향이었고, 마땅히 배격하고 경계해야 될 황금의 우상을 만드는 배금주의가 예수님 당시에 만연되어 있었다. 그때에 주님의 모범은 당시 항간에 떠돌고 있는 부에 대한 수천 개의 저속한 속담에 충분한 답변이 되었을 것이다.

> "부요하신 자로서 너희를 위하여 가난하게 되심은 그의 가난함을 인하여 너희로 부요케 하려 하심이니라"
> 고후 8:9

하나님의 아들이 그토록 비천한 자리에까지 낮아지심을 우리는 찬송하지 않을 수 없다. 만물의 후사이신 분이 우리의 성정을 취하실 뿐만 아니라 비천한 사람의 모양을 입으신 것은 감히 상상할 수도 없는 일이었다. 왕으로서 온 세상을 통치하기 위하여 이 땅에 오셨어도 시원치 않을 일이다. 그럼에도 불구하고 가난한 사람으로 이 땅에 오셔서 멸시와 고난을 받으시고 결국에는 십자가에 못박혀 죽으셨다는 사실이 우리의 상상을 초월하는 기적이 아니고 무엇이겠는가? 이제 그의 사랑이 우리를 강권하여 우리로 하여금 자신을 위해 살지 말고 오직 그분만을 위하여 살도록 권고하고 있다.

둘째로 동정녀 마리아가 얻은 특권이 우리의 주목을 끌고 있다. 가브리엘 천사가 그녀에게 전한 메시지는 참으로 특별한 것이었다. 그는 마리아를 향하여 "은혜를 받은 자"라고 불렀다. 그 다음에 "주께서 너와 함께 하신다"라고 했으며, 또 "여인들 가운데 네가 복이 있도다"라고 말했다.

로마 가톨릭 교회가 성자 못지않게 동정녀 마리아에게 존경을 표하고 있다는 것은 잘 알려진 사실이다. 마리아가 '죄 없는 상태에서 잉태'했음을 로마 가 톨릭 교회는 공식적으로 선언한 바 있다. 로마 가톨릭 교회는 마리아를 예배의 대상으로 추앙하고 있으며, 하나님과 사람 사이에서 그리스도보다 결코 능력이 부족하지 않은 중보자로 믿어 그녀에게 기도하도록 되어 있다. 하지만 이에 대한 성경적 근거는 전혀 찾아볼 수 없다. 하나님의 말씀 어디에도 이것을 뒷받침할 만한 근거가 없다.

로마 가톨릭에서는 '은혜를 받은 자'라는 마리아에게 한 천사의 말을 확대 해석하여 마리아가 타인에게 은혜를 베풀 수 있는 능력을 가진 자라고 왜곡하여 마리아를 우상시 한다. 그러나 그것은 전혀 사실이 아니다. '아베 마리아'로 시작하는 마리아에게 드리는 가톨릭의 기도문은 가장 불행하게 성경을 왜곡한 것이다. 가브리엘 천사는 마리아에게 인사를 했을 뿐이지 그녀에게 결코 기도한 것이 아니었다. 천사가 마리아에게 인사했다고 해서 우리가 마리아에게 기도해야 한다고 적용하면 안 될 일이다. 천사가 그녀에게 인사한 것을 기도한 것처럼 생각하는 로마 가톨릭 교회는 천사나 마리아 둘 다 모독하고 있는 것이다.

또한 우리는 천사가 마리아에게 전한 메시지 가운데서 예수 그리스도에 대한 영광스러운 설명을 발견하게 된다. 모든 설명이 아주 깊은 뜻을 가지고 있으며 우리가 주의를 기울이기에 합당한 것들이다. 가브리엘은 먼저 예수님께서 큰 자가 될 것을 말했다. 그의 위대하심에 대해서 우리는 벌써 많은 것을 알고 있다. 주님은 위대한 구원을 가져오셨다. 또 그는 자신을 소개할 때 모세보다 더 큰 자라고 말씀하셨다. 그는 참으로 위대하신 대제사장이시다. 그리고 그는 더 위대한 분으로 계실 것이며, 마침내 만 왕의 왕이 되실 것이다. 아멘.

오늘의 본문 성경을 읽으시고 깨달은 점이나 기억하고 싶은 점 혹은 기도문을 기록합니다.

10월 17일

1년 1독 성경 읽기 꿀송이 보약큐티

누가복음 4장~6장

| 묵 상 자 료 |

1. 누가복음의 족보와 마태복음의 족보는 무엇이 다른가?

왜 요셉은 마태복음 1:16과 누가복음 3:23에서 다른 이름의 두 아버지를 가지고 있는 것일까? 마태복음에는 요셉의 아버지가 야곱으로 나오고 누가복음에는 헬리로 나온다.

"야곱은 마리아의 남편 요셉을 낳았으니 마리아에게서 그리스도라 칭하는 예수가 나시니라" 마 1:16

"예수께서 가르치심을 시작하실 때에 삼십 세쯤 되시니라 사람들이 아는 대로는 요셉의 아들이니 요셉의 위는 헬리요" 눅 3:23

먼저 몇 가지 사전 설명이 덧붙여질 필요가 있다. 누가복음의 족보(genealogy)는 완전한 계보이다. 그러나 마태복음의 족보는 단지 선택되어진 계보이다. 마태복음 1:17에서 특별히 14대로 나뉘어져 있는 마태복음의 족보는 완전한 계보라고 볼 수 없다. 이 두 족보는 다윗의 두 아들로까지 거슬러 올라갔다가, 둘 다 아브라함까지 이어진다. 마태는 다윗을 통해 내려온, 궁극적으로 유대인의 조상인 아브라함에서부터 내려온 왕의 계보에 초점을 맞추었다. 그러나 누가는 거기에서 멈추지 않았다. 그는 예수님의 족보를 아담까지 계속 추적을 하였다. 누가는 아담까지 거슬러 올라가 예수 그리스도의 인간성에 더 초점을 맞추었다. 아담으로부터 창조세계 안으로 죄와 죽음이 들어왔고, 그래서 구원자이신 예수님이 필요하게 되었다는 것을 강조하기 위해서였다.

또 하나 주목해야 할 점은 두 족보 모두 마리아의 동정녀 탄생에 대해서 알고 있었다는 것이다. 예를 들어, 마태는 "마리아의 남편 요셉을 낳았으니 마리아에게서 그리스도라 칭하는 예수가 나시니라" 라고 기록하고 있다. 누가는 좀 더 분명하게 말하고 있다. "사람들이 아는 대로는 요셉의 아들이니…" 이 말은 사람들에게 알려지기는 요셉의 아들이라고 알려졌지만 실제는 그것이 아니라는 말씀이다.

성경의 오류라고 오해될 수 있는 요셉의 두 아버지에 관해서, 마태복음 1장과 누가복음 3장 사이의 차이는 꽤 간단하게 설명될 수 있다. 누가는 예수님의 족보를 마리아의 계보를 통해서 추적하였고, 반면에 마태는 요셉의 계보를 통해 추적하였던 것이다.

마태가 요셉의 혈통을 기록하고 있는 주된 이유 중 하나는 여고냐(여고니야, 고니야, 여호야긴) 때문이다. 그는 마태복음 1:11에 등장한다. 여고냐의 악한 행동 때문에 그의 자손 중 다윗의 왕위에 앉을 사람은 다시는 없을 것이라는 예언이 있었다(렘 22:30). 그래서 그의 후손인 요셉이 아닌 동정녀 마리아를 통해서 주님이 탄생하신 것은 명백히 이 예언을 성취하고 있다. 마태가 요셉의 아내인 마리아를 족보의 마지막에서 언급했을 때, 그는 예수님의 부모님에 대하여 여성형(feminine form)을 사용하고 있었다. 이것은 예수님이 정말로 요셉의 아들이 아니라 마리아의 아들임을 나타내고 있는 것이다.

누가복음 3장을 살펴보면, 족보에서 헬리(Heli)는 요셉의 아버지로 기재되어져 있다. 헬리는 2명의 딸을 두고 있었다. 한 딸은 마리아였고, 다른 딸은 세베대의 부인(이름이 알려져 있지 않은)이었다(요 19:25). 모세의 법에서 기업을 물려줄 아들이 없을 때(민 27:1~11, 36:1~12), 사위는 결혼 후에 가계의 이름을 유지하기 위해서 아들이 될 수 있었다. 그러므로 요셉은 마리아와 결혼하였을 때, 모세의 법에 따라 헬리의 아들이 되었다. 그리고 족보에 합법적으로 포함될 수 있었던 것이다.

오늘의 본문 성경을 읽으시고 깨달은 점이나 기억하고 싶은 점 혹은 기도문을 기록합니다.

1년 1독 성경 읽기 꿀송이 보약큐티

누가복음 7장~9장

| 묵 상 자 료 |

1. 백부장의 믿음(눅 7장)

가버나움에 거주하는 백부장이 중병에 걸린 자기의 종을 위해서 예수님에게 도움을 청했다. 예수님은 이방인인 백부장의 요청을 거절하지 않고 들어준다. 마태의 병행구에서는 백부장이 가버나움에 들르신 예수님을 직접 찾아와서 자기의 종을 치료해달라는 요청을 하는 반면에 누가복음에서는 유대인 장로와 친구들을 보내서 요청한다. 그 이외에는 거의 비슷한 내용이다. 복음서에 등장하는 예수님의 주변 인물 중에서 오늘 본문의 백부장처럼 노골적으로 예수님의 칭찬을 받은 이들은 드물다.

"내가 너희에게 이르노니 이스라엘 중에서도 이만한 믿음은 만나보지 못하였노라" 눅 7:9

백부장이라는 직책은 요즘의 경찰서장쯤 된다고 볼 수 있다. 그런데 A.D. 44년 이전에는 가버나움에 속한 갈릴리 지역에 로마군이 없었다는 걸 전제한다면 이 사람은 로마 장교가 아니었을 것이다. 마샬의 주석에 의하면 헤롯 아티바스에게 속한 장교 중의 한 사람이었다고 한다. 그렇다고 해서 유대인도 아니다. 그런데도 이 사람은 평소에 유대인들에게 호감을 갖고 있었을 뿐만 아니라 더 적극적으로 회당을 건축하기도 했다(4절). 백부장의 종이 중병(마태복음에는 중풍)에 걸렸다. 학자들에 따라서 병든 사람이 백부장의 종이 아니라 아들이라고 말하는 이들도 있긴 하다. 왜냐하면 7절에는 아들이라는 뜻의 "파이스"로 표현되어 있고 8절에 종이라는 뜻의 "둘로스"가 사용되었기 때문이라고 한다. 그러나 파이스는 자기 종에 대한 애정을 강조한 표현이라고 보는 게 옳다.

어쨌든지 백부장은 자기의 종을 위해서 예수님을 기억하고 도움을 요청했다. 이 백부장과 종의 관계가 어떤 것이었을지 우리는 자세하게 모른다. 일반적으로 생각하면 많은 종 중의 하나가 병들었다고 해서 이렇게 백부장 자신이 팔을 걷어붙이고 나서지는 않는다. 종은 물건에 불과하기 때문에 소실되면 대신 다른 것으로 대체하면 된다. 그러나 이 백부장은 종을 자기와 똑같은 사람으로 생각하고 대했다. 자기의 사회적 지위에 묶이지 않고 사람을 사람으로 볼 줄 아는 사랑의 사람이었다.

예수님 일행이 백부장의 집 가까이 이르렀을 때 백부장이 친구들을 보내서 "주여 수고하지 마옵소서 내 집에 들어오심을 나는 감당치 못하겠나이다 그러므로 내가 주께 나아가기도 감당치 못할 줄을 알았나이다 말씀만 하사 내 하인을 낫게 하소서…"(6절)라고 말하게 한다.

경건한 유대인들은 원래 이방인의 집에 출입하지 않는다. 이 백부장도 이런 점을 감안해서 예수님이 자기 집으로 들어오지 말라고 했을까? 이런 율법적인 차원보다 그는 훨씬 큰 믿음의 말을 했다.

"내 부하들이 내 명령을 따르듯이 당신도 그렇게 명령을 내려서 내 종을 고칠 수 있습니다."

예수님은 이 백부장의 말을 듣고 이상하게 생각했다(9절). 아무도 생각하지 못했던 예수의 신적인 권위를 그가 밝혀내고 있는 것이다. 그가 평소에 예수님과 어떤 접촉을 가졌는지 우리가 정확하게 알 수는 없지만 최소한 그는 "예수의 소문을 듣고" 있었다. 직접 만나보지 못했어도 소문만으로도 진리를 알아볼 수 있는 사람이었다.

그는 감히 주님이 자기 집에 들어오시는 걸 감당할 수 없다고 생각했다. 단순한 겸양이 아니라 절대 권위에 직면한 사람이라면 누구나 이렇게 행동한다. 구약성경에는 하나님을 직접 본 사람은 죽는다고 했다. 모세나 이사야도 자기의 무능력을 고백했으며, 베드로도 역시, "주여, 나를 떠나소서. 나는 죄인이로소이다"(눅 5:8)라고 고백했다. 세례 요한은 자신이 예수님의 신발 끈을 풀 자격이 없다고 했다.

예수님은 이 백부장의 믿음 같은 아름다운 믿음을 이스라엘 중에서도 만나보지 못했다고 말하신다. 이미 6장에서부터 바리새인들과 서기관들은 안식일 문제를 빌미로 예수님을 제거할 음모를 꾸미고 있는 국면에서, 오히려 이방인 백부장이 예수님이 집에 들어오는 걸 감당치 못하겠다고 고백했다. 복음서는 왜 이리도 우리의 생각을 반전시키는 것일까? 진리를 추구한다고 자처하던 사람들의 눈은 닫히고 그것에서 소외된 이방인과 죄인들의 눈은 열리고 있다!

※※※ 오늘의 본문 성경을 읽으시고 깨달은 점이나 기억하고 싶은 점 혹은 기도문을 기록합니다.

10월 19일

1년 1독 성경 읽기 꿀송이 보약큐티

누가복음 10장~12장

| 묵 상 자 료 |

1. 돈과 신앙(눅 12장)

할아버지와 손자가 함께 교회에 다녔다. 그런데 할아버지는 설교 시간만 되면 졸았다. 그래서 담임 목사님이 손자에게 제안을 했다.

"할아버지가 조실 때마다 깨워드려라. 그러면 매주일 내가 천 원씩 주마."

그래서 손자는 설교 시간에 열심히 할아버지를 깨웠다. 그런데 한 달 정도 지난 후부터는 할아버지가 아무리 졸아도 손자가 깨우지 않는 것이었다. 예배 후에 목사님이 손자를 불렀다.

"요즘은 왜 할아버지를 깨우지 않니?"

그러자 손자가 말했다.

"할아버지가 깨우지 않는 대가로 2천 원을 주신다고 했거든요."

돈의 위력은 정말 대단하다. 돈은 순진한 아이의 마음도 사로잡는다. 돈이 있어야 생필품도 구입하고, 병에 걸려도 치료를 받을 수 있고, 교육도 받을 수 있다. 돈이 있어야 물건도 생산되고 건물도 지어진다.

하지만 돈의 위력이 지나치게 과대평가되고 있다. 돈이 생존과 생활에 필수적인 요소인 것은 분명하지만, 그렇다고 돈이면 다 해결될 수 있다고 믿는 것은 잘못이다. 돈은 전지전능한 신이 아니다. 그러나 너무 많은 사람들이 돈의 위력에 굴복하고, 심지어는 돈을 숭배하기까지 한다. 예수께서 "하나님과 재물을 아울러 섬길 수 없다"(마 6:24)고 말씀하셨을 때에 '재물'이라는 일반적인 단어 대신에 '돈의 신'을 뜻하는 '맘몬'이라는 단어를 사용하신 것은 돈을 숭배하는 세태를 비판하시려는 목적이었다.

예수께서는 탐욕에 사로잡힌 사람 이야기를 비유로 들려주셨다. 어떤 부자가 밭농사를 지어 풍작을 거두었다. 너무 기쁜 나머지 곳간을 넓혀 곡식을 저장하고 마음껏 먹고 마시며 살아보려는 계획을 세웠다. 그러나 하나님께서 그에게 말씀하셨다.

"어리석은 사람아 오늘밤에 네 영혼을 네게서 도로 찾을 것이다 그러면 네가 장만한 것들이 누구의 것이 되겠느냐"(20절)

하나님께서 그 부자를 '어리석은 사람'이라고 부르신 까닭은 그가 단지 부자였기 때문은 아니다. 그 부자가 "자기를 위해서 재물을 쌓아 두면서도 하나님께 대해서는 부요하지 못한 사람"(21절)이었기 때문이다. 하나님께 대하여 부요하지 못한 것이 무엇인가?

첫째, 하나님의 은혜를 인정하지도 않고 그 은혜에 대해 감사할 줄도 모르는 것이다. 부자는 밭에서 거둔 많은 소출을 '내 소출'이라고 했다. 착각이다. 밭의 소출은 그 부자 혼자만의 노력으로 얻어진 것이 아니다. 그가 아무리 열심히 일하고 지혜롭게 밭농사를 지었어도, 하나님께서 적절한 날씨나 건강을 허락하시지 않았다면 그가 그렇게 많은 소출을 거둘 수 있었겠는가?

그런데 그 부자는 모든 것이 하나님의 선물인데, 모든 것을 자기 것으로 착각했다. 그래서 하나님께 십일조도, 감사의 예물도 드리지 않았다. 감사하는 마음 자체를 갖지 않았다. 그것이 하나님께 대해서 부요하지 못한 것이다.

둘째, 하나님께서 주신 재물을 이웃과 나누지 못하는 것이다. 부자는 그 소출을 오로지 자기 자신만을 위하여 쌓아두고 먹고 마시고 즐길 궁리만 했다. 물질을 이웃과 나누며 살지 못하고 혼자 움켜쥐고 살아갔다. 하나님께서 그에게 쓰고 넘치도록 풍성한 재물을 주신 것은 그 중에서 일부를 가난한 이웃에게 전달하라고 맡겨주신 것이다.

우리에게 주시는 모든 재물 속에는 우리 자신의 몫만 아니라 이웃의 몫까지 포함되어 있다. 그런데 그것을 알지 못하고 모든 것을 자기 자신만을 위해 사용하는 것 역시 하나님의 몫을 가로채는 것이다.

오늘의 본문 성경을 읽으시고 깨달은 점이나 기억하고 싶은 점 혹은 기도문을 기록합니다.

10월 20일

1년 1독 성경 읽기 꿀송이 보약큐티

누가복음 13장~15장

| 묵 상 자 료 |

1. 금년에도 그대로 두소서(눅 13:1~17)

누가복음 13:1에는 어떤 갈릴리 사람들의 피를 그들의 제물에 섞은 사건이 나온다.

포학한 빌라도 총독의 성격이 이 사건에 여실히 드러난다. 갈릴리에서 예루살렘에 예배하러 온 어떤 유대인들이 로마로부터 추격을 당하고 있었다. 아마도 열심당원으로 치안을 방해했던지 아니면 로마에 반기를 드는 행동을 했을 것이다. 그들이 희생제물을 드리던 도중에 발각되어 로마당국의 명령으로 성전에서 바로 살해당했다. 그렇게 성전에서 제물을 바치던 자를 죽인 것은 가장 큰 신성모독에 속했다. 이런 사건들이 로마에 대한 유대인들의 증오에 더욱 불을 붙였고 결국 대대적인 반란을 일으키게 했으며 이로 인해 주후 70년 예루살렘은 멸망하였다. 주님은 그렇게 성전에서 무참하게 죽은 그들이 너희들보다 더 죄가 많아서 그런 일을 당했다고 생각하면 큰 착각이라고 지적해 주셨다.

실로암 망대가 무너져 18명의 사상자를 낸 사건에서도 사고로 변을 당한 그들이 너희들보다 죄가 더 많아서 그런 사고를 당한 것이 아니라고 일러주셨다. 너희도 회개치 않으면 이와 같이 망하게 되는 일이 닥칠거라고 경고하셨다. 한국에서도 하루에 수많은 사건 사고가 발생한다. 가슴이 철렁한 사건 사고가 연일 보도된다. 그런 뉴스를 접할 때마다 우리 그리스도인들은 누가복음 13장에서 예수님이 경고하신 말씀을 상고해야 한다. 너희는 그들보다 죄가 덜해서 그런 일을 안 당했다고 생각지 말고 너희도 회개치 않으면 망하는 일이 일어날 것이니 죄악을 회개하고 돌이키라고 하신 말씀을 명심해야 한다.

그리고나서 예수님은 열매 없는 무화과 나무 이야기를 하셨다. 심은 지 삼 년이 되었는데도 무화과 나무가 도무지 열매를 보이지 않으므로 주인이 종에게 이 나무를 없애버리라고 명령했다. 공연히 땅만 차지하고 비용만 낭비하는 나무였기 때문이다. 이 종은 주인에게 1년만 유예해 달라고 간청한다. 만일 일년 후에도 열매가 없으면 그때는 주인의 말대로 도끼로 찍어내 버리겠다는 것이다.

우리도 지금 한시적인 유예기간 속에 있다. 하루빨리 회개에 합당한 열매를 맺어야 한다. 그렇지 않으면 심판은 순식간에 임하게 될 것이다. 종은 열매 없는 무화과 나무를 위해 거름을 더 주고 환경을 더 좋게 만들어 주겠다고 했다. 그래도 효과가 없으면 그때는 어쩔 수없이 포기하겠다고 했다. 왜 회개치 않은 죄악을 가지고 사는데 아직도 잘 되고 형통한가? 그것은 죄를 묵인하시는 뜻이 아니라 회개의 열매 맺을 최후의 기회를 주시는 마지막 순간이다.

주님은 암탉이 그 날개로 새끼들을 품듯 이스라엘을 품으시려 하였다. 그러나 그들이 끝내 회개치 않고 고집을 부리고 하나님의 아들을 거절했다. 그들의 그러한 죄의 대가로 예루살렘은 너무나 비참하게 짓밟히고 처참하게 망하게 된다. 그들의 심판을 미리 내다보시고 주님은 많이 우셨다.

무화과 나무는 이스라엘을 상징하는 나무이다. 회개의 열매 맺기를 주님은 기다리셨다. "금년에도 그대로 두소서" 주님은 아버지 하나님께 계속 심판을 유예해 달라고 요청하셨다. 그러나 그렇게 썩어빠진 지도자들이 있었고 이스라엘이 끝내 회개의 열매를 맺지 못하자 하나님은 그들을 심판하셨다. 그들은 나라를 잃고 온 세상에 흩어져 살며 고생하며 유리했다.

주님은 우리에게 항상 회개의 기회를 주신다.

"금년에도 그대로 두소서…"

우리는 기회 있을 때 회개의 열매를 맺어 심판을 면하고 은혜로운 복을 누리는 자들이 되어야 하겠다.

✂✂✂ 오늘의 본문 성경을 읽으시고 깨달은 점이나 기억하고 싶은 점 혹은 기도문을 기록합니다.

10월 21일

1년 1독 성경 읽기 꿀송이 보약큐티

누가복음 16장~18장

| 묵상자료 |

1. 불의한 청지기 비유(눅 16장)

이 성경은 난해한 구절이다. 언뜻 보면 누가 봐도 도덕적으로 분명히 악한 행위를 했는데 지혜롭다고 칭찬하고 또 신자들도 그런 점을 본받으라고 말한 것처럼 여겨지기 때문이다.

비유란 실제로 일어난 사건을 예로 들기보다는 일상적으로 일어날 수 있는 일을 단지 설명의 방편으로만 사용한다. 비유를 통해선 무엇보다 화자가 강조하려는 초점을 건져내어야지 비유 자체의 문자적 해석에 집착해선 안 된다. 단순하고 친밀하며 구체적인 비유임에도 예수님이 사용하신 비유는 제자들처럼 듣고 깨닫는 자가 있는가 하면 끝까지 그렇지 못한 자도 있었다. 정확히 말하면 의미는 알아들었어도 진심으로 받아들이지 않았다는 것이다. 예수님의 모든 비유가 궁극적으로는 천국 비밀을 전파하고자 하는 것이기에 성령의 감화로 예수님에 대해 마음이 열린 자는 순수하게 받아들였지만 그렇지 못한 바리새인과 사두개인 같은 자들은 완악하게 거부했던 것이다.

당시의 청지기는 단순히 주인이 시키는 일만 하는 것이 아니었다. 모든 재산을 도맡아서 실제로 투자 운영하는 일까지 맡았다. 주인의 도장도 지니고 있으면서 모든 계약을 주인의 이름으로 맺을 정도였다. 지혜롭고 성실하며 충성된 종을 둔 주인은 오히려 더 큰 부자가 될 수 있었다. 그래서 정말로 성실하고 정직하며 자식 이상으로 신뢰하는 자에게 그런 직분을 맡겼다고 한다. 물론 맡은 권한이 많은 만큼 조금만 마음을 잘못 먹으면 부정을 저지를 소지도 얼마든지 있었을 것이다.

이 비유에서도 재산을 도맡아 관리 운용하는 그런 청지기를 지칭하는 것으로 보아야 한다. "그가 주인의 소유를 허비한다는 말이 그 주인에게 들린지라"(1절)고 한다. 당연히 주인은 "네 보던 일을 셈하라 청지기 사무를 계속하지 못하리라"고 명했다. 관리하던 재산을 전부 공정하게 계산해서 되돌려주고 청지기 직분을 그만두라는 해고 명령이었다. 청지기란 자식보다 더 믿는 자라야 맡기는데 해고할 정도라면 그가 상당한 부정을 저지른 것이 확실하다.

졸지에 해고를 당하게 된 청지기는 앞으로 살아갈 길이 막막해졌다. 육체노동을 할 계제가 안 되고 특별한 기술도 없으며 거지 노릇은 더더욱 할 수 없어서 자기 살 길을 궁리했다. 채무자를 일일이 불러서 소지하고 있던 채권증서에서 채권금액을 감해주기로 했다. 그러면 신세를 진 채무자들이 자신이 퇴직한 후에 도와줄 것이라고 기대했거나, 혹은 그 할인금액을 서로 나눠 먹었는지도 모른다.

거기다 재산과 장부 일체를 되돌려주어야 하는데 그동안 자기가 허비한 사실은 착복한 만큼을 감해서 장부상으로도 부정이 드러나지 않도록 금액을 끼워 맞추는 작업을 했다. 횡령에 대한 물적 증거를 없앤 것이다. 채권증서를 자기가 변조 수정하지 않고 채무자더러 자필로 다시 쓰라고 한 까닭이 여기에 있다. 주인의 인감도 맡아 있기에 가능한 일이었다.

그러니까 재산과 장부를 되돌려 받은 주인으로선 시중에 떠도는 루머와 자기 짐작에 따른 심증은 분명 있지만 물증을 발견할 수 없었다. 그래서 청지기가 지혜 있게 일을 처리했다고 칭찬한 것이다. 그러나 그것은 선행이나 업적을 높여주는 칭찬이 아니었다. 분명히 성경도 "이 옳지 않은 청지기"라고 표현하고 있다. 악한 청지기이지만 자기 앞날을 위해서 수단과 방법을 가리지 않고 영악하게 행동했다는 뜻이다.

그런데 문제는 예수님이 "불의의 재물로 친구를 사귀라 그리하면 없어질 때에 저희가 영원한 처소로 너희를 영접하리라"고 하신 뜻이 애매하다. 우선 불의한 재물이라고 하니 부정한 방법으로 돈을 벌어도 되는 것 같다. 또 친구를 사귀라고 했으니 수단과 방법을 가리지 않고 번 돈이라도 장래를 대비해 주변 사람들을 잘 대접하라는 뜻으로 여겨진다. 이어지는 말씀에 나중에 그 보상으로 너희를 영접할 것이라고 하니까 더욱 모호해진다.

바로 앞 문장 즉, 예수님이 비유의 결론으로 내린 말씀부터 다시 보자. "이 세대의 아들들이 자기 시대에 있어서는 빛의 아들들보다 더 지혜로움이니라." 이 세대의 아들들과 빛의 아들들은 불신자와 신자를 대비하는 것임은 재론의 여지가 없다. 그런데 "자기 시대에 있어서는"이라는 수식어로서 더 지혜로운 요소가 작동되는 영역에 어떤 제한을 두었다. 그럼 어떤 뜻이 되는가? 불신자들이 이 땅에서 현실적 삶을 살아가는 법에선 신자들보다 아주 영악하다는 것이다. 예수님은 복수로 지칭했다. 청지기뿐만 아니라 그의 부정에 기꺼이 동참한 채무자들도 함께 포함시킨 표현이다. 오직 자신들의 안일과 풍요만을 위해서 수단과 방법을 가리지 않고 돈을 모으고 쓴다는 것이다. 그러나 빛의 아들들 즉, 하나님을 제대로 알고 그 뜻대로 살려는 신자들은 청지기와 그 공범들과는 전혀 다른 방식으로 살아야만 하나님 앞에서 지혜롭다는 것이다.

신자는 무엇보다도 "자기 시대가 아닌 하나님의 시대에서" 사는 존재이어야 한다. 이 땅이 전부가 아니며 영원한 세계가 있으며 오히려 그곳을 더 목표로 삼아야 한다. 반드시 정당한 방법으로 재물을 성실하게 모으고 정직하게 사용해야 한다. 또 재물은 어제 있다가도 내일 없어질 것이며 영원한 것이 절대 되지 못한다.

이제 불의한 재물로 친구를 사귀라는 말씀을 생각해 보자. 재물 자체가 악하다는 것이 아니다. 쓰는 사람의 목적에 따라 불의한 재물이 될 수 있다. 자기 시대만 사는 이 세대의 아들들의 재물은 불의하지만 영원한 하나님의 시대를 사는 빛의 아들들은 그 불의한 재물을 의롭게 사용하여 의로운 재물로 바꿀 의무가 있다. 정직하고 성실하게 번 재물로만 꼭 "친구를 사귀어야" 한다. 비유의 청지기는 친구가 아니라 서로의 이해타산에 맞는 상거래를 한 것뿐이다. 서로 진심을 주고받으며 사랑으로 섬길 수 있는 친구를 사귀는 데에 재물을 사용하면 의의 재물이 된다는 것이다. 하나님이 당신의 청지기인 빛의 아들들에 돈을 맡기신 뜻이다.

그러면 어떻게 된다고 하셨는가? "그리하면 없어질 때에 저희가 영원한 처소로 너희를 영접하리라." 영원한 처소는 당연히 천국이다. 없어질 때라는 표현에는 무엇이 없어지는지 그 주체가 분명하지 않다. 그러나 재물(의 효능과 의미가)이 없어질 때라고 하든지, 생명이 없어질 때라고 하든지 간에 어쨌든 신자가 죽어 천국 갈 때이다. 신자가 이 땅에서 사귄 친구들이 신자를 천국으로 영접한다고 하는 표현도 문제될 것이 없다. 물론 선행이 조건이 되어야 구원받을 수 있다는 뜻은 아니다. 예수님은 이미 빛의 아들들 즉, 구원받은 자들이 재물을 어떻게 운용해야할 지에 관해서 가르치는 중이었다. 물질을 영혼구원을 위해 사용하여 나 때문에 친구들이 예수를 믿고 구원을 얻었다면 천국에서 많은 상급을 받을 것이라는 말씀으로 이해해야 한다.

그런데 예수님의 재물관은 이것으로 끝이 아니다. 빛의 아들들에게 정작 가르치고 싶은 내용은 지금부터이다. 재물로 친구를 사귀는 것조차 사실은 지극히 작은 것에 충성하는 것이라고 말했기 때문이다.

마지막 결론을 보라. 집 하인이 두 주인 즉, 하나님과 재물을 겸하여 섬길 수 없다고 하신다. 진짜 너희의 것이자, 크고 참된 것이자, 충성을 바쳐야 할 것이자, 없어지지 않을 것이자, 영원한 처소의 주인이신 분은 바로 하나님이라는 것이다. 또 하나님을 그런 주인으로 확고히 모시고 있는 자에게 재물은 지극히 작은 것이자, 나의 것이 아닌 맡긴 것이자, 그것으로 이웃을 섬겨야 할 수단일 뿐이라는 것이다. 아멘.

오늘의 본문 성경을 읽으시고 깨달은 점이나 기억하고 싶은 점 혹은 기도문을 기록합니다.

10월 22일

1년 1독 성경 읽기 꿀송이 보약큐티

누가복음 19장~21장

| 묵 상 자 료 |

1. 삭개오(눅 19장)

예수님께서 오랜 여행 끝에 마침내 예루살렘 도착을 앞두고 일어난 일이 누가복음 19장에 기록되어 있다. 예루살렘 가까운 오른 쪽에는 "여리고"라는 도시가 있었는데 바로 거기에 삭개오가 살고 있었다.

누가복음의 저자는 그를 가리켜 "세리장"이라고 설명한다. 이 당시 이스라엘을 포함한 지중해 연안의 거의 대부분을 "로마 제국"이 지배하고 있었는데 이렇게 거대한 제국을 잘 유지되기 위해서 가장 필요하고 중요한 것이 돈 즉, '세금'이었다. 로마 제국이 생각해 낸 많은 세금의 징수 방법은 각 영토별로 세금을 거두는 권한을 장기 임대하는 것이었다. 그래서 그 지역 담당자가 정해진 세금만 로마 제국에 제때 바친다면 그가 추가로 돈을 걷는 것에 대해 일체 참견하지 않았다. 그리고 책임자는 스스로 모든 세금을 직접 다 거두는 것이 아니라 마찬가지 비슷한 방식으로 구역을 나누어서 세금을 걷는 사람들을 고용했다. 그리고 그렇게 고용된 세리들 역시 자신 밑에 다른 일꾼들을 두어 그들에게 세금을 거두게 시켰다. 문제는 그 세리들이 꼭 필요한 양의 세금만 걷는 게 아니라 정해진 액수보다 지나치게 훨씬 많은 양의 돈을 그 사회 절대다수의 가난한 사람들로부터 악랄하게 빼앗았다는 사실이다. 한 마디로 이스라엘 사람들에게 있어 세리라는 존재는 그들이 힘겹게 일해서 번 소중한 돈을 합법적인 수단으로 빼앗는 흉악한 강도들이었다. 더욱 심각한 문제는 그들이 그렇게 세금을 걷어서 최종적으로 바치는 곳이 바로 로마제국이라는 사실이다.

생각해 보라. 하나님을 알지 못하는 저 야만스런 로마가 자신들을 침략하였다. 그리고 그들이 목숨처럼 소중히 여기는 예루살렘 성전을 모독하였다. 이것은 선민의식에 사로잡힌 이스라엘로서는 무척 서럽고 비참한 일이었다. 그런데 그런 원수같은 로마제국이 든든히 잘 유지되도록 세금을 걷으며 동족을 착취하는 세리들이 그들 눈에 과연 어떻게 보였겠는가? 단순히 강도일 뿐만 아니라 신앙까지도 저버리고 적국에 아부하는 끔찍한 매국노 그 이상이었다.

그렇다면 그런 삭개오를 그 주변 사람들이 어떻게 보았을까? 비록 대놓고 말은 못하지만 그를 향해 "더러운 욕심으로 가득 찬 돼지", "애국심도 없는 천박한 로마 앞잡이", "돈에 눈이 멀어 양심도 저버린 매국노"라고 속으로 외치며 경멸어린 시선을 보냈을 것이다.

그러던 어느 날 그가 살고 있는 여리고에 예수님께서 예루살렘으로 들어가시기 위해 그들 마을을 지나가신다는 소식이 들려왔다. 소문에 따르면 주님께서는 놀랍게도 수많은 병든 사람들을 고치셨을 뿐만 아니라 심지어는 죽은 사람들도 살리셨고 빵 다섯 개와 물고기 두 마리로 많은 사람들을 먹이는 신비로운 일도 행하셨다고 한다. 그래서 호기심에 가득 차서 예수님을 보려고 나갔으나 사람들이 인산인해를 이루는 바람에 키가 작았던 삭개오는 궁여지책으로 길가에 서 있던 나무 위로 올라가 기어코 예수님을 한 번 보고자 했다.

누가복음 19:3~5에는 각 절마다 반복되는 동사 하나가 있다. 바로 "보다"라는 동사이다. 그런데 여기서 매우 흥미로운 점은 우리말 번역에는 잘 드러나지 않지만, 3절과 4절에 두 차례 등장하는 삭개오의 "보다"와 5절에 한 번 언급되는 예수님의 "보다"가 헬라어 원문에는 각각 다른 단어로 기록되어 있다는 것이다. 3절과 4절에서 삭개오를 묘사하는 "보고자 하되"와 "보기 위하여"로 옮긴 헬라어의 뿌리는 둘 다 "호라오"이다. 이것은 신약 원문에 매우 자주 사용되는 단어이다. 반면 5절에 나무위로 올라탄 삭개오를 예수님께서 "쳐다 보셨다"고 기록한 단어는 보통의 "호라오"가 아닌 "아나블레파스"이다. 이 낱말은 "위로 보다"로 직역할 수 있는데, 신약 성경에 단 7차례 밖에 나오지 않는 단어이다(마 14:19; 막 6:41, 7:34, 8:24, 눅 9:16, 19:5, 21:1). 그리고 그 대부분은 허공을 향한 멍한 시선을 가리키는 것이 아니라 분명한 목적과 의도를 가지고 위를 바라보며 갈망하는 눈길을 묘사할 때 사용되고 있다. 왜냐하면 이 단어는 흔히 사용되는 "호라오"와는 달리 '마음의 눈으로 보다'라는 의미를 함께 가지고 있기 때문이다.

마태, 마가, 누가복음 모두 오병이어 사건에서 예수님께서 떡 다섯 개와 물고기 두 마리를 손에 들고 하늘을 '우러러보시고' 축복과 감사의 기도를 드린 모습을 기록하면서 이 "아나블레파스"를 사용하였다. 고개를 들어 '올려다 보신' 주님의 눈길은 무의미한 습관적인 행동이 아니라 하늘에 계신 아버지 하나님을 향한 신뢰와 사랑을 바탕으로 한 간절한 주시였다.

돌무화과나무 위를 향한 주님의 눈길을 묘사하면서 삭개오와 똑같이, 평범하게 그냥 '보셨다'라고 언급해도 이야기 흐름에 전혀 무리가 없다. 그런데 굳이 마음의 눈으로 '위로 올려다보셨다'고 정확히 묘사한 이유가 무엇일까? 누가복음은 이와 같은 정교한 단어 선택을 통해 예수님께서는 자신을 향한 삭개오의 눈길과는 달리, 그가 있는 곳을 향해 막연한 시선을 던지지 않았음을 분명히 보여준다. 주님께서는 "나무 위"에 초라한 모습으로 올라가 있는 삭개오, 그 한 사람을 당신의 온 마음을 다해 정확히 응시하셨음을 독자에게 분명히 알려주고 있는 것이다.

"예수께서 그 곳에 이르사 쳐다보시고 이르시되 삭개오야 속히 내려오라 내가 오늘 네 집에 유하여야 하겠다 하시니" 눅 19:5

예수님께서는 삭개오에게 얼른 내려오라고 하시며 오늘 너의 집에서 머무르겠다고 말씀하셨다. 이것은 그 자리에 모인 다른 수많은 사람들에게 어마어마한 충격을 주는 이야기였을 것이다. 누군가의 집에 들어가 그와 함께 음식을 먹을 뿐만 아니라 그곳에 머물며 쉰다는 것은 이스라엘 사람들이 속한 '유목민 문화'에 있어 우리가 생각하는 그 이상으로 각별하게 마음을 같이 하는 친한 친구가 됨을 의미하기 때문이다.

주님께서는 삭개오에게 겉으로는 아닌 척했지만 같은 민족의 돈을 빼앗는 죄책감을 보셨을 것이다. 그리고 그렇게 아무리 악착같이 재산을 긁어모아도 도무지 채워지지 않는 마음속 깊은 공허함을 보셨을 것이다. 그래서 체면을 무릅쓰고 나무 위에 오르면서까지 예수님을 만나고 싶어 하는 영혼의 갈급함을 보셨던 것이다.

그렇게 삭개오는 다른 수많은 사람들과 전혀 다른 예수님의 사랑어린 눈길을 경험하였다. 그의 내면 깊은 곳을 향한 주님의 예리하고도 따뜻한 시선과 눈을 맞춘 삭개오는 그 이전과 전혀 다른 새로운 삶을 살아갔다.

> "삭개오가 서서 주께 여짜오되 주여 보시옵소서 내 소유의 절반을 가난한 자들에게 주겠사오며 만일 누구의 것을 속여 빼앗은 일이 있으면 네 갑절이나 갚겠나이다" 눅 19:8

삭개오는 예수님을 자신의 집으로 맞아들여 잔치를 베푼 후 결연하게 자리에서 일어나 '자신이 가진 소유의 절반을 가난한 사람들에게 나누어 주며, 남을 속여 빼앗은 것이 있다면 네 배나 갚겠다'고 약속하였다. 그는 주님 앞에서 막연하고 모호한 회개를 하지 않았다. 그동안 자신이 약자들을 향해 저질러 온 정확하고 구체적인 죄를 명확히 고백하였다. 그리고 그것으로 머물지 않고 분명한 실천을 공개적으로 다짐하였다. 우리는 이와 같이 새롭게 변화된 삭개오의 모습을 통해 주님께서 보내시는 사랑의 눈길이 닿는 곳에 얼마나 위대한 일들이 시작되는 지를 새삼 깨닫게 된다.

당대의 수많은 사람들이 싸늘한 시선으로 삭개오를 냉대했으나 예수님은 따뜻하고 자비로운 시선으로 그를 올려다보셨다. 그 삭개오가 만났던 주님이 바로 나와 당신의 동일한 구주이시다. 아멘.

오늘의 본문 성경을 읽으시고 깨달은 점이나 기억하고 싶은 점 혹은 기도문을 기록합니다.

10월 23일

1년 1독 성경 읽기 꿀송이 보약큐티

누가복음 22장~24장

| 묵상자료 |

1. 아버지여 저희를 사하여 주옵소서

"이에 예수께서 가라사대 아버지여 저희를 사하여 주옵소서 자기의 하는 것을 알지 못함이니이다 하시더라" 눅 23:34

인간들은 세상을 지으신 주님이 자기 땅에 오셨으나 그를 알지 못하였다. 영광의 주님이 사람 가운데 거하셨으나 그의 백성은 그를 배척하였다. 주님이 탄생하셨을 때 여관에는 주님을 모실 방이 없었다. 그것은 주님이 장차 사람들의 손에서 받으실 대접이 어떠하리라는 것을 예시하여 주었다. 하나님의 아들은 자신을 원수들의 손에 넘기워 주셨다. 몇 차례 거짓된 심문이 있었고, 심문자들은 주님에게서 아무런 죄도 발견하여 낼 수가 없었으나 그럼에도 불구하고 불의한 심문자 빌라도는 주님을 미워하는 자들이, "십자가에 못 박게 하소서 십자가에 못 박게 하소서"하고 끈질기게 고함치며 위협하는 소리에 굴복하고 말았다. 이에 극도의 고통과 수치스런 죽음이 결정되었다. 십자가가 준비되고 그 위에 구주께서 못 박히셨다. 이윽고 주님의 십자가는 공중으로 곧게 세워졌다. 주님은 말없이 거기에 매달려 계셨다. 그런데 순간 주님의 창백해진 입술이 움직이려는 듯이 보인다. 그가 동정을 구하시려는 것일까? 아니었다. 그러면 무슨 말씀을 하시려는 것일까? 자기를 십자가에 못 박은 자들에게 저주를 퍼부으시려는 것일까? 그것도 아니었다. 주님은 지금 기도하시려는 것이다. 바로 그의 원수들을 위하여 기도하려 하시는 것이다.

"이에 예수께서 가라사대 아버지여 저희를 사하여 주옵소서 자기의 하는 것을 알지 못함이니이다 하시더라" 눅 23:34

이것이 십자가위에서 하신 주님의 가상칠언 중 처음의 말씀이다. 필자는 존 라일 목사님이나 아더 핑크 같은 탁월한 설교자들의 설교에서 깊은 영감과 가르침을 많이 받았다. 그래서 그분들의 가르침을 다시금 음미하며 함께 나누고 있다.

주님의 공생애는 기도로 막이 올랐다(눅 3:21). 그런데 우리는 여기에서 주님의 공생애가 다시금 기도로 막이 내리는 것을 본다. 누가는 특히 주님의 기도의 모습을 많이 할애하여 그의 복음서에 담아놓았다. 확실히 주님은 우리에게 기도의 모범을 남기셨다! 이제 주님의 두 손은 더 이상 병자들을 위하여 일할 수가 없게 되었다. 주님의 두 손이 십자가에 못 박혀 버렸기 때문이다. 이제 더 이상 주님의 두 발은 불쌍한 자들에게 자비와 긍휼을 베푸시도록 움직일 수가 없게 되었다. 주님의 두 발이 저 잔인한 나무에 단단히 못 박혀 버렸기 때문이다. 이제는 더 이상 주님이 사도들을 가르칠 수가 없게 되고 말았다. 사도들이 주님을 버리고 도망 가버렸기 때문이다. 그런데도 주님은 어떻게 기도하실 수가 있었단 말인가? 만일 당신이 이 귀한 기도의 사역을 비웃도록 시험을 당하면 당신의 구주를 기억하라. 그분은 죄인들을 위하여 그의 최후 순간까지도 기도하셨다.

우리는 그리스도의 기도의 효력을 보고 있다. 그리스도께서 원수들을 위하여 하신 이 십자가 위에서의 중보기도는 분명하고 확실한 응답을 받았다. 그 응답은 오순절 날 3천 명의 영혼이 회개하고 돌아온 사실에서 확실하게 찾아볼 수 있다. 사도 베드로가, "형제들아 너희가 알지 못하여서 그리하였으며 너희 관원들도 그리한 줄 아노라"고 말한 사도행전 3:17에 근거하여 우리는 이 결론을 내린 것이다. 베드로가 사용한 "너희가 알지 못하여서"라는 말이 우리 주님의 "자기의 하는 것을 알지 못함이니이다"하는 말씀과 연결이 되고 있는 것은 주목할 만한 사실이다. 그렇다면 여기에 베드로가 행한 한 차례의 설교에 3천 명이 회개하고 돌아온 사건에 대한 하나님편의 설명이 있다. 그것은 베드로의 뛰어난 웅변술로 인하여 이루어진 일이 아니라 구주의 기도로 인하여 이루어진 일이었던 것이다!

"이에 예수께서 가라사대 아버지여 저희를 사하여 주옵소서 자기의 하는 것을 알지 못함이니이다 하시더라" 눅 23:34

여기서 우리는 사랑의 승리를 본다. 본문 서두의 "이에"라는 말에 자세히 주의하여 보라. 바로 앞선 구절을 보면, "해골이라 하는 곳에 이르러 거기서 예수를 십자가에 못 박고 두 행악자도 그렇게 하니 하나는 우편에 하나는 좌편에 있더라"로 되어 있다. "이에" 그때는 인간의 사악함이 그 절정에 이르렀을 순간이었다. 주님은 이 순간 저들을 향하여 무서운 저주를 퍼부으실 만도 하였다. 주님은 이 순간 의로우신 진노의 번개를 명하여 저들을 그 자리에서 죽이실 만도 하였다. 그러나 주님은 그러지 아니하셨다. 주님은 이 순간 말로 다 할 수 없는 수치를 당하고 계셨고 견디기 어려운 고통을 당하고 계셨으며 멸시와 배척과 미움을 받으셨으나 이 모든 일에도 불구하고 저들을 위하여 기도하시기를, "아버지여, 저희를 사하여 주옵소서!" 하셨다. 위대한 힘의 용사 삼손은 죽음의 순간에 이르러 그 몸의 마지막 힘을 그의 원수들에게 복수하는데 사용하였다. 그러나 우리의 완전하신 구주께서는 그 사랑의 위대한 힘을 원수들의 죄 사함을 위하여 기도하심으로써 보여주셨다. 그야말로 비할 데 없는 은혜였다! 아멘.

10월 24일

1년 1독 성경 읽기 꿀송이 보약큐티

요한복음 1장~3장

| 묵상자료 |

1. 요한복음은 어떤 책인가?

본서의 저자는 사도 요한이다. 그는 갈릴리 벳세다 사람으로 아버지는 세베대, 어머니는 살로매, 그 형은 야고보로 직업은 어부였다. 예수님의 12사도 중 주님의 사랑을 가장 많이 받았으며 그는 성질이 급해서 '보아너게(우뢰의 아들)'라는 별명이 있었지만 후일 성령의 권능을 받고 사랑의 사도로 변화되었다. 복음을 전하다가 밧모섬에 유배되어 요한계시록을 기록하기도 하였다. 그가 쓴 성경은 5권으로 요한복음 요한 1,2,3서 그리고 요한계시록이다. 그 후 에베소 교회의 감독이 되어 예수님의 어머니를 자기 집에 모시고 살았으며 주 후 100년 경 12사도 중 유일하게 순교가 아닌 자연사를 하였다.

요한복음은 1세기 말, 에베소에서 기록되었다는 것이 전통적 견해이다. 이 복음이 다른 복음서들보다 맨 나중에 기록되었는데 다른 공관복음서들은 주로 예수님께서 갈릴리에서 활동하신 사실을 많이 기록하였느나 요한복음은 주로 유대에서 행하신 표적과 말씀을 기록하고 있으며 예수께서 유월절을 보내시러 예루살렘에 입성하신 사실을 세 번 기록함으로 예수님의 공생애가 3년이었음을 짐작케 해준다. 요한은 예수님의 비유의 말씀을 하나도 기록하지 않았으나 예수께서 참 하나님의 아들 되심을 나타내는 일곱 가지, "나는… 이다"라는 진리의 선언을 기록하였다.

(1) 생명의 떡(요 6:35). (2) 세상의 빛(요 8:129). (3) 양의 문(요 10:7). (4) 선한 목자(요 10:11). (5)부활이요, 생명(요 11:25). (6) 길, 진리, 생명(요 14:6). (7) 참 포도나무(요 15:1).

요한복음에는 예수님의 공적인 활동보다 개인적인 대화가 많아 15번이나 개인과 대화하신 일이 자세히 기록되어 있다. 이 요한복음을 기록한 목적은 요한복음 20:30-31에 기록된 대로 예수께서 하나님의 아들이시요, 그리스도 이심을 믿게 하려 함이요, 또 믿고 그 이름을 힘입어 영생을 얻게 하려는 것이다. 또한 요한복음의 특징은 기적이라는 용어 대신 표적이라는 용어를 즐겨 사용하며 다음의 7가지 표적을 가지고 요한복음 조직의 줄거리를 형성하였으며 이 표적으로 하나님의 아들의 권능을 드러내고 있다.

(1) 물로 포도주를 만드신 표적(요 2:1~11). (2) 왕의 신하의 아들을 고치신 표적(요 4:46~54). (3) 38년된 병자를 고치신 표적(요 5:1~9). (4) 오병이어로 5천 명을 먹이신 표적(요 6:1~14). (5) 물 위로 걸으신 표적(요 6:16~21). (6) 나면서 소경 된 사람을 고치신 표적(요 9:1~12). (7) 죽은 나사로를 살리신 표적(요 11:1~46).

이러한 표적들을 통해서 예수님의 초자연적 능력을 나타내고 그를 하나님의 아들로 증거하였다. 그 무엇보다 주님의 부활이 가장 큰 메시아의 표적이었다. 요한은 예수를 아브라함의 아들이나 아담의 후손으로 나타내지 않고 이 세상이 창조 되기 전부터 계신 하나님의 아들이요 창조주로 나타냈다. 이러한 하나님의 아들이 이 세상에 육신을 입고 내려오셨으며 그는 참 인간이시지만 또한 하나님의 아들이심을 반복해서 증거하고 있다.

하나님의 아들이신 예수께서 죽으신 것은 누가 그분의 생명을 빼앗은 것이 아니라 당신의 자유로운 뜻으로 생명을 버리셨고(요 10:11), 그의 죽으심은 굴욕이 아니라 영광이며(요 12:23), 이 죽으심에 의하여 그리스도께서는 만인을 다스릴 권세를 가지시게 되었다(요 17:1~2)고 기록한다.

예수님이 그토록 사랑하시던 그 제자, 요한에 의해서 기록된 이 책은 앞선 세 권의 공관 복음서에는 없는 내용이 대부분을 이룬다. 특히 십자가를 앞두시고 제자들을 위해 대제사장적인 기도를 드리시는 요한복음 17장의 기록은 주님 품에 안겨 마지막 만찬을 했던 친밀한 제자가 아니면 쉽게 기록할 수 없는 소중한 내용이다.

요한복음은 성경 66권 중 가장 애독되고 사랑받는 진정 보배 중의 보배와 같은 책이다.

오늘의 본문 성경을 읽으시고 깨달은 점이나 기억하고 싶은 점 혹은 기도문을 기록합니다.

10월 25일

1년 1독 성경 읽기 꿀송이 보약큐티

요한복음 4장~6장

| 묵 상 자 료 |

1. 네가 낫고자 하느냐? (요 5장)

이 일이 있은 때는 유대인의 명절이었다. 유대인의 명절이라 함은 유월절이나 초막절 같은 절기이다. 절기는 일주일씩 지속되었는데, 이 날은 특히 안식일이었다. 예수님이 그날 예루살렘 양문 곁에 베데스다라는 못에 가셨는데 이곳에서 38년 된 병자를 치료하셨다. 예루살렘 성벽에는 문이 여러 개 있었고 어문, 양문 등 짐승들의 이름을 딴 문도 있었는데, 양문 곁에 베데스다란 못이 있었다. 베데스다는 '자비의 연못'이라는 뜻이다.

그리고 거기에 행각이 다섯 있었다. 솔로몬 때에는 솔로몬 행각을 지었다고 했던 것처럼 이 역시 유서 깊은 행각이었을 것이다. 그곳에 환자들이 많이 누워 있었다. 왜 환자들이 그 다섯 행각에 흩어져 누워 있었을까? 그들은 그 역사가 서려 있고 전통적인 곳에서 혹 치료받을 것을 기대하며 기다리고 있었다. 연못의 물이 동할 때 들어가려는 것이었다. 언제 물이 동하는가? 천사가 가끔 한 번씩 물을 휘젓는데 그때 제일 먼저 연못에 들어가는 사람은 어떤 병에 걸렸든지 치료된다는 풍설이 있었던 것이다. 그러므로 혹시 병이 나을까 해서 각색 병에 걸린 사람들이 다섯 행각에 흩어져 누워 있었던 것이다.

그런데 예수님은 안식일인 그날 다른 곳에 가지 않으시고 그곳에 가셨다. 주님은 안식일을 지키시는 방식이 다르셨다. 그곳에서 가장 심한 환자를 찾아 질문하셨다.

"네가 낫고자 하느냐?"

병이 오래된 사람이 주님의 관심사가 된 것이 은혜롭다. 일반적으로 의사들은 오래된 환자들의 경우 가망성이 별로 없다고 생각한다. 그러나 주님은 오래 병으로 고생한 사람에게 긍휼을 베풀기 원하셨다. 너무 오랜 세월 질병으로 고생한 것을 불쌍히 보신 것이다. 주님께는 오래된 병이든 얼마 안된 병이든 다 고치실 수 있는 능력이 있다.

겉으로는 단순한 질문 같다. 낫기를 원하지 않으면 거기 왜 누워 있었겠는가? 하지만 주님은 불필요하고 쓸데없는 말을 하시는 분이 절대 아니다. 왜 그런 질문을 하셨을까? 주님은 사람들의 심리를 너무나 잘 아신다. 너무 오랫동안 이곳에 누워 있었지만 병이 낫지 않았다. 이럴 때 가장 큰 문제는 치유에 대한 소망을 잃어버린다는 사실이다. 수많은 세월 속에 '소용없다', '안 된다'하는 음성이 마음속 깊이 메아리쳐 왔다. 불신이 축적되는 것이다. 사탄은 우리 속에 불신을 심어 우리를 아예 무능하게 만들고, 우리로 다시는 온전하게 되고 소생될 것이라는 소망을 잃어버리게 만든다. 이것이 가장 큰 문제다.

그러나 주님은 우리를 높은 지경까지 새롭게 하신다(골 3:10). 창조자의 형상을 따라, 아담 이상으로 거룩하고 순수하며 하나님과 정말 좋은 관계를 가지면서 살 수 있도록 회복될 가능성을 목표로 우리를 구원하셨다는 것이다. 그런데 우리는 죄를 오래 짓다 보니 죄가 우리를 무능하게 만들어버렸다. 남들에게 친절히 대하고 위로해 주고 좋은 말을 해 주고 싶은데 왜 이렇게 미운 말이 나오고 상처 주는 말이 나오는지, 또 판단하고 정죄하는 말이 나오는지, 좀처럼 잘 되지 않는다. 주님은 하루에 일흔 번씩 일곱 번이라도 용서해주라고 하시는데, 우리는 용서가 잘 안 된다.

그러므로 "네가 낫고자 하느냐?" 이 한 마디 말씀은 귀한 복음이다. 오늘날 얼마나 많은 사람들이 병에 걸려 오래되면 다른 치료해줄 사람을 의지하는지! 그러나 주님은 "네 믿음이 너를 구원하였다"고 하시기 원하신다. 하늘은 스스로 돕는 자를 돕는다는 말이 있다. 자기 스스로 일어나려는 의지가 없는 자는 길이 없다. 그래서 주님은 먼저 '네가 정말 낫고 싶으냐? 정말 치료되고 싶으냐?'라고 물으시는 것이다. 그것은 그의 잠자던 믿음을 깨워주는 말씀이다. 그럴 때 병자에게는 '아니, 그럼 나 같은 사람도 나을 수 있다는 말입니까?'라는 생각이 일깨워진다. 예수 그리스도의 은혜는 율법이 아니다. 연못에 들어갈 필요가 없다. 아무 것도 할 필요가 없다. 주님의 한마디 말씀이 떨어지면 기적은 일어난다.

"병자가 대답하되 주여 물이 동할 때에 나를 못에 넣어 줄 사람이 없어 내가 가는 동안에 다른 사람이 먼저 내려가나이다" 요 5:7

자기의 관념과 체계에서 금방 벗어날 수 있는 사람은 없다. 그가 얼마나 오랫동안 베데스다의 문화에 젖어있었나? 천사가 내려와 못이 동할 때 못에 제일 먼저 들어가는 자가 낫는다 하는 것이 그가 아는 전부다. 다른 방법을 알지 못한다.

"예수께서 가라사대 일어나 네 자리를 들고 걸어가라 하시니" 요 5:8

주님은 '먼저 다른 사람이 내려간다'는 그의 말에는 대답도 안 하셨다. 그런 것은 예수님이 하시는 일이 아니다. 다만, "일어나 네 자리를 들고 걸어가라"고 한마디 하신다. 이는 창조주만이 하실 수 있는 놀라운 말씀이다. 우리가 예수님 입으로 나온 말씀을 듣고 그 말씀을 믿을 때 기적이 발생하고 역사가 일어난다. 아멘.

10월 26일

1년 1독 성경 읽기 꿀송이 보약큐티

요한복음 7장~9장

| 묵상자료 |

1. 죄 없는 자가 먼저 돌로 치라! (요 8장)

요한복음 8장은 "다 각각 집으로 돌아가고 예수는 감람 산으로 가시니라"로 시작한다. 예수님에게는 모든 사람이 가지고 있는 작은 집조차도 없으셨다. 우리는 얼마나 많은 것을 소유하고 있는가? 예수님이 사신 삶과는 우리는 얼마나 다른가? 그럼에도 감사하지 못할 이유가 있는가?

그리고 다음날 아침에 다시 성전으로 들어오셔서 말씀을 가르치셨다. 변함없는 주님의 사역의 모습이다. 말씀을 전파하시고 기도하시고 치료하시는 주님의 모습은 한결같다. 바로 그때에 서기관들과 바리새인들이 음행중에 잡힌 여자를 끌고 와서 가운데 세우고 모세의 법에 따라 이 여자를 돌로 쳐 죽여하야 할 것인지를 예수님께 물었다. 그 여자가 느끼는 당시의 부끄러움과 수치는 얼마나 컸을까? 그리고 같이 음행을 행한 남자는 도대체 어디가고 왜 여자만 정죄를 당하는가? 그 여자는 사람들의 중심에 서 있다. 모든 이들은 그녀를 조롱의 눈으로 보고 있다. 그와 같은 멸시를 견디는 것이 인생에게 얼마나 가혹한가? 바로 그때 아무 죄가 없으신 예수님은 이와 같은 상황을 어떻게 처리하셨는가?

바리새인과 서기관들은 다시 한 번 예수님을 시험한다. 그들은 율법으로 시험한다. 그런데 사실 율법을 자세히 보면 이 여자뿐 아니라 함께 간음한 남자 또한 데리고 와야 한다. 그런데, 왜 그들은 남자를 데려오지 아니하였을까? 율법을 지킨다고 하지만, 그들은 율법의 일부분만 지킬뿐 율법이 의미하는 진정한 의미를 지키지 아니하였다. 그들은 이 모든 것을 계획하고 예수님을 곤경에 빠뜨리고자 이러한 일을 행하였다.

그러나 예수님의 반응은 모두의 예상을 뛰어넘었다. 예수님은 그들의 질문에는 대답하지 않으시고 조용히 몸을 굽히시고 손가락으로 땅에 무엇인가 쓰시기 시작했다. 성경에 손가락이 나온 건 신약에서 이것이 처음이고 구약에서 다니엘서에 나온다. 그 하나님의 손가락이 이 장면에 등장하는 건 놀랍지 않은가? 예수님이 무엇을 쓰신 지는 성경에 기록되지 않았다. 예수님은 지금 모든 죄인들 앞에 몸을 굽히셨다. 얼마나 겸손하신가? 자신을 고발하는 자들 앞에서, 또한 음행한 죄인 앞에서 예수님은 몸을 굽히셨다. 모든 죄인 앞에서 죄가 하나도 없으신 그분께서는 몸을 굽히시고 겸손한 태도를 취하셨다. 그러나 그들은 예수님의 겸손한 태도에 관심이 없었다. 그리고 예수님이 땅에 손가락으로 쓰는 그 내용에도 관심이 없었다. 오직 예수님이 그 음행한 여자를 돌로 쳐 죽이라고 말하기를 기대하고 있었다. 그러나 예수님의 입에서 나온 말씀은 놀랍다. '죄 없는 자가 먼저 돌로 치라'고 명하셨다. 율법을 어기지 아니하면서 그들이 죄인임을 또한 밝히면서, 그들로 하여금 율법을 실행할 수 없도록 하셨다.

그러자 그들이 이 말씀을 듣고 양심에 가책을 느껴 어른으로 시작하여 젊은이까지 하나씩 하나씩 물러가고 오직 예수와 그 가운데 섰는 여자만 남았다. 시간이 꽤 흘렀을 것이다. 예수님은 땅에 쓰셨던 것을 마치시고 일어나셨다. 많은 주석가들은 예수님께서 땅에 쓰신 것은 거기 모인 자들의 죄들을 낱낱이 쓰신 것이 아닌가 하고 추측한다.

그리고 오직 여자만 있는 것을 보셨다. 그리고 그녀에게 이르셨다.

"나도 너를 정죄하지 아니하노니 가서 다시는 죄를 범하지 말라."

공의로우신 심판자께서 그 여인을 정죄하지 않는다고 말씀하신다. 그리고 앞으로는 다시는 그와 같은 죄를 범하지 말라고 말씀하신다. 예수님은 은혜와 진리가 충만하신 분이시다. 우리에게도 동일하게 예수님은 다가오신다. 우리의 죄를 정죄하지 않으면서 우리를 품으신다. 그리고 다시는 그 죄에 거하지 말것을 명하시며 진리의 예수님을 우리에게 보이신다.

하나님의 은혜를 생각하며 하나님이 용서해 주신 죄들을 더 이상 반복하지 않는 것이 우리에게 필요하다.

오늘의 본문 성경을 읽으시고 깨달은 점이나 기억하고 싶은 점 혹은 기도문을 기록합니다.

10월 27일

1년 1독 성경 읽기 꿀송이 보약큐티

요한복음 10장~12장

| 묵상자료 |

1. 나사로를 살리신 예수님(요 11장)

예수님의 친구 나사로가 중한 병이 들었다. 마리아와 마르다 그리고 나사로 이들 형제, 자매는 주님을 뜨겁게 사랑하는 자들이었다. 마리아는 향유를 붓고 자신의 머리털로 주님의 발을 닦던 여성이었다. 즉시 마리아와 마르다는 오라버니가 병들었음을 사람을 통해 주님께 알려왔다. 긴급하게 주님의 심방을 요청한 것이다. 그런데 주님은 그 소식을 듣고 바로 달려가시지 않고 나사로에게 일어난 병은 하나님의 영광을 위한 병이라고 하셨다. 우리에게 슬픈 일이 발생할 때에 그것도 때로는 주님의 영광을 위한 일임을 기억하자. 나사로는 병이 들었다. 그런데 예수님은 그 소식을 듣고도 바로 가지 않고 더 기다리셨다. 주님은 하나님의 시간표를 맞추기 위해서 기다리셨다. 우리가 하나님의 시간을 기다리지 못하고 급하게 행하는 것들이 얼마나 많은가?

이후에 우리 친구 나사로가 잠들었도다. 그러나 내가 깨우러 가노라고 하시며 나사로가 죽었을 때 그를 깨우러 가자고 하셨다. 그는 실로 죽었지만, 예수님은 잠들어 있다고 하신다. 예수 믿고 죽은 인생들도 실상은 그 육신이 죽은자들이지만 주님은 잠시 잠들어 있다고 생각하신다. 잠든 것과 죽은 것의 차이는 무엇인가? 죽은 자는 시간이 지나면 결코 다시 깨어나지 못하지만 잠자는 자는 시간이 되면 다시 일어난다. 예수 믿는 사람들은 주님의 재림 나팔소리가 울려퍼질 때 무덤에서 다시 나사로처럼 그 육신들이 살아나게 되기 때문에 잠을 잔다고 여기시는 것이다.

주님은 마침내 나사로의 무덤을 찾아 가셨다. 그리고 그 사망의 무덤 앞에서 생명의 명령을 내리셨다.

"나사로야 나오너라!"

천지를 창조하신 그 능력의 말씀이 선포되었을 때 죽은 지 4일이나 된 시체 나사로가 무덤 속에서 살아서 걸어 나왔다. 주님의 생명의 말씀이 떨어지는 곳에 오늘도 생명 얻는 역사가 곳곳에서 일어나고 있다. 할렐루야! 아멘.

10월 28일

1년 1독 성경 읽기 꿀송이 보약큐티

요한복음 13장~15장

| 묵 상 자 료 |

1. 죄가 작동되는 원리(요 13:2)

"마귀가 벌써 시몬의 아들 가룟 유다의 마음에 예수를 팔려는 생각을 넣었더라" 요 13:2

죄는 여러 가지로 정의될 수 있겠지만 쉽게 말하면 예수를 배반하는 것이 죄이다. 우리의 신앙양심은 예수님의 말씀에 의해 지배된다. 그러나 죄가 침투하여 작동하기 시작하면 말씀을 알면서도 그것을 지키지 못하고 불순종하고 배반하게 된다. 주님의 은혜로 구원을 받은 우리는 죄가 내게 침투하여 내 양심을 마비시키지 못하도록 깨어 있어 영혼을 지켜야 한다. 오늘 요한복음 13:2은 죄가 어떻게 작동되는지 그 원리를 정확하게 보여준다. 이 원리를 제대로 파악하면 죄를 이기는데 도움이 된다.

첫째로 죄는 마귀로부터 발원한다는 원리이다. 마귀가 시몬의 아들 가룟 유다에게 예수를 팔려는 아이디어를 심어 주었다고 오늘 성경은 밝혀준다. 모든 죄의 배경에는 마귀가 있다. 에덴 동산에서 우리의 조상 아담과 하와가 죄를 지을 때도 어김없이 뱀을 통해 접근한 마귀가 있었다. 마귀는 뱀처럼 교묘하게 가룟 유다에게 접근했다. 돈을 받고 예수님을 원수들에게 팔아 넘기려는 아이디어를 주었다. 요한복음 10:10 말씀처럼 도적(마귀)이 온 것은 도적질하고 죽이고 멸망시키려는 것이요 예수님이 오신 것은 생명을 주시고 더 풍성케 하려는 것이었다. 마귀의 꾀를 따라 죄를 지은 가룟 유다는 결국 목매달아 자살하고 그 창자가 터져 온 밭이 피로 물드는 비참한 최후를 맞았다. 그의 영혼은 즉시 지옥으로 떨어졌다.

죄는 마귀로부터 오는 것이다. 마귀 따라 살면 도적질 당하고 죽임당하고 멸망당하는 것밖에 없다. 예수님은 수제자 베드로가 죽을지언정 주를 배신하지 않을 거라고 장담할 때 네가 새벽 닭 울기 전에 세 번 나를 부인하리라고 예언하셨다. 마귀가 밀 까부르듯 너를 가지고 놀며 네게 역사할거라고 예언하셨다. 마귀가 역사하니 베드로 같은 대단한 사도도 별 수 없이 예수님을 배반하는 연약한 죄인의 모습을 여지없이 보여주고 말았다. 우리는 겸손해야 한다. 우리라고 별 수 있겠는가? 마귀를 멀리하고 마귀에게 걸려 들지 않는 것이 상책이다. 오늘도 우리는 긴장하며 기도해야 한다. "우리를 시험에 들게 하지 마옵시고 다만 악에서 구하옵소서." 주님이 가르쳐 주신 이 기도에서 '악'은 바로 사탄, 마귀를 말하는 것이다. 우리를 마귀의 시험에서 구출하소서… 이것이 매일 우리가 해야 하는 기도이다.

둘째로 죄의 작동 원리는 죄는 사람의 생각과 항상 관련이 있다는 것이다.

"마귀가 벌써 시몬의 아들 가룟 유다의 마음에 예수를 팔려는 '생각'을 넣었더라" 요 13:2

우리의 마음속에 생각이 자리잡고 있는데 마귀는 죄를 짓게 할 때 바로 이 마음에 있는 생각을 공격한다. 사탄은 하와에게 네 눈이 밝아지고 네가 하나님과 같이 될 것이라는 '생각'을 불어넣어 주었다. 그러나 나중에 알고 보니 그 뱀이 준 생각은 새빨간 거짓말이었다. 우리는 마귀가 준 터무니없는 거짓말에 속아 죄를 지을 때가 많다.

"너희는 스스로 조심하라 그렇지 않으면 방탕함과 술취함과 생활의 염려로 '마음'이 둔하여지고 뜻밖에 그 날이 덫과 같이 너희에게 임하리라" 눅 21:34

마귀는 우리의 마음을 공격하기 위하여 방탕과 술취함과 생활의 염려를 슬며시 집어넣는다. 그러한 것들로 내 마음이 둔해지는 순간 즉시 거짓된 생각을 집어넣어 죄를 짓게 만든다. 그러므로 우리가 알아야 할 것은 무엇보다 신앙생활 잘 하려면 내 마음과 생각을 잘 지켜야 한다는 것이다. 문제가 생기면 그 문제와 씨름하지 말고 즉시 내 마음의 생각과 씨름하라. 생각만 잘 하면(믿음의 생각) 문제는 스스로 알아서 해결된다. '주님이 다 알아서 더 좋은 일을 허락하실거야…'라고 생각하면 평안이 온다. 그러나 문제를 붙잡고 씨름하면 염려와 근심이 오고 마음이 둔해져 시험 들기 쉽다.

세 번째의 죄의 작동원리는 '벌써(already)'라는 단어에 있다.

"마귀가 '벌써' 시몬의 아들 가룟 유다의 마음에 예수를 팔려는 생각을 넣었더라" 요 13:2

큰 죄는 갑자기 지어 지는 것이 아니다. 오직 각 사람이 시험을 받는 것은 자기 욕심에 끌려 미혹 됨이니 욕심이 잉태한 즉 죄를 낳고 죄가 장성한 즉 사망을 낳는 것이다(약 1:14~15). 죄는 잉태의 기간이 있다. 아이가 갑자기 뚝딱 나오는 것이 아닌 것처럼 죄의 열매도 갑자기 생기지 않는다. 가룟 유다가 갑자기 저녁 먹다가 예수님을 팔아야겠다고 결심한 것이 아니었다. 그는 평소에 제자들 중 재정을 담당하였는데 거기서 조금씩 빼먹었다. 그는 이미 탐심이 습관화되어 있었다. 그는 작은 도적이었다. 그 작은 도적질이 점점 커져서 결국 은 30을 받고 예수님을 팔아 넘기는데 동의하였다. 생활 속의 작은 세속적인 습관들을 체크하여 나쁜 것들은 미련없이 버리도록 하자. 아멘.

1년 1독 성경 읽기 꿀송이 보약큐티

요한복음 16장~18장

| 묵상자료 |

1. 성령을 약속하신 예수님(요 16장)

예수님이 세상을 떠나실 때가 다가오니 제자들은 근심이 가득해졌다. 그런 제자들에게 예수님께서는 더 이해가 안 되는 말씀을 하셨다.

"내가 떠나가는 것이 너희에게 유익이라."(요 16:7)

예수님께서 하나님께로 가시면 세상에 오실 보혜사 성령님에 대하여 말씀하시려는 것이었다.

"내가 떠나가지 아니하면 보혜사가 너희에게로 오시지 아니할 것이요 가면 내가 그를 너희에게로 보내리니."(요 16:7)

성령님이 오시면 예수님께서 육신으로 함께 계신 것과 같으며, 더 큰 역사도 행하실 것이기에 제자들에게 더 유익한 것이다. 예수님께서는 근심하는 제자들을 믿음이 없다고 책망하지 않으셨다. 왜냐하면 성령님께서 오셔야만 완전히 이해될 수 있는 영역이 있었기 때문이다. 나중 실제로 제자들이 오순절 마가 다락방에서 성령을 체험하고 예수님의 이 말씀을 그대로 체험하게 되었다. "사도들은 그 이름을 위하여 능욕 받는 일에 합당한 자로 여기심을 기뻐하면서 공회 앞을 떠나니라."(행 5:41)

핍박을 당하고 감옥에 갇히는 일이 오히려 너무 기뻤다는 것이다. 세상에 어떻게 이런 일이 있을 수가 있는가? 성령님께서 임하시고 난 다음에 그렇게 된 것이다.

"너희는 근심하겠으나 너희 근심이 도리어 기쁨이 되리라."(요 16:20)

예수님은 성령께서 주시는 이 기쁨을 요한복음 16:21~22에서 해산의 고통에 비유하셨다. 산모가 해산할 때 분명히 크나큰 고통이 있다. 그러나 실제로 아기를 낳고 나면 그렇게 힘들어하던 산모도 아기를 안는 순간, 해산의 모든 고통을 다 잊고 감사하고 기뻐한다. 성령님이 우리에게 임하시면 동일한 역사가 일어난다.

'손양원' 목사님은 '여수 순천 반란 사건' 때, 두 아들 동인과 동신이가 공산당에 의하여 처형되는 끔찍한 일을 겪었다. 애양원에서 부흥회를 인도하는 중에 이 소식을 들은 목사님은 부흥회를 끝까지 마쳤다. 그리고 두 아들 장례식 때 열 가지 감사의 이유를 성도들에게 이야기했다고 한다.

데살로니가전서 5:16은 "항상 기뻐하라"고 말한다. 이 말씀은 일반적인 경험으로는 받아들이기 어려운 명령이다. 어떻게 항상 기뻐할 수 있는가? 그러나 이 말씀이 아무에게나 주신 명령이 아님을 알아야 한다. 데살로니가전서 1:6을 보면, "또 너희는 많은 환난 가운데서 성령의 기쁨으로 말씀을 받아 우리와 주를 본받은 자가 되었으니"라고 했다. 즉, 데살로니가 교인들은 많은 환난 가운데서 성령님의 역사를 체험한 사람들, 이미 성령님의 기쁨을 맛본 사람들이라는 말이다.

유기성 목사님의 설교에서 한 전도사님의 간증을 들었다. 주위 모든 사람으로부터 칭찬받는 전도사님 한 분이 있었는데 목회자 모임에서 그 전도사님이 간증을 했다.

그는 신학교를 졸업하고 장교로 입대하였는데 군 생활 중 경건생활을 하지 못하고 분위기에 휩쓸려 죄 중에 빠져 아주 타락한 생활을 하다가 제대하면서 목회자가 되는 길을 포기했다고 한다. 자격이 없다고 여긴 것이다. 그런데 선배 목사님이 전도사로 일해 달라는 제안을 했는데 차마 왜 전도사 일을 못하는지 밝힐 수가 없었다고 한다. 그래서 그냥 주저하다가 교회 일을 시작했다. 그러나 극심한 내적인 괴로움과 계속되는 죄책감을 떨쳐 버릴 수가 없어서 기도하고 또 기도했다.

"하나님, 너무 힘듭니다. 저 어떻게 해야 하나요? 하나님이 하지 말라 하시면 깨끗이 그만두겠습니다!"

이렇게 괴로워하면서 기도할 때 하나님의 음성을 들었다.

"나 없이 지내는 삶이 얼마나 비참한 것인지 이제는 알겠느냐? 깨달았으면 되었다."

그 말씀을 듣고 펑펑 울었다고 한다. 하나님께서 모든 죄를 다 씻겨 주시고 다시 세워주심을 깨달았다. 그 후 마음에 너무나 분명한 답이 왔다.

"하나님, 저는 이제 다른 소원이 없습니다. 오직 예수님과 동행하기만 한다면 어떤 길이든 상관없습니다. 큰 교회에서 사역하든지 작은 교회에서 사역하든지, 어떤 어려운 길이라도 주님과 동행하기만 한다면 저는 너무 기쁩니다."

이 기쁨이 전도사님의 사역을 훌륭하게 만들었던 것이다. 그래서 모든 사람들에게 칭찬받을 수밖에 없었다. 이처럼 성령님이 우리에게 임하시면 말할 수 없는 기쁨이 넘친다.

오늘의 본문 성경을 읽으시고 깨달은 점이나 기억하고 싶은 점 혹은 기도문을 기록합니다.

1년 1독 성경 읽기 꿀송이 보약큐티

요한복음 19장~21장

| 묵 상 자 료 |

1. 여자여 보소서, 아들이니이다(요 19장)

"예수께서 그 모친과 사랑하시는 제자가 곁에 섰는 것을 보시고 그 모친께 말씀하시되 여자여 보소서 아들이니이다 하시고 또 그 제자에게 이르시되 보라 네 어머니라 하신대 그 때부터 그 제자가 자기 집에 모시니라" 요 19:26-27

여기서 우리는 자녀로서 부모에 대한 효도의 모범을 보여주는 완전한 분을 본다. 주 예수께서는 하나님 아버지께 대한 교제와 인간에 대한 효도의 의무를 온전히 수행하심으로써 자신의 완전성을 입증하셨다. 십자가에서 우리는 그 모친께 대한 주님의 친절한 염려와 걱정을 본다. 그리고 이 점에서 우리는 인간의 도리와 은혜의 계명에 따라 자녀가 부모에게 어떻게 효도를 다 해야 할 것인가를 가르치는바 모든 자녀들이 마땅히 본받아야 할 예수 그리스도의 모범을 대하게 된다.

구약의 십계명은 신약의 가르침 속에 낱낱이 다 포함되어 있다. 출애굽기 20:12 말씀은 에베소서 6:1~3의 "자녀들아 너희 부모를 주 안에서 순종하라 이것이 옳으니라 네 아버지와 어머니를 공경하라 이것이 약속 있는 첫 계명이니 이는 네가 잘되고 땅에서 장수하리라"하는 말씀과 관련되어 있다. "공경하라"는 말은 순종 이상의 것을 요구하고 있다. 시간이 감에 따라 자녀들은 성숙한 어른으로 자라난다. 그래서 스스로 자신의 문제를 처리하게 되며 부모의 다스림에서 벗어나게 된다. 그러나 아직도 이들은 부모를 공경할 의무를 짊어지고 있는 것이다. 이들은 평생 갚아도 다 갚지 못할 빚을 그 부모들에게 지고 있다. 이들이 부모에 대하여 할 수 있는 최소한의 일은 부모를 가장 윗자리에 모시고 존경하며 섬기는 것이다. 완전하신 모범자 예수 그리스도에게서 우리는 그 순종과 존경심을 둘 다 찾아볼 수 있다.

어린 시절에 소년 예수는 그의 모친 마리아와 그의 법적인 부친 요셉의 감독하에 있었다. 열두 살이 되던 해 유월절에 그 부모는 소년 예수를 데리고 예루살렘 성전에 올라갔다. 그 장면을 주의 깊게 살펴보면 중요한 의미가 함축되어 있음을 발견할 수가 있다. 유월절 절기를 마치고 요셉과 마리아는 이웃들과 함께 나사렛으로 돌아가고 있었다. 이때 요셉과 마리아는 예수가 자기들과 함께 있겠거니 생각하였다. 그러나 예수는 그 일행 중에 있지 아니하고 예루살렘 성전에 그대로 남아 있었다. 하룻길을 간 후에야 예수가 없는 것이 확인되었다. 그 즉시 부모는 오던 길을 되돌아 예루살렘에 가보니 예수는 성전에 있었다. 그 어머니는 예수에게 "아이야, 어찌하여 우리에게 이렇게 하였느냐! 보라, 네 아버지와 내가 근심하여 너를 찾았노라!"(눅 2:48)고 말하였다. 마리아가 예수를 그처럼 "근심하여" 찾았다는 사실은 예수께서 그 모친 마리아의 보호구역 밖에 나가신 일이 거의 없었다는 것을 강력히 지지하여 주고 있다. 즉시 곁에서 예수를 찾을 수 없었던 것은 마리아에게 있어서 하나의 생소하고 이상스런 경험이었다. 요셉의 도움을 받아 마리아가 "근심하여" 예수를 찾았다는 사실은 나사렛의 가정에서 이 들 식구들 사이의 아름답고 화목한 분위기를 잘 나타내어 주고 있다!

어머니의 질문을 곧 알아듣고 예수께서 대답하신 말씀은 또한 그가 어머니를 얼마나 순종하며 섬겼는지를 나타내어 주고 있다. 주님은 마리아에게 "어찌하여 나를 찾으셨나이까? 내가 아버지 집에 있어야 될 줄을 알지 못하셨나이까?"(눅 2:49)라고 대답하였다. 여기서 강조점은 "알지 못하셨나이까?"에 놓여 있다. 그것은 마치 예수께서, "어머니, 어머니께서는 분명히 아버지의 일 외에는 나를 이처럼 지체하게 만들 것이 아무것도 없다는 것을 아시고도 남음이 있을 만큼 나를 잘 알고 계시지요?" 하고 말씀하신 것과도 같다. 그 뒤의 결과도 마찬가지로 아름다웠다. 우리는 누가복음 2:51에서, "예수께서 한가지로 내려가사 나사렛에 이르러 순종하여 받드시더라"하는 말씀을 본다.

그런데 주께서 그 모친께 하신 말씀 중에 우리가 생각하고 넘어가야 할 말이 하나 있다. 주께서는 그 모친 마리아를 부르실 때, "여자여"라는 호칭을 사용하셨다. 네 복음서들 가운데서 주께서 마리아를 "어머니"로 부르신 적이 단 한 번도 없다. 그것은 우리 주님께서 전지전능하신 지혜로 수세기 앞을 내어다 보셨기 때문이었다. 오늘날 천주교에서는 있어서는 안 될 끔찍한 마리아 숭배가 자행되고 있다. 우리 주 예수 그리스도는 이러한 일을 미리 내어다 보시고 이 어리석은 일을 막기 위하여 "어머니" 대신에 "여자여"라는 호칭을 사용하셨던 것이다.

우리 주님이 십자가 위에서 그 모친 마리아를 사랑하시는 제자에게 부탁하신 일은 그 모친이 과부가 되어 있었다는 사실을 말해준다. 주님은 창조주의 권능을 가지신 하나님의 아들이셨지만 자신의 육신의 부친이 죽을 때 나사로를 살리신 것처럼 살리시지 않았다. 주님은 하나님 아버지의 뜻이 아니면 결코 그 힘을 함부로 사용하지 않으셨다. 우리가 예수님의 부친 요셉이었다면 아들 예수를 빙자하여 큰 영광을 얻으려 시도할 지도 모른다. 우리는 예수님을 섬기면서 헛된 세상 영광을 꿈꾸어서는 안 된다. 아멘.

오늘의 본문 성경을 읽으시고 깨달은 점이나 기억하고 싶은 점 혹은 기도문을 기록합니다.

사도행전 1장~3장

| 묵상자료 |

1. 사도행전은 어떤 책인가?

사도행전은 누가복음을 기록한 바울 사도의 동역자 누가에 의해서 쓰여졌다. 핵심 요절인 사도행전 1:8의 말씀으로 성령 받은 사람들이 복음을 예루살렘과 유대와 사마리아와 땅끝까지 전파하면서 어떻게 하나님의 나라가 확장되고 교회가 든든히 서 가는 가를 기록한 책이다.

사도행전은 '성장'을 여러 차례 언급한다. 복음서에서 하나님의 나라를 겨자씨 비유로, 누룩 비유로 그 확장성의 특징을 주님은 이미 말씀하신 바가 있다. 사도행전 2:47에는 믿는 자들의 수가 날마다 더했다고 한다. 사도행전 5:14에는 믿고 주께로 나오는 자가 많으니 남녀의 큰 무리였다고 한다. 사도행전 9:31에는 온 유대와 갈릴리와 사마리아의 교회가 든든히 서 가고 성령의 위로로 진행하며 믿는 자의 수가 더 많아졌다고 기록하였다. 베드로의 한 번 설교에 3천 명이 회개하고 돌아왔고 사도행전 14:1에서는 복음이 소아시아에서 전파될 때 유다와 헬라의 허다한 무리가 믿더라고 증거한다. 이 복음은 사도행전 16장을 거치면서 아시아를 넘어 유럽으로 확대되어 간다.

사도행전은 이와 같은 복음의 성장을 기록할 뿐 아니라 복음이 전파되는 곳마다 '변화'의 역사가 있었음을 동시에 기록하고 있다. 2장에서 오순절에 성령이 임하자 예루살렘이 소동했다. 17장에는 복음이 전파되자 데살로니가 지역 전체가 소동했다고 증거한다. 사도 바울과 그 전도팀에 대해 말하기를 "천하를 어지럽히던 사람들"(행 17:6)이라고 사람들은 말했고, 사도행전 24:5에는 "이 사람은 전염병 같은 자라, 천하에 흩어진 유대인들을 다 소요하게 하는 자"라고까지 한 것을 보면 복음이 그들을 흔들고 엄청난 변화를 일으켰음을 능히 짐작할 수 있다. 이런 변화와 성장의 근본적인 원인은 성령이 임하시고 사도들이 말씀을 전파할 때 나타났다. 사도행전 19:20은 이 점을 분명히 한다.

"주의 말씀이 힘이 있어 흥왕하여 세력을 얻으니라" 행 19:20

사도행전 18:5에는 '바울이 하나님의 말씀에 붙잡혀' 복음을 전한 결과 아덴 도시를 흔들었다고 했다. 이로 인해 교회가 세워지고 믿는 자의 수가 늘어나며 선교하는 일이 일어났다고 기록한다. 사도행전이 주는 핵심 교훈은 다음의 여섯 가지로 요약된다.

1) **하나님은 사람을 통해 일하신다**. 사도행전은 처음부터 끝까지 성령 받은 충성된 하나님의 사람들에 의해서 하나님 나라가 확장되어 가는 것을 생생하게 보여준다. 12사도들과 바울, 바나바, 일곱 집

사들, 빌립, 아나니아, 실라와 디모데, 아볼로 등등의 쟁쟁한 종들이 헌신하므로 성령께서 그들을 통해 초대 교회의 기초를 세우셨다.

2) **하나님은 사람들에게 성령의 능력을 부어 주시어 사명을 감당하게 하신다**. 초대 교회가 성령의 능력으로 무장되는 모습이 오순절에 예루살렘의 교회에(2장), 사마리아의 교회에(8장), 고넬료의 가정에(10장), 에베소의 교회에(19장)에 반복되어 나타난다. 사도행전은 곧 성령행전임을 성경을 읽으면 읽을수록 실감케 된다.

3) **하나님은 항상 사람들의 기도를 통해 일하심을 사도행전은 보여준다**. 120명이 다락방에서 기도할 때 성령이 불같이 임하셨다. 성도들이 마가 요한의 집에 모여 기도할 때 베드로가 감옥에서 풀려났다. 또한 최초로 이방인에게 복음을 전하는 선교의 첫 페이지가 열릴 때 베드로가 지붕에서 기도하다가 환상을 보았다(행 10:9).

4) **하나님은 그의 일꾼들이 서로 힘을 합하여 일하기를 원하신다**. 사도행전에서 혼자 사역하는 사람들은 찾기 힘들다. 모두 팀을 이루고 함께하여 주의 일을 하였음을 볼 수 있다.

5) **하나님은 교회를 세우시고 교회를 중요시하신다**. 교회를 통해 그분의 뜻을 계시하시고 교회를 통해 일하시기를 기뻐하심을 사도행전은 보여준다.

6) **하나님의 말씀은 주님의 나라를 세우는데 가장 중요한 요소이다**. 말씀의 부흥은 개인과 공동체와 사회 전반에 선한 역사를 일으킨다. 아멘.

오늘의 본문 성경을 읽으시고 깨달은 점이나 기억하고 싶은 점 혹은 기도문을 기록합니다.

11월 1일

1년 1독 성경 읽기 꿀송이 보약큐티

사도행전 4장~6장

| 묵 상 자 료 |

1. 아나니아와 삽비라(행 5장)

사도행전 5장에는 아나니아와 삽비라 부부의 비극적 얘기가 나온다. 그 부부는 부부 일심동체의 나쁜 케이스였다. 남편이 정직하지 않으면 부인이라도 정직해야 하는데 그들은 안 좋은 방향으로 수준이 똑같았다. 하나님께 바쳤다가 오히려 망한 케이스는 성경에서 그들이 유일하다. 아예 처음부터 아무것도 안 바치고 거짓된 행동을 안 했으면 아무 탈이 없었을 것이다. 그러나 그들은 영적인 명예심도 탐났고 동시에 물질도 탐났다. 우리들은 여기서 분명히 알아야 한다. 물질이 아까우면 그냥 물질로 만족하고 하나님이 주실 상급은 포기하라. 반대로 하나님이 주실 상급을 바라면 세상의 물질과 시간을 아낌없이 바쳐라. 세상 것과 하늘의 상급을 동시에 갖고자 한다면 당신은 반드시 문제에 봉착하게 될 것이다.

그 사람을 제대로 알려면 같이 긴 여행을 해보던지, 물질이 걸린 게임을 해 보던지, 금전관계를 해 보면 안다고 한다. 그냥 평소에는 다 좋아 보인다. 그러나 구체적으로 자기의 명예와 자존심과 돈 문제가 결부되면 결국 그 사람의 신앙과 인격 수준이 적나라하게 드러나게 된다. 아나니아와 삽비라는 성령을 속였다. 베드로 사도에게 거짓말한 것은 곧 하나님을 속이고 거짓말한 것과 동일하다. 그래서 그들은 그 자리에서 죽음을 당하는 불행을 맞이했다. 다른 성도들이 얼마나 그 부부의 죽음 때문에 경고를 받았겠는가? 다음은 나의 페친인 젊은 전도사님이 최근 페이스북에 포스팅 한 글인데 너무 감동스러워 함께 공유해 본다.

작년 교회를 자발적으로 사임하면서 6개월 정도 교회 사역을 쉬게 되었다. 또 아내 역시 같은 시기에 유치원 교사를 그만 두면서 우리 집은 6개월, 7개월 정도 수입이 3/2이상 줄어버리게 되어 거의 수입이 없다. 설상가상 나의 개인적인 레슨도 많이 줄어 더욱더 힘든 나날을 보내게 되었다. 올 초에 다시 수원의 한 교회의 찬양 인도자로 사역하게 되고 또 별내의 한 교회의 협동 전도사로 일하게 되고 보컬레슨도 조금씩 더 들어오게 되어 그나마 조금 숨통이 트이게 된 상황이었다.
최근 우리가 섬기는 별내의 교회에서 후원하고 있는 탄자니아의 한 선교사님의 사모님이 현지에서 큰 사고를 당하게 되고 그 와중에 아이들과 가족들이 워낙 빈민촌이라 약탈을 당하게 되는 트라우마까지 겪게 되어 한국으로 나와서 치료를 받는 상황이 벌어졌다. 이를 알게 된 교회에서 그들을 위해 성도들이 기도하는 중이었다. 문제는 여기서 발생했다. 아내가 갑자가 최근에 조금 모은 100만 원을 선교사님께 헌금으로 드리고 싶다고 말하는 것이었다. 우리 집의 상황도 어렵기 때문에 마음속으로는 너무 과한 것 아닌가? 싶었지만 아내가 나보다 더 100배는 돈을 아끼고 저축하는 사람이고 그녀 나름대로 큰 결심을 했기 때문에 하나님의 뜻인 줄 알고 그렇게 하라고 했다. 그런데 오늘 다시 아내가 하나님께 새벽에 기도하는데 "네가 의지하고 있던 것을 다 내려놔라" 하는 음성이 두 번이나 들렸다고 한다. 그때 아내가 곧바로 떠오른 것은 아무도 모르게 모아둔 비상금 300만 원이었다. 아내는 "그것만은 안됩니다. 하나님 정말 너무 하시네요 우리 집이 이렇게 가진 것 하나 없는데 전부다 내려 놓으라고 하시다니요." 하면서 안 된다고 말했는데 하나님께서 또 이렇게 말씀 하셨다고 한다.

"내가 너를 먹이고 너를 키우리라."

이 말을 아내가 나에게 울면서 고백을 한다. 내 마음속에 나보다 더 귀한 믿음을 가지고 하나님의 음성을 듣고는 "예, 주님" 하려고 하는 아내의 마음이 너무 귀하게 느껴졌다. 아내는 몰래 몰래 그 돈을 모으기 위해서 얼마나 참아가면서 몇 년 동안 조금씩 앞날을 대비하기 위해 모았을지 생각해 보니 짠하기도 하고 또 한편으로는 감사한 마음이 생겨 당신이 하나님의 음성을 들었다면 그렇게 하라고 말을 했다. 아내는 순종을 해야 하는데 복받쳐서 말을 제대로 못하고 울고 나는 아무 말도 할 수 없었으나 감사하다. 나 같은 부족한 사람에게 이토록 귀한 하나님의 동역자 아내를 보내주셔서 이렇게 하나님의 음성을 듣고 살아가게 하시다니 그저 감사할 뿐이다. 하나님이 우리가 가진 돈보다 더 귀한 분이시고 내가 매일 매일 걱정한다고 해결되는 것 하나 없을 것이다. 내가 가진 모든 것 다 주님께 드리고 싶다. 그리고 자유하고 싶다. 하나님의 사역을 100% 하나님의 능력으로만 할 수 있는 그런 사역자 되게 해 주세요.

얼마나 놀라운 간증인가! 아나니아와 삽비라의 탐욕적인 스토리를 읽다가 이런 헌신된 젊은 전도사님 부부의 간증을 읽으니 얼마나 대비가 되는지… 가히 그 아내에 그 남편이다. 오늘날도 한국 교회에 이런 젊은 사역자들이 있다는 것이 한국 교회의 희망이다. 그 돈 300만 원은 아마도 부자들에게는 30억 원 이상 되는 돈이었을 것이다. 그 큰 돈을 어떻게 하나님께 바칠 수 있었을까? 그런 음성이 들렸다고 해도 잘못 들었거니 하고 그냥 지나갔으면 될 것인데… 참으로 감동적인 하나님의 사람들이다.

오늘의 본문 성경을 읽으시고 깨달은 점이나 기억하고 싶은 점 혹은 기도문을 기록합니다.

11월 2일

1년 1독 성경 읽기 꿀송이 보약큐티

사도행전 7장~9장

| 묵 상 자 료 |

1. 복음의 확산(행 8장)

멀리 아프리카에서 예루살렘에 예배하러 왔다가 돌아가는 에디오피아의 높은 관직에 있던 내시에게 빌립이 예수님의 복음을 증거한데에는 하나님의 주권적인 섭리가 있었다. 마침내 두 사람은 물이 있는 곳에 도달하게 됐다. 그는 이사야서 53장에 언급된 고난 받는 여호와의 종이, 십자가에 달렸다가 다시 부활하여 하나님의 보좌 우편에서 통치하시는 주 예수님이란 사실을 빌립을 통해 복음을 듣고 확신하게 되었다.

빌립은 내시에게 복음증거의 결론으로 사도들이 사람들에게 늘 권면 했던 것처럼 회개하고 주 예수님의 이름으로 세례를 받으라고 권고했을 것이다(행 2:38). 내시가 광야 길가에 오아시스를 발견했을 때에 그 기쁨은 이루 말할 수 없었다. 저자는 이 기쁨을 "보라 여기 물이 있도다"란 문장을 통해 암시하고 있다. 그는 "내가 세례 받는 것을 누가 막겠는가!"라고 외치며, 병거를 멈추게 했다. 38절에서 사도행전의 저자는 내시의 지시에 의하여 물이 있는 오아시스에서 병거가 멈추게 되었을 때 둘 다 물로 내려갔다고 했다. 여기서 "빌립과 내시"라는 표현으로 빌립이 물로 내려가는 일에 주도적인 역할을 했음을 미묘하게 암시하고 있다. 하나님의 성령의 인도를 받아 내시를 만나게 되었고, 그에게 예수님의 복음을 증거한 마당에 그에게 세례를 베풀지 않을 이유는 없었다. 빌립은 이미 사마리아에서도 예수님의 이름으로 세례를 베푼 바 있었다(8:12). 빌립 집사가 이와 같이 세례를 베푼 행동은 선교의 특수 상황에서 가능한 것이다. 그의 행동은 오늘날 안수 집사가 세례를 베풀 수 있다는 식으로 확대하여 해석하면 안 된다.

빌립 집사가 세례를 베풀고 둘이 물에서 나오자, 주님의 성령은 빌립을 갑작스럽게 다른 곳으로 이끌어갔다. 빌립이 내시를 만나 복음을 전하는 것이 하나님의 주권적인 역사로 말미암았듯이 빌립이 그를 떠나가는 것도 역시 동일하게 성령 하나님의 역사였다. 그 결과 내시는 빌립을 더 이상 볼 수 없었지만 그는 이에 전혀 개의치 않고 기쁨으로 그의 길을 계속 갔다. 우리는 여기서 전도의 시작과 마무리가 하나님의 성령에 의하여 주도되고 있음을 주목하지 않을 수 없다. 복음의 대상자와 대상 지역을 결정하는 것은 사람이 아니다. 그리스도께서 성취한 구원의 은택을 나누어주시는 분은 성령 하나님이시다. 성령의 이러한 역사에 민감한 빌립 집사와 같은 인물이 선교사들의 수급 불균형이 심각한 오늘날 절실히 요구된다.

한편 성령에 의하여 갑자기 취하여진 바 된 빌립은 아소도에서 발견되었다. 주 예수의 성령이 그로

하여금 아소도 주변 지역에서 복음을 증거하게 하려고 그를 이끌어 오신 것이다. 아소도는 블레셋의 5대 도시 중에 하나인 아스돗에 해당되는 도시로, 가사와 욥바 중간 내륙에 위치해 있다. 빌립은 이곳을 중심으로 모든 도시들에 복음을 전하면서 마침내 가이사라에 도달하게 된다.

다시 말해서 빌립은 아프리카로 가는 에디오피아 내시에게 복음을 전한 후에 성령의 갑작스런 인도하에 아소도에 와서, 행정구역상 지중해 해변에 인접해 있는 유다 지역을 돌아다니며 복음을 증거했던 것이다. 이로서 독자들은 8장에서 예루살렘, 사마리아, 땅 끝으로 가는 에디오피아 내시, 지중해 해변에 인접한 유다 지역들을 복음화 하는 성령 하나님의 선교 물결을 발견하게 된다.

성령 하나님께서는 스데반의 순교 이후에 빌립 집사를 세워 사도행전 1:8에 명시된 대로 예루살렘과 유다와 사마리아와 땅 끝까지 복음의 증인으로 삼으신 놀라운 역사를 보게 하신다.

오늘의 본문 성경을 읽으시고 깨달은 점이나 기억하고 싶은 점 혹은 기도문을 기록합니다.

11월 3일

1년 1독 성경 읽기 꿀송이 보약큐티

사도행전 10장~12장

| 묵상자료 |

1. 일어나 잡아먹으라! (행 10장)

사도행전 10장의 시몬 베드로는 욥바에 있는 무두장이 시몬의 집에 머물고 있었다. 하루 밤만 묵은 것이 아니라 여러 날을 숙식하고 있었다(9:43). 왜 시몬 베드로는 무두장이 시몬의 집에 있는 것일까? 죽은 사람도 살려낸 능력의 사도 베드로를 욥바의 사람들은 서로 모시고 싶어했을 것이고, 베드로가 마음만 먹으면 얼마든지 좋은 집에서 머물 수 있었을터인데 베드로는 초라한 집에 머물렀다. 무두장이는 짐승의 가죽을 가공하는 사람으로 죽은 짐승과 부정한 짐승을 취급했기에, 유대인들에게는 혐오대상이었는데도 베드로는 개의치 않았다. 기피대상이기에 무두장이의 집은 보통 외진 곳에 위치하고 있었다. 그럼에도 왜 굳이 시몬 베드로는 무두장이 시몬의 집에 있었던 것일까?

사도행전 10장은 이방인 선교의 시작점을 알리는 중요한 사건을 기록하고 있다. 이방인 고넬료가 환상을 본다. "고넬료야, 욥바에 있는 베드로를 청하라"(5절). 고넬료는 무슨 일인지 어리둥절하지만, 그럼에도 사람들을 욥바로 보낸다(8절). 고넬료가 보낸 사람들이 욥바에 도착할즈음, 기막힌 그 타이밍에 베드로도 역시 기도중에 환상을 본다. 부정한 짐승이 담긴 큰 보자기 환상이었다(11~12절).

"베드로야, 잡아먹어라."

이는 매우 당혹스러운 하나님의 명령이었다. 베드로는 기겁을 했다. 이전에도 먹은 적이 없고, 지금도 먹지 않겠다고 단호한 거절을 한다. 이 당황스러운 환상이 3번이나 반복되고 있었다. 그러면서, "하나님께서 깨끗하게 하신 것을 네가 속되다 하지 말라" 하시는 알듯말듯한 음성이 메아리쳤다. 그 환상으로 인해 베드로의 고민이 깊어가던 바로 그 시점에 고넬료가 보낸 사람들이 대문을 두드렸다. 놀라운 타이밍이다. 그때 성령이 말씀하셨다. "베드로야 의심없이 함께 가라 내가 저들을 보내었다"(행 10:20)

이렇게 이방인 선교는 시작되었다. 사도행전 10:28~29을 읽어보자.

"이르되 유대인으로서 이방인과 교제하며 가까이하는 것이 위법인 줄은 너희도 알거니와 하나님께서 내게 지시하사 아무도 속되다 하거나 깨끗하지 않다 하지 말라 하시기로 부름을 사양하지 아니하고 왔노라."

유대인들은 이방인들을 개처럼 여기고 멸시했다. 이방인들과의 모든 친밀한 왕래는 금지되고, 함께 식탁에 앉지도 않았다. 그것이 유대 관습과 전통이었다. 이방인과의 접촉은 부정한 일이라 여긴 것이다. 베드로 역시도 그 관습과 전통에 묶여있었음은 당연했다. 그래서 혐오대상인 무두장이까지는 용납

할 수 있는 넉넉한 마음의 베드로였을지라도, 이방인만큼은 결코 받아낼 수 없음을 상징적으로 묘사하고 있는 그림이 무두장이 집에 기거하는 베드로의 모습이다. 무두장이 집까지는 들어갈 수 있으나 이방인은 결코 안된다는 고집이고, 편견이며, 한계였다. 그런 베드로를 하나님이 설득하셨던 것이다.

"오직 성령이 너희에게 임하시면 너희가 권능을 받고 예루살렘과 온 유대와 사마리아와 땅 끝까지 이르러 내 증인이 되리라" 행 1:8

주님께서 승천하시기 직전 제자들에게 당부한 말씀이다. 그러나 제자들은 예루살렘을 벗어나려 하지 않았다. 예루살렘 안에서만 증인되려고 했다. 그런데 사도행전 8장을 보면 예루살렘 교회에 큰 박해가 시작되자, 하는 수 없이 유대와 사마리아까지 제자들이 흩어진다. 그렇게 복음이 확장되어져 갔다.

그리고 사도행전 10장에 베드로를 설득하여 이방인의 집에 복음을 전하라고 보내신 것이다. 결국 복음의 확장은 제자들의 열심과 비전과 능력에 있었던 것이 아니라 하나님의 열정이요, 하나님의 일하심의 결과였다. 아멘.

오늘의 본문 성경을 읽으시고 깨달은 점이나 기억하고 싶은 점 혹은 기도문을 기록합니다.

11월 4일

1년 1독 성경 읽기 꿀송이 보약큐티

사도행전 13장~15장

| 묵 상 자 료 |

1. 최초로 선교사가 파송되다(행 13:1~3)

사도행전 13장에는 세계 최초로 선교사를 이방인들에게 파송한 안디옥 교회 이야기가 기록되어 있다.

"안디옥 교회에 선지자들과 교사들이 있으니 곧 바나바와 니게르라 하는 시므온과 구레네 사람 루기오와 분봉 왕 헤롯의 젖동생 마나엔과 및 사울이라" 행 13:1

다섯 명의 선지자들과 교사들의 이름이 소개되고 있다. 다섯 명의 이름을 한 사람씩 거론한걸 보면 안디옥 교회에는 말씀을 잘 가르치는 선지자와 교사가 다섯 명씩이나 있었다는 것을 강조하려는 의도를 엿볼 수 있다. 이처럼 안디옥 교회는 말씀이 충만한 교회였다. 보내는 교회의 첫 번째 모습은 말씀이 살아 있는 교회라는 것이다. 다섯 명의 이름 안에는 다양한 정보가 들어 있다. 유대인, 흑인, 구레네 사람 그리고 왕족… 어떻게 이들은 이처럼 전혀 다른 배경의 사람들이었지만 교회를 하나로 이끌고 나갔을까? 어느 신학자는 말하기를 사도행전에는 '사랑'이라는 단어가 안 나온다고 하는데 이유는 사랑은 그들의 당연한 상식이었기 때문이라는 것이다. 다섯 지도자가 서로 사랑했다는 말은 나오지 않지만 우리는 그들이 서로 겸손하게 협력하며 사랑으로 목회를 했음을 쉽게 확신할 수 있다. 안디옥 교회는 말씀과 더불어 사랑이 넘치는 교회였던 것이다. 안디옥 교회의 지도자들 다섯 명의 배경은 다양했지만 공통적인 것이 한 가지 있었는데 모두 고향을 떠나온 사람들이었다. 한마디로 이민자들 그룹이었다. 안디옥 교회가 왜 이처럼 세계 역사를 바꾸는 교회가 되었는지 알 수 있겠는가? 그들은 떠난 자들의 교회였고 떠남의 아픔을 가지고 있는 디아스포라(흩어진 유대인들) 교회였다. 이처럼 조화로운 안디옥 교회에 놀라운 일이 생긴다.

"주를 섬겨 금식할 때에 성령이 이르시되 내가 불러 시키는 일을 위하여 바나바와 사울을 따로 세우라 하시니 이에 금식하며 기도하고 두 사람에게 안수하여 보내니라" 행 13:2~3

그들은 이 성령의 음성에 순종하여 금식하고 바나바와 사울을 따로 세워 선교사로 파송하였다. 이는 인류 최초의 선교사 파송식이었다. 안디옥 교회는 말씀의 교회, 사랑의 교회, 기도의 교회였는데 이런 교회를 통해서 하나님은 최초로 세계 선교사들을 보내게 하신 것이다. 그들은 기둥 같은 교회의 지도자 둘을 선교사로 과감하게 보냈고 그 결과는 엄청난 이방 선교의 열매를 거두었다. 좋은 교회 좋은 선교사들이 뭉쳐서 좋은 복음의 열매를 거두었던 것이다.

나는 얼마 전 한국을 방문할 기회를 얻었을 때 광주의 양림동 호남신학교 동산에 묻혀 있는 서서평 선교사의 무덤을 방문한 적이 있었다. 나는 그녀가 너무 존경스러워 무덤 앞에서 그녀의 비석을 붙들고 울고 말았다. 그녀의 죽음의 원인은 놀랍게도 만성 영양실조와 풍토병이었다. 선교사 생활비로 받았던 월급은 자신의 몸 하나 지켜내기에 전혀 부족함이 없는 금액이었다. 그럼에도 그녀가 영양실조로 죽었다는 소식은 선교사들뿐 아니라 당시의 광주 지역을 놀라게 만들었다고 한다. 더군다나 그녀가 남긴 재산이라고는 자신의 몸을 가릴 담요 반쪽, 노동자의 일주일 품삯에 지나지 않는 7전과 강냉이 가루 두 홉이 전부였다. 그녀는 한센인들로부터 아들 딸 13명을 입양해 키워냈다. 그는 가난한 아이들을 받아들여 한국 최초의 여성신학교인 이일성경학교(현 한일장신대의 전신)를 시작했다. 그의 제자들은 그를 "어머니"라 불렀다고 한다.

그녀가 죽자 당시의 언론들은 그녀의 죽음을 대서특필하여 '작은 예수'라며 그의 삶을 집중적으로 조명했다. 《동아일보》는 1934년 6월 29일자 사설로 '위대한 인류애, 서서평씨 영전에'라는 글을 올렸다. 보리밥 된장국에 고무신을 끌고 다녔던 서서평을 소개하며 큰 존경과 애통을 표하는 글을 게재했다.

미국에서 처녀의 신분으로 조선땅에 도착한 그녀는 한국말을 열심히 배웠다고 한다. 그래서 발음도 좋고 말도 유창했다고 한다. 그리고 그녀는 한자도 배워 한자와 한글이 섞인 구약성경을 읽었다. 그녀는 뼛속까지 조선인이 되고자 애썼다고 한다. 그를 기억하는 사람들은 그가 옥양목 저고리에 검은 통치마, 남자용 검은 고무신을 신었다고 했다. 된장국은 그 독특한 냄새 때문에 서양 사람들이 가장 혐오했지만, 그녀는 된장국을 먹으면서 조선에 동화되기를 자처했다. 그녀는 늘 고아들을 등에 업고 다녔다. 당시에는 한국의 고아, 병든 자를 양육하기 위해 미국에서 들어와 결혼하지 않고 살아간 처녀 선교사들이 광주 양림동 선교사촌에 살고 있었는데 서서평을 비롯해 수피아 여학교 교장이었던 플로렌스(Florence Root), 도슨(Dodson), 매퀸(Mcqueen Anna), 프리처드(Pritchard Margart) 등이 그런 분들이다. 한국 교회는 이제 그 사랑의 빚을 세계선교로 되갚아야 한다.

나도 선교사이지만 그런 위대한 선배 선교사들을 생각하면 감히 선교사라고 불려질 자격이 없는 자라는 생각이 들 정도이다.

오늘의 본문 성경을 읽으시고 깨달은 점이나 기억하고 싶은 점 혹은 기도문을 기록합니다.

11월 5일

1년 1독 성경 읽기 꿀송이 보약큐티

사도행전 16장~18장

| 묵상자료 |

1. 소수의 헌신자들에게 집중하다(행 19장)

사도행전 19장에는 힘든 복음의 장벽이 있었음에도 불구하고 한계를 극복하고 믿음의 큰 승리를 이룬 역사가 등장하는데 그것은 바로 사도 바울의 에베소 개척역사였다. 에베소는 로마제국에 속한 소아시아 땅 중에서 가장 큰 도시로 세계 7대 불가사의 중 하나인 아데미 신전이 있었던 곳이며, 정치, 종교, 무역의 요충지요 학문의 도시였다. 그러다 보니 에베소는 로마의 여신 아데미를 숭배하고 도서관과 극장이 많았으며 사람들의 지적수준은 매우 높았다. 그러나 바울은 이 에베소에서 가장 모범적인 개척역사를 이루었다. 특히 두란노서원(書院)에서 이룬 역사는 오늘날 제자양성 사역에 있어서 가장 좋은 모델이 되고 있다.

사도행전 19:8을 보면 사도 바울은 3차 전도여행 기간 중 에베소에서 전도사역을 할 때에 처음엔 유대인 회당에 들어가서 담대하게 말씀을 전파하였다. 그때 바울의 방식은 선포식 메시지를 전하는 것이었다. 그러나 석 달 동안을 그렇게 했지만 결과는 좋지 못했다. 사도행전 19:9을 보면 "어떤 사람들은 마음이 굳어 순종치 않고 무리 앞에서 이 도를 비방하거늘"이라고 적혀 있다. 바울은 깊은 한계와 좌절감을 느꼈을 것이다. 이때 바울은 새롭게 방향을 잡았는데 사도행전 19:9을 보니 바울이 그들을 떠나 제자들을 따로 세우고 두란노 서원에서 날마다 강론하여 2년을 가르쳤다고 기록되어 있다.

바울은 소수의 제자양성으로 방향을 선회했던 것이다. 바울은 말씀을 듣기 싫어하는 자들을 떠나 듣고 배우고자 하는 제자들을 따로 불렀다. 바울은 성령으로 거듭나 새롭게 된 몇 사람(행 19:7)을 세워 집중적으로 성경공부를 하며 제자를 키운 것이다.

이처럼 바울이 마음을 쏟아서 양들을 섬기고 정성껏 말씀을 준비해서 돕자 그 말씀들은 맛있는 양식처럼 양들의 심령에 힘이 되었다. 은혜로운 말씀으로 말미암아 양들은 감동을 받기 시작했다. 딱딱하던 양들의 마음 문이 열리고 심령이 열리기 시작하였다. 양떼들은 더욱더 말씀을 사모하게 되었고, 시간이 갈수록 점점 복음신앙 위에 뿌리를 내리게 되었다. 2년이라는 세월은 결코 짧은 기간이 아니다. 그것도 매일, 밤낮을 가리지 않고, 2년 동안 눈물로 그들에게 말씀을 가르친다는 것은 보통 인내심이 아니면 할 수 없는 일이다. 그러나 바울은 조급하지 않았고 포기하지도 않았다. 그는 말씀의 능력을 믿고 인내했다.

이처럼 바울이 말씀전파와 제자양성에 전력하였을 때 놀라운 역사가 일어나게 되었다. 아시아에 사는 자는 유대인이나 헬라인을 막론하고 다 주의 말씀을 듣는 역사가 일어난 것이다. 그가 두란노 서원에서 양성한 제자들이 아시아 곳곳을 나가서 교회를 개척했다. 또한 에베소에 와서 말씀을 받고 은혜 받은 자들이 고향에 돌아가서 복음의 말씀을 전했다. 그래서 소아시아 곳곳에 교회가 세워졌다. 골로새 교회를 비롯해 요한계시록에 나오는 일곱 교회도 모두 소아시아에 세워진 교회들이다.

그리고 말씀이 전파되는 곳에서 희한한 하나님의 역사가 많이 일어났다. 하나님께서는 바울의 손으로 희한한 능력을 행하게 하신 것이다. 희한한 일이란 사람의 이성으로는 이해가 안되고 신비스런 초자연적인 역사를 말한다. 사람들이 바울이 썼던 손수건을 가져다 병든 사람에게 얹으면 그 병이 떠나고 악귀도 나갔다.

한번은 유대의 한 제사장 스게와의 일곱 아들들은 바울을 흉내 내어 바울처럼 예수님의 이름을 부르며 악귀에게 명령하였다. 그러자 악귀가 대답하기를 예수도 내가 알고 바울도 내가 알거니와 너희는 누구냐 하며 오히려 그 두 사람에게 덤벼들었다. 그래서 저희는 귀신에게 쫓겨 벗은 몸으로 그 집에서 도망치게 되었다. 그들은 하나님의 말씀의 능력을 덧입지 않고 귀신을 시험하다 우스운 꼴만 당하고 만 것이다.

우리도 힘써 말씀전파에 진력할 때에 여러 종류의 죄인들이 변화되고 새롭게 되는 희한한 역사들이 많이 일어날 줄을 믿는다. 아멘.

오늘의 본문 성경을 읽으시고 깨달은 점이나 기억하고 싶은 점 혹은 기도문을 기록합니다.

11월 6일

1년 1독 성경 읽기 꿀송이 보약큐티

사도행전 19장~21장

| 묵상자료 |

1. 예루살렘을 향해 가는 길(행 21장)

지금 사도 바울은 3차 전도 여행을 마치고, 3차 전도 여행의 중심지였던 에베소를 출발하여 예루살렘으로 이동하고 있다. 바로 그때 바울의 마음에는 한 가지 확신이 있었다. 에베소를 떠나 예루살렘으로 가는 바울의 발걸음은 사도 바울 개인의 인간적인 계획에 의한 것이 아니라 성령 하나님께서 친히 인도하시는 여정이라는 확신이었다. 그 내용이 사도행전 20:22에 등장한다. 사도행전 20:22은 바울이 에베소의 사역을 마무리하면서 고별설교를 하는 장면이다.

"보라 이제 나는 성령에 매여 예루살렘으로 가는데 거기서 무슨 일을 당할는지 알지 못하노라" 행 20:22

자신이 예루살렘으로 가는 것은 성령께서 이끄시는 것이라고 분명한 확신을 이야기하고 있다. 그렇게 사도 바울이 에베소를 떠나 예루살렘으로 가는 길에 잠시 두로라는 지역에 약 일주일 정도 머물렀다. 약 일주일 정도의 시간 동안 바울은 두로라는 지역에서 예수님을 믿는 성도들을 만나 그리스도인의 교제를 나눈다. 그런데 바로 그때 참으로 이해하기 어려운 일이 발생한다.

"제자들을 찾아 거기서 이레를 머물더니 그 제자들이 성령의 감동으로 바울더러 예루살렘에 들어가지 말라 하더라" 행 21:4

두로라는 지역에 있었던 제자들, 곧 예수님을 믿고 따르는 신실한 그리스도인들이 사도 바울을 향해 예루살렘으로 가지 말라고 한 것이다. 그들이 성령의 감동으로 성령이 말하게 하심을 따라 가지 말라고 하니 어느 것이 진정한 성령의 역사였던가? 사도 바울의 예루살렘 행을 막아보려고 노력했던 두로 지역의 신실한 그리스도인들도, 어떻게 해서든 예루살렘으로 나아가려는 사도 바울도 모두 동일하신 성령 하나님의 그 넓은 마음을 일부분씩 대변하고 있다고 할 수 있다.

사도 바울도 성령의 인도하심을 받았고, 두로 지역의 신실한 그리스도인들도 성령의 충만함을 입고 있었다. 그러나 그들 사이에는 첨예한 의견의 대립이 있었다. 서로의 의견만 들어보면 무엇이 참으로 하나님의 뜻인지 알기 어렵다. 바로 그때 그들이 행한 행동을 보라.

"이 여러 날을 지낸 후 우리가 떠나갈새 그들이 다 그 처자와 함께 성문 밖까지 전송하거늘 우리가 바닷가에서 무릎을 꿇어 기도하고" 행 21:5

그들은 의견이 달랐다. 서로 반대되는 주장을 하고 있었다. 그 가운데 과연 하나님의 뜻이 무엇인지 확신할 수가 없었다. 그래서 그들은 헤어지기 전 바닷가에서 무릎을 꿇고 함께 기도했다. 각자의 의견이 있었지만 그 모든 것들을 내려놓고 하나님의 인도하심을 간절히 구했다는 것이다.

성령의 충만함을 입은 교회, 성령으로 살아 숨쉬는 교회는 의견의 충돌이 없는 교회가 아니다. 의견이 다르고 서로의 생각이 다르지만, 내가 성령 하나님의 역사를 모두 다 알 수 없다는 사실을 인정하기에 다른 성도들과 함께 무릎을 꿇고 오직 하나님의 인도하심만을 간절히 구하며 함께 기도할 수 있는 교회. 바로 그것이 성령의 충만함을 입은 교회의 모습인 것이다.

사도 바울이 두로를 떠나 가이사랴에 도착한다. 그곳에서도 사도 바울은 두로에서 겪었던 일과 비슷한 사건을 마주하게 된다. 가이사랴에 도착한 사도 바울은 빌립 집사님의 집에 머무르게 되었는데, 아가보라는 선지자가 사도 바울을 향해 예언을 한다. 그 예언은 사도 바울더러 예루살렘으로 가면 결박당하고 이방인의 손에 넘겨진다는 것이었다. 그러나 바울은 동일하신 성령께서 주시는 분명한 마음을 선언한다. 자신은 예수의 이름을 위하여 죽을 것도 각오했다는 것이다. 바로 그때 그들은 자신들의 생각을 내려놓고 다시금 하나님께 기도하기 시작한다.

"그가 권함을 받지 아니하므로 우리가 주의 뜻대로 이루어지이다 하고 그쳤노라" 행 21:14

가이사랴에 있었던 신실한 그리스도인들, 빌립 집사님을 비롯한 주님의 일꾼들이 하나님께 어떻게 기도하는가? "주의 뜻대로 이루어지이다" 우리는 하나님의 뜻을 다 알지 못한다. 그저 내가 알고 확신하는 바는 하나님께서 행하는 그 놀라운 역사의 일부분에 지나지 않을 뿐이다. 그래서 성령의 충만을 받고, 성령의 인도를 받는 사람들 사이에서도 의견이 충돌할 때가 있을 수 있다. 그래서 나의 생각, 나의 의견, 나의 뜻을 다 내려놓고 우리는 기도할 수밖에 없는 것이다. "주님의 뜻을 이루소서." 아멘.

오늘의 본문 성경을 읽으시고 깨달은 점이나 기억하고 싶은 점 혹은 기도문을 기록합니다.

1년 1독 성경 읽기 꿀송이 보약큐티

사도행전 22장~24장

| 묵상자료 |

1. 총독 벨릭스 앞에서(행 24장)

사도행전 24장 이하에는 바울이 예루살렘에서 체포된 후 로마로 가기까지 총독들과 임금들 앞에 끌려가 심문을 받는 사건을 다루고 있다.

누가가 바울의 체포와 재판 과정을 비교적 자세하게 기록해 놓은 것은 하나님께서 바울에게 주신 비전 곧 "로마도 보아야 하리라"(행 19:21)고 하신 말씀을 하나님께서 어떻게 이루어 가시는가를 독자들에게 보여주고자 함이다.

대제사장과 장로들은 변사 더둘로를 앞세워 바울을 벨릭스에게 고소했다. 바울은 이들에게 맞서 자신을 변호하며, 도리어 그 기회를 이용해서 총독 벨릭스에게 자기가 믿는 바 복음을 담대하게 증거하였다. 주님께서는 이런 바울과 함께 하셔서 대제사장의 송사로부터 그를 지켜 주셨다. 2년 동안 자유롭게 사람을 만나며 벨릭스에게 복음을 증거하게 하시고 바울이 로마로 갈 수 있도록 역사해 주셨다.

먼저 변호사 더둘로는 바울을 가리켜 '염병이라'고 했다. '이 사람은 염병이라.' 이것은 아주 심각한 고소였다. 바울이 코로나와 같은 전염병처럼 지극히 위험한 사람이라는 것이다. 그의 활동을 방치할 경우 유대 지역만이 아니라 로마 제국 전체에 퍼져있는 유대인을 다 전염시켜 소요를 일으켜 로마를 위태롭게 할 자라는 것이다. 또한 더둘로는 바울을 가리켜 '나사렛 이단의 괴수'라고 송사했다. '나사렛 이단'이라는 표현은 신약 성경 중에 여기서 유일하게 사용된 표현으로 나사렛에서 태어나신 예수님을 따른다는 의미에서 붙여졌다. 그러나 더둘로가 이러한 표현을 사용한 것은 이들 집단이 로마 제국이 인정하는 합법적인 유대 지도부와 아무런 관계가 없으며, 나사렛이라는 한 지역에 뿌리를 두고 있는 불법적 집단임을 부각시키려고 한 것이다. 유대인들도 다 더둘로에 송사에 참가하며, 그의 하는 말이 다 옳다고 주장하였다.

바울은 더둘로와 달리 총독에게 아첨이나 사탕발린 말을 하지 않았다. 바울의 변호는 더둘로가 모함한 것과 같이 소동을 준비하거나 일으킬 시간적 여유가 없었다고 했다. 바울은 예루살렘에 예배하러 왔으며 올라온지 열이틀밖에 되지 않는다고 했다. 성전이나 회당에서 또는 예루살렘 성안에서 무리를 소동케 한 적이 없었으며, 그런 사태를 본 사람도 없었다고 했다. 그후 바울은 벨릭스에게 자신의 신앙에 대해서 이야기했다. 바울은 저희가 이단이라고 하는 도를 좇아 하나님을 섬긴다고 고백했다. 또한 율법과 및 선지자들의 글에 기록된 것을 다 믿는다고 했다.

그러면 재판의 결과가 어떠했는가? 벨릭스도 '이 도' 즉, 유대교 안에서 일어난 나사렛 예수에 관한 일을 잘 알고 있었다. 벨릭스가 어느 정도로 알고 있었는지는 잘 알 수 없지만 바울이 고소를 당하는 것은 정치적인 문제가 아니라 종교적인 문제인 것을 알았다. 그래서 그는 천부장 루시아의 증언을 듣기까지 재판을 연기하는 선처를 베풀었고 백부장에게 명하여 바울을 안전하게 지키고 관대하게 대우하며 친구 중 아무나 그에게 접근하는 것을 금하지 말라고 했다. 그리고 수일 후에 벨릭스는 아내 드루실라와 함께 와서 바울을 불러 그가 믿는 그리스도 예수에 관한 도에 대해서 듣고자 했다. 이에 바울은 "의와 절제와 장차 오는 심판"에 대해서 강론했다. 바울의 강론을 들은 벨릭스는 자신의 죄를 회개하고 복음을 받아들여야 했지만 그는 회개하지 않았다. 도리어 그는 뇌물을 바라며 유대인들의 마음을 얻고자 하여 바울을 2년 동안이나 감금해 두었다.

우리는 여기서 유대인들의 고소에 맞서 바울을 보호하시며, 서서히 로마로 인도하시는 하나님의 놀라우신 주권과 섭리를 보게된다. 하나님은 이방인 통치자를 이용하셔서 바울의 생명을 지키셨다. 대제사장과 장로들은 변사까지 동원하여 바울을 고소하고 죽이고자 했지만 하나님께서는 이방인 총독을 사용하셔서 그들의 모든 궤계를 파하셨다. 그리고 바울을 로마로 서서히 인도하셨다. 바울을 통해서 복음이 로마까지 전파되는 것이 하나님의 뜻이었다. 하나님은 이 뜻을 이루시기 위해 바울을 보호하시고 인도해 주신 것이다. 인간적인 눈으로 보면 벨릭스가 총독에서 밀려나고 베스도가 부임하기까지 2년 동안 하나님은 아무 것도 안하고 있는 것 같다. 그러나 하나님은 바울에게 2년간 쉼을 주신 것이다. 앞으로 그가 로마에 가서 해야 할 일을 위해 준비시키셨다. 하나님은 역사의 주관자가 되신다. 당신의 뜻대로 우리 인생을 주관하시고 인도하시는 분이시다.

뿐만 아니라, 우리는 총독 벨릭스를 통해 우유부단한 자들의 필연적인 결과가 어떠한가를 배울 수 있다. 바울의 의와 절제와 장차올 심판에 대한 강론을 들은 벨릭스는 두려워하였다. 이 두려움은 하나님의 은혜에서 나온 것이었다. 이때 그는 자신의 죄를 회개하고 복음을 영접했어야 했다. 그러나 벨릭스는 "시방은 가라 내가 틈이 있으면 너를 부르리라"며 그의 결단을 미루었다. 바울에게 뇌물을 받고자 했다. 할수만 있으면 유대인들의 환심을 사려고 하였다. 결국 그는 구원의 기회를 코 앞에서 놓치고 말았던 것이다.

오늘의 본문 성경을 읽으시고 깨달은 점이나 기억하고 싶은 점 혹은 기도문을 기록합니다.

11월 8일

1년 1독 성경 읽기 꿀송이 보약큐티

사도행전 25장~28장

| 묵 상 자 료 |

1. 마침내 로마에 도착하다(행 28장)

사도행전 28장을 읽어 보면 유라굴로 광풍을 천신만고 끝에 통과하고 마침내 사도 바울이 로마에 당도하는 장면이 기록되어 있다. 로마가 어떤 곳인가? 얼마 전 바울이 예루살렘에서 핍박자들에게 고소당해 두들겨 맞고 감옥에 갇혀 있을 때 주님이 그날 밤 감옥으로 찾아오셨었다. 그리고 바울을 위로하며 '너는 로마도 보아야 하리라'고 격려하셨다. 이제 로마에서 그는 자신이 항상 그래왔듯이 많은 사람들에게 감옥에서나 잠시 자유를 얻어 풀려날 때에도 오직 전심을 다해 예수님의 십자가 복음을 전할 것이다. 그러다가 마침내 감옥생활 끝에 로마에서 사형선고를 받고 주를 위해 자신의 목숨을 관제와 같이 주의 복음의 제단에 쏟아 부을 것이다.

그와 같이 자신에게 닥칠 로마에서의 장엄한 순교의 사실을 성령 안에서 알고 있었을 바울에게는 그야말로 로마 땅에 도착하였을 때 만감이 교차하였을 것이다. 아마도 한번 크게 심호흡을 하며 하늘을 쳐다보고, "오, 주여 뜻대로 하옵소서. 종은 사나 죽으나 주님의 것입니다"라고 나지막이 기도했을 것이다. 바로 그런 비장한 감정이 교차하는 순간에 갑자기, "사도 바울이시여, 저희들이 왔습니다." 하는 큰 응원소리가 들려왔다. 누구인가 돌아보니 바울 사도가 수갑을 차고 로마에 압송되어 온다는 소식을 들은 로마에 있는 믿음의 형제들이 원근 각처에서 열 일을 제쳐두고 사도 바울을 위로하려고 달려온 것이었다.

> "우리는 이와 같이 로마로 가니라 그 곳 형제들이 우리 소식을 듣고 압비오 광장과 트레이스 타베르네까지 맞으러 오니 바울이 그들을 보고 하나님께 감사하고 담대한 마음을 얻으니라" 행 28:14~15

바울이 그들의 모습을 보았을 때에 울컥했을 것이다. 그는 응원하러 온 믿음의 형제들을 보고 먼저 하나님께 감사했다고 했다. 그리고 그 감사기도 후에 바울은 담대한 마음을 갖게 되었다고 성경은 기록하고 있다. 순교도 감당할 수 있는 강하고 담대한 마음을 갖게 되었다는 것이다. 이로 보건대 믿음 안에 있는 신앙의 동료들은 다른 믿음의 사람들에게 크나큰 위로의 통로가 된다. 아멘.

11월 9일

1년 1독 성경 읽기 꿀송이 보약큐티

로마서 1장~3장

| 묵 상 자 료 |

1. 로마서를 펼치며…

로마서의 저자는 바울이다. 바울은 지중해 북동쪽의 길리기아 지방의 다소에서 태어났으며 혈통상으로는 유대인(베냐민 지파 출신)이나 로마 시민권을 가지고 있었다. 그의 고향 다소는 헬라 문화의 중심지요 대학 도시였다. 그로 인해 그는 그리스 문화의 지식과 교양을 갖추고 있었고 또한 어릴 때부터 예루살렘에서 가장 뛰어난 율법학자였던 가말리엘 문하에서 히브리 교육도 받았기 때문에 유대인으로서도 흠이 없는 자였다. 그는 율법에 능한 바리새인이었으며 유대 종교에 대한 열심이 강한 사람이었다. 처음에 그는 예수님을 이단으로 생각하고 그의 교회를 핍박하는데 앞장섰으나 다메섹으로 가는 길에서 예수님을 만난 후 회개하고 그리스도의 종이 되었다.

바울은 이전에 누구도 받지 못한 크고 놀라운 계시를 받은 사람이었다. 그가 받은 계시는 감추어졌던 구원의 비밀이신 그리스도에 대한 것이다. 그는 그 계시의 말씀을 따라 복음을 전하며 도처에 교회를 세우고 견고케 하는 일을 했다. 그는 하나님께서 주신 은총을 따라 탁월한 지성과 강한 의지, 따뜻한 사랑의 마음과 인내로 순교할 때까지 힘을 다해 많은 사람들에게 그리스도의 복음을 전했다. 특히 소아시아와 유럽의 여러 지역에 복음을 전하여 많은 교회를 세웠다. 그런 까닭에 그는 유대인들을 위해 봉사한 베드로 등의 사도들과 비교해서 이방의 사도라고 불렸다. 그는 전도 여행을 통해서 직접 복음을 전하는 일에도 힘을 썼지만 서신들을 통해 교회가 진리 위에서 바로 설 수 있도록 돕는 일에도 힘을 썼다. 사실상 신약 교회의 영적 기초는 대부분 그에 의해 놓여졌다고 해도 과언이 아니다. 만일 히브리서도 바울이 썼다고 한다면 그는 신약 27권 중 절반 이상인 14권의 성경을 기록한 위대한 사도이다.

로마 교회는 다수의 이방인들과 소수의 유대인들로 구성되어 있었다. 그리고 당시의 교회는 대규모의 단일 조직으로 구성되어 있지 않았고 주로 가정이나 소규모의 처소에서 소수의 신자들이 모여 교제하는 형태를 취하고 있었다. 로마에 어떻게 그리스도의 복음이 전해져서 교회가 형성되었는지에 대해서는 분명치 않으나 일반적으로 오순절 성령강림 사건 때 로마로부터 예루살렘으로 온 순례자들 중 베드로의 설교를 듣고 회심한 사람들을 중심으로 시작되었을 것으로 본다. 바울은 로마 시민권을 가진 자였지만 실제로 로마에 가본 적은 없었기 때문에 스페인에 복음을 전하러 가는 길에 꼭 로마를 방문하고 싶어했다.

로마서에는 여러 주제들이 다루어지고 있지만 중심 주제는 '예수 그리스도의 복음과 믿음으로 의롭게 됨'이다. 로마서에는 이 대주제와 관련된 몇 개의 주제들이 중요하게 다루어지고 있는데, 먼저 가장 중요하고도 포괄적인 주제는 '구원'이다. 하나님은 택하신 자들을 ①부르시고 ②그들을 위해 그리스도의 구속을 예비하시고 ③그들로 하여금 그것을 믿게(받아들이게) 하셔서 의롭다 하시고 ④성령 안에서 순종함으로 말미암아 실제로 거룩하고 영광스러운 삶을 살게 하심으로써, 복음이 전파되고 교회가 세워지게 하시고, 택한 자를 완전하게 구원하신다. 로마서는 전 장에 걸쳐 구원과 관련된 이들 각 주제들을 자세하게 다루고 있다.

또 하나 로마서에서 중요하게 다루어지고 있는 주제는 교회에서의 성도의 삶과 생활 그리고 교회를 섬기는 신앙이다. 이는 하나님의 나라를 세우는 것과 관련된 것이다. 하나님께서 사람을 구원하여 생명을 누리게 하시는 궁극적인 목적은 우주 가운데 '그리스도의 몸'인 교회를 세우는데 있다. 로마서 12장 이후의 말씀은 주로 이 주제를 따라 전개되고 있다. 거기서 바울은 그리스도인들이 그 안에 있는 새 생명을 좇아 구원에 합당하게 행함으로 말미암아 이 땅에 영광스러운 그리스도의 몸(교회)이 건축되도록 해야 함을 강조하고 있다.

전 고신대학 총장님이셨던 오병세 박사님은 '그러므로의 생애'라는 설교에서 로마서를 크게 두 부분으로 분류하시며 1장부터 11장까지는 복음의 교리를 다루고, '그러므로(구원받았으므로)'로 시작되는 12장부터는 구원받은 자의 삶과 생활을 다루고 있다고 하였다. 우리가 그리스도의 섭리와 은혜로 그런 놀라운 구원을 받았다면 로마서 12장 이후 16장까지에서 가르쳐 주시는 삶과 인격을 드러내며 살아야 한다. 성 어거스틴은 젊은 날에 방탕하며 이단에 빠지고 그 어머니 모니카의 눈물을 많이 흘리게 했지만 로마서의 한 구절을 읽고 변화되어 주께 돌아왔다고 한다. 그것은 로마서 13:13~14 말씀이었다. 이 구절은 어거스틴이 회심하게 되었던 유명한 성경구절이다.

이처럼 어거스틴과 수많은 그리스도인들을 감동시킨 로마서! 그 위대한 책이 지금 우리 앞에 놓여 있다.

오늘의 본문 성경을 읽으시고 깨달은 점이나 기억하고 싶은 점 혹은 기도문을 기록합니다.

11월 10일

1년 1독 성경 읽기 꿀송이 보약큐티

로마서 4장~6장

| 묵 상 자 료 |

1. 믿음으로 구원받은 사람들에게 나타나는 열매(롬 5장)

1) 하나님과 평화 관계의 회복

로마서는 반복해서 우리가 예수를 믿음으로 의롭게 되었음을 천명한다. 우리가 믿음으로 의롭다 하심을 얻게 되면 이제 우리에게 주어지는 축복이 있다. 그것은 하나님과 평화를 누리게 되는 것이다. 성경은 주 예수 그리스도로 말미암아 하나님으로 더불어 화평을 누리자! 라고 한다. 평화란 이렇게 어떤 것을 소유했기 때문에 생기는 것이 아니라 관계가 회복되었을 때에 오는 것이다. 죄 때문에 우리는 하나님과 원수 되었었다. 그러나 예수님의 십자가 보혈의 공로로 인해 죄인된 우리가 의롭다함을 받아 하나님과 화평하게 된 것이다.

2) 은혜의 자리로 들어감

두 번째 축복과 특권은 은혜로운 신앙생활이다. 주님의 은혜가 없으면 마음에 평화가 없다. 사도 바울은 각 교회에 편지를 보내면서 은혜와 평강이 너희 무리 가운데 있을지어다 라고 썼다. 예수를 믿는다는 것은 율법의 정죄에서 벗어나 구원받은 은혜의 삶으로 들어가는 것이다. 이것은 어떤 안내자의 도움을 받아서 훌륭한 궁전으로 들어가는 것을 의미한다. 은혜를 받으면 갑자기 자신이 가진 것이 너무나 크고 과분하게 느껴진다. 자신도 모르게 원망과 불평과 시기가 사라진다. 기쁨과 감사가 충만해진다.

3) 하나님의 영광을 위하여 살아감

로마서 5:2에, "하나님의 영광을 바라고 즐거워하느니라"라는 말씀이 있다. 이 구절은 두 부분으로 되어 있는데 첫구절은 하나님의 영광을 바라보고이며, 둘째는 즐거워 하느니라 이다. 이것이 우리 인생의 목적이 되어야 한다. 하나님의 영광을 바라고 그것으로 즐거워하는 신앙이 가장 고상한 신앙이다. 바울은 하나님의 영광을 바라보고 그 영광을 즐거워하는 은혜생활을 이야기하며 한 걸음 더 나아가 환란 중에서 까지도 견디며 기뻐하는 수준에까지 나아갔음을 고백한다. 나의 인생의 목적은 무었인가? 나는 무엇으로 즐거움을 삼는가? 나는 환란 중에도 기뻐하는가?

로마서 5장을 읽노라면 사도 바울은 우리에게 그런 복음적인 질문을 계속 던지고 있다.

11월 11일

1년 1독 성경 읽기 꿀송이 보약큐티

로마서 7장~9장

| 묵상자료 |

1. 나는 곤고한 사람이로다(롬 7장)

우리는 예전에 허물과 죄로 죽었을 때 곤고한 자였던 적이 있었다(엡 2:1). 그러나 지금 우리는 더 이상 죽은 자들이 아니다! 하나님께서 선물을 주셔서, 단지 믿음으로 예수 안에서 영생을 얻게 하셨다. 이제 우리는, "택하신 족속이요 왕 같은 제사장들이요 거룩한 나라요 그의 소유된 백성들이다"(벧전 2:9).

그렇다면, 바울이 로마서 7장에서 묘사하고 있는 "오호라, 나는 곤고한 자로다" 하는 측은한 상황은 무엇을 말하는 것인가? 우리는 이에 대한 답을 찾기 위하여 멀리 갈 필요조차 없다. 로마서 7장을 살펴보면 그 주된 주제가 율법에 관련된 것이며, 아담의 죄성을 가진 인간이 이러한 율법을 따르는 것이 얼마나 불가능한 가를 말하고 있기 때문이다.

> "그런즉 우리가 무슨 말을 하리요 율법이 죄냐 그럴 수 없느니라 율법으로 말미암지 않고는 내가 죄를 알지 못하였으니 곧 율법이 탐내지 말라 하지 아니하였더라면 내가 탐심을 알지 못하였으리라. 그러나 죄가 기회를 타서 계명으로 말미암아 내 속에서 온갖 탐심을 이루었나니 이는 율법이 없으면 죄가 죽은 것임이라 전에 율법을 깨닫지 못했을 때에는 내가 살았더니 계명이 이르매 죄는 살아나고 나는 죽었도다"
> 롬 7:7~9

로마서 7장에서의 그의 주된 주제는 그리스도가 없는 상황에 관한 것이다. 그리스도가 오시기 전에 율법이 존재하였고, 이러한 율법을 통해서만 선하고 거룩해질 수 있었지만 죄스럽고 육신에 속한 성향을 가진 인간들에 의해서 율법은 결코 지켜질 수 없었다.

> "이로 보건대 율법은 거룩하고 계명도 거룩하고 의로우며 선하도다, 우리가 율법은 신령한 줄 알거니와 나는 육신에 속하여 죄 아래에 팔렸도다" 롬 7:12, 14

바울이 이러한 내용들을 써내려 갔을 때 그가 정말 육신에 속하였는가? 그가 예전의 아담의 죄성만을 가지고 있었던 것인가? 그가 정말 "죄 아래 팔렸는가?" 대답은 '아니다'이다. 믿는 자로 다시 태어난 바울 안에는 살아계신 그리스도가 계셨다. 그리스도는 그를 자유롭게 하셨다. 그는 이제 새로 태어났으며 구원을 받았다. 그렇다면 그는 "죄 아래 팔렸도다"라는 표현으로 그 자신을 묘사할 때 무엇에 관하여 이야기하고 있는 것인가? 그는 로마서 7장의 주된 주제인 율법의 시대에 대하여 이야기하고 있는 것이다. 율법의 시대에는 거듭날 수 없었다! 그때에는 새로운 본성을 가질 수 없었다! 예수의 희생 이후에 우리에게 주어졌던 모든 것들은 그 이전인 율법의 시대에는 우리에게 허락되지 않았다. 바울은 7장 전체를 통하여 그런 방식으로 이야기를 하고 있다. 바울이 묘사하고 있는 것은 비참한 상황이다.

우리가 이 구절의 문맥을 염두에 두지 않고 새 생명의 현실을 무시한 채 지나가 버린다면 우리 또한 비참해질 것이다. 우리 또한 "오호라 나는 곤고한 사람이로다 이 사망의 몸에서 누가 나를 건져내랴" 라고 외치며 울게 될 것이다. 그러나, 그가 여기서 이야기하고 있는 모든 상황은 그리스도 이전의 상황을 묘사하기 위하여 사용하고 있는 것이다. 이는 구원자를 간절히 기다리고 있던 상황이다. 희소식은 약 2000년 전에 구원자가 이미 오셨다는 것이다! 그의 이름은 예수 그리스도이다!

"그러므로 이제 그리스도 예수 안에 있는 자에게는 결코 정죄함이 없나니 이는 그리스도 예수 안에 있는 생명의 성령의 법이 죄와 사망의 법에서 너를 해방하였음이라 율법이 육신으로 말미암아 연약하여 할 수 없는 그것을 하나님은 하시나니 곧 죄로 말미암아 자기 아들을 죄 있는 육신의 모양으로 보내어 육신에 죄를 정하사 육신을 따르지 않고 그 영을 따라 행하는 우리에게 율법의 요구가 이루어지게 하려 하심이니라" 롬 8:1~4

우리가 죄 아래 팔려 노예였던 적이 있었다. 그러나 더 이상은 아니다! 주 예수 그리스도를 믿음으로, 그는 우리를 이러한 노예 상태에서 해방시켜 주셨다. 이제 우리는 우리 안에 거하시는 그리스도를 선포한다. 이제 우리는 자유롭다. 이제 우리는 의로운 것이다. 따라서 우리가 다음에 "오호라 나는 곤고한 사람이로다!"라고 누군가 울고 있을 때, 이는 우리를 두고 하는 말이 아니며, 우리에게 이를 적용하는 것이 잘못되었다는 것을 말해주어야 한다. 주를 경배하고 그의 아들을 통하여 우리의 이러한 끔찍한 상황에서 우리를 구원하여 주신 하나님께 감사하자.

물론 우리가 예수님 때문에 죄의 심판에서 구원을 얻었지만 우리 타락한 몸이 부활의 몸을 입을 때까지는 타락한 육신 때문에 늘 죄악의 유혹이 우리를 시험하는 것은 사실이다. 우리 영혼은 말씀대로 살고 싶은데 우리 육신은 죄를 따르고 싶어한다. 이 영적인 전투는 이 세상에 사는 동안 피할수 없는 그리스도인들의 숙명이다. 그러나 이미 구원은 이루어진 일이며 우리는 하나님의 백성의 신분으로서 이 육신의 죄들과 싸우고 있음을 기억해야 한다. 아멘.

11월 12일

1년 1독 성경 읽기 꿀송이 보약큐티

로마서 10장~13장

| 묵 상 자 료 |

1. 자다가 깰 때가 되었다(롬 13:11)

로마서 13:11은 지금 우리의 시기가 주님의 재림이 가까운 시기라고 진단하고 영적인 잠에서 깰 때라고 경고하고 있다.

나는 최근 페북 지인이 자기 여동생의 죽음을 얘기한 글을 읽고 눈물을 많이 흘렸다. 비록 여고 1학년 청소년이었지만 그녀가 죽으면서 "엄마 지금 몇시야?"라고 물었다는 질문은 너무나 의미심장한 물음이었다. 다음은 지인이 페이스 북에 올린 글이다.

저에게는 정호라는 여동생이 있었습니다. 여자 이름으로는 좀 이상하죠?^^ 예쁘고 착한 심성을 가진 여동생이었습니다. 그런데 1988년 고1학년 입학하기 전 사망하였습니다. 사망원인은 급성 백혈병. 처음에는 잇몸이 자라 치아를 덮는 희귀병이라 생각되어 치과치료를 받았습니다. 그런데 음식을 먹을 수 없을 정도로 잇몸이 치아를 덮어 뭔가 큰 병이 있나보다 하여 종합병원에 가보니 급성 백혈병이라는 진단을 받았습니다. 바로 입원하여 매일 2차례 혈액투석을 받으며, 치료를 받았으나 22일 만에 병원에서 가망 없음을 선고받고, 퇴원하여 집으로 돌아와 그날 사망에 이르렀습니다. 그런데, 병원에 입원해 있는 동안 하나님께서 여동생 정호에게 행하신 일을 말하고 싶어 이렇게 글을 씁니다.

정호는 어릴 때부터 교회를 출석하였으나, 내성적 성격이라 교회 내 활동에 적극적이지 않았습니다. 제가 보기에 동생이 찬송가를 외워 부르는 모습을 본 적이 없습니다. 그러한 동생을 위해 병원에서 어머니는 성경을 들려주고 찬송을 불러주곤 했습니다. 병원에 입원한 지 10일 즈음 지났을까. 여동생이 회개를 하기 시작하는데, 학교에서 도시락 가져오지 않은 짝지에게 도시락을 같이 나눠 먹지 않은 것까지 눈물로 회개하였습니다. 그리고 영안이 열려 영적인 세계를 보는 것 같았습니다. 마귀들이 찾아와 자기를 괴롭히는데, 천사들이 와서 무찔렀다고 기뻐하기도 하였습니다.

어느 날은 찬송이 입에서 터져 나오는데, 1절에서 4절까지 힘찬 찬송이 그냥 계속 흘러나왔습니다. 극한 고통 속에 있으면서도 환희에 찬 얼굴로 찬송하던 동생은 그야말로 성령 충만 했습니다. 정호가 떠나던 날은 주일이었습니다. 저는 예배시간이 되어 교회에 왔기 때문에 이 상황은 들은 것만 알고 있습니다. 예배 마치고 집으로 갔을 때는 이미 세상을 떠난 뒤였습니다. 제가 들은 바는 다음과 같습니다.

정호: 엄마 지금 몇 시에요?

엄마: 왜 시간을 묻니?

정호: 예수님이 어서 오라고 해요.

정호는 막내 경은을 쳐다보며 한마디 하였습니다.
정호: 예수님 잘 믿어야 한다.

정호가 남긴 말이 가끔 생각이 납니다. 하필 떠나기 전에 시간은 왜 물었을까?
이 성경구절이 떠오릅니다.

"또한 너희가 이 시기를 알거니와 자다가 깰 때가 벌써 되었으니 이는 이제 우리의 구원이 처음 믿을 때보다 가까웠음이라. 밤이 깊고 낮이 가까웠으니 그러므로 우리가 어둠의 일을 벗고 빛의 갑옷을 입자" 롬 13:11~12

지금이 정확히 몇 시인 줄 모르나 주님 만날 때가 가까이 왔음을 알고 예수님 잘 믿어야 하겠습니다.

어떤가? 이 정호라는 여고생이 남긴 마지막 질문이 가슴에 다가오지 않는가? 그녀는 왜 죽기 전 시간을 물었을까? 우리도 이 소녀처럼 자주 지금 시대가 어떤 시대인지, 나는 어떤 상태에 있는지 자문하며 살아야 하지 않을까?

오늘의 본문 성경을 읽으시고 깨달은 점이나 기억하고 싶은 점 혹은 기도문을 기록합니다.

11월 13일

1년 1독 성경 읽기 꿀송이 보약큐티

로마서 14장~16장

| 묵 상 자 료 |

1. 잊을 수 없는 37명의 이름들(롬 16장)

바울은 로마서를 마치면서(루포의 어머니와 네레오의 자매를 포함하여) 28명의 로마에 있는 성도들의 이름을 구체적으로 부르며 그들에게 문안하고 있다. 동시에 바울이 로마서를 쓰고 있던 고린도의 성도들 9명의 이름을(뵈뵈 포함) 언급하며 그들의 안부를 전하고 있다. 그리하여 로마서 16장에는 장장 37명의 사람들이 바울과 관련하여 언급되고 있다. 아마도 뵈뵈는 바울의 편지를 로마에 전달하기 위해 필요한 경비를 스스로 부담하며 로마로 떠났을 것이다(1절). 바울이 그의 집에 머물며 로마서를 썼을 가이오는(23절) 아마도 바울의 고린도 체류를 책임졌을 것이며, 재무관 에라스토스 또한 필요한 경비를 조달해 주었을 것이다(23절). 거액의 연보를 전달하기 위한 고린도에서 예루살렘까지의 상단 규모의 대규모 이동에 필요한 경비 또한 그들의 지원으로 채워졌을 것이다.

바울이 1년 6개월 이상 머물렀던 고린도뿐 아니라 바울이 아직 그때까지 가보지 못했던 로마에도 바울의 동역자들이 있었고, 그들 또한 바울의 사역을 위해 후원할 뿐 아니라 고난 또한 같이 겪기를 원했던 자들이었다. 유명한 브리스가와 아굴라는 자신들의 목숨으로 바울의 생명을 대신하고자 했었고(4절), 아마도 부부였을 안드로니코스와 유니아는 한때 바울과 함께 감옥에 갇히기도 했었다(7절). 그 외에 많은 이들이 그들의 수고를 아끼지 않았고 바울의 사역을 후원하고 지원했다.

우리는 바울 한 사람만을 기억하지만 정작 바울은 복음을 위해 수고를 아끼지 않았던 그의 동역자들 하나 하나를 기억한다. 그들에게 깊은 감사와 사랑을 표현한다. 복음은 그렇게 우리가 기억하지 않는 수많은 사람들의 수고를 통해 우리에게까지 전해졌다. 분열을 낳고 올무를 놓는 자들은 언제 어디에나 있겠지만(17절), 하나님의 구원의 복음을 섬기고자 위험과 손실을 감수하며 시간과 재물을 내어주고 불편함과 수고를 마다 않는 자들 또한 언제 어디에나 있어왔다. 바울의 여행길 어디쯤에선가 마주쳐 함께 수고했을, 지금은 로마에 살면서 곁에 있는 성도들을 섬기고 있는 사람들(5, 14, 15). 그들의 이름으로 위대한 로마서가 마쳐진다는 것… 이것이 기독교 복음의 발자취이다.

11월 14일

1년 1독 성경 읽기 꿀송이 보약큐티

고린도전서 1장~3장

| 묵상자료 |

1. 고린도전서는 어떤 책인가?

바울이 2차 전도여행 중에 마게도냐를 지나 아덴을 거쳐 고린도에 가서 1년 6개월을 머물며 개척한 교회가 고린도 교회였다(행 18:1~18). 그런데 고린도 교회가 크게 성장하는 중에 여러가지 문제에 봉착한다. 교회 성도들이 이 문제들을 해결하기 위해 바울에게 자문을 구했다. 바울은 에베소에 머물며 사역하던 중 그들의 문제들에 대한 답변을 담아 첫 번째 편지를 고린도 교회에 보냈는데 이것이 고린도전서이다.

고린도 교회는 은사가 풍부했다. 그러나 문제는 교회 안에 파벌과 분열이 있었다. 바울파, 베드로파, 아볼로파, 그리고 그리스도파 이렇게 네 가지로 나뉘어 있었다. 그래서 바울은 저 유명한 고린도전서 13장에서 내가 천사의 말을 할지라도, 백만 마디의 방언을 말할지라도 사랑이 없으면 아무것도 아니며 사랑이 최고의 은사요 최고로 좋은 믿음의 열매라고 가르쳤던 것이다.

우선 편지 초반에 바울은 엄히 고린도 교인들을 꾸짖는다. 어른들 같이 성숙하지 못하고 젖 비린내 나는 영아들 같다고 했다. 그들에게 다툼과 분열이 있다는 이유에서였다. 그리고 교회에 다니면서도 방탕한 생활을 하는 묵은 누룩 같은 교인들을 엄격하게 치리 하라고 명령한다. 그리고 교회의 문제를 세상 법정으로 가지고 가지 말라고 하며 혼자 사는 분들에게 정욕을 이길 수 있으면 자신처럼 독신이 좋지만 그렇지 못하면 결혼하라고 권한다. 또한 우상에게 제사한 제물을 먹을 수는 있으나 믿음이 약한 형제가 보거든 덕을 세우는 범위 안에서 행동하라고 가르쳤다. 그리고 교회 안에서 당시 고린도 교회가 워낙 무질서 했기 때문에 여자는 교회에서 잠잠하고 질서를 분명히 하라고 가르쳤다. 공적인 예배질서와 올바른 은사 활용에 대해서도 세세하게 정리해 주었다. 15장은 부활장으로 유명한 성경이다. 그리고 마지막 16장은 예루살렘 교회를 위한 헌금을 어떻게 할 지를 지시해 준다.

이와 같이 고린도전서는 교회를 향한 바울의 아버지의 심정, 목자의 심정이 절절이 배여 있는 서신서이다.

11월 15일

1년 1독 성경 읽기 꿀송이 보약큐티

고린도전서 4장~8장

| 묵 상 자 료 |

1. 형제를 세상 법정에 고소하지 말라(고전 6장)

교회와 관련된 다툼으로 법원에 계류 중인 사건이 셀 수 없이 많은 오늘날의 한국 상황을 본다면 바울은 뭐라 말할까? 음행이 교회에서 있을 수 없는 일인 바로 그 만큼, 세상 법정 앞에서 행해지는 성도 간의 다툼 또한 교회에서 있을 수 없는 일이다.

바울은 세상 법정에 대해 '불의한 자들'(1절), '교회에서 아무 권리를 갖고 있지 못한 자들'(4절)이라 표현한다. 성도들 간에 결정되어 할 판단을 세상 사람들에게서 기대할 수 없다는 것이다. 세상 법정에서 교회가 권리 다툼을 하느니 차라리 불의를 당하는 것이 낫고, 차라리 속는 것이 낫다고 바울은 말한다(7절). 교회 안에서 권리 다툼이 있으면 무조건 손해를 보라는 말인가? 그런 말이 아니라, 교회 내에서 판단하라는 것이다. 성도가 세상을 판단할 것이고, 심지어 성도가 천사들까지 심판할 것이라고 말한다(고전 6:3, 타락한 천사들은 종말의 때에 주님께 심판을 받는다. 그때 성도들도 주님의 승리의 편에 서 있기에 바울이 이렇게 표현한 것 같다). 그런데 교회가 형제 간에 일어난 일상의 문제 하나를 판단하고, 해결할 수 없다는 것이 말이 되느냐고 바울은 질책하는 것이다.

그러나 더욱 답답한 것은 교회 성도들이 서로가 '형제'라는 사실을 놓치고 있다는 사실이었다. 성도들은 그리스도 안에서 한 형제이다. 형제라는 헬라말, 아델포스는 '한 배꼽에서 나온 자들'이라는 뜻이라고 한다. 고린도교회의 성도들은 한 근원, 곧 우리 주 예수 그리스도로 말미암아 씻어지고 거룩해지고 의롭게 된 자들이었다. 하나님의 은혜 안에서 새롭게 태어난 한 가족의 일원이다.

이 세상에서 제일 답답하고 씁쓸한 일 중 하나가, 형제간에 유산을 놓고 싸우는 일일 것이다.

옛날에 형제가 길을 가다가 아우가 길에서 금덩어리 두 개를 발견했다. 그래서 형에게 하나를 나누어 주었다. 그런데 나루에 이르러 배를 타고 가는데, 갑자기 아우가 금덩이를 물에 던져 버렸다. 형이 깜짝 놀라 왜 그 귀한 금덩이를 던져버렸냐고 묻자 동생이 이렇게 답했다.

"내 평소에 형님과 우애롭게 지냈는데, 금덩이를 나누니 형님에 대해 꺼리는 마음이 생겼습니다. 차라리 물에 던져 버려 그런 마음을 없애는 것이 낫다고 생각했습니다."

그 말에 형님 또한 금덩이를 물에 던져 버렸다고 한다. 형제간의 우애가 재물보다 중요한 가치라는 교훈을 주는 이야기이다.

그런 의미에서 바울은 세상 법정의 가치 판단을 거부하는 것이다. 내 권리를 찾는 것 보다, 손해를 보지 않는 것보다 중요한 가치가 형제 사랑이라는 것이다.

하나님에게 있어 보다 중요한 가치, 그것은 우리 자신이었다.

"자기 아들을 아끼지 아니하시고 우리 모든 사람을 위하여 내주신 이가 어찌 그 아들과 함께 모든 것을 우리에게 주시지 않겠느냐" 롬 8:32

자기 아들보다 우리를 더 가치 있다 여겨, 자기 아들을 내어주시는 판단을 하신 하나님으로 인해 우리가 서로 주 안에서 형제가 되었다. 이것이 우리가 내 형제들에 대해 반드시 가져야 하는 중요한 마음가짐이다.

오늘의 본문 성경을 읽으시고 깨달은 점이나 기억하고 싶은 점 혹은 기도문을 기록합니다.

11월 16일

1년 1독 성경 읽기 꿀송이 보약큐티

고린도전서 9장~12장

| 묵 상 자 료 |

1. 신령한 것(고전 12장)

고린도전서 12장은 "형제들아 신령한 것에 대하여 나는 너희가 알지 못하기를 원하지 아니하노니… "(1절) 이렇게 시작된다.

이런 문장에는 몇 가지 오해의 소지가 있다. 문장을 일단 존칭으로 바꿔야 한다. 바울이 고린도교회 회중들에게 반말로 편지를 쓰지는 않았을 것이다. '프뉴마티콘'이라는 헬라어 번역인 '신령한 것'도 '영적인 것'으로 바꿔야 한다. 신령하다는 우리말은 뭔가 평범하지 않는 능력처럼 들린다. 심지어 산신령의 도술이 연상되기도 한다. 루터는 이 단어를 '영의 선물'이라고 번역했다.

고린도전서가 말하는 프뉴마티콘 즉, 신령한 것은 어떤 특별한 능력이라기보다는 일반적인 모든 은사(카리스마)를 가리킨다. 그 카리스마가 무엇인지에 대해서 바울은 4절 이하에서 거론했다. 지혜의 말씀, 지식의 말씀, 믿음, 병 고치는 은사, 능력 행함, 예언 등등이다. 그리고 고린도전서 12:28 이하에서는 약간 다른 방식으로 은사를 분류한다. 사도, 선지자, 교사, 능력 행하는 자, 신유, 봉사, 행정, 방언, 통역 등이다. 교회의 모든 업무는 다 프뉴마티콘 즉, 신령한 은사이다. 설교, 교육, 봉사, 친교, 성가 등등, 이 모든 것들은 원칙적으로 신령한 것들이라는 뜻이다.

바울은 고린도전서에서 은사에 대해서 아주 길게 설명한다. 고린도전서 12장부터 14장까지 무려 세 장에 걸쳐서 강론한다. 그만큼 중요하다는 뜻이기도 하고 문제가 있다는 뜻이기도 할 것이다. 12장은 은사에 대한 일반적인 설명이고, 14장은 방언과 예언에 대한 설명이다. 그 사이에 사랑을 강조하는 고린도전서 13장이 들어 있다. 고린도교회는 은사 문제로 열병을 앓고 있었다. 서로 자신들의 은사가 중요하다고 주장했다. 특히 열광주의자들에 의해서 벌어지는 문제가 심각했다. 그럴만하다. 다른 은사는 어느 정도 컨트롤이 된다. 객관적인 기준으로 평가할 수도 있다. 설교 은사도 옳은지 아닌지를 어느 정도는 구분할 수 있다. 그러나 방언, 통역, 입신 등은 좀 까다롭다. 그래서 그런 사람들은 자신들의 영적 특권의식에 빠질 위험성이 있었던 것이다. 고린도교회에서 그들은 자신들의 영적 권위로 다른 은사들을 부정하고 자신들이 교회의 리더십을 독점하려고 했다.

이런 사람들이 큰소리를 낼 때 교회가 어떻게 될지는 불을 보듯 뻔하다. 분열과 반목이다. 그것이 얼마나 심각했는지는 고린도교회 회중들이 바울의 리더십을 거부할 지경까지 이르렀다. 심지어 바울은 고린도교회에 가고 싶어도 갈 수 없었다. 고린도후서 10:10에 따르면, '바울의 편지는 힘이 있으나 직접 대하면 볼품도 없고 말도 시원하지 않다'는 식으로 바울을 폄하했다. 이들은 바울의 여러 가지 약점을 들어서 바울의 리더십을 부정했다.

본문에서 바울의 관심은 은사에 대한 분별이다. 또한 과도한 은사주의에 대한 경고이다. 악령에 의한 것일 수도 있을 뿐만 아니라 다른 사람이 판단할 수 없는 은사에 치우치면 결국 교회를 병들게 할 수 있다는 것이다. 은사가 중요한 게 아니라 신앙고백이 중요하다. 은사 현상만으로는 성령에 의한 것인지, 아니면 악령에 의한 것인지가 구별되지 않는다.

바울은 본문에서 은사를 개인의 능력이라든지 재주라든지 업적이 아니라 성령의 차원으로 설명한다. 4절을 보자. "은사는 여러 가지나 성령은 같고, 직분은 여러 가지나 주는 같으며, 또 사역은 여러 가지나 모든 것을 모든 사람 가운데서 이루시는 하나님은 같으니… "라고 했다. 한 성령, 한 주, 한 하나님이 신자들에게 다양한 은사를 나누어 주시는 것이다. 바울은 은사 문제를 11절에서 이렇게 정리한다. "이 모든 일은 같은 한 성령이 행하사 그의 뜻대로 각 사람에게 나누어 주시는 것이니라." 아멘.

바울의 이 은사론이 교회의 일치를 위해서만이 아니라 세상의 일치를 위해서도 필요하다. 이미 종교개혁자들도 그렇게 가르쳤다. 직업은 모두 하나님으로부터 부름 받은 소명이다. 성직과 세속직이 구별되지 않는다. 높은 자리와 낮은 자리가 질적으로 구별될 수 없다. 목사나 신학자나 기업 총수나 말단 직원이나 아파트 경비원이나 모두 소명으로 살아갈 뿐이다. 모든 직업이 거룩하다.

우리는 고린도전서를 읽으며 내가 받은 은사만 특별한 것으로 여기지 말고 성령 안에 다양한 은사가 있음을 인정하고 서로 존중하고 귀하게 여겨야 한다. 아멘.

오늘의 본문 성경을 읽으시고 깨달은 점이나 기억하고 싶은 점 혹은 기도문을 기록합니다.

1년 1독 성경 읽기 꿀송이 보약큐티

고린도전서 13장~16장

| 묵상자료 |

1. 첫 아담과 마지막 아담(고전 15:45)

성경은 대표성의 원리를 일관성 있게 다루고 있다.

마태복음 1:1에는 "아브라함과 다윗의 자손 예수 그리스도의 세계라"고 말씀하는데 예수 그리스도의 족보라는 말이다. 그리고 그 다음에 "아브라함이 이삭을 낳고 이삭은 야곱을 낳고……" 하면서 아브라함부터 시작해서 다윗, 그리고 예수님까지 연결된 족보가 기록되어 있다.

이 족보는 예수 그리스도의 족보지만 여기에는 이중적인 의미가 포함되어 있음을 유의해야 한다고 남포교회 원로이신 박영선 목사님은 강조한다. 누가복음 3:23~28에는 이 족보를 아브라함 이전까지 올라가 아담과 하나님까지 연결시켜서 보여준다. 그래서 예수님의 이중성을 보여주는 것이다. 즉, 그가 사람의 후손인 동시에, 하나님의 아들이라는 이중성이다. 이러한 사실은 다시 마태복음 족보에서 확인할 수 있는데 그 족보의 시작인 아브라함은 분명 사람인 아담의 후손이지만, 그의 후손인 예수를 그 아버지 되는 요셉의 아들로 기록하지 않고, '동정녀인 마리아에게서 낳다'고 기록하고 있다. '요셉에게서 낳다'고 하면 예수가 단지 인간의 자식으로만 여겨질까 봐, 의도적으로 처녀의 몸인 '마리아에게서 낳다'고 해서, 그가 믿음의 조상인 아브라함과 법적인 관련성을 맺고 있지만 실제로는 아니라는 것이다. 그래서 예수는 분명히 아담의 후손이지만 마태복음 식으로 보자면 아담의 족보에는 없는 자가 되는 셈이다. 마리아가 성령의 능력으로 예수님을 낳았으니까…

인간의 족보는 모두 죽을 족보이다. 예수께서는 아담의 족보를 폐쇄하러 오셨다. 아담은 죄인이 되었기 때문에 그 신분에서 태어나는 사람은 누구나 무조건 죄인이었다. 이 굴레를 벗어나는 유일한 방법은 죽는 것이다. 인류가 다 죽었는데 다른 인간이 생긴 것이다. 그가 곧 부활하신 예수님이다. 그리고 여기에 다른 한 인류의 조상이 생겨나게 된 것이다. 그분은 죄를 지은 적이 없으셨다. 죄인일 수가 없다. 그분은 하나님의 아들이셨다. 여기에 우리 신자들의 족보가 있는 것이다.

즉, 우리는 하나님의 아들의 후손이다. 예수께서 죽으신 것은 아담의 족보를 폐쇄하시기 위한 것이고, 그분이 부활하신 것은 새로운 족보를 여시기 위함이다. 아담의 족보에는 생물학적으로 태어나는 자가 들어간다. 그리고 예수 그리스도의 족보에는 영적으로 중생한 자가 들어가게 된다. 아담의 족보에서 죽고 예수 그리스도의 족보에서 다시 살았다는 것이다. 이것이 예수 그리스도께서 하시는 사역이다. 이것을 좀더 자세히 살펴보자.

고린도전서 15:45에 "기록된 바 첫 사람 아담은 산 영이 되었다 함과 같이 마지막 아담은 살려주는 영이 되었나니"라는 말씀에서 예수 그리스도를 마지막 아담이라고 말하고 있다. 즉, 예수 그리스도는 첫 아담의 족보를 끝내는 분으로 그런 대표자는 앞으로 다시 없을 것이라는 의미에서 마지막 아담이라고 한 것이다. 또한 고린도전서 15:46~47을 보자. "그러나 먼저는 신령한 자가 아니요 육 있는 자요 그 다음에 신령한 자니라 첫 사람은 땅에서 났으니 흙에 속한 자이거니와 둘째 사람은 하늘에서 나셨느니라." 여기서는 예수님을 둘째 사람이라고 한다. 두 번째 대표자이기 때문이다.

예수 그리스도는 첫 번 아담이 대표자로서 만든 족보를 끝낸 마지막 아담이며 또한 죄인의 대표자였던 첫 사람의 족보를 끝내고 새로운 족보를 연 둘째 사람인 것이다. 이것이 성경이 이야기하는 대표성 원리이다. 우리가 아담과 한통속일 수밖에 없었던 것이 사실인 것만큼, 이제는 그것보다 더 넘치게 예수 그리스도와 한통속일 수밖에 없다는 것 역시 사실인 것을 알아야 한다. 아담에게 사실인 것은 나에게도 사실이다. 예수 그리스도에게 사실인 것은 또한 우리 믿는 모든 자에게도 사실일 수밖에 없다.

내가 범죄하지 않았는데도 아담 때문에 내가 죽을 수밖에 없게 되었으며 내가 죄를 짓기 전에도 천성적인 죄인이 되어 아담 때문에 죄악 세상 가운데 살면서 부당한 형벌을 받을 수밖에 없었던 것 같이, 그리스도 안에서 사는 모든 신자는 그가 그 칭찬과 축복과 약속들을 받을 아무런 조건이나 이유가 없는데도 불구하고 예수님 때문에 그것들을 받는다는 것이 사실일 수밖에 없다는 것이다. 이것이 신자들의 기기묘묘한 축복의 자리이다. 기독교의 믿음은 내 행위를 바라보는 것이 아니라 예수 안에 있는 복된 진리를 붙잡는 것이다.

우리는 처음 아담에게 속했었지만 예수를 믿는 순간 법적인 호적이 바뀌었다. 이 대표성의 원리는 우리 신자들이 꼭 붙잡아야 할 중요한 진리 중의 하나이다. 첫 사람 아담은 우리에게 죄와 형벌을 물려주었지만 마지막 아담 예수님은 인간의 이런 비극의 재생산을 끝내시고 살려주는 영이 되셨다. 그래서 예수님은 우리의 생명의 원천이 되시는 것이다. 예수 안에서 모든 인간들은 첫 아담 때문에 잃어버렸던 영생을 회복한다. 그래서 우리에게는 예수님이 길이요 진리요 생명인 것이다. 아멘

오늘의 본문 성경을 읽으시고 깨달은 점이나 기억하고 싶은 점 혹은 기도문을 기록합니다.

11월 18일

1년 1독 성경 읽기 꿀송이 보약큐티

고린도후서 1장~4장

| 묵 상 자 료 |

1. 고린도후서는 어떤 책인가?

고린도후서에는 바울의 개인적인 간증이 가장 많이 나온다. 심지어 14년 전에 셋째 하늘에 올라가 말로 다 할 수 없는 신비한 하늘의 광경을 본 비밀스러운 개인 간증까지 다 꺼내 놓는다. 그 이유는 고린도교회가 바울의 사도성을 의심했기 때문이다. 다른 사도들은 모두 예수님과 동거동락 했던 분들인데 바울 사도는 다르다는 것이다. 그러나 바울은 자신이 다메석 도상에서 주님을 만났으며 주님에게 직접 이방인들의 사도로 보냄을 받은 것을 설명한다. 자신의 사도 된 표시는 모든 참음과 표적과 기사와 능력을 행한 것이라고 말했다(고후 12:12). 이는 마치 예수님이, "내게는 요한의 증거보다 더 큰 증거가 있으니 아버지께서 내게 주사 이루게 하시는 역사 곧 내가 하는 그 역사가 아버지께서 나를 보내신 것을 나를 위하여 증언하는 것이요"(요 5:36)라고 말씀하셨던 것과 같다.

바울은 고린도후서를 시작하자마자 자신이 너무나 큰 어려움을 당하여 죽음의 순간까지 갔던 적이 있었노라고 어려움을 토로한다. 사형선고를 받은 것 같은 막막한 순간이 있었다고 했다. 그러나 위로에 능하신 하나님이 그 모든 환란에서 건져 내어 주셨다고 기록한다. 이와 같이 고린도후서에는 바울 사도의 인간적인 고뇌와 솔직한 변명과 비밀스런 간증 그리고 교회를 향한 가득한 사랑이 진솔하게 드러나 있다. 특히 8장, 9장에는 '연보장'이라는 별명이 붙을 정도로 자세하게 헌금에 대해 가르쳐 주고 있다. 많이 심는 자는 많이 거두고 적게 심는 자는 적게 거둔다. 결국 없어질 세상 것으로 심으면 없어지지 않을 영원한 영광으로 갚음을 받을 것이다.

2. 모든 위로의 아버지

고린도후서를 펼치면 1장에 무려 10번 이상이나 '위로'라는 단어가 등장한다. 한마디로 고후 1장은 성도의 '고난'과 하나님의 '위로'가 반복되는 장이다. 하나님은 자기 백성들이 이 세상을 살 때 고난을 전혀 안 당하도록 하시지는 않는다. 대신에 고난을 감당할 대책을 준비하고 계시는데 그 대책 중 하나가 하나님 아버지의 강력한 '위로하심'이다. 하나님은 자비의 아버지이시요, 모든 위로의 하나님이시다. 그 위로가 얼마나 효력이 큰지 넘치는 고난도 감당하게 할뿐더러 오히려 환란 중에 있는 사람들까지 찾아가 위로하게 만드는 힘이 있다고 성경 고린도후서 1장은 증거한다.

"찬송하리로다 그는 우리 주 예수 그리스도의 하나님이시요 자비의 아버지시요 모든 위로의 하나님이시며 우리의 모든 환란 중에서 우리를 위로하사 우리로 하여금 하나님께 받는 위로로써 모든 환란 중에 있는 자들을 능히 위로하게 하시는 이시로다." 고후 1:3~4

나는 어떤 책에서 경북대 총장을 역임하신 박찬석 교수님이 쓰신 글을 읽어 본 적이 있다.

저는 경상도 두메산골 산청이라는 곳에서 초등학교를 졸업하고 아버지의 권유로 대구라는 대도시의 한 중학교를 부푼 꿈을 갖고 들어 갔습니다. 첫 시험을 쳤는데 반 68명 중에서 68등을 하였습니다. 기대하시며 기다리실 산청의 아버지께 차마 그걸 보낼 수가 없어 68/68을 68/1로 고쳐서 보내드렸습니다. 그 소식이 퍼지게 되어 동네 사람들은 보는 사람마다 아버지께 축하 인사를 했고 아버지는 집에서 기르시는 큰 돼지를 잡고 동네 잔치를 한바탕 벌였다고 합니다. 저는 그럴수록 쥐구멍이라도 찾고 싶었고 정말 죽고 싶은 심정이었습니다.
오랜 세월이 덧없이 흘러 저는 대학 교수가 되었고 중학생인 아들 녀석을 데리고 고향 산청의 부모님께 인사를 드리러 갔습니다. 그리고 수십 년을 가슴에 묻어두고 차마 얘기하지 못했던 그 얘기를 힘겹게 꺼내었습니다.
"아부지에 저~ 제가 중학교 때…"
"그만 말하지 말거래이 . 쟈(손자)가 듣는다 아이가…"

이것이 아버지의 마음이다. 아버지는 처음부터 그 사실을 알았지만 자식에 대한 기대와 사랑으로 평생 모른 체하고 계셨던 것이다. 비록 시골 산골의 못 배운 아버지 이셨지만 자식을 아끼는 사랑만큼은 하늘처럼 크신 분이었던 것이다.

바울은 고린도후서 1장에서 이러한 자비로운 아버지를 체험했다고 간증한다. 우리에게는 위로의 아버지가 우리 곁에 계신다. 독생자도 아끼지 아니하시고 우리 위해 희생하신 아버지이시다. 이 세상 어떤 부모보다도 하늘 아버지의 사랑은 높고 깊다. 이 위로가 우리 속에 역사하기에 오늘도 우리가 하나님의 일을 감당 해 갈 수가 있는 것이다. 아멘.

오늘의 본문 성경을 읽으시고 깨달은 점이나 기억하고 싶은 점 혹은 기도문을 기록합니다.

11월 19일

1년 1독 성경 읽기 꿀송이 보약큐티

고린도후서 5장~8장

| 묵 상 자 료 |

1. 하나님의 은혜를 헛되이 받지 말자(고후 6장)

"우리가 하나님과 함께 일하는 자로서 너희를 권하노니 하나님의 은혜를 헛되이 받지 말라" 고후 6:1

하나님은 은혜를 베푸실 때가 되어야 우리의 기도를 들으시고, 구원의 날이 이르러야 비로소 우리를 도우신다. 그러니까 은혜와 구원도 다 때가 있다는 것이다. 하나님의 시간표에 의해 우리에게 은혜와 구원을 베푸시는 것이다. 이 은혜의 때가 언제냐면 '지금'이라고 하신다. '지금'이 우리의 구원의 날이다. 항상 지금처럼 우리가 은혜를 받을 수 있는 것도 아니고, 구원을 누릴 수 있는 것도 아니다. 이 때가 지나면 아무리 우리가 은혜를 사모해도 안 되고, 구원을 누리려고 애를 써도 누리지 못한다. 지금이 바로 구원의 문이 활짝 열려 있는 때이고, 은혜의 시간이다. 그런데 많은 이들이 은혜의 날과 구원의 때인 '지금'을 허송세월로 보내고 있다. 지금이 은혜받을 만한 때요, 지금이 구원의 날이라는 말씀을 잊지 말자. 재림의 나팔소리가 울리고 주님이 공중에 나타나시면 그때는 아무리 은혜를 받으려고 해도 이미 때가 늦는다. 하나님의 심판이 시작되고 불타는 지옥이 눈 앞에 펼쳐지면 아무리 주여, 주여 해도 그때는 이미 은혜의 때, 구원의 때가 지나 버린 시기이다.

또한 많이 견디고 참는 것이 하나님의 은혜를 헛되이 하지 않는 길이다. 고린도후서 6:4~5을 보자. "오직 모든 일에 하나님의 일꾼으로 자천하여 많이 견디는 것과 환난과 궁핍과 곤란과 매맞음과 갇힘과 요란한 것과 수고로움과 자지 못함과 먹지 못함과…"

하나님의 일꾼으로 사는 사람은 기본적으로 오래 참아야 하고 잘 견뎌야 한다. 우리가 참고 견디지 못해서 하나님의 은혜가 은혜 되지 못하게 한다. 바울이 고린도후서 6장에서 기술하는 것처럼 우리 그리스도인들은 무명한 자 같으나 하나님 앞에서는 유명한 자요 약한자 같으나 강하고 가난한 자 같으나 부요한 자들이다. 헛되지 않은 하나님의 은혜가 이러한 역설을 가능하게 하는 비밀이다. 주님이 우리에게 은혜를 주시면 우리는 그 은혜의 힘으로 오뚜기처럼 일어나 주님의 강한 용사의 삶을 살아가게 된다. 아멘.

1년 1독 성경 읽기 꿀송이 보약큐티

고린도후서 9장~13장

| 묵상자료 |

1. 약함과 강함, 그 기독교적 역설(고후 12:9~10)

"내게 이르시기를 내 은혜가 네게 족하도다 이는 내 능력이 약한데서 온전하여짐이라 하신지라 이러므로 도리어 크게 기뻐함으로 나의 여러 약한 것들에 대하여 자랑하리니 이는 그리스도의 능력으로 내게 머물게 하려 함이라 그러므로 내가 그리스도를 위하여 약한 것들과 능욕과 궁핍과 핍박과 곤란을 기뻐하노니 이는 내가 약할 그 때에 곧 강함이라" 고후 12:9~10

약함을 어떤 특정한 한 가지로 정의를 내리기는 쉽지가 않다. 사람들에게는 자신의 못난 성격, 가난, 허약한 체질, 질병, 낮은 학력, 내세울 것 없는 가족 상황, 그 외에 크고 작은 삶의 문제가 모두 약함이 될 것이다. 누구나 약함을 소유하지 않은 사람은 하나도 없다. 어떤 사람들은 자신의 약함을 수치스럽게 생각하여 드러내기를 꺼린다. 또한 자신의 약함을 드러내 보이면 무시, 혹은 불이익을 당할 수 있다고 생각하기 때문에 아무도 못 보는 마음의 옷장 깊숙이 숨겨 둔다.

그러나 본문의 바울은 자신의 약함을 기뻐하고 자랑하겠다고 한다. 내가 약할 때 주님이 나의 힘이 되는 것을 깨달았기 때문이라고 한다. 나의 약함이 나의 강함이 된다는 말이 아니라 나의 약함이 하나님의 강함이라는 뜻이다. 하나님께서 내게 힘을 주시거나 나를 강한 자로 만드신다는 말씀이 아니라 하나님 자신이 나의 힘이 되어 주신다는 말씀이다. 그러므로 성도는 자신의 '약한 그것'을 인정하고 그대로 받아들일 수 있어야 한다.

어떤 부부는 자녀와의 관계에서 어른의 '약함'을 통해 '하나님의 강함'을 많이 배우기도 한다. 부모가 힘을 빼고 연약해져야 아들, 딸과의 소통이 원만해진다. 부모가 자신의 경험과 지식, 사회적인 지위와 물질 등을 내세우면, 아직 미숙한 자녀 앞에서 '부모의 강함'만을 드러내는 꼴이다. 그러면 자녀의 사소한 사생활까지 참견하게 되고 인생의 경험을 토대로 끝없는 잔소리를 퍼붓게 된다. 자녀는 그런 부모 앞에서 자신감을 잃거나 반발심을 가지게 된다. 그리고 부모로부터 멀어지는 부작용이 발생한다. 그러나 부모가 자신의 약함을 인정하면 하나님 자신이 자녀와의 관계에 힘이 되어주심을 경험하게 된다.

선교나 목회 사역도 마찬가지인 것 같다. 목회자가 너무 연약해서 문제가 일어나는 경우보다 목회자가 너무 강해서 문제가 생기는 경우가 더 많다. 목회자가 목회에 성공하려는 욕망이 지나치면 수단과 방법을 가리지 않고 약함을 강함으로 바꾸어 버린다. 너무 강하기 때문에 '하나님의 강함'보다는

'사람의 강함'이 드러난다. 목회자는 자신의 강함으로가 아니라 약함으로 목회를 해야 한다. 자신의 약함을 가지고 예수님께 나와서 그분을 의지하면서 목회를 할 때 예수님을 온전히 의지할 수 있고 예수님의 강함을 드러낼 수 있다. 그렇게 목회를 하면 매일의 삶 속에 그리고 인생의 마지막 순간이 찾아올 때에도 나의 나 된 것은 '전적인 하나님의 은혜'라는 솔직한 고백이 가슴 깊숙한 곳에서 우러나올 것이다.

교회 성도들 가운데서도 학력이 좋거나 돈이 많은 자들은 영적으로 손해를 보는 경우가 많음을 종종 목도한다. 영적인 세계는 신비하여 세상에서 강한 것이 영적으로 손해를 보게 하고 약한 것이 축복을 맛보게 한다. 자신의 약점을 잘못 활용하면 우울증과 낮은 자존감과 욕구불만 등의 쓴뿌리가 자라나지만 바울처럼 약한 것을 자랑하고 기뻐하면 그리스도의 능력이 자신에게 머무는 축복을 맛보게 된다. 기독교에서 '겸손'이란 열매는 우리가 상상하는 것 보다 훨씬 더 중요하다. 그토록 중요한 겸손은 내가 약할 때 그 열매를 맺기가 훨씬 수월하다.

야곱은 강한 에서가 다가오자 어쩔 수 없이 얍복강 나루에서 하나님과 기도로 씨름했다. 그 길밖에 다른 방법이 없었기 때문이다. 바로 그 약함 때문에 그는 '이스라엘'이 되는 축복을 받았다. 그러나 강한 에서는 브니엘의 영광도 이스라엘의 영적인 축복도 누리지 못했다. 왜? 그는 야곱보다 강하였기 때문이다. 약한 야곱은 승리자가 되었고 강한 에서는 영구한 이스라엘의 대적자가 되고 결국 하나님의 저주를 받았다.

요셉의 형들은 강하여 요셉을 웅덩이에 집어 던지고 그를 애굽에 팔아 넘겼다. 요셉은 약하여 웅덩이에 빠지고 애굽에 팔려 가는 신세가 되었지만 바로 그 약함 때문에 요셉은 애굽의 총리가 되었고 그 형들은 요셉의 발 아래에 엎드려 절하는 자들이 되었다.

하나님 앞에서 나의 강함이 약점이 될 수가 있고 나의 약함이 강함이 된다고 하는 기독교의 심오한 역설의 진리를 깨닫는 자들은 복된 자들이다. 아멘.

오늘의 본문 성경을 읽으시고 깨달은 점이나 기억하고 싶은 점 혹은 기도문을 기록합니다.

11월 21일

1년 1독 성경 읽기 꿀송이 보약큐티

갈라디아서 1장~6장

| 묵 상 자 료 |

1. 갈라디아서는 어떤 책인가?

갈라디아서는 오직 예수 그리스도를 믿음으로서만 구원을 받을 수 있다는 새 언약을 강조하는 책이다. 갈라디아서의 주제는 '자유의 복음'이다. 바울이 전파한 오직 예수, 오직 십자가의 복음에 반기를 드는 자들이 나타났으니 그들은 기독교로 개종한 유대주의자들이었다. 그들은 바울이 오직 믿음으로 구원 얻는 도리를 설파하고 교회를 세운 자리에, 살며시 파고 들어 믿음만으로는 부족하고 거기에 율법의 행위를 더해야 한다고 다른 복음을 가르쳤다. 이에 바울은 단호한 어조로 내가 전한 복음 외에 다른 복음을 전하는 자들은 하늘에서 내려온 천사라도 저주를 받을 것이라고 엄히 경고했다. 그리고는 그리스도께서 우리를 율법에서 자유케 하려고 자유를 주셨으니 다시는 종의 멍에를 메지 말라고 선언했다. 그래서 갈라디아서는 '그리스도인의 자유 선언문'이다. 갈라디아서는 종교개혁을 일으키는 원동력이 되었다.

"내가 그리스도와 함께 십자가에 못박혔나니 그런즉 이제는 내가 산 것이 아니요 오직 내 안에 그리스도께서 사신 것이라 이제 내가 육체가운데 사는 것은 나를 사랑하사 나를 위해 자기 몸을 버리신 하나님의 아들을 믿는 믿음 안에서 사는 것이라"는 갈라디아서 2:20의 사도 바울의 고백은 많은 성도들이 즐겨 암송하는 말씀이다.

2. 죄책감에서 자유하라!

"그리스도께서 우리를 자유케 하려고 자유를 주셨으니 그러므로 굳세게 서서 다시는 종의 멍에를 메지 말라" 갈 5:1

갈디아서는 앞에서도 설명 드린 것처럼 자유의 복음을 선포한다. 주님이 우리에게 자유를 주셨다면 우리는 마땅히 그것을 마음껏 누려야 한다. 그러나 거짓 교사들은 교회에 가만히 들어와 다른 복음을 가르쳤다. 십자가로 말미암아 율법과 죄책과 사망에서 자유를 얻은 하나님의 백성들에게 다시 할례를 받아야 하고 율법을 준수해야 구원을 받을 수 있다고 한 것이다.

지금 한국 교회도 심각하게 다른 복음을 전하는 이단들의 거센 공격을 받고 있다. 신천지나 통일교, 여호와의 증인 같은 이단들은 너무 노골적이어서 쉽게 분별할 수 있으나 신사도주의나 번영신학 같은 것은 성경적 기초가 탄탄하지 않은 성도들이 미혹 되기 쉽다.

요한복음 8:12에는 "진리를 알지니 진리가 너희를 자유케 하리라"고 하셨다. 진리는 예수님이시다. 그 예수님의 십자가 복음을 알게 될 때 우리에게 자유함이 있게 된다. 시편 103:12에는 동이 서에서 먼 것같이 우리의 죄과를 우리에게서 멀리 옮기셨다고 기록되어 있다. 동과 서는 결코 서로 만나지 않는다. 우리의 지은 죄에 대한 하나님의 용서는 그만큼 완벽하시다는 확증적인 말씀인 것이다.

이사야 43:25을 찾아보자.

"나 곧 나는 나를 위해 네 허물을 도말하는 자니 네 죄를 기억지 아니하리라." 아멘.

'도말'이란 완전히 도려내 없애 버리는 것을 말한다. 우리는 가끔 하나님은 전지전능 하신 분이시기에 나의 죄를 다 잊어버릴 수가 없을 것이고, 어느 날 갑자기 나를 보시고는 나의 숨은 죄를 생각해 내시면 어떡하나… 하는 두려운 생각을 할 때가 있다. 그렇기 때문에 하나님은 이사야 43:25에 기억을 못할 것이다라고 하시지 않고 죄를 도말해 버리고 기억을 안 하시겠다고 말씀하신 것이다. 하나님이 작정을 하시고 죄를 기억지 않겠다고 결정하신다면 그게 왜 불가능 한 일이겠는가? 하나님에게는 모든 것이 가능하시다!!

믿음 안에 있는 형제여!

지은 죄가 두려운가? 예수님의 십자가의 보혈로 말미암아 하나님께서 당신을 보시고 "죄는 무슨 죄?"라고 말씀하실 때 당신은 감격하여 놀랄 것이다. 머리털 보다 더 많은 내 죄가 예수님의 십자가에서 흘린 보혈의 능력으로 흰 눈보다 더 희게 되었다는 이 기독교의 복음은 참으로 믿기 힘든 복된 소식이다. 주님은 오늘 당신에게 하나님이 잊어버리신 일을 구태여 왜 당신이 기억하고 두려워하느냐고 물으신다.

오늘의 본문 성경을 읽으시고 깨달은 점이나 기억하고 싶은 점 혹은 기도문을 기록합니다.

11월 22일

1년 1독 성경 읽기 꿀송이 보약큐티

에베소서 1장~6장

| 묵상자료 |

1. 에베소서는 어떤 책인가?

나는 개인적으로 에베소서가 조금 어렵다. 워낙 깊은 기독교의 교리를 거침없이 진술하고 있어서 바울이 사용하는 어휘가 때로는 어렵기 느껴진다. 예를 들면 에베소서 1:23에 "교회는 그의 몸이니 만물 안에서 만물을 충만케 하는 자의 충만이니라"라는 말씀이나, 에베소서 3:10의 "이제 교회로 말미암아 하늘에 있는 통치자들과 권세들에게 하나님의 각종 지혜를 알게 하려 하심이니"라는 말씀과 같은 구절들이다. 단어를 모르는 것이 아니라 그가 말하고자 하는 영적인 의미가 무엇인지 얼른 감이 안 잡혀 오랫동안 끙끙거리며 생각하고 연구해야 조금 알 수 있는 상황이 된다. 그래서 나는 '에베소서 연구'로 신학박사 학위를 취득하신 고려신학대학원의 길성남 교수님이 쓴 에베소서를 주석한 책을 밑줄 쳐 가며 읽으며 그 뜻을 파악하고자 애써 보았다.

에베소서는 바울이 쓴 성경으로 골로새서와는 쌍둥이 책으로 불리우는데 두 서신서는 55개 이상의 구절이 닮아 있다. 에베소서는 교회를 자주 언급하며 그 중요성을 강조하고 있다. 교회는 그리스도의 몸이라고 한다. 그래서 교회에는 그리스도의 사랑과 충만함이 그대로 흘러 간다. 그리고 교회는 신부와 같다고 했다. 교회의 신랑은 예수 그리스도이시다. 주님은 이 교회를 위해 자기 목숨을 희생하셨다. 또한 교회는 사도와 선지자들이 기초를 세우고 예수께서 모퉁이 돌이 되신다.

에베소서는 바울이 옥중에서 쓴 책인데 로마서처럼 논리적이고 체계적으로 기록되어 있다. 어떤 믿음의 형제는 에베소서를 설명할 때 단 세 단어로 요약하였다. 그것은 '앉으라', '행하라', '서라'는 세 동사이다. 예수님은 십자가로 승리하시고 부활승천 하시어 하나님 오른편에 앉으셨다(엡 4:8). 그 곳은 모든 것을 다스리는 자리이다. 예수님의 승리는 곧 교회의 승리이기에 교회는 그리스도와 함께 지금 하나님 우편에 앉아 있는 상태라는 것이다. 이것이 현재의 교회의 위치이며 우리의 영적인 자리이다. 앞으로도 다스릴 것이지만 바로 지금도 다스리는 자리에 있다는 것이다. 하나님은 예수 안에서 우리에게 사탄의 권세를 결박하며 제압하는 영적인 권세를 주셨다. 누가복음 10:19에, "내가 너희에게 뱀과 전갈을 밟으며 원수의 모든 능력을 제어할 권능을 주었으니 너희를 해칠 자가 결코 없으리라" 고 하셨다. 우리의 위치는 '그리스도 안에' 있다. 에배소서는 '그리스도 안에서'라는 단어를 1장에서 3장까지 무려 22회나 언급하고 있다.

이렇게 자기의 위치를 확인한 우리는 이제 행동을 해야 한다. 에베소서 4:15~32은 부르심에 합당하게 행하라고 말한다. 성령이 이미 하나 되게 하신 것을 힘써 지키라고 한다. 한 분 하나님, 동일한 성령, 한 몸, 동일한 주 예수… 우리는 교파가 달라도 사실은 하나님의 백성으로서 모두 하나이다.

그리고 마지막으로는 '서야' 한다. 6:10부터 하나님의 전신갑주를 입고 서서 영적인 싸움을 해야 한다는 것이다. 우리의 싸움은 혈과 육의 싸움이 아니다. 우리 싸움의 상대는 '통치자들', '권세들', '어둠의 세상 주관자들', '악령들'이다. 이들은 눈에 보이지 않는 영적 세력들이다.

우리의 속사람이 강건해지고 그리스도의 넘치는 사랑을 알므로 단단히 무장하여 마귀와의 전면전에 나서야 한다. 에베소서는 그래서 어려운 것이다. 그러나 이미 권세를 받은 사실을 명심하고 우는 사자같이 덤벼드는 마귀와의 치열한 영적 전투에서 불퇴전의 믿음으로 끝까지 싸워 승리하는 우리가 되어야겠다.

2. 에베소서의 기도대로 따라 해 보기

에베소서에는 교회를 향한 바울의 기도가 두 번 나온다. 삼층천 낙원에까지 가 본 신령한 하나님의 사람의 기도는 어떤 것이었을까? 이제 바울의 기도대로 000에 자신의 이름을 넣어서 함께 소리 내어 기도를 따라 해 보자.

"하나님 아버지 지혜와 계시의 영을 주셔서 000가 하나님을 더 많이 알게 해 주소서! 000의 마음 눈을 밝히셔서 나의 부르심의 소망이 무엇인지 알게 해 주소서. 나의 사명을 발견하게 하소서. 또한 성도 안에서 그 기업의 영광의 풍성함이 무엇인지 알게 하소서. 하나님 영광을 보기 원합니다. 그 풍성함을 실감하고 그 풍성함을 소망하며 기뻐하기 원합니다.

주여, 000의 마음 눈을 밝게 하셔서 믿는 우리 안에서 일하시는 하나님의 능력이 얼마나 큰 지를 알게 해 주소서. 이 사실을 알므로 의기소침하지 않고 강하고 담대하게 하소서. 주여, 000를 성령으로 속사람을 강건케 해 주시기를 원합니다. 겉사람의 건강도 중요하지만 속사람의 건강은 더 중요합니다. 날마다 보약 같은 말씀을 먹으므로 내 속사람이 살찌고 힘있게 하소서.

또한 구하옵나니 주여, 믿음으로 그리스도께서 000의 마음에 계시기를 원합니다. 내 마음이 예수로 가득 차게 하소서.

그리고 주님, 마지막으로 구하나니 000에게 지식에 넘치는 그리스도의 사랑을 알게 하소서. 그 넓이와 길이와 깊이를 알게 하소서. 나 같은 자에게도 미치시는 그 큰 사랑을 인하여 나의 영혼이 소망을 갖게 하소서. 예수님의 이름으로 기도 하옵나이다. 아멘."

확실히 사도 바울의 기도는 영적이며 우리의 기도보다 차원이 높다. 그러나 우리도 자꾸 수준 높은 하나님의 사람들의 기도를 따라 하다 보면 많은 것을 배우게 될 것이다. 그리고 우리 수준도 발전이 있을 것이다.

11월 23일

1년 1독 성경 읽기 꿀송이 보약큐티

빌립보서 1장~4장

| 묵 상 자 료 |

1. 너희 안에 그리스도의 마음을 품으라(빌 2장)

빌립보서 2장 서두에서 바울은 그리스도의 낮아지심을 말하면서 우리도 그 예수의 낮아지신 모습을 가져야 한다고 역설한다. 베드로 사도는 하나님은 교만한 자를 대적한다고 하였다. 그리고 "무릇 자기를 높이는 자는 낮아지고 자기를 낮추는 자는 높아지리라"(눅 14:11)고 예수님은 우리에게 가르치셨다.

1) 겸손은 예수님 안에서 하나님에 대한 복종으로 시작된다.

"하나님의 능하신 손 아래에서 겸손하라" 벧전 5:6

2) 겸손은 예수님이 받으신 것보다 더 나은 대접을 받으려 하지 않는다.

"제자가 그 선생 같고 종이 그 상전 같으면 족하도다 집 주인을 바알세불이라 하였거든 하물며 그 집 사람들이랴" 마 10:25

이것은 마땅히 누려야 할 권리를 누리는 삶이 아니다. 악을 악으로 갚지도 않는다.

3) 겸손은 진리를 주장하지만 논쟁을 좌지우지하거나 논쟁에서 이김으로써 자아를 자랑하려고 하지도 않는다. 오히려 예수님에 대한 섬김과 상대방에 대한 사랑으로 진리를 주장한다.

"우리가 우리를 전파하는 것이 아니라 오직 그리스도 예수의 주 되신 것과 또 예수를 위하여 우리가 너희의 종 된 것을 전파함이라" 고후 4:5

4) 겸손은 모든 업적과 삶이 주님이 주신 은혜에 달려 있다는 것을 안다.

"네게 있는 것 중에 받지 아니한 것이 무엇이냐 네가 받았은즉 어찌하여 받지 아니한 것 같이 자랑하느냐" 고전 4:7

5) 겸손은 실수할 수 있다는 것을 알기에, 비판을 수용하고 이를 통해 배운다.

"지혜로운 자는 권고를 듣느니라" 잠 12:15

6) 겸손은 우리 삶이 수증기와 같으며, 하나님이 우리 죽음의 때를 결정하고, 우리의 모든 업적을 주관한다는 것을 마음으로 믿고 입으로 시인하는 것이다.

"들으라 너희 중에 말하기를 오늘이나 내일이나 우리가 어떤 도시에 가서 거기서 일 년을 머물며 장사하여 이익을 보리라 하는 자들아 내일 일을 너희가 알지 못하는도다 너희 생명이 무엇이냐? 너희는 잠깐 보이다가 없어지는 안개니라 너희가 도리어 말하기를 주의 뜻이면 우리가 살기도 하고 이것이나 저것을 하리라 할 것이거늘 이제도 너희가 허탄한 자랑을 하니 그러한 자랑은 다 악한 것이라" 약 4:13~16

7) 겸손은 다른 사람과 함께 일하는데 거침돌이 되지 않는다. 자아가 강한 사람은 타인과 공동체 생활을 하면 금방 튕겨 나가 버린다. 자기 주장이 너무 강하기 때문이다. 겸손한 사람은 함께 있으면 즐겁고 없으면 그리워진다.

8) 겸손은 남을 귀하게 여긴다. 하나님의 부요하심을 인정하고 남에게 배우려 하는 자세를 가지고 있다. 나만 잘 난 것이 아니라 하나님의 백성들이 모두 독특한 장점을 가지고 있음을 인정하는 것이다. 사과가 아무리 맛있어도 배 맛을 무시할 수 없다. 자두의 맛도 다르다. 겸손은 하나님의 다양성과 자신의 부족함을 늘 인정하는 것이다.

9) 겸손은 예수님을 닮은 모습이다. 예수님은 온유하고 겸손한 하나님의 어린 양이다. 우리 중에 어떤 이는 어린 양이 아니라 사냥개 같이 사납고 시끄러운 사람들이 있다. 우리는 항상 예수님 같은 모습을 보여야 한다. 아멘.

오늘의 본문 성경을 읽으시고 깨달은 점이나 기억하고 싶은 점 혹은 기도문을 기록합니다.

11월 24일

1년 1독 성경 읽기 꿀송이 보약큐티

골로세서 1장~4장

| 묵 상 자 료 |

1. 골로새서는 어떤 책인가?

골로새서의 전반부는 신약성경 가운데서 기독론을 가장 심오하게 설명하는 신학 논문이다. 후반부는 간추린 윤리 강좌로서 그리스도인의 삶의 모든 영역을 다룬다. 이 책의 주제는 예수 그리스도의 주권과 모든 분야에서 우리의 필요를 채워주는 그분의 충분함이다. 골로새서의 핵심 구절들을 읽어 보자.

골로새서 1:15~16, "그는 보이지 아니하는 하나님의 형상이시요 모든 피조물보다 먼저 나신 이시니 만물이 그에게서 창조되되 하늘과 땅에서 보이는 것들과 보이지 않는 것들과 혹은 왕권들이나 주권들이나 통치자들이나 권세들이나 만물이 다 그로 말미암고 그를 위하여 창조되었고"

골로새서 2:8, "누가 철학과 헛된 속임수로 너희를 사로잡을까 주의하라 이것은 사람의 전통과 세상의 초등학문을 따름이요, 그리스도를 따름이 아니니라"

골로새서 3:12~13, "그러므로 너희는 하나님이 택하사 거룩하고 사랑받는 자처럼 긍휼과 자비와 겸손과 온유와 오래 참음을 옷 입고 누가 누구에게 불만이 있거든 서로 용납하여 피차 용서하되 주께서 너희를 용서하신 것 같이 너희도 그리하고"

골로새서 4:5~6, "외인에게 대해서는 지혜로 행하여 세월을 아끼라 너희 말을 항상 은혜 가운데서 소금으로 맛을 냄과 같이 하라 그리하면 각 사람에게 마땅히 대답할 것을 알리라"

골로새서는 교회의 존재를 위태롭게 하는 골로새에서 발생한 이단을 물리치기 위한 뚜렷한 목적을 가지고 작성되었다.

우리는 바울이 무엇을 들었는지 알 수는 없지만, 이 골로새서는 이단들에 대처하기 위한 그의 답변이다. 우리는 그리스도에 대한 그릇된 견해(그리스도의 참된 실제 인성을 부인하고 그분의 완전한 신성을 받아들이지 않음)를 다루고 있는 바울의 반응에 근거하여 몇 가지를 추측할 수 있다.

언급된 이단은 유대교-영지주의 또는 유대교의 금욕주의와 헬라 철학(스토아 철학)의 혼합으로 보인다. 바울은 우리가 그리스도의 충분함을 바라보도록 강조한다.

바울은 많은 분야를 다루고 있지만 오늘날 우리를 위한 기본적인 적용은, 삶 속에서 우리의 구원과 거룩함을 이루는 데에 있어서 그리스도만으로 완전하고 충분하다는 사실이다. 미묘한 형태의 율법주의와 이단에게 속지 않으려면 우리는 복음을 잘 알고 이해해야 한다. 그리스도를 주와 구세주로 마음 중심에 모시는 것을 약화시키는 그 어떤 이단적 교리에 대해서도 경계해야 한다. 성경과 똑같은 권위를 갖고 있다는 책들을 사용하며 참 진리와 자신들을 동일시하려는 모든 '종교'와, 구원에 있어서 하나님께서 이루신 일에 인간의 노력을 섞으려는 그 어떤 '이론'도 피해야 한다. 아멘.

오늘의 본문 성경을 읽으시고 깨달은 점이나 기억하고 싶은 점 혹은 기도문을 기록합니다.

11월 25일

1년 1독 성경 읽기 꿀송이 보약큐티

데살로니가전서 1장~5장

| 묵상자료 |

1. 데살로니가전서는 어떤 책인가?

데살로니가는 고대 그리스의 마게도냐 왕국에서 가장 인구밀도가 높고 번창하는 도시였는데, 그럴 수 있었던 것은 다음과 같은 두 가지 중요한 특징 때문이었다.

그 도시는 에게 해에서 가장 훌륭한 자연항에 세워졌고, 위치도 로마와 아시아를 연결하는 주요 도로가 지나는 곳에 있었다. 바울의 제2차 선교 여행 때, 성령은 바울과 그의 동반자들인 실라, 디모데, 누가에게 에게 해를 건너서 마게도냐로 가라고 지시했다(행 16:6~12). 그렇게 해서 복음이 유럽에 전파되기 시작했다. 바울과 실라는 빌립보에서 복음을 전파한 후에 데살로니가로 갔다. 바울은 실라와 함께 데살로니가에서 열심히 전도했으나, 유대인 지도자들 때문에 그 도시를 떠날 수밖에 없었다(행 17:1~9). 후에 디모데는 바울에게 데살로니가 성도들이 박해에도 불구하고 충실히 남아 있으며 그들의 의로운 영향력이 널리 퍼지고 있다는 소식을 전했다(행 18:5; 살전 1:7~8; 3:6~8).

데살로니가 개종자들은 복음을 받아들인 첫 유럽인들에 속하며, 그 이유 때문에 그들은 결국 박해를 받게 된다. 그들은 또한 예수님의 재림에 대해 많은 점을 궁금해했다. 이에 바울은 데살로니가인들에게 서한을 보내 격려와 힘을 주는 말을 전하고, 예수 그리스도의 재림과 관련하여 그들이 한 질문들을 설명했다. 데살로니가전서의 주요 주제 중 하나는 재림이다. 그는 재림 때 의인들, 특히 과거에 죽은 성도들이 재림에 참여한다는 것에 초점을 맞추었다(살전 2:19; 3:13; 4:13~17; 5:1~10).

바울이 썼던 다른 많은 서한과는 달리, 데살로니가전서에는 날카로운 꾸짖음은 없고 대신 데살로니가 성도들에 대한 칭찬만이 실려 있다. 우리도 주님께 이런 칭찬받는 데살로니가 성도들처럼 되도록 오늘도 은혜롭고 경건하게 살아보자. 아멘.

오늘의 본문 성경을 읽으시고 깨달은 점이나 기억하고 싶은 점 혹은 기도문을 기록합니다.

11월 26일

1년 1독 성경 읽기 꿀송이 보약큐티

데살로니가후서 1장~3장

| 묵 상 자 료 |

1. 데살로니가후서는 어떤 책인가?

바울은 데살로니가후서에서 교회 성도들이 예수 그리스도의 재림에 대해 오해한 부분을 명확하게 설명하고 권고했다.

독자들은 바울의 가르침을 공부하면서, 배도의 본질에 대해, 그리고 주님의 재림을 위해 어떻게 적합하게 준비해야 할지 이해하게 될 것이다. 데살로니가전서와 데살로니가후서의 주제는 비슷하며, 바울은 첫 번째 서한의 내용을 명확히 하고 부연하고자 데살로니가후서를 썼다. 데살로니가 성도들은 바울에게서 왔다고 주장된 사기성 편지를 받았으며, 그 편지 때문에 몇몇 사람들은 재림이 이미 일어났다고 믿는 문제가 교회에 발생했다(살 후 2:2 참조).

그 두 서한 사이의 짧은 시간 동안 교회는 박해를 받았으며(살후 1:4), 주님께서 머지않아 오실 것이라는 기대심리가 해로운 동요를 불러일으켰다(살후 2:2 참조). 바울은 이러한 성도들의 신앙을 격려하고 교리적인 오해를 바로잡고자 데살로니가후서를 썼다. 데살로니가후서에는 예수 그리스도의 재림에 대한 중요한 내용이 자세히 언급되어 있다. 주님께서 "불꽃" 가운데서 오실 것이며, 악인들은 "주의 얼굴을 떠나 영원한 멸망의 형벌을 받을"(살후 1:7~9) 것이라고 바울은 말했다.

이 서한에서 바울은 또한 대배도를 예언하며, 주님의 재림에 앞서 교회가 복음으로부터 '배교하게' 될 것이라고 가르쳤다(살후 2:2~12).

작금의 한국 교회는 많은 사람들이 신천지를 비롯한 각종 이단으로 넘어 가고 많은 교회들의 분열과 세습으로 사회적 지탄을 받고 있다. 또한 물질과 향락 때문에 세속신앙에 물들어 있다. 이는 데살로가후서에서 바울이 경고한 그대로의 현상이다.

오늘의 본문 성경을 읽으시고 깨달은 점이나 기억하고 싶은 점 혹은 기도문을 기록합니다.

11월 27일

1년 1독 성경 읽기 꿀송이 보약큐티

디모데전서 1장~6장

| 묵상자료 |

1. 디모데전서는 어떤 책인가?

디모데전서에서 바울은 에베소의 교회 지도자인 디모데에게 바른 교훈을 가르치고, 대중 사이에서 성행하는 그릇된 교훈이 복음의 본질을 미혹하지 않게 하라고 권고했다. 그는 디모데에게 감독과 집사의 직책에서 봉사할 사람들의 자격 요건을 설명했다. 독자들은 디모데전서를 읽으면서 교회에서 바른 교훈을 가르치는 것이 얼마나 중요한지를 더 알게 될 것이다. 또한, 감독 및 그 밖의 교회 지도자들이 감당해야 하는 중요한 역할에 대해 더 깊이 배우게 될 것이다.

바울이 디모데에게 보낸 첫 번째 서한은 그가 마게도냐에서 지내던 주후 64년과 65년 사이의 어느 시점에 쓰인 것으로 추정된다. 이 서한을 쓰기 전에 바울은 로마에서 2년간의 감금(가택 연금) 생활에서 석방되어 여러 지역을 널리 다니면서 자신이 전에 교회의 지부를 설립했던 지역들을 방문했던 것으로 보인다. 바울은 제2차 선교 여행 동안에 자신과 함께 봉사했던 디모데에게 이 편지를 썼다. 그 선교 여행 이후에도 디모데는 계속해서 충실한 선교사이자 교회 지도자로 봉사했으며(행 19:22; 빌 2:19), 그는 바울이 가장 신뢰하는 동료 중 한 사람이었다(고전 4:17). 바울은 디모데를 "믿음 안에서 참 아들"(딤전 1:2)이라고 불렀다. 디모데의 아버지는 그리스 사람으로 이방인이었으나, 경건한 유대인이었던 그의 어머니 유니게와 외할머니 로이스가 그를 가르치고 성경을 공부하도록 도와주었다(행 16:1, 딤후1:5)

당시 디모데는 에베소에서 교회 지도자로 봉사하고 있었다(딤전 1:3). 바울은 일부 교인들이 디모데의 나이가 어리다는 이유로 그의 지도력을 의심했다는 점을 넌지시 내비쳤다(딤전 4:12). 그래서 바울은 교회의 젊은 지도자인 디모데가 자신의 직무를 더 잘 감당하도록 돕고자 이 서신을 썼다.

디모데전 · 후서, 디도서로 알려진 바울의 서한들은 목회 서신으로, 이는 바울이 목회자 즉, 교회 지도자들에게 주는 권고가 담겨 있기 때문이다. 바울은 디모데가 감독이나 집사로 봉사할 적절한 후보자를 찾는 데 도움이 될 지침을 제시했다(딤전 3장). 그가 제시한 지침에는 성도들의 가족 및 영적 필요 사항을 돌보는 교회 지도자들(장로)의 자질이 강조되어 있다(딤전 5장). 바울은 또한 일반적으로 받아들여지긴 했으나 그릇된 개념이었던 금욕주의 즉, 엄격한 금욕을 통해 더 큰 영성을 얻을 수 있다는 믿음에 대해서도 언급했다.

예를 들어, 바울은 일부 교인들이 배도하여 결혼을 금해야 한다는 믿음을 널리 퍼뜨릴 것이라고 경고했다(딤전 4:1~3). 바울은 그런 믿음과 그 밖의 이단적인 영향력에 대처하고자, 디모데에게 바른 교훈을 가르치라고 지시했다. 이것이 디모데전서의 주요 내용인데 바울의 최고의 측근 중 한 사람이었던 디모데에 대한 바울의 애정이 절절이 묻어 나는 책이다.

1년 1독 성경 읽기 꿀송이 보약큐티

디모데후서 1장~4장

| 묵상자료 |

1. 바울의 마지막 유언

디모데후서는 사도 바울이 사형당하기 직전인 대략 주후 67년경에 기록되었다. 로마 감옥에 갇혀 있던 사도 바울은 이 땅에서의 삶이 조만간 끝날 것이라는 것을 알았다. 그래서 사랑하는 제자 디모데에게 마지막 편지를 썼다. 디모데후서는 기본적으로 바울의 '유언'의 책이다. 바울은 자신의 상황을 넘어서서 교회에 대하여, 특히 디모데를 위하여 염려를 나타낸다. 바울은 디모데와 다른 모든 신자들에게 믿음 안에서 인내하고(딤후 3:14), 예수 그리스도의 복음을 선포하도록 격려하기 위해 그의 유언을 사용하기를 원했다(딤후 4:2). 디모데후서의 핵심구절들은 다음과 같다.

디모데후서 1:7, "하나님이 우리에게 주신 것은 두려워하는 마음이 아니요 오직 능력과 사랑과 절제하는 마음이니"

디모데후서 3:16~17, "모든 성경은 하나님의 감동으로 된 것으로 교훈과 책망과 바르게 함과 의로 교육하기에 유익하니 이는 하나님의 사람으로 온전하게 하며 모든 선한 일을 행할 능력을 갖추게 하려 함이라"

디모데후서 4:2, "너는 말씀을 전파하라 때를 얻든지 못 얻든지 항상 힘쓰라 범사에 오래 참음과 가르침으로 경책하며 경계하며 권하라"

디모데후서 4:7~8, "나는 선한 싸움을 싸우고 나의 달려갈 길을 마치고 믿음을 지켰으니 이제 후로는 나를 위하여 의의 면류관이 예비되었으므로 주 곧 의로우신 재판장이 그 날에 내게 주실 것이며 내게만 아니라 주의 나타나심을 사모하는 모든 자에게도니라"

바울은 디모데에게 그리스도를 향한 열정과 건전한 교리를 늘 유지하라고 권면한다. 바울은 디모데에게 경건하지 않은 신앙과 관습을 피하고 부도덕한 것들을 멀리할 것을 또한 명령한다. 말세에는 강력한 박해도 있을 것이고 기독교 믿음에서 벗어난 배교가 있을 것인데 믿는 자들이 믿음에 확고하게 서서 믿음의 경주를 힘차게 마무리할 것을 강력하게 당부하며 서신을 마친다.

디모데와 그가 목양하는 사람들을 염려한 바울은 거짓 선생의 위험을 경고하기 위해 모세에게 대항한 얀네와 얌브레의 이야기를 끄집어 내었다. 구약 성경에 그들의 이름이 언급되어 있지는 않지만, 전통에 따르면 이 사람들은 금 송아지를 세우도록 선동하였고 다른 우상숭배자들과 함께 심판 받아 죽임을 당한 자들이다(출 32장). 바울은 그리스도의 진리에 대항하는 사람들에게도 똑같은 운명이 임할 것을 예언한다. 그들의 어리석음이 마침내 모든 사람 앞에서 '드러날 것'(딤후 3:9)이다. 오늘날 신천지나 다른 이단에 빠져서 날뛰는 자들은 참으로 무서운 심판이 자신들 앞에 다가올 때 가슴을 치며 통곡하고 이를 갈고 후회할 것이다.

디모데후서를 읽으면 기독교 역사에 가장 위대한 전도자가 어떻게 최후를 장렬하게 맞이하는지를 알 수 있다. 그는 그의 믿음을 굳게 지켰고 자신에게 주어진 달려 갈 길을 다 달렸다. 전 생애를 관제와 같이 주의 복음 제단에 부어 바쳤다.

이제 죽음을 앞두고 그는 여전히 교회를 염려한다. 이단들의 발흥을 주의시킨다. 마지막 숨쉬는 순간까지 자나깨나 일편단심 교회와 예수 그리스도의 복음을 위한 생각으로 가득 차 있는 노(老) 사도의 모습은 우리의 심금을 울린다.

오늘의 본문 성경을 읽으시고 깨달은 점이나 기억하고 싶은 점 혹은 기도문을 기록합니다.

11월 29일

1년 1독 성경 읽기 꿀송이 보약큐티

디도서 1장~3장, 빌레몬

| 묵 상 자 료 |

1. 디도서는 어떤 책인가?

디도서는 두 서신, 곧 디모데전후서와 함께 목회 서신 중 하나로 불리운다. 이 서신은 사도 바울이 그의 선교 여행 중에 설립한 교회를 인도하도록 그레데에 남겨둔 믿음 안의 형제인 디도에게 용기를 북돋아주기 위해 쓰여졌다(딛 1:5). 이 편지는 디도에게 교회 지도자의 자격 요건이 무엇인지 조언한다. 바울은 또한 디도에게 그레데 섬 사람들에 대한 악평에 대해 알려주며 경계하라고 한다(딛 1:12)

바울은 디도에게 교회의 지도자의 자격에 대해 가르친 후 니고볼리를 방문하라고 권하였다. 바울은 디도와 다른 사람들이 주님의 은혜 안에서 성장하자 계속 그들에게 제자 훈련을 시켰다(딛 3:13). 디도서의 핵심구절들은 다음과 같다.

디도서 1:5, "내가 너를 그레데에 남겨 둔 이유는 남은 일을 정리하고 내가 명한 대로 각 성에 장로들을 세우게 하려 함이니"

디도서 2:15, "너는 이것을 말하고 권면하며 모든 권위로 책망하여 누구에게서든지 업신여김을 받지 말라"

디도서 3:3~6, "우리도 전에는 어리석은 자요 순종하지 아니한 자요 속은 자요 여러 가지 정욕과 향락에 종 노릇 한 자요 악독과 투기를 일삼은 자요 가증스러운 자요 피차 미워한 자였으나 우리 구주 하나님의 자비와 사람 사랑하심이 나타날 때에 우리를 구원하시되 우리가 행한 바 의로운 행위로 말미암지 아니하고 오직 그의 긍휼하심을 따라 중생의 씻음과 성령의 새롭게 하심으로 하셨나니 우리 구주 예수 그리스도로 말미암아 우리에게 그 성령을 풍성히 부어 주사"

디도가 그의 스승인 사도 바울로부터 편지를 받았을 때 얼마나 힘과 위로를 얻었겠는가? 바울은 소아시아와 마게도냐 여러 곳에 교회를 세운 후 계속해서 그 교회들에 지도자들을 세우고 그 교회들이 믿음 안에서 든든히 자라기를 소원했다. 디도는 디모데처럼 바울에게 사랑을 많이 받은 영적 제자였다. 바울이 교회를 인도하도록 디도를 남겨둔 그레데 섬에는 예수 그리스도의 진리를 모르는 유대인들과 원주민들이 살고 있었다(딛 1:12~14). 그래서 바울은 디도를 도와서 그레데에 있는 교회 내에 지도자들을 세우도록 지시하고 격려할 책임을 느꼈다. 사도 바울은 디도에게 지도자를 찾도록 지시하면서 어떻게 지도자들을 교훈하여야 그들이 그리스도를 믿는 믿음 안에서 자라날 수 있는지를 가르쳤다. 그의 가르침에는 모든 연령의 남녀를 위한 지침이 포함되어 있었다(딛 2:1~8).

바울은 우리의 마음과 양심을 더럽힐 만한 것들을 피하면서 청결한 마음을 추구해야 한다고 제안한다. 바울은 우리가 결코 잊어서는 안 되는 중요한 진술을 한다. "그들이 하나님을 시인하나 행위로는 부인하니 가증한 자요 복종하지 아니하는 자요 모든 선한 일을 버리는 자니라"(딛 1:16). 우리는 그리스도인으로서 그리스도에 대한 우리의 신앙 고백과 우리의 삶이 일치하는지를 확인하기 위해 자신을 시험해야 한다(고후 13:5).

2. 빌레몬서는 어떤 책인가?

빌레몬서를 읽어본 적이 있는가? 짧지만, 놀라운 성경이다. 이 글은 바울의 서신 중 가장 짧은 편지로 인사 후 10절에서 글을 쓴 주요 이유에 대해 설명한다. 이유는 빌레몬에게 오네시모를 위해 "간구"하기 위함이었다. 16절을 통해, 오네시모는 어떤 이유로 주인 빌레몬에게서 도망친 종임을 알게 된다. 바울은 "내 복음을 위하여 갇힌 중에서 네 대신 나를 섬기게 하고자" 한다고 말한다. 이를 통해 오네시모가 바울이 옥에 갇혔을 때 만난 사이임을 알 수 있다.

이제 오네시모는 주인에게 돌아가려고 하고, 정확히 묘사되어 있지는 않지만, 오네시모가 직접 이 편지를 빌레몬에게 전해줄 것 같은 느낌이 든다. 서신의 내용으로 돌아가보면 여기 주인으로부터 도망친 종이 있다. 그는 아마 주인에게 많은 빚이 있을 것이다. 이 주인은 우연히도 훌륭한 그리스도인이다. 종은 바울을 만나고 믿는 자가 된다. 동시에 이 종은 "바울의 복음을 위하여" 그에게 머물러 있어야 한다. 바울은 이런 상황에서 어떻게 할까? 우리 같으면 어떻게 하겠는가? 여러분이 바울의 입장이라고 생각해보라.

먼저, 바울이 누구였는가? 그는 1세기에 그 누구도 제대로 하지 않았던 이방인에 대한 복음 전파를 했었다. 대부분의 이방의 신자들에게 그는 믿음의 "아버지"였고 그들을 진실로 예수께로 이끌어주는 사람이었다. 그리고 이는 오네시모와 빌레몬에게도 마찬가지였다. 지금 이 바울은 옥에 갇혀 있고 오네시모가 그를 위해 복음을 전파하고 있다. 바울에게 오네시모는 대단히 유용한 사람이다. 문제는 그가 도망친 종이라는 점이었다. 그의 주인은 바울이 설립한 교회의 신자였다.

바울은 실질적으로 자신에게 유용한 이 기독교인 오네시모의 상황을 어떻게 해결했는가? 답은 친절과 사랑과 정직이었다. 빌레몬에게 형제대 형제로서 편지를 썼다. 바울은 "이러므로 내가 그리스도 안에서 아주 담대하게 네게 마땅한 일로 명할 수도 있으나 도리어 사랑으로써 간구하노라"(몬 1:8-9)라고 말한다. 담대하게 명할 수도 있었지만, 그러지 않았다. 대신 빌레몬에게 간구했다. 요청했고 부탁했다.

바울은 오네시모가 필요했지만, 자신이 사도라는 이유 때문에 오네시모를 데리고 있을 권리가 있지는 않다고 생각했다. 대신 바울이 하는 말을 읽어보자.

"다만 네 승낙이 없이는 내가 아무 것도 하기를 원하지 아니하노니 이는 너의 선한 일이 억지 같이 되지 아니하고 자의로 되게 하려 함이라."(몬 1:14)

바울은 빌레몬이 자신의 청원을 거절하지 않고 그 이상을 해줄 형제라는 사실을 잘 알고 있었다. 이제 빌레몬의 대답은 우리가 잘 모르지만 아마도 쾌히 바울의 요청에 응답했으리라 믿는다.

바울 사도의 사랑과 겸손과 타인에 대한 배려심을 우리는 빌레몬서를 읽으며 배우게 된다.

※※※ 오늘의 본문 성경을 읽으시고 깨달은 점이나 기억하고 싶은 점 혹은 기도문을 기록합니다.

11월 30일

1년 1독 성경 읽기 꿀송이 보약큐티

히브리서 1장~4장

| 묵 상 자 료 |

1. 히브리서는 어떤 책인가?

어떤 사람들은 히브리서를 사도 바울의 저서에 포함시키지만 저자의 정체는 수수께끼로 남아 있다. 히브리서에는 바울의 다른 서신서에서 공통적으로 찾아볼 수 있는 관습적인 인사말이 빠져 있다. 더욱이 이 서신의 저자가 그리스도 예수님의 실제 목격자들이 제공한 지식과 정보에 의존했다는 사실은(히 2:3) 바울의 저작 설을 의심스럽게 만든다. 어떤 이들은 누가를 저자라고 말하고, 다른 이들은 아볼로, 바나바, 실라, 빌립 또는 아굴라와 브리스길라에 의해 쓰여 졌을 것이라고 제안한다. 아무튼 펜을 든 사람이 누구이든 상관없이 하나님의 성령은 모든 성경의 신성한 저자이시다(딤후 3:16). 그러므로 히브리서는 다른 65 권의 성경과 동일한 정경의 권위를 가지고 있다.

기독교 연구소(Christian Research Institute) 창립자이자 베스트 셀러 『사교의 왕국』의 저자인 월터 마틴(Walter Martin) 박사는 히브리서는 어떤 히브리인이 히브리인들에게 히브리인처럼 행동하지 말라고 말하기 위해 쓴 책이라고 말하였다. 사실 초기 유대인 신자들 중 많은 사람들이 점점 심해지는 박해를 피하기 위해 유대교의 의례와 예식으로 돌아가고 있었다. 그때 이 편지는 박해를 받는 신자들에게 예수 그리스도의 은혜 가운데 계속해서 인내하며 나아갈 것을 권한다.

히브리서는 세 부류의 사람을 언급하는데, 그 세 부류는 그리스도를 믿는 신자들, 그리스도와 관련된 사실을 지적으로 아는 불신자들, 그리고 그리스도에게 매력을 느끼지만 궁극적으로 거부하는 불신자들이다. 히브리서 안에 있는 어떤 구절을 이해하려면 그 구절이 어떤 부류에 대해 말하는 것인지를 파악하는 것이 중요하다. 그렇게 하지 않으면 나머지 성경과 모순되는 그릇된 결론을 이끌어 낼 수 있다.

히브리서 저자는 계속적으로 그리스도의 인격과 사역 활동에 있어서 그분의 뛰어남을 언급한다. 우리는 구약의 글에서 메시아의 오심을 상징적으로 가리키는 유대교의 의례와 예식을 이해해야 한다. 유대교의 예식은 장래에 있을 일들의 그림자였다. 히브리서는 단순한 율법이 제공하는 그 어떤 것보다 그리스도 예수가 더 뛰어나다고 말한다. 구약의 모든 화려함과 환경은 그리스도 예수의 인격과 활동, 사역과 비교할 때 무색해진다. 이처럼 우리 주 예수님의 뛰어남은 이 서신의 선명한 주제이다. 예수님은 천사보다 뛰어나시고 모세보다 뛰어나시며 아론의 반차를 따라 제사장 된 어떤 제사장보다 탁월하신 멜기세덱의 반차를 따라 되신 우리의 영구한 대제사장이시다.

히브리서의 저자는 그리스도를 통한 완벽하고 완전한 희생과 구약의 희생 제도의 불완전함을 끊임없이 비교한다. 구 언약이 인간 제사장에 의해 바쳐지는 희생들과 일년에 단 한 번 있는 속죄제를 필요로 하는 반면, 새 언약은 그리스도를 통한 영원한 희생을 '단번에' 제공함으로써(히 10:10) 그분 안에 있는 모든 사람들이 하나님의 보좌에 직접 나아갈 수 있도록 하였다. 기초적인 기독교 교리가 풍부한 히브리서는 큰 어려움과 역경에도 불구하고 견디는 하나님의 "믿음의 영웅들"의 고무적인 예를 보여 준다(히 11장). 하나님의 믿음의 전당에 포함된 회원들은 하나님에 대한 무조건적인 믿음과 절대적인 신뢰성에 대해 강력한 증거를 제공하는 증인들이다.

히브리서 저자는 신자들에게 충분한 격려를 제시하지만, 우리가 주의해야 하는 다섯 가지의 엄중한 경고를 또한 말한다. 그 다섯 가지는 태만의 위험(히 2:1~4), 불신앙의 위험(히 3:7~4:13), 영적 미성숙의 위험(히 5:11~6:20), 인내하지 못할 위험(히 10:26~39), 그리고 하나님을 거역하는 본성적으로 타고난 위험(히 12:25~29)이다.

따라서 우리는 영광스러운 이 걸작 안에서 교리의 위대함과 격려의 샘을 발견하고 또한 그리스도인들의 게으름에 대한 건전하고 실제적인 경고를 발견한다. 그러나 히브리서 안에는 이보다 더 귀한 것이 있는데, 다름 아닌 위대한 구원의 창시자이시며 우리의 믿음을 온전하게 하시는 이인 주 예수 그리스도의 장엄한 그림이다(히 12:2).

오늘의 본문 성경을 읽으시고 깨달은 점이나 기억하고 싶은 점 혹은 기도문을 기록합니다.

12월 1일

1년 1독 성경 읽기 꿀송이 보약큐티

히브리서 5장~8장

| 묵 상 자 료 |

1. 멜기세덱은 누구인가?

"의(義)의 왕"이라는 뜻을 가진 멜기세덱은 살렘(예루살렘)의 왕이었으며 지극히 높으신 하나님의 제사장(창 14:18~20, 시 110:4, 히 5:6~11, 6:20~7:28)이었다.

창세기에서 멜기세덱의 갑작스러운 출현과 퇴장은 다소 신비스럽다. 아브라함은 그돌라오멜(Chedorlaomer) 및 그와 동맹한 세 왕을 패배시킨 후 처음으로 멜기세덱을 만났다. 멜기세덱은 아브라함과 그의 지친 종들에게 빵과 포도주를 주며 우정을 보여주었다. 그는 지극히 높으신 하나님이라는 이름으로 아브라함에게 축복하였고 전쟁의 승리를 주신 하나님을 찬양했다(창 14:18~20). 이에 아브라함은 멜기세덱에게 그가 얻은 모든 물건의 십분의 일을 바쳤다. 이 행동으로 아브라함은 멜기세덱을 자신보다 더 높은 영적인 지위에 있는 제사장으로 인정하였다.

시편 110편을 보면, 다윗이 쓴 메시아 시편에서 멜기세덱이 그리스도의 모형으로 제시된다. 이 주제는 히브리서에서 반복되는데 멜기세덱과 그리스도가 의와 평화의 왕으로 간주되고 있다. 히브리서 저자는 멜기세덱과 그의 유일한 제사장직을 모형으로 삼으면서 그리스도의 새 제사장직이 과거의 레위 반열 및 아론의 제사장직 보다 더 우위에 있음을 보여준다(히 7:1~10).

어떤 사람들은 멜기세덱이 실제로 예수 그리스도 혹은 성육신 이전의 그리스도의 현현이었다고 제안한다. 아브라함이 이전에 그러한 방문을 받았음을 고려하면 가능한 이론이다. 창세기 17장을 보면, 아브라함이 사람의 모습으로 오신 주(엘 샤다이, El Shaddai)를 만나서 대화를 한다.

히브리서 6:20은 "예수께서 멜기세덱의 반차를 따라 영원히 대제사장이 되셨다"라고 말한다. 여기서 '반차'라는 용어는 일반적으로 제사장 직을 맡는 제사장들의 계승을 나타낸다. 하지만 멜기세덱에서 그리스도까지의 긴 기간 동안에는 아무런 반차가 언급되지 않는다. 따라서 이 '반차'는 그리스도 안에서 그분에게만 영원히 주어진 반차이다.

히브리서 7:3은 멜기세덱은, "아버지도 없고 어머니도 없고 족보도 없고 시작한 날도 없고 생명의 끝도 없어 하나님의 아들과 닮아서 항상 제사장으로 있느니라"고 말하고 있다. 여기서 질문은 히브리서 저자가 이 말을 할 때 사실을 말한 것인가 아니면 비유적으로 말한 것인가 하는 것이다.

히브리서에 있는 묘사가 문자 그대로라면, 이 구절은 주 예수 그리스도 외에는 다른 누구에게도 적용될 수 없다. 이 땅의 왕 중에 "영원히 제사장으로 남아 있는" 왕이 없으며 또한 "아버지나 어머니가 없는" 사람도 없다. 만일 창세기 14장이 그리스도의 현현을 묘사하는 것이라면 성자 하나님이 의의 왕(계 19:11, 16)과 평화의 왕(사 9:6)과 하나님과 사람 사이의 중보자(딤전 2:5)로 나타나셔서 아브라함에게 복을 주셨던 것이다(창 14:17~19).

만일 멜기세덱의 묘사가 비유적인 것이라면 계보도 없고 시작도 끝도 없는 끊임없는 사역이라는 상세한 표현은 단지 아브라함을 만난 사람의 신비한 사역을 강조하고자 함이다. 이 경우 이와 관련한 창세기의 상세한 기록에 대한 침묵은 의도적이며 멜기세덱과 그리스도를 더 분명하게 연결시키고자 하는 것이다.

멜기세덱과 예수님은 같은 사람인가? 같은 사람일 수도 있고 아닐 수도 있다. 그러나 적어도 멜기세덱은 주님의 사역을 예표하는 그리스도의 모형임은 분명하다. 아브라함이 지친 전투 끝에 주 예수님을 친히 만나 그분께 영광을 돌렸다고 보는 것도 가능하다고 할 수 있을 것이다.

오늘의 본문 성경을 읽으시고 깨달은 점이나 기억하고 싶은 점 혹은 기도문을 기록합니다.

12월 2일

1년 1독 성경 읽기 꿀송이 보약큐티

히브리서 9장~13장

| 묵상자료 |

1. 구름같이 둘러싼 허다한 증인들(히 12장)

천국에 있는 사람들은 우리를 내려다볼 수 있는가? 우리의 사랑하는 사람들이 하늘로부터 우리의 삶을 지켜볼 수 있는가? 어떤 사람들은 히브리서 12:1의 묘사를 통해 천국에 있는 사람들은 아래를 내려다보고 우리를 볼 수 있다는 생각을 한다.

"이러므로 우리에게 구름 같이 둘러싼 허다한 증인들이 있으니… "

이 "증인들"은 히브리서 11장에 나열된 믿음의 영웅들인데, 우리가 그들에 의해 '둘러싸여' 있다는 사실이 일부 성경 해석자들로 하여금 그러한 영웅들(그리고 아마도 다른 사람들을 포함)이 천국으로부터 우리를 내려다보고 있다고 이해하게 만든다.

천국에 있는 사람들이 우리가 무엇을 하고 있는지 내려다보고 있다는 생각은 대중적 문화에서는 일반적이다. 우리 역시 우리를 떠나간 사랑하는 사람들이 우리를 지켜보고 있다는 개념을 꽤 좋아할지 모르겠지만, 히브리서 12:1은 이러한 개념을 가르치고 있는 것이 아니다. 히브리서 저자는 11장에서 몇 가지 믿음의 실제적인 교훈들을 하였다(이것이 히브리서 12장이 "이러므로"로 시작하는 이유이다). 이 "증인들"은 11장에서 하나님께서 그들의 믿음에 대해 칭찬하신 자들로서 하늘에서 큰 무리를 이루고 있다. 문제는 어떠한 방식으로 그들이 "증인들"인가 하는 것이다.

히브리서 12:1에 대한 적절한 해석은 "구름과 같이 허다한 증인"을 형성한 남자들과 여자들은 믿음으로 사는 삶의 가치를 증거하는 증인들이라는 것이다. 구약의 이야기들은 두려움을 극복하고 믿음을 택한 축복에 대해 증거한다. 히브리서 12:1의 서두 부분을 다른 말로 바꾸어 표현하면, "우리는 시련을 통해 참된 믿음으로 검증된 수많은 사례들을 가지고 있기 때문에…."라고 할 수 있다. 즉, 1절 내용은 하늘에서 사람들이 우리를 보고 있다는 뜻이 아니라(마치 하늘에서는 할 일이 없거나 또는 이 땅의 우리의 삶은 너무 재미있다는 식으로) 우리보다 앞서 떠난 사람들이 우리를 위해 영원한 믿음의 본을 남겼다는 뜻이다.

히브리서 12:1은 계속해서 "모든 무거운 것과 얽매이기 쉬운 죄를 벗어 버리고 인내로써 우리 앞에 당한 경주를 하며"라고 말한다. 우리는 우리보다 앞서간 신자들의 믿음과 인내로 인해 우리 자신의 믿음의 경주에서 이탈되지 않도록 격려를 받는다. 우리는 아브라함과 모세와 라합과 기드온 등의 사례를 본받아야 한다.

어떤 사람들은 누가복음 16:28에서 부자가 그의 형제들에 대해 언급한 내용을 지적하며, 세상을 떠난 영혼들(적어도 음부에 있는 영혼들)은 땅에서의 사건들을 볼 수 있다고 주장한다. 그러나 그 단락은 전혀 그 부자가 그의 형제들을 볼 수 있다고 말하고 있지 않다. 그는 자신에게 형제들이 있다는 사실과 그 형제들은 불신자라는 사실을 알고 있었다. 또한 어떤 사람들은 요한계시록 6:10을 증거의 글로 삼는다. 환난 기간의 순교자들이 하나님께 청하여 그들의 죽음에 대해 복수해 주실 것을 호소한다. 다시 한번, 이 단락은 순교자들이 땅에 있는 사람들을 보고 있는 것에 관하여 아무런 말을 하고 있지 않다. 이 단락은 단지 그들이 공의를 누릴 자격이 있으며 이에 주께서 조치를 취해주시기를 바라고 있다는 사실을 말할 뿐이다.

성경은 천국의 사람들이 우리를 내려다볼 수 없다고 구체적으로 말하지도 않는다. 따라서 우리는 속단할 수 없지만 내려다볼 가능성은 적어 보인다. 천국의 사람들은 하나님을 예배하고 천국의 영광을 즐기는 것과 같은 그러한 여러 다른 일에 몰두할 것으로 보인다.

천국에 있는 사람들이 우리를 내려다볼 수 있든 아니든 간에, 우리는 그들을 위하여 경주를 하고 있는 것이 아니다. 우리는 그들의 인정을 바라거나 그들의 찬사를 들으려는 것이 아니다. 히브리서 12:2 "믿음의 주요 또 온전하게 하시는 이인 예수를 바라보자" 는 우리가 무엇에 집중해야 하는지 알려준다. 예수님만이 우리의 복스러운 소망이시다(딛 2:13). 아멘.

※※※ 오늘의 본문 성경을 읽으시고 깨달은 점이나 기억하고 싶은 점 혹은 기도문을 기록합니다.

12월 3일

1년 1독 성경 읽기 꿀송이 보약큐티

야고보서 1장~5장

| 묵상자료 |

1. 야고보서는 어떤 책인가?

본서의 저자는 1:1에서 밝힌 대로 야고보이다. 하지만 신약성경에는 야고보가 4명이나 등장하며 초대교회 안에서도 이 이름은 자주 사용된 것으로 보인다.

알패오의 아들 야고보(마 10:3)와 사도 유다의 아버지 야고보(눅 6:16)는 성경에 단 한번씩 언급되었으므로 일단 본서의 저자에서 제외된다. 그리고 두 명의 야고보가 남는데 예수님의 12제자 중의 하나인 세베대의 아들 야고보(행 12:2)와 주의 형제 야고보(마 13:55, 행 1:13, 고전 15:7)를 본서의 저자로 압축할 수 있다. 먼저 언급한 12제자 중의 하나인 야고보는 본서의 저자라고 생각하기 어려운 점이 있는 것은 사도행전 12:2에 유대 분봉왕 헤롯 아그립바에게 순교 당한 것으로 기록되어 있다. 그래서 저자를 주의 형제 야고보라고 불린 예루살렘 총회 의장으로 교회의 지도자적 위치에서 활동한 야고보(행 15장)로 볼 수 있다. 또한 사도행전 21:17~25, 갈라디아서 2:12에 나타난 그의 실천적 신앙과 일치하고 있다.

이런 그가 1절에서 언급한 것처럼 흩어져 있던 유대인 그리스도인들에게 전한 메시지가 야고보서이다. 당시의 로마 제국의 통치 아래서 핍박을 받으면서도 사랑의 교제와 믿음을 잃지 않도록 권면한 교훈적 내용이 많아 '신약의 잠언'이라고도 불린다. 잠언과 유사한 것은 하나님께서 지혜를 주심(약 1:5, 잠 2:6), 말에 대한 경고와 당부(약 1:19-20, 잠 29:20~21), 의의 열매(약 3:18, 잠 11:30), 세상 자랑에 대한 경고(약 4:13~16, 잠 27:1), 죄와 허물을 덮는 사랑에 대한 권고(약 5:20, 잠 10:12)와 같은 것들이다.

야고보서의 특수한 언어학적인 문체는 종종 수사학적인 의문법이나 생동적인 직유법(直喩法)과 생생한 예화, 상상적인 대화, 그리고 독자들을 전체 또는 그룹으로 보면서 끊임없이 설득하는 방법을 사용하고 있다. 그러므로 '나의 형제들아', '형제들아', '나의 사랑하는 형제들아'와 같은 표현들이 14회 나오고 '너희 죄인들아', '너희 두 마음을 품은 자들아', '죄인들아', '너희 부한 자들아'는 표현들은 특정한 사람을 가리키며 직설적인 화법으로 도전을 주고 있다.

이 책은 주후 60년경에 저술되어 특별히 흩어져 있던 유대인들이 사용했던 헬라어 성경에 포함되었다. 그러나 96년 잠니아 회의(the Council of Jamnia)에서 저작자 문제로 제외되었으나 성도들 간에는 영감 된 책으로 계속 인정받아 왔다. 그리고 그 후 A.D. 397년 제3차 카르타고 회의(Council of Carthage)에서 신약 정경으로 결정되었다.

루터는 이신칭의에 반대되는 듯한 이 책을 '지푸라기' 서신이라고 무시했으나 칼빈은 이 책에 대해서 '나는 이론의 여지없이 기꺼이 받아들이고 있다'고 했다. 그는 '이 책을 배척할만한 이유를 결코 발견할 수 없다'고 말했다.

흔히 야고보서를 행위만을 강조한 책으로 잘못 이해하는 경우가 있는데 그것은 시련을 겪고 있는 사람들에게 믿음을 지키게 하기 위한 말씀이었지, 결코 믿음 없는 행함을 이야기하는 책이 아니다. 이런 행함 있는 믿음을 강조하는 주제는 바울뿐만 아니라 베드로 그리고 예수님도 강조하신 것이다.

오늘의 본문 성경을 읽으시고 깨달은 점이나 기억하고 싶은 점 혹은 기도문을 기록합니다.

12월 4일

1년 1독 성경 읽기 꿀송이 보약큐티

베드로전서 1장~5장

| 묵 상 자 료 |

1. 베드로전서는 어떤 책인가?

베드로전서는 그 시대에 온 세상에 퍼져서 격렬한 박해를 당하고 있던 신자들에게 사도 베드로가 보낸 편지이다. 베드로는 그 누구보다 박해를 잘 알고 있었다. 그는 자신이 하나님의 말씀을 전파한 것 때문에 매를 맞고 위협당하고 형벌을 받고 감옥에 수감되기도 하였었다. 그는 소망을 잃지 않고 인내하면서 큰 믿음을 가지고 순종하는 승리의 삶을 사는 것이 어떤 것인지 잘 알고 있었다. 예수님 안에 있는 산 소망에 대한 이 지식은 전해야 할 메시지였고 그리스도의 모범은 우리가 따라야 할 본이었다.

박해의 시간이 오래 갈수록 베드로는 실제로 기뻐할 때라고 밝히고 있다. 그는 구주께서 그들을 위해 고난을 받으셨기 때문에 그리스도를 위해 고난을 받는 것을 특권으로 보아야 한다고 말한다. 구약의 율법과 선지자에 대한 베드로의 친밀함은 그로 하여금 메시아, 곧 예수 그리스도의 삶과 사역에 비추어 여러 구약의 구절들을 설명할 수 있게 해주었다. 그는 베드로전서 1:16에서 "내가 거룩하니 너희도 거룩할지어다"라는 레위기 11: 44을 인용한다. 그러나 그는 서언에서 거룩은 율법을 지킴으로써 성취되는 것이 아니라 그리스도를 믿는 모든 사람들에게 부여되는 은혜라고 설명하고 있다(13절). 더욱이 베드로는 이사야 28:6과 시편 118:22의 "머릿돌"을 언급하며 그 머릿돌은 유대인들이 불순종과 불신앙으로 거절한 그리스도를 지칭한다고 설명한다. 죄 없는 그리스도를 가리키기 위해 구약 구절들이 추가로 인용되었고(벧전 2:22, 사 53:9) 축복을 가져오는 하나님의 능력을 통한 거룩한 삶에 대해 훈계할 때도 구약을 인용한다(벧전 3:10, 시 34:12~16; 벧전 5:5; 잠 3:34).

그리스도와 일치되는 한 가지 방법은 그분의 고난을 나누는 것이다. 우리는 우리를 "거룩한 척하는 사람들"이라고 부르는 사람들로부터 오는 모욕과 비방을 견디어야 한다. 이것은 그리스도께서 십자가에서 우리를 위해 겪으셨던 고난과 비교할 때 매우 사소한 것에 불과하다. 세상과 사탄이 우리를 해치려 할 때, 우리가 진리로 알고 믿는 것을 위해 물러서지 말고 담대하게 서서 투쟁할 것을 베드로 사도는 우리에게 명하고 있다.

12월 5일

1년 1독 성경 읽기 꿀송이 보약큐티

베드로후서 1장~3장

| 묵상자료 |

1. 베드로후서는 어떤 책인가?

베드로가 네로의 통치 기간 동안 로마에서 순교했기 때문에, 주후 65~68년 사이에 베드로후서를 썼을 가능성이 매우 높다. 베드로는 거짓 교사들이 교회에 침투하기 시작했다는 사실에 놀랐다. 그는 그리스도인들에게 믿음 안에서 성장하고 강해져야 확산되는 배교를 감지하고 싸울 수 있다고 호소했다. 그는 하나님의 말씀의 진실성과 주 예수님의 확실한 재림을 강하게 강조했다.

진리에 대한 '지식'이 벧후서에서 핵심 단어 중 하나이다. 베드로후서에서 적어도 이 단어는 13번이나 나온다. 자신의 죽음이 가까운 것(벧후 1:13~15)과 교회가 즉각적인 위험에 직면한 사실을 알게 된(벧후 2:1~3) 베드로는 독자들에게 그의 가르침을 기억할 수 있도록(벧후 1:15) 그들의 기억을 새롭게 하고(벧후 1:13) 그들의 생각을 깨어있게 하라고(벧후 3:1~2) 요구한다.

베드로는 거짓 선지자들을 강력하게 반박하면서 그의 독자들이 매우 친숙하게 알고 있을 잘 알려진 구약의 주제를 반복한다. 초기 그리스도인들 중 많은 사람들이 율법과 선지자들을 통해 잘 배운 회심한 유대인들이었다.

베드로는 베드로후서 1:19~21에서 구약의 "더 확실한 예언"을 언급하면서 단번에 거짓 선지자들을 반박하였고 참된 선지자들은 그들을 통해 말씀하시는 성령에 감동을 받았다고 확증하였다(삼하 23:2). 예레미야는 이와 동등하게 거짓 선지자들을 강력하게 비판했다. "거짓을 예언하는 선지자들이 언제까지 이 마음을 품겠느냐 그들은 그 마음의 간교한 것을 예언하느니라"(렘 23:26).

분명히 구약과 신약 시대에 하나님의 백성을 괴롭히고 속인 동일한 거짓 교사들이 여전히 우리와 함께 있으며, 2천 년 전과 마찬가지로 베드로후서는 오늘날 우리에게도 관련이 된다. 현재의 거짓 선지자들은 신천지의 이만희와 통일교의 문선명, 여호와의 증인 그 외에도 수많은 거짓 선지자들이 신자들을 미혹하고 있다. 우리의 믿음을 위한 기초는 지금이나 그때나 베드로가 언급한 동일한 하나님의 말씀이다.

12월 6일

요한일서 1장~5장

| 묵상자료 |

1. 하나님께로부터 난 자는 죄를 짓지 않는가?

"하나님께로부터 난 자마다 죄를 짓지 아니하나니 이는 하나님의 씨가 그의 속에 거함이요 그도 범죄하지 못하는 것은 하나님께로부터 났음이라" 요일 3:9

옛 말에 씨도둑은 못한다고 했다. 자식의 모습을 보면 그 아버지나 어머니의 모습이 어딘가 닮아 있다. 그 부모의 씨를 받아 태어났기 때문이다. 생각해 보라. 장미꽃이 사람들 볼 때만 향기롭게 그 아름다운 자태를 뽐내다가 사람들이 사라지면 장미꽃이 이제 사람들 없다고 호박꽃으로 변해버리는 일이 있던가? 그런 일은 없다. 왜냐하면 장미꽃은 그 생명의 본질(씨)이 장미이기 때문이다. 그런데 신자가 교회에서는 경건한데 세상 속으로 가면 불신자와 똑같은 행동을 한다면 어떻게 된 일일까? 그것은 그 속에 하나님의 씨가 없다는 증거이다. 생명은 속일 수도 없고 그 본질은 변하지도 않는다.

요한일서 3:9의 한국어 번역이 독자에게 혼동을 주도록 번역되어 있다. 영어 성경 NIV는 명쾌하다.

"No one who is born of God will continue to sin, because God's seed remains in them: they cannot go on sinning, because they have been born of God."(1John3:9)

한국어 성경은 다짜고짜로 하나님의 자녀는 죄를 짓지 않는다고 했지만 영어 성경은 헬라어 원어의 뜻을 충분히 살려 '계속해서' 죄를 짓지 않는다고 번역했다. 이렇게 번역함이 옳다. 헬라어 현재시제는 계속해서 동작하는 반복의 의미를 갖고 있기 때문이다. 거듭난 하나님의 자녀는 하나님의 거룩한 씨가 그 속에 있기 때문에 죄를 마음껏 짓지 못하게 되어 있다. 혹 연약하여 범죄하였다면 그는 계속해서 그 죄를 즐기고 짓는 것이 아니라 반드시 회개하고 돌아선다. 왜? 하나님께로부터 나왔기 때문이다.

하나님의 생명은 거룩한 생명이다. 그의 자녀들도 똑같은 생명을 거듭날 때 받고 태어난다. 그래서 하나님의 자녀와 죄는 서로 공생할 수 없다. 상극이다. 요한일서 3:9의 의미는 바로 이런 의미인 것이다.

2. 사망에 이르는 죄와 사망에 이르지 않는 죄

요한일서 5:16~17을 보자.

"누구든지 형제가 사망에 이르지 아니한 죄 범하는 것을 보거든 구하라 그러면 사망에 이르지 아니하는 범죄자들을 위하여 저에게 생명을 주시리라 사망에 이르는 죄가 있으니 이에 대하여 나는 구하라 하지 않노라 모든 불의가 죄로되 사망에 이르지 아니하는 죄도 있도다"

여기서 말하는 '사망에 이르지 아니하는 죄'란 일반적인 죄다. 곧 하나님의 용서를 받을 수 있는 죄이다. 그러나 '사망에 이르는 죄'가 있다. 이 죄는 성령의 역사를 훼방하는 죄이다(마 12:31). 그리고 예수를 떠나는 배교죄는 사죄의 길이 없다. 칼빈은 이 죄에 대해 언급하기를 '하나님의 계명을 부분적으로 어긴 죄를 말하는 것이 아니라 하나님을 근본적으로 떠난 이단 죄'라고 하였다. 그래서 이단에 빠진 자들은 그들이 그곳에서 빠져나와 예수 앞에 나오지 않는 한 용서받을 길이 없다.

오늘의 본문 성경을 읽으시고 깨달은 점이나 기억하고 싶은 점 혹은 기도문을 기록합니다.

12월 7일

1년 1독 성경 읽기 꿀송이 보약큐티

요한이서, 요한삼서, 유다서

| 묵 상 자 료 |

1. '일반으로 얻은 구원'과 '단번에 주신 믿음의 도'는 무엇을 말하는가?

"사랑하는 자들아 내가 우리의 일반으로 얻은 구원을 들어 너희에게 편지하려는 뜻이 간절하던 차에 성도에게 단번에 주신 믿음의 도를 위하여 힘써 싸우라는 편지로 너희를 권하여야 할 필요를 느꼈노니 이는 가만히 들어온 사람 몇이 있음이라 저희는 옛적부터 이 판결을 받기로 미리 기록된 자니 경건치 아니하여 우리 하나님의 은혜를 도리어 색욕거리로 바꾸고 홀로 하나이신 주재 곧 우리 주 예수 그리스도를 부인하는 자니라" 유 1:3~4

유다서에서 말하는 '일반으로 얻은 구원'이란 '모든 사람이 받을만한 구원'이란 뜻이다(딤전 1:15). 그리고 '단번에 주신 믿음의 도'는 예수님의 구원 사역의 단회성을 말한다(벧전 3:18). 유다가 이 두 가지 진리 곧 구원 사역의 단회성과 구원의 보편성(모든 사람이 받을 만하다는 뜻)을 기록할 필요를 느낀 이유는 교회에 '가만히 들어온 사람 몇'이 있었기 때문이었다. 그들은 "우리는 이미 구원받았다"라고 말하면서, 하나님을 두려워하지 않고 죄악된 행동을 서슴지 않는가 하면, 예수 그리스도의 신성을 부인하며 불경건한 행동을 일삼았다. 그들은 이미 심판 받기로 작정된 사람이었다. 그들은 소위 무법주의를 신봉하는 사람들이었다. 성도가 구원 얻은 것은 예수 그리스도의 단회적인 사역으로 말미암은 것이다. 그러나 구원받았다고 해서 '모든 죄가 다 사해졌으니 이제 마음대로 살자'식으로 생각해서는 안 된다. 우리는 오히려 날마다 우리의 구원을 이루어가야 한다. 곧 매일매일 성화되는 생활을 해야 한다(빌 3:10~16). 오늘날 구원파 이단이 한국에는 독버섯처럼 활동하고 있다. 그들을 이끄는 박옥수란 자는 끊임없이 대도시마다 성경부흥회를 개최하면서 기존 교회의 교인들을 미혹해 간다. '기쁜 소식 선교회'란 간판으로 활동하고 있는데 그들은 단번에 죄사함 받았으니 다시 회개할 필요가 없다고 가르친다. 우리는 이러한 가만히 들어온 이단들을 조심해야 한다.

2. 유다서에 나오는 에녹의 예언은 구약 성경 어디에 기록되어 있는가?

"아담의 칠세 손 에녹이 사람들에게 대하여도 예언하여 이르되 보라 주께서 그 수만의 거룩한 자와 함께 임하셨나니 이는 뭇사람을 심판하사 모든 경건치 않은 자의 경건치 않게 행한 모든 경건치 않은 일과 또 경건치 않은 죄인의 주께 거스려 한 모든 강퍅한 말을 인하여 저희를 정죄하려 하심이라 하였느니라 이 사람들은 원망하는 자며 불만을 토하는 자며 그 정욕대로 행하는 자라. 그 입으로 자랑하는 말을 내며 이를 위하여 아첨하느니라" 유 1:14~16

이 말은 외경 에녹서 1:8에 나오는 내용과 비슷하여 어떤 학자들은 본문을 에녹서에서 인용했다고 주장한다. 그러나 칼빈은 "유대인들 사이에 구전(Oral tradition)으로 전해지던 에녹의 예언을 본서의 기록자인 유다가 받아들여 성령의 감동으로 기록한 것이다"라고 설명했다. 본문은 죄악된 자, 불경건한 자들을 하나님께서 심판하실 것이라는 것을 강조한다. 이는 다른 성경에서의 가르침과 일치하는 내용이다.

3. 천사장 미가엘이 모세의 시체에 대하여 마귀와 다툰 사건

"천사장 미가엘이 모세의 시체에 대하여 마귀와 다투어 변론할 때에 감히 훼방하는 판결을 쓰지 못하고 다만 말하되 주께서 너를 꾸짖으시기를 원하노라 하였거늘" 유 1:9

천사장 미가엘은 하나님의 으뜸 천사로 특별히 이스라엘을 살피며(단 10:13) 거룩한 천사들을 이끈다(계 12:7). 성경의 다른 곳에서는 모세의 시체를 놓고 벌어진 이 힘 겨루기의 기록을 우리는 찾지 못한다. 모세는 약속된 땅에 들어가지 못하고 모압에 있는 느보산에서 죽었고 사람들이 알지 못하는 곳에 은밀히 매장되었다. 그런데 사탄이 모세의 시체를 이스라엘의 경배의 상징, 곧 우상으로 이용하려고 시도했을지도 모른다. 그때에 하나님은 미가엘을 파견하여 모세의 시체가 확실하게 은밀히 처리되어 매장되도록 하셨다. 이때 마귀와의 싸움이 벌어졌을 때 미가엘은 직접 마귀를 비방하는 대신 스가랴 3:2에 나오는 천사의 모범을 따라 하나님의 주권에 사탄의 악함을 맡겼다. 그런 천사의 우두머리라도 악한 마귀의 나쁜 짓을 보면서도 직접 정죄하거나 비방하지 않고 겸손히 전능하신 하나님께 그 판결을 위탁했는데 유다서에 나오는 배교자들은 겁없이 하나님의 영광을 비방하고 이성 없는 짐승들처럼 행동하였으니 얼마나 대조적인가? 우리는 천사장 미가엘을 본받아 모든 일에 주 앞에 겸손한 자세로 서서 그의 주권을 인정하고 그분께서 일하시도록 자리를 내어 드려야 한다. 아멘.

오늘의 본문 성경을 읽으시고 깨달은 점이나 기억하고 싶은 점 혹은 기도문을 기록합니다.

12월 8일

1년 1독 성경 읽기 꿀송이 보약큐티

요한계시록 1장~3장

| 묵 상 자 료 |

1. 요한계시록은 어떤 책인가?

이제 우리는 성경의 맨 마지막 책에 도달했다.

요한계시록 1장 1절, 4절, 9절, 그리고 22:8은 요한계시록의 저자가 사도 요한이라고 구체적으로 알려준다. 요한계시록은 주 후 90~95년경에 기록되었을 가능성이 크다. 예수 그리스도의 계시는 "반드시 속히 일어날 일들을 그 종들에게 보이시려고" 하나님께서 요한에게 주신 것이었다.

이 책은 앞으로 발생할 일에 대한 비밀로 가득 차 있다. 이 책은 세상이 반드시 끝나고 심판이 확실하다는 최종 경고이다. 이 책은 우리에게 천국의 신령한 빛을 비쳐주면서 흰 옷을 깨끗하게 지킨 자들을 위한 하늘의 모든 영광을 보여준다. 요한계시록은 우리로 하여금 모든 재앙과 함께 임하는 대환난을 보여주고 불신자들이 영원히 직면하게 될 최종 불못을 보여준다. 이 책은 사탄과 그의 추종자들이 겪을 최종 운명을 반복적으로 강조한다. 우리는 새 예루살렘에서 예수님과 영원히 살게 될 성도들을 위한 약속을 보게 된다. 우리는 사도 요한처럼 요한계시록에서 읽은 것을 우리의 언어로 묘사하기가 어렵다는 것을 알게 된다.

요한계시록은 마지막 날들과 그리스도의 재림, 새 하늘과 새 땅을 보여주는 환상들을 풍성하고 화려하게 설명한다. 요한계시록은 소아시아의 일곱 교회에 보내어진 편지로 시작되며, 지구상에 쏟아질 일련의 재앙들을 계시하여 준다. 짐승의 표인 "666", 아마겟돈의 최종 전쟁, 사탄의 결박, 주의 통치, 백보좌 심판, 그리고 하나님의 영원한 도성의 특성을 보여준다. 예수 그리스도에 관한 예언들은 성취되고 예수의 주되심을 받아들이라는 최종적인 선포는 주께서 곧 다시 오실 것을 확신시켜준다.

요한계시록은 구약에서부터 시작된 마지막 때에 관한 예언의 절정이다. 다니엘서 9:27에 언급된 적그리스도에 대한 묘사는 요한계시록 13장에서 온전하게 발전한다. 요한계시록 외에 성경에 있는 묵시적 문헌의 예는 다니엘서 7~12장, 이사야 24~27장, 에스겔서 37~41장, 스가랴 9~14장이 있다. 이 모든 예언들은 요한계시록에서 모아진다.

당신은 그리스도를 구주로 영접하였는가? 그렇다면 당신은 요한계시록에 묘사된 이 세상을 향한 하나님의 심판을 두려워할 필요가 없다!! 재판장은 우리 편에 서 계신다!! 이 귀한 요한계시록의 말씀을 한국의 신흥 이단인 신천지에서 자기들에게 실상으로 일어난 일이라고 이만희의 행적과 요한계시록의 말씀을 꿰다 맞추는 웃지 못할 코메디가 지금 한국에서 벌어지고 있다. 그런 희대의 신성모독의 사기극에 걸려든 자들이 불쌍하기만 하다. 우리는 정신을 바짝 차리고 말씀을 바르게 알고 영적무장을 단단히 해야겠다.

2. 요한계시록의 해석 방법

성경의 해석, 특히 요한계시록의 이해를 위한 가장 중요한 열쇠는, 일관적인 성경 해석학을 갖는 것이다. 해석학은 해석 원리에 관한 연구인데 그것은 성경을 해석하는 방법이다. 성경의 정상적인 해석은 저자가 어떤 구절이나 문장에서 비유적인 언어를 분명하게 사용하지 않는 한 평범한 의미로 이해해야 하는 것이다. 우리는 문장의 자연스러운 의미가 타당하다면 다른 의미를 찾지 않아야 한다. 또한 우리는 성령의 인도 하에 저자가 기록한 내용이 분명히 이해가 될 때 어떤 단어나 문구에 심오한 다른 뜻을 부여함으로 색다른 영적 해석을 해서는 안 된다.

하나의 예는 요한계시록 20장이다. 많은 사람들이 천년 기간에 대해 여러 가지 의미를 부여한다. 많은 개혁주의 교회들과 신학자들은 무천년주의를 따른다. 요한계시록 20장의 천년의 숫자는 상징적인 숫자라는 견해이다. 그러나 미국의 남침례교 계통은 문자 그대로 천년왕국을 믿는다. 우리가 어떤 견해를 취할지는 각자의 신앙양심에 따르면 된다.

요한계시록에 대한 간단한 개요는 요한계시록 1:19에 나와 있다. 1장을 보면, 부활하셔서 영광을 얻으신 그리스도께서 요한에게 말씀하신다. 그리스도께서는 요한에게 "그러므로 네가 본 것과 지금 있는 일과 장차 될 일을 기록하라"고 말씀하신다. 요한이 이미 본 것들은 1장에 기록되어 있다. "지금 있는 일(요한 시대에 있었던 일들)은 2~3장(일곱 교회에 보내는 편지)에 기록되어있다. "일어날 일들"(장래의 일들)은 4~22 장에 기록되어 있다.

일반적으로 말하면, 요한계시록 4~18장은 땅의 백성에 대한 하나님의 심판을 다루고 있다. 이 심판은 교회와 관련된 것이 아니다(살전 5:2, 9). 심판이 시작되기 전에 교회는 휴거라는 사건에 의해 지상에서 옮겨질 것이다(살전 4:13~18, 고전 15:51~52).

요한계시록 4~18장은 "야곱의 환난", 곧 이스라엘의 환난을 묘사한다(렘 30:7; 단 9:12, 12:1). 그때는 또한 하나님이 그분에 대해 반역한 불신자들을 심판하실 때이다. 19장은 그리스도의 신부인 교회와 함께 재림하시는 그리스도를 묘사한다. 그분은 짐승과 거짓 선지자를 물리쳐 그들을 불 못에 던지실 것이다. 20장에서 그리스도는 사탄을 묶어 무저갱에 던지신다. 그 후 그리스도는 천년 동안 지속될 그분의 지상 왕국을 세우실 것이다. 천년이 지난 후에 사탄이 풀려나서 하나님을 대적하는 반란을 일으킬 것이다. 그러나 그는 신속하게 패배하고 불 못에 던져질 것이다. 그 후 모든 불신자들에 대한 마지막 심판이 있은 후 그들 역시 불 못에 던져질 것이다. 21장과 22장은 영원한 상태에 대해 묘사한다. 이 장들에서 하나님은 우리에게 그분과 영원히 함께 하는 것이 어떤 상태인지 알려주신다.

요한계시록은 이해가 가능하다. 그 의미가 완전한 비밀이라면 하나님은 우리에게 요한계시록을 주지 않으셨을 것이다.

12월 9일

1년 1독 성경 읽기 꿀송이 보약큐티

요한계시록 4장~6장

| 묵 상 자 료 |

1. 요한계시록 6장의 일곱 인(seal) 환란

요한계시록 6장에서는 일곱 인(봉인 도장)의 환란이 나타나 있다. 제4장에서 요한은 열린 문을 통하여 들어가서 하늘 보좌의 영광과 천사들의 찬송을 친히 바라보고 들을 수 있는 특권을 누렸다. 제5장에서 요한은 하나님의 보좌 앞에 서 있는 어린 양을 보며 장로들과 천사들과 만물들이 부르는 대 찬양의 합창을 들었다. 이제 제6장에서 어린 양이신 그리스도께서 두루마리 책을 취하여 즉시로 봉해진 인들을 떼기 시작했는데 요한은 각 봉인이 떼어질 때마다 그 눈앞에 전개되는 놀라운 장면을 기록하고 있다.

첫째 인부터 넷째 인까지를 뗄 때마다 각각 흰 말, 붉은 말, 검은 말, 청황색 말이 나온다. 색깔로 보아서 무엇인가 점점 나빠지고 있는 불길한 징조다. 순결과 승리를 나타내는 흰색이 유혈을 상징하는 붉은색, 죽음과 재앙을 상징하는 검은색, 그리고 완전한 부패를 나타내는 청황색으로 변해가고 있다.

그리고 점점 상황은 나빠지고 있다. 일곱 인을 일곱 교회와 같이 교회사적인 사건으로 본다면 교회사는 이런 타락의 슬픈 역사였다. 승리의 면류관을 쓰고 순결한 흰 말을 타고 나가서 이기고 또 이기고 하던 복음의 전성 시대 초대 교회를 지나자 교회는 유혈의 핍박과 분쟁에 휩싸였다. 핍박이 끝난 후 교회는 교황권이 일어나고 세속적인 권력을 잡은 후에는 영적으로 죽어가기 시작하였다. 그리고 그 시체는 중세의 암흑 시대(A.D. 538~1517)에 완전히 썩어 부패하기 시작하였다. 하나님께 순종하는 백성들은 무수히 죽임을 당하였다. 다섯째 인을 떼실 때에 이제는 빨리 세상을 심판해 달라고 호소하는 순교자들에게 잠시 동안만 기다리라고 말씀하신 어린 양은(계 6:9~11) 여섯째 인을 떼신 후에 드디어 이 땅에 재림하신다(계 6:12~17).

일곱 인의 환란은 세계의 종말 때까지 전개되는 각 시대의 사건들을 계시로 보여주신 것이다. 하나씩 인을 뗄 때마다 상황이 나빠지다가 마침내 여섯째 인을 뗄 때에, "하늘은 종이 축이 말리는 것같이 떠나가"(계 6:12~14)는 마지막 종말적 사건이 벌어지며 드디어 우리 주님이 재림하신다. 아멘.

12월 10일

1년 1독 성경 읽기 꿀송이 보약큐티

요한계시록 7장~9장

| 묵상자료 |

1. 14만 4,000명은 누구인가?

요한계시록은 언제나 해석자들에게 도전을 주어 왔다. 이 책은 생생한 이미지와 상징으로 가득 차 있기 때문에 사람들은 그 책 전체에 대한 선입견에 따라 다르게 해석해 왔다.

요한계시록에는 네 가지 주요 해석 접근 방법이 있다.

1) 과거주의-요한계시록에 있는 모든 또는 대부분의 사건이 이미 1세기 말 전에 발생한 것으로 봄.

2) 역사주의-요한계시록을 사도 시대부터 현재까지 이르는 교회사의 조망이라고 봄.

3) 이상주의-요한계시록을 선과 악의 투쟁에 대한 상징적 묘사로 봄.

4) 미래주의-미래에 발생할 사건에 대한 예언으로 봄.

이 네 가지 중에서 미래주의적 접근이 요한계시록이 스스로를 예언이라고 주장하는 것과도 잘 들어맞는 접근법이다(계 1:3; 22:7, 10, 18, 19).

따라서 요한계시록 7:4 이하에 나오는 "144,000명은 누구인가?"라는 질문에 대한 답변은 우리가 요한계시록에 어떤 해석 방법을 취하는지에 따라 다르다. 미래주의적 해석을 제외하고는, 다른 모든 해석들은 14만 4천을 상징적으로 해석한다. 즉, 교회를 대표하는 숫자이며 교회의 모든 성도들 전체를 상징하는 것이라고 해석한다. 내가 가지고 있는 많은 한국의 보수적 학자들이 쓴 요한계시록 해석 책에도 14만 4천을 상징적 숫자로 보면서 구원받은 모든 성도들을 상징하고 있다고 쓰여 있다.

그러나 액면 그대로 "내가 인침을 받은 자의 수를 들으니 이스라엘 자손의 각 지파 중에서 인침을 받은 자들이 십사만 사천이니"(계 7:4)라는 구절을 취하면 14만 4천을 "이스라엘의 자손"의 각 지파로부터 1만 2천씩 불러 모은 유대인들의 숫자로도 볼 수 있다.

우리는 신약 성경에서 교회가 이스라엘을 대체한다는 분명한 구절을 쉽게 찾아볼 수 없다. 14만 4천의 유대인들은 인침을 받은 자들이다. 인침은 그들이 대환난 기간 동안 사명을 감당할 때에 적그리스도 및 하나님의 모든 심판으로부터 특별한 보호를 받는 것을 의미한다(요한계시록 6:17을 보면 "진노의 큰 날이 이르렀으니 누가 능히 서리요"라고 말한다). 대환난 기간은 미래에 임할 7년의 기간으로써 하나님은 그 기간에 주를 거부하는 자들을 향해 심판을 행하실 것이며 이스라엘 나라를 위한 구원의 계획을 완성시키실 것이다. 이 모든 것은 선지자 다니엘에게 주셨던 하나님의 계시에 따른 것이다(단 9:24~27). 14만 4천의 유대인들은 이전에 예언되었던(슥 12:10; 롬 11:25~27) 구속받은 이스라엘의 "첫 열매"(계

14:4)에 속한다. 그들의 사명은 교회의 휴거 후 세상에 복음을 전파하고 또한 대환난 기간 동안 복음을 선포하는 것이다.

14만 4천 명에 관한 많은 혼동은 여호와의 증인의 잘못된 교리의 결과이며 한국에서는 신천지 같은 흉악한 이단들이 최근에 극성을 부리며 그 거룩한 말씀을 자기들에게 갖다 붙이는 촌극을 벌이고 있다.

여호와의 증인은 14만 4천 명만이 천국에서 그리스도와 더불어 통치하고 하나님과 영원히 살게 되는 사람들이라고 주장한다. 14만 4천 명은 여호와의 증인이 소위 하늘의 소망이라고 부르는 것을 누리게 된다. 14만 4천 명에 속하지 못한 사람들은 지상의 소망, 곧 그리스도와 14만 4천 명의 통치를 받는 이 땅의 낙원을 누리게 될 것이라고 한다. 우리는 여호와의 증인의 가르침이 사후 세계에서 다스리는 지배층(14만 4천)과 다스림을 받는 피지배층의 카스트 계급 사회를 세우는 것을 분명히 볼 수 있다. 성경은 이러한 "이중 계층" 교리를 가르치지 않는다.

요한계시록 20:4에 따르면 천년왕국 시대에 그리스도와 함께 다스리는 사람들이 있는 것은 맞다. 이 사람들은 교회(예수 그리스도를 믿는 신자들)와 구약 성도들(그리스도의 초림 전에 죽은 신자들), 환난 시대의 성도들(대환난 기간 중에 그리스도를 영접한 자들)로 구성될 것이다. 그러나 성경은 이 그룹에 숫자 제한을 두고 있지 않는다. 천년왕국 시대는 천년기가 끝날 때 시작되는 영원한 상태와 다르다. 그때에 하나님은 새 예루살렘에서 우리와 함께 거하실 것이다. 그분은 우리의 하나님이 되시고 우리는 그분의 백성이 될 것이다(계 21:3). 그리스도 안에서 우리에게 약속되고 성령에 의해 인치신 바 된 기업은(엡 1:13~14) 우리의 것이 될 것이며, 우리는 모두 그리스도와 함께 상속자가 될 것이다(롬 8:17). 아멘.

⌘⌘⌘ 오늘의 본문 성경을 읽으시고 깨달은 점이나 기억하고 싶은 점 혹은 기도문을 기록합니다.

12월 11일

1년 1독 성경 읽기 꿀송이 보약큐티

요한계시록 10장~12장

| 묵상자료 |

1. 여자와 큰 붉은 용(계 12장)

요한계시록 12장은 '옛 뱀' 곧 마귀라고도 하는 사탄이 '여인에게서 난 아들'을 죽이려고 시도하다가 실패한 후 추방되었다가 다시 여자와 그 자손을 공격하는 장면이 전개된다. 이와 같은 환상은 교회와 세상사이의 싸움이 궁극적으로 그리스도와 사탄의 투쟁임을 깨닫게 한다.

요한계시록 12장에 나오는 태양을 입은 한 여자는 누구일까? 그 발 아래에는 달이 있고 그 머리에는 열두 별의 면류관을 썼다고 한다. 이와 같이 찬란한 승리자의 모습으로 등장하는 여인은 보통 여자가 아니다. 이 여자가 '용' 곧 사탄의 핍박을 받고 그 여자의 남은 자손이 핍박을 받는 이야기(17절)를 볼 때 이 여자가 단순한 개인이 아님을 알 수 있다. 이 여인은 유대인과 이방인으로 구성된 새 이스라엘 즉, 모든 시대의 교회를 상징하고 있는 것이다.

이처럼 교회를 여자로 표현하는 것은 다른 성경에서 종종 보아 왔다(고후 11:2, 엡5:25~27). 이 여자가 태양으로 옷을 입은 것은 교회의 영광스럽고 고귀함을 상징하고 발 아래 달이 있음은 교회의 권세를 상징하고 열두 별로 장식한 면류관을 쓰고 있는 것은 교회의 궁극적 승리자의 모습을 증거한다. 이 여인이 아이를 배어 해산의 고통을 하는 것은 교회가 그리스도의 거룩한 백성들을 얻기 위해 기꺼이 받아야 할 고난을 의미한다. 여기에 머리가 일곱이요, 뿔이 열 개 달린 한 큰 붉은 용이 나타나 해산하려는 여자 앞에 서서 여인이 해산하는 아이를 삼키고자 했다.

이 말씀을 통해 우리는 마귀는 처음부터 그리스도를 대적하고 항상 교회를 삼키려 하는 무서운 대적임을 다시 한번 깨우치게 한다. 요한계시록 12:5~6에서 '여자가 낳은 아들'은 시 2:9에서 그리스도를 예언하여 장차 철장으로 만국을 다스릴 자라고 한 것처럼 이 땅에 오신 예수그리스도를 말한다. 성경은 다른 곳에서도 예수 그리스도를 '여인의 후손'으로 종종 표현한다(창 3:15, 갈 4:4). 결국 아이를 삼키고자 하는 계획이 좌절되자 사탄은 여자를 핍박하게 되고 여자는 아이를 양육하기 위하여 하나님이 예비하신 광야에서 1,260일 동안 도피생활을 한다. 이는 교회가 환란과 핍박 중에서도 하나님의 섭리와 보호 가운데서 안전하게 거함을 상징하는데 이런 상태도 영구히 계속되는 것이 아니고 3년 반(1260일)이라는 제한적인 기간임을 알 수 있다.

교회의 영광은 영원하지만 교회의 고난은 한시적임을 알고 우리는 담대해야 한다. 결국 천사장 미가엘이 이끄는 하나님의 군대에 의해 마귀와 그 부하들은 패배를 당하고 땅으로 내어 쫓김을 당한다. 지상으로 내어 쫓김을 당한 사탄의 무리들은 교회를 한시적으로 공격하고 성도들을 미혹하는 짓을 하지만 요한계시록 12:11 말씀처럼 여러 형제가 어린 양의 피와 자기의 증거하는 말(믿음의 고백)을 인하여 사탄을 이긴다고 하였다. 우리는 주님 다시 오시는 심판의 때까지 사탄의 공격 앞에 노출되어 있다. 그러나 성경이 제시해 주는 것처럼 오늘도 예수 그리스도의 십자가의 피를 의지하고 믿음의 싸움을 싸워나가면 우리가 이긴다는 걸 알아야 한다.

"♪승리는 내 것일세, 승리는 내 것일세, 구세주의 보혈로써 승리는 내 것일세♬"

할렐루야! 아멘.

오늘의 본문 성경을 읽으시고 깨달은 점이나 기억하고 싶은 점 혹은 기도문을 기록합니다.

12월 12일

1년 1독 성경 읽기 꿀송이 보약큐티

요한계시록 13장~15장

| 묵상자료 |

1. 두 짐승과 666(계 13장)

요한계시록 13장에는 바다에서 나오는 열 뿔 달린 짐승과 땅에서 올라오는 새끼 양같이 두 뿔이 있고 용처럼 말하는 짐승이 등장한다.

이 두 짐승들은 큰 권세를 가지고 지상에 있는 사람들을 마흔 두 달 즉, 3년 반 동안 한시적으로 다스린다. 이것은 교회를 핍박하는 대적들의 모습을 두 짐승으로 묘사하여 기록한 것이다. 바다에서 나오는 짐승은 이 세상을 장악하고 교회를 핍박하는 세속적인 권세를 상징하고 땅에는 올라오는 둘째 짐승은 오늘날 한국의 신천지와 같이 기독교적인 가면을 쓰고 교회를 부패시키고 교회를 무너뜨리는 거짓 선지자를 상징한다고 할 수 있다.

둘째 짐승의 모양이 어린 양 같은 것은 예수 그리스도를 모방하려는 수작이요, 외모와 달리 용처럼 말한 것은 그의 사탄적인 본색을 드러낸 것이다. 주님은 마태복음 7:15에서 거짓 선지자들을 조심하라고 경고하셨다. 양의 가죽을 둘러쓴 이리들이 교회를 파괴하기 위하여 때로는 엄청난 기사와 이적을 보이면서 사람들을 미혹하는 것이다. 교회 역사를 살펴보면 지상 교회는 끊임없이 바로 이 두 짐승들에 의해 공격을 받아왔다. 세상 권력을 이용하여 교회를 핍박하고 수많은 순교자들의 생명을 앗아갔고 그보다 더 심각한 피해는 둘째 짐승의 공격으로 별의별 이단 종파들이 생겼고 성경에서 어긋난 유사 기독교가 생겨나 셀 수 없는 많은 영혼들을 지옥으로 끌고 갔고 지금도 독버섯 같은 이단들이 세계 곳곳에서 기승을 부리고 있다.

요한계시록 13:18에는 짐승이 그의 추종자들에게 주는 표인 666이 나온다. 성경에서 "짐승의 표"를 언급하는 주요 본문은 요한계시록 13:15~18이다. 이 표는 적그리스도와 거짓 선지자(적그리스도 대변인)의 추종자들을 인 치는 역할을 한다. 거짓 선지자(두 번째 짐승)는 사람들로 하여금 이 표를 받게 만드는 자이다. 이 표는 문자 그대로 손이나 이마에 위치하는 것으로서 누군가가 휴대하는 카드는 아니다. 최근의 의료용 이식 칩 및 전파 식별(RFID) 기술의 도입은 요한계시록 13장에서 언급된 짐승의 표에 대한 관심을 증가시켰다. 오늘날 우리가 보고 있는 기술이 결국 짐승의 표로 사용될 수 있는 시작 단계의 기술이 될 가능성은 있다. 하지만 의료용 이식 칩이 짐승의 표는 아니다. 짐승의 표는 적그리스도를 숭배하는 자에게만 주어질 것이다. 오른손이나 이마에 의료용 또는 금융용 마이크로 칩을 넣는 것이 짐승의 표를 받는 것은 아니다. 짐승의 표는 사고 파는데 필요한 종말의 신분증으로서 적그리스도가 주는 표이다.

요한계시록을 해석하는 훌륭한 많은 학자들 사이에도 짐승의 표가 정확히 어떤 것인지에 대해 서로 의견이 다르다. 이식된 칩으로 보는 주장도 있고, 신분증 카드를 포함한 여러 추측들, 마이크로 칩, 피부에 새기는 바코드, 또는 단지 적그리스도의 나라에 충성하는 자들이 지닌 표 등, 다양한 의견이 있다. 이 모든 견해들은 가능성은 있지만, 동시에 모두 추측일 뿐이다. 우리는 정확한 세부 사항에 대해 추측하는 데 많은 시간을 소비해서는 안 된다.

어떤 사람들은 과거 2006년 6월 6일을 060606과 연관된다고 추측하기도 했다. 그러나 계시록 13장에서 숫자 666은 날짜가 아니라 사람을 나타낸다. 요한계시록 13:18은 이렇게 말하고 있다. "지혜가 여기 있으니 총명한 자는 그 짐승의 수를 세어 보라. 그것은 사람의 수니 그의 수는 육백육십육이니라." 분명한 것은 666은 적그리스도를 나타낼 숫자이다. 수세기 동안 성경 해석가들은 666으로 어떤 특정 개인을 확인하려고 노력해 왔다. 그러나 아무 것도 단정되지는 않았다. 이에 요한계시록 13:18은 그 숫자는 지혜가 필요하다고 말한다. 적그리스도가 나타나면(살후 2:3~4), 그가 누구이며 666이 어떻게 그를 나타내는지 분명하게 알게 될 것이다.

어떤 기독교인은 서울에서 시내버스 번호가 666이라 하여 그 버스를 타지 않았다고 한다. 우리는 이러한 극단적인 세대주의에 빠져서는 안 된다. 7은 완전 숫자로 하나님의 숫자이지만 하나가 모자란 6은 인간의 숫자요, 요한계시록 13:18에는 적그리스도와 그의 추종자들의 숫자이다. 중요한 것은 우리가 예수 그리스도를 따르고 적그리스도를 따르지 않는 것이 중요한 것이지 이 숫자가 베리칩이냐 아니면 컴퓨터의 무슨 숫자 조합이냐 하는 숫자 놀음을 하는 것이 중요한 것이 아님을 알아야 한다.

오늘의 본문 성경을 읽으시고 깨달은 점이나 기억하고 싶은 점 혹은 기도문을 기록합니다.

12월 13일

1년 1독 성경 읽기 꿀송이 보약큐티

요한계시록 16장~18장

| 묵상자료 |

1. 아마겟돈 전쟁(계 16장)

지구상의 중요한 전쟁이 있을 때마다 아마겟돈의 경고가 있었다. 최초로 원자폭탄이 일본에 투하된 후 아마겟돈의 그림은 더욱 구체성을 띠게 되었다. 어느 날 모든 왕들이 아마겟돈이라는 곳에 모여 일대 결전을 벌이게 되고, 대량의 살육과 함께 인류는 멸망할 것이라는 상상이다. 아마겟돈에 대해 많은 해석들이 있다.

1) 많은 책들과 소설과 영화들이 아마겟돈을 지구 최후의 대 전쟁으로 묘사하고 있다. 지구상에 있는 두 적대 세력의 싸움으로 지구가 멸망하는 지구 최후의 대 전쟁이라는 것이다.

2) 한때 이슬람 세력인 터키와 기독교 국가간의 대 전쟁으로 보는 시각이 우세했었지만 맞지 않는 것으로 판명되었다.

3) 서점에 쏟아져 나오는 다수의 충동적인 종교 서적들은 아마겟돈 전쟁을 중동의 어느 지역에서, 남진하는 러시아의 세력(북방 왕)과 북진하는 아프리카의 세력(남방 왕), 그리고 미국과 유럽의 군사와 물밀듯이 쏟아져 들어오는 중국의 군사력이 함께 격돌하여 마침내 인류 최후의 날이 오는 것으로 설명하고 있다.

4) 또 하나의 견해는 아마겟돈 전쟁은 하나님과 악의 세력 사이에 벌어지는 마지막 대 쟁투로 보는 것이다. 그것은 영적, 육적인 모든 싸움을 다 포함하는 것이다.

과연 아마겟돈 전쟁은 무엇을 말하는 것인지 성경을 자세히 들여다보자. 요한계시록 16장은 큰 음성이 나서 진노의 일곱 대접을 쏟으라는 선포와 함께 이 세상에 일곱 재앙이 쏟아지는 장면을 다루고 있다. 재앙은 출애굽 때 애굽에 내렸던 열 재앙과 성격이 비슷하지만 그 대상은 광범위하여 만물에 다 미친다.

첫째 재앙은 땅에 쏟아지고, 둘째 재앙은 바다에 퍼부어진다. 셋째 재앙은 물들의 근원에 내리고, 넷째 재앙은 해에게 영향을 미친다. 다섯째 재앙은 짐승의 보좌를 치고, 여섯째 재앙은 유브라데 강물을 말리고 개구리 같은 세 더러운 영이 출현하며 아마겟돈으로 왕들이 모여 전쟁이 벌어진다. 왕들이 모여 마지막 결전을 벌이는 아마겟돈 전쟁은 과연 무엇인가?

그것은 정말 큰 강 유프라데스에서 벌어지는 지구의 마지막 3차 세계대전인가? 요한계시록 16장은 마지막 일곱 재앙이 이 땅에 임하는 것을 기록한 중요한 장이다. 애굽의 열 재앙이 역사적인 사실이었던 것처럼 일곱 재앙도 실제로 일어날 일이다. 일곱 재앙이 시작되는 때는 그리스도의 중보 사역이 끝나고 은혜의 기간이 다한 후이다.

"또 여섯째가 그 대접을 큰 강 유브라데에 쏟으매 강물이 말라서 동방에서 오는 왕들의 길이 예비되더라" 계 16:12

요한계시록 16:12~16에 나오는 여섯째 재앙은 주로 유브라데 강에 대한 것인데 여기에는 세 가지 사건을 포함하고 있다. 첫째, 여섯째 천사가 그 재앙의 대접을 큰 강 유브라데에 쏟으매 강물이 말라서 동방에서 오는 왕들의 길이 예비되었다. 둘째, 예수께서 속히 오실 것을 말씀하시면서 "깨어 자기 옷을 지켜 벌거벗고 다니지 아니하"는 자가 복이 있다고 그의 백성들을 위로하고 권면한다. 셋째, 사단의 세력들이 왕들을 "아마겟돈" 이라는 곳으로 집결시키고 있다.

유브라데 강물이 말라서 동방의 왕들이 오는 길이 예비된다는 수수께끼 같은 말은 무엇을 의미하는 것일까? 역사상 유브라데 강이 마른 때가 한 번 있었다. 바벨론을 공격하고 있던 페르샤의 고레스 왕이 유브라데의 물길을 돌려 강물을 마르게 하고 바벨론 성을 함락하였다. "강물이 말라서 동방에서 오는 왕들의 길이 예비"된다는 표현은 동방의 왕인 고레스에 의해 바벨론이 멸망한 것을 연상하게 한다. 영적 바벨론인 이 세상도 유브라데 강이 마르면 멸망할 것이다. 그렇다면 유브라데 강이 마른다는 의미는 무엇일까? 현대의 바벨론은 상징적인 유브라데 강 즉, 그를 따르는 백성들과 나라들의 지원에 의존되어 있는데 이 물이 마르는 것이다. 그것은 그의 지지 기반인 백성들이 현대의 바벨론에 환멸을 느끼고 떠나고 배반하는 것이다. 요한계시록 17:16에 보면, "음녀를 미워하여 망하게 하고 벌거벗게 하고 그 살을 먹고 불로 아주 사르리라"고 하였다. 이것은 하나님께로부터 나온 것이었다. 하나님께서 보내신 천사가 유브라데 강을 마르게 하는 것이다.

동방에서 오는 왕들은 누구를 말하는 것인가? 바벨론 멸망 당시 동방에서 온 왕은 고레스였다. 동쪽은 하나님의 보좌가 있는 곳을 상징하고 있다. 그러므로 유브라데 강이 마른 후 동방에서 오는 왕들은 재림하시는 그리스도와 그를 따르는 무리들을 말하는 것이다.

"보라 내가 도적같이 오리니 누구든지 깨어 자기 옷을 지켜 벌거벗고 다니지 아니하며 자기의 부끄러움을 보이지 아니하는 자가 복이 있도다" 계 16:15

도적이 올 때를 누구도 예측할 수 없는 것처럼 재림의 시간도 아무도 모른다. 이렇게 마지막 사건들이 벌어질 때 깨어 자기 옷을 지켜 벌거벗고 다니지 아니하며 주님을 의지하고 자기의 부끄러움을 보이지 아니하는 자는 복이 있을 것이다.

아마겟돈은 도대체 어디인가? 여기서 문제가 되는 것은 아마겟돈이라는 지명이 실제로는 지구상에 존재하지 않는다는 사실이다. 헬라어와 히브리어 학자들은 요한이 이 말을 했을 때 그의 생각 속에 있던 히브리어 단어는 하르-므깃도(har-megiddo) 즉, 므깃도의 산이었을 것이라는 견해를 내놓고 있다.

그러나 난점은 수억의 군사들이 어울려 지구 최후의 전투를 벌이기에는 산은 적당치 않다는 사실이다. 그렇다면 아마겟돈은 지구상의 어떤 특정한 장소가 아니라 드디어 마지막으로 벌어지는 선악 간의 대쟁투를 대표하는 상징적 단어일 가능성이 많다. 그렇다면 사단의 세 영이 아마겟돈으로 왕들을 모은다는 것은 무엇을 상징하는 것일까? 성(聖) 삼위 일체가 하나님을 대표하듯이 세 영도 사단을 대표한다. 사단이 아마겟돈으로 왕들을 모으는 것이다. 왜 모으는가? 재림 전 마지막으로 그의 세력을 총 집결하여 하나님께 대적하려는 것이다. 최후의 일전을 준비하는 것이다. 그리하여 두 삼위 일체 간의 싸움이 벌어지는 것이다.

이 마지막 영적 전투는 요한계시록 19:11~21에 더욱 자세히 묘사되어 있다. 그 눈이 "불꽃 같고 그 머리에 많은 면류관"을 쓰고 피 뿌린 옷을 입은 백마 탄 자가 있고, "하늘에 있는 군대들이 희고 깨끗한 세마포를 입고 백마를 타고" 그를 따랐다(계 19:11~14). 그때 짐승과 땅의 임금들과 그의 군대들이 모여 그 말 탄 자와 그의 군대로 더불어 전쟁을 일으키다가 짐승이 잡히고 그 앞에서 이적을 행하던 거짓 선지자도 함께 잡혀 이 둘이 산 채로 유황불 붙는 못에 던지워졌다(계 19:19~21)

결론적으로 아마겟돈 전쟁은 지구의 최후를 가져올 실제적인 전쟁이라는 의미보다는 선과 악의 영적인 전쟁으로 보는 것이 더 합리적이다. 아마겟돈 전쟁은 지구 종말 직전, 악의 세력이 최후의 발악을 하는 대전쟁이기 때문에 지구는 일대 혼란에 빠지고 그 고통은 극심할 것이다.

이러한 때에 우리는 멸망할 바벨론인 이 죄악 세상에 빠져 살지 말고 예수님의 십자가를 힘입고 믿음의 선한 싸움을 싸우는 복된 그의 백성들이 되어야겠다. 아멘.

오늘의 본문 성경을 읽으시고 깨달은 점이나 기억하고 싶은 점 혹은 기도문을 기록합니다.

12월 14일

1년 1독 성경 읽기 꿀송이 보약큐티

요한계시록 19장~20장

| 묵 상 자 료 |

1. 천년왕국(계 20장)

천년왕국은 예수 그리스도께서 이 땅에서 1000년 동안 통치하신다는 사실에 주어진 칭호이다. 어떤 사람들은 이 1000년을 상징적인 방식으로 해석하려 한다. 즉, 천년을 문자 그대로 이 땅에서의 예수 그리스도의 육체적 통치로 해석하지 않고, 단지 "영원한 기간"을 말하는 상징적인 의미로 이해하는 것이다. 그러한 견해에 많은 보수적인 성경학자들이 지지를 보낸다. 그래서 무천년설을 주장하는 분들의 견해를 우리는 무조건 무시할 수 없다. 그러나 이 천년을 문자 그대로 믿는 분들도 많다. 그분들의 주장을 들어보자.

요한계시록 20:2~7에서 천년 왕국은 실제 천년 기간임을 여섯 번에 걸쳐 특별히 언급하고 있다. 만일 하나님께서 그저 "긴 기간"을 말씀하고자 하셨다면, 정확한 숫자의 기간을 명백하게 반복적으로 언급할 필요가 없이 쉽게 표현하셨을 것이다. 성경은 그리스도께서 재림하시면, 그분은 다윗의 보좌에 앉아 예루살렘에서 자신의 왕권을 수립하실 것이라고 말하고 있다(눅 1:32~33).

하나님의 무조건적 언약은 그리스도의 왕국 수립을 위해 문자 그대로 그리스도께서 육체로 재림할 것임을 말한다. 아브라함의 언약은 이스라엘에게 땅과 후손과 통치자, 그리고 영적 축복을 약속하고 있다(창 12:1~3). 팔레스타인 언약은 이스라엘에게 그 땅으로의 복구와 점령을 약속하였다(신 30:1~10). 다윗의 언약은 이스라엘에게 다윗의 혈통에서 나오는 왕이 영원히 다스릴 것을 약속하였고 모든 대적들로부터 안식을 주실 것을 약속하였다(삼하 7:10~13). 이 언약들은 예수께서 재림하실 때 이스라엘이 만국으로부터 다시 모이고(마 24:31), 회심하고(슥 12:10~14), 메시아 예수 그리스도의 통치 하에 그 땅으로 회복되면서 성취될 것이다. 성경은 천년왕국 기간 동안 그 상황은 물리적으로나 영적으로 완벽한 환경이 될 것을 말한다. 그 시간은 평화(미 4:2~4; 사 32:17~18), 기쁨(사 61:7, 10), 그리고 위로의 시기(사 40:1~2)가 될 것이다.

성경은 또한 오직 신자들만 천년왕국에 들어갈 것을 말한다. 이 때문에, 그 기간은 순종과(렘 31:33) 거룩과(사 35:8) 진리와(사 65:16) 하나님을 아는(사 11:9, 합 2:14) 시대가 될 것이다. 여호와를 아는 지식이 물이 바다를 덮음 같이 온 세상에 충만할 것이다. 그리스도께서는 왕으로서 통치하실 것이며(사 9:3~7; 11:1~10), 귀인들과 방백들도 다스릴 것이고(사 32:1; 마 19:28), 예루살렘은 이 세상의 정치적인 중심지가 될 것이다(슥 8:3)

"이새의 줄기에서 한 싹이 나며 그 뿌리에서 한 가지가 나서 결실할 것이요 여호와의 신 곧 지혜와 총명의 신이요 모략과 재능의 신이요 지식과 여호와를 경외하는 신이 그 위에 강림하시리니 그가 여호와를 경외함으로 즐거움을 삼을 것이며 그 눈에 보이는대로 심판치 아니하며 귀에 들리는 대로 판단치 아니하며 공의로 빈핍한 자를 심판하며 정직으로 세상의 겸손한 자를 판단할 것이며 그 입의 막대기로 세상을 치며 입술의 기운으로 악인을 죽일 것이며 공의로 그 허리띠를 삼으며 성실로 몸의 띠를 삼으리라 그때에 이리가 어린 양과 함께 거하며 표범이 어린 염소와 함께 누우며 송아지와 어린 사자와 살찐 짐승이 함께 있어 어린 아이에게 끌리며 암소와 곰이 함께 먹으며 그것들의 새끼가 함께 엎드리며 사자가 소처럼 풀을 먹을 것이며 젖 먹는 아이가 독사의 구멍에서 장난하며 젖 뗀 어린 아이가 독사의 굴에 손을 넣을 것이라 나의 거룩한 산 모든 곳에서 해 됨도 없고 상함도 없을 것이니 이는 물이 바다를 덮음 같이 여호와를 아는 지식이 세상에 충만할 것임이니라 그 날에 이새의 뿌리에서 한 싹이 나서 만민의 기호로 설 것이요 열방이 그에게로 돌아오리니 그 거한 곳이 영화로우리라" 사 11:1~10

"나 여호와가 말하노라 내가 시온에 돌아왔은즉 예루살렘 가운데 거하리니 예루살렘은 진리의 성읍이라 일컫겠고 만군의 여호와의 산은 성산이라 일컫게 되리라" 슥 8:3

요한계시록 20:2~7은 천년왕국의 정확한 기간을 제시한다. 이 구절들이 없다 하더라도, 문자 그대로의 이 땅에서 구세주의 통치를 가리키는 셀 수 없이 많은 다른 구절들이 있다. 많은 하나님의 언약들과 약속들의 성취가 문자 그대로의, 육체적, 미래의 왕국에 놓여 있다.

주님은 승천하실 때 바라보는 제자들에게 너희가 보는 그대로 다시 오시리라 하셨다. 천년왕국이 존재하고 그 왕국이 천년 동안 지속된다는 문자 그대로의 해석을 부인할 만한 확실한 근거는 없다. 그러나 보수적인 많은 학자들이 무천년설을 주장하고 그렇게 믿는다. 어떤 견해를 따를지는 우리의 자유이나 성경을 주의 깊게 살펴보고 신중하게 받아들이는 자세가 필요하리라 믿는다.

오늘의 본문 성경을 읽으시고 깨달은 점이나 기억하고 싶은 점 혹은 기도문을 기록합니다.

12월 15일

1년 1독 성경 읽기 꿀송이 보약큐티

요한계시록 21장~22장

| 묵 상 자 료 |

1. 아멘. 주 예수여 오시옵소서!

각 사람이 행위대로 상급의 심판을 받는다는 것은 요한계시록뿐만 아니라 신약성경 전반의 중요한 가르침중 하나이다(계 22:12). 복음서에서도 인자가 오실 때 각 사람이 행한 대로 갚으실 것이라고 말씀하셨다(마 16:27). 바울 사도 역시 하나님이 각 사람이 행한 대로 갚아 주실 것이라고 했다(고후 5:10). 베드로 사도에 따르면, 하나님은 사람을 외모로 보시지 않으시고 각 사람의 행위대로 심판하신다(벧 1:17). 이와 같이 성도들은 믿음의 열매인 행위에 따라 상급을 받을 것이다.

말씀을 더하는 죄와 말씀을 빼는 죄는 매우 심각한 죄다. 말씀을 가감하지 말라는 요한계시록의 경고는 신약성경 및 성경 전체에 대한 경고로 볼 수도 있다. 하나님의 말씀인 성경은 그 자체로 충분하고 완벽하다. 인간의 생각으로 무엇을 더할 필요도, 뺄 필요도 없다. 성경의 말씀을 첨삭하는 방법은 두 가지다. 성경에 기록된 글귀 자체를 빼거나 더하는 것, 그리고 글귀는 그대로 두되 해석을 통해 그 의미를 교묘하게 변경하는 것이다. 성경을 대하는 그리스도인은 기록된 말씀을 충실하게 읽고 바르게 해석해야 한다.

요한계시록은 예수님의 재림을 고대하는 소망으로 끝을 맺는다. 마라나타(주 예수여 오시옵소서)는 예수님의 재림을 간절히 사모한 초대교인들의 바람을 반영하는 표현이다. 요한계시록 끝에 이 표현이 등장하는 것은 의미심장하다. 우리는 예수님의 재림을 진심으로 기대하고 있는가? 예수님이 늦게 오시기를 내심 바라지 않은가? 그렇다면 예수님을 만날 준비가 되어 있지 않거나, 천국보다 이 세상의 삶을 더 사모하기 때문일 것이다. 그리스도인은 예수님이 언제 오시더라도 반갑게 맞이할 수 있도록 타협하지 않고 어린 양을 끝까지 따라야 한다.

"보라 내가 속히 오리니 내가 줄 상이 내게 있어 각 사람에게 그가 행한 대로 갚아 주리라. 나는 알파와 오메가요 처음과 마지막이요 시작과 마침이라" 계 22:12~13 아멘.

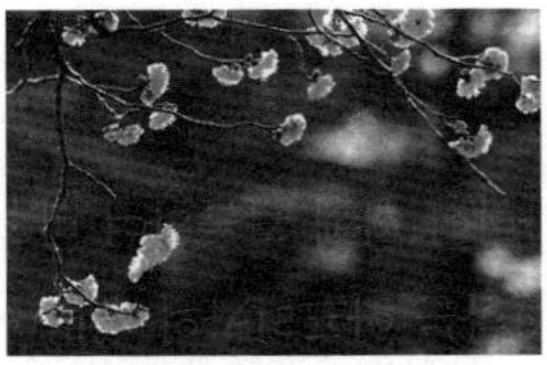

1·년·1·독·성·경·읽·기